Handbuch Politische Gewalt

Birgit Enzmann (Hrsg.)

Handbuch Politische Gewalt

Formen – Ursachen – Legitimation – Begrenzung

Springer VS

Herausgeberin
Prof. Dr. Birgit Enzmann
Katholische Universität Eichstätt
Deutschland

ISBN 978-3-531-18081-6 ISBN 978-3-531-18958-1 (eBook)
DOI 10.1007/978-3-531-18958-1

Die Deutsche Nationalbibliothek verzeichnet diese Publikation in der Deutschen Nationalbibliografie; detaillierte bibliografische Daten sind im Internet über http://dnb.d-nb.de abrufbar.

Springer VS

Gedruckt auf säurefreiem und chlorfrei gebleichtem Papier

Springer VS ist eine Marke von Springer DE. Springer DE ist Teil der Fachverlagsgruppe Springer Science+Business Media.
www.springer-vs.de

Inhalt

Vorwort

Birgit Enzmann

1 Zum Konzept des Bandes

Politische Gewalt hat auch im zurückliegenden Jahr das Weltgeschehen maßgeblich geprägt. Sie gehört zu den sozialen Grundkonstanten, die sich in der gesamten Geschichte der Menschheit nachweisen lassen und als *mögliches* Mittel der Politik auch nicht beseitigen lässt. Schon ein einzelner Gewaltanwender kann alle Bemühungen friedlicher Konfliktbeilegung zunichtemachen und einen Kreislauf aus Gewalt und Gegengewalt in Gang setzten. Deshalb sind die zentralen Formen politischer Gewalt, wie Krieg, Revolution, Widerstand, Terror und gewaltsamer Extremismus, ständiges Forschungsobjekt verschiedener humanwissenschaftlicher Disziplinen. Zentrale Erkenntnisinteressen sind zum einen die Ursachen, Auslöser, Motive und Ziele dieser Gewaltakte, um geeignete Präventionsmaßnahmen entwickeln zu können. Zum anderen wird nach Möglichkeiten gesucht, politische Gewalt, die sich nicht verhindern ließ, zu begrenzen. Eine Analyse typischer Abläufe und innerer Dynamik soll Eskalationsfaktoren aufdecken und die Etablierung von Deeskalationsmechanismen ermöglichen. Außerdem werden Kriterien für die Differenzierung zwischen rechtlich und moralisch unzulässiger und zulässiger Gewalt gesucht. Selbstverteidigung und Nothilfe beispielsweise sollen sanktionsfrei möglich sein, aber nur soweit sie sich in definierten Schranken bewegen und unnötige Verletzungen und zusätzliche Eskalation vermeiden. Für staatliche Gewalt kann das Ziel sogar eine Verrechtlichung sein, wie im Fall des staatlichen Gewaltmonopols oder völkerrechtlichen Einhegung des Krieges. Doch auch hier gilt: „Gewalt lässt sich letztlich nur gewaltsam unterdrücken. Das ist das Paradox, das durch Verrechtlichung abgemildert, aber nicht aufgehoben werden kann.“[1]

Die Forschung ist stark ausdifferenziert. Die einzelnen Formen politischer Gewalt werden meist gesondert analysiert. Obschon es zwischen ihnen Wechselwirkungen (Staatsterror provoziert Widerstand) und zum Teil fließende Übergänge (von der Revolution zum Bürgerkrieg zum Krieg) gibt, haben die zentralen Formen politischer Gewalt doch ein klares Profil. Krieg, Revolution, Widerstand, Terror und gewaltsamer Extre-

1 Dieter Grimm. 2006. Das staatliche Gewaltmonopol. In *Herausforderungen des staatlichen Gewaltmonopols: Recht und politisch motivierte Gewalt am Ende des 20. Jahrhunderts,* hg. von Freia Anders und Ingrid Gilcher-Holtey, 18–38. Frankfurt; New York: Campus, hier S. 28.

mismus unterscheiden sich beispielsweise deutlich hinsichtlich der Akteurskonstellationen, der Adressaten, Mittel und Strategien, so dass eine gesonderte Analyse nötig ist. Die getrennte Untersuchung ermöglicht auch eine genauere Beobachtung interner Veränderungen, etwa im Fall der erheblichen Wandlungen moderner Kriege und Revolutionen in den vergangenen Jahrzehnten. Zusätzlich unterliegen Ausmaß und Intensität der verschiedenen Gewaltformen „konjunkturellen Schwankungen", die sich auch in der wissenschaftlichen Aufmerksamkeit niederschlagen, etwa für die Arabische Revolutionswelle oder für rechtsextremistische Gewalt in Deutschland. Entsprechend ihrer Besonderheiten sind an der Erforschung der einzelnen politischen Gewaltformen unterschiedliche Disziplinen beteiligt. Revolutionsforschung etwa gehört zu den zentralen Gegenständen Politischer Soziologie und Geschichtswissenschaft; Widerstand ist ein wichtiges Thema der Politischen Philosophie, der Rechts- und Geschichtswissenschaft. Politische Gewalt ist, soweit es die Spezifika ihrer zentralen Formen anbelangt, interdisziplinär sehr gut erforscht.

Seltener wird dagegen schon aufgrund der disziplinären Differenzierung das Gesamtphänomen politischer Gewalt in den Blick genommen. Oft geht es dann um terminologische Probleme, Typisierungen oder generelle Fragen, etwa zur Vereinbarkeit von Politik und Gewalt. Dabei gibt es gute Gründe, die Forschungsergebnisse zu den einzelnen politischen Gewaltformen von Zeit zu Zeit zusammenzuführen. Schon für die oben angeführten Fragen zu Präventions-, Deeskalations- Legitimations- und Einhegungsmöglichkeiten bietet sich ein Abgleich der Wissensbestände an. Insofern alle Formen politischer Gewalt zumindest in Teilen auf Mechanismen vorpolitischer Gewalt aufsatteln, ist jenseits der Spezifika jeder Gewaltform ein gemeinsamer Grundstock von Ursachen, Auslösern, Motiven, Zielen und Rahmenbedingungen zu vermuten. Und so ist es naheliegend, dass Präventionsmaßnahmen, die sich für eine Gewaltform bewährt haben, auch bei anderen erfolgreich sein könnten. Ähnliches gilt für Eskalationsfaktoren und Legitimationsmuster. Wichtige Forschungsimpulse für das Gesamtphänomen können sich auch aus Einsichten in Veränderungen einzelner Gewaltformen ergeben. So wie die Entstehung neuer Kriegsformen eine Debatte um überkommene, europäisch geprägte Definitionen von Krieg angestoßen hat, gilt es nun auch die bisherigen Begriffe von Widerstand und Revolution zu prüfen.

Das vorliegende Handbuch versucht, beide Anliegen zu verbinden. Es bietet erstens kompakte Darstellungen des aktuellen Forschungsstands zu zentralen Formen politischer Gewalt. Hierfür konnten Expertinnen und Experten aus verschiedenen Fachdisziplinen gewonnen werden, die bereits früher zu ihrem jeweiligen Thema geforscht und publiziert haben. So kann hier ein breites Spektrum theoretischer wie empirischer, historischer wie aktueller, rechtlicher wie politischer, soziologischer und psychologischer Erkenntnisse präsentiert werden. Das Handbuch ermöglicht zweitens, die dargestellten Wissensbestände auf wichtige Gemeinsamkeiten der politischen Gewaltformen hin auszuwerten. Allen Beiträgen liegt deshalb ein gemeinsames Konzept zugrunde, bestehend aus einer begrenzten Definition politischer Gewalt und einem Fragenkatalog, an dem sich alle Autoren – wenn auch mit unterschiedlicher Gewichtung und Abfolge – orientiert haben. Politische Gewalt wird in diesem Band verstanden als die absichtsvolle physische und psychische Schädigung anderer mit dem Ziel, politische Entscheidungen, Leitideen oder Regeln zu beeinflussen. Ausgegrenzt sind damit „strukturelle Gewalt“ (durch Einkommensverteilung, Arbeitswelt etc.), häusliche Gewalt, Fankrawalle oder Ähnliches. Außerdem werden kriminelle Gewalt und ihr Pendant, die legale staatliche Verbrechensbekämpfung nicht einbezogen. Dies stellt sicher, dass die verbleibenden Formen von Gewalt anhand zahlreicher Kriterien vergleichbar sind und Vergleiche zu substantiellen Erkenntnissen führen können. Diese Kriterien sind in den einheitlichen Fragenkatalog eingeflossen.[2]

a) Welche Ursachen hat die betreffende Form politischer Gewalt und in welchem Wechselverhältnis stehen sie zueinander?
b) Was sind die typischen Auslöser?
c) Lassen sich typische Verlaufsformen erkennen?
d) Welche Faktoren führen zu Eskalation und Deeskalation?
e) Welche Akteure spielen für Beginn, Verlauf und Beendigung der betreffenden Form politischer Gewalt eine wichtige Rolle? Welche Rolle spielen Eliten (alte und neue), Intellektuelle, Minderheiten, die breite Bevölkerung?
f) Gibt es geeignete Strategien zur Verhinderung?
g) Gibt es Versuche der Einhegung und Verrechtlichung und wie wirken sie sich aus?
h) Wie wird die betreffende Form politischer Gewalt zu legitimieren versucht? Inwieweit und gelingt das? Liegen spezifische Legitimationsprobleme der Gewaltform vor?

2 Zu den Beiträgen

Die ersten beiden Beiträge sollen wichtige Grundlagen und eine erste Übersicht zum Gesamtphänomen politischer Gewalt vermitteln. Insofern politische Gewalt selbst nur eine mögliche Erscheinungsform von Gewalt darstellt, führen *Klaus Wahl und Melanie Rhea Wahl* zunächst in das Begriffsfeld Aggression und Gewalt ein und stellen dann systematisch die Erscheinungsweisen, Funktionen und Ursachen von Aggression und Gewalt dar. Differenziert nach individueller und kollektiver Gewalt werden innere Dynamik, Präventions- und Einhegungsmöglichkeiten aufzeigt. Einbezogen wird dabei der aktuelle Forschungsstand aus biologischer, psychologischer und soziologischer Gewalt- und Aggressionsforschung. Der Beitrag zeigt somit vorpolitische Mechanismen, auf denen politische Gewalt zum Teil aufsitzt.

---

2 Eine erste Auswertung findet sich unten im Übersichtsartikel „Politische Gewalt“ in den Tabellen 1 und 2.

Im zweiten Beitrag vermittelt *Birgit Enzmann* einen Überblick über die Vielfalt politischer Gewalt und zeigt gleichzeitig die Besonderheiten politischer gegenüber vorpolitischer Gewalt auf. Außerdem werden einige Hintergründe nichtstaatlicher und staatlicher politischer Gewalt geklärt und schließlich die unvermeidliche Frage nach der Überwindbarkeit von Gewalt als Mittel der Politik aufgeworfen.

Die nun folgenden Beiträge sind den zentralen Formen politischer Gewalt – Widerstand, Revolution, Krieg, Terror und extremistischer Gewalt – gewidmet. Die Auswahl der einzelnen Themen folgt wichtigen Debatten und Problemstellungen innerhalb der Forschung, so dass einer politischen Gewaltform nur ein (Extremismus) oder auch mehrere Beiträge gewidmet sein können. Damit ist keine Wertung verbunden.

Die Reihe der Beiträge zum politischen Widerstand eröffnet ein Typologisierungsversuch von *Karl Graf Ballestrem*. Ausgangspunkt des Beitrags ist die Frage, ob es innerhalb einer freiheitlich-demokratischen Ordnung ein Widerstandsrecht geben kann. Hierfür unternimmt der Autor zuerst eine Begriffsklärung. Widerstand und ziviler Ungehorsam, so das Ergebnis, sind Formen der politischen Opposition, die sich nach den Kriterien ihres Gegenstands und ihrer (illegalen) Methoden voneinander abgrenzen lassen. Gleichzeitig ergibt sich aus der Einordnung in das Gesamtspektrum von Opposition auch das entscheidende Argument für die Ausgangsfrage: Je geringer die legalen Möglichkeiten, desto eher sind illegale legitim.

Wer ist wie und aus welchen Gründen berechtigt, Widerstand zu üben? Auch die klassische Lehre vom Widerstandsrecht versucht diese Fragen zu beantworten. *Frauke Höntzsch* skizziert in ihrem Beitrag zunächst die zu bewältigenden Hindernisse, um anschließend die wesentlichen Entwicklungsetappen der Lehre nachzuzeichnen. Die These: Im Verlauf der Herausbildung der Lehre, von den Anfängen im Mittelalter bis hin zur Formulierung des Widerstandsrechts im Rahmen der Gesellschaftsvertragstheorie, kommt es zu einer Ausdifferenzierung zweier Formen des Rechts auf aktiven Widerstand: eines individuellen Rechts von Privatpersonen auf Notwehr gegen unbefugte Anmaßung von Herrschaftsgewalt und eines kollektiven Rechts des Volkes bzw. seiner Vertreter auf politische (Gegen-)Gewalt gegen den Missbrauch ursprünglich legitim erworbener Herrschaftsgewalt. Die ideengeschichtliche Darstellung verdeutlicht dabei, dass es neben einer Autorisierung zum Widerstand immer auch darum ging, die als notwendig und legitim erachtete Gewalt in rechtliche Formen zu überführen und zu begrenzen.

In vier weiteren Beiträgen wird das Phänomen Widerstand in konkreten historischen Kontexten betrachtet. *Heinz Hürten* befasst sich mit den Spezifika des Widerstands gegen den Nationalsozialismus. Den prägt entscheidend, dass er sich nicht gegen eine beliebige Diktatur, sondern ein totalitäres Regime wandte, das das gesamte Leben der Bürger zu beherrschen suchte. Widerstand entsprang deshalb nicht allein der Zielsetzung, das politische System zu ändern, sondern auch der Entscheidung, für die eigene Lebenswelt andere Normen gelten zu lassen als die nationalsozialistischen. Dementsprechend breit gefächert war die Art und Intensität der Auflehnung. Der Beitrag verdeutlicht dies durch einen nach den Akteuren differenzierten Überblick über widerständiges Handeln während des Nationalsozialismus. Er würdigt die Bemühungen als damals politisch erfolglos aber moralisch wichtig für den Neuanfang nach 1945.

Peter Steinbachs Beitrag ist einem geschichtspolitisch hochgradig aufgeladenen und deshalb äußerst sperrigen Themen wissenschaftlicher Zeitgeschichte gewidmet: dem Widerstand und der Opposition in der Sowjetischen Besatzungszone und in der DDR. Sie angemessen zu erfassen erfordert, so Steinbach, eine erweiterte Forschungsperspektive, die zum einen das breite Spektrum von Opposition und Widerstand beachtet, die zweitens den gesamten Zeitraum von 1945 bis zur Wiedervereinigung sowie die sich ändernden Einflussfaktoren einbezieht und die drittens das Wechselverhältnis von Widerständigkeit und staatlicher Repression in den Blick nimmt. Der Beitrag beschreibt und analysiert die Widerstandsgeschichte der DDR aus dieser erweiterten Perspektive und formuliert einige allgemeine Einsichten zur Widerstands- und Diktaturforschung.

Josef Isensee wendet sich einem der bekanntesten Versuche zu, Widerstand positivrechtlich zu autorisieren und gleichzeitig zu beschränken. Obwohl die Bundesrepublik als demokratischer Verfassungsstaat seinen Bürgern umfassenden Rechtsschutz bietet und darauf abzielt, das Notrecht auf Widerstand obsolet zu machen, sieht das deutsche Grundgesetz in Art. 20 Abs. 4 ein Widerstandsrecht vor. Es schafft damit, so Isensee, das Paradox eines legalisierten Rechtsbruchs. Der Beitrag erläutert die Entstehungshintergründe und die Zielsetzung des Grundgesetzartikels sowie die engen Grenzen, in denen er Anwendung finden könnte. Die Darstellung mündet in eine Bewertung des praktischen Nutzens der Regelung, die negativ ausfällt: Das Grundgesetz bedient in Art. 20 Abs. 4 Legalitätsbedürfnisse dort, wo Legalität nichts mehr ausrichtet und bestätigt Lenins Sarkasmus, dass deutsche Revolutionäre, ehe sie den Bahnhof stürmen, zuvor noch Bahnsteigkarten kaufen.

Ein legalisiertes Widerstandsrecht ist aber nicht nur aus rechts- sondern auch demokratietheoretischer Sicht eine Herausforderung. Denn einige Formen des Widerstands setzten darauf, gerade durch Rechtsbrüche die Aufmerksamkeit der Öffentlichkeit für ihr Anliegen zu erregen. Wenn auch aktiver, gewaltsamer Widerstand in demokratischen Rechts- und Verfassungsstaaten nicht zu rechtfertigen ist, stoßen gewaltloser, passiver Widerstand und ziviler Ungehorsam dort heute vielfach auf Zustimmung und Unterstützung. *Heinz Kleger* erläutert in seinem Beitrag, was genau unter zivilem Ungehorsam zu verstehen ist, worauf er zielt, auf welche Strategien er setzt und inwiefern er bei aller Illegalität doch legitim sein kann. In einem weiteren Abschnitt stellt er aktuelle Anlässe und Formen zivilen Ungehorsams vor und formuliert eine demokratietheoretische Quintessenz: Ziviler Ungehorsam ist eine Ausnahmemethode, um einen demokratischen Dialog zu gravierenden Problemen anzustoßen.

Der nächste Abschnitt des Handbuchs ist der Revolution gewidmet. Dauer und Ausmaß der Gewaltanwendung ist in Revolutionen zwar sehr unterschiedlich, als Drohpotential der Bevölkerung gegenüber den Herrschenden spielt sie für den Erfolg einer Revolution aber eine entscheidende Rolle. *Birgit Enzmann* gibt eine kurze begriffsgeschichtliche Einführung und fasst dann den Forschungsstand zu Ursachen, typischen Verläufen und Ergebnissen von Revolutionen zusammen.

Allerdings, so gibt *Ekkart Zimmermann* anschließend zu bedenken, ist vor allem im Bereich der Theoriebildung noch einiges zu tun. Die marxistischen und konservativ-autoritär geprägten Revolutionstheorien der ersten Hälfte des 20. Jahrhunderts hatten mehr Nähe zur jeweiligen „Bewegung" und ihrer Ideologie als zur wissenschaftlichen Analyse. Erst ab den 1960er Jahren entstanden Theorien, die durch formale Definitionen und Modelle helfen, Revolutionen verschiedener Epochen und ideologischer Prägung zu erfassen und zu vergleichen. Für das 21. Jahrhundert taugen diese Theorien nach Ansicht des Autors aber nur noch bedingt: Die wirtschaftliche Globalisierung werde national-eigenständige Revolutionen eher erschweren. Das Internet mit seinen unklaren Strukturen verändere außerdem die Kontroll- und Einflussmöglichkeiten nachhaltig. Es bleibe abzuwarten, welchen Einfluss diese und andere Entwicklungen auf Revolutionen des 21. Jahrhunderts und die entsprechende Theoriebildung haben.

Vier Beiträge des Handbuchs wenden sich dem Krieg zu. Da sich unsere Vorstellung dessen, was Krieg ist, in der Geschichte immer wieder gewandelt hat, führt *Monika Heupel* zunächst in die aktuelle Terminologie und Typologie ein. Seit dem 2. Weltkrieg sei v. a. eine Öffnung der Kriegsdefinition für nichtstaatliche Akteure zu verzeichnen, die mit einer Differenzierung zwischen großen, d. h. zwischenstaatlichen und kleinen, d. h. auch nichtstaatliche Akteure einbeziehenden Kriegen einherging. Die Autorin stellt verschiedene Typen großer und kleiner Kriege vor, informiert über deren bisherige Verbreitung, Ursachen und Beendigung. Den Abschluss bilden Ausführungen zu den Bestimmungen des Völkerrechts zu großen und kleinen Kriegen.

Die weiteren Beiträge sind politisch und politiktheoretisch wichtigen Debatten gewidmet. Den Anfang macht die Denkfigur des gerechten Krieges. Sie stellt Krieg unter Rechtfertigungszwang nach Kriterien von Gerechtigkeit und Recht. *Bernhard Sutor* skizziert die Entwicklung der Bellum-Iustum-Theorie von ihren Anfängen bis zur Gründung der Vereinten Nationen in ihren wichtigsten Stationen und Ausprägungen vor dem Hintergrund des jeweiligen geschichtlich-politischen Kontextes. Dabei lautet die skeptische Generalfrage, wieweit Krieg gezähmt und möglichst verhindert werden kann.

Durch das Gewaltverbot in der Charta der Vereinten Nationen wird die Debatte über Legitimierbarkeit und Einhegung von Krieg in neue Bahnen gelenkt. Eine zentrale Frage ist, ob es zwischen dem generell verbotenen Angriff und der erlaubten militärischen Selbstverteidigung ein Drittes geben kann: die humanitäre Intervention, bei der ein Intervent unter Berufung auf die Interessen der Menschen im Interventionsgebiet in einen Konflikt eingreift, ohne selbst bedroht zu sein. *Herfried Münkler* verortet in seinem Beitrag die humanitäre militärische Intervention zuerst im Gesamtspektrum von Inventionstypen. Dann wendet er sich der ambivalenten Theorie und Praxis ihrer Legitimation zu und erläutert abschließend typische Verläufe, Akteurskonstellationen und die Erfolgsaussichten humanitärer Intervention.

Eine weitere, viel diskutierte mögliche Rechtfertigung militärischer Intervention ist die Demokratisierung. Seit der Aufklärung knüpft sich daran die These vom Demokratischen Frieden, also der Abwesenheit von Krieg zwischen etablierten Demokratien. Gleichzeitig aber besitzen Demokratien eine weiterhin hohe Gewaltbereitschaft gegenüber Nichtdemokratien und sie legitimieren Kriege z.T. sogar mit der Aussicht auf die Ausbreitung des Demokratischen Friedens. Darüber hinaus stehen von Demokratien geführte Kriege unter besonderem Rechtfertigungsdruck und weisen typische Verlaufsformen auf. Wolfgang Wagner erläutert in seinem Beitrag diese komplexen Zusammenhänge zwischen Akteuren, Ursachen und Abläufen und zeigt dabei die demokratiespezifischen Friedensfähigkeiten genauso auf, wie die Schattenseiten des Demokratischen Friedens.

Der letzte Abschnitt des Handbuches ist Formen politischer Gewalt gewidmet, deren zentrales Ziel die Verbreitung von Angst ist. *Christopher Daase* erläutert ein altes, komplexes und überaus wandelbares Phänomen: den Terrorismus. Um ihn adäquat zu erfassen, stellt der Autor verschieden Definitionsmöglichkeiten vor, skizziert kurz die Geschichte des modernen Terrorismus und betont dabei insbesondere dessen transnationalen Charakter. Der weitere Text geht aktuellen Problemen und Fragestellungen der Forschung nach: Er diskutiert die wissenschaftliche Datenlage, weist auf die Schwierigkeit wissenschaftlicher Bedrohungsanalysen hin und erwägt abschließend, welche Optionen im Kampf gegen den Terrorismus bestehen.

Michael Riekenberg stellt am Beispiel Lateinamerikas den äußersten innenpolitischen Missbrauch staatlicher Gewalt vor: Im Staatsterror bedroht der Staat über Recht und Gesetz hinweg die eigene Bevölkerung oder Teile davon mit (physischer) Gewalt, wobei er die Staatsbürger in Ungewissheit darüber lässt, ob sie zum Opfer dieser Gewalt werden (können) oder nicht. Der Autor erläutert regional unterschiedliche Ausprägungen und gibt dann einen Überblick über Stand und Probleme der Forschung. Er schließt mit dem pessimistischen Ausblick, dass die Bereitschaft zu ungesetzlicher Gewaltausübung auch künftig Bestandteil staatlicher Ordnungspolitik in Teilen Lateinamerikas bleibe.

Last but not least wendet sich *Uwe Backes* den gewaltgeneigten Formen des politischen Extremismus im vereinten Deutschland zu. Sie werden zunächst getrennt nach ihren Hauptformen, ihrem Selbstverständnis und ihrer organisatorischen Entwicklung beschrieben und eingeordnet. Eingehend werden Taten, Täter und Opfer in ihrem sozialen Umfeld, ihrer Motivation und Deliktspezifik analysiert. Ein eigener Abschnitt ist den Wechselwirkungen und Interaktionen der gewaltgeneigten Szenen gewidmet. Anschließend wird der Umgang mit politisch motivierter Gewalt in seinen präventiven wie repressiven Formen behandelt. Der Beitrag schließt mit einer knappen Einschätzung des Gefahrenpotentials.

Allen Autorinnen und Autoren, die sich an diesem Band beteiligt haben gilt mein herzlicher Dank. Einige haben sich überreden lassen, über ein früheres Thema noch einmal ganz neu nachzudenken. Andere haben meine Sonderwünsche bezüglich der Darstellung ihrer aktuellen Forschung klaglos ertragen. Zu danken ist ihnen und dem Fachlektorat Politik des VS-Verlags außerdem für ihre Geduld und eine unkomplizierte Zusammenarbeit.

Biotische, psychische und soziale Bedingungen für Aggression und Gewalt

Klaus Wahl und Melanie Rhea Wahl

1 Definitionsversuche und Typologien

Kennen Mitteleuropäer heute Gewalt nur aus Nachrichten über prügelnde Jugendliche, Terroranschläge oder Kriege? Nein, oft auch persönlich: Viele Kinder werden noch geschlagen, Mädchen und Frauen nicht selten Opfer sexueller Gewalt. Politische Gewalt erfuhren Ältere im Nationalsozialismus, im Krieg oder von der Stasi. Zuwanderer flohen teils vor Bürgerkriegen in ihrer Heimat. Lebensläufe und politische Historie sind auch Geschichten der Gewalt.

Gewalt hat viele Gesichter. *Politische Gewalt* umfasst nur einige davon. Hängen sie zusammen? Gibt es *vorpolitische Mechanismen,* auf denen politische Gewalt aufsitzt und woher sie ihre Energie bezieht? Was sind Erscheinungsweisen, Funktionen und Ursachen von Gewalt? Wie kann man ihr vorbeugen? Das sind zentrale Fragen dieses Beitrags.

Es fällt schwer, Gewalt zu *definieren.* Kein Wunder angesichts des *breiten Spektrums von Erscheinungen,* das unter „Gewalt" gefasst wird. Soll neben körperlicher Schädigung auch psychische Aggression (z. B. Mobbing) dazu gehören? *Wissenschaften* wie die Biologie, Psychologie, Psychiatrie, Soziologie, Kriminologie, Rechts- und Politikwissenschaft definieren Gewalt unterschiedlich. Dazu kommen Gewalt rechtfertigende oder kritisierende *ideologische Konstruktionen* durch Theologie, Politik, Polizei, Pädagogik, Militär und Friedensbewegung. „Gewalt" ist oft ein moralisch-politischer Kampfbegriff für das, was nur der Gegner tut.

Was grenzt *„Aggression"* von *„Gewalt"* ab? Die Etymologie hilft nur bedingt:[1] „Aggression" (von lateinisch *aggredi,* angreifen, herangehen) wird biologisch auch für Tiere verwendet. „Gewalt" (von indogermanisch *giwaltan, waldan,* Verfügungsmacht oder Herrschaft besitzen) wird heute als Wechselbalg zwischen einem „Kompetenz-" und einem „Aktionsbegriff" benutzt, was andere Sprachen trennen: (a) direkte persönliche Gewalt von lateinisch *violentia* zu heute *violencia, violence, violence,* (b) institutionelle Gewalt von lateinisch *potestas* zu heute *poder, pouvoir, power.* Beides wird auch verquickt: (Institutionelle) Macht beruht darauf, andere durch Androhung oder Ausübung von verletzender körperlicher Gewalt zu etwas zu zwingen. Doch statt weitere Definitionsprobleme[2] zu erörtern, hier zwei Vorschläge:

- Aggression: Ein Ensemble der Evolution entstammender biopsychosozialer Mechanismen zur Ressourcengewinnung und -verteidigung (auch für Verwandte und Eigengruppe) – als ultimaten Ursachen (evolutionsbiologischer Vorteil). Diese Mechanismen werden bei Menschen durch Aspekte der individuellen Persönlichkeit, sozioökonomische, kulturelle und situative Umstände und Auslöser aktiviert oder gehemmt sowie durch Emotionen (Furcht, Frustration, Stressgefühl, Schmerz, Wut,

1 Vgl. Wahl 2009, S. 7 ff.; Imbusch 2002, S. 26–57.

2 Ausführlicher Wahl 2009, S. 6 ff.

Dominanz, Lust) motiviert – als proximaten Ursachen. Aggression erfolgt absichtlich als Drohung mit oder Anwendung von schädigenden Mitteln. Als pathologisch gilt Aggression, die übertrieben, andauernd oder dem Kontext nicht adäquat ist. Aggressivität bezeichnet das Potential für Aggression.

- Gewalt: Die durch Gesellschaft und Staat historisch und kulturell variabel normierte Teilmenge von Aggression, die je nach Kontext gefordert, gewünscht, geduldet, geächtet oder bestraft wird (vgl. Boxer vs. Mörder; Verteidigungs- vs. Angriffskrieg). Oft ist Gewalt in Hierarchien (Machtstrukturen) eingebettet (z. B. „väterliche", „staatliche Gewalt").

Aggression gilt hier also als der umfassendere, in die Tier-Evolution zurück reichende Begriff. Weitere Aggressionsvarianten unterscheiden nach Zielen (z. B. defensiv, offensiv), Mitteln (z. B. körperlich, mit Waffen), biopsychischen Prozessen (z. B. reaktive, impulsive, affektive vs. proaktive, instrumentelle, planende Aggression), Akteur und Art der Schädigung oder dem Aktionsraum (z. B. ritualisiert, institutionalisiert). Strittig ist, ob Galtungs Begriff „struktureller" Gewalt[3] sinnvoll ist oder nur zur Skandalisierung von sozialer Ungerechtigkeit dient.[4] Auch Galtungs „kulturelle" Gewalt (religiöse, ideologische Rechtfertigung von Gewalt)[5] oder Bourdieus in Sprache eingewobene „symbolische" Gewalt (zur Verschleierung von Herrschaft)[6] sind ungenau: Gewalt und Ideologien sind unterschiedliche Kategorien. In Gesellschaften und Staaten gibt es Gewalt von oben (der Herrschenden), von unten (Widerstand, Revolution) und zwischen Machtkonkurrenten (z. B. ethnischen Gruppen).

2 Verbreitung von Gewalt und ihren Opfern – einst und jetzt

Über das Ausmaß menschlicher Aggression wurde viel spekuliert, vom friedlichen Urzustand im antiken Mythos des Goldenen Zeitalters und im biblischen Paradies bis zu Jean-Jacques Rousseaus[7] Romantisierung der „edlen Wilden" und Thomas Hobbes' Naturzustand als Krieg aller gegen alle.[8] Darwins[9] Nachfolger erforschten empirisch die evolutive Kontinuität tierischer und menschlicher Aggression. Soziologen fragten, ob die Modernisierung der Gesellschaft auch zivilisierend-gewaltmindernd war.[10] Heute

3 Galtung 1975.
4 Nunner-Winkler 2004, S. 43 ff.
5 Galtung 1990.
6 Bourdieu 1993.
7 Rousseau 1998.
8 Hobbes 1965.
9 Darwin 2006.
10 Elias 1992; Wieviorka 2006.

wundern sich Forscher angesichts der evolutiv bewährten Aggression und vieler Interessenkonflikte, wie *wenig* Gewalt es gibt.[11]

Kriminalhistoriker stellten bei den gut dokumentierten *individuellen Tötungen* in Europa seit dem 13. Jahrhundert einen erheblichen Rückgang fest. Vom 13. bis zum 16. Jahrhundert gab es zwischen 20 und 28 Tötungen pro 100 000 Einwohner, Mitte des 18. Jahrhunderts waren es noch vier, im 19. Jahrhundert zwei bis drei und im 20. Jahrhundert unter zwei. Allerdings stieg die Zahl in der zweiten Hälfte des 20. Jahrhunderts wieder etwas an, aber die Zeit ist zu kurz, um eine historische Trendwende zu konstatieren. Nur 5 bis 12 % der Gewalttäter ab dem 13. Jahrhundert waren Frauen.[12] Bessere Lebensbedingungen, Bildung, Moral, Selbstkontrolle, wechselseitige soziale Abhängigkeit und das staatliche Gewaltmonopol sorgten für den Rückgang ebenso wie der medizinische Fortschritt, der mehr Opfer überleben ließ.[13]

Nach aktuellen deutschen Repräsentativumfragen erinnert sich die Mehrheit an elterliche Ohrfeigen oder Schläge in der Kindheit, etwa jeder Zehnte wurde körperlich misshandelt.[14] Jede achte Frau erfuhr seit dem 16. Lebensjahr sexuelle Gewalt, jede vierte körperliche oder sexuelle Gewalt durch Partner.[15] Von den zwölf- bis 25-Jährigen war im Vorjahr gut jeder Fünfte in Schlägereien verwickelt.[16] Die (nur das Hellfeld zählende) Polizeiliche Kriminalstatistik registrierte im Jahre 2010 für Deutschland 201 243 Fälle von Gewaltkriminalität (davon 2 218 Fälle von Mord und Totschlag), dazu 372 950 vorsätzliche leichte Körperverletzungen.[17] Auf 100 000 Einwohner kamen 0,8 Morde bzw. 3,9 Straftaten gegen das Leben insgesamt.[18] Die Gewalttäter und -opfer waren meist männlich und zwischen 14 und 21 Jahren.[19]

Dem Rückgang der Opfer individueller Gewalt steht bei *kollektiver* Gewalt eine Zunahme gegenüber, auch eine Folge der im 19. und 20. Jahrhundert größeren Heere und breiter wirkenden Waffen (Maschinengewehre, Bomben usw.), aber durch medizinischen Fortschritt wieder begrenzt. In einigen Kriegen wurden große Bevölkerungsteile getötet (Dreißigjähriger Krieg), auch durch die begleitenden Hunger- und Seuchenopfer.[20] Der nach der Opferzahl größte Krieg, der Zweite Weltkrieg, forderte je nach Quelle bis zu ca. 80 Millionen Tote, meist Zivilisten.[21] Die letzten Jahrzehnte sahen häu-

---

11 Reemtsma 2008.

12 Eisner 2002, S. 58 ff.

13 Eisner 2011b.

14 Pillhofer 2011.

15 Bundesministerium für Familie, Senioren, Frauen und Jugend 2004, S. 9.

16 Shell Deutschland Holding 2006, S. 140.

17 Polizeiliche Kriminalstatistik 2010, in: Bundesministerium des Innern 2011, S. 4.

18 Bundeskriminalamt 2010a, Tabelle 40: Tatverdächtigenbelastungszahl der deutschen Tatverdächtigen – insgesamt – ab 8 Jahren nach Alter ab 1987, S. 2. Die Polizei sieht sich nur in der Lage, dies für Deutsche zu berechnen.

19 Polizeiliche Kriminalstatistik 2009, in: Bundeskriminalamt 2010b, S. 150 f.

20 Klingberg 1966.

21 Putzger 1969; Keegan 2005; World War II casualties 2011.

figer Bürgerkriege bzw. innerstaatliche Konflikte als zwischenstaatliche Kriege.[22] Auch Genozide und „politische Säuberungen" fordern Millionen von Toten (z. B. Stalinismus, Nationalsozialismus, Rote Khmer). Weltweit zählte der letzte Gewaltbericht der Weltgesundheitsorganisation im Jahr 2000 insgesamt 815 000 Selbsttötungen, 520 000 Gewalttötungen, 310 000 Kriegstote und ein Vielfaches an Verletzten.[23]

Was schließlich den *Konsum fiktionaler Gewaltakte* im Fernsehen, in Kriminalromanen und Computerspielen betrifft, ist dieser massenhaft – Gewalt fasziniert, auch wenn man nicht selbst aktiv oder betroffen ist. Gewalt in ihren vielfältigen Erscheinungen ist also nach wie vor allgegenwärtig, weltweit zeichnet sich weder ein klarer Trend zum Verschwinden ab noch ein eindeutiger Rückzug in weniger entwickelte Regionen.

3 Systematische Ursachensuche – Biopsychosoziale Mechanismen

Politik, Medien oder „der Mann auf der Straße" vermuten *Ursachen* von Gewalt meist nur in wenigen oberflächennahen Teilen des kausalen Wurzelgeflechts *(proximate Ursachen).* Die üblichen Verdächtigen reichen von Arbeitslosigkeit bis zum Werteverfall. Die Beliebigkeit solcher populärer *Top-down*-Ursachensuche gibt es aber selbst bei Wissenschaftlern. Es mangelt an der systematischen Verknüpfung empirischer Befunde verschiedener Wissenschaften, um das Kausalgeflecht umfassender aufzuhellen. Daher bietet sich eine zweite Perspektive an, die auch forschungsökonomischere *Bottom-up*-Ursachensuche, angelehnt an den Appell des „Ockhamschen Rasiermessers", die Zahl der Faktoren und Hypothesen in Erklärungen knapp zu halten. Sie beginnt mit der biologischen Rekonstruktion einfacher tierischer Formen der Aggression in der Evolution, um dann die komplexer werdenden menschlichen Formen in den Sozialgebilden von Jagdhorden über Staaten bis zur Weltgesellschaft zu erkunden. Statt sich in oft unübersichtlichen aktuellen Gewaltverhältnissen zu verlieren, geht diese Erkenntnisstrategie der Mehrebenen- oder „vertikalen Integration" vom frühen Einfachen zum späteren Komplexen und bezieht immer weitere Variablen ein, um die biopsychosozialen Faktoren in *interdisziplinären theoretischen Modellen* zusammenzufassen.[24]

Diese Strategie erhellt auch die Verbindung zwischen physischer Gewalt und gesellschaftlicher und politischer Macht. Für den Soziologen Niklas Luhmann ist diese Gewalt ein „symbiotischer Mechanismus", den die Evolution als soziale Systemstruktur, basierend auf einem organischen Prozess, geschaffen habe. Sie sei rasch aufzubauen und zu strukturieren, biete viele Verwendungen und sei offen definierbar. Oft reiche dem

22 Waldmann 2002, S. 368 ff.; M. Heupel i. d. B.
23 Krug et al. 2002, S. 10.
24 Wahl 2000, S. 327 ff.; Wahl 2009, S. 13 ff.

Machtsystem schon die Androhung physischer Gewalt, um gesellschaftliche Ordnung zu schaffen.[25]

Der von Luhmann benutzt Begriff des *Mechanismus* wird heute oft für das Zusammenwirken von Elementen für ein bestimmtes Ergebnis verwendet,[26] gerade wenn die Zusammenhänge (noch) zu komplex für mathematische Modellierungen sind und höchstens als weiche Kopplungen mit Anschlusswahrscheinlichkeiten erscheinen. Für den Philosophen und Sozialwissenschaftler Jon Elster ist der Mechanismus-Begriff für biopsychische Bereiche zwar unschärfer als naturwissenschaftliche Gesetze (etwa: A und B führen zu C), aber schärfer als bloße Beschreibungen oder die Annahme einer Black Box. In Mechanismen sieht er Kausalmuster, die unter unbekannten Bedingungen oder mit unbestimmten Konsequenzen ausgelöst werden (etwa: A und B führen manchmal zu C, manchmal zu D). So müssen weitere Kausalfaktoren dazukommen, um eine spezifische Wirkung zu erzeugen (z. B. kann Furcht je nach Auslösereiz alternativ zu Flucht, Kampf oder Bewegungsstarre führen).[27] Für die interdisziplinäre Aggressionsforschung ist „Mechanismus" derzeit der angemessene Begriff für Zusammenhänge *in* Systemen (z. B. aggressionsmotivierende und -kontrollierende Gehirnteile) und *zwischen* Systemen (z. B. elterlicher Erziehungsstil und kindliche Aggression).

4 Aggression – ein Erfolgsmodell der Evolution?

Die Biologie erkundet zunächst evolutive „*Ur*-sachen" von Aggression, d. h. langfristig effektive, *ultimate* Determinanten, durch die sich aggressive Organismen gegen andere häufiger behaupten als nicht aggressive und ihre Gene (oder jene genetisch Verwandter) in den Nachkommen reproduzieren. Die biologische Verhaltensforschung[28], Humanethologie[29], Soziobiologie[30] und Evolutionspsychologie[31] haben Theorien zur evolutiven Entstehung menschlicher Aggression vorgelegt. Buss und Shackelford sehen dabei Mechanismen, die kontextsensitive Lösungen für adaptive Probleme des sozialen Lebens darstellen: Ressourcen beschaffen, sich gegen Attacken verteidigen, Status und Macht erringen, Rivalen von Aggression und Partner vor Untreue abschrecken.[32] Die populäre Theorie von Konrad Lorenz,[33] der Instinkte und einen Triebstau annahm, der sich in Aggression löse, wurde nicht empirisch belegt.[34] Für menschliches Verhalten sind ultimate

25 Luhmann 1984, S. 357 ff.; ders. 1974.
26 Tabery 2004.
27 Elster 1998.
28 Lorenz 1963.
29 Eibl-Eibesfeldt 1995.
30 Wilson 1975.
31 Daly und Wilson 2002.
32 Buss und Shakelford 1997.
33 Lorenz 1963.
34 Roth 2007, S. 345.

Ursachen oft nur vorbewusste Hintergrundmotive, aber sie erinnern an unsere evolutionäre Disposition zu Aggression.

Die Lebensumstände von Tieren und Menschen waren in der Evolution durch Bedrohungen und Konflikte gekennzeichnet. Welche *biopsychosozialen Mechanismen* traten dabei auf? Die Begegnung mit Raubtieren und Feinden wurde als Stress empfunden, der in Körper und Psyche rasche nützliche Antworten auslöste. Der Physiologe Walter Cannon nannte solche neurobiologischen Reaktionen auf Bedrohung *„fight or flight"*,[35] der Verhaltensforscher Eibl-Eibesfeldt sprach von *agonalem Verhalten* angesichts von Feinden durch ein Kampfsystem (aggressiv oder defensiv) und ein Fluchtsystem (fliehen oder unterwerfen zur Vermeidung selbstvernichtender Kämpfe). Kampf- und Fluchtverhalten können auch gemeinsam auftreten.[36] Dabei werden Hypothalamus und Sympathisches Nervensystem aktiviert, Adrenalin erhöht die Frequenzen von Herzschlag, Atmung und Muskeltonus und mobilisiert Energie für Flucht oder Kampf. Das geschieht rasch, vorbewusst und je nach Temperament, Vorerfahrung, Bedrohungsstärke und Fluchtmöglichkeit.[37] Neben dieser *reaktiven Aggression* gibt es die langsamere *instrumentelle Aggression,* etwa bei Raubzügen zur Ressourcenbeschaffung, bei der bewertend-planende Gehirnbereiche aktiv sind.[38] Sie entwickelte sich in der längsten, nicht nur friedlichen Menschheitsepoche der Jäger und Sammler. Bei den meisten dieser Gruppen wurden Spuren von Gewalt gefunden, bei vielen auch Belege für Kriege.[39]

Die Evolution brachte aber auch *aggressionsbegrenzende* Mechanismen hervor, z. B. schon bei Tieren Imponiergehabe und Unterwerfung, bei Menschen Ärger- und Impulskontrolle, Empathie und Moral.[40] Ein paradoxer Mechanismus für ein auskömmliches Zusammenleben ist die „moralistische Aggression", die Betrüger und andere Normabweichler mit Vergeltung bedroht und bestraft.[41] Solche Vergeltungsgewalt ist mit neuronal-emotionalen Belohnungen für den Bestrafenden verbunden. Während bei Primatenhorden oft noch starke Leittiere für Frieden sorgten, wird angenommen, dass in den egalitäreren menschlichen Jäger-Sammler-Gruppen vergeltende Gewalt als sozialer Selbsthilfe-Ersatz zur Kontrolle von Normabweichung aufkam, auch als Vorläufer von Blutrachesystemen und Strafrecht.[42]

Jenseits der ultimaten Aggressionsfaktoren studieren Biowissenschaftler auch viele aktuelle, kurzfristig wirksame, *proximate* biotische Faktoren, z. B. Hirnschäden oder durch Umwelterfahrungen veränderte Pegel von Neurotransmittern.

35 Cannon 1915.
36 Eibl-Eibesfeldt 1995, S. 519 f.
37 Jansen et al., 1995; Wahl 2009, S. 32 ff.
38 Präfrontaler und insbesondere Orbitofrontaler Cortex, vgl. Strüber et al. 2008.
39 Lee und Daly 1999, S. 5.
40 Bühl 1982, S. 85; Wahl et al. 2001, S. 75 ff.
41 Trivers 1971.
42 Boehm 2011.

Aus biologischer Sicht scheint Aggression als Erfolgsmodell der Evolution. Tiere und Menschen überlebten ihre gefährlichen Umwelten, Stress- und Konfliktsituationen durch die Entwicklung von Mechanismen zur Risikobewältigung, die sie an ihre Nachkommen vererbten:

(a) In einer evolutionstheoretischen *Bottom-up*-Darstellung von *„normalen" Szenen individueller Aggression* entlang des *Lebenszyklus* von Säugetieren und Menschen kann man mit der spielerischen Rauferei beginnen, in der junge Tiere und Menschenkinder ihre potenziell verletzenden Verhaltensweisen erproben.[43] Im Kindes- und Jugendalter sind insbesondere für Jungen physisch aggressive Auseinandersetzungen um Spielzeug, Rang und später um Mädchen normal. Mädchen zeigen häufiger psychosoziale Aggression wie Intrigieren, Verpetzen usw. Im Erwachsenenalter nimmt körperliche Gewalt ab, sie wird zudem institutionell stärker sanktioniert. Auch im *Familienkontext* gibt es evolutive Formen der Aggression. Männliche Tiere töten zuweilen den bisherigen Nachwuchs ihrer neuen Partnerin, was ihren eigenen Genen rascher freie Bahn schafft.[44] Auch bei Menschen werden Stiefkinder von Stiefelternteilen im Durchschnitt schlechter behandelt oder öfter getötet, letzte Spuren einer verdeckten Strategie zur Weitergabe eigener Gene. Gelegentlich wollen Männer mit Gewalt ihre Partnerin vor sexueller Untreue abschrecken, um die Chancen auf Kinder fremder Väter zu verringern.[45] Frauen werden daher schon bei Jägern und Sammlern Opfer männlicher Gewalt, allerdings ist dies unterschiedlich institutionalisiert: Bei manchen Völkern (z. B. Batek in Malaysia) ist Gewalt tabuisiert, bei anderen (z. B. Mbuti im Kongo) dürfen Frauen bis zu einem gewissen Grad geschlagen werden, aber auch zurückschlagen.[46] Kindererziehung greift auch heute noch oft zu gewalttätigen Mitteln, besonders um das Kind vor Gefahren zu bewahren. Andererseits werden äußere Gefahren auf die Kinder abgewehrt, schon bei Tieren gibt es die Brutverteidigung. Doch weisen Biologen und Soziologen bei allen Aggressionstypen auch auf andere Einflüsse hin, von der Molekulargenetik bis zu Kulturfaktoren.[47]

(b) Daneben gibt es eine Entwicklung der *Aggression in Gruppen*. Es beginnt mit kindlichen und jugendlichen Rangeleien um den Status in *Peer-Groups* (Gleichaltrigengruppen), auch zwischen Untergruppen, begleitet von Konflikten um knappe Güter und symbolische Aspekte wie „Ehre". Solch gruppeninterner Streit um Rang, Macht und Verteilung liefert Mikromodelle für makrogesellschaftliche Konflikte wie Rebellionen, Revolutionen und Bürgerkriege.

(c) In Konflikten *zwischen* vorwiegend männlichen Cliquen geht es um die Herrschaft über Territorien, und seien es heute nur Straßen oder Jugendzentren. Cliquen

43 Vgl. zum Folgenden Wahl 2009, S. 105 ff., 115 ff.

44 Cords und Fuller 2010.

45 Daly und Wilson 2002, S. 722 ff.; Buss und Shackelford 1997, S. 608 ff.

46 Endicott 1999, S. 416.

47 Panksepp et al. 2002; Elwert 2004.

können sich um ethnische, religiöse, kulturelle oder lokale Kristallisationspunkte herum bilden und dauernde Feindschaften mit anderen Gruppen pflegen, ritualisiert z. B. bei Hooligans.[48] Solche heutige kollektive Aggression gleicht Regressionen auf alte evolutive Muster des Einübens von Kindern und Jugendlichen in kriegerische Gewaltformen von Männerbünden, mit Freund-Feind-Abgrenzung durch Mythen und Gesänge.[49] Bei einigen heutigen vorzivilisatorisch lebenden Völkern haben sich Stammeskriege um Ressourcen, zum Frauenraub oder zur Erhöhung der eigenen Ehre erhalten. Am Ende dieser Entwicklungslinie stehen internationale Kriege.

Aggressionsszenarien lassen sich aber nicht nur entlang des Lebenszyklus darstellen, sondern auch entlang *typischer sozialer Konstellationen* mit Interessengegensätzen, in denen Menschen seit alters her leben. Der Soziologe Walter Bühl hob dazu zwei prinzipielle Entwicklungslinien der gesellschaftlichen Organisation hervor: (a) *Familismus* (von Familien über Verwandtschaftssysteme bis zu Clans, Stämmen und Völkern). (b) *Kollektive Ordnungen* (zumindest zur Verteidigung nach außen, von Horden über Jagd- und Heeresverbände bis zum Staat und internationalen Organisationen). Diese menschlichen Sozialformen haben Vorläufer in stabilen Dominanz- und Statusordnungen von Wirbeltieren, die ihrerseits nach zwei Typen strukturiert sind: eine eher durch Gleichheit, komplementäre Bindung und geringe Dominanz bestimmte Form (auch dann bei menschlichen Familien) sowie eine durch antagonistische Bindung und hierarchische Dominanz charakterisierte Form (auch dann bei menschlichen Horden und Jagdverbänden).[50] In der Primatenforschung wurde dies auch als Schimpansen- vom Pavianmodell unterschieden.[51] Nach Bühl gibt es Zusammenhänge zwischen beiden Sozialentwicklungen, so kann ein Stamm als politische Allianz organisiert sein, der sich aus einer (auch fiktiven) Verwandtschaft legitimiert. Menschen müssen daher eine labile Mischung von Dominanz und freundlicher Unterordnung, Konkurrenz und Kooperation herstellen und Statuskämpfe ertragen, was die Unterdrückung von Wut, Bedürfnisaufschub und Verhaltenskontrolle voraussetzt. Analoges gilt für das Dilemma zwischen der Abgrenzung (Ethnozentrismus) und Allianz zwischen Kollektiven. Diese Sozialformen werden von einem dauernden Dilemma des Ausbalancierens von Konflikt und Kooperation, Aggression und Bindung begleitet, auch durch Strategien der Aggressionskontrolle und Kooperation.[52]

48 Wahl und Hees 2009.

49 Wahl et al. 2001, S. 113 f.

50 Bühl 1982, S. 84 ff.

51 Kummer, Sozialverhalten der Primaten. Berlin. 1975, S. 155 f.

52 Bühl 1982, S. 86.

5 Gehirn, Genetik, Gesellschaft: Komplexes Zusammenspiel

Alle Ursachen, Auslöser, Katalysatoren und Hemmfaktoren von Aggression laufen im Gehirn zusammen – von evolutionsgenerierten Programmen, den Genen und Emotionen bis zu Umwelterfahrungen. Zusammen aktivieren sie im Gehirn dann Aggressionsmechanismen. Die *individuelle biopsychische Entstehung von Aggression* erscheint als Kaskade der Effekte von Organismus, Psyche und Umwelt: Einzelne Gene codieren Enzyme (z. B. Monoaminoxidase A, MAO A), die dann Neuromodulatoren (z. B. Serotonin) beeinflussen. Diese wiederum können Ängstlichkeit und Bedrohungsgefühle erhöhen, die aggressiv machen. Dazu werden bei Gefahr auch Organe neurophysiologisch aktiviert (z. B. Erregung, Kampfbereitschaft) und psychische Reaktionen ausgelöst (z. B. Wut), die zu Aggression motivieren.

Die Millionen Jahre lange Evolutionsgeschichte des Gehirns stellt *allen* Menschen solche Aggressionsmechanismen bei Bedrohung und Konflikt bereit. Doch ob ein *Individuum* die Aggressionsmöglichkeit nutzt, hängt von der zweiten, kurzen Geschichte des Gehirns ab, die mit der Zeugung beginnt und die Körper- und Persönlichkeitsentwicklung vom Kind bis zum Erwachsenen umfasst, die auch durch die Umwelt (Sozialisation, Ernährung usw.) geprägt ist. Am Schluss der Kausalketten kommen *situative* Faktoren dazu, z. B. Alkoholkonsum oder eine Provokation. Im Gehirn wirken *fördernde und hemmende Strukturen* und *Prozesse* auf Aggression, etwa im Zusammenspiel von Limbischem System (für Emotionen) und Präfrontalem Cortex (u. a. für Moral, Motivation, Planung), das bei Stoffwechselstörungen gemindert ist.[53] Auch neuroaktive Substanzen und Hormone [54] steuern die Aggressivität. Ihre Wirkung hängt von weiteren biotischen, psychischen und sozialen Faktoren ab, voran den *Genen*. Zwillings- und Adoptionsstudien fanden relativ hohe genetische Anteile für Aggression, die je nach Stichprobe und Art der Studie 40 bis über 70 % der Varianz erklärten.[55] So einfach statischprozentual zurechenbar sind Gen- und Umweltwirkungen aber nicht, beide zeigen ein kompliziertes Zusammenspiel. Aktuell wird auch intensiv die *Epigenetik* von Aggression erforscht, die Vererbung jenseits der DNA mittels Genregulation und -expression (Freilegung, Ab- und Anschalten von Genen). Traumatische Erfahrungen (z. B. Misshandlung) in der Frühkindphase können nicht nur die kindliche Psyche verletzen, sondern über biochemische Prozesse auch die Genexpression und damit die Aggressivität des Kindes beeinflussen.[56] Ein anderes Anlage-Umwelt-Wechselspiel ist der Einfluss der Gene über das von ihnen geprägte Temperament darauf, welche sozialen Situationen ein Kind sucht, wie es auf seine Umwelt reagiert und wie diese zurückwirkt.[57]

53 Raine et al. 1997; Roth 2001; Lück et al. 2005. S. 85; Wahl 2009, S. 48 ff.; Wiswede et al. 2011.
54 Frankle et al. 2005; Lück et al. 2005; Caramaschia et al. 2008; Haller et al. 2005.
55 Baker et al. 2007; Hudziak et al. 2003.
56 Epigenome Network of Excellence 2008; Harper 2005; Tremblay 2006.
57 Scarr 1992.

6 Sex, Gender und Gewalt

Bei der *körperlichen Aggression* dominiert in jedem Alter das männliche Geschlecht. International fand man je nach Stichprobe 4 bis 11 % von der Kindheit bis in die Jugend chronisch hoch aggressive Jungen und 0 bis 10 % solcher Mädchen.[58] Die Polizeiliche Kriminalstatistik meldet 2009 für Deutschland unter den einer Gewalttat Verdächtigten 86,3 % Männer und 13,7 % Frauen.[59] Anderes gilt für *Beziehungsaggression* (Intrigieren, Gerüchte bilden usw.), worin sich schon kleine Mädchen eher hervortun[60] und bei *Gewalt zwischen Partnern,* wo oft der weibliche Teil dominiert, aber auch häufiger schwer verletzt wird.[61]

Woher kommen diese Unterschiede? Der Streit, ob hier eher biotische oder gesellschaftliche Ursachen wirksam sind, ist so alt und polemisch wie der um Geschlecht als *sex* (biologisch) oder *gender* (sozial). Auf alte Wurzeln höherer männlicher Aggressivität deuten Studien bei Tieren, archäologische Funde und – vorsichtig zu interpretierende – Beobachtungen bei heute noch auf Jäger-/Sammler-Stufen lebenden Stämmen. In der *Biologie* hat dazu die Theorie *ungleicher elterlicher Investitionen* viel Gewicht, wonach Frauen mehr in die Aufzucht ihrer Kinder investieren als Männer: Frauen produzieren im Lebenslauf relativ wenige, also wertvolle Eizellen, Männer dagegen unzählige Spermien. Frauen sind auch durch Schwangerschaft, Geburtsrisiken, Stillen und Kinderaufzucht mehr beansprucht. Daher seien Frauen bei der Partner- und Vaterwahl wählerischer, Männer müssten um sie konkurrieren – wobei sich auch aggressive Mittel bewährten. Männer seien für Frauen attraktiv, wenn sie neben materiellen Ressourcen genügend Stärke versprächen, sich in der Konkurrenz um Nahrung, Territorien usw. durchzusetzen und ihre Familie zu verteidigen. Daher herrsche in vielen Gesellschaften ein scharfer Wettbewerb zwischen jungen, unverheirateten Männern mit niedrigem Status. Tatsächlich sind diese meist Täter *und* Opfer, oft aus geringem Anlass (Verteidigung der „Ehre"). Frauen untereinander würden seltener physisch gewalttätig, u. a. weil der Tod einer Frau das Überleben der Kinder mehr gefährde als der Tod des Vaters.[62]

Nach Wendy Woods und Alice Eaglys *biosoziologischer* Theorie liegt eine Wurzel männlichen Kriegertums in Vorteilen der Männer bei Körpergröße, Kraft und Geschwindigkeit, eine andere in der Reproduktionstätigkeit der Frauen, die sie an weiten Reisen und Militärtraining hindere, aber leicht zum sexuellen Lohn für Sieger im Krieg mache. Solche biosozialen Faktoren würden überformt durch soziale Geschlechtskonstruktionen *(gender),* die kriegerische Aspekte in die Männerrolle einschlössen, damit Männer gefährliche Aktionen ausübten.[63]

---

58 Broidy et al. 2003; Wahl und Metzner 2012.
59 Bundeskriminalamt 2010b, S. 228.
60 Foster und Hagan 2002.
61 Luedtke und Lamnek 2002; Gelles 2002.
62 Trivers 1972, S. 136–179; Daly und Wilson 2002.
63 Wood und Eagly 2002.

Insbesondere feministische Wissenschaftlerinnen bezweifelten evolutionsbiologische Thesen zur Geschlechtsungleichheit von Aggression. Sind solche Thesen also mehr als ideologische Erzählungen? Immerhin hat die neurobiologische Forschung biotische Unterschiede der Geschlechter bei Hirnstrukturen und -prozessen aufgedeckt, die Aggression steuern. So wurde für Jungen, aber nicht für Mädchen, ein Zusammenhang zwischen präfrontalen Arealen und aggressivem Verhalten ermittelt.[64] Auch in aggressivitätsbezogenen Teilen des Hypothalamus bestehen große Geschlechterunterschiede.[65] Das spricht für alte Evolutionsspuren. Auch die *Entwicklungspsychologie* sieht eine Wirkung des biotischen Geschlechts auf das Aggressionsniveau, da schon ab einem Alter von einem Jahr an, also noch wenig von Sozialisation beeinflusst, Jungen physisch aggressiver sind als Mädchen.[66]

Andererseits zeigt die Forschung starke *soziokulturelle Einflüsse* auf die Aggressivität der Geschlechter. Das Ausmaß männlicher Gewalt zwischen den Kulturen ist unterschiedlich.[67] Studien ermittelten z. B. die Rolle kultureller Männlichkeitsideale und Normen wie das Verteidigen der Familienehre bei Jungen mit bestimmten Migrationshintergründen. Diese Jungen akzeptierten Gewalt eher und übten sie öfter aus als ihre deutschen Altersgenossen.[68] Sozialwissenschaftler machen dafür die Sozialisation in Familien, Gleichaltrigengruppen usw. verantwortlich, die Jungen und Mädchen unterschiedliche Verhaltensmuster vermittle. Auch wenn risikofreudigeres Verhalten bei Männern ein genetisch angelegtes Programm ist, äußert es sich nur unter bestimmten sozialen Bedingungen als manifeste Aggression. In manchen Jugendcliquen wird gleich losgeschlagen, in anderen gilt die Tugend der „coolness".[69]

7 Sozialisation und Gewalt

Die genetische Aggressionsdisposition der Kinder wird also durch Umwelteinflüsse aktiviert und überformt, die Forschung zeigt Effekte vom Rauchen in der Schwangerschaft[70] bis zum Wetter[71] und Klima.[72] Hier können nur einige soziale Aspekte beleuchtet werden – entlang der Lebensgeschichte vom Kind an und von direkten Faktoren zu indirekten.

---

64 Whittle et al. 2008.
65 Roth 2008.
66 Manson und Wrangham 1991; Archer und Côté 2005; McCall und Shields 2008.
67 McCall und N. Shields 2008.
68 Baier und Pfeiffer 2007, S. 19.
69 Elwert 2004, S. 442 ff.
70 Varisco 2000; Huijbregts et al. 2007.
71 Simister und van de Vliert 2005.
72 Hsiang et al. 2011, S. 438–441.

Eltern beeinflussen nicht nur genetisch und epigenetisch das Verhalten der Kinder, sondern auch über die Elternpersönlichkeiten sowie ihre soziale, wirtschaftliche und kulturelle Situation. Als Risikofaktoren für die Aggressivität der Kinder erwiesen sich u. a. frühe Schwangerschaften, Geburtskomplikationen, Stress und negative Bindungsmuster,[73] autoritäre, kontrollierende und gewalttätige, aber auch zu schwach kontrollierende, vernachlässigende Erziehung.[74] *Krippen, Kindergärten und Schulen* prägen die Aggression von Kindern über das pädagogische Personal, die Curricula, die Organisation sowie die anderen Kinder.[75] Eine wichtige Rolle spielen *Peer-Groups.*[76] Da sich aggressive Kinder gerne aggressiven Cliquen anschließen, kann sich dieses Verhalten gegenseitig hochschaukeln.[77] In den Cliquen werden auch Unterschiede von Eigen- und Fremdgruppen, „Freunden" und „Feinden", Stereotype, Vorurteile sowie Symbole als Ziele und Auslöser von Aggression gelernt. So werden rechtsextreme Skinheads schon beim Anblick linker Antifa-Abzeichen aggressiv.[78]

Moderne Medien und *elektronische Spiele* gerieten als unheimliche Erzieher zu Gewalt ins Visier. Doch waren Kinder von alters her mit aggressiv geladener Literatur konfrontiert, von der Bibel bis zu Märchen. Ein Bericht der Weltgesundheitsorganisation fand widersprüchliche Forschungsergebnisse zum Medieneinfluss; schwere Gewalttaten gingen kaum auf Medieneffekte zurück.[79] Längsschnittstudien vom Kindes- bis zum Erwachsenenalter deuten aber insgesamt eher Negativeffekte frühen, langen Fernsehkonsums mit Gewaltszenen an.[80] Nachahmwirkungen gewalthaltiger Computerspiele (z. B. bei sogenannten Amokläufern) sind strittig; die Spiele scheinen weniger Auslöser als Verstärker bestehender Aggressivität zu sein, die in Vorgeschichten mit zumindest subjektiv erlebter mangelnder Anerkennung wurzelt.[81]

Intensiv-Gewalttäter entstammen meist einer kleinen Minderheit von Kindheit an chronisch aggressiver und antisozialer Personen.[82] Diese Kinder haben bestimmte *Temperamente, Emotionen* und *Verhaltensweisen:* (a) Ängstlichkeit, die später zu *defensiver* und *impulsiver* Aggression sowie Mitläuferrollen in kriminellen Cliquen führt; (b) Selbstsicherheit und Dominanz, die später in *geplanter* Aggression und Führerrollen in kriminellen Cliquen münden; (c) Wut und Hyperaktivität, auf die Eltern mit Strenge reagieren, was die Kinder aggressiv macht; (d) Trauer (z. B. beim Tod der Mutter), die in Aggression umschlägt, als Hilfeappell, wenn ein Kind nicht getröstet wird. Der Weg

73 Strüber et al. 2008; Booth-Laforce et al. 2006; Casas et al. 2006; Wahl 2009, S. 129 ff.

74 Walper 2007; Vitaro et al., 2006; Wahl 2009, S. 133 ff.; Wahl und Metzner 2012.

75 Manecke et al. 2000; Borge et al. 2004; Belsky et al. 2007; Jung und Wahl 2008; Bovier und Boehnke 1999; Grunseit et al. 2008, S. 527–545; Reis et al. 2007; Wahl 2007a, S. 124 ff.

76 Harris 1995.

77 Fite und Colder 2007; Wahl 2003.

78 Wahl 2009, S. 120.

79 Krug et al. 2002.

80 Huesmann et al. 2003.

81 von Salisch et al. 2011; Wahl und Hees 2009, S. 28 ff.; Bannenberg 2009.

82 Wahl und Metzner 2012; Wahl 2007b.

in immer brutalere Gewalt erfolgt dann im Wechselspiel zwischen Persönlichkeitsentwicklung und Reaktionen der Umwelt: Eltern und Pädagogen sind mit dem Verhalten der Kinder überfordert und antworten mit Verboten, Schlägen oder Schulausschluss. Das verstärkt die Aggression der Kinder, die sich dann devianten Gruppen von Gleichaltrigen anschließen, wo sich ihre Tendenzen hochschaukeln.[83]

Der Einfluss der *Sozialschicht* (Bildungsniveau, Berufsstatus, Einkommen) auf Gewalt ist unklar, doch die ganz Armen mit wenig Arbeitschancen, aus desorganisierten, unkontrollierten Orten mit gewalttätigen Subkulturen, die die Befriedigung ihrer Wünsche schlechter aufschieben können, neigen stärker zu Gewalt; doch es besteht kein signifikanter Unterschied der Gewalt zwischen Ober-, Mittel- und Unterschicht.[84] Der Faktor *Armut* zeigt sich auch darin, dass Länder mit niedrigem bis mittlerem Einkommen eine fast 2,5mal höhere Todesrate durch Gewalt haben als Länder mit hohem Einkommen.[85] *Arbeitslosigkeit* hat uneindeutige Effekte: Einerseits pendeln Gewalttäter oft zwischen Phasen von Kriminalität und Arbeitslosigkeit, so dass Ursache und Wirkung unklar sind.[86] Andererseits kann befürchtete oder reale Arbeitslosigkeit dazu verführen, sich mit Gewalt Dinge zu beschaffen.[87] Was *Bildung* betrifft, begehen Hauptschüler fast dreimal so oft Körperverletzungen wie Gymnasiasten.[88]

Das Aufwachsen in einigen *ethnisch-kulturellen Minderheiten* vermittelt mehr Aggressivität als in anderen Gruppen, auch durch die sozioökonomische Lage und das Ausgrenzungsgefühl. So erleben Kinder aus ost- und südeuropäischen Familien um ein Mehrfaches häufiger Gewalt in der Erziehung als deutsche Kinder und schlagen andere auch häufiger.[89]

Sehr populär ist seit Jahren Wilhelm Heitmeyers *Desintegrationstheorie* zur Erklärung von Jugendgewalt durch individuell erlittene Desorganisation und Desorientierung in der modernen Gesellschaft.[90] Auch das bietet nur eine Teilerklärung, denn nur wenige der von solchen Gesellschaftsprozessen Betroffenen werden gewalttätig, es müssen andere Faktoren hinzutreten, etwa starre Arbeitsmärkte ohne Übergangsmöglichkeiten in höher entlohnte Jobs, aggressive Jungenkulturen der „Ehre", die herablassende Behandlung durch andere usw.[91]

---

83 Wahl 2008, S. 115–136, S. 123, S. 133.
84 Crutchfield und Wadsworth 2002, S. 83 ff.
85 Matzopoulos et al. 2008.
86 Wahl 2003, S. 136.
87 Falk und Zweimüller 2005.
88 Baier et al. 2006, S. 140.
89 Baier et al. 2006, S. 60 ff.; S. 138.
90 Heitmeyer et al. 1995; Heitmeyer 2002.
91 Crutchfield und Wadswoth 2002, S. 96 f.

8 Kultur und Gewalt

In Diskussionen um Gewalt spielen Religionen, Werte und Ideologien wichtige Rollen. Religionsgemeinschaften wirken ambivalent, sie können z. B. sozialintegrativ und unterstützend nach innen (z. B. karitative Einrichtungen) und feindselig nach außen (z. B. Kreuzzüge) sein. Studien zufolge wirkt Religiosität je nach voriger Persönlichkeitsentwicklung, Lebenserfahrung, sozioökonomischer und kultureller Umgebung gewaltförderlich oder -hemmend.[92]

Seit den islamistisch-terroristischen Attacken 2001 wird kontrovers diskutiert, ob unter Muslimen Aggressionsbereitschaft verbreiteter ist als unter anderen Religionsgruppen. 2005 lehnte bei einer Umfrage bei Muslimen in Deutschland die große Mehrheit Gewalt ab. Doch ein Fünftel der muslimischen Jugendlichen fand Gewalt zur Durchsetzung des Islam akzeptabel, knapp 6 % der Erwachsenen und 2 % der Studierenden. Militante *Einstellungen* führen aber nicht unbedingt zu aggressivem *Verhalten*. Viele Muslime fühlten sich nach den Anschlägen in den USA 2001 auch in Deutschland misstrauisch beäugt – möglicher Auslöser einer self-fullfilling prophecy, der Identitätssuche bei islamistisch-aggressiven Gruppen.[93]

Eine populäre These erklärt erhöhte Gewalttätigkeit mit dem Verfall tradierter *Werte*. Der aus der Ökonomie stammende „Werte"-Begriff hat den klassischen der Tugenden für individuelle Lebensführung (Tapferkeit, Mäßigung usw.) abgelöst,[94] schwankt aber zwischen Motiven, Interessen oder Einstellungen (empirisch) und Maximen für das Alltagsverhalten (normativ).[95] Doch von der Höhe der Maximen zur Ebene konkreter Verhaltensentscheidungen in sozialen Situationen (womöglich unter Zeitdruck), in denen Aggression möglich wäre, ist ein großer Schritt. Bei den meisten Menschen sind Werthaltungen zudem unreflektiert mit der Umgebungskultur verwoben und können in Konflikt mit emotionalen Grundstimmungen und Verhaltenstendenzen (auch Aggressivität) treten. Kein Wunder, dass die Forschung zur Beziehung zwischen Werten und Aggression uneinheitliche Ergebnisse brachte. Eine internationale Übersicht zeigte Korrelationen zwischen abstrakten Werten (Kollektivismus, Egalitarismus, moralische Disziplin, bestimmte konfuzianische Werte) und niedriger Aggressivität.[96] Dagegen fand eine kanadische Studie keine bedeutenden Zusammenhänge zwischen verschiedenen Werthaltungen und Aggressivität.[97] Die Verursachungsrichtung von Werten zum Verhalten ist auch nicht zwingend: Aggressive Persönlichkeiten können an eine aggressionsfördernde (Sub-)Kultur andocken, die ihre Verhaltenstendenz verstärkt. Aggressive Menschen schätzen Werte wie Leistung, ängstliche Menschen schätzen Sicher-

92 Bushman et al. 2007; Ellison et al. 2007; Wahl 2009, S. 160 f.
93 Brettfeld und Wetzels 2007.
94 Lübbe 2007, S. 57 ff.
95 Wahl 2007a.
96 Bergeron und Schneider 2005.
97 Tremblay und Ewart 2005.

heit[98] – die Persönlichkeit holt sich ihre passenden Werte, der umgekehrte Prozess ist wohl schwächer.

Einige *politische* und *religiöse Ideologien* setzen mehr oder weniger klar auf Gewalt zur Durchsetzung ihrer Ziele (Extremismen, Fundamentalismen). Auch hier ist die Frage, ob die Ideologie zu Gewalt motiviert oder ob aggressive Persönlichkeiten ihre Legitimation in Ideologien suchen, nach der Forschung eher im Sinne der zweiten Hypothese zu beantworten: Einer Studie zufolge war z. B. die große Mehrheit von rechtsextremen Gewalttätern bereits als Kinder überdurchschnittlich aggressiv oder sozial auffällig; rechtsextreme Orientierungen durch Großeltern oder Eltern waren selten. Etwa ab der Pubertät suchten diese Aggressiven dann Anschluss an Hooligans, rechtsextreme Skinheads oder Neonazis, weil deren Weltbilder und Normen das Ausagieren ihrer Aggressivität rechtfertigten, unterstützt durch rechtsextrem-emotionalisierende Musik und aggressionsanstachelnde Gruppendynamik.[99]

9 Prävention gegen individuelle Gewalt

Unerwünschte Gewalt von Individuen wurde in der Geschichte oft und mit mäßigem Erfolg mit Gewalt bekämpft, durch *Repression,* Körper- und Freiheitsstrafen. Ein Motiv dafür dürfte der bis heute verbreitete *Vergeltungsgedanke (tit for tat)* sein – auch bei Juristen, die noch mit Schuld und Strafe argumentieren. Dennoch sind sich Experten heute einig, Aggression besser *vorzubeugen.* Wirksame *Prävention* setzt aber theoretische Modelle über Aggression fördernde bzw. hemmende Ebenen, Faktoren und deren Zusammenspiel voraus. Nicht alle diese Faktoren sind heute zu beeinflussen, so aus ethischen Gründen, z. B. die Genausstattung (doch gibt es bereits Debatten darüber). Prävention durch psychische und soziale Maßnahmen ist eher konsensfähig (hinsichtlich Bildung, Integration, Armut, Arbeitslosigkeit usw.).

Für die Prävention *individueller Gewalt* sind zunächst *familiale Risikofaktoren* zentral, darunter Defizite der Eltern-Kind-Bindung und -Beziehung sowie soziale und gesundheitliche Belastungen der Familien. Da intensive Gewalttäter meist schon als Kinder aggressiv oder emotional auffällig waren, sollte Prävention früh ansetzen, um die *Persönlichkeitsentwicklung* der Kinder noch formen zu können[100] (Ärgerreaktion, Impulsivität, das falsche Gefühl, provoziert zu werden, Empathiedefizit usw.). Elterntrainings und Präventionsprogramme (nicht nur gegen Aggression, sondern für das gesamte psychische und gesundheitliche Wohl) wenden sich daher schon an Schwangere und junge Eltern in schwierigen Lebenslagen, z. B. durch Familienhebammen.[101] Strittig

98 Asendorpf 2004, S. 243.
99 Wahl 2003.
100 Viding et al. 2005.
101 Wahl und Hees 2007; Wahl und Hees 2009, S. 121 ff.

sind die Programme, weil sie alle Familien einem Screening unterziehen, das neben dem Hilfe- auch einen Verdachts- und Kontrollaspekt hat.

Die *Kinder- und Jugendhilfe* hat ein breites Angebot zur Erhöhung erzieherischer Kompetenzen (Familienbildung, Erziehungsberatung, Erziehungsbeistandschaft, sozialpädagogische Familienhilfe) bis zur Unterbringung des Kindes in Pflegefamilien oder Heimerziehung. Präventionshoffnung richtet sich auch auf *Krippen und Kindergärten*, wo Kinder untereinander sozial-emotionale Fähigkeiten aufbauen können. Die Ausbildung von ErzieherInnen in Deutschland erfolgt allerdings bislang auf international unterdurchschnittlichem Niveau. Spezielle Programme für Kitas wollen die emotionalen und prosozialen Kompetenzen von Kindern stärken.[102] Ähnliche Programme existieren für *Schulen*, auch die Ausbildung von Mediatoren (Streitschlichter). Dazu kommen Angebote der *Jugendarbeit* für alle Jugendlichen wie auch für Gefährdete und Delinquente (z. B. soziale Trainingskurse).[103] Schwierig sind gewaltpräventive Interventionen in bereits verfestigten aggressiven Jugendcliquen.[104]

Der Fülle aggressionspräventiver Maßnahmen in Deutschland steht ihre unklare Wirksamkeit gegenüber. Dazu wären wissenschaftlich saubere *Evaluationsstudien* notwendig, wie sie z. B. in den USA verbreiteter sind, die auch langfristige Wirkungen der Programme im Vergleich zu Kontrollgruppen messen.[105] Allerdings darf man sich von solchen Programmen wie von anderen politischen Maßnahmen (Bildung, finanzielle Unterstützung usw.), die stets nur eine Auswahl an Aggressionshemmfaktoren treffen, keine Wunder erwarten.

10 Gewalt in und zwischen Gruppen und Kollektiven

Mechanismen individueller Aggression wirken teilweise auch bei gruppeninterner, -externer bzw. kollektiver Gewalt (z. B. aggressionserhöhende Furcht, Frustration, verzerrte Wahrnehmung). Doch hat Gewalt *in* Gruppen und Gesellschaften (Eliten vs. Rebellen, Diadochenkämpfe usw.), *von* und *zwischen* Gruppen, Stämmen, Bevölkerungsteilen, Staaten und internationalen Allianzen auch eigene Faktoren und Dynamiken. Gewalt von Gruppen und Kollektiven ist nicht nur Fortentwicklung individueller Gewalt, beide entstanden in *Ko-Evolution*.

Auch wenn archäologische Funde schwierig zu interpretieren sind, gibt es Hinweise auf schon *vorgeschichtliche Spuren* kollektiver Gewalt.[106] Man weiß allerdings weniger über *gruppeninterne* Konflikte um Status, Herrschaft und Ressourcen in Wohngruppen

102 Wahl 2007b.
103 Wahl und Hees 2009, S. 129 ff.
104 Wahl 2009, S. 152.
105 Sherman et al. 1997; Layzer et al. 2001.
106 Lee und Daly 1999; Myers 2005; Price et al. 2006, S. 259–284; Wild 2004.

oder Stämmen in vorgeschichtlicher Zeit als über Kämpfe *zwischen* Stämmen und vorstaatlichen Gruppierungen, z. B. um Territorien. Aus *geschichtlicher* Zeit kennt man z. B. aus dem archaischen Griechenland Umstürze und Abschlachtungen ganzer Gruppen.[107] Auch über Gewalt innerhalb von Eliten ist einiges bekannt: So wurden etwa 15 % der europäischen Monarchen zwischen den Jahren 600 und 1800 ermordet (mit abnehmender Frequenz).[108]

Erklärungen von Gruppen- und Kollektivgewalt sind kontrovers. Evolutionsgestützte Thesen gehen bis zu Tieren zurück: Schon bei Schimpansen wurden Cliquen beobachtet, die benachbarte Tiere überfielen. Die Tötungsraten bei Aggression zwischen Gruppen sind auf den Entwicklungsstufen von Schimpansen, menschlichen Jäger-Sammler-Gruppen und selbstversorgenden Ackerbauern ähnlich hoch,[109] doch stoßen Ableitungen von den untereinander sehr unterschiedlichen sozialen Lebensformen der verschiedenen nichtmenschlichen Menschenaffen (Hominidae) auf den Menschen an Grenzen.[110]

Auch der umgekehrte Rückschluss von heute vorstaatlich lebenden Stämmen auf solche, die vor Jahrtausenden existiert haben, ist riskant. Ein Beispiel sind die südamerikanischen Yanomami, ein Volk von Jäger-Sammlern und zeitweise wandernden Brandrodungsbauern. Manche Wissenschaftler beschreiben sie als stets schon kriegerisch, für andere wurden sie das erst beim Kontakt mit westlichen Kulturen.[111] Auch generell ist strittig, wie verbreitet Gewalt zwischen Gruppen schon in Wildbeutergesellschaften war[112] oder ob erst mit der Sesshaftwerdung von Fischern und Bauern im Meso- und Neolithikum und deren Abhängigkeit von lokalen Ressourcen Kriege zwischen Lokalgruppen bzw. *Stammeskriege* aufkamen. In der Folge wurden tribale Kriege aber zu einem wichtigen Selektionsfaktor: Die besser angepassten (aufgerüsteten) Gruppen setzten sich eher durch.[113] Das dokumentieren archäologische Funde aus Mittelamerika, wo Jäger und Sammler zu Ackerbauern wurden, angesehene Männer sich zusammenschlossen, hierarchische, später staatliche Gebilde schufen, die Kriege zur Ressourcenverteidigung führten.[114] Solche Gruppenkonflikte dienten auch der Erbeutung von Frauen und Trophäen, die Status („Ehre"), Macht und so den Reproduktionserfolg der Sieger erhöhten. Ethnozentrismus feuerte die Kollektivgewalt gegen Externe an (evolutionsbiologische Verwandtenselektion, d. h. Begünstigung Blutsverwandter mit ihren teils gleichen Genen).[115] Das ist auch ein Element im biologisch-mathematischen Mo-

---

107 Meier 1984, S. 658.
108 Eisner 2011a.
109 Jones 2008, S. 513 f.
110 Neuweiler 2007, S. 510 ff.
111 Ferguson 2001, S. 225; Herzog-Schröder 2003.
112 Eibl-Eibesfeldt 1995, S. 573; Wildermuth 2010.
113 Helbling 2002, S. 34.
114 Hanagan 2002, S. 157 ff.
115 Meyer 2004, S. 402 ff.

dell der Evolutionstheoretiker Lehmann und Feldman zur Entstehung von Stammeskriegen, in dem Konflikte *zwischen* Gruppen Kohäsion und Kooperation *in* Gruppen erfordern. Da vorstaatliche Gesellschaften klein seien, wenig Genaustausch mit anderen Gruppen hätten, also ähnliche Gene trügen, werde Altruismus in der Gruppe und Feindseligkeit nach außen begünstigt. Außerdem dienten Stammeskriege dem Erwerb reproduktionserhöhender Ressourcen – mit Wirkung auf die menschliche Evolution. Im Lehmann/Feldman-Modell sind männliche Kriegslust und Mut genetisch oder kulturell vererbte Faktoren, um andere Gruppen zu erobern. Sie basieren auf zwei reproduktionsfördernden Ressourcen: zusätzlichen Frauen für die Männer und zusätzlichen Territorien oder materielle Ressourcen für die Frauen.[116]

Bei kollektiver und individueller Aggression werden somit *ultimate* Ursachen (Steigerung des Reproduktionserfolgs) wie auch *proximate* Faktoren (Territorialverteidigung, -eroberung; ökonomische, politische Ungleichgewichte; Ideologisierung des Gegensatzes zwischen Eigen- und Fremdgruppen, etwa Besitzende vs. Nichtbesitzende, ethnische und religiöse Gruppen; Existenz charismatischer Führer) angenommen.[117] Frauen sind bei individueller wie bei kollektiver Gewalt seltener aktiv. Das Militär setzte primär auf junge Männer. Doch moderne Soldaten sind nicht unbedingt selbst hoch aggressiv. Die Propaganda versucht jedoch, ihre Aggressionskontrolle zu minimieren und sie kriegerisch zu machen.[118] Analoge Ideologisierungen wirken bei vorher unauffälligen Menschen, die aktiv an Genoziden beteiligt sind.[119] Propaganda- und erziehungsgestützte Manipulationen von Wahrnehmungen und Interpretationen spielen auch bei kollektiver Gewalt erhebliche Rollen (Vorurteile).

Nach historischen Rückblicken von Autoren wie Hanagan und Münkler kam es insbesondere bei der Bildung zusammengesetzter Staaten zu größeren *Kriegen,* z. B. als aggressive Herrscher das chinesische Reich vergrößerten. Auch der Zerfall von Reichen wurde von Kriegen begleitet, so im frühneuzeitlichen Europa. Im Innern wurde dies eskortiert durch Aufstände von Bauern und religiösen Gruppen. Die Französische Revolution veränderte dann die Kriegsführung: Der das Machtmonopol beanspruchende Staat verlieh einem Großteil der Männer Bürger- und politische Partizipationsrechte im Tausch gegen die Wehrpflicht. Die neuen Soldaten konnten sich nun – anders als die zusammengewürfelten Söldnerheere zuvor – loyal mit den nationalen Zielen identifizieren und liefen unter Druck nicht davon. Sie waren in ein „Volksbewusstsein“ eingebettet, was in der weiteren Geschichte eine „Enthegung des Krieges“ bis zum ideologisch aufgeladenen „totalen Krieg“ ermöglichte.[120]

116 Lehmann und Feldman 2008.
117 Caspary 1993; van Evera 1994; Mentzos 2002; vgl. auch Heupel i. d. B.
118 Jones 2008, S. 514.
119 Heer und Naumann 2000; Welzer 2000; Pohl 2008; Reemtsma 2008.
120 Hanagan 2002, S. 160 ff.; Münkler 2002b.

Mikro- und Makrokonflikte sowie Kriege können sich auch überlagern. Ein Beispiel bietet das Nebeneinander von Konflikten parastaatlicher und privater Akteure, besonders seit den 1980/90er Jahren in Afrika und Osteuropa im Typus „neuer Kriege", auf die gesondert in diesem Band eingegangen wird.[121]

11 Dynamik kollektiver Gewalt

Die Forschung weiß heute auch einiges über die *Auslösung, Eskalation* und *Ausweitung* von kollektiver Gewalt bei Kämpfen zwischen ethnischen Minderheiten, in Stammes- und Bürgerkriegen sowie internationalen Kriegen. Sie werden munitioniert durch ungleiche Ressourcenverteilung, Interessen- und Weltanschauungsgegensätze, Diffamierung von Sündenböcken, Betroffenheitspropaganda, emotionsauslösende Krisen und Gerüchte, die zu kollektiven Regressionen auf einfache Emotionen (Furcht, Wut) und simple kognitive und soziale Muster (schwarz/weiß, Freund/Feind) führen.[122] Dem Gegner werden moralisch verwerfliche Eigenschaften und aggressive Motive unterstellt, die als Provokation gedeutet und als Vorwand für eigene Attacken benutzt werden. Ein biologischer Aspekt – Verteidigung und Aufopferung für Blutsverwandte mit ihren teilweise gemeinsamen Genen – wird dadurch erweitert, dass Verwandtschaft in vielen Kulturen nicht biologisch, sondern sozial definiert und ideologisch auf die Solidarität großer „Wir-Gruppen" ausgedehnt wird. Diese Expansion der Solidarität erreichte ihren Höhepunkt mit dem im 19. Jahrhundert aufblühenden Nationalismus und lebt noch heute in ethnischen Konflikten weiter. Verwoben ist das mit Prozessen der Gruppenbildung, -bindung, -festigung und -grenzziehung mittels der polarisierenden Mechanismen der Liebe zur In-Group und des Hasses auf die Out-Group.[123] Schließlich provoziert Gewalt Gegengewalt, bis zur Ermüdung oder einem stabilen Konflikt (vom Familienstreit bis zum Konflikt Israel – Palästina).[124] Wie bei individuellen Konflikten können auch in kollektiven Fällen die ursprünglichen Konfliktgründe im Laufe des Streits vergessen werden, dann geht es nur noch um durch Rivalität induzierte Rivalität und Prestigekämpfe.[125]

Auch über die *Deeskalation* von Konflikten ist einiges bekannt – von schon bei Tieren existierender Aggressionsvermeidung, Befriedung (Grooming) und Unterwerfung bis zu menschlichen Formen wie Aushandlungen, Verträgen und Gerichten.

Die Forschung zur *Dynamik* von individueller und kollektiver Gewalt ist allerdings noch unzureichend.[126] Ob und wann sich nach Theorien dynamischer Systeme bzw. der

---

121 Kaldor 2000, S. 7 f., S. 110; Münkler 2002a, S. 7 f., Heupel i. d. B.

122 Eckert und Willems 2002, S. 1458 ff.; Wahl 2009, S. 42 ff.

123 Simmel 1908, S. 186 ff.; Tilly 2002; Tilly 2003; Halevy et al. 2008, S. 405–411.

124 Wahl 2009, S. 42 ff.

125 Kalyvas 2009.

126 Eckert und Willems 2002, S. 1457.

Selbstorganisation sozialer Systeme von Attraktoren gesteuerte stabile Zustände mit einer spezifischen Mischung von Aggression und Friedlichkeit ergeben,[127] bleibt ebenso empirisch zu prüfen wie die Frage, ob nur die rigide Durchsetzung eines Gewaltmonopols den latent drohenden „bellum omnium contra omnes" in Frieden verwandeln kann.

Auch für *kollektive Gewalt* wurden im Laufe der Geschichte *soziale Institutionen* und *Normensysteme* zur *Gewaltbegrenzung* und gegen die Selbst- und Fremdzerstörung von Gesellschaften entwickelt.[128] Wichtige Schritte hierzu waren seit dem Altertum *Gesetze, Gerichte* und *Friedensverträge,* die mittelalterlichen *Gottes-* und *Landfrieden,* das neuzeitliche *staatliche Gewaltmonopol* sowie *internationale Institutionen* (Völkerbund, Briand-Kellogg-Pakt, UNO). Friedenssichernde Maßnahmen (seit der UN-Mission nach dem Suezkrieg 1956), eine internationale Strafgerichtsbarkeit und schließlich Interventionen in (potentiell) aggressive Staaten und gegen despotische Herrscher (Libyen 2011) versuchten, Gewalt einzudämmen. Dies wird in anderen Teilen dieses Bandes näher ausgeführt.[129] Dazu kommen politische Versuche zur *Prävention* auch gegen kollektive Gewalt (Sozialpolitik, Entwicklungshilfe etc.).

Neben dem aggressiven Entwicklungsstrang gibt es bei Menschen aber auch einen *gegenläufigen:* Frühe Menschen waren eine wandernde Art, die anpassungsbereit sein musste. Mit *Neugier* und *Kooperationsbereitschaft* ermöglichte dies auch *friedliche Beziehungen* zu Fremden. Daher entwickelten sich schon damals Aggression *und* friedliche Umgangsformen in Koevolution. Menschen konnten zwischen beidem wechseln, was ein erhöhtes Anpassungspotential brachte.[130] Das auf diesen Fähigkeiten zu Friedfertigkeit fußende Großexperiment moderner Kulturen, weltweit Aggressionsprävention und friedliche Kooperation zu versuchen, hält an und ist wie alle Experimente ergebnisoffen.

Literatur

Archer, J., und S. Côté. 2005. Sex Differences in Aggressive Behavior. A Developmental and Evolutionary Perspective. In *Developmental Origins of Aggression*, hg. von R. E Tremblay, W. W Hartup, und J. Archer, 425–446. New York.

Asendorpf, J. B. 2004. *Psychologie der Persönlichkeit.* Berlin.

Baier, D., Ch. Pfeiffer, M. Windzio, und S. Rabold. 2006. *Schülerbefragung 2005. Gewalterfahrungen, Schulschwänzen und Medienkonsum von Kindern und Jugendlichen. KFN-Materialien für die Praxis Nr. 3.* Hannover.

Baier, D., und Ch. Pfeiffer. 2007. *Gewalttätigkeit bei deutschen und nichtdeutschen Jugendlichen – Befunde der Schülerbefragung 2005 und Folgerungen für die Prävention. KFN Forschungsbericht Nr. 100.*

127 Granic und Patterson 2006.

128 Nunez 2003, S. 1–7.

129 Heupel i. d. B.; Sutor i. d. B.

130 Elwert 2004, S. 441 f., S. 462; Wahl et al. 2001, S. 75 ff.

Baker, L. A. et al. 2007. Genetic and Environmental Bases of Childhood Antisocial Behavior: A Multi-Informant Twin Study. *Journal of Abnormal Psychology 116(2)*: 219–235.

Belsky, J. et al. 2007. Are There Long-Term Effects of Early Child Care? *Child Development 78(2)*: 681–701.

Bergeron, N., und B. H. Schneider. 2005. Explaining Cross-National Differences in Peer-Directed Aggression: A Quantitative Synthesis. *Aggressive Behavior 31*: 116–137.

Boehm, Ch. 2011. Retaliatory Violence in Human Prehistory. *The British Journal of Criminology 51(3)*: 518–534.

Booth-Laforce, C. et al. 2006. Attachment, self-worth, and peer-group functioning in middle childhood. *Attachment & Human Development 8(4)*: 309–325.

Borge, A. I. et al. 2004. Early childcare and physical aggression: differentiating social selection and social causation. *Journal of Child Psychology and Psychiatry, and Allied Disciplines 45(2)*: 367–376.

Bourdieu, P. 1993. *Sozialer Sinn*. Frankfurt am Main.

Bovier, E., und K. Boehnke. 1999. Do liberal teachers produce violent and xenophobic students? An empirical study of German ninth graders and their teachers. *Teaching and Teacher Education 15(7)*: 815–827.

Brettfeld, K., und P. Wetzels. 2007. *Muslime in Deutschland. Integration, Integrationsbarrieren, Religion sowie Einstellungen zu Demokratie, Rechtsstaat und politisch-religiös motivierte Gewalt*. Berlin.

Broidy, L. M. et al. 2003. Developmental Trajectories of Childhood Disruptive Behaviors and Adolescent Delinquency: A Six-Site, Cross-National Study. *Developmental Psychology 39(2)*: 222–245.

Bühl, W. 1982. *Struktur und Dynamik des menschlichen Sozialverhaltens*. Tübingen.

Bundeskriminalamt, Hg. 2010a. *PKS-Zeitreihen 1987–2010*. Wiesbaden.

—, Hg. 2010b. *Polizeiliche Kriminalstatistik 2009*. Wiesbaden.

Bundesministerium des Innern, Hg. 2011. *Polizeiliche Kriminalstatistik 2010. Kurzbericht*. Berlin.

Bundesministerium für Familie, Senioren, Frauen und Jugend, Hg. 2004. *Lebenssituation, Sicherheit und Gesundheit von Frauen in Deutschland. Eine repräsentative Untersuchung zu Gewalt gegen Frauen in Deutschland. Kurzbericht*. Berlin.

Bushman, B. J. et al. 2007. When God Sanctions Killing: Effect of Scriptural Violence on Aggression. *Psychological Science 18(3)*: 204–207.

Buss, D. M., und T. K. Shackelford. 1997. Human Aggression in Evolutionary Psychological Perspective. *Clinical Psychology Review 17(6)*: 605–619.

Cannon, W. B. 1915. *Bodily Changes in Pain, Hunger, Fear and Rage: An Account of Recent Researches into the Function of Emotional Excitement*. New York.

Caramaschia, D. et al. 2008. Development of violence in mice through repeated victory along with changes in prefrontal cortex neurochemistry. *Behavioural Brain Research 189(2)*: 263–272.

Casas, J. F. et al. 2006. Early parenting and children's relational and physical aggression in the preschool and home contexts. *Journal of Applied Developmental Psychology 27(3)*: 209–227.

Caspary, W. R. 1993. New Psychoanalytic Perspectives on the Causes of War. *Political Psychology 14(3)*: 417–446.

Cords, M., und J. L. Fuller. 2010. Infanticide in Cercopithecus mitis stuhlmanni in the Kakamega Forest, Kenya: Variation in the Occurrence of an Adaptive Behavior. *International Journal of Primatology 31(3)*: 409–431.

Crutchfield, R. D., und T. Wadsworth. 2002. Armut und Gewalt. In *Internationales Handbuch der Gewaltforschung*, hg. von W. Heitmeyer, und J. Hagan, 83–103. Wiesbaden.

Daly, M., und M. Wilson. 2002. Tödliche interpersonelle Gewalt aus der Sicht der Evolutionspsychologie. In *Internationales Handbuch der Gewaltforschung*, hg. von W. Heitmeyer, und J. Hagan, 709–734. Wiesbaden.

Darwin, Ch. 2006. *Gesammelte Werke*. Frankfurt am Main.

Deutsches Jugendinstitut, und B. Bannenberg. 2009, 25. März. *Sogenannte Amokläufe*. http://www.dji.de/cgi-bin/projekte/output.php?projekt=538&Jump1=LINKS&Jump2=267. Zugegriffen: 7. August 2012.

Eckert, R., und H. Willems. 2002. Eskalation und Deeskalation sozialer Konflikte: Der Weg in die Gewalt. In *Internationales Handbuch der Gewaltforschung*, hg. von W. Heitmeyer, und J. Hagan, 1457–1480. Wiesbaden.

Eibl-Eibesfeldt, I. 1995. *Die Biologie des menschlichen Verhaltens. Grundriß der Humanethologie*. 3. Aufl. Weyarn.

Eisner, M. 2002. Langfristige Gewaltentwicklung: Empirische Befunde und theoretische Erklärungsansätze. In *Internationales Handbuch der Gewaltforschung*, hg. von W. Heitmeyer, und J. Hagan, 58–80. Wiesbaden.

—. 2011a. Killing Kings: Patterns of Regicide in Europe, AD 600–1800. *The British Journal of Criminology 51(3)*: 556–577.

—. 2011b. *What causes large-scale variation in homicide across time and societies? Vortrag bei Tagung „Ultimate and proximate determinants of aggression in man (and other primates)“*. Universität Regensburg, 29./30. September 2011.

Elias, N. 1992. *Über den Prozeß der Zivilisation. Soziogenetische und psychogenetische Untersuchungen. 2 Bde*. Frankfurt am Main.

Ellison, Ch. G. et al. 2007. Race/Ethnicity, Religious Involvement, and Domestic Violence. *Violence Against Women 13(11)*: 1094–1112.

Elster, J. 1998. A plea for mechanisms. In *Social Mechanisms. An Analytical Approach to Social Theory*, hg. von P. Hedström, und R. Swedberg, 45–73. Cambridge.

Elwert, G. 2004. Biologische und sozialanthropologische Ansätze in der Konkurrenz der Perspektiven. In *Gewalt. Entwicklungen, Strukturen, Analyseprobleme*, hg. von W. Heitmeyer, und G. Soeffner, 436–472. Frankfurt am Main.

Endicott, K. L. 1999. Gender relations in hunter-gatherer societies. In *The Cambridge Encyclopedia of Hunters and Gatherers*, hg. von R. B. Lee, 411–418. Cambridge.

Epigenome Network of Excellence, The. o. J. *Epigenetics?*. http://epigenome.eu. Zugegriffen: 9. Oktober 2011.

Evera, S. van. 1994. Hypotheses on Nationalism and War. *International Security 18(4)*: 5–39.

Falk, A., und J. Zweimüller. 2005. *Unemployment and Right-Wing Extremist Crime. Forschungsinstitut zur Zukunft der Arbeit. Discussion Paper No. 1540*. Bonn.

Ferguson, R. B. 2001. A Savage Encounter, Western Contact and the Yanomami War Complex. In *War in the Tribal Zone. Expanding States and Indigenous Warfare*, hg. von R. B. Ferguson, und N. I. Whitehead, 199–227. Santa Fe, NM.

Fite, P. J., und C. R. Colder. 2007. Proactive and Reactive Aggression and Peer Delinquency. Implications for Prevention and Intervention. *The Journal of Early Adolescence 27(2)*: 223–240.

Foster, H., und J. Hagan. 2002. Muster und Erklärungen der direkten physischen und indirekten nicht-physischen Aggression im Kindesalter. In *Internationales Handbuch der Gewaltforschung*, hg. von W. Heitmeyer, und J. Hagan, 676–706. Wiesbaden.

Frankle, W. G. et al. 2005. Brain Serotonin Transporter Distribution in Subjects With Impulsive Aggressivity: A Positron Emission Study With [11C]McN 5652. *American Journal of Psychiatry 162*: 915–923.

Galtung, J. 1975. *Strukturelle Gewalt.* Reinbek bei Hamburg.

—. 1990. Cultural Violence. *Journal of Peace Research 27(3)*: 291–305.

Gelles, R. J. 2002. Gewalt in der Familie. In *Internationales Handbuch der Gewaltforschung*, hg. von W. Heitmeyer, und J. Hagan, 1049–1077. Wiesbaden.

Granic, I., und G. R. Patterson. 2006. Toward a Comprehensive Model of Antisocial Development: A Dynamic Systems Approach. *Psychological Review 113*: 101–131.

Grunseit, A. C., D. Weatherburn, und N. Donnelly. 2008. Correlates of Physical Violence at School: A Multilevel Analysis of Australian High School Students. *The Australian Journal of Social Issues 43(4)*: 527–545.

Halevy, N., G. Bornstein, und L. Sagiv. 2008. „In-Group Love" and „Out-Group Hate" as Motives for Individual Participation in Intergroup Conflict: A New Game Paradigm. *Psychological Science 19(4)*: 405–411.

Haller, J. et al. 2005. Mechanisms differentiating normal from abnormal aggression: Glucocorticoids and serotonin. *European Journal of Pharmacology 526(1-3)*: 89–100.

Hanagan, M. 2002. Gewalt und die Entstehung von Staaten. In *Internationales Handbuch der Gewaltforschung*, hg. von W. Heitmeyer, und J. Hagan, 153–176. Wiesbaden.

Harper, L. V. 2005. Epigenetic Inheritance and the Intergenerational Transfer of Experience. *Psychological Bulletin 131(3)*: 340–360.

Harris, J. R. 1995. Where is the Child's Environment? A Group Socialization Theory of Development. *Psychological Review 102(3)*: 458–489.

Heer, H., und K. Naumann, Hg. 2000. *War of Extermination. The German Military in the World War II 1941–1944.* New York.

Heitmeyer, W. et al. 1995. *Gewalt. Schattenseiten der Individualisierung bei Jugendlichen aus unterschiedlichen Milieus.* Weinheim.

Heitmeyer, W. 2002. Rechtsextremistische Gewalt. In *Internationales Handbuch der Gewaltforschung*, hg. von W. Heitmeyer, und J. Hagan, 501–546. Wiesbaden.

Helbling, J. 2002. Der Niedergang des Strukturfunktionalismus und der Aufstieg paradigmatischer Alternativen in der Ethnologie. *Analyse & Kritik 24*: 3–39.

Herzog-Schröder, G. 2003. *Okoyõma – Die Krebsjägerinnen.* Münster.

Hobbes, Th. 1965. *Leviathan.* Reinbek bei Hamburg.

Hsiang, S. M., K. C. Meng, und M. A. Cane. 2011. Civil conflicts are associated with the global climate. *Nature 476*: 438–441.

Hudziak, J. J. et al. 2003. Individual Differences in Aggression: Genetic Analyses by Age, Gender, and Informant in 3-, 7-, and 10-Year-Old Dutch Twins. *Behavior Genetics 33(5)*: 575–589.

Huesmann., L. R. et al. 2003. Longitudinal Relations Between Children's Exposure to TV Violence and Their Aggressive and Violent Behavior in Young Adulthood: 1977–1992. *Developmental Psychology 39(2)*: 201–221.

Huijbregts, S. C. J. et al. 2007. Associations of Maternal Prenatal Smoking with Early Childhood Physical Aggression, Hyperactivity-Impulsivity, and Their Co-Occurrence. *Journal of Abnormal Child Psychology 35(2)*: 203–215.

Imbusch, P. 2002. Der Gewaltbegriff. In *Internationales Handbuch der Gewaltforschung*, hg. von W. Heitmeyer, und J. Hagan, 26–57. Wiesbaden.

Jansen, A. S. P. et al. 1995. Central Command Neurons of the Sympathetic Nervous System: Basis of the Fight-or-Flight Response. *Science 270(5236)*: 644–646.

Jones, D. 2008. Human behaviour: Killer instincts. *Nature 451*: 512–515. doi: 10.1038/451512a.

Jung, V., und K. Wahl 2008. Kindliche Aggressivität im Zeitverlauf. Ausmaß und Ursachen. In *Kinderleben – Individuelle Entwicklungen in sozialen Kontexten. DJI-Kinderpanel. Bd.* 5, hg. von Ch. Alt, 99–124. Wiesbaden.

Kaldor, M. 2000. *Neue und alte Kriege. Organisierte Gewalt im Zeitalter der Globalisierung.* Frankfurt am Main.

Kalyvas, S. 2009. Conflict. In *The Oxford Handbook of Analytical Sociology*, hg. von P. Hedström, und P. Bearman, 592–615. Oxford.

Keegan, J. 2005. *The Second World War.* Harmondsworth.

Klingberg, F. L. 1966. Predicting the termination of war: battle casualties and population losses. *The Journal of Conflict Resolution 10(2)*: 129–171.

Krug, E. G. et al., Hg. 2002. *World report on violence and health.* Geneva.

Kummer, H. 1975. *Sozialverhalten der Primaten.* Berlin.

Layzer, J. et al. 2001. *National Evaluation of Family Support Programs. Final Report.* Cambridge, Mass.

Lee, R. B., und R. Daly. 1999. Foragers and others. In *The Cambridge Encyclopedia of Hunters and Gatherers*, hg. von R. B. Lee, und R. Daly, 1–19. Cambridge.

Lehmann, L., und M. W. Feldman. 2008. War and the evolution of belligerence and bravery. *Proceedings of the Royal Society B 275(1653)*: 2877–2885.

Lorenz, K. 1963. *Das sogenannte Böse. Zur Naturgeschichte der Aggression.* Wien.

Lübbe, H. 2007. Werte modern – alltäglich und feiertäglich. In *Werte. Was die Gesellschaft zusammenhält*, hg. von L. Mohn et al., 55–66. Gütersloh.

Lück, M., D. Strüber, und G. Roth (Hg.). 2005. *Psychobiologische Grundlagen aggressiven und gewalttätigen Verhaltens.* Oldenburg.

Luedtke, J., und S. Lamnek. 2002. Schläge in jeder dritten Familie. *Agora 1*: 8–9.

Luhmann, N. 1974. Symbiotische Mechanismen. In *Gewaltverhältnisse und die Ohnmacht der Kritik*, hg. von O. Rammstedt, 107–131. Frankfurt am Main.

—. 1984. *Soziale Systeme. Grundriß einer allgemeinen Theorie.* Frankfurt am Main.

Manecke, K. et al. 2000. *Fremdenfeindliche Gewalt – eine Folge des Erziehungssystems der DDR? Eine wissenschaftliche Auseinandersetzung mit den Thesen Christian Pfeiffers. Unveröff. Ms.* München.

Manson, J. H., und R. W. Wrangham. 1991. Intergroup aggression in chimpanzees and humans. *Current Anthropology 32(4)*: 369–390.

Matzopoulos, R. et al. 2008. The impact of violence on health in low- to middle-income countries. *International Journal of Injury Control and Safety Promotion 15(4)*: 177–187.

McCall, G. S., und N. Shields. 2008. Examining the evidence from small-scale societies and early prehistory and implications for modern theories of aggression and violence. *Aggression and Violent Behavior 13(1)*: 1–9.

Meier, Ch. 1984. Revolution in der Antike. In *Geschichtliche Grundbegriffe. Bd.* 5, hg. von O. Brunner, W. Conze, und R. Kosellek, 653–788. Stuttgart.

Mentzos, S. 2002. *Der Krieg und seine psychosozialen Funktionen.* Göttingen.

Meyer, P. 2004. Grundlagen menschlicher Gewaltbereitschaft. Beiträge der evolutionären Forschung. In *Gewalt. Entwicklungen, Strukturen, Analyseprobleme*, hg. von W. Heitmeyer, und H.-G. Soeffner, 383–410. Frankfurt am Main.

Münkler, H. 2002a. *Die neuen Kriege.* Reinbek bei Hamburg.

—. *Über den Krieg. Stationen der Kriegsgeschichte im Spiegel ihrer theoretischen Reflexion.* Weilerswist.

Myers, D. 2005. *War Before History: A Critical Survey. M. A. Thesis.* The Florida State University. College of Arts and Sciences.

Neuweiler, G. 2007. Kriege im Tierreich?. In *Formen des Krieges. Von der Antike bis zur Gegenwart*, hg. von D. Beyrau, M. Hochgeschwender, und D. Langwiesche, 503–520. Paderborn.

Nunez, E. A. 2003. L'évolution s'inscrit dans un continuum bio-sociologique induit par le changement. Actes du V° Congrès Européen de Systémique, Octobre (2002), Crête. *Res-Systemica 2, Numéro Spécial*: 1–7.

Nunner-Winkler, G. 2004. Überlegungen zum Gewaltbegriff. In *Gewalt. Entwicklungen, Strukturen, Analyseprobleme*, hg. von W. Heitmeyer, und H.-G. Soeffner, 21–61. Frankfurt am Main.

Panksepp, J. et al. 2002. Comparative Approaches in Evolutionary Psychology: Molecular Neuroscience Meets the Mind. *Neuroendocrinology Letters, Special Issue Suppl. 4(23)*: 105–115.

Pillhofer, M. et al. 2011. Prävalenz von Kindesmisshandlung und -vernachlässigung in Deutschland. Annäherung an ein Dunkelfeld. *Kindheit und Entwicklung 20(2)*: 64–71.

Pohl, D. 2008. *Die Herrschaft der Wehrmacht. Deutsche Militärbesatzung und einheimische Bevölkerung in der Sowjetunion 1941–1944*. München.

Price, T. D., J. Wahl, und R. A. Bentley. 2006. Isotopic Evidence for Mobility and Group Organization Among Neolithic Farmers at Talheim, Germany, 5000 BC. *European Journal of Archaeology* 9: 259–284.

Putzger, F. W. 1969. *Historischer Weltatlas*. Bielefeld.

Raine, A., M. Buchsbaum, und L. LaCasse. 1997. Brain Abnormalities in Murderers Indicated by Positron Emission Tomography. *Biological Psychiatry 42*: 495–508.

Reemtsma, J. Ph. 2008. 04. Juli. *Gewalt und Vertrauen. Grundzüge einer Theorie der Gewalt in der Moderne. Vortrag auf dem Abschiedssymposium für G. Roth „Gehirn, Geist und Psyche"*. Delmenhorst.

Reis, J., M. Trockel, und P. Mulhall. 2007. Individual and School Predictors of Middle School Aggression. *Youth & Society 38(3)*: 322–347.

Roth, G. 2001. *Wie das Gehirn die Seele macht. Hauptvortrag bei den 51. Lindauer Psychotherapiewochen.*

—. 2007. Die Anlage-Umwelt-Debatte: Alte Konzepte und neue Einsichten. *Berliner Journal für Soziologie 17(3)*: 343–363.

—. 2008, 27. Mai. *Sind wir alle Mörder? Biopsychologische Grundlagen normaler und krankhafter Gewalt. Vortrag*. Mainz.

Rousseau, J.-J. 1998. *Abhandlung über den Ursprung und die Grundlagen der Ungleichheit unter den Menschen*. Ditzingen.

Salisch, M. von et al. 2011. Preference for Violent Electronic Games and Aggressive Behavior among Children: The Beginning of the Downward Spiral? *Media Psychology 14(3)*: 233–258.

Scarr, S. 1992. Developmental Theories for the 1990s: Development and Individual Differences. *Child Development 63*: 1–19.

Shell Deutschland Holding, (Hg.). 2006. *Jugend 2006. Eine pragmatische Jugend unter Druck. 15. Shell Jugendstudie*. Frankfurt am Main.

Sherman, L. W. et al. 1997. *Preventing Crime: What Works, What Doesn't, What's Promising*. Washington, DC.

Simister, J., und E. van de Vliert. 2005. Is there more violence in very hot weather? Test over time in Pakistan and across countries worldwide. *Pakistan Journal of Meteorology 2(4)*: 55–70.

Simmel, G. 1908. *Soziologie. Untersuchungen über die Formen der Vergesellschaftung*. Berlin.

Strüber, D., M. Lück, und G. Roth. 2008. Sex, aggression and impulse control: An integrative account. *Neurocase 14(1)*: 93–121.

Tabery, J. G. 2004. Synthesizing Activities and Interactions in the Concept of a Mechanism. *Philosophy of Science 71*: 1–15.

Tilly, Ch. 2002. Großdimensionale Gewalt als konfliktive Politik. In *Internationales Handbuch der Gewaltforschung*, hg. von W. Heitmeyer, und J. Hagan, 547–569. Wiesbaden.

—. 2003. *The Politics of Collective Violence*. Cambridge.

Tremblay, P. F., und L. E. Ewart. 2005. The Buss and Perry Aggression Questionnaire and its relations to values, the Big Five, provoking hypothetical situations, alcohol consumption patterns, and alcohol expectancies. *Personality and Individual Differences 38(2)*: 337–346.

Tremblay, R. E. 2006. Prevention of Chronic Physical Aggression: An Epigentic Perspective. In *Crime and Schizophrenia: Causes and Cures*, hg. von A. Raine, 267–286. New York.

Trivers, R. L. 1971. The Evolution of Reciprocal Altruism. *Quarterly Review of Biology 46(1)*: 35–57.

—. 1972. Parental investment and sexual selection. In *Sexual selection and the descent of man*, hg. von B. Campbell, 136–179. Chicago.

Varisco, R. 2000. Drug Abuse and Conduct Disorder Linked to Maternal Smoking During Pregnancy. *NIDA Notes 15(5)*.

Viding, E. et al. 2005. Evidence for substantial genetic risk for psychopathy in 7-year-olds. *Journal of Child Psychology and Psychiatry 46(6)*: 592–597.

Vitaro, F. et al. 2006. Do early difficult temperament and harsh parenting differentially predict reactive and proactive aggression? *Journal of Abnormal Child Psychology 34(5)*: 685–695.

Wahl, K. 2000. *Kritik der soziologischen Vernunft. Sondierungen zu einer Tiefensoziologie*. Weilerswist.

—, Hg. 2003. *Skinheads, Neonazis, Mitläufer. Täterstudien und Prävention*. Opladen.

—. 2008. Was führt zu Aggression, was zu Toleranz? Eine Analyse mit dem Schwerpunkt Fremdenfeindlichkeit. In *Theorie und Praxis gesellschaftlichen Zusammenhalts. Aktuelle Aspekte der Präventionsdiskussion um Gewalt und Extremismus*, hg. vom Bundesministerium des Innern, 115–136. Berlin.

—. 2009. *Aggression und Gewalt. Ein biologischer, psychologischer und sozialwissenschaftlicher Überblick*. Heidelberg.

—. 2007a, 24. März. *Biographische Entwicklung von sozialer Offenheit und Toleranz. Vortrag beim 1. Dresdner Dialog des Deutschen Youth For Understanding Komitees, Dresden.*

—. 2007b. *Vertragen oder schlagen? Biografien jugendlicher Gewalttäter als Schlüssel für eine Erziehung zur Toleranz in Familie, Kindergarten und Schule*. Berlin.

Wahl, K., und K. Hees. 2009. *Opfer oder Täter? Jugendgewalt – Ursachen und Prävention*. München.

Wahl, K., und C. Metzner. 2012. Parental Influences on the Prevalence and Development of Child Aggressiveness. *Journal of Child and Family Studies 21(2)*: 344–355. .

Wahl, K., Ch. Tramitz, und J. Blumtritt. 2001. *Fremdenfeindlichkeit. Auf den Spuren extremer Emotionen. Eine interdisziplinäre Untersuchung*. Opladen.

Waldmann, P. 2002. Bürgerkriege. In *Internationales Handbuch der Gewaltforschung*, hg. von W. Heitmeyer, und J. Hagan, 368–389. Wiesbaden.

Walper, S. 2007. Was die Wissenschaft über Erziehung weiß. In *Helfen „Super Nanny" und Co.?*, hg. von K. Wahl, und K. Hees, 22–31. Berlin.

Welzer, H. 2000. Mass murder and moral code: some thoughts on an easily misunderstood subject. *History of the Humans Sciences 17*: 15–32.

Whittle, S. et al. 2008. Prefrontal and amygdala volumes are related to adolescents' affective behaviors during parent-adolescent interactions. *Proceedings of the National Academy of Sciences of the United States of America (PNAS) 105(9)*: 3652–3657.

Wieviorka, M. 2006. *Die Gewalt.* Hamburg.

Wikipedia *World War II casualties.* http://www.wikipedia.de. Zugegriffen: 15. August 2012.

Wild, E. M. et al. 2004. Neolithic Massacres: Local Skirmishes or General Warfare in Europe?. *Radiocarbon 46(1)*: 377–385.

Wildermuth, V. 2010, 24. Dezember. Krieg mit Keule. Die Anfänge der organisierten Gewalt. *Deutschlandfunk: Wissenschaft im Brennpunkt.*

Wilson, E. O. 1975. *Sociobiology, The New Synthesis.* Cambridge, Mass.

Wiswede, D. et al. 2011. *Neurophysiological Correlates of Laboratory-Induced Aggression in Young Men with and without a History of Violence.* PLoS ONE 6 (7) e22599. doi: 10.1371/journal.pone.0022599.

Wood, W., und A. H. Eagly. 2002. A Cross-Cultural Analysis of the Behavior of Women and Men: Implications for the Origins of Sex Differences. *Psychological Bulletin 128(5)*: 699–727.

Politische Gewalt

Formen, Hintergründe, Überwindbarkeit

Birgit Enzmann

1 Einleitung

Zur Lösung politischer Konflikte steht ein breites Repertoire an Mitteln zur Verfügung. Ob auch Gewalt angewendet wird, hängt nicht zuletzt davon ab, ob die Konfliktparteien ausreichende Ressourcen mobilisieren können, um ihre Position mit friedlichen Mitteln durchzusetzen. Je weniger sie sich dazu in der Lage sehen, desto eher werden gewaltsame Möglichkeiten erwogen. Die Entscheidung beeinflussen dann unter anderem sich öffnende Gelegenheitsfenster, zu befürchtende Restriktionen, verfügbare Rechtfertigungsstrategien sowie die individuelle und kollektive Akzeptanz von Gewalt.[1] Einen Automatismus gibt es dabei ebenso wenig wie eine universell gültige Erklärung politischer Gewalt. Monokausale Ansätze sind heute mehrdimensionalen Ansätzen gewichen. Zudem wird nur noch selten politische Gewalt als Ganzes untersucht. Die Spannbreite politischer Gewalt ist enorm, selbst wenn man, wie in diesem Handbuch, einen engen Gewaltbegriff verwendet, der sich auf die physische Schädigung von Menschen durch Menschen beschränkt. Insofern ist es verständlich, dass Theorien zu einzelnen Gewaltformen und Small-n-Vergleiche aus einer Epoche oder Region dominieren. Darüber darf eine Gesamtschau auf das Phänomen politischer Gewalt aber nicht vergessen werden. Denn die verschiedenen Gewaltformen stehen in konkreten politischen Prozessen häufig in Wechselwirkung zueinander: Das staatliche Gewaltmonopol beispielsweise steht durch sein Drohpotential gewaltsamer Rebellion entgegen, kann aber, wenn massiv missbraucht, Widerstand oder Revolution provozieren.[2] Der folgende Beitrag gibt deshalb einen Überblick über diese Vielfalt, zeigt gleichzeitig die Besonderheiten politischer gegenüber vorpolitischer Gewalt auf, erläutert dann einige Hintergründe nichtstaatlicher und staatlicher politischer Gewalt und stellt schließlich die unvermeidliche Frage nach der Überwindbarkeit von Gewalt als Mittel der Politik.

2 Politische Gewalt – ein politischer Begriff

Der Begriff der politischen Gewalt ist selbst ein Politikum. Seit Johann Galtungs Definition der strukturellen Gewalt in den 1970er Jahren bestand bis weit in die 1990er Jahre die Tendenz, den Begriff der Gewalt möglichst weit und wertend zu fassen, um aufzuzeigen, in welchem Ausmaß und auf welche zum Teil subtile Weise Menschen in der modernen Gesellschaft in allen Lebensbereichen verletzt, geschädigt, unterdrückt werden.[3] Die kritisch-emanzipatorische Absicht dieser Definitionen ist zwar opportun,

1 Vgl. Zimmermann 2004. Hippler 2012.

2 Vgl. Zimmermann 2004, S. 230 f.; Lichbach und Gurr 1981.

3 Wenn an sich vermeidbare Ungleichheiten in soziale Strukturen fest integriert sind und die damit das Entwicklungspotential einiger Menschen und ihre Chance zur Bedürfnisbefriedigung unnötig beeinträchtigen, spricht Galtung von struktureller Gewalt. Vgl. Galtung 1975, S. 12. Zur Kritik vgl. Riekenberg 2008. Siehe die späte Verteidigung eines weiten Gewaltbegriffs bei Wulf 1996, S. 78.

macht aber eine vergleichende Untersuchung von politischen Gewaltformen unmöglich, weil sich durch die Einbeziehung von Strukturen die Frage nach den zentralen Kategorien wie Täterschaft, Zielsetzung oder Auslöser nicht durchgehend stellen lässt. Auch die implizite Wertung von Gewalt als verachtungswürdig[4] schränkt die wissenschaftliche Brauchbarkeit solcher Definitionen ein, da sie Formen der Nothilfe, Selbstverteidigung, aber auch die legale Ausübung des staatlichen Gewaltmonopols nicht einschließt. Seit den 1990er Jahren geht, insbesondere in Analysen zur politischen Gewalt, der Trend stattdessen zu einer deutlichen Verengung des Begriffs. „Gewalt ist die zielgerichtete, direkte physische Schädigung von Menschen durch Menschen", definiert die von der Bundesregierung eingesetzte Gewaltkommission 1990.[5] Der Vorteil dieser und ähnlich enger Definitionen liegt in ihrer wissenschaftlichen Anwendbarkeit. Durch die Beschränkung auf Gewalt als Handlungsbegriff kann ein einheitliches Untersuchungsschema verwendet werden. Die Konzentration auf physische Gewalt erhöht Klarheit und Beobachtbarkeit. Gleichzeitig schließt der etwas weitere Begriff der „physischen Schädigung" statt „Verletzung" auch Entführung und Deportation, Internierung politischer Gegner, Inhaftierung politischer Gewalttäter etc. mit ein. Der Verzicht auf weitere Wertung ist, wie schon erläutert, vor allem für die Einbeziehung der Perspektive von politischer Gewalt und Gegengewalt bzw. Gewaltabwehr wichtig. Außerdem erlaubt nur die Beschränkung auf zielgerichtete, absichtliche Gewalt eine Untersuchung der Ziele, möglicher Legitimationsstrategien etc. Auch dies ist besonders für den Bereich der politischen Gewalt wichtig.[6]

Erfordert also schon der Begriff der Gewalt eine zu rechtfertigende Entscheidung, gilt das nicht weniger für die Abgrenzung der Sonderform politischer Gewalt. Zuweilen werden unter politischer Gewalt nur extremistische Gewalt und Terrorismus verstanden, mithin gewaltsame Formen des Protests von unten gegen den Staat oder eine Politik- und Gesellschaftsordnung. Entgegengesetzt findet sich auch die Feststellung, politische Gewalt sei die, die der Staat über seine Bürger oder gegen andere Staaten ausübt. Dagegen sei private Gewalt die der Bürger untereinander. Drei Gründe sprechen gegen beide Beschränkungen auf nur staatliche oder nur nichtstaatliche Täter. Erstens wird, wie die aktuellen Entwicklungen in Arabien in Erinnerung rufen, in großem Maß auch von Bürgern Gewalt angewendet, die auf politische Machtverhältnisse und Institutionen gerichtet ist. Auch in einem Bürgerkrieg kämpfen definitionsgemäß Bürger gegen Bürger, dennoch wird man das nicht als private Gewalt bezeichnen. Das wiederspräche zweitens auch der Rechtsprechungspraxis, wenn man etwa die Sonderbestimmungen

4 Vgl. Sofsky 1997, S. 103 ff.; er fordert, Gewalt stets aus der Perspektive des Leidens der Opfer zu untersuchen.

5 Schwind et al. S. 36. Ähnlich die Definition des Philosophen Heinrich Popitz: „Gewalt meint eine Machtaktion, die zur absichtlichen körperlichen Verletzung anderer führt." Popitz 1992, S. 48. Für einen auf physische Schädigung begrenzten Begriff politischer Gewalt Bloxham und Gerwarth 2011, S. 1 f.

6 Vgl. die ausführliche Diskussion der Vorzüge einer Definition ähnlich der der Gewaltkommission bei Nunner-Winkler 2004, S. 27–48.

für Kriegsverbrechen oder die Differenzierung zwischen kriminellen und verfassungsfeindlichen Vereinigungen im Strafrecht betrachtet. Drittens kann der Staat Gewalt zu verschiedenen Zwecken gegen seine Bürger einsetzen: zur Bekämpfung herkömmlicher Kriminalität genauso wie zur persönlichen Bereicherung der Herrscherclique oder zur Niederschlagung politischer Reformbewegungen. Insofern ist das Kernmerkmal politischer Gewalt, das eine Abgrenzung zu vorpolitischer Gewalt erlaubt nicht der Täter, sondern der Zweck.

Politische Gewalt sei somit verstanden als (1) die direkte physische Schädigung von Menschen durch Menschen, die (2) zu politischen Zwecken stattfindet, d. h. darauf abzielt, von oder für die Gesellschaft getroffene Entscheidungen zu verhindern oder zu erzwingen oder die auf die Regeln des gesellschaftlichen Zusammenlebens zielt und versucht bestehende Leitideen zu verteidigen oder durch neue zu ersetzen, die außerdem (3) im öffentlichen Raum, vor den Augen der Öffentlichkeit und an die Öffentlichkeit als Unterstützer, Publikum oder Schiedsrichter appellierend stattfindet.[7]

Nicht zur politischen Gewalt zählt dagegen die mafiotische Gewalt, die zwar den Staat unterminiert, aber keine politischen Ziele implementiert, sondern die persönliche Bereicherung. Ebenfalls auszugrenzen ist die „normale Delinquenz", die zwar die Staatsgewalt herausfordert und auch oft soziale Ursachen haben mag, aber keine politischen Ziele hat, solange sie auf die Verbesserung der eigenen Lage beschränkt ist.[8] Ebenso wenig sind zur politischen Gewalt öffentlich zelebrierte Gewaltakte zu rechnen, die rein symbolischen oder rituellen Charakter haben oder als Selbstzweck betrieben werden.

Im Einzelfall wird die Trennung nicht immer gelingen. Terroristische und kriminelle Gewalt beispielsweise können zur Ressourcenbeschaffung miteinander verflochten sein[9] und zwischen extremistischer und vorpolitischer Gewalt von Jugendcliquen oder Hooligans gibt es erhebliche personelle Überschneidungen. Zudem ist die Grenzziehung Ergebnis sozialer Konstruktion. Was als poltische oder private oder kriminelle Gewalt gilt, ist eine Frage der jeweils in einer Gesellschaft akzeptierten und ggf. in Rechtsform gegossenen Definition.[10] Beispiel hierfür ist die schrittweise Umwertung erlaubter „körperlicher Züchtigung" von Kindern zu einer strafrechtlich relevanten Form der Körperverletzung.[11]

---

7 Vom öffentlichen Charakter gibt es vereinzelt Abweichungen, etwa im Fall geheimpolizeilicher Gewalttaten. Für diesen und weitere Hinweise danke ich Klaus Wahl.

8 Vgl. hierzu die grundlegend andere Position von Narr 1973.

9 Vgl. Rabert 1995, S. 22.

10 Kriminalität ist ein Konstrukt, meint z. B. Lorenz Schulz 2006. Vgl. dazu auch Lindenberger und Lüdtke 1995, sowie Imbusch 2002, S. 50 f.

11 Seit einer Gesetzesänderung des § 1631 (2) BGB vom November 2000 ist in Deutschland jeglicher Einsatz körperlicher Gewalt gegen Kinder verboten, Strafbarkeit gemäß § 223 StGB. Zwischen 1900 und 1958 lautete der § 1631 (2) BGB dagegen: „[1] Der Vater kann kraft des Erziehungsrechts angemessene Zuchtmittel gegen das Kind anwenden. [2] Auf seinen Antrag hat das Vormundschaftsgericht ihn durch Anwendung geeigneter Zuchtmittel zu unterstützen." 1958 wurde der Begriff „Zuchtmittel" zwar gestrichen aber die Züchtigung erst 2000 verboten. Der Bewusstseinswandel bei den Eltern ist bisher aber

3 Interne Differenzierung

Innerhalb des Komplexes politischer Gewalt besteht eine Reihe von Differenzierungsmöglichkeiten: nach Tätern, Zielsetzungen, Opfern und Adressaten, hinsichtlich Legalität und Legitimität (Abb. 1 und 2).

Die Betrachtung dieser Unterscheidungskriterien erlaubt es nicht nur, größere und geringere Familienähnlichkeiten festzustellen, sondern auch noch auf weitere allgemeine Charakteristika politischer im Unterschied zu vorpolitischer Gewalt hinzuweisen.

Abbildung 1 Interne Differenzierung politischer Gewalt – Teil 1

	Widerstand	Revolution	Extremismus	Terrorismus
Täter	nichtstaatliche Akteure, individuell oder kollektiv	nichtstaatliche Akteure, kollektiv; ggf. Unterstützung von Opposition, Militär u. Ausland	nichtstaatliche Akteure, individuell oder kollektiv	nichtstaatliche Akteure; individuell oder kollektiv
Ziel	Wiederherstellung der Rechtsordnung	Errichtung neuer sozioökonomischer, politischer Ordnung; Machtgewinn	Errichtung neuer sozioökonomischer, politischer oder Wertordnung	Störung der Handlungsfähigkeit des Staats
Opfer	Verantwortliche für Verfassungsbruch, Regierung	Regierung, herrschende Eliten	„Feinde"	Symbolfiguren, Jede und Jeder
Adressaten	Gesamtgesellschaft	Gesamtgesellschaft	Unterstützer	Unterstützer, Staat/Regierung
Legalität	gesetzwidrig aber ggf. verfassungskonform	gesetz- und verfassungswidrig	gesetz- und verfassungswidrig	gesetz- und verfassungswidrig
Legitimität	Moral, Wertordnung	Rationalität, Ideologie, Wertordnung	Ideologie, Wertordnung	Ideologie, Wertordnung

Quelle: eigene Darstellung nach Informationen der Beiträge in diesem Band.

gering. Vgl. die Ergebnisse einer aktuellen Studie der Gesellschaft für Sozialforschung und statistische Analysen mbH (forsa), 2011.

Abbildung 2 Interne Differenzierung politischer Gewalt – Teil 2

	Staatsterror	Krieg	Bürgerkrieg
Täter	staatliche oder parastaatliche, paramilitärische, parasoziale Akteure	staatliche oder parastaatliche, paramilitärische Akteure	nichtstaatliche Akteure, kollektiv; ggf. Unterstützung von Opposition, Militär u. Ausland
Ziel	Kontrolle der Zivilgesellschaft, Machterhalt	Macht- und Ressourcengewinn, Selbstverteidigung, Nothilfe	Macht- und Ressourcengewinn, ethnischer/weltanschaulicher Vorrang
Opfer	eigene Bevölkerung, Opposition, Randgruppen	ausländische Truppen, paramilitärische Einheiten, Guerillas …	andere Bevölkerungsgruppen
Adressaten	eigene Bevölkerung	eigene und fremde Gesamtgesellschaft, ausländische Regierung	in- und ausländische Unterstützer, Gesamtgesellschaft
Legalität	gesetz- und verfassungswidrig oder legalisiert durch Notstandsgesetze	verfassungs- und völkerrechtskonform oder -widrig	gesetz- und verfassungswidrig
Legitimität	Ideologie	Rationalität, Wertordnung, Moral	Ideologie, Wertordnung

Quelle: eigene Darstellung nach Informationen der Beiträge in diesem Band.

3.1 Täter und Ziele

Differenziert nach Tätern könnte man drei Gruppen politischer Gewalt bilden. Die erste bildet *staatliche Gewalt.* Sie richtet sich nach außen gegen andere Staaten (Krieg, Humanitäre Intervention u. v. m.), nach innen gegen Regimegegner, Kontrahenten politischer Konflikte (Durchsetzung des Gewaltmonopols) oder gar die gesamte Bevölkerung (Staatsterror). Es kommt hinzu die *parastaatliche (paramilitärische) Gewalt* als Ersatz oder in Konkurrenz zur staatlichen Gewalt. Eine dritte Gruppe bildet die *nichtstaatliche Gewalt.* Sie kann von Einzelnen oder Kleingruppen in eigener Verantwortung (individuell) oder von beliebigen zivilgesellschaftlichen Kollektiven bzw. stellvertretend für sie (kollektiv) verübt werden. Wichtig ist dabei, dass auch politische Gewalt, die von Einzelnen verübt wird, *nie allein* von persönlichen Motiven abhängt; sie nimmt stets auf teil- oder gesamtgesellschaftliche Ziele Bezug und unterscheidet sich dadurch im Grad ihrer Individualität von individueller privater oder krimineller Gewalt.

Innerhalb der nichtstaatlichen Gewalt lohnt aufgrund der Fülle eine weitere Differenzierung nach Zielen. Ein Teil richtet sich gegen andere Bürger (Bürgerkrieg, extremistische Gewalt, Pogrome), ein anderer gegen den Staat. Diese gegenstaatliche Gewalt kann zur Beseitigung der staatlichen Ordnung (Guerillabewegungen, Terrorismus), zur

Herbeiführung eines Regimewechsels oder neuer Regeln (Revolution) oder zur Wiederherstellung einer durch Machtmissbrauch gefährdeten Rechtsordnung (Widerstand) dienen. Kollektive nichtstaatliche Gewalt, die von eigens dafür gegründete Organisationen (SA und SS der NSDAP bis 1933, Ku-Klux-Klan) vor allem gegen bestimmte ethnische und religiöse Gemeinschaften eingesetzt wird, wird gelegentlich gesondert aufgeführt und als *extrastaatliche (parasoziale) Gewalt bezeichnet.*[12]

3.2 Opfer und Adressaten

Mit den verfolgten Zielen ändern sich auch die Opfer politischer Gewalt. Bei fast allen Gewaltformen besteht dabei ein direkter Zusammenhang zwischen beiden, d. h. die Opfer werden gezielt ausgewählt, weil sie als Person oder als Repräsentanten einer identifizierbaren Gruppe als gegnerische Konfliktpartei gelten. Gewaltsamer Widerstand richtet sich also beispielsweise gegen die für den Verfassungsbruch Verantwortlichen, Revolution gegen die herrschende Elite und ihre Unterstützer, extremistische Gewalt gegen Mitglieder der verhassten ethnischen Gruppe usw. Diese Zielabhängigkeit ist wesentlicher Teil der unten noch genauer erläuterten Rechtfertigungsstrategie politischer Gewalt: Die Opfer werden dafür als „die Anderen" oder „die Feinde" definiert und so eine Desidentifikation erreicht. Zygmunt Bauman spricht sogar von einer gezielt betriebenen Dehumanisierung der Opfer im Vorfeld der Attacken.[13] Dagegen wird eine Schädigung nicht Beteiligter soweit wie möglich vermieden. Anders verhält es sich bei terroristischer Gewalt. Ihre angestrebte Wirkung der Zerrüttung und Demoralisierung basiert wesentlich darauf, dass die nächsten Opfer nicht vorhersehbar sind sondern jederzeit jede Person oder Gruppe damit rechnen muss, ins Visier genommen zu werden. Terrorismus und auch Staatsterror arbeiten also mit einer „Opfer-Ziel-Differenzierung".[14] Das heißt nicht, dass die Opfer nicht gezielt ausgewählt würden, aber es besteht zwischen ihnen und dem diagnostizierten Konflikt kein direkter Zusammenhang.

Die Möglichkeit einer solchen Opfer-Ziel-Differenzierung beruht darauf, dass politische Gewalt nicht eine Zweierbeziehung zwischen Täter- und Opferseite herstellt, wie in den meisten Fällen privater oder krimineller Gewalt. Dritte sind bei letzterer nicht gewünscht.[15] Dagegen liegt bei politischer Gewalt typischer Weise eine Dreiecksbeziehung zwischen Gewaltakteuren, ihren Opfern und ihren Adressaten vor. Einen dieser Adressaten bildet stets die Öffentlichkeit. Charakteristisch für politische Gewalt ist, wie schon in o. g. Definition angeführt, dass sie im öffentlichen Raum, vor den Augen der Öffent-

12 Vgl. die Auflistung staatlicher Gewalt bei Nohlen 2002, S. 168.

13 Bauman 1992, S. 35; vgl. zur Desidentifikation Swaan 2000, S. 197.

14 Vgl. Wimmer 2009, S. 399.

15 Vgl. Imbusch 2002, S. 43 f. Eine Ausnahme können Akte mafiotischer Gewalt sein, die eine Abschreckungs- oder Einschüchterungswirkung auf andere Erpressungsopfer haben sollen.

lichkeit und an die Öffentlichkeit als Unterstützer, Publikum oder Schiedsrichter appellierend stattfindet. Dies ist Teil der Rechtfertigungsstrategie. Einen anderen Adressaten bilden die, die durch die Gewaltakte zum Handeln gezwungen werden sollen. Können diese Entscheidungsträger – etwa aufgrund guten Personenschutzes – nicht selbst zum Opfer der Gewalt gemacht werden, werden Opfer gewählt, mit denen die Entscheidungsträger besonders unter Druck gesetzt werden können. Beispielsweise führt Gewalt gegen Frauen und Kinder oder an symbolträchtigen Orten einem bekämpften Staat seine Unfähigkeit vor Augen, zentrale Werte zu schützen. Es ist Teil einer Erpressungsstrategie.

3.3 Legalität und Legitimität

Legal ist politische Gewalt nur in wenigen Fällen. Innenpolitisch gehören dazu nur die Ausübung des staatlichen Gewaltmonopols im Rahmen der positivrechtlichen Schranken und die Selbstverteidigung oder Nothilfe in Ausnahmesituationen. Einen seltenen Fall stellt die Legalisierung gewaltsamen Widerstands gegen den Staat dar. Obwohl Widerstand seiner Definition nach gesetzwidrig ist, kann er in der Verfassung als unter sehr strengen Auflagen legal definiert sein. Das Widerstandsrecht im Deutschen Grundgesetz nach Art. 20 Abs. 4 GG ist eines der seltenen Beispiele.[16] Außenpolitisch sieht die UN-Charta ein Gewaltverbot vor, das ebenfalls nur wenige Ausnahmen zulässt. Sie sind in der Regel an ein entsprechendes Mandat des Sicherheitsrates geknüpft. Darüber hinaus bestehen zahlreiche internationale Abkommen zur Begrenzung des menschlichen Leids in Kriegen, sei es der Kombattanten oder der Zivilbevölkerung. Innen- wie außenpolitisch besteht also das Bestreben, „ungebundene" Gewalt zu verhindern, indem man sie entweder in „gebundene", ja sogar verrechtlichte Gewalt überführt oder aber als illegal definiert.

Eine Besonderheit politischer Gewalt besteht, gerade in Abgrenzung zu privater Gewalt und Gewaltkriminalität, in ihren begleitenden Rechtfertigungsstrategien. Gegenüber der Öffentlichkeit stellen beide Seiten ihre Forderung als die richtige, überlegene, dar und rechtfertigen den Gewalteinsatz als legitim und unverzichtbar im Dienst der Sache. Dies geschieht nicht erst im Nachhinein als Rationalisierungsversuch oder Entschuldigungsgrund vor Gericht oder gegenüber Opfern. Die Rechtfertigungsstrategie ist Teil der Vorbereitung, Durchführung und Nachbereitung der Gewaltaktion. Sie dient dazu, frühzeitig aktive und passive Unterstützer zu gewinnen, das Risiko sozialer Sanktionen und Gegenwehr abzuschätzen, die Legitimation der Gegenseite zu untergraben und sie – im besten Fall – zum Einlenken zu bewegen. Bei den Tätern besteht zumeist „nur ein durchbrochenes oder gar kein Unrechtsbewusstsein, weil die Tat ideologisch vorbereitet ‚mit gutem Gewissen' oder in Übereinstimmung mit anerkannten Normen

16 Vgl. den Beitrag von Josef Isensee in diesem Band.

und Rollen verübt wird."[17] Politische Gewalt ist somit zwar in der Regel illegales, also rechtswidriges Handeln, wird aber von den Tätern nicht als „deviant" oder illegitim gesehen.

Legitimität besitzen heißt, einen moralischen oder vernünftigen Anspruch auf Anerkennung zu haben. Das bedeutet, es liegen gute, von anderen nachvollziehbare Gründe für eine Maßnahme vor. Poltische Gewalt ist, gemessen an den Wertmaßstäben einer Ideologie oder Weltanschauung, an den Normen einer (Sub)Kultur oder den Zwecken einer Organisation, regelkonform und legitim. Die Täter rechtfertigen sich, anders als bei vorpolitischer Gewalt somit nicht als Person, sondern als Verfechter übergeordneter Wahrheiten. Sie haben dadurch einen erweiterten „Legitimationsfundus", der über eine unmittelbar einsichtige Zweck-Mittel-Rationalität hinausgeht.[18] Das heißt, gerade durch den Bezug auf außer- oder überrationale Rechtfertigungsgründe ist die Überzeugungskraft der Legitimationsstrategien politischer Gewalt häufig nicht universell, sondern auf den Kreis Gleich- und ähnlich Gesinnter beschränkt. Entscheidend ist, dass bei ihnen ein Legitimitätsglaube erzeugt werden kann, nicht, dass auch ein externer Beobachter den Gewaltakt als legitim ansieht. Das gilt insbesondere für extremistische und terroristische Gewalt, die ihre Strategien gezielt auf diese Kreise ausrichten. Revolutionen und Widerstandsakte dagegen streben eine gesamtgesellschaftliche Unterstützung an und müssen sich bevorzugt an Vernunft- und allgemein akzeptierten Gerechtigkeitsmaßstäben orientieren.

Aufgrund des Prozesscharakters von Gewalt ist es nicht nur erforderlich, einen legitimen Grund für den Einsatz von Gewalt anzugeben, sondern auch den Nachweis zu führen, sie nur im unbedingt erforderlichen Umfang, auf legitime Weise, unter Vermeidung unnötiger Opfer und mit realistischen Erfolgsaussichten verwendet zu haben. Zwei Dimensionen werden bei der externen Untersuchung der Legitimation politischer Gewalt deshalb beachtet: die Phase, für die die Legitimation erbracht wird und die Gründe, auf die sie sich stützt (vgl. Abb. 2). Das „Wann" führt zur Differenzierung zwischen Input-, Trougliput- und Output-Legitimation, das „Wodurch" zur Unterscheidung von prozeduraler und materieller Legitimation. Input-Legitimation erfolgt im Vorfeld oder zu Beginn der Gewaltaktion, Throughput-Legitimation während der Durchführung und die Output-Legitimation durch das Ergebnis bzw. nachträglich. Als Rechtfertigungsgründe eignen sich, wie schon angesprochen, materielle Gründe, die auf die Übereinstimmung einer Maßnahme mit bestimmten inhaltlichen Erwartungen und Maßstäben verweisen. Es können aber auch prozedurale Gründe angegeben werden, die sich auf bestimmte formelle Erwartungen und Verfahren beziehen. Hierzu gehört der Nachweis, im Vorfeld alle friedlichen Konfliktlösungsalternativen geprüft zu haben oder während des Gewalt-

17 Vgl. Imbusch 2002, S. 44, allerdings mit dem allgemeineren Bezug auf kollektive Gewalt, die meist (S. 43), aber nicht immer (S. 47) politischen Charakter habe.

18 Vgl. Imbusch 2002, S. 44.

Abbildung 3 Legitimation politischer Gewalt

Legitimation politischer Gewalt	**Wann**	**Wodurch**	
		prozedural	*materiell*
Input-Legitimation	im Vorfeld/zu Beginn	z. B. zulässige Entscheidungsinstanz	z. B. eklatante Rechtsverletzungen
Throughput-Legitimation	bei der Durchführung	z. B. unabhängige Beobachter	z. B. Vermeidung ziviler Opfer
Output-Legitimation	durch das Ergebnis/ nachträglich	z. B. nachträgliche Genehmigung	z. B. erreichte Verbesserung

Quelle: eigene Darstellung.

verlaufs immer wieder Verhandlungsangebote gemacht zu haben. Besonders augenfällig sind solche prozeduralen Rechtfertigungen bei verrechtlichter Gewalt.[19]

Liegen nicht für alle Phasen Legitimationsgründe vor, kann das ggf. durch die Legitimation einer anderen Phase geheilt werden. Das ist aber nicht immer der Fall. Wird z. B. während der Durchführung einer Maßnahme ein drohender illegitimer Output vorhersehbar, reicht die Input-Legitimation zur Fortführung ggf. nicht mehr aus. Sie wird in der Regel dennoch nicht beendet, sondern eher die Legitimationsstrategie geändert, etwa durch eine Erweiterung um Fernziele („klassenlose Gesellschaft", „Gottesstaat", „Neuer Mensch"), die eine Outputkontrolle – wenn überhaupt – erst in weiter Zukunft erlauben würden. Auch daran ist der instrumentelle Charakter der Legitimation zu sehen; es geht um die Erzeugung von Legitimationsglauben zur Mobilisierung von Ressourcen und dem Abbau von Hemmnissen. Das schließt nicht aus. aber auch nicht notwendig ein, dass die Entwickler der Strategien die Rechtfertigungsgründe selbst glauben.

Resümierend liegen die wesentlichen Unterschiede zwischen politischer und vorpolitischer Gewalt in den stets überindividuellen Zielen, der Möglichkeit einer intendierten Ziel-Opfer-Differenz, der Einbeziehung eines Dritten als Adressaten und der Einbettung des Gewaltakts in eine alle Phasen umfassenden Legitimationsstrategie. Innerhalb des Bereichs politischer Gewalt sind die Unterscheidungskriterien der Ziele und Opfer am aussagekräftigsten, während bzgl. Legalität und Legitimität Gemeinsamkeiten überwiegen.

19 Beispielsweise, dass eine Verhaftung nur auf formellen Haftbefehl eines Richters erfolgen darf oder im Bereich zwischenstaatlicher Gewalt dass der Einsatz von Bundeswehrtruppen vom Parlament beschlossen werden muss oder das militärische Sanktionen vom Sicherheitsrat nicht gegen den Einspruch einer Vetomacht verhängt werden dürfen.

4 Entstehungsfaktoren nichtstaatlicher politischer Gewalt

4.1 *Allgemeine Annahmen*

Unabhängig vom bisherigen Vorkommen politischer Gewalt stellt sich die grundsätzliche Frage, welchen Stellenwert Gewalt als Mittel von Politik hat und künftig haben wird. Trotz einer möglichen Legitimierbarkeit im konkreten Fall, ist es aufgrund der Schädigung anderer Menschen unstrittig, dass politische Gewalt so weit wie möglich vermieden werden muss. Inwieweit das gelingen kann, hängt wesentlich von einer genauen Kenntnis darüber ab, warum politische Gewalt angewendet wird bzw. woraus sie sich entwickelt. Im Mittelpunkt der Erforschung nichtstaatlicher politischer Gewalt steht deshalb seit jeher die Frage nach ihren Entstehungsfaktoren. Ihnen ist deshalb in diesem Überblick ein eigener Abschnitt gewidmet.

In den 1960er und 70er Jahren wurde nichtstaatliche politische Gewalt vorrangig im Rahmen des damals prominenten Behaviorismus erforscht. Sie galt dementsprechend als eine Sonderform politischen Handelns, die sich allein aus Dispositionen der einzelnen Täter erklären ließ. Prominent war insbesondere die Deprivationsthese, wonach Menschen zu politischer Gewalt greifen, wenn sie sich im Vergleich zu anderen Bürgern massiv benachteiligt einschätzen.[20] Nicht erklären konnte der Ansatz allerdings, weshalb diese relative Deprivation nur in wenigen Fällen zu Gewaltaktionen führte und umstritten war auch, ob ein solcher, rein auf individualpsychologischen Faktoren aufbauender Ansatz auch anwendbar wäre, wenn es sich um kollektive Gewalt handelte (Mikro-Makro-Problem). Vielversprechender erschien deshalb ein Ende der 1970er Jahre in direkter Absage an die Deprivationsebene entwickelter gruppensoziologischer Ansatz, die Ressourcenmobilisierungsthese. Danach führt Benachteiligung nur dann zu politischer Gewalt, wenn eine davon betroffene Gruppe nicht über die erforderlichen Ressourcen verfügt, um ihre Position friedlich durchsetzen zu können, aber sehr wohl die erforderlichen Ressourcen für gewaltsame Versuche mobilisieren kann.[21] Dies wies über die Gruppenebene bereits auf gesamtgesellschaftliche Rahmenbedingungen hinaus, so dass sich schließlich der Blick von der Mikroebene des Individuums auf die Mesoebene von Gruppenprozessen und die Makroebene gesamtgesellschaftlicher Phänomene erweiterte. Außerdem wurde zwischen längerfristigen Entstehungsfaktoren und kurzfristigen Auslösern unterschieden. Aufgrund der sich nun eröffnenden Vielzahl von Einflussfaktoren schienen Erklärungsansätze mit universellem Geltungsanspruch nicht

---

20 Prominenter Vertreter war der amerikanische Politikwissenschaftler Ted R. Gurr 1970; vgl. auch Davies 1971.

21 Für diesen Ressourcenmobilisierungsansatz vgl. insbesondere Tilly 1978; zur Diskussion vgl. Zimmermann 1998.

mehr sinnvoll.[22] Die Ursachenforschung verlagerte sich auf Studien zu bestimmten Gewaltformen, oft auch nur eine kleine Zahl ähnlich gelagerter Fälle. Doch auch hier erwies es sich oft als schwierig, die Ursachen und akuten Auslöser von Gewalt zu identifizieren. Dadurch „gibt es diese schier unbegreifbaren Phänomene, die den Zeitgenossen den Eindruck vermitteln, Revolutionen und Kriege entstünden gleichsam über Nacht, mitunter ausgelöst durch nichtige Ereignisse."[23]

Neuere Ansätze gehen deshalb oft von folgenden Annahmen aus: (1) Erstens lässt sich eine Reihe von Faktoren identifizieren, die dem Auftreten politischer Gewalt hinderlich oder förderlich sind, allerdings nicht im Sinne eines direkten kausalen Durchgreifens, sondern nur als Anreize, die von Akteuren bei der Auswahl ihrer Handlungsoptionen einbezogen werden. Statt von Ursachen wird deshalb eher von Entstehungsfaktoren oder -bedingungen gesprochen. (2) Außerdem ist politische Gewalt kein isoliert untersuchbarer Akt, sondern Teil eines Eskalationsprozesses[24], der nur zum Teil auf objektiv nachvollziehbaren Faktoren, zum Teil aber auch auf einer selbstreferentiellen Eigendynamik basiert. Das heißt, die „Rationalität" der Gewalttaten erschließt sich meist nur unter Bezugnahme auf die von den Gewaltakteuren selbst verwendeten Deutungsmuster, aus denen heraus sie ihre Umwelt und die Handlungen ihrer Konfliktpartner interpretieren. (3) Zwischen den Handlungen der Konfliktparteien besteht eine beständige Wechselwirkung, so dass jede Reaktion zugleich Aktion ist und zudem oft schon eine nur antizipierte Tat des anderen eigenes Handeln veranlasst. Statt linearen Kausalitäten lassen sich deshalb eher nichtlineare und zirkuläre Wirkungszusammenhänge feststellen. Die exakte zeitliche Abfolge von Antizipation, Aktion und Reaktion lässt sich von außen oft kaum rekonstruieren. Dennoch wird an der Unterstellung, dass politische Gewalt Folge einer rationalen Kosten-Nutzen-Kalkulation ist, überwiegend festgehalten. Gleichzeitig wird aber eingeräumt, dass diese Rationalität subjektiv ist und sich die Bewertungsmaßstäbe der Akteure im Verlauf eines Prozesses auch verändern können. Einzig die sogenannten *hate crimes,* von Hass und Rachegelüsten dominierte Übergriffe auf definierte „Feinde", gelten als fast gänzlich affektgesteuert. Eine vielleicht im Vorfeld sogar bestehende „rationale" Strategie wird von den extremen Emotionen überlagert. Für die Analyse von Eskalationsprozessen bei anderen Formen nichtstaatlicher politischer Gewalt werden dagegen vorrangig Rational-Choice-Theorien zur Analyse eingesetzt.[25]

22 Vgl. die Debatte innerhalb der Soziologie, ob man statt einer in Allgemeinplätzen endenden Ursachensuche nicht besser „dichte Beschreibungen" einzelner Gewaltprozesse vorantreiben sollte, um die inneren Zusammenhänge zu eruieren. In diese Richtung Nedelmann 1997; kritisch Hüttermann 2004.

23 Brücher 2011, S. 223.

24 Vgl. della Porta 2008; Brücher 2011.

25 Eckert und Willems 2002, S. 1457, 1463. Besonders bewährt ist die Verwendung von Rational-Choice-Theorien im Übrigen für zwischenstaatliche Konflikte.

4.2 Ausgewählte Zusammenhänge

Statt eines allgemeingültigen Erklärungsmodells politischer Gewalt lassen sich aufgrund der Vielfalt der Einflüsse, der inneren Dynamik und der von außen nur schwer rekonstruierbaren kognitiven und kommunikativen Prozesse nur einige wiederholt nachgewiesene Wirkungszusammenhänge darstellen. Es ergibt sich, vereinfachend, folgendes Bild.

Politische Gewalt ereignet sich nicht eruptiv. Sie ist eingebunden in einen mehrstufigen Prozess, bei dem zunächst offen ist, ob friedliche oder gewaltsame Mittel eingesetzt werden und auch, ob einmal ausgebrochene Gewalt weiter eskaliert oder eingedämmt und beendet werden kann. Insofern gilt die Forschung nach Entstehungsfaktoren nichtstaatlicher politischer Gewalt nicht allein den zugrunde liegenden Konflikten, sondern auch den Faktoren, die die Gewaltdynamik einleiten, aufrecht erhalten oder auch stoppen können.[26] Sie können auf der Mikro-, Meso- oder Makroebene angesiedelt sein, also individuelle, gruppendynamische oder gesamtgesellschaftliche Phänomene umfassen. Den Hintergrund politischer Gewalt bilden i. d. R. Konflikte und Bedrohungslagen, die ihren Ursprung auf der Makroebene haben: ideologische oder weltanschauliche Gegensätze, unvereinbare Konzepte sozioökonomischer, politischer oder rechtlicher Ordnung, Konflikte um Macht- und Ressourcenverteilung oder unzureichende innere Sicherheit. Solche Faktoren wirken sich nicht direkt auf Gewaltbereitschaft aus, sondern erst vermittelt über die Wahrnehmung potentieller Täter.[27] Ihre Problemsicht stammt dabei oft aus zweiter Hand, geprägt von Medien, Wortführern im eigenen Umfeld bis hin zu Demagogen. In etwas gewandelter Form findet sich die Deprivationsthese wieder: Nur wenn sich Individuen oder Gruppen massiv benachteiligt oder in ihrer Integrität bedroht sehen, führt dies zu Protest, der sich unter dem Einfluss weiterer Faktoren zu Gewaltaktionen ausweiten kann.

Hier findet auch die auf der Mesoebene angesiedelte Ressourcenmobilisierungsthese ihren Platz: Es gilt mittlerweile als hinreichend belegt, dass die Einschätzung der für friedliche oder gewaltsame Konfliktlösung verfügbaren Ressourcen und Handlungsalternativen das weitere Vorgehen wesentlich bestimmen. Dabei spielen langfristig Faktoren, wie Bildungsniveau, Finanzen, Vernetzung eine Rolle, es kommen aber auch kurzfristige Faktoren hinzu, etwa eine Abwägung der richtigen Gelegenheit. So kann z. B. die Beobachtung, dass die Mobilisierung für friedlichen Protest erlahmt, zur Abspaltung einer gewaltbereiten Gruppe führen, die mit einer radikalisierten Strategie andere Unterstützer und Ressourcen mobilisieren kann. Wesentlich für die Ressourcenmobilisierungsfähigkeit sind außerdem die zu erwartenden Restriktionen von Gewalt durch

26 Waldmann 1995, S. 434.

27 Waldmann spricht von der Wahrnehmung als einer Integrationsklammer zwischen der Mikroebene der handelnden Individuen, der Mesoebene von Gruppenprozessen und der Makroebene gesamtgesellschaftlicher Phänomene; Waldmann 1995, S. 433 f.

Gesellschaft und Staat einerseits und die Neutralisierungsmöglichkeiten dieser Hemmnisse durch die Gewaltakteure andererseits. Obwohl Gewalt eine evolutionsbedingte „Jedermanns-Ressource" ist,[28] wird sie über Zeiten, Räume und Kulturen mit sehr unterschiedlicher Häufigkeit und Intensität genutzt.[29] Dies wird auf die von Gesellschaft zu Gesellschaft divergierende soziale Akzeptanz von Gewalt zurückgeführt, die sich nicht nur auf die sozialen Restriktionen, sondern auch auf die durch persönliche Anlagen *und* Umwelt geprägte individuelle Gewaltbereitschaft[30] auswirkt. Politische Gewalt ist, anders als die meisten Akte vorpolitischer Gewalt, auf Unterstützer außerhalb des sozialen Nahbereichs angewiesen. Vorbehalte gegen Gewalt müssen durch die Täter also durch geeignete Mechanismen ausgeräumt oder vorübergehend neutralisiert werden. Hier spielen Legitimationsstrategien eine entscheidende Rolle. Die eigene Problemwahrnehmung, die übergeordneten Ziele und das Fehlen von Handlungsalternativen müssen einem größeren Personenkreis glaubwürdig vermittelt werden. Appelliert wird dabei nicht oder nicht nur an Betroffenheit, sondern vor allem an die Wahrnehmung der überindividuellen Dimension eines Konflikts oder einer Bedrohung. Die Überzeugungsleistung muss dabei umso größer sein, je geringer die individuelle Gewaltbereitschaft solcher potentiellen Unterstützer ist und je höher die bestehenden sozialen Restriktionen sind. Zwei gängige Strategien wurden schon erwähnt: die Dehumanisierung der Opfer sowie die ideologisch-weltanschauliche Überhöhung der Ziele und Konflikte. Neuere Studien haben gezeigt, dass solche ideologisch-weltanschaulichen Rechtfertigungen sogar dann zum Einsatz kommen können, wenn der eigentliche Konflikt nicht politischer, sondern z. B. rein ökonomischer Natur war. Mit den aufgepfropften Rechtfertigungen können oft breitere Allianzen geschlossen werden.[31] Hier bieten sich nationalistische, ethnozentristische oder an eine gemeinsame Geschichte anknüpfende Narrative an. Häufig deutet sich das Umschlagen einer friedlichen in eine gewaltsame Protestbewegung bereits im Vorfeld durch eine Änderung der Legitimationsstrategie an, nämlich durch die Aufnahme von ideologischen, gewaltaffinen Rechtfertigungen.[32]

Eine ganz entscheidende Rolle spielt schließlich die schon angesprochen Interaktionsdynamik, die sich im Verlauf eines Eskalationsprozesses zwischen den Konfliktparteien entwickelt. Die eigene Handlungs- und Legitimationsstrategie wird beständig an die vom Gegenüber ausgehenden Impulse angepasst, nach Änderungen der Gelegenheitsstrukturen gesucht und ggf. auch vorauseilend gehandelt. Besonders gut untersucht ist das für die Interaktion zwischen nichtstaatlichen Protestierern und dem Staat. Reagiert er z. B. auf zunächst friedlichen Protest mit scharfem Vorgehen der Polizei oder

28 So Popitz 1992, S. 58.; ebenso von Trotha 1997, S. 25.

29 Vgl. Wahl und Wahl i. d. B.; Wimmer 2009, S. 6. Zynisch bemerkt er hier: „Im Vergleich zum *Gewaltpotential* passiert relativ wenig – z. B. im Vergleich zur Anzahl von scharfen Messern in den Haushalten kommen relativ wenige Menschen durch Messerattacken ums Leben."

30 Vgl. Wahl und Wahl i. d. B.

31 Vgl. della Porta 2008, S. 226 f.

32 Vgl. della Porta 2008, S. 227.

radikalen, ein Feindbild kreierenden Argumenten, erhöht das nicht nur die Wahrnehmung von Deprivation und ungenügender friedlicher Konfliktlösungsmöglichkeiten bei den Protestierern. Mythenbildung um „Märtyrer" der Bewegung erleichtert außerdem die Mobilisierung gewaltbereiter Unterstützung im Kampf gegen den als aggressiv erscheinenden Staat[33] und kann akuter Auslöser von „Gegengewalt" sein. Einsatz von Gewalt gegen überwiegend friedliche Aktionen liefert den gewaltbereiten Flügeln zudem in der internen Auseinandersetzung mit gewaltaversen Gruppen innerhalb der Protestbewegung wichtige Argumente. Gegen die externen Restriktionen durch Staat und Gesellschaft kann also auch eine interne Gruppendynamik als neutralisierender Faktor auftreten.[34]

Nicht pauschal erklären lässt sich das Ausmaß der Gewaltakzeptanz in einer Gesellschaft. So überzeugen beispielsweise kultursoziologische Erklärungen nur bedingt, die die in Deutschland und einigen weiteren Ländern Europas im historischen und internationalen Vergleich geringe Zahl von Tötungsdelikten als Begleiterscheinung des zivilisatorischen Entwicklungsprozesses hin zur modernen Gesellschaft betrachten. Im Verlauf dieser Entwicklung hätten sich die Muster individuellen Handelns aufgrund der gewandelten Erfordernisse und Erfolgsbedingungen im wirtschaftlichen und sozialen Leben geändert. Affekthaftes Verhalten im öffentlichen Raum störe die komplexen, arbeitsteiligen Prozesse und sei deshalb zunehmend einem planenden und rationalen Handeln gewichen. Das Maß an Selbstkontrolle habe zugenommen. Männlichkeitsideale hätten sich vom wehrhaften zum wirtschaftlich erfolgreichen Mann geändert.[35] Zusätzlich sei der Gewaltrückgang durch Individualisierungsprozesse befördert worden. In deren Verlauf emanzipierten sich Einzelne von überkommenen kulturell vermittelten Erwartungen, etwa der gewaltsamen Verteidigung der Familienehre oder Blutrache.[36] Mit der schwindenden sozialen Akzeptanz gehe die Entwicklung sozialer Restriktionen von Gewalt einher: Die Sozialdisziplinierung durch Schulen und Konfessionen sowie die rechtliche Regulierung des Lebensalltags vermittelten den neuen Wert öffentlicher Gewaltfreiheit sanktionsbewehrt.[37] Gegen diese Theorie steht die nach wie vor hohe Gewaltrate in einigen anderen modernen Gesellschaften, allen voran der US-amerikanischen. Zuweilen wird dies mit gegenläufigen Tendenzen von Individualisierungsprozessen erklärt: Zwar erlauben sie dem Einzelnen, sich aus kulturellen Gewalttraditionen zu lösen, untergraben bei weiterem Voranschreiten aber auch die Verbindlichkeit der neuen Werte gewaltloser Kooperation. Die gesamtgesellschaftliche Desintegration schafft dann auch Raum für die Entstehung von Subkulturen, in denen Gewalt wieder einen hohen Stellenwert und Akzeptanz besitzen kann. Dies erklärt die von Wahl und Wahl genannte große Be-

33 Vgl. della Porta 2008, S. 223 f.; Neidhardt 1989.
34 In diesem Sinne Heitmeyer, 1994; vgl. Eisner 2002, S. 75 f.; Wimmer 2009, S. 372–376.
35 Vgl. Eisner 2002, S. 70–72 mit weiteren Nachweisen; Elias 1976.
36 Vgl. Eisner 2002, S. 73–75 mit weiteren Nachweisen; Wimmer 2009, S. 372 f.; Durkheim 1991.
37 Vgl. Breuer 1986.

deutung von *peer groups* für vorpolitische Gewalt, hat sich aber auch für extremistische politische Gewalt bewährt und kann vermutlich auf andere Formen kollektiver Gewalt übertragen werden, solange es sich um agierende Gruppen, nicht um Massenbewegungen handelt.[38] Pauschal sagen kann man also, dass sich die kollektive Gewaltakzeptanz in einer Gesellschaft oder Gruppe auf die individuelle Gewaltbereitschaft auswirkt und damit auch politische Gewalt fördern oder behindern kann. Das Ausmaß der jeweiligen Gewaltakzeptanz erfordert aber fallspezifische Untersuchungen.

Als Entstehungsfaktoren nichtstaatlicher politischer Gewalt sind, dies lässt sich bilanzierend festhalten, sechs in Wechselwirkung stehende Hauptfaktoren gut belegt: (1) als solche wahrgenommene relative Deprivation, (2) Fähigkeit zur Ressourcenmobilisierung (3) Gelegenheitsstrukturen, (4) zu erwartende soziale und staatliche Restriktionen oder Akzeptanz, (5) Fähigkeit zur Neutralisierung von Hemmnissen, (6) innere zyklische Dynamik aus Aktion, Reaktion, Antizipation. Was sich daraus für die Möglichkeiten künftiger Vermeidbarkeit politischer Gewalt ergibt, erschließt sich aufgrund der Wechselwirkungen zwischen nichtstaatlicher und staatlicher Gewalt erst nach einer zusätzlichen Betrachtung staatlicher Gewalt.

5 Ambivalenz staatlicher Gewalt

Gewalt sei eine Paradoxie, meint Niklas Luhmann, weil Gewalt der Austreibung von Gewalt diene und der Begriff somit Ausschließendes und Ausgeschlossenes zugleich beinhalte.[39] Dies trifft in besonderer Weise auf den modernen Staat zu, zu dessen Kernaufgaben der notfalls gewaltsame Schutz seiner Bürger vor Gewalt von innen und außen gehört.[40] Um diese Aufgabe zu erfüllen, verfügt er über ein Gewaltmonopol. Nur er darf in rechtlichen Rahmen nach außen Krieg führen[41] und auf seinem Territorium physische Gewalt gegen Menschen anwenden, während nichtstaatliche Akteure zur gewaltfreien Konfliktaustragung verpflichtet sind. Der amerikanische Philosoph Robert Nozick konstatiert deshalb, der Staat sei nichts anderes als eine Sicherheitsfirma, der es gelungen sei, auf einem bestimmten Territorium eine Monopolstellung zu erringen und ihre Kooperationsregeln flächendeckend durchzusetzen.[42] Mit der Monopolisierung in den Händen des Staates geht eine Verrechtlichung und Entpolitisierung der Gewalt einher. Die rechtliche Einhegung der Gewalt soll sicherstellen, dass der Staat sein Gewaltmonopol nur zum Zweck der Rechtsdurchsetzung und im Rahmen vieler Auflagen nutzen kann. Ausgeschlossen werden soll sowohl der Einsatz zur persönlichen

38 Wahl und Wahl i. d. B.; Heitmeyer 1994; vgl. Eisner 2002, S. 75 f.; Wimmer 2009, S. 372–376.
39 Luhmann 2000, S. 192 f.
40 Für Max Weber ist dieses exklusive Recht zur Gewaltanwendung der Inbegriff von Staatlichkeit; Weber 1976, S. 822.
41 Vgl. zur Außendimension und den völkerrechtlichen Veränderungen Czempiel 2004, S. 91–112.
42 Nozick 1974.

Bereicherung der staatlichen Akteure als auch für politische Interessen der regierungsbildenden Mehrheit. Verrechtlichung und Entpolitisierung von Gewalt sind zentrale Bestandteile der Selbstbeschreibung moderner demokratischer Rechtsstaaten. Hier kann der Eindruck entstehen, dass Gewalt nur noch als abweichendes Verhalten Weniger vorkommt, aus dem Repertoire gesellschaftlicher Interaktion und politischer Konfliktaustragung aber verschwunden ist. Ist die Abschreckungswirkung der geballten Staatsgewalt groß genug, kann sich die Erfahrung verbreiten, nicht ständig von Gewalt bedroht zu sein; eigene Gewaltausübung wird verzichtbar und die kollektive Ablehnung von Gewalt kann sozial vermittelt werden. Ein funktionierendes Gewaltmonopol ermöglicht es der Gesellschaft, sich als gewaltavers zu begreifen.[43] Es scheint also auf den ersten Blick ein aussichtsreicher Weg, Gewalt als Mittel der Politik zu überwinden. Mehrere Probleme verhindern das.

(1) Durch das innerstaatliche Gewaltmonopol des Staates ist es lediglich zu einer Umverteilung, man könnte sagen zu einem Outsourcing von Gewalt aus der Mitte der Gesellschaft an die staatlichen Instanzen gekommen. Ihre Durchsetzungsmittel schließen auch physische Gewalt ein und reichen dabei von der Inhaftierung, über die Verletzung und Tötung bei Polizei- und Militäreinsätzen bis hin zur Todesstrafe. Zwar wird deren Ausübung im Inneren meist nicht mehr als Gewalt, sondern als Macht, Zwang oder Staatsgewalt bezeichnet, um das von Luhmann beschriebene Paradox aufzulösen und Ausschließendes von Ausgeschlossenem zu trennen.[44] Das ändert aber nichts an der unserer Gewaltdefinition entsprechenden absichtlichen körperlichen Schädigung von Menschen im Rahmen des innerstaatlichen Gewaltmonopols. Das Paradox, dass Gewalt sich letztlich nur gewaltsam unterdrücken lasse, könne „durch Verrechtlichung abgemildert, aber nicht aufgehoben werden",[45] so der deutsche Rechtswissenschaftler und ehemalige Richter am Bundesverfassungsgericht Dieter Grimm. Zudem werden im Rahmen des innerstaatlichen Gewaltmonopols nicht nur vorpolitische Delikte verfolgt, sondern ebenso politisch motivierte Straftaten. Hier sieht sich der Staat stets dem Vorwurf von Betroffenen und Sympathisanten ausgesetzt, selbst politische Motive zu haben und einseitig vorzugehen.[46] Immerhin haben er, respektive der Gesetzgeber, die Möglichkeit zu definieren, welche Formen und Inhalte politischer Aktion rechtlich zulässig und welche illegal sind. Zudem setzt er die zulässigen Strafverfolgungsmittel fest.

(2) Das innerstaatliche Gewaltmonopol kann stets nur näherungsweise verwirklicht werden und wird immer wieder von nichtstaatlichen Akteuren herausgefordert. Wenn, wie in den vielen *failed states* Lateinamerikas oder Afrikas, die Staatsgewalt kein ausreichendes Drohpotential aufbauen kann, kehrt Gewalt als alltägliche Form politischer

43 Scherr 2004, S. 210–215.
44 Vgl. Imbusch 2002, S. 30 f., Luhmann 2000.
45 Grimm 2006, S. 28.
46 Ab wann der Gebrauch des Gewaltmonopols zu politischer Gewalt wird, ist nicht geklärt. Virginia Held schlägt vor, sie beginne „beyond what is needed for the enforcement of justifiable law". Held 2010, S. 129.

Konfliktaustragung zurück. Aber selbst in weitgehend intakten rechtsstaatlichen Demokratien wird Gewalt von nichtstaatlichen Akteuren immer wieder eingesetzt, um politische Ziele zu erreichen, wenn, wie oben in Kapitel 4 dargestellt, Hoffnung auf ausreichende Unterstützung und einen erfolgreichen Ausgang besteht. Der Staat ist also immer wieder gezwungen, mit Gewalt nicht nur zu drohen, sondern sie auch einzusetzen. Anders formuliert kann sich der Staat nicht auf seine Ordnungsfunktion mit nur latenter Gewaltanwendung zurückziehen, sondern muss auch immer wieder in seiner Repressionsfunktion mit manifester Gewalt auftreten.[47] Dies führt zu einem Wettlauf zwischen Bemühungen um die Effizienzsteigerung von Gewalt einerseits und der Bereitstellung von friedlichen Konfliktlösungsmechanismen andererseits. Da letztere voraussetzungsreicher sind, liegen sie in diesem Wettlauf meist zurück.[48]

(3) Staatliche Gewalteinsätze im Inneren können, auch wenn sie innerhalb der rechtstaatlichen Vorgaben bleiben, Eskalationsprozesse politischer Gewalt befördern. Sie können akuter Auslöser politischer Gewalt sein, geben aber anderen Akteuren auch Anschauungsbeispiele. Gewaltstrategien werden durch Beobachtung erlernt und in das eigene Repertoire künftiger Konfliktlösungen übernommen.[49] Staatliche Gewalt erleichtert zudem die Legitimationsstrategien anderer Gewaltakteure. Denn für staatliche Gewalt muss nicht nur generell, sondern permanent für jede Handlung nachgewiesen werden, dass die Anwendung der Staatsgewalt die an ihre Rechtmäßigkeit geknüpften Auflagen nicht verletzt. So wird das „Legitimieren der Gewalt zu einem Dauergeschäft der Politik",[50] mit nachteiligen Auswirkungen auf die Möglichkeit sozialer Ächtung von Gewalt. Der österreichisch-amerikanische Aggressionsforscher Friedrich Hacker vertritt vehement die Ansicht, „Gerechtfertigte Gewalt verführt zur Nachahmung sowohl der Rechtfertigung wie der Gewalt".[51] Jede Rechtfertigung der Gewalt bewirke eine Verharmlosung bzw. Hinnahme der Existenz von Gewalt und dies führe zu einem prinzipiell akzeptierten Recht auf Gewalt und der Bereitschaft, den einfachen Weg der Gewaltanwendung dem schwierigen Weg des Ersinnens von Abhilfen vorzuziehen. Am Ende würden Ausnahmen des Gewaltverbots zu Regeln der Gewaltanwendung."[52] Auf eine permanente öffentliche Darstellung der Legitimität staatlicher Gewalt kann aber nicht verzichtet werden. Sie ist nötig, um eine freiwillige Akzeptanz des innerstaatlichen Gewaltmonopols in der Gesellschaft zu erreichen und die Häufigkeit der Herausforderungen gering zu halten.[53] Sie ist aber auch nötig, um integere und verantwortungsbewusste Personen für Polizei- und Militärdienst rekrutieren zu können. Die zunehmende

47 Imbusch 2002, S. 48.
48 So meinen Eckert und Willems 2002, S. 1472.
49 Vgl. Eckert und Willems 2002, S. 1466.
50 Luhmann 2000, S. 192 f.
51 Hacker 1973, S. 13 f.
52 Ebd.
53 Vgl. Scherr 2004, S. 213 f.

Praxis, Teile der Aufgaben an privatwirtschaftliche Sicherheitsagenturen u. ä. zu übertragen, behebt dieses Problem nicht, sondern verlagert es nur.

(4) Das innerstaatliche Gewaltmonopol ist zwar eine Befugnis innerhalb rechtlicher Vorgaben, sie können von der jeweiligen regierungsbildenden Mehrheit aber verändert werden. Die Möglichkeit, bestimmte politische Aktivitäten von Bürgern als illegal auszugrenzen und die anzuwendenden Strafverfolgungsmittel zu definieren, wurde oben schon genannt. Ebenso lassen sich physische Gewalt gegen die Angehörigen von Ethnien, Konfessionen und beliebigen marginalisierten Gruppen gesetzlich verfügen oder Beschränkungen staatlicher Gewalt durch Ausnahmegesetze suspendieren. Das verrechtlichte und „unpolitische" innerstaatliche Gewaltmonopol kann sich also jederzeit zu politischer Gewalt wandeln, wenn ein Regime staatliche Gewaltmittel einsetzt, um seine eigene Macht zu stärken, Opposition und Bürger zu unterdrücken oder einen freien politischen Meinungsaustausch zu verhindern. Gleichzeitig bleibt den Bürgern als letztes Abwehrmittel wiederum politische Gewalt. So sehr also der Staat zur Verhinderung der Gewalt zwischen nichtstaatlichen Akteuren, sei sie vorpolitisch oder politisch, beiträgt, so sehr ist er selbst ein Risikofaktor politischer Gewalt. Das Verhältnis von Gewalt und Staat ist also nicht nur vielfältig, sondern auch ambivalent.

> „Angesichts der Vielfältigkeit und unterschiedlichen Qualität staatlicher Gewaltformen erscheint eine positive Voreingenommenheit gegenüber der im Staat verkörperten Gewalt, wie sie sich etwa in konservativen Staatsverständnissen findet, einseitig, weil zum einen die Monopolisierung der legitimen Gewalt beim Staat die Gewalt nicht abschafft, sondern nur umverteilt hat, zum anderen es im 20. Jahrhundert immer wieder und gerade Staaten waren, die in besonderem Maße und illegitimerweise Gewalt gegen ihre und gegen Bürger anderer Staaten eingesetzt haben. Die ‚Opferbilanz' staatlicher Gewalt im 20. Jahrhundert übersteigt die individueller und kollektiver Gewalt aus der Gesellschaft um ein Vielfaches."[54]

(5) Analog zu innerstaatlicher Gewalt gibt es für die zwischenstaatliche Gewalt umfangreiche Bemühungen der Bindung und Verrechtlichung mit analogen Problemen: Auch Militäreinsätze mit Mandat des UN-Sicherheitsrats bleiben Gewalt, führen zu Bemühungen der Effizienzsteigerung,[55] liefern strategische Vorbilder und provozieren Gegengewalt. Zudem ist die Theorie des gerechten Krieges ein prägnantes Beispiel für die Zweischneidigkeit der Differenzierung zwischen legitimen und illegitimen Gewaltformen. Statt mit dem Ziel der Überwindung des Krieges, wurde sie ebenso zu seiner Erhaltung im Arsenal politischer Akteure eingesetzt.[56] Die in der Charta der Vereinten Nationen 1945 postulierte Ächtung der Gewalt als außenpolitisches Mittel war aber offiziell

54 Vgl. Imbusch 2002, S. 50; in diesem Sinne auch Coady 2008, S. 3–4.

55 Vgl. z. B. die bei Münkler geschilderten Bemühungen im Zusammenhang mit neuen Kriegsformen; Münkler 2004, S. 38 f.

56 Vgl. den Beitrag von Sutor i. d. B.

lange unumstritten. Seit den 1990er Jahren scheint diese Ächtung aber abzunehmen. Dies zeigt sich beispielsweise daran, dass die Rechtfertigungsgründe zwischenstaatlicher Kriege immer mehr erweitert wurden.[57] Mit dem Argument der Demokratisierung ist dabei ein genuin politischer Rechtfertigungsgrund in die Debatte zurückgekehrt, der sich qualitativ von denen für Friedenssicherungsmissionen oder Humanitären Interventionen unterscheidet.[58] Außerdem ist durch das Auftreten international agierender nichtstaatlicher Gewaltakteure eine neue Herausforderung des staatlichen Gewaltmonopols entstanden, für die die vorhandenen friedlichen Konfliktlösungsmechanismen nicht geeignet sind. Bis passende Alternativen entwickelt sind, dominieren Gewaltstrategien. Dabei verwischen die Grenzen zwischen inner- und zwischenstaatlicher politischer Gewalt, zwischen Terror, Staatsterror, Bürgerkrieg und Krieg zunehmend. Gleichzeitig werden die Einhegungen zum Schutz der Zivilbevölkerung und zur Ächtung grausamer Mittel immer weniger beachtet.[59]

6 Prävention und Überwindbarkeit politischer Gewalt

Aus den Hintergründen, Wechselwirkungen und Ambivalenzen politischer Gewalt ergeben sich Hinweise auf Präventionsmöglichkeiten, wenn auch nicht mit der bei linearen Kausalzusammenhängen möglichen Verlässlichkeit. Im Bereich der nichtstaatlichen politischen Gewalt legt der Ressourcenmobilisierungsansatz als ersten Schritt ein breites Angebot friedlicher Partizipationsmöglichkeiten nahe, die mit nur wenigen Ressourcen genutzt werden können und dennoch öffentlich wahrnehmbare Wirkung entfalten. Die Partizipationsforschung zeigt aber, dass sowohl „konventionelle" Beteiligungsmöglichkeiten wie Wahlen, Parteiarbeit oder Abstimmungen als auch alternative Möglichkeiten wie Bürgerinitiativen, Demonstrationen oder Unterschriftenaktionen eine hohe soziale Selektivität aufweisen. Personen mit geringen persönlichen und sozialen Ressourcen nehmen Partizipationsangebote signifikant seltener wahr. Gleichzeitig sind Personen, die nicht partizipieren, häufiger mit der Demokratie im eigenen Land unzufrieden als Partizipierer.[60] Durch die offenbar enge Verbindung von sozialer und politischer Ungleichheit verschiebt sich, soweit bereits ein breites Partizipationsangebot besteht, der Fokus für Präventionsmaßnahmen auf die schon für vorpolitische Gewalt bei Wahl und Wahl im vorangegangenen Beitrag genannten Erfordernisse der Armutsbekämpfung und Bildungsexpansion. Das gilt auch dann, wenn die zugrundeliegenden Konflikte gar

57 Vgl. Geis 2006 S. 9, 28 f.

58 Carl von Clausewitz reichte zur Rechtfertigung von Krieg einst, dass er überhaupt im Dienste politischer Zwecke betrieben wurde. Nur Kriege um ihrer selbst, der Gewalt oder Zerstörung willen, lehnte er als illegitim ab. Clausewitz 1832, Bd. I, 1, 24.

59 Vgl. Czempiel 2004, S. 100 ff.; Münkler 2004, S. 30 ff.

60 Vgl. Schäfer 2009; Merkel und Petring 2011.

nicht in diesen beiden Bereichen lagen, sondern z. B. in ethnischen Konflikten. Bildung und Einkommen sind auch dann zentral für die Ressourceneinschätzung.

Eine weitere Präventionsmöglichkeit liegt angesichts der Bedeutung von Gewaltakzeptanz und Restriktionen darin, die Sensibilität in der (Welt-)Gesellschaft für die Ambivalenz der Gewalt zu schärfen und eine offensive Debatte über die Haltung zur Gewalt zu führen. Dabei muss ein Mittelweg gefunden werden. Die individuelle Gewaltbereitschaft und gesellschaftliche Duldung von vorpolitischer Gewalt muss stark begrenzt sein, um die Hürden, die die Legitimationsstrategien politischer Gewalt überwinden müssen, hoch zu halten. Andererseits muss staatliche Gewalt zur Verteidigung der eigenen Ordnung nach innen und außen auf Anerkennung stoßen können. Den Anfang der Prävention bildet hier eine diskursive Strategie: Staat und/oder Gesellschaft enthalten sich einer aggressiven Sprache zur Ausgrenzung von Konfliktparteien, thematisieren aber frühzeitig radikalisierte Legitimationsstrategien potentieller Gewaltakteure und entwerten sie argumentativ. Der nächste Schritt liegt im Deeskalationspotential eines maßvollen Gewalteinsatzes. Für staatliche Gewalt meint das eine Orientierung am rechtsstaatlichen Übermaßverbot: Gewalt muss erforderlich und geeignet sein, um den Konflikt beizulegen und sie darf nur im unverzichtbaren Ausmaß angewendet werden. Macht man die Einhaltung der Vorgaben transparent, kann staatliche Gewalt nur schlecht zur Legitimation von Gegengewalt genutzt werden.

Erreichbar erscheint durch die bessere Ausschöpfung dieser Präventionsmöglichkeiten zumindest, den Rechtfertigungsdruck für politische Gewalt aufrecht zu erhalten oder sogar zu erhöhen und zu erreichen, dass sie eine Ultima Ratio bleibt. Als solche ist politische Gewalt aber schon aufgrund legitimer Fälle der Verteidigung, Nothilfe und Abschreckung nicht überwindbar im Sinne einer völligen Verhinderung. Aber auch solange Gewalt mangels Hemmnissen und besseren Alternativen erfolgversprechend erscheint, ist sie als politisches Mittel bestenfalls begrenzbar. Zudem können die genannten Präventionsmöglichkeiten nur dann Erfolg haben, wenn die Unterstellung, politische Gewalt sei Teil rationaler Handlungsstrategien, für die überwiegende Zahl der Fälle zutrifft. Gewalttaten, die selbst gemessen an der Lageperzeption sowie den ideologischen und Wertmaßstäben der Täter irrational sind, können so nicht verhindert werden. In ihrem Zuwachs liegt m. E. die derzeit qualitativ größte Herausforderung.

Literatur

Bauman, Zygmunt. 1992. *Dialektik der Ordnung. Die Moderne und der Holocaust.* Hamburg.

Bloxham, Donald, und Robert Gerwarth. 2011. *Political Violence in Twentieth-Century Europe.* Cambridge.

Breuer, Stefan. 1986. Sozialdisziplinierung. Probleme und Problemverlagerungen eines Konzeptes bei Max Weber, Gerhard Oestreich und Michel Foucault. In *Soziale Sicherheit und soziale Disziplinierung. Beiträge zu einer historischen Theorie der Sozialpolitik*, hg. von Christoph Sachße, und Florian Tennstadt, 45–69. Frankfurt am Main.

Brücher, Getrud. 2011. *Gewaltspiralen. Zur Theorie der Eskalation.* Wiesbaden.

Clausewitz, Carl von. 1832. *Vom Kriege, Bd. I.* Berlin. http://www.clause-witz.com/readings/VomKriege1832/Book1.htm. Zugegriffen: 9. März 2012.

Coady, C. A. J. 2008. *Morality and Political Violence.* Cambridge.

Czempiel, Ernst-Otto. 2004. Modelle der Weltordnung. In *Gewalt und die Suche nach weltpolitischer Ordnung*, hg. von Hans Vorländer, 91–112. Baden-Baden.

Davies, James Chowning. 1971. *When Men Revolt and Why.* New York.

Della Porta, Donatella. 2008. Research on Social Movements and Political Violence., hg. von Patricia Steinhoff, und Gilda Zwerman *Political Violence. Qualitative Sociology, Special Issue 31(3)*: 221–230.

Durkheim, Émile. 1991. *Physik der Sitten und des Rechts. Vorlesungen zur Soziologie der Moral.* Frankfurt am Main.

Eckert, Roland, und Helmut Willems. 2002. Eskalation und Deeskalation sozialer Konflikte: Der Weg in die Gewalt. In *Internationales Handbuch der Gewaltforschung*, hg. von Wilhelm Heitmeyer, und John Hagan, 1457–1480. Wiesbaden.

Eisner, Manuel. 2002. Langfristige Gewaltentwicklung: Empirische Befunde und theoretische Erklärungsansätze. In *Internationales Handbuch der Gewaltforschung*, hg. von Wilhelm Heitmeyer, und John Hagan, 58–80. Wiesbaden.

Elias, Norbert. 1976. *Über den Prozeß der Zivilisation. Soziogenetische und psychogenetische Untersuchungen.* Frankfurt am Main.

Galtung, Johan. 1975. *Strukturelle Gewalt. Beiträge zur Friedens- und Konfliktforschung.* Reinbek bei Hamburg.

Geis, Anna. 2006. Den Krieg überdenken. Kriegsbegriffe und Kriegstheorien in der Kontroverse. In *Den Krieg überdenken. Kriegsbegriffe und Kriegstheorien in der Kontroverse* Anna Geis, und (Hg.), 9–37. Baden-Baden.

Gesellschaft für Sozialforschung und statistische Analysen mbH (forsa). 2011. *Gewalt in der Erziehung. Tabellenband.* Berlin. http://www.eltern.de/c/pdf/umfrage-ohrfeigen/Studie_forsa_Gewalt%20in%20der%20Erziehung_2011.pdf. Zugegriffen: 13. März 2012.

Grimm, Dieter. 2006. Das staatliche Gewaltmonopol. In *Herausforderungen des staatlichen Gewaltmonopols. Rechte und politisch motivierte Gewalt am Ende des 20. Jahrhunderts*, hg. von Freia Anders, und Ingrid Gilcher-Holtey, 18–38. Frankfurt am Main, New York.

Gurr, Ted Robert. 1970. *Why Men Rebel.* Princeton.

Hacker, Friedrich. 1973. *Aggression. Die Brutalisierung der modernen Welt.* Reinbek bei Hamburg.

Heitmeyer, Wilhelm. 1994. Das Desintegrationstheorem. Ein Erklärungsansatz zu fremdenfeindlich motivierter, rechtsextremistischer Gewalt und zur Lähmung gesellschaftlicher Institutionen. In *Das Gewalt-Dilemma*, hg. von Wilhelm Heitmeyer, 29–72. Frankfurt am Main.

Held, Virginia. 2010. *How Terrorism is Wrong. Morality and Political Violence.* Oxford.
Hippler, Jochen. 2012. *Ursachen und Grundstrukturen politischer Gewalt.* http://www.ag-friedensforschung.de/themen/Gewalt/hippler.html. Zugegriffen: 9. März 2012.
Hüttermann, Jörg. 2004. „Dichte Beschreibung" oder Ursachenforschung der Gewalt? Anmerkungen zu einer falschen Alternative im Lichte der Problematik funktionaler Erklärungen. In *Gewalt*, hg. von Wilhelm Heitmeyer, und Hans-Georg Soeffner, 107–124. Frankfurt am Main.
Imbusch, Peter. 2002. Der Gewaltbegriff. In *Internationales Handbuch der Gewaltforschung*, hg. von Wilhelm Heitmeyer, und John Hagan, 26–57. Wiesbaden.
Lichbach, Mark Irving, und Ted Robert Gurr. 1981. The Conflict Process. *Journal of Conflict Resolution* 25 *(1)*: 1–29.
Lindenberger, Thomas, und Alf Lüdtke, Hg. 1995. *Physische Gewalt. Studien zur Geschichte der Neuzeit.* Frankfurt am Main.
Luhmann, Niklas. 2000. *Die Politik der Gesellschaft.* Frankfurt am Main.
Merkel, Wolfgang, und Alexander Petring. 2011. Partizipation und Inklusion. In *Demokratie in Deutschland 2011*, hg. von der Friedrich-Ebert-Stiftung Berlin. http://www.demokratie-deutschland-2011.de/common/pdf/Partizipation_und_Inklusion.pdf. Zugegriffen: 9. März 2012.
Münkler, Herfried. 2004. Das Ende des klassischen Krieges – Konfliktszenarien der Zukunft. In *Gewalt und die Suche nach weltpolitischer Ordnung*, hg. von Hans Vorländer, 25–41. Baden-Baden.
Narr, Wolf-Dieter. 1995. Gewalt und Legitimität. *Leviathan 1(1)*: 7–42.
Nedelmann, Birgitta. 1997. Gewaltsoziologie am Scheideweg. Die Auseinandersetzungen in der gegenwärtigen und Wege der künftigen Gewaltforschung. In *Soziologie der Gewalt. Sonderheft 37 der Kölner Zeitschrift für Soziologie und Sozialpsychologie*, hg. von Trutz von Trotha, 59–85. Opladen.
Neidhardt, Friedhelm. 1989. Gewalt und Gegengewalt: Steigt die Bereitschaft zu Gewaltaktionen mit zunehmender staatlicher Kontrolle und Repression? In *Jugendpolitik und politische Bildung*, hg. von Wilhelm Heitmeyer, Kurt Möller, und Heinz Sünker, 233–243. Weinheim, München.
Nohlen, Dieter. 2002. Gewalt. In *Kleines Lexikon der Politik*, hg. von Dieter Nohlen. 2. Aufl., 167–168. München.
Nozick, Robert. 1974. *Anarchy, State, and Utopia.* New York.
Nunner-Winkler, Getrud. 2004. Überlegungen zum Gewaltbegriff. In *Gewalt*, hg. von Wilhelm Heitmeyer, und Hans-Georg Soeffner, 21–61. Frankfurt am Main.
Popitz, Heinrich. 1992. *Phänomene der Macht.* 2. Aufl. Tübingen: Mohr.
Rabert, Bernhard. 1995. *Links- und Rechtsterrorismus in der Bundesrepublik Deutschland von 1970 bis heute.* Bonn.
Riekenberg, Michael. 2008. Auf dem Holzweg? Über Johan Galtungs Begriff der „strukturellen Gewalt". *Zeithistorische Forschungen/Studies in Contemporary History, Online-Ausgabe 5(1).* http://www.zeithistorische-forschungen.de/16126041-Riekenberg-1-2008. Zugegriffen: 9. März 2012.
Schäfer, Armin. 2009. *Alles halb so schlimm? Warum eine sinkende Wahlbeteiligung der Demokratie schadet. Forschungsbericht 2009 des Max-Planck-Instituts für Gesellschaftsforschung.* http://www.mpg.de/446963/forschungsSchwerpunkt. Zugegriffen: 20. Februar 2012.
Scherr, Albert. 2004. Körperlichkeit, Gewalt und soziale Ausgrenzung in der ‚postindustriellen Wissensgesellschaft'. In *Gewalt*, hg. von Wilhelm Heitmeyer, und Hans-Georg Soeffner, 202–226. Frankfurt am Main.

Schulz, Lorenz. 2006. Kriminalsoziologische Irritationen. Der Labelling-Ansatz und die gegenwärtige Kriminologie der Gewalt. In *Herausforderungen des staatlichen Gewaltmonopols. Rechte und politisch motivierte Gewalt am Ende des 20. Jahrhunderts*, hg. von Freia Anders, und Ingrid Gilcher-Holtey, 161–197. Frankfurt am Main; New York.

Schwind, Hans-Dieter, Jürgen Baumann, und Friedrich Lösel et al., Hg. 1990. *Ursachen, Prävention und Kontrolle von Gewalt. Analysen und Vorschläge der Unabhängigen Regierungskommission zur Verhinderung und Bekämpfung von Gewalt (Gewaltkommission), Bd. 1: Endgutachten und Zwischengutachten der Arbeitsgruppen*. 2. Aufl. Berlin.

Sofsky, Wolfgang. 1997. Gewaltzeit. In *Soziologie der Gewalt. Sonderheft 37 der Kölner Zeitschrift für Soziologie und Sozialpsychologie*, hg. von Trutz von Trotha, 102–121. Opladen.

Swaan, Abram de. 2000. Zivilisierung, Massenvernichtung und Staat. *Leviathan 28*: 192–201.

Tilly, Charles. 1978. *From Mobilization to Revolution*. New York.

Trotha, Trutz von. 1997. Zur Soziologie der Gewalt. In *Soziologie der Gewalt. Sonderheft 37 der Kölner Zeitschrift für Soziologie und Sozialpsychologie*, hg. von Trutz von Trotha, 9–55. Opladen.

Waldmann, Peter. 1995. Politik und Gewalt. In *Lexikon der Politik. Bd. I: Politische Theorien*, hg. von Dieter Nohlen et al., 430–435. München.

Weber, Max. 1976. *Wirtschaft und Gesellschaft*. Tübingen.

Wimmer, Hans. 2009. *Gewalt und das Gewaltmonopol des Staates*. Wien, Berlin.

Wulf, Christoph. 1996. Die Unhintergehbarkeit der Gewalt. In *Das „zivilisierte Tier". Zur historischen Anthropologie der Gewalt*, hg. von Michael Wimmer, Christoph Wulf, und Bernd Diekmann, 77–83. Frankfurt am Main.

Zimmermann, Ekkart. 1998. Ressourcenmobilisierung und Gewalt. *Forschungsjournal Neue Soziale Bewegungen 11(4)*: 55–67.

—. 2004. Zur Bedeutsamkeit politischer Gewalt und ihrer Erklärungsfaktoren. In *Gewalt*, hg. von Wilhelm Heitmeyer, und Hans-Georg Soeffner. Frankfurt am Main.

Widerstand, Ziviler Ungehorsam, Opposition*

Eine Typologie

Karl Graf Ballestrem

* Anm. d. Hg.: Gekürzter Wiederabdruck des Aufsatzes „Gibt es ein Widerstandsrecht in der Demokratie?" (Ballestrem 1990) mit freundlicher Genehmigung des Verlags Karl Alber, Freiburg i.Br. Der Text wurde an die neue Rechtschreibung angepasst sowie mit Zwischenüberschriften und Anmerkungen versehen. Die Hervorhebungen entsprechen dem Original.

1 Einleitung

Der Gegenstand des folgenden Beitrags ist das Widerstandsrecht, genauer die Frage, ob es innerhalb einer freiheitlich-demokratischen Ordnung ein Widerstandsrecht geben kann. Eine solche Ordnung ist ja gerade dadurch bestimmt, dass sie Grundrechte des Einzelnen schützt, darunter das Recht, eine kritische Meinung öffentlich zu vertreten und sich als Opposition zu organisieren. (…) Konkreter Anlass, diese Frage zu stellen, ist die Tatsache, dass auch in westlichen Demokratien Einzelne und Gruppen verstärkt ein Recht auf Widerstand für sich reklamieren. Im Anschluss an die Bürgerrechtsbewegung und an die öffentliche Diskussion um den Vietnamkrieg sind in Amerika sowohl neue Praktiken des Widerstands, als auch Argumente für ein Widerstandsrecht in Demokratien entwickelt worden, die vor allem unter dem Titel „civil disobedience" (ziviler Ungehorsam) laufen. In Deutschland hat man sich vor allem in der Ökologie- und Friedensbewegung dieser Erfahrungen und Argumente bedient, um auch hierzulande ein neues Widerstandsrecht zu fordern.

Erste Voraussetzung, um sich in dieser Frage Klarheit zu verschaffen, ist es sicher, die Ausdrücke möglichst genau zu definieren, die in diesem Zusammenhang verwendet werden. Deshalb will ich im Folgenden zunächst den Versuch einer Begriffsklärung unternehmen, um dann – im zweiten Teil – die Frage zu beantworten, ob es in einer freiheitlichen Ordnung ein Recht auf Widerstand, insbesondere auf zivilen Ungehorsam geben kann.

2 Begriffsklärung

2.1 Widerstand als Form der Opposition

Ich verwende den Ausdruck „Opposition" in der Bedeutung eines allgemeinen Oberbegriffs, Widerstand und ziviler Ungehorsam wären demnach besondere Formen von Opposition (vgl. Abb. 1). Als allgemeiner Oberbegriff wird „Opposition" in Becks „Sachwörterbuch der Politik" so definiert: „die Gesamtheit aller Personen, Gruppen, Organisationen, Ideen, Meinungen, Handlungen und Absichten, die sich den Inhabern einer wirtschaftlichen, gesellschaftlichen, geistigen und/oder politischen Autorität entgegenstellen und diese bekämpfen".[1] Die verschiedenen Formen der Opposition lassen sich demnach vor allem nach zwei Kriterien unterscheiden: einmal nach dem *Gegenstand:* gegen wen, gegen welche Autorität richtet sich die Opposition (gegen den Vater, gegen einen Wirtschaftsboss, gegen die Regierung eines Staates, gegen ein ganzes Herrschaftssystem?); zum anderen nach den *Methoden* der Auseinandersetzung (z. B. parlamenta-

1 Beck 1986.

Abbildung 4 Typologie der Opposition

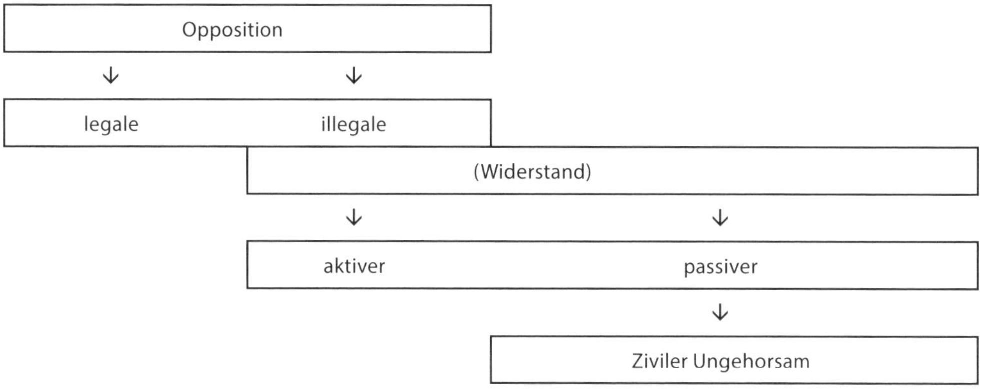

Quelle: nach Ballestrem 1990, S. 53.

risch oder außerparlamentarisch, legal oder illegal, gewaltsam oder gewaltfrei). Unter *Widerstand* verstehe ich eine Form der *politischen* Opposition, die sich *illegaler* Methoden bedient. *Politische Opposition:* d. h. die Gegnerschaft richtet sich gegen die Maßnahmen einer Regierung oder gegen die Regierung selbst bzw. sogar gegen die staatliche Ordnung insgesamt. *Illegale Methoden:* d. h. wer Widerstand ausübt, nimmt es bewusst auf sich, gegen die geltenden Gesetze eines Staates zu verstoßen.

Widerstand kann wiederum eingeteilt werden in *aktiven* und *passiven*. (…) [G]ewöhnlich ist diese Unterscheidung heute identisch mit der zwischen *gewaltsamem* und *gewaltfreiem* Widerstand. Wer aktiv Widerstand leistet, ist demnach bereit, Gewalt gegen Personen anzuwenden (bis hin zum Mord an Amtsträgern), wer passiv Widerstand leistet übt – nach dieser Definition – gewaltlosen Ungehorsam gegen Gesetze und Anordnungen bzw. versucht, sich diesen zu entziehen (z. B. *Emigration* als Form des passiven Widerstands).

2.2 Ziviler Ungehorsam

Der *zivile Ungehorsam* ist eine neuere Form des passiven Widerstands, mit der – unter den Bedingungen einer demokratischen Öffentlichkeit – der Versuch unternommen wird, die Meinung der Mehrheit bzw. der Mehrheit der Regierenden zu einer bestimmten Frage umzustimmen.[2] Beispiele von „civil disobedience" sind z. B. „Sit-ins" in Restaurants; Boykotts auf öffentlichen Straßen und Plätzen; die Besetzung von Baustellen, etwa bei Atomkraftwerken oder Wiederaufbereitungsanlagen; die Weigerung, Steu-

2 Vgl. Singer 1973.

ern zu zahlen oder Wehrdienst zu leisten; die öffentliche Verbrennung des Wehrpasses oder des Einberufungsbescheids, wie auch nicht genehmigte Demonstrationen.

Der Sinn dieser Akte ist, wie gesagt, dass eine Minderheit auf ein Unrecht aufmerksam machen will, das die Mehrheit offenbar (noch) nicht als solches empfindet (sonst könnte es im Rahmen der legalen Möglichkeiten des politischen Systems beseitigt werden), das aber – auf Grund gemeinsamer Werte – auch der Mehrheit als Unrecht erscheinen sollte (so meint zumindest die Minderheit).[3] Um dies deutlich zu machen, bedient man sich nicht der garantierten Grundrechte (etwa der Versammlungs- oder Pressefreiheit), sondern verletzt ganz bewusst Gesetze – und zwar entweder neutrale Gesetze, gegen die man nichts hat (etwa die Verkehrsgesetze bei Sit-ins), oder aber das Gesetz, das Anstoß erregt (z. B. das Wehrgesetz). Von Seiten derer, die Akte des „bürgerlichen Ungehorsams" ausüben, ist keine Gewalt gegen Personen intendiert, höchstens wird die Beschädigung öffentlichen Eigentums in Kauf genommen. In der Regel sind sie auch bereit, die gesetzlich vorgesehene Strafe zu verbüßen, wobei diese Strafe als Form der „public moral persuasion" verstanden wird (Gandhi). Dem entsprechend definiert John Rawls den zivilen Ungehorsam als „eine öffentliche, gewaltlose, gewissensbestimmte, aber politische gesetzwidrige Handlung, die gewöhnlich mit der Absicht unternommen wird, eine Änderung der Gesetze oder der Regierungspolitik herbeizuführen".[4]

2.3 *Gewaltbegriff*

Wenn man von „gewaltfreiem Widerstand" spricht, begibt man sich auf ein äußerst kontroverses Feld der Diskussion. Es gibt eine weitverbreitete Sprachregelung, nach der jeder Akt der Opposition, durch den positive Gesetze verletzt werden, als gewaltsam bezeichnet wird (z, B. Innenminister Zimmermann: „auch gewaltloser Widerstand ist Gewalt"). Warum? Weil durch Gesetze Rechte und Pflichten der Bürger gegeneinander und gegenüber dem Staat festgelegt werden. Wer gegen Gesetze verstößt, verletzt damit die Rechte oder legitimen Interessen von Mitbürgern bzw. des Staates. Nachdem man gewöhnlich voraussetzen kann, dass diejenigen, deren Rechte verletzt werden, damit nicht einverstanden sind, kann man auch sagen, dass ihnen Gewalt zugefügt wird. Dieser weite Gewaltbegriff hat den Nachteil, ganz verschiedene, in ihrer ethischen und rechtlichen Relevanz unterschiedliche Handlungen, mit ein und demselben Wort – Gewalt – zu bezeichnen. Wer durch ein „Sit-in" die Rechte eines Restaurantbesitzers, durch Blockade oder durch eine ungenehmigte Demonstration die Rechte der betroffenen Verkehrsteilnehmer verletzt, ist ebenso ein Gewalttäter, wie derjenige, der mit Waffengewalt Gesundheit und Leben anderer Personen gefährdet. Das ist unbefriedigend und führt deshalb zur Unterscheidung verschiedener Formen der Gewalt – je nachdem, welche

3 Vgl. Bedau 1969.
4 Rawls 1971, S. 364.

Rechte verletzt werden (das Recht auf Leben, auf Freiheit, auf Eigentum). Diese Unterscheidung führt bei der Diskussion des Widerstandsrechts zu ähnlichen Resultaten wie die Unterscheidung zwischen gewaltsamem und gewaltfreiem Widerstand. Zwar kann der, der für bürgerlichen Ungehorsam plädiert, sich dann nicht mehr darauf berufen, dass sein Widerstand gewaltfrei sei. Aber er wird auf die ganz unterschiedlichen Formen der Gewalt verweisen und argumentieren, dass bestimmte Formen der Gewalt gegen untergeordnete Rechte u. U. gerechtfertigt werden können, wenn es um die Verteidigung höher stehender Rechte oder Werte (z. B. des Rechts auf Leben künftiger Generationen) geht.

Ich werde im Folgenden der zuerst entwickelten und üblicheren Terminologie folgen und zwischen aktivem (= gewaltsamem) und passivem (= gewaltlosem) Widerstand unterscheiden (Abb. 1).

3 Legalität und Legitimität

Wenn ich „Widerstand" als eine Form der politischen Opposition definiere, die sich *illegaler* Methoden bedient, so folgt daraus, dass ein *Recht* auf Widerstand – sofern ein solches begründet werden kann – niemals ein *positives* Recht sein kann, sondern allenfalls ein überpositives, moralisches Recht (Naturrecht, Menschenrecht). Das widerspricht insoweit unseren üblichen Vorstellungen, als unser Grundgesetz in Art. 20, Abs. 4 ein Widerstandsrecht formuliert. „Gegen jeden, der es unternimmt, diese Ordnung zu beseitigen, haben alle Deutschen das Recht zum Widerstand, wenn andere Abhilfe nicht möglich ist." Ich möchte aus zwei Gründen dennoch an meiner Definition festhalten. *Erstens* weil die Positivierung des Widerstandsrechts in der Verfassung, wie sie im Zusammenhang mit der Notstandsgesetzgebung bei uns vorgenommen wurde, in den Augen vieler Verfassungsjuristen äußerst problematisch ist.[5]

(...) Der zweite Grund, weshalb ich an meiner Definition festhalten möchte, ist der, dass ich einen erweiterten Begriff des Widerstands brauche, um das neue Phänomen des zivilen Ungehorsams einzuordnen. Dieser begreift sich als eine Form des Widerstands gegen die Staatsgewalt, aber gerade nicht gegen die tyrannische; und er definiert sich u. a. dadurch, dass er die Verletzung bestehender Gesetze intendiert. Es ist also nicht besonders sinnvoll bei der Diskussion des zivilen Ungehorsams zu untersuchen, ob man ihn positiv rechtlich begründen kann ...

(...) Fragen wir uns, welcher Unterschied zwischen einem Widerstandskämpfer und einem Terroristen, zwischen einem Graf Staufenberg und einem Andreas Baader besteht. Es wird jedem schnell klar, dass er in Teufels Küche kommt, wenn er den Unterschied am Inhalt der jeweiligen Absichten oder an den Methoden des aktiven Widerstands festmachen will. Denn dass auch der Terrorist die besten Absichten hat (die

5 Hesse 1984, S. 283; vgl. den Beitrag von Isensee i. d. B.

Abschaffung ungerechter Verhältnisse) wird man ihm nicht absprechen, im Einzelfall sogar unterstellen können. Dass umgekehrt auch der Widerstandskampfer zum Mord bereit ist, ist ebenfalls klar.

Unser „Common Sense" wird uns bald dahin führen, den entscheidenden Unterschied darin zu sehen, dass der eine in einer Diktatur lebte, in der es keine Möglichkeiten der legalen Opposition gab, während der andere seinen aktiven Widerstand gegen eine freiheitliche Ordnung richtete, in der eine ganze Reihe von Möglichkeiten der kritischen und legalen Opposition bestand. *Aktiver Widerstand in einer freiheitlichen Ordnung ist Terrorismus.*

(…) Es kann m. E. keine guten Gründe dafür geben, in einer Gesellschaft, in der das Ideal der fairen Kooperation auch nur annähernd verwirklicht ist, gewaltsamen Widerstand zu leisten. Wenn Gerechtigkeit durch den Konsens Freier und Gleicher definiert wird,[6] dann ist der Versuch, in einer freiheitlichen Ordnung Unrecht durch Gewalt zu korrigieren, ein Widerspruch in sich. Denn wer als Privatmann einseitig und unbefugt Gewaltanwendet, drängt den anderen seinen Willen auf und gefährdet das System der fairen Kooperation.

Es kann aber ernsthaft erwogen werden, ob in einem System, das dem Ideal fairer Kooperation zwischen Freien und Gleichen nur annähernd entspricht, Formen des gewalt*losen* Widerstands gerechtfertigt werden können. Neben … Argumenten, die zeigen, dass manche Gruppen keine faire Chance besitzen, ihre Interessen durchzusetzen,[7] werden dafür neuerdings zunehmend Argumente verwendet, die sich auf die Verletzung von Grundrechten der Person und auf das Gemeinwohl beziehen. Bei den Problemen der Ökologie und der atomaren Rüstung etwa handle es sich um Fragen von so fundamentaler Bedeutung und um Entscheidungen von so großer Reichweite, von vielleicht nie mehr revidierbaren Folgen, dass auch eine Minderheit, der es nicht gelingt, innerhalb des normalen demokratischen Prozesses eine Mehrheit für sich zu gewinnen, das Recht haben müsse, durch spektakuläre Aktionen des bürgerlichen Ungehorsams die Öffentlichkeit aufzurütteln und langsam die Mehrheit für sich zu gewinnen.[8]

Mir scheint, dass einiges für dieses Argument spricht (z. B. der Gedanke der nicht mehr revidierbaren Folgen von Entscheidungen von allgemeiner Bedeutung), dass es aber dennoch nicht uneingeschränkte Geltung beanspruchen kann.

Erstens kann auch eine engagierte und überzeugte Minderheit kein Monopol der Wahrheit für sich beanspruchen. Sie mag gute Argumente und Expertenmeinungen auf ihrer Seite haben, aber die Möglichkeit des Irrtums ist hier, wie auf der Gegenseite, nicht auszuschließen. Es ist daher fraglich, ob man von der außerordentiichen Wichtigkeit

6 Vgl. Koller 1987.

7 Vgl. die Darstellung der Mängel selbst freiheitlicher Demokratien bei Dahl 1956; ders., 1967; Scharpf; 1970.

8 Vgl. Guggenberger und Offe 1984; Birnbacher 1986.

der eigenen Einsichten auf die Notwendigkeit außerordentlicher Aktionen schließen sollte.

Zweitens entwertet (auch der gewaltlose) Widerstand das normale System demokratischer Willensbildung und Kompromissfindung. Wo Möglichkeiten der legalen Kritik und Opposition bestehen, sollte man diese soweit wie möglich nützen, um damit die Funktionsfähigkeit einer freiheitlichen Ordnung zu zeigen.

Drittens besteht oft die Gefahr, dass gewaltloser Widerstand von anderen Gruppen missbraucht und in gewaltsame Aktionen übergeführt wird (wofür es nicht an Beispielen mangelt).

4 Fazit

Diese einschränkenden Überlegungen lassen m. E. darauf schließen, dass kritische Bürger sich im Normalfall auf Möglichkeiten der legalen Opposition beschränken und nur in seltenen und extremen Fällen zum zivilen Ungehorsam übergehen sollten. Man kann dafür folgende Kriterien formulieren:

1) In dem Maße, wie ein politisches System dem Ideal der fairen Kooperation zwischen Freien und Gleichen nahekommt, d. h. die oben genannten Prinzipien einer pluralistischen Demokratie verwirklicht, in demselben Maße sind Formen der gewaltlosen illegalen Opposition (also auch des zivilen Ungehorsams) unangebracht (denn legitime Interessen können auch im Rahmen der legalen Opposition artikuliert werden). In dem Maße, wie ein politisches System von diesen Prinzipien abweicht, sind Formen der gewaltlosen illegalen Opposition – und dabei in erster Linie des zivilen Ungehorsams – berechtigt.

2) In dem Maße, wie in der öffentlichen Diskussion die Meinung vertreten wird, die politisch Verantwortlichen träfen Entscheidungen mit nicht revidierbaren, das Allgemeinwohl schädigenden Folgen, ist es – wenn nicht berechtigt, so doch verständlich, dass Bürger Akte des zivilen Ungehorsams leisten. Der Staat sollte darauf relativ milde reagieren und protestierende Minderheiten nicht aus dem gemeinsamen Grundkonsens herausdrängen. Wenn er auch nicht umhin kann, Akte des zivilen Ungehorsams als strafbare Nötigung einzuordnen, so sollte er doch im Strafmaß anerkennen, dass hier nicht beliebige kriminelle Energien am Werk sind, sondern Menschen, „die an den Gerechtigkeitssinn der Mehrheit“ appellieren und erklären, ihnen gegenüber „seien die Prinzipien der sozialen Kooperation zwischen freien und gleichen Menschen nicht beachtet worden“.[9]

9 Rawls 1971, S. 364.

Literatur

Ballestrem, Karl Graf. 1990. Gibt es ein Widerstandsrecht in der Demokratie?. In *Die moderne Gesellschaft im Rechtsstaat*, hg. von Michael Baurmann, und Hartmut Kliemt, 49–62. Freiburg i. Br., München.

Beck, Reinhart, Hg. 1986. *Sachwörterbuch der Politik*. 2. Aufl. Stuttgart.

Bedau, Hugo Adam, Hg. 1969. *Civil Disobedience*. New York.

Birnbacher, Dieter, Hg. 1986. *Ökologie und Ethik*. Stuttgart.

Dahl, Robert A. 1956. *A Preface to Democratic Theory*. Chicago.

—. 1967. *Pluralist Democracy in the United States: Conflict and Consent*. Chicago.

Guggenberger, Bernd, und Claus Offe, Hg. 1984. *An den Grenzen der Mehrheitsdemokratie*. Opladen.

Hesse, Konrad. 1984. *Grundzüge des Verfassungsrechts der Bundesrepublik Deutschland*. Heidelberg.

Koller, Peter. 1987. *Neue Theorien des Sozialkontrakts*. Berlin.

Rawls, John. 1971. *A Theory of Justice*. Oxford.

Scharpf, Fritz W. 1970. *Demokratietheorien zwischen Utopie und Anpassung*. Konstanz.

Singer, Peter. 1973. *Democracy and Disobedience*. Oxford.

Die klassische Lehre vom Widerstandsrecht

Frauke Höntzsch

1 Rechtliche Präzisierung und Ausdifferenzierung des Widerstandsrechts

Die Frage, unter welchen Umständen notfalls gewaltsamer Widerstand gegen die herrschende Macht legitim ist, ist so alt wie das politische Denken selbst.[1] Dabei sind allen Versuchen, das Widerstandsrecht zu fassen, zwei Charakteristika gemeinsam, die zugleich die Schwierigkeiten dieses Unterfangens verdeutlichen. Erstens setzt das Widerstandsrecht überpositive Rechtsprinzipien als Bezugspunkt voraus, über deren Gültigkeit Einvernehmen besteht.[2] Das Widerstandsrecht wird wirksam im Fall eines Verstoßes der staatlichen Gewalt gegen diese und verhält sich komplementär zur Gehorsamspflicht: Wo die Grundlage für die Pflicht zum Gehorsam nicht (mehr) gegeben ist, ist Widerstand legitim; umgekehrt impliziert das Widerstandsrecht, wann Gehorsam zu leisten ist.[3] Beides, Pflicht zum Gehorsam und Recht auf Widerstand, verweist auf die Frage nach der Legitimation von Herrschaft. Zweitens besitzt das Widerstandsrecht bewahrenden,[4] die durch das Widerstandsrecht legitimierte Gewalt reagierenden, defensiven Charakter. Es ist das Recht, willkürlicher staatlicher Gewalt notfalls mit *Gegen*gewalt zu begegnen, um die legitime Ordnung zu erhalten oder wiederherzustellen. Problematisch ist in allen Ansätzen des klassischen Widerstandsrechts deshalb zum einen die verlässliche Feststellung eines Rechtsbruchs, weil überpositive Prinzipien sich dadurch auszeichnen, nicht von Menschen verfasstes, schriftlich fixiertes Recht zu sein, zum anderen die klare Begrenzung und Reglementierung des legitimen Widerstandes, um die Stabilität der bestehenden Ordnung, die zu bewahren das Ziel ist, nicht zu gefährden. Bestimmt wird zu diesem Zweck, *aus welchen Gründen, wer, wie* Widerstand zu üben berechtigt ist, sprich es werden Regeln festgelegt, um die als notwendig und legitim erachtete Gewalt in rechtliche Formen zu überführen.

Was hierzu in der Antike unter dem Begriff des Tyrannenmords diskutiert wird, erfährt im Zuge der Herausbildung der klassischen Lehre vom Widerstandsrecht des 16./17. Jahrhunderts eine rechtliche Präzisierung. Diese führt, wie zu zeigen sein wird, zu einer Ausdifferenzierung zweier Formen des Rechts auf aktiven Widerstand: eines individuellen Rechts von Privatpersonen gegen unbefugte Anmaßung von Herrschaftsgewalt und eines kollektiven Rechts des Volkes bzw. seiner Vertreter gegen den Missbrauch ursprünglich legitim erworbener Herrschaftsgewalt. Das individuelle Widerstandsrecht bezieht sich auf einen Zustand fehlender positiver Rechte, das kollektive Widerstandsrecht auf einen Zustand, in dem die eigentlich legitime staatliche Gewalt gegen die (nach wie vor) bestehende Rechtsordnung verstößt, ohne dass sie durch im Rahmen der bestehenden Rechtsordnung zur Verfügung stehende Mittel zur Rechenschaft gezogen werden könnte: „Bis ins 18. Jh. (…) fehlen die vermittelnden Instanzen Verfassung und Ver-

1 Vgl. Schüttler 1972.
2 Vgl. anstatt vieler Spindelböck 1994, S. 187 ff.
3 Münkler 1995, S. 692.
4 Vgl. ebd.

fassungsgerichtsbarkeit, so dass Gesetze unmittelbar an vorpositivem Recht gemessen und die Abweichungen mangels eines dafür zuständigen Gerichts mit politischen Mitteln geahndet werden."[5] Nur der kollektive Widerstand gegen eine ursprünglich legitime Herrschaft stellt hinsichtlich Ursachen, Akteuren und Formen im engeren Sinne eine Form *politischer* Gewalt dar. Die durch das individuelle Widerstandsrecht legitimierte Gewalt dagegen verliert mit zunehmender rechtlicher Präzisierung in der Lehre ihre politische Qualität und wird auf ein persönliches Selbstverteidigungsrecht reduziert. Damit setzt sich die klassische Widerstandslehre des 16./17. Jahrhunderts deutlich von der antiken Tyrannislehre ab, in der auch dem einzelnen Bürger das politisch motivierte Recht zum Tyrannenmord im Dienste der Gemeinschaft zugesprochen wird.

Die hier relevante theoretische Begründung eines Rechts auf notfalls gewaltsamen, politischen Widerstand, die Begründung legitimer Gegengewalt gegen willkürliche Herrschaft, ist eng verknüpft mit der Herausbildung des modernen Staates und der Entwicklung und Diskussion des Vertragsgedankens. Der Vertrag, sei es in Form des mittelalterlichen *pactum,* sei es im Form des neuzeitlichen *contract,* bindet die Herrschaft an einen vorgegebenen Rechtsgrund und liefert mit dem Verstoß gegen diesen zugleich die Begründung für das Widerstandsrecht. Die Bestimmungen über die rechtmäßigen Ursachen, Akteure und Formen des Widerstandes unterscheiden sich dabei in Abhängigkeit vom zugrundeliegenden Vertragsmodell. „Spuren des Gesellschaftsvertrags" finden sich bereits in der Antike „im Rahmen der konventionalistischen Theorie von Gesellschaft und Recht", aber der Vertragsgedanke ist hier noch nicht ausformuliert und besitzt keine verbindlichkeitstheoretische Bedeutung.[6] Im Mittelalter erlangt die Figur des Vertrages in Form des Herrschaftsvertrages zunehmend Bedeutung für die politische Realität und infolgedessen auch für die theoretische Darstellung der wechselseitigen Verpflichtung zwischen Volk und Herrscher. Vor diesem Hintergrund hat Thomas von Aquin die mittelalterlichen Überlegungen zum Widerstandsrecht erstmals gebündelt und rechtlich präzisiert: Es erfährt hier eine erste Systematisierung, indem Thomas die Unterscheidung zweier Arten der Tyrannei mit einem je unterschiedlichen Umgang mit ihnen verknüpft (2). Hierauf aufbauend und in Reaktion auf die herrschaftliche Machtkonzentration und konfessionelle Spaltung etablieren die Monarchomachen im 16. Jh. die Lehre vom Herrschaftsvertrag. Im Rahmen dessen begründen sie das Widerstandsrecht erstmals auch säkular und koppeln die Unterscheidung zwischen individuellem und kollektivem Widerstandsrecht an die Existenz eines Vertrages zwischen Volk und Herrscher (3). In einer dritten Phase individualisiert dann die Theorie vom Gesellschaftsvertrag die Vorzeichen der Vertragstheorie und damit das Recht auf Widerstand, was zu einer Gleichsetzung des individuellen Widerstandsrechts mit dem natürlichen Recht auf Selbstverteidigung und bei Locke zugleich zur Demokratisierung des kollektiven Widerstandsrechts führt (4).

---

5 Enzmann 2009, S. 99.
6 Kersting 2004, S. 901 und 903 f.; vgl. auch Gough 1957, S. 8–21.

2 Thomas von Aquin: Systematisierung des Widerstandsrechts

Den praktischen Bezugspunkt für die ersten Ansätze eines rechtlich gefassten Widerstandsrechts bilden die seit dem 13. Jh. in zahlreichen europäischen Staaten zur politischen Realität gehörenden Herrschaftsverträge.[7] Diese Herrschaftsverträge

> „sind Zeugnisse der Gegenwirkung gegen die Straffung der Machtzunahme der landesherrlichen Organisation mit ihren Ansprüchen an die gesellschaftlichen Kräfte. Durch vertragliche Abmachungen zur Begründung einer von ihnen mitbestimmten öffentlichen Ordnung entstand die korporative Verfassung der Stände. Es entstand der Ständestaat im Übergang vom Feudalismus zum frühmodernen Staat."[8]

Bereits zu dieser Zeit war der Vertragsgedanke eine übliche Legitimationsfigur in Diskussionen über Wahlmonarchie und Widerstandsrecht: Die Bezeichnung des Treueverhältnisses zwischen Herrscher und Volk als „pactum" war durchaus gängig, anders als die neuzeitliche Vertragskonstruktion setzt der mittelalterliche Herrschaftsvertrag jedoch

> „eine fertige soziale und politische Ordnung voraus, von der nicht angenommen wird, daß sie durch Vertrag entstanden sei oder entstehen könnte: eine ständisch gegliederte Gesellschaft, deren Mitglieder auf unterschiedliche Weise über Recht und Privilegien verfügen. Der Vertrag zwischen Volk und Herrscher ist also nach der mittelalterlichen Konzeption im Grunde eine Übereinkunft zwischen dem König und den Ständen, die im Volk die soziale und politische Autorität ausüben."[9]

Es handelt sich bei diesen ‚Verträgen' um, wie Wolfgang Kersting ausführt, „vor und mit Gott geschlossene, implizit oder explizit trilaterale Bünde, in denen das wechselseitige Verpflichtungsverhältnis zwischen König und Volk sakral überwölbt und in einem Verpflichtungsverhältnis beider Parteien gegenüber Gott gründet".[10] Thomas von Aquin ist nicht der erste, der sich vor diesem Hintergrund mit dem Widerstandsrecht befasst, aber insofern er späteren Autoren als Referenz dient, weil er vorangegangene Überlegungen bündelt[11] und als einer der ersten das Widerstandsrecht rechtlich präzisiert,[12] soll seine Lehre hier stellvertretend für die mittelalterliche Erörterung des Widerstandsrecht dargestellt werden.

---

7 Als Beginn dieser Entwicklung gilt die Magna Charta von 1215, wobei der Begriff „Herrschaftsvertrag" erst rückwirkend auf die realen Urkunden übertragen wurde. Vgl. dazu Oestereich 1980, S. 247.

8 Oestereich 1980, S. 247.

9 Ballestrem 1983, S. 2.

10 Kersting 2004, S. 907.

11 Vgl. Klautke 1994, Bd. 1, S. 192.

12 Vgl. Münkler 1995, S. 693.

Der junge Thomas unterscheidet im Sentenzen-Kommentar den Tyrannen, der die Herrschaft unrechtmäßig erwirbt von dem, der die eigentlich legitime Herrschaft tyrannisch gebraucht.[13] Der Invasor, der die Herrschaft wider den Willen der Untertanen an sich gezogen hat oder sie zur Zustimmung zwingt, darf – Thomas zitiert an dieser Stelle Cicero und scheint seinen Standpunkt zumindest nicht zu verwerfen – getötet werden;[14] es sei denn dass er nachträglich durch Zustimmung der Untertanen oder Anerkennung durch einen Höhergestellten zum legitimen Herrscher wird.[15] Thomas übernimmt hier das antike Theorem des Tyrannenmordes: Es handelt sich um politische Gewalt (zur ‚Befreiung des Vaterlandes') ausgeübt durch einen Privatmann gegen einen unrechtmäßigen Herrscher. Auch wenn der Akteur der Gewalt also ein Privatmann ist, handelt er im Auftrag der Gemeinschaft. Hier scheint zu gelten, was der von Thomas zitierte Cicero über den Tyrannenmörder Lucius Brutus festhält: „Obwohl er Privatmann war, hat er doch das ganze Gemeinwesen vertreten und hat als erster in diesem Staate gelehrt, daß in der Erhaltung der Freiheit der Bürger niemand Privatmann ist."[16]

Während Thomas im Sentenzen-Kommentar zwei Arten der Tyrannei unterscheidet, berücksichtigt er in *Über die Herrschaft des Fürsten* und in der *Summa Theologiae* nur den Herrscher, der seine Macht tyrannisch missbraucht und damit nur das kollektive Widerstandsrecht. Thomas folgt hier Aristoteles' Unterscheidung guter und schlechter Herrschaft und konzipiert den Tyrannen als Gegenbild zum König.[17] Auch gegenüber einem legitimen Herrscher fordert Thomas keinen unbedingten Gehorsam. Der von Gott eingeräumte Machtkreis, so führt Thomas in der *Summa* aus, erstreckt sich nicht auf ungerechte Gesetze; denn diese stehen im Widerspruch zum natürlichen Gesetz,[18] das Thomas als „Teilhabe am ewigen Gesetz [Gottes] in dem vernünftigen Geschöpf"[19] definiert. Ungerechte Gesetze sind gekennzeichnet erstens „durch Gegengesätzlichkeit

---

13 Thomas von Aquin 2011, Sententiae II, dist. 44, qu. 2 a. 2: „vel quantum ad modum acquirendi praelationem, vel quantum ad usum praelationis". Ansatzweise findet sich diese Unterscheidung bereits in der Antike; vgl. Schüttler 1972. Thomas ist aber laut Guenter Lewy (1960, S. 67 Anm. 7) einer der Ersten, der sie explizit trifft.

14 Thomas von Aquin 2011, Sententiae II, dist. 44, qu. 2 a. 2, ad 5: „Ad quintum dicendum, quod Tullius loquitur in casu illo, quando aliquis dominium sibi per voentiam surripit, nolentibus subditis vel etiam ad consensum coactis, et quando non est recursus ad superiorem, per quem iudicium de invasore possit fieri, tunc enim qui ad liberationem patriae tyrannum occidit, laudatur et praimium accipit". Für Spindelböck steht fest, dass die Tyrannentötung für Thomas „*nur Ausnahme* sein [kann]: falls kein Rekurs bei einer höheren urteilsprechenden Instanz möglich ist" (Spindelböck 1994, S. 87). Dagegen, meint J.-B. Klautke, „wird man die Aussage so interpretieren müssen, daß der Aquinate sich die Auffassung Ciceros zu eigen macht" (Klautke 1994, S. 199).

15 Thomas von Aquin 2011, Sententiae II, dist. 44, qu. 2 a. 2: „nisi forte postmodum dominus verus effectus sit vel per consensum subditorum, vel per auctoritatem superioris."

16 Cicero 1979, S. 213; vgl. Spindelböck 1994, S. 87, FN 347.

17 Vgl. Thomas von Aquin 1933 ff., II/II, qu. 42, a. 2, ad. 3: „Tyrannei ist nicht gerecht, weil sie nicht auf das Gemeinwohl ausgerichtet ist, sondern auf das Einzelwohl des Herrschers (Aristoteles)." Vgl. auch Thomas von Aquin 1971, S. 13/14.

18 Thomas von Aquin 1933 ff., I/II qu. 95 a. 3.

19 Thomas von Aquin 1933 ff., I/II qu. 91 a. 1 und 2.

zum menschlichen Gut“ (wenn sie gegen das Gemeinwohl gerichtet sind, der Urheber seine Kompetenzen überschreitet und die Lasten ungleich verteilt werden[20]) oder zweitens „durch Gegengesätzlichkeit zum göttlichen Gut“.[21] Man muss ihnen nicht Folge leisten, so der Schaden den Nutzen nicht überwiegt: „Deswegen wird auch in solchem der Mensch nicht verpflichtet, daß er dem Gesetz gehorcht, wenn er ohne Ärgernis oder größeren Abtrag sich widersetzen kann.“[22] Entsprechend muss der Untertan nicht gehorchen, wie Thomas an anderer Stelle ausführt, erstens wenn „das Gebot einer höheren Gewalt vorliegt“, sprich in letzter Instanz dort, wo Gottes Befehl dem des Herrschers entgegensteht und zweitens wenn der Herrscher „etwas befiehlt, worin er [der Untergebene] ihm gar nicht untersteht“, sprich in Dingen des Geistes und auch hinsichtlich dessen „was die Natur des Körpers betrifft“.[23] Parallel zur Definition ungerechter Gesetze bzw. zu den Grenzen des Gehorsams kann die Herrschaft laut Thomas auf zweierlei Weise tyrannisch ge- und damit missbraucht werden: durch Missachtung göttlicher Gebote oder durch Überschreitung der Kompetenz.[24]

Bereits bei Thomas wird die reagierende, defensive Qualität der durch das Widerstandsrecht legitimierten Gewalt deutlich, wenn er darauf verweist, dass nicht diejenigen, die gegen den Tyrannen vorgehen, sondern der Tyrann selbst Initiator der Gewalt ist: „Der eigentliche Aufrührer (…) ist der Tyrann“.[25] Der Herrscher, der seine Macht tyrannisch missbraucht, hat „selbst das Schicksal, daß ihm der Vertrag von seinen Untertanen nicht gehalten wird, dadurch verdient, daß er bei der Regierung des Volkes nicht Treue hielt, wie es die Pflicht eines Königs verlangt“.[26] Der Vertrag ist hier im oben ausgeführten Sinne als trilaterales Bündnis, die Rechte des Volkes als ständische Rechte zu verstehen: „wenn es erstens zum Rechte eines Volkes gehört, sich selbst einen König zu bestimmen, so kann mit vollem Rechte der eingesetzte König von ebendemselben Volke von seinem Platze entfernt oder seine Macht eingeschränkt werden, wenn er die königliche Gewalt in tyrannischer Weise mißbraucht“.[27] Thomas grenzt den Aufruhr als Todsünde vom legitimen Vorgehen gegen eine Tyrannei anhand Art und Weise des Vorgehens und dessen Wirkung ab: „die Erschütterung dieser Herrschaft [hat] nicht die Bewandtnis des Aufruhrs, es sei denn, daß die Tyrannei so ungeordnet angegriffen wird, daß die unterworfene Menge größeren Schaden aus der folgenden Erschütterung erfährt als aus der Tyrannei.“[28]

20 Ebd., I/II qu. 96, a. 4.
21 Ebd.
22 Ebd., I/II qu. 96 ad 3.
23 Ebd., II/II qu. 104 a. 5.
24 Thomas von Aquin 2011, II, dist. 44, qu. 2, a. 2: „Abusus autem praelationis potest esse dupliciter: vel ex eo quod est praeceptum a praelato, contrarium ejus ad quod praelatio ordinata est, (…) vel quia cogunt ad hoc ad quod ordo praelationis non se extendit“.
25 Thomas von Aquin 1933 ff., II/II, qu. 42, a. 2, ad. 3.
26 Thomas von Aquin 1971, S. 24/25.
27 Ebd., S. 24.
28 Thomas von Aquin 1933 ff., II/II qu. 42 a. 2, ad 3.

Bezüglich des legitimen Vorgehens gegen den Tyrannen setzt Thomas zunächst auf Prävention: Die Verwaltung des Königreichs ist so einzurichten, dass dem König jegliche Möglichkeit zur Errichtung einer Gewaltherrschaft entzogen wird. Auch für den Fall, dass der König schon zum Tyrannen geworden ist, argumentiert Thomas zurückhaltend und schränkt den Widerstand erst einmal ein: Wenn die Tyrannei nicht völlig ausartet, rät er „eine Tyrannis, die sich in gewissen Grenzen hält, eine Zeitlang zu ertragen“, denn es lauern zwei Gefahren: dass der Tyrann unbesiegt schlimmer wütet als zuvor oder dass eine Gewaltherrschaft in eine noch drückendere übergeht, sprich es besteht die Gefahr, dass die Gewalt eskaliert.[29] Nicht zuletzt, um dies zu verhindern, will Thomas Privatinitiativen unterbinden; anders als im Falle des Usurpators wäre es bei der Beurteilung des entarten Herrschers „für das Volk und seine Führer voll Gefahr, wenn bloß aufgrund einer persönlichen Erwägung irgendwelche Leute einen tödlichen Anschlag auf die Regierenden planen würden, auch wenn es Tyrannen sind“;[30] die einzig legitime Art des Widerstandes ist hier „nach allgemeinem Beschluß vorzugehen“,[31] was letztlich heißt nach Beschuss jener Männer als Stellvertreter des Volkes, „die dazu berufen sind, [einen] Mann von solchen Anlagen zum König“[32] zu erheben, die eine Tyrannei unwahrscheinlich machen. Ob dies in letzter Konsequenz auch die Tötung des Tyrannen einschließt, lässt sich nicht eindeutig beantworten – Thomas' Verweis auf die Ermordung des Domitian ließe sich dahingehend deuten; mit Blick auf den genauen Wortlaut der Passage, in der Thomas formuliert, Domitian sei „vom römischen Senat“ ermordet und „alles, was er in verkehrter Weise den Römern auferlegt hatte, durch Senatsbeschluß für nichtig erklärt worden“, ließe sich der Mord dann als äußerstes Mittel des kollektiven Widerstands verstehen.[33]

Bei Thomas ist das Widerstandsrecht, wie es auch die Monarchomachen formulieren, bereits in seinen Grundzügen angelegt. Es ist zwar noch rein theologisch begründet und das „individuelle Widerstandsrecht“ ist hier weniger Recht des Individuums als Pflicht des Bürgers, der erste Schritt zur Differenzierung zwischen individuellem und kollektivem Widerstandsrecht ist jedoch bereits getan. Die Unterscheidung zwischen tyrannischem Erwerb und Gebrauch der Herrschaft ermöglicht eine unterschiedliche Beurteilung und Behandlung der beiden Arten von Tyrannen: den Tyrannenmord – ausgeführt durch einen Privatmann, doch zum Wohle der Allgemeinheit und damit eine Form politischer Gewalt – beschränkt Thomas auf das Vorgehen gegen einen unrechtmäßigen Herrscher. Gegen einen entarteten Herrscher ist dagegen nur kollektiv, nach allgemeinen Beschluss der Stellvertreter des Volkes vorzugehen, Gewalt ist hier – wenn überhaupt – nur das äußerste Mittel.

29 Thomas von Aquin 1971, S. 22/23.
30 Ebd., S. 24.
31 Ebd.
32 Ebd., S. 22.
33 Ebd., S. 25.

3 Die Monarchomachen: Beginnende Säkularisierung des Widerstandsrechts

Waren Herrschaftsverträge in den europäischen Staaten bereits seit drei Jahrhunderten Realität, kam die Lehre vom Herrschaftsvertrag erst im 16. Jh. zur vollen Entfaltung, im Kontext der Formierung des europäischen Staatensystems und der Herausbildung des Absolutismus, v. a. aber der konfessionellen Spaltung in Folge der Reformation – sie wird im Anschluss an die Geschehnisse der Bartholomäusnacht, so Werner Näf, zur Waffe der oppositionellen Monarchomachen und führt zur Radikalisierung des Widerstandsrechts:[34] „Die eine königliche Zentralgewalt droht das Ständerecht und die individuelle Glaubensfreiheit zugleich zu vernichten, in absoluter Autorität *eines* Herrschers, in exklusiver Geltung *eines* Gehorsamgesetzes auszulöschen".[35] Im Zuge dieser Entwicklung kam es „zwangsläufig zu einer generellen Problematisierung der Legitimität der bestehenden politischen Ordnung. Das *Recht auf Widerstand* wird so zum konstitutiven Element der Herausbildung moderner Staatlichkeit".[36]

Die Monarchomachen tragen den Widerstand bereits im Namen – „Königsbekämpfer". Die Bezeichnung „Monarchomachen" ist eine politische, ein Kampfbegriff; er geht zurück auf eine von William Barclay 1600 unter dem Titel „De regno et regali potestate adversus Buchanan, Brutum, Boucherium et reliquos Monarchomachos libri sex" publizierte Polemik. Denn die Monarchomachen kämpfen ihrem Selbstverständnis nach nicht gegen den König, sondern gegen den Tyrannen. Die bekanntesten Vertreter sind die Franzosen François Hotman, Theodor Beza (eigentlich Théodore de Beze) und der Anonymus Brutus.[37] Hotman argumentiert in seiner *Franco Gallia* von 1573 in erster Linie historisch, Beza in *De iure magistratuum* von 1574 weitgehend theologisch; beide äußern sich bezüglich des Widerstandsrechts überraschend zurückhaltend. Am ausführlichsten und meisten zugespitzt behandelt Brutus' *Vindicae contra tyrannos* von 1579 das Widerstandsrecht; die *Vindicae* baut auf den Argumenten von Bezas *De iure magistratuum* auf und kann als Höhepunkt des Widerstandsdenkens der hugenottischen Monarchomachen gelten, nicht zuletzt aufgrund einer nun auch weitgehend unabhängigen säkularen Begründung des Widerstandsrechts. Sie ist aus politiktheoretischer Sicht am interessantesten und steht im Folgenden im Mittelpunkt der Erörterung.

Die Monarchomachen schließen in ihrer Argumentation an Calvin an,[38] doch weil sich die politische Herrschaft „mit einer bestimmten, nun zur Konfession werdenden Kirche identifizierte", waren sie gezwungen, „ihre Position nicht nur theologisch, son-

34 Vgl. für einen Überblick über das politische Denken der Monarchomachen Beza, Brutus und Hotman Dennert 1968, S. IX–LXXV.

35 Näf 1980, S. 233.

36 Bermbach 1985, S. 104.

37 Vgl. Beza 1968; Brutus 1968; Hotman 1968.

38 Vgl. Näf 1980, S. 241. Für Calvins Erörterung des Widerstandsrechts vgl. Calvin 1928–1936, besonders Bd. IV, 20, 30 ff.; vgl. auch Wolf 1972.

dern auch politisch-theoretisch zu begründen".[39] Sie verstärken „das Moment der mutua obligatio und mutua relatio zwischen Volk und Herrscher in Richtung einer kontraktuellen Interpretation der Rechtsbindung des Herrschers und der Herrschaftsteilhabe des Volks in Gestalt seiner Repräsentanten. Damit erhält die Widerstandslehre eine kontraktuelle Basis."[40] Kersting ordnet die Monarchomachen dem „hermeneutischen Kontraktualismus" zu: „hier fungiert der Vertrag als Chiffre und Interpretationsbegriff für vorhandene und eingelebte konsentische Institutionen und mutualistische Rechtsstrukturen des realen Verfassungslebens."[41] Die Monarchomachen orientieren sich an der bestehenden Ordnung des Ständestaates, den sie zu verteidigen versuchen. Im Fokus steht anders als in den neuzeitlichen Vertragstheorien weniger die Herrschaftslegitimation als die Herrschaftsbegrenzung.

Begrenzt wird die Herrschaft laut Brutus durch einen „doppelten Bund", zunächst „zwischen Gott, König und Volk, durch den das Volk Gottesvolk wird; zweitens (...) zwischen König und Volk, der besagt, daß das Volk dem, der gerecht regiert, treu gehorcht."[42] Der Vertrag zwischen Volk und König ist nicht zu verstehen als Vertrag, der tatsächlich zwischen dem jeweiligen König und dem jeweilig lebenden Volk geschlossen wurde: „Nein, der Vertrag (Alliance, Contract, Pactum) wird stets als geschlossen gedacht, zwischen dem Königtum, der Krone auf der einen Seite, und dem Volk als außerzeitlicher Ganzheit auf der anderen."[43] Die Monarchomachen unterscheiden zwischen Königtum und Person des Königs ebenso wie zwischen der historischen Volksmasse aus Privatpersonen und dem Volk als immer schon bestehendes, immer bestehendes, als Teil der Seinsordnung:

> „Wenn wir vom ganzen Volk sprechen, dann meinen wir die, welche vom Volk Vollmacht erhielten; die vom Volk gewählten Magistratspersonen, die unter dem König stehen, oder auf andere Weise bestimmte Männer, gleichsam Teilhaber an der Herrschaft und Aufseher des Königs, welche die Gemeinschaft des Volkes als Ganzes repräsentieren;"

dem gegenüber steht die „Volksmenge, ich meine jenes Tier mit den unzählbaren Köpfen".[44] Für die Monarchomachen kann es in diesem Sinne zwar ein Volk ohne König, aber keinen König ohne Volk geben;[45] sie gehen davon aus, dass die Könige von Gott erwählt sind, aber „daß alle Könige ihre Königswürde vom Volk erhalten, daß das Volk als Ganzes mächtiger ist und höher steht als der König, daß der König nur erster Diener

39 Dennert 1968, S. XXXIX.
40 Kersting 2004, S. 912.
41 Kersting 1994, S. 14 FN 11.
42 Brutus 1968, S. 73; vgl. auch Beza 1968, S. 25.
43 Dennert 1968, S. LXII.
44 Brutus 1968, S. 93; vgl. auch Beza 1968, S. 25: Beza spezifiziert „das Volk – d. h. die Stände des Volkes".
45 Brutus 1968, S. 117; vgl. auch bei Beza 1968, S. 10: „Wenn die Könige auch sterben, das Volk – wie jede Ganzheit – stirbt nie."

und die ausführende Macht im Königtum (...) darstellt; daß das Volk aber der eigentliche Herrscher bleibt."[46]

Die Lehre vom „doppelten Bund" ermöglicht neben der theologischen zugleich eine weitgehend unabhängige säkulare Grundlegung des Widerstandsrechts, die in der *Vindicae* den größten Raum einnimmt (wenn auch die beiden Argumentationsstränge nicht völlig isoliert voneinander betrachtet werden können). In der für den weltlichen Vertrag zwischen König und Volk maßgeblichen dritten Untersuchung zu der Frage „Ist es überhaupt erlaubt und wie weit, einem Fürsten Widerstand zu leisten, der die bürgerliche Gemeinschaft unterdrückt oder zugrunde richtet? Ferner, mit welchen Mitteln, auf welche Weise und mit welchem Recht ist dies gestattet?" spezifiziert Brutus den Gegenstand der beiden Vertragsteile: Im ersten Teil

> „verspricht der König, Gott in Frömmigkeit zu gehorchen; [im zweiten Teil] verspricht er, gerecht über das Volk zu regieren. In jenem erklärt er, den Ruhm Gottes, in diesem, den Nutzen des Volkes zu fördern. In jenem steht die Bedingung: wenn du mein Gesetz beachtest; in diesem: wenn du jedem sein Recht zuteil werden läßt. In jenem: wenn der erste Teil des Vertrages nicht erfüllt wird, ist Gott allein der Rächer. Für den zweiten Teil aber rächt legitimerweise das ganze Volk oder es rächen die, welche den Schutz des Volkes übernommen haben, nämlich die Ersten des Königreichs."[47]

Abgesehen davon, dass die hugenottischen Monarchomachen die calvinistische Theologie als Ausgangspunkt – und darin ihren katholischen Gegner in Kompromisslosigkeit nicht nachstehend, als alleinigen Ausgangspunkt – legitimer Herrschaft setzen, bringt die Begründung für den Widerstand, die sich aus dem ersten Teil des Bundes ergibt, gegenüber der mittelalterlichen Erörterung wenig Neues und kann deshalb hier vernachlässigt werden.[48]

Neu dagegen ist die Begründung, die sich aus der dritten Untersuchung ergibt: Die Menschen sind, so führt Brutus hier aus, „von Natur aus frei"; „nur eines großen Vorteils wegen haben sie es freiwillig erduldet, sich von anderen regieren zu lassen", die Herrscher werden eingesetzt, „um die einzelnen vor gegenseitigen Ungerechtigkeiten und das Gemeinwesen vor Schäden von außen zu schützen",[49] sprich „der einzige Zweck der Herrschaft ist das Wohl des Volkes".[50] Nach innen ist es Aufgabe des Königs, Recht

---

46 Brutus 1968, S. 178.

47 Ebd., S. 159/160.

48 Vgl. ebd., S. 73: „Wenn ein König Gott missachtet, zu den Gottesfeinden übergeht, und Untreue gegen Gott sich zuschulden kommen läßt, dann verwirkt er (...) seine Herrschaft und verliert sie meistens auch tatsächlich." Vgl. auch ebd., S. 104: „Es ist also festzuhalten, daß das gesamte Volk auf Veranlassung derer, die seine Rechte in Händen haben (...), einen Herrscher, der Gottloses befiehlt oder Gottgefälliges verbietet, in seine Schranken weisen kann und muß."

49 Ebd., S. 129.

50 Ebd., S. 130.

zu sprechen, in erster Linie, um die Besitzstreitigkeiten zwischen den Bürger zu regeln. Der König ist „Hüter, Diener und Bewahrer der Gesetze" und damit „nur das Werkzeug, gleichsam der Körper des Gesetzes".[51] Ein Herrscher, der gegen diesen – innerweltlich definierten – Vertragszweck verstößt, ist weder gut noch gerecht, Widerstand gegen ihn ist legitim. Zwar ist der Vertrag zwischen Volk und Herrscher durch den ersten Vertrag mit Gott überwölbt und „wird stets als geschlossen gedacht zwischen Königtum und Volk als außerzeitlicher Ganzheit", wird also im Fall eines Verstoßes durch den König nicht aufgehoben, doch der Zweck des Vertrages und damit die Begründung des Widerstandsrechts, die sich aus dem zweiten Bund ergibt, ist eine säkulare.

Auch Brutus unterscheidet (unter Verweis auf Bartolus[52]) einen Tyrannen, „der durch Gewalt oder üble Machenschaften sich der Regierung bemächtigt hat" und einen, „der das ihm freiwillig und gern übertragene Reich wider göttliches sowie menschliches Recht regiert und es im Widerspruch zu Gesetzen und Verträgen, auf die er sich hochheilig verpflichtet hat, mit Starrköpfigkeit verwaltet".[53] Wie Thomas geht er jedoch davon aus, dass ein Usurpator durch Zustimmung des Volkes nachträglich zum rechtmäßigen Herrscher werden kann[54] und auch bei Brutus differieren in Abhängigkeit von der Ursache bzw. dem Verursacher Akteure und Mittel des Widerstands.

Im Falle, dass einer versucht, eine Tyrannei einzuführen, im Falle einer unrechtmäßigen Herrschaft also, ist es laut Brutus „jedem beliebigen Privatmann erlaubt, sie abzuwehren" – kein Eid, kein Vertrag, keine öffentliche oder private Verpflichtung steht der Gewaltanwendung in diesem Fall im Wege.[55] Brutus verweist hier auf das Naturrecht, das Völkerrecht und das „Recht der Gemeinschaft" und nimmt insofern, wie schon hinsichtlich der Vertragskonstruktion, eine mittlere Position zwischen mittelalterlicher und neuzeitlicher Argumentation ein. „Das Naturrecht lehrt uns, unser Leben und unsere Freiheit, ohne die das Leben nicht lebenswert ist, gegen jede Gewalttat und gegen jedes Unrecht zu verteidigen und zu beschützen"; ein Trieb eingesetzt von der Natur „dem Menschen gegen den Menschen, wenn dieser dem anderen zum Wolf wird";[56] das entscheidende Argument ist für Brutus jedoch die Verletzung des „Recht[s] des Gemeinwesens, wodurch alle menschlichen Gemeinschaften nach bestimmten Gesetzen geordnet sind."[57] So verwundert es auch nicht, dass Brutus in diesem Zusammenhang auf den Tyrannenmord rekurriert: Im Falle des Usurpators „gilt das Gesetz über die Tyrannenmörder, nach dem diese im Leben mit Belohnungen, nach dem Tode mit Grabschriften und

51 Ebd., S. 133.

52 Bartolus de Sassoferato (1313–1357) führt in seinem „Tractatus de Tyranno" Thomas' Systematisierung fort und unterscheidet zwischen *tyrannus ex defectu tituli* und *tyrannus ex parte exercitii*.

53 Brutus 1968, S. 165.

54 Ebd., S. 174; vgl. ähnlich bei Beza 1968, S. 10: „wenn später seine freie und legitime Anerkennung seitens derer erfolgt, welche die wahre und gesetzliche Obrigkeit wählen und einsetzen können".

55 Brutus 1968, S. 173; vgl. auch ebd., S. 191.

56 Ebd., S. 172.

57 Ebd., S. 173.

Denkmälern geehrt werden."[58] Das „Gesetz der Deserteure und Landesverräter" dagegen gilt für diejenigen, „die sich dem Vaterland in Not entziehen."[59] Brutus argumentiert, das wird hier deutlich, von der Gemeinschaft aus, nicht von einem wie auch immer gearteten ‚Naturzustand'; doch das individuelle Widerstandsrecht erhält eine neue Basis: Gegen einen Tyrannen, „der ohne jeden Rechtsanspruch sich die Macht angemaßt hat, dürfen auch die einzelnen unterschiedlich vorgehen, weil kein Vertrag mit ihm besteht"[60] – es ist patriotische Pflicht *und* individuelles Recht zugleich.

Das kollektive Widerstandsrecht gegen einen ursprünglich legitimen Herrscher liegt anders als das individuelle Widerstandsrecht allein bei den Ständen, die „die Rechte und Vorrechte des Volkes schützen und genau darauf achten, daß der Herrscher nichts zum Verderben des Volkes begeht oder unterlässt",[61] – auch niedere und auch einzelne Magistrate sind dabei laut Brutus befugt, gegen den Tyrannen vorzugehen.[62] Die Monarchomachen lehnen das Recht von Privatleuten auf Widerstand in Fällen des Bruchs des Treueverhältnisses ab – auch weil die Bestimmung eines entarteten Herrschers schwerer ist als die eines Usurpators.[63] Dem Einzelnen bleibt auszuwandern, sonst zu dulden und zu beten.[64] Laut Brutus gab es zwar Auserwählte, wie Moses oder Ehud,[65] doch da „jene offenbaren Zeichen, wodurch [Gott] eine ungewöhnliche Berufung jener Helden zu bestätigen pflegte, in diesem Zeitalter meist fehlen, so muß das Volk achtgeben (...), daß es nicht, während es einen Befreier vor der Tyrannis sucht, gerade einem solchen Mann folge, der nach Vertreibung des Tyrannen sich selbst die Gewaltherrschaft anmaßt."[66] Erinnert dieser Hinweis auf den möglichen Schaden von Privatinitiativen an Thomas, so ist Brutus' Argument gegen dieses Vorgehen an den Vertrag gebunden:

> „Das Gemeinwesen ist nicht den einzelnen oder Privatpersonen anvertraut, diese vielmehr stehen wie Mündel unter der Obhut der Großen und der Amtsträger. (...) Den einzelnen ist weder von Gott noch vom Volk das Schwert übergeben worden. Wenn sie daher ohne Befehl das Schwert ziehen, handeln sie wie Aufrührer, auch wenn ihre Sache gerecht erschiene (...). Schließlich setzen nicht die einzelnen den Fürsten ein, sondern die Gesamtheit. Daher müssen die Einzelpersonen auf den Befehl derjenigen, die die Gesamtheit im Königreich oder ein Gebiet oder eine Stadt des Königreichs repräsentieren, oder wenigstens auf den Befehl eines von diesen warten, bevor sie etwas gegen den Fürsten unternehmen."[67]

58 Ebd.
59 Ebd., S. 174.
60 Ebd., S. 191.
61 Ebd., S. 118.
62 Ebd., S. 186.
63 Ebd., S. 167.
64 Vgl. ebd., S. 105 f. und 189; vgl. auch Beza 1968, S. 45 ff.
65 Brutus 1968, S. 106.
66 Ebd., S. 190.
67 Ebd., S. 187/188.

Kersting hält treffend fest: „Das Individuum ist für die ganz der ständischen Welt verhafteten Monarchomachen rechtlich bedeutungslos; es ist weder Bündnispartner Gottes noch Vertragspartner des Herrschers."[68] Vertragspartner sind ‚die vom Volk gewählten Magistratpersonen oder auf andere Weise bestimmte Männer, welche die Gemeinschaft des Volkes als Ganzes repräsentieren' – sie „stehen als einzelne unter dem König, in ihrer Gesamtheit aber über ihm."[69] Nur den Repräsentanten des Volkes kommt das Recht zu, über den Widerstand gegen einen ursprünglich legitimen Herrscher zu entscheiden, während gegen einen Usurpator jeder beliebige Privatmann eigenmächtig vorzugehen berechtigt (und verpflichtet) ist.

Auch die Mittel des Widerstands gegen einen entarteten Herrscher weichen von denen gegen einen unrechtmäßigen Herrscher ab. Während der Usurpator ohne Umschweife getötet werden darf, sprich Gewalt hier das bevorzugte Mittel, soll man laut Brutus gegen einen legitimen Herrscher, der zum Tyrannen wird, zunächst „jedes Mittel eher versuchen, als die Waffen" und ihn zuerst warnen; treibt er es aber ärger und hört nicht auf die Warnungen, dann „kann man alles gegen ihn unternehmen, was das Recht auf die berechtigte Notwehr gegen einen Tyrannen erlaubt".[70] Dann sind die Amtspersonen verpflichtet, den Tyrannen entsprechend den Gesetzen zu richten und falls er sich widersetzt, gewaltsam gegen ihn vorzugehen: „dann kommt es [den Repräsentanten des Volkes] zu, das Volk zu Waffen zu rufen, ein Heer aufzustellen und gegen ihn wie gegen einen Feind des Vaterlandes und des Gemeinwesens Gewalt, List und jedes andere Mittel anzuwenden."[71] Die Entscheidung über den Widerstand liegt bei den Ständen, ausübender Akteur ist das Volk. Die Gewalt ist auch hier nicht initiativ und umstürzlerisch, sie ist eine Reaktion auf vorangegangenes Unrecht – nicht die „welche gegen ihn die Waffen erheben", können „mit dem Verbrechen der Majestätsbeleidigung belastet werden", es ist „der Gewaltherrscher selbst, der sich des genannten Verbrechens schuldig macht", er bricht die wechselseitige Verpflichtung und hebt damit die Gehorsamspflicht auf.[72]

Brutus erweitert die theologische Begründung des Widerstandsrechts um eine säkulare und bindet die Unterscheidung zwischen individuellem und kollektivem Widerstandsrecht an die Existenz eines Vertrages zwischen Volk und Herrscher – wo ein solcher besteht, sind nur die Stände als Vertragspartner des Königs (auch einzelne und niedere Magistrate) befugt, über den Widerstand und damit Gewalt als äußerstes Mittel zu entscheiden, wo ein solcher Vertrag nicht besteht, greift das individuelle Widerstandsrecht. Zwar legitimiert Letzteres nach wie vor politische Gewalt, insofern es sich primär um eine patriotische Pflicht handelt, doch ist hier ‚jeder beliebige Privatmann'

68 Kersting 2004, S. 913.
69 Brutus 1968, S. 129.
70 Ebd., S. 177.
71 Ebd., S. 178; vgl. auch ebd., S. 190; Beza 1968, S. 56.
72 Brutus 1968, S. 179.

nicht nur aufgrund seiner Verpflichtung gegenüber der Gemeinschaft, sondern auch aus Gründen der Verteidigung des eigenen Lebens, berechtigt, Widerstand zu leisten. Wie die Begründung des individuellen changiert auch die des kollektiven Widerstandsrecht zwischen mittelalterlicher und neuzeitlicher Argumentation: Das kollektive Widerstandsrecht greift nicht nur gegen den (im Sinne der calvinistischen Theologie) gottlosen Herrscher, sondern auch wenn der Herrscher gegen den innerweltlich definierten Zweck des Vertrages mit dem Volk verstößt – die Entscheidung über den Einsatz von Gewalt (als äußerstes Mittel) liegt bei den Ständen als Vertreter des Volkes und Vertragspartner des Königs, ausführender Akteur der Gewalt aber ist das ganze Volk.

4 Gesellschaftsvertragstheorie: Individualisierung des Widerstandsrechts

Erste Gleichklänge mit der Theorie des Gesellschaftsvertrages finden sich wie gesehen bereits bei den Monarchomachen – doch sie bleiben in ihrem Denken dem Ständestaat verpflichtet,[73] während die Theoretiker des neuzeitlichen Gesellschaftsvertrages vom absolutistischen Staat ausgehen, dessen unbeschränkte Souveränität zur Entmachtung der Stände führt. Kersting spricht hier in Abgrenzung zum „hermeneutischen" vom „konstruktiven Kontraktualismus", was „die argumentative Verwendung des Vertragsbegriffs in genuin philosophischen, durch allgemeine legitimationstheoretische und rechtfertigungstheoretische Fragestellungen charakterisierten Kontexten bezeichnen soll".[74]

In der Logik der Gesellschaftsvertragstheorie, der es in erster Linie um die Legitimation von Herrschaft durch die Zustimmung der freien und gleichen Individuen geht, ist Widerstand allgemein gesprochen immer dann legitim, wenn der durch den Vertrag legitimierte Souverän gegen den Vertragszweck verstößt, der nun rein innerweltlich definiert und aus den natürlichen Rechten abgeleitet ist. Die neuzeitliche Vertragstheorie individualisiert in der Konsequenz auch das Widerstandsrecht, wodurch der individuelle Widerstand endgültig entpolitisiert, der kollektive demokratisiert wird. Während ein individuelles Widerstandsrecht in allen neuzeitlichen Vertragstheorien impliziert ist, ist ein kollektives Widerstandsrecht damit nicht zwangsläufig verbunden. Bei Hobbes, dessen Ansatz hier in Abgrenzung zu Locke und zur Illustration der Entpolitisierung des individuellen Widerstandsrechts in aller Kürze dargestellt werden soll, ist nur ein individuelles Widerstandsrecht vorgesehen, das erst greift, wenn der Vertrag bereits gebrochen ist und das folglich im Naturrecht aufgeht; Locke dagegen unterscheidet ein individuelles und ein kollektives Widerstandsrecht.

Vertragszweck ist bei Hobbes der Schutz des Lebens, die Sicherheit des Einzelnen. Zu diesem Zweck verzichten die gleichen und freien Individuen auf all ihre natürlichen Rechte zugunsten des Leviathan, des absoluten Souveräns. Der Souverän kann in

---

73 Vgl. Kersting 2004, S. 914.

74 Kersting 1994, S. 14 FN 11.

Hobbes Logik kein Unrecht begehen, „weil im Staate, welcher freiwillig errichtet wurde, jeder von denen, die dem einen die höchste Gewalt übertrugen, sich als den Urheber aller der Handlungen dieses einen ansehen muß, (...): was er tut, tun sie selbst"; folglich kann es kein kollektives Widerstandsrecht geben, der Oberherr kann „von seinen Untertanen rechtmäßig weder mit dem Tod noch sonst auf eine Art gestraft werden; denn wer kein Unrecht zu begehen imstande ist, der kann nicht angeklagt und noch weniger bestraft werden. Was er beging, hat jeder Bürger begangen."[75] Die absolute Souveränität dem Gesetz zu unterwerfen, würde bedeuten, „[to set] also a Judge above him, and a Power to punish him; which is to make a new Soveraign; and again for the same reason a third, to punish the second; and so continually without end, to the Confusion, and Dissolution of the Commonwealth."[76] Für Hobbes existiert nur ein individuelles Widerstandsrecht im Falle der Bedrohung des individuellen Lebens, ein Recht auf Notwehr. Wenn der Vertragszweck, die Sicherung des eigenen Lebens, nicht mehr gewährleistet ist, greift das natürliche Recht – es handelt sich folglich streng genommen nicht eigentlich um ein Widerstandsrecht, vielmehr geht dieses im Naturrecht auf:[77]

> „Die Verpflichtung gegen den Oberherrn kann nur so lange dauern, als dieser imstande ist, die Bürger zu schützen; denn das natürliche Recht sich selbst zu schützen, falls es kein anderer tun kann, wird durch keinen Vertrag vernichtet. (...) Der Zweck des Gehorsams ist Schutz; je nachdem man nun die Erfüllung dieses Zweckes von einem andern oder von sich selbst erwartet, dringt die Natur auf Gehorsam oder auf eigenes Streben."[78]

Der Einzelne darf sich gegen angedrohten Tod, gegen Verwundungen und Gefangennahme verteidigen, ebenso gegen Gewalt, weil man nie weiß, wie weit diese getrieben wird und alles, was sein Leben bedroht. „Es gibt (...) Dinge, die auf keine Weise einem andern übertragen oder sonst aufgegeben werden können, weil dabei gar kein Nutzen erkennbar ist."[79] Darüber hinaus kann der Einzelne den Gehorsam verweigern in Fällen, die durch den Vertrag nicht abgedeckt sind: So kann keiner gezwungen werden, sich selbst oder andere zu töten oder zu verletzen. Hier gibt es jedoch für Hobbes eine klare Grenze, wenn „der verweigerte Gehorsam den Zweck der Errichtung des Staates vernichtet, so besteht die Freiheit der Verweigerung nicht; sonst kann man überall seine natürliche Freiheit gebrauchen".[80]

75 Vgl. Hobbes 1970, S. 160.
76 Vgl. ebd., Kap. 29, Absatz 9; ich zitiere hier das englische Original, weil die deutsche Übersetzung an dieser Stelle ungenau ist.
77 Insofern ist Carl Schmitt entgegen Peter Cornelius Mayer-Tasch (1965, S. 1–7) Recht zu geben, wenn er festhält: „Im absoluten Staat des Hobbes ist ein Widerstandsrecht als ‚Recht' auf einer Ebene mit dem staatlichen Recht in jeder Hinsicht, faktisch, wie rechtlich widersinnig und eine Absurdität" (Schmitt 1938, S. 71).
78 Hobbes 1970, S. 197.
79 Ebd., S. 121.
80 Ebd., S. 194/195.

Bei Hobbes ist das individuelle Widerstandsrecht mit einem Rückfall in den Naturzustand verbunden, der Vertrag ist nicht verletzt, er ist aufgehoben. Das individuelle Widerstandsrecht geht folglich im Naturrecht auf: Es legitimiert keine politische Gewalt, sondern dient der Verteidigung der unaufgebbaren natürlichen Rechte. Ein kollektives Widerstandsrecht widerspräche Hobbes' Begründung absoluter Souveränität.

Eine zentrale Rolle dagegen kommt dem Widerstandsrecht im Rahmen der Vertragstheorie von John Locke zu.[81] Lockes Vertrag konstituiert die Gesellschaft, während die Herrschaft nur treuhänderisch verliehen ist; die Regierung beruht auf *trust*:[82] Die zur Gesellschaft vereinten Individuen vertrauen ihre Macht der Legislative, deren Einsetzung dem Vertragsschluss unmittelbar folgt und folgen muss, und vermittels dieser der Exekutive an, auf dass beide sie zum Wohle der Gemeinschaft einsetzen. Locke unterscheidet ein individuelles Widerstandsrecht gegen Gewalt ohne Recht und illegitim errichtete Herrschaft und ein kollektives Widerstandsrecht zur Auflösung einer vom Volk eingesetzten aber vertrauensbrüchigen Regierung. Beide gründen im Recht auf Selbsterhaltung, das der Einzelne mit dem Vertragsschluss an die Gesellschaft überträgt und vermittels dieser der Regierung anvertraut – jedoch jeweils nur soweit und solange die Selbsterhaltung gewährleistet ist. Völlig aufgeben kann der Einzelne das Recht auf Selbsterhaltung ebenso wenig, wie die Gesellschaft es endgültig an die Regierung übertragen kann, denn die Selbsterhaltung ist nicht nur ein Recht, sondern auch eine Pflicht, die das Naturgesetz den Menschen vorschreibt.

Das Recht auf Selbsterhaltung ist individuelles Recht nur dort, wo unmittelbar das Leben des Einzelnen bedroht ist oder die Herrschaft illegitim errichtet wurde – hier befindet sich der Einzelne im Kriegszustand.[83] Anders als die Monarchomachen, die den legitimen Widerstand des Privatmanns gegen einen Usurpator primär mit der Bedrohung der Gemeinschaft und damit als politische Gewalt begründen, geht es bei Locke vor allem anderen um den Schutz individueller Rechte, was in der Konsequenz dazu führt, dass das individuelle Widerstandsrecht nicht nur im Fall illegitim errichteter Herrschaft, sondern auch im Fall von Recht ohne Gewalt gegen das Individuum im Rahmen der ursprünglich legitimen Ordnung greift. Ausgangspunkt der Überlegung ist dabei anders als in den monarchomachischen Lehren der Naturzustand bzw. die natürlichen Rechte des Einzelnen, die erst legitime Herrschaft begründen können. Das individuelle Widerstandsrecht dient nicht dazu, das Gemeinwesen vor Unheil zu beschützen, denn dieses ist entweder bereits aufgelöst oder wird durch das kollektive Widerstandsrecht geschützt, sondern dient einzig und allein dazu, das Individuum als Individuum

81 Zu Lockes Widerstandsrecht vgl. Tarcov 1999; Euchner 1979.

82 Vgl. Dunn 1984.

83 Der Eintritt in die Gesellschaft beendet bei Locke, anders als bei Hobbes, den Kriegszustand nicht. Der Unterschied zum Naturzustand liegt darin, dass der Kriegszustand hier mangels positiver Gesetze und eines mit Autorität ausgestatteten Richters fortdauert, im bürgerlichen Zustand dagegen nach der unmittelbaren Gewaltanwendung endet; beide Seiten sind dann gleichermaßen „dem gerechten Entscheid der Gesetze unterworfen" (Locke 1974, § 20).

zu schützen. Das individuelle Widerstandsrecht wird auch hier mit dem natürlichen Recht auf Selbstverteidigung gleichgesetzt, die durch das individuelle Widerstandsrecht legitimierte Gewalt entpolitisiert.

Auch im Falle eines Vertrauensbruchs darf der Einzelne Notwehr leisten, doch im Anschluss an die unmittelbare Gewaltanwendung sind die Streitparteien dem Urteil der Gesellschaft unterworfen, weil der Vertrauensbruch nicht zur Auflösung der Gesellschaft führt: „Die Gewalt [Power], die jedes Individuum mit seinem Eintritt in die Gesellschaft an diese gab, kann niemals wieder an das Individuum zurückfallen, solange die Gesellschaft besteht, sondern wird auf immer in der Gesellschaft verbleiben."[84] Der Einzelne wird im Falle eines Vertrauensbruchs nicht in den Naturzustand zurückversetzt,[85] sondern in den Zustand vor Einsetzung der Regierung, die dem Vertragsschluss folgt und folgen muss. Wo die Regierung gegen das in sie gesetzte Vertrauen handelt, fällt die Macht an die Gesamtheit der Vertragspartner (d. h. der Mehrheit der zum politischen Körper zusammengeschlossenen Individuen[86]) zurück[87] – für Selbsterhaltung (jenseits von Notwehr) und Strafe ist dann die Gesellschaft (nicht der Einzelne) zuständig. Das kollektive Widerstandsrecht gegen eine vertrauensbrüchige Regierung liegt auch bei Locke beim Volk, die Entscheidung über den Einsatz von Gewalt steht hier jedoch nicht mehr den Repräsentanten des Volkes zu, sondern unmittelbar den durch den Gesellschaftsvertrag zusammengeschlossenen freien und gleichen Individuen. Die Mehrheit der zum politischen Körper vereinten Individuen ist letzte Kontrollinstanz – insofern kann man bei Locke von einer Demokratisierung des Widerstandsrechts sprechen.[88]

Wie ich an anderer Stelle gezeigt habe, verhält sich das Widerstandsrecht bei Locke komplementär zu der im modernen Verständnis mangelhaft ausgestalteten Gewaltentrennung.[89] Leben, Freiheit und Besitz werden in Lockes Vertragskonstruktion in letzter Konsequenz durch die doppelte Rückbindung aller Staatsgewalt an das Naturgesetz und das Vertrauen des Volkes gesichert. Wo in der modernen Gewaltenteilungslehre die Sanktion durch die anderen Gewalten – im modernen Rechtsstaat vornehmlich der Verfassungsgerichtsbarkeit – greift, steht bei Locke das kollektive Widerstandsrecht, genau

84 Locke 1974, § 243.

85 So etwa bei Ashcraft 1987, S. 203; ebenso einseitig ist die umgekehrte Annahme, die Gesellschaft bleibe in allen Fällen der Auflösung der Regierung bestehen, wie sie etwa Seliger (1968, S. 127), vertritt. Ohnehin scheint die Gleichsetzung der Auflösung der Regierung mit dem Naturzustand als ein „Zustand des Friedens, des Wohlwollens, des gegenseitigen Beistands und der Erhaltung" (Locke 1974, § 19) nur bedingt möglich.

86 Der vereinzelt vertretenen Ansicht, das Widerstandsrecht komme nur den Besitzbürgern zu (vgl. MacPherson 1990, S. 251 ff.; Euchner 1978, S. 216 ff.), ist nur dann zuzustimmen, wenn sich nachweisen lässt, dass Vertragspartner bei Locke alleine die Besitzenden sind, was letztlich vom Verständnis des Eigentumsbegriffs, besonders in § 138, abhängt (Locke verwendet ‚property' teils in einem materiellen, teils im weiteren Sinn von Leben, Freiheit und Besitz (§ 123). Für ein materielles Verständnis vgl. MacPherson 1990, für ein weiteres Verständnis Hahn 1994).

87 Locke 1974, § 222.

88 Vgl. Ashcraft 1994, S. 230; Brocker 1995, S. 271 f.

89 Vgl. Höntzsch 2010.

genommen das Recht der Mehrheit, eine vertrauensbrüchige Regierung aufzulösen, das vom individuellen Widerstandsrecht gegen Gewalt ohne Recht und illegitim errichtete Herrschaft zu unterscheiden ist. Die vorgesehene Trennung der Legislative von der ihr untergeordneten Exekutive kann den Missbrauch nur hinauszögern, nicht aber sanktionieren, sie wäre ohne das Widerstandsrecht unwirksam, weil ihr die Sanktionsmöglichkeit und das Drohpotential fehlten.

Wie Thomas von Aquin und die Monarchomachen erhebt auch Locke den Anspruch, dass das kollektive Widerstandsrecht weniger der Rebellion als dem Erhalt der Ordnung gilt: Wie seine Vorgänger sieht sich Locke dem Vorwurf ausgesetzt, diese Hypothese enthalte „einen Gärstoff häufiger Rebellion".[90] Doch das Recht auf Widerstand, so entgegnet Locke, ist „der beste Schutz gegen Rebellion und das sicherste Mittel, sie zu verhindern".[91] Nicht das Volk stört den Frieden, der ist im Moment des Widerstands bereits gestört – durch die staatliche Gewalt. Widerstand ist auch hier Gegengewalt und dient dem Erhalt bzw. der Wiederherstellung der legitimen Ordnung, die nun aber auf der freiwilligen Rechtsübertragung der gleichen und freien Individuen beruht. Damit ist das Ziel des Erhalts der Ordnung bei Locke kein Selbstzweck, sondern dient dem individuellen Rechtsschutz.

Bei Locke erfährt die Ausdifferenzierung zweier Formen des aktiven Widerstandsrechts bzw. die Destillation eines politischen Widerstandsrechts seine Vollendung. Das individuelle Widerstandsrecht geht (wie auch bei Hobbes) im natürlichen Recht auf Selbstverteidigung auf, sprich, die durch das individuelle Widerstandsrecht legitimierte Gewalt wird entpolitisiert, sie dient einzig dem Schutz des Individuums bzw. seiner als unaufgebbar verstandenen natürlichen Rechte; es greift bei Locke jedoch nicht nur bei Rückfall in den Naturzustand, sondern auch in der Gesellschaft – immer dann, wenn der Einzelne Gewalt ohne Recht ausgesetzt ist. Das kollektive Widerstandsrecht ist bei Locke mit dem Verstoß der Regierung gegen das natürliche Recht auf Leben, Freiheit und Besitz innerweltlich begründet; im Zuge der Individualisierung der Vertragstheorie, wird es demokratisiert, es liegt in den Händen der durch den Gesellschaftsvertrag zusammengeschlossenen Individuen und ergänzt den Schutz vor Machtmissbrauch durch die im modernen Verständnis nur mangelhaft ausgestaltete Gewaltentrennung.

5 Politisches Widerstandsrecht

Die klassische Lehre vom Widerstandsrecht entwickelt sich parallel zur Herausbildung moderner Staatlichkeit und zugleich in enger Abhängigkeit zum Aufkommen des Vertrags als politischem Argument. Im Ergebnis der sich im Übergang von der mittelalterlichen Lehre des Herrschafts- zur neuzeitlichen Theorie des Gesellschaftsvertrags durch-

90 Locke 1974, § 224.
91 Ebd., § 226.

setzenden rational-naturrechtlichen Grundlegung des Vertragsgedankens lassen sich ein individuelles und ein kollektives Recht auf aktiven Widerstand unterscheiden. Das individuelle Widerstandsrecht bezieht sich auf einen Zustand, in dem jeder Einzelne als rechtlich ungebundenes Individuum befugt ist, gegen Gewalt ohne Recht, gegen die Gefährdung von Leib und Leben mit physischer Gewalt vorzugehen. Während der individuelle Widerstand folglich seine anfänglich politische Qualität in Folge der Säkularisierung und Individualisierung des Vertragsgedankens verliert und im natürlichen Recht auf Selbstverteidigung aufgeht, gewinnt der kollektive Widerstand durch ebendiese Entwicklung an politischer Qualität – Ursachen, Akteure und Formen des Widerstandes sind nun dezidiert politisch. Das kollektive Widerstandsrecht bezieht sich auf einen Zustand, in dem der herkömmliche Rechtsschutz versagt und deshalb die zum politischen Körper zusammengeschlossenen freien und gleichen Individuen befugt sind, eine von ihnen eingesetzte Regierung, die gegen den innerweltlich definierten Zweck ihrer Einsetzung handelt, notfalls gewaltsam abzusetzen.

Auch wenn bereits Brutus, in Abgrenzung zur mittelalterlichen Argumentation, das Widerstandsrecht in Teilen rational-naturrechtlich begründet und damit dessen Säkularisierung und Individualisierung durch die Gesellschaftsvertragstheorie vorwegnimmt, argumentiert er doch vom Ständestaat aus, der als immer schon bestehend vorausgesetzt wird – so bleibt die modern anmutende Zielbestimmung der Politik nicht nur ohne Konsequenz für die Legitimation von Herrschaft, sondern auch für die Ausgestaltung der politischen Ordnung. Bei Locke dagegen ist der Rechtsschutz durch die Gewaltentrennung institutionell verankert und liegt mit dem kollektiven Widerstandsrecht letztinstanzlich in den Händen der zur Gesellschaft zusammengeschlossenen Individuen, auf deren Zustimmung die Legitimation der Regierung beruht. In der Konsequenz der hier nachgezeichneten Entwicklung wurde das kollektive Widerstandsrechts als Ausdruck der im Werden begriffenen Rechtstaatlichkeit mit deren Durchsetzung, v. a. durch die Einführung der modernen Gewaltenteilung und der Verfassungsgerichtsbarkeit, obsolet. Doch während die Antworten der klassischen Lehre vom Widerstandsrecht vom demokratischen Rechtsstaat eingeholt wurden, so nicht die Frage, unter welchen Umständen notfalls gewaltsamer Widerstand gegen die herrschende Macht legitim ist: Sie stellte sich nicht zuletzt vor dem Hintergrund der Erfahrungen des 20. Jahrhunderts neu und – dies sei vorweggenommen – führte zu einer Renaissance und Repolitisierung des individuellen Widerstandsrechts.

Literatur

Ashcraft, Richard. 1987. *Locke's Two Treatises of Government.* London.

—. 1994. Locke's Political Philosophy. In *The Cambridge Companion to Locke*, hg. von Vere Chappell, 226–251. Cambridge.

Ballestrem, Karl Graf. 1983. Vertragstheoretische Ansätze in der politischen Philosophie. *Zeitschrift für Politik 30(1)*: 1–17.

Bermbach, Udo. 1985. Widerstandsrecht, Souveränität, Kirche und Staat: Frankreich und Spanien im 16. Jahrhundert. In *Pipers Handbuch der politischen Ideen. Bd. 3*, hg. von Iring Fetscher, und Herfried Münkler, 101–162. München, Zürich.

Beza, Theodor. 1968. Das Recht der Obrigkeiten gegenüber den Untertanen und die Pflicht der Untertanen gegenüber den Obrigkeiten. In *Beza, Brutus, Hotman. Calvinistische Monarchomachen. Übers. v. Hans Klingelhöfer*, hg. von Jürgen Dennert, 1–60. Köln, Opladen.

Brocker, Manfred. 1995. *Die Grundlegung des liberalen Verfassungsstaates. Von den Levellern zu John Locke.* Freiburg, München.

Brutus, Stephanus Junius. 1968. Strafgericht gegen die Tyrannen oder: Die legitime Macht des Fürsten über das Volk und des Volkes über den Fürsten. In *Beza, Brutus, Hotman. Calvinistische Monarchomachen. Übers. v. Hans Klingelhöfer*, hg. von Jürgen Dennert, 61–202. Köln, Opladen.

Calvin, Johannes. 1928–1936. Institutio christianae religionis. In *Opera selecta, Bd. III–V*, hg. von Peter Barth, und Wilhelm Niese. München.

Cicero, Marcus Tullius. 1979. *De re publica/Vom Gemeinwesen, Lat./Dt., übers. und hg. v. Karl Büchner.* Stuttgart.

Dennert, Jürgen. 1968. Einleitung. In *Beza, Brutus, Hotman. Calvinistische Monarchomachen. Übers. v. Hans Klingelhöfer*, hg. von Dennert Jürgen, IX–LXXV. Köln, Opladen.

Dunn, John. 1984. The Concept of Trust in the Politics of John Locke. In *Philosophy in History. Essays on the Historiography of Philosophy*, hg. von Richard Rorty, J. B Schneewind, und Quentin Skinner, 279–301. Cambridge.

Enzmann, Birgit. 2009. *Der demokratische Verfassungsstaat zwischen Legitimationskonflikt und Deutungsoffenheit.* Wiesbaden.

Euchner, Walter. 1979. *Naturrecht und Politik bei John Locke.* Frankfurt am Main.

Gough, J. W. 1957. *The Social Contract. A Critical Study of its Development.* Oxford.

Hahn, Johannes. 1994. *Der Begriff des ‚property' bei John Locke: Zu den Grundlagen seiner politischen Philosophie.* Frankfurt am Main.

Hobbes, Thomas. 1970. *Leviathan, Übers. v. Jacob Peter Mayer, Nachw. v. Malte Diesselhorst.* Stuttgart.

Höntzsch, Frauke. 2010. Gewaltentrennung und Widerstandsrecht. Komplementäre Konzepte zum Schutz von Leben, Freiheit und Besitz im politischen Denken von John Locke. In *Der Staat des Liberalismus. Die liberale Staatstheorie von John Locke*, hg. von Samuel Salzborn, 165–184. Baden-Baden.

Hotman, Franz. 1968. Franco Gallia. In *Beza, Brutus, Hotman. Calvinistische Monarchomachen. Übers. v. Hans Klingelhöfer*, hg. von Jürgen Dennert, 203–327. Köln, Opladen.

Kersting, Wolfgang. 1994. *Die politische Philosophie des Gesellschaftsvertrages.* Darmstadt.

—. 2004. Gesellschaftsvertrag, Herrschaftsvertrag. In *Geschichtliche Grundbegriffe: Historisches Lexikon zur politisch-sozialen Sprache in Deutschland. Bd. 6*, hg. von Otto Brunner, Reinhart Koselleck, und Werner Conze, 901–945. Stuttgart.

Klautke, Jürgen-Burkhard. 1994. *Recht auf Widerstand gegen die Obrigkeit? Bd. 1.* Kampen.

Lewy, Guenter. 1960. *Constitutionalism and statecraft during the golden age of Spain. A Study of the political philosophy of Juan de Mariana, S. J.* Genf.

Locke, John. 1974. *Über die Regierung, in der Übers. v. Dorothee Tidow mit einem Nachw. hg. v. Peter Cornelius Mayer-Tasch.* Stuttgart.

MacPherson, Crawford B. 1990. *Die politische Theorie des Besitzindividualismus. Von Hobbes bis Locke.* Frankfurt am Main.

Mayer-Tasch, Peter Cornelius. 1965. *Thomas Hobbes und das Widerstandsrecht.* Tübingen.

Münkler, Herfried. 1995. Widerstandslehren. In *Lexikon der Politik, Bd. 1 Politische Theorien*, hg. von Dieter Nohlen, und Rainer-Olaf Schultze, 691–696. München.

Näf, Werner. 1980. Herrschaftsverträge und die Lehre vom Herrschaftsvertrag. In *Die geschichtlichen Grundlagen der modernen Volksvertretung. Die Entwicklung von den mittelalterlichen Kooperationen zu den modernen Parlamenten, Bd. 1: Allgemeine Fragen und europäische Rückblicke*, hg. von Heinz Rausch, 212–245. Darmstadt.

Oestereich, Gerhard. 1980. Vom Herrschaftsvertrag zur Verfassungsurkunde. Die „Regierungsformen" des 17. Jahrhunderts als konstitutionelle Instrumente. In *Die geschichtlichen Grundlagen der modernen Volksvertretung. Die Entwicklung von den mittelalterlichen Kooperationen zu den modernen Parlamenten, Bd. 1 Allgemeine Fragen und europäischer Rückblicke*, hg. von Heinz Rausch, 246–277. Darmstadt.

Schmitt, Carl. 1938. *Leviathan in der Staatslehre des Thomas Hobbes.* Hamburg.

Schüttler, Anton. 1972. Das Widerstandsrecht und seine Rechtfertigungsversuche im Altertum und im frühen Christentum. In *Widerstandsrecht*, hg. von Arthur Kaufmann, 1–58. Darmstadt.

Seliger, Martin. 1968. *The Liberal Politics of John Locke.* London.

Spindelböck, Josef. 1994. *Aktives Widerstandsrecht. Die Problematik der sittlichen Legitimität von Gewalt in der Auseinandersetzung mit ungerechter staatlicher Macht.* St. Ottilien.

Tarcov, Nathan. 1999. Locke's Second Treatise and „The best fence against rebellion". In *Locke's Moral, Political and Legal Philosophy*, hg. von J. R. Milton, 198–217. Aldershot.

Thomas von Aquin. 1933 ff. *Summa Theologiae. 37 Bde., lat.-dt., Deutsche Thomas-Ausgabe.* Heidelberg u. a.

—. 1971. *Über die Herrschaft der Fürsten. Übers. v. Friedrich Schreyvogl, Nachw. v. Ulrich Matz.* Stuttgart.

—. 2011. *Sententiae.* http://www.corpusthomisticum.org/iopera.html. Zugegriffen: 1. Dezember 2011.

Wolf, Ernst. 1972. Das Problem des Widerstandsrechts bei Calvin. In *Widerstandsrecht*, hg. von Arthur Kaufmann, und Leonhard E. Backmann, 152–169. Darmstadt.

Widerstand gegen den Nationalsozialismus

Heinz Hürten

1 Die Eigenart des deutschen Widerstands gegen den Nationalsozialismus

1.1 Gegen einen totalitären Herrschaftsanspruch

Widerstand ist Reaktion auf Aktion vorgegebener Gewalt. Darum sind Ziele und Methoden des Widerstands bestimmt von der Eigenart der ihm entgegenstehenden Kräfte. Dies erschwert die Bildung von Begriffen, die auf historisch verschiedene Formen von Widerstand gegen politische Macht angewendet werden könnten. So hat die Civil-Rights-Bewegung in den USA Formen politischer Gegengewalt hervorgebracht, die nicht nur früher unbekannt waren, sondern in einem Regime wie dem nationalsozialistischen wirkungslos geblieben wären, weil sie ein funktionierendes liberales oder wenigstens rechtsstaatliches System voraussetzen. Auch da, wo scheinbar identische Begriffe verwendet werden, können verschiedene Sachverhalte zugrunde liegen. Passiver Widerstand oder Civil disobedience können so verstanden werden, wie es Karl Graf Ballestrem in seinem oben wiedergegebenen Aufsatz und Rawls an der von ihm zitierten Stelle tun. Aber „passiver Widerstand" war auch die offen ausgegebene Parole der deutschen Reichsregierung nach der Besetzung des Ruhrgebiets durch französische und belgische Truppen im Jahre 1923: Verweigerung des Gehorsams gegenüber allen Anordnungen der Besatzung, möglichste Verhinderung der mit dem Einmarsch des fremden Militärs erstrebten Zielsetzungen, im Extrem bis zur Sabotage ausgreifend, nicht aber gewaltloser Rückzug in die Emigration, wie nun passiver Widerstand (als eine von verschiedenen Möglichkeiten der Realisierung) bei Ballestrem erscheint. Civil disobedience avant la lettre war in Bismarcks Kulturkampf die individuell zu verantwortende Weigerung katholischer Kleriker, bestimmten gesetzlichen Vorschriften nachzukommen, nicht mit dem primären Ziel, eine Änderung der Gesetzeslage herbeizuführen (wie bei Rawls), sondern zu unterlassen, was vor dem individuellen Gewissen keinen Bestand haben würde. Aus dem politischen Kontext ihrer Entstehungszeit gelöst, gerät die Semantik jedes Widerstands in die Gefahr, ihre Konturen zu verlieren. Widerstand in Deutschland 1933 bis 1945 war etwas anderes als die Résistance in Frankreich und die Resistenza Italiens im Zweiten Weltkrieg oder der Widerstand im ersten Parteiprogramm der „Grünen" und der Widerstand in einer Demokratie, dessen Rechtmäßigkeit Ballestrem erörtert.

Ist Widerstand in seiner Zielsetzung und Eigenart bestimmt von Zielsetzung und Eigenart der dominierenden politischen Gewalt, so bedarf es der eindringlichen Kenntnis dieses Regimes, um zu erfassen, was ihm als Widerstand gegenüberstehen kann. Den spezifischen Charakter des nationalsozialistischen Herrschaftssystems „auf den Begriff" zu bringen, ist Politik und Wissenschaft nicht leicht geworden. Es ist schon früh „totalitär" genannt worden und dies hat, „nachdem unsere Erkenntnisse über die totalitäre Struktur kommunistischer Regime durch die umwälzenden Ereignisse von 1989/90 nachhaltig bestätigt" wurden,[1] wieder mehr Zustimmung gefunden. So ist „to-

1 Bracher 1992, S. 588. Die einschlägige wissenschaftliche Literatur ist auch für Fachleute unüberseh-

talitär" für Michael Burleigh „immer noch die beste Handhabe für die Darstellung des Nationalsozialismus".[2] Mag dieser auch Züge charismatischer Herrschaft getragen haben und die ihm zum Aufstieg hilfreichen Triebkräfte des durch die Niederlage und den Vertrag von Versailles hoch geschürten Nationalismus vom Totalitarismusmodell nicht umfasst sein, so besagt dies keinen entscheidenden Einwand, gehört es doch zur Eigenart eines Idealtypus, dass er in der Realität so, wie man ihn gedanklich konstruiert, nicht vorhanden ist. Unerachtet solcher Differenzierungen besteht Übereinstimmung, dass der Nationalsozialismus mehr sein wollte und in der Praxis faktisch auch war als nur ein neuartiges System politischer Ordnung. Darum betont auch Ian Kershaw, der dem Totalitarismusmodell nicht zustimmt, dass „der Nationalsozialismus einen ‚totalen' (oder ‚totalitären') Anspruch" erhob, „der sowohl für seine Herrschaftsmechanismen als auch für das – konforme oder oppositionelle – Verhalten seiner Bürger Folgen hatte".[3] In ähnlicher Weise lehnt Hans-Ulrich Wehler den Totalitarismusbegriff als zur Erklärung des nationalsozialistischen Regimes ungeeignet ab, hält jedoch „totalitäre Züge" in diesem Herrschaftssystem für „unleugbar".[4]

In der Tat genügt schon geringe Kenntnis der Äußerungen von Hitler, Rosenberg, Goebbels oder Robert Ley, um den umfassenden Gestaltungswillen des nationalsozialistischen Systems (bei allen Unterschieden und Brüchen im Detail) hinsichtlich der Gesellschaft wie des individuellen Lebens zu erkennen. Dass diese totale Anforderung keine Propagandafloskel war, ist den Zeitgenossen rasch aufgegangen. So sprach der protestantische Theologe Karl Barth im Dezember 1938 offen aus, das deutsche Volk sei „in der Weise in Anspruch und in Besitz genommen, dass heute jede seiner inneren und äußeren Lebensregungen auf allen Gebieten von diesem System bestimmt" werde, das Regime behaupte, „selber eine göttliche, die göttliche Macht zu sein", es existiere als „Kirche, deren eigentliche, ernstliche Bejahung [...] nur in der Form des Glaubens, der Mystik, des Fanatismus möglich" sei.[5] Griff der Umformungswille des Regimes somit weit über den Bereich des im traditionellen Verstande Politischen hinaus, so wurde auch Widerstand möglich und präsent auf Feldern, die in anderen politischen Systemen der freien Gestaltung durch das Individuum überlassen sind.

---

bar geworden. Bei Ruck (2000) umfasst der Abschnitt „Widerstand und Opposition gegen den Nationalsozialismus" mehr als 2000 Titel. Als erste Hinweise: Schmädeke und Steinbach 1985; Steinbach und Tuchel 2004; dies. 1994. Zu den entsprechenden, aufs Ganze gesehen weit weniger intensiv erforschten Vorgängen außerhalb Deutschlands jetzt: Ueberschär 2011.

2 Burleigh 2000. S. 30.

3 Kershaw 1994. S. 79.

4 Wehler 2009. S. VIII.

5 Barth 1939. S. 15, S. 25, S. 27.

1.2 Vielfalt der Motive, Ziele und Intensität

Widerstand gegen den Nationalsozialismus entsprang somit nicht allein der Zielsetzung, das Regime abzuschaffen oder zu verändern, er konnte auch ohne primär politische Absicht entstehen aus der Entscheidung, für die eigene Lebenswelt andere Normen gelten zu lassen als die nationalsozialistischen. „Widerstand ist demnach Produkt und Reflexion des Herrschaftssystems selbst: die Art der Herrschaft bestimmt die Art des Widerstandes und je umfassender der Herrschaftsanspruch, desto mehr, nicht weniger Widerstand ist die Folge".[6] Neben der „Fundamentalopposition", die uneingeschränkten Gegensatz zum herrschenden Regime verkörperte und ihr Ziel in dessen Beseitigung sah, stand somit – bei fließenden Übergängen – die „Resistenz", die der nationalsozialistischen Umgestaltung der je eigenen Lebensordnung und der mit ihr verknüpften Institutionen und Sitten zu wehren suchte.[7]

Diesem Verständnis entsprechen die beiden allgemein akzeptierten Definitionen von Widerstand: a „ … jede Form der Auflehnung im Rahmen asymmetrischer Herrschaftsbeziehungen gegen eine zumindest tendenzielle Gesamtherrschaft [...], wobei die Differenzierung der Formen des Widerstandes sich aus den verschiedenartigen Möglichkeiten der asymmetrischen Beziehungen ergibt, die ihrerseits von der sozialen Struktur der implizierten Einheiten abhängen"[8] – b) „ …jedes aktive oder passive Verhalten [...], das die Ablehnung des NS-Regimes oder eines Teilbereichs der NS-Ideologie erkennen lässt und mit gewissen Risiken verbunden war".[9]

Beruhte Widerstand, abgesehen von dem Ausnahmefall des Attentats, der gelingenden „Fundamentalopposition", nicht auf der Hoffnung auf grundlegende Veränderung, sondern auf der Entscheidung, sich dem Nationalsozialismus generell oder auch nur in Teilbereichen des privaten oder öffentlichen Lebens zu entziehen und entgegenzuwirken, so erforderte er mehr als nur politische Distanz zum Regime. Um sich dem viele Jahre erfolgreichen, unerschütterlich scheinenden System um den Preis von Repressalien zu widersetzen, und sei es auch nur in einem Teilbereich, waren moralische Qualitäten erforderlich, über die nicht jedermann verfügte. So unterschiedlich die politischen Gegenpositionen der sich dem Regime Widersetzenden auch gewesen sein mögen, waren doch Treue zur eigenen Überzeugung, Bereitschaft um ihretwillen Opfer auf sich zu nehmen, Voraussetzung für die Weigerung, im Kleinen oder Großen sich anders als politisch konform zu verhalten oder gar der Herrschaft direkt entgegen zu handeln. So war die tiefste Wurzel des deutschen Widerstands moralischer Natur, und darum verdienen alle, die solchen leisteten, unsere Hochachtung, auch wenn sie nicht alle unsere politischen Vorbilder sein können (H. Kohl).

---

6 Kershaw 1985, S. 781.
7 Vgl. Broszat 1977, S. 11 1981, S. 691–709.
8 Hüttenberger 1977, S. 126.
9 Jaeger und Rumschöttel 1977, S. 214.

Die Ausweitung des Widerstandsbegriffs über die „Fundamentalopposition" hinaus erfordert eine innere Differenzierung nach dem Grade der Intensität: so können punktuelle Nonkonformität, individuelle Verweigerung, öffentlicher Protest, Aktion zum Sturz des Regimes[10] unterschieden werden.

Niemals zu einer Gesamtorganisation „Widerstandsbewegung" zusammengeführt, ist der deutsche Widerstand gekennzeichnet durch die zeitversetzte Tätigkeit von Gruppen, die bereits vor 1933 als Organisation bestanden (wie KPD, SPD, Kirchen) oder sich auf der Basis vorgegebener gemeinsamer Traditionen, Überzeugungen oder Erfahrungen neu bildeten (wie der „nationalkonservative Widerstand" oder die „Weiße Rose"). Sie standen untereinander allenfalls nur spät und an ihren äußersten Rändern in Kontakt. Der Einzeltäter Georg Elser, dessen Anschlag im Bürgerbräukeller Hitler nur wie durch ein Wunder entging, ist die Ausnahme, welche die Regel bestätigt.

Einzelne Gruppen des Widerstands besaßen Rückhalt und Unterstützung in der Emigration, KPD und SPD haben Teile ihrer Organisationsstruktur mit zeitweiligem Erfolg ins Ausland verlagert, die Kreisauer besaßen einige hochrangige Gesprächspartner außerhalb Deutschlands.

2 Träger des Widerstands und ihre Aktivitäten – ein Überblick

2.1 Widerstand der Linken

Am frühesten und schärfsten als Gegner wahrgenommen, war die Kommunistische Partei auch deshalb die älteste Formation des Widerstands, weil sie ihren Kampf gegen den „Faschismus", den sie im Zuge der „ultralinken Taktik" gegen die Repräsentanten des Staates von Weimar proklamiert hatte, unverändert – nun gegen den „Hitlerfaschismus" – weiter führen wollte. Die mit dem Machtantritt der Nationalsozialisten schlagartig einsetzenden Verfolgungen erschütterten noch nicht die Überzeugung, in naher Zukunft den „revolutionären Aufstand" zu erleben, dessen Erfolg nicht zweifelhaft ein konnte. Deshalb strebte die Parteiführung, die Organisationsstruktur auch in der Illegalität intakt zu halten. Darüber hinaus sollte die Partei durch Einzelaktionen wie Maueranschriebe oder Flugzettel ihre Handlungsfähigkeit erweisen („Die KPD lebt!"). Die Leitung wurde ins Ausland (zunächst Paris, dann Moskau) verlegt, die durch Kuriere und „Grenzstellen" den Kontakt aufrecht zu halten versuchte, und in Deutschland die Propaganda weitergeführt. Wo der hierarchische Aufbau der Partei durchbrochen war, wurde er wiederhergestellt. „Der Hauptinhalt der illegalen Arbeit bestand im Organisieren".[11] Diese Politik ließ sich jedoch, vor allem wegen der zahlreichen Verhaftungen von Funktionären, nicht unbegrenzt durchhalten. Die ursprüngliche Hoffnung, vor einem ra-

10 Gotto et al. 1990, S. 175; Peukert (1982, S. 47) hat diese Stufung modifiziert übernommen.

11 Peukert 1985, S. 879.

schen Ende der nationalsozialistischen Herrschaft zu stehen, wurde durch dessen offenkundige Stabilität widerlegt. Um 1935 war der Fehlschlag der bisherigen Kampfführung nicht mehr zu übersehen. In dieser Situation sollten die „Volksfront", die Zusammenarbeit mit anderen Parteien, und die „Taktik des Trojanischen Pferdes", die Unterwanderung der nationalsozialistischen Großorganisationen, eine Wende bringen. Anders als für die deutsche Emigration im Ausland, wo es vereinzelt zu entsprechenden überparteilichen Bildungen kam, bedeutete das Bemühen um die „Volksfront" für Deutschland keinen Ansatz zu neuen Widerstandsformen, zumal auch der Kontakt zur Parteileitung in Moskau schwieriger und dürftiger wurde, wenn er auch niemals ganz aufhörte. Es blieb bei informellen Kontakten kleiner Gruppen, die sich in ihrer Gesinnung bestärkten und im geringen Maße ihrer Möglichkeiten einzelne Aktionen, vor allem in den Betrieben, durchführten. Vollends lähmend wirkte der Hitler-Stalin-Pakt; erst nach dem Ausbruch des Krieges mit der Sowjetunion fanden sich Gruppen zu neuen Aktivitäten zusammen. Die Saefkow-Jacob-Bästlein-Gruppe, die 500 Mitglieder, darunter etwa 100 Frauen umfasst haben soll, besaß Zellen in Berliner Rüstungsbetrieben und suchte im Sinne der Volksfronttaktik Kontakt mit Sozialdemokraten. Sie traf dabei auf Adolf Reichwein und Julius Leber, die zum Kreisauer Kreis (s. u.) gehörten und in Verbindung zur national-konservativen Opposition um Goerdeler und Stauffenberg standen. Das einzige Treffen führte für beide Seiten zur Katastrophe: durch einen eingeschleusten Spitzel informiert, schlug die Geheime Staatspolizei zu. Die Betroffenen fanden den Tod.

Die Bedeutung des kommunistischen Widerstands beruht weit weniger auf unmittelbarer Beeinträchtigung der nationalsozialistischen Herrschaft (etwa Sabotageakten, Propagandaschriften oder Demonstration einer Gegenwelt wie dem Brandanschlag auf eine antisowjetische Ausstellung im Mai 1942 in Berlin) als auf der Bewahrung einer aktionsbereiten Gruppe, deren Chance kommen sollte, wenn die Herrschaft Hitlers zerbrach. Es war aber schließlich erst die Rote Armee, die ihr politische Wirkung ermöglichte.

Von allen Gruppen, die dem Widerstand zugerechnet werden, hat die KPD die größten Blutopfer gebracht: 20 000 ihrer Mitglieder sollen ermordet oder hingerichtet, rund die Hälfte der 300 000 Kommunisten des Jahres 1932 für kurze oder längere Zeit in Haft genommen worden sein.

Die SPD hielt in den ersten Wochen der Kanzlerschaft Hitlers noch eine legale Oppositionspolitik für möglich. Orientiert an der Haltung der Partei unter Bismarcks Sozialistengesetz, verlagerte sie große Teile des Parteivermögens und delegierte verschiedene Mitglieder des Parteivorstands förmlich ins Ausland, um die Organisation über ein drohendes Verbot in Deutschland hinwegzuretten. Alsbald brachen jedoch Spannungen zwischen der prinzipienfesten Haltung der Leitung im Ausland („SOPADE") und der taktisch bestimmten der in Deutschland verbliebenen Genossen aus. Verbote und Verhaftungen machten die geplante Doppelstrategie bald unmöglich. Ein Teil der Mitglieder blieb in persönlichem Kontakt, suchte Verbindung mit der SOPADE (in Prag, später in Paris) und deren Grenzsekretariaten, erhielt von dort Propagandamaterial und berichtete über die Zustände in Deutschland, was dem Parteivorstand die Möglichkeit gab, einen regelmäßig erscheinenden Informationsdienst über die Lage in Deutschland herauszubringen. Nach außen gerichtete Aktivitäten zogen fast regelmäßig Entdeckung und Verfolgung nach sich. Mit der Ausweitung des deutschen Machtbereichs im Kriege wurde auch die Tätigkeit des Exilvorstands für die Genossen in Deutschland vollends wirkungslos. Bedeutung besaß der Widerstand der SPD jedoch insofern, als durch ihn innerhalb der deutschen Gesellschaft ein, gemessen an der Zahl der früheren SPD-Wähler und -Mitglieder allerdings zahlenmäßig erheblich geschrumpftes, Residuum bewahrt blieb, das eine spätere demokratische Regeneration erleichterte. Ihm hätte bereits während des Zweiten Weltkriegs eine solche Funktion zuwachsen können, wenn das Attentat vom 20. Juli 1944 gelungen wäre. Denn ihm war, ohne den organisatorischen Aufwand, der die KPD immer wieder in die Fänge der Geheimen Staatspolizei geraten ließ, allein durch lockere Netzwerke gestützt, mit Julius Leber, Carlo Mierendorff, Wilhelm Leuschner, Theo Haubach und anderen eine Gruppe von Führern entstanden, die mit anderen, bürgerlichen Oppositionsgruppen in Verbindung traten, um gemeinsam der Herrschaft Hitlers ein Ende zu setzen. Die Mitwirkung der noch aktionsbereiten Mitglieder der früheren SPD am Umsturz hätte diesen im Falle des Gelingens vor der möglichen Missdeutung bewahrt, ein eigensüchtiges Unternehmen reaktionärer Eliten zu sein. Ein Plan Mierendorffs für eine solche, links über die Sozialdemokraten hinausgreifende Volksbewegung ist jedoch nicht einmal in Ansätzen realisiert worden.

Zwischen KPD und SPD waren in der Weimarer Zeit „linke Zwischengruppen" entstanden, die zahlenmäßig gering, auf den Widerstand in Deutschland fast ohne Einfluss blieben und erbarmungslos verfolgt wurden. Unter ihnen ragen der Internationale Sozialistische Kampfbund und die Gruppe „Neubeginnen" hervor, die nach 1945 eine Reihe namhafter Spitzenpolitiker der SPD stellten.

2.2 *Haltung der Kirchen*

Die beiden christlichen Großkirchen waren als die zentralen Systeme der Sinnvermittlung in der deutschen Gesellschaft naturgemäß Hindernisse auf dem Weg des Nationalsozialismus zur alleinigen Sinngebungsinstanz, zur „Kirche", wie es Goebbels nannte. Ihr Konflikt mit dem Regime war somit vorprogrammiert. Er verlief jedoch aus inneren wie äußeren Gründen für Protestanten und Katholiken so unterschiedlich, dass es nicht sinnvoll ist, ihn in einer beide Konfessionen zusammenfassenden Weise zu beschreiben.[12]

Die evangelische Kirche, mit der überwiegenden Mehrzahl ihrer Geistlichen politisch zur Rechten tendierend, stand der „nationalen Erhebung" durchaus positiv gegen-

12 Scholder (1977) hat, wie auch in anderen Arbeiten, diesen Weg verfolgt, der jedoch nicht als erfolgreich angesehen werden kann.

über. Sie hatte jedoch ein Problem, das, zunächst nur als theologisches verstanden, ihr auf die Dauer die Überprüfung ihrer Position aufzwang. Schon vor 1933 war in Thüringen eine Bewegung entstanden, die Nationalsozialismus und evangelisches Christentum nahtlos zu verbinden suchte. Bei den Kirchenwahlen vom 3. Juli 1933 wurde sie von Hitler nachdrücklich unterstützt, sodass die meisten der 28 evangelischen Landeskirchen in die Hände dieser „Deutschen Christen" fielen. Partei und Staat scheuten nicht vor offener Gewalt, um diese in der Auseinandersetzung um kirchliche Ämter zu unterstützen. Eine gewisse Entschärfung trat ein, nachdem ein Führer der Deutschen Christen deren Sache durch die Forderung nach vollständiger Arisierung des Evangeliums für viele Protestanten diskreditiert hatte. Gegenkräfte, die sich in der „Bekennenden Kirche" zusammenfanden, gaben sich 1934, vornehmlich durch die Synoden von Barmen und Berlin-Dahlem, eine selbstständige Struktur und eine theologische Grundlage, deren politische Konsequenzen erst später in ihrer Bedeutung erkannt wurden. (Zwischen diesen beiden Gruppen standen die „Nichtdahlemiten", die nicht dem Dahlemer Bekenntnispfarrer Niemöller folgten und von manchen Frommen wegen ihrer Distanz zu aller Politik geschätzt wurden.) Anfänglich schien es keineswegs, dass es nichts anderes war als der Nationalsozialismus, der die evangelische Kirche bedrohte. Dass es nur um Bekenntnis zu Christus und der Hl. Schrift zu gehen schien, nicht um politischen Widerstand, gab der „Bekenntnisfront" das Bewusstsein, nicht im Gegensatz zu Staat und Partei zu handeln. „Ich widerstehe einer heute beim Nationalsozialismus ihre Zuflucht suchenden Theologie, nicht der nationalsozialistischen Staats- und Gesellschaftsordnung", schrieb noch im Dezember 1933 Karl Barth, der bedeutendste evangelische Theologe seiner Zeit.[13]

Der Streit der widerstrebenden Bekennenden Kirche mit den Deutschen Christen wurde dennoch auf die Dauer zum Konflikt mit dem Regime. Denn der „Kirchenkampf" war ein Störfaktor in der nationalsozialistischen „Volksgemeinschaft", den das Regime nicht dulden mochte. Eine wichtige Bruchstelle war zudem die Rassenpolitik des Regimes. Die Übernahme des „Arierparagraphen", der als Voraussetzung für die Bekleidung eines öffentlichen Amtes die „arische Abstammung" verlangte, innerhalb der evangelischen Kirche führte schon im Frühjahr 1933 zur Gründung des Pfarrernotbundes, der diese Vorschrift als unbiblisch verwarf und den Betroffenen Hilfe versprach. Von ihm leiteten manche Fäden hinüber zur Bekennenden Kirche. Der Privatdozent der Theologie Dietrich Bonhoeffer gelangte zum Nachdenken über „Die Kirche vor der Judenfrage", ein Aufsatz, in dem er die Einführung des Arierparagraphen in die Kirche verwarf, aber darüber hinaus zu einem neuen Verständnis der Aufgabe der Kirche für den Staat kam: Auch wenn sie nicht den Beruf hat, ihn zu leiten, kann es ihre Pflicht werden, beim Kampf des Staates gegen seine Feinde, „nicht nur die Opfer unter dem Rad zu verbinden, sondern dem Rad selbst in die Speichen zu fallen". Wenn dies auch nur für einen anscheinend noch nicht gegebenen Extremfall gedacht war, deutete sich hier eine bis-

13 Selbstzitat in: Barth 1939.

lang unbedachte Funktion der Kirche an: die Kirche als Faktor von Widerstand. Religiöser Widerstand wurde zu politischem, wenn das Regime sich getroffen fühlte, wie durch das Wort der altpreußischen Bekenntnissynode vom 5. März 1935 gegen das Neuheidentum, aus dem die nationalsozialistischen Ideologie Wesenselemente wie Rasse und Blut übernahm. Weil sie nicht bereit waren, die Verlesung dieses Wortes zu unterlassen, kamen rund 700 Geistliche kurzfristig in Haft. Noch deutlicher wurde der Gegensatz in der an Hitler gerichteten Denkschrift der Bekenntniskirche vom 28. Mai 1936, die gegen die Bedrängung der Kirche, die „Entkonfessionalisierung des öffentlichen Lebens" und den Antisemitismus, aber auch gegen Rechtsunsicherheit, Konzentrationslager und die Praxis der Geheimen Staatspolizei protestierte. Ihre Verbreitung im Ausland brachte einen leitenden Laien in ein Konzentrationslager, wo er bald den Misshandlungen erlag. Im Jahr darauf wurden im Zusammenhang mit den von Hitler angekündigten, aber nie durchgeführten Kirchenwahlen Mitglieder der Bekennenden Kirche weiter bedrängt. Unter den Verfolgungsmaßnahmen erregte vor allem ein Fall internationales Aufsehen. Der Dahlemer Pfarrer Martin Niemöller, ein früher Nationalsozialist und nun ein Führer in der Bekennenden Kirche, wurde verhaftet und vor Gericht gestellt, anschließend in ein Konzentrationslager gesperrt, aus dem er trotz vielfältiger Fürsprache vor Kriegsende nicht mehr herauskam.

Die Lage der evangelischen Kirche blieb für die Dauer der NS-Zeit gekennzeichnet durch den innerkirchlichen Gegensatz, weil die Pläne des Reichskirchenministers zu ihrer Reorganisation fehlschlugen und sich im Regime die Kräfte stärker durchsetzten, die dessen Distanzierung von allem Christentum erstrebten und darum auch keine staatliche Regelung für die Kirche wollten. Die Spannung zwischen den meist von Deutschen Christen beherrschten Landeskirchen und den Bekennenden Gemeinden blieb somit erhalten und brachte diese gelegentlich in schärferen Kontrast zum Regime. Eine Bußgebetsliturgie, welche die Bekennende Kirche anlässlich der Sudetenkrise im Herbst 1938 anordnete, trug zahlreichen Geistlichen Repressalien ein. Im Zweiten Weltkrieg gingen die willkürlichen Einschränkungen des kirchlichen Lebens weiter, und das Regime engte, angeblich aus Kriegsnotwendigkeiten, die Tätigkeit der Kirche ein und ergriff Maßnahmen, die es im Frieden durchzuführen keine Möglichkeit gesehen hatte. Vornehmster Repräsentant des evangelischen Protestes wurde der württembergische Landesbischof Theophil Wurm. Zentrale Gegenstände seiner Kritik waren die „Euthanasie", die Ermordung Geisteskranker, und die Vernichtung der Juden. Er verfasste auch die Denkschrift vom Dezember 1941, die gemeinsam mit der Fuldaer Bischofskonferenz an Hitler gerichtet werden sollte, aber doch nur – parallel zur Aktion der Katholiken – im evangelischen Namen eingereicht wurde. Da Wurm seine Proteste der politischen Führung schriftlich vortrug, blieben sie weitgehend ohne öffentlichen Widerhall und erkennbare Wirkung. Die Reichskanzlei verwies ihm 1944 die Vorlage weiterer Eingaben, Der westfälische Pfarrer Ernst Wilm hingegen forderte die Pfarrer auf, eigenverantwortlich gegen ihnen bekannt werdende Untaten des Regimes Stellung zu nehmen. Er kam in ein Konzentrationslager. Die zentralen Themen Euthanasie und Judenvernichtung hat auch die 12. Bekenntnissynode der altpreußischen Union am 16./17. Oktober 1943 in Breslau aufgegriffen und die entsprechenden Maßnahmen des Regimes öffentlich verurteilt. Alle diese Proteste steigerten sich nicht zu einer grundsätzlichen Ablehnung des politischen Systems (ob eine solche überhaupt in der Kompetenz der Kirche gelegen hätte, bedarf einer theologischen Diskussion, die hier nicht zu führen ist); es blieb dem Einzelnen überlassen, aus dem Urteil der Kirche seine Konsequenzen zu ziehen. Dietrich Bonhoeffer war einer von jenen, die davor nicht zurückschreckten. Er fand im April 1945 den Tod durch Henkershand.

Für die katholische Kirche war eine grundlegend andere Ausgangslage gegeben. In ihr bestand keine mit dem Nationalsozialismus sympathisierende Gruppe von einiger Bedeutung; die faktisch, nicht formell katholische Zentrumspartei und die katholischen Verbände waren politische Gegner der NSDAP gewesen, und die Bischöfe hatten von 1931 an ihre Gläubigen immer wieder vor ihr gewarnt. Erst die kirchenfreundlichen Erklärungen Hitlers nach seiner Berufung zum Reichskanzler veranlassten die Bischöfe, das Verbot zurückzunehmen, das Katholiken den Beitritt zur Partei verwehrte. In der Absicht, der Zentrumspartei den Rückhalt an der Kirche zu nehmen, schloss Hitler das Reichskonkordat, das die Kirche verpflichtete, sich mit ihrem Klerus, aber auch mit ihren Verbänden aus der Politik herauszuhalten, ihr aber andererseits Garantien für ihre Existenz und ihre praktische Arbeit gab, die sie vor der allgemeinen Tendenz zur „Gleichschaltung" sicherstellten. Weil die Praxis der nationalsozialistischen Partei schon bald gegen die Garantien des Konkordats verstieß, hat der Hl. Stuhl als Vertragspartner auf diplomatischem Wege konsequent Protest erhoben und in diesem Zusammenhang auch immer wieder grundsätzliche Kritik an der Praxis der nationalsozialistischen Herrschaft geübt. Den Höhepunkt der Auseinandersetzung des Hl. Stuhls mit dem Regime in Deutschland bildete die Enzyklika „Mit brennender Sorge" vom 14. März 1937, die – in allen katholischen Kirchen Deutschlands verlesen – dem Regime vorwarf, sein Vorgehen gegen die Kirche ziele auf nichts anderes als einen „ Vernichtungskampf", und den getreuen Gläubigen und Priestern „bis in die Kerkerzelle und das Konzentrationslager hinein" den Dank des Hl. Vaters aussprach.

Gleichsinnig verlief das Verhalten von Klerus und Gläubigen. Sie gaben keine der im Konkordat zugesicherten Positionen freiwillig auf. So wurden die Verbände nicht aufgelöst, obwohl ihre Mitglieder vielfältigen Repressalien ausgesetzt waren, und die Bekenntnisschulen nicht freiwillig umgewandelt. Die Bischöfe ermunterten die Gläubigen, auf ihren konkordatär gesicherten Rechten zu bestehen und nicht dem „freiwilligen Zwang" des Regimes nachzugeben. In dem Bestreben, ihre Identität auch im nationalsozialistischen Staat zu wahren, sperrte sie sich gegen dessen Realisierung als total gleichgeschaltete Gesellschaft. Ihre Selbstbehauptung war somit bereits eine Form von Widerstand. Dass sie durch ihre Appelle an die Treue der Gläubigen zugleich der Anerkennung des Regimes entgegenarbeitete, war nicht zu übersehen.

Ein Konfliktfeld war auch für sie die Propaganda für das Neuheidentum, von dem die nationalsozialistische Ideologie nicht zu trennen war. Das Hauptwerk des Chefideologen Rosenberg kam auf den Index der Bücher, deren Lektüre dem Katholiken verboten war; die päpstliche Studienkommission formulierte einen „Syllabus“ von acht Sätzen, die von den katholischen Universitäten bekämpft werden sollten. Eine dieser Thesen stammte aus dem Rüstzeug des italienischen Faschismus, der Rest war nationalsozialistisch, einen der verurteilten Sätze hatte Hitler wörtlich auf dem Reichsparteitag vorgetragen.

Zu offenem Protest gegen Maßnahmen des Regimes kam es erst später. Allerdings haben die Bischöfe das Gesetz zur Verhütung erbkranken Nachwuchses zum Anlass genommen, öffentlich zu erklären, dass es nicht erlaubt sei, – wie dort vorgeschrieben – Betroffene zur Sterilisierung zu melden oder sich selbst zu stellen. Die Mordaktion vom 30. Juni 1934 haben die Bischöfe unkommentiert gelassen, obwohl ihr auch prominente Katholiken zum Opfer gefallen waren. Auch das Vorgehen gegen die Juden fand lange keinen öffentlichen Widerspruch der katholischen Kirche. Dies mochte angesichts ihrer eigenen Bedrohung durch das Regime verständlich sein, brachte die Kirche aber in Gefahr, ihre Aufgabe als Hüterin des Naturrechts zu versäumen. Es war der Bischof Graf von Galen, der sich 1937 fragte, ob es nicht die Pflicht der Bischöfe sei, „mit dem Papst und nach seinem Vorbild laut und feierlich nicht nur für die Wahrheit, sondern auch für Gerechtigkeit und Freiheit ein[zu]treten“. Er hielt sich freilich noch zurück, bis das Regime in seinem Bistum Münster mit der Ermordung von Geisteskranken und der Vertreibung von Mönchen und Nonnen unübersehbare Signale setzte. In drei Predigten, deren Text in unzähligen Abschriften kursierte und zusätzlich von der britischen Luftwaffe durch Flugblätter in Deutschland verbreitet wurde, griff er die Herrschaft der Nationalsozialisten mit einer Schärfe an, die in Deutschland noch nicht gehört worden war. Er tadelte die Geheime Staatspolizei, der „jeder deutsche Staatsbürger schutzlos und wehrlos gegenüber“ stehe, und sprach „als deutscher Mann, als ehrenhafter Staatsbürger, als Vertreter der christlichen Religion, als katholischer Bischof: Wir fordern Gerechtigkeit!“ Mit den Verantwortlichen für den Klostersturm lehnte er jede Gemeinschaft ab, wenn er auch gegen diesen „Feind im Innern“ keine Abwehrmöglichkeit sah, weil er jeden Gedanken an Revolution verwarf. So blieb denn dem Christen nichts anderes als zähes Ausharren im Gehorsam gegen Gottes Gebot und der Sicherheit, dass der Amboss länger halte als der Hammer.

Galens Vorgehen machte Schule. Der gemeinsame Hirtenbrief der deutschen Bischöfe vom 2. März 1942 setzte sich ein „für die allgemein menschlichen gottverliehenen Rechte der Menschen“: Freiheit, Leben, Eigentum und Schutz der Ehre. Er verlangte „gerichtliche Nachprüfung aller Strafmaßnahmen und Freilassung aller Volksgenossen“, die nicht rechtsförmlich verurteilt waren, und sprach von dem „tiefen Erschrecken“ über die Euthanasie.

Der Hirtenbrief des folgenden Jahres, der von den Zehn Geboten ausging, verwarf offen die gängige Mordpraxis „an schuld- und wehrlosen Geistesschwachen und -kranken, an unheilbar Siechen und tödlich Verletzten, an erblich Belasteten und lebensuntüchtigen Neugeborenen, an unschuldigen Geiseln und entwaffneten Kriegs- oder Strafgefangenen, an Menschen fremder Rassen und Abstammung". Was die Bischöfe hier an moralischen Forderungen entwickelten, war mehr als eine Lebenslehre für Fromme, es waren verpflichtende Normen, an die auch der Staat gebunden war. Ihre Realisierung hätte das nationalsozialistische Regime in seinem Kern verändert.

Die hier dargestellten Kirchen waren durch ihre Weigerung, sich der herrschenden Ideologie anzugleichen, bereits ein Faktor von Widerstand gegen das Ziel einer nationalsozialistischen Volksordnung, einer Alleingültigkeit der vom Regime vertretenen Werte und Normen. Sie haben darüber hinaus seine Wesenselemente und Taten verurteilt und damit manchen, die den Weg zu aktivem Widerstand gingen, das Bewusstsein vermittelt, nicht auf dem falschen Wege zu sein. Die christliche Motivation vieler Männer und Frauen des aktiven Widerstands ist unübersehbar; andere fanden im Widerstand gegen Hitler neue Nähe zu Christentum und Kirche.

2.3 Widerstand kleiner Zirkel

Eine eigentümliche Sonderform unter den Organisationen des Widerstands nimmt die Gruppe ein, für die von Seiten der Geheimen Staatspolizei der Name „Rote Kapelle" verwendet wurde, der auch in die wissenschaftliche Literatur einging. Sie bestand aus verschiedenen Zirkeln, die untereinander keineswegs in gleichem und geordnetem Zusammenhang standen. Kritischer Marxismus, Jugendbewegung, katholische Glaubenstreue finden sich als prägende Elemente unter ihren Mitgliedern ebenso wie nationalrevolutionäre Aspirationen und bildungsbürgerlicher Liberalismus. Hinzu traten Verbindungen zum sowjetischen Auslandsnachrichtendienst. Den Kern dieser lockeren Gruppierung machten zwei bereits früh gebildete Kreise aus, eine am Studium der sowjetischen Planwirtschaft interessierte Gruppe um den Oberregierungsrat im Reichswirtschaftsministerium Arvid Harnack und ein um den im Reichsluftfahrtministerium Dienst tuenden Offizier Harro Schulze-Boysen und dessen Zeitschrift „Gegner" entstandener Zirkel, der sich als Querverbindung zu den Parteien alter Art verstand und darum Sozialismus und Konservativismus in eins sah. In einem gewissen Kontakt stand Schulze-Boysen zur Berliner Botschaft der Sowjetunion, ohne dass allen Mitgliedern der „Roten Kapelle" der Gesamtbereich dieser Aktivitäten bekannt gewesen sein müsste. Manche mögen ihr wichtigstes Ziel nur darin gesehen haben, die Predigten des Bischofs Galen zu verbreiten. Bedeutsam erscheint auch der hohe Anteil von Frauen, allein wie als Partner, in dieser Organisation (wenn man sie so nennen will).

Ihre wichtigsten Instrumente waren Flugblätter, Kleinschriften und Klebezettel, hinzu traten Informationen an die Sowjetunion über deutsche Angriffsabsichten. Ein nahe bevorstehender Sturz des nationalsozialistischen Regimes ist von der „Roten Kapelle" wohl nicht erwartet worden, wie auch ihre eigenen Aktivitäten nicht unmittelbar auf dieses Fernziels gerichtet waren. Ihre Bedeutung ist vor allem darin zu sehen, dass sie etwas wie eine Sammlungsbewegung des deutschen Widerstands sein wollte, und darum Kontakte sowohl zu den illegalen Gruppen der KPD wie zu den Widerstandszirkeln in der Wehrmacht und im Auswärtigen Amt suchte. Eben dies wurde ihr zum Verhängnis. Über die von der Geheimen Staatspolizei scharf kontrollierte und immer wieder aufgerollte KPD gelang der Zugriff auf die „Rote Kapelle". Mehr als einhundert Männer und Frauen wurden verhaftet, mehr als fünfzig zum Tode verurteilt und hingerichtet.

Weit stärker vom öffentlichen Bewusstsein der Folgezeit wahrgenommen ist eine andere, zahlenmäßig sehr viel kleinere Gruppe, die „Weiße Rose", nicht viel anders als ein Freundschaftsbund von Studenten, inspiriert durch philosophisch-theologische Lektüre und persönlichen Kontakt mit intellektuellen Vorbildern aus dem deutschen Katholizismus. Zwei Soldaten der deutschen Wehrmacht, Hans Scholl und Alexander Schmorell, zur Weiterführung ihres Medizinstudiums nach München in eine Studentenkompanie kommandiert,, haben im Juni und Juli 1942 gemeinsam insgesamt vier Flugblätter verfasst, in denen sie unter Rückgriff auf klassische Autoren zum Widerstand gegen das Regime aufriefen. Dabei ging es zunächst um passiven Widerstand und Sabotage mit dem Ziel, die deutsche Kriegsmaschine zu hemmen und darum nicht mitschuldig zu werden an dem Unheil, das durch sie verbreitet wurde. Von den etwa einhundert Empfängern lieferten 35 die ihnen per Post zugestellten Flugblätter bei der Geheimen Staatspolizei ab. Deren Ermittlungen verliefen im Sande; die beiden Verfasser wurden für eine Zeit wieder an die Front befohlen. Sie hatten in München Freunde, Studienkolleginnen, Hans Scholl und der später hinzutretende Willi Graf ihre Schwestern. Mit deren Hilfe versuchten sie nach ihrer Rückkehr aus Russland, das Netz ihrer Helfer auszubauen und Verbindungen zu anderen Gruppen zu gewinnen. Zwar gelang es, von einem Bekannten Geld für die kommenden größeren Aktionen zu erhalten, aber breitere Unterstützung blieb aus. Es waren nur zwei andere Soldaten, Christoph Probst und Willi Graf, die bereit waren, ihren Weg mitzugehen; zwei Bekannte waren zur Unterstützung bereit. Aber von denen, die ihre Mitarbeit ablehnten, hat auch niemand sie verraten.

Im Januar arbeitete die erweiterte Gruppe ein neues Flugblatt aus, das in einer Auflage von 6000 bis 9000 durch die Post in süddeutschen Städten verbreitet wurde. Mitverfasser war ein Professor der Münchner Universität, Kurt Huber, der durch seine philosophischen Vorlesungen eine breite Schicht der Münchner Studenten ansprach. Dieser Text ist geprägt durch Erwartung, dass die Herrschaft des Nationalsozialismus über Deutschland zu Ende gehe; darum forderte er alle auf, sich vom Nationalsozialismus zu trennen. „Ein neuer Befreiungskrieg bricht an". Das letzte, sechste Flugblatt, fast ganz von Huber verfasst, stand vollständig unter dem Eindruck der Katastrophe von Stalingrad und von einer durch den NS-Gauleiter ausgelösten Unruhe unter der Münchner Studentenschaft. Die „Weiße Rose" meinte nun, eine revolutionäre Bewegung auslösen zu können und rief darum „zur Brechung des nationalsozialistischen Terrors aus der Macht des Geistes" auf.

Einige Tausend Exemplare dieses Flugblatts wurden an Studenten in München verschickt. Um noch größere Wirkung zu erzielen, wurden im Februar 1943 in zwei Nächten die Mauern öffentlicher Gebäude, auch der Staatskanzlei, mit Parolen zum Sturz Hitlers bemalt. Aufgedeckt wurde die Gruppe erst durch die tollkühne Aktion der Geschwister Scholl, Flugblätter in der Münchner Universität auszulegen. Nach kurzem Prozess wurden sie mit ihrem Freunde Probst zum Tode verurteilt, Schmorell, Graf und Huber einige Zeit später, die Freunde, die sie unterstützt hatten, erhielten zeitliche Haftstrafen.

Was die Gruppe der „Weißen Rose" unverwechselbar aus dem breiten Komplex des deutschen Widerstands heraushebt, ist ihre Prägung durch die christliche Philosophie. Man las in ihrem Kreise Augustin und Maritain, Hans Scholl auch Thomas von Aquin. Theodor Haecker erschien zu Leseabenden in ihrem Freundeskreis. Hans Scholl dürfte zudem von Carl Muth wichtige Anstöße erfahren haben, zusammen mit seiner Schwester Sophie auch durch einen sonst nicht hervorgetretenen katholischen Landpfarrer aus der Diözese Passau. Beide Scholls haben in der Zeit ihrer Auseinandersetzung mit dem Nationalsozialismus eine deutliche Vertiefung ihres Glaubens erfahren. Wie nahe die protestantische Sophie Scholl der katholischen Kirche gerückt ist, lässt sich nicht eindeutig entscheiden; Christoph Probst ließ sich in der Todeszelle als Katholik taufen; Willi Graf lebte in der Tradition der katholischen Jugendbewegung. Ohne politischen Erfolg wie auch die anderen Gruppen des deutschen Widerstands, bezeugt die „Weiße Rose" wie keine andere die moralische Qualität als dessen entscheidende Triebfeder.

2.4 Widerstand in national-konservativen Kreisen und im Militär

Zu den Faktoren, die Hitlers Herrschaft rasch und in kritischen Phasen wiederum stabilisiert hatten, gehört vornehmlich der Mangel an einer politischen Alternative, nachdem der Parlamentarismus die Nationalsozialisten an die Macht gebracht und das Militär sich einer möglichen Diktatur versagt hatte. Nicht der unmittelbare Sturz Hitlers, sondern die neue Ordnung, die sein System ablösen sollte, wurde darum zum eigentlichen Gegenstand der Planungen, die eine Gruppe um den Grafen Helmut James Graf von Moltke betrieb. Sein Familiensitz, das schlesische Gut Kreisau, wo einige größere Besprechungen des Kreises stattfanden, gab ihr später den Namen.[14] Begonnen hatten diese Aktivitäten mit einer eher zufälligen Diskussion Moltkes mit einem Freund, Peter Graf Yorck von Wartenburg, über politische Fragen im Januar 1940. Beide waren eingebunden in ein Netz von Freunden und Gesinnungsgenossen aus alten und neuen Führungseliten, die vielfach ihrerseits mit einzelnen Gruppen des Widerstands in Kontakt standen. Mit ihnen wurde in der Folgezeit das Gespräch planmäßig weitergeführt. Es kam darauf an, Lösungen für die neue Gestalt Deutschlands zu finden, die von einer breiten Mehrheit der Bevölkerung akzeptiert werden könnten, um einen

14 Grundlegend: van Roon 1967; ergänzend: Bleistein 1987. Die seither erschienenen Quellen und Literatur sind ausgewertet von Brakelmann 2007.

politischen Grundkonsens, der allen Richtungen gemeinsam sein sollte. Ihn galt es im Dialog zu finden. Deshalb erstreckten sich die Planungen nicht allein auf den Gesamtbereich des staatlichen Lebens, sondern auch auf Kontakte zu Repräsentanten der verschiedenen Gruppen der Gesellschaft, wie Sozialisten (s. o.) und Katholiken. Konrad Graf von Preysing, Bischof von Berlin, war ein regelmäßiger Gesprächspartner Moltkes; wie andere katholische Bischöfe wurde auch der evangelische Landesbischof von Württemberg, Theophil Wurm, ins Vertrauen gezogen, der Orden der Jesuiten wegen seiner Kompetenz in sozialen Ordnungsfragen ausdrücklich um Entsendung von Fachleuten gebeten. Hinzu kamen Experten für Einzelfragen wie Konrad Adenauer, die spezielle Denkschriften lieferten.

Maßgeblich für die Orientierung der Kreisauer Diskussionen war sowohl die christliche Tradition der deutschen Gesellschaft wie die Überzeugung von der Freiheit als Fundament für das staatliche Leben, die Überzeugung vom Vorrang der kleinen Gemeinschaften und der normativen Kraft einer „natürlichen Ordnung", die von der Vernunft erkannt werden kann, aber auch durch die Lehre der Kirchen vermittelt wird. Hinsichtlich der Erlaubtheit eines Attentats auf Hitler war man uneins. Ein solches gehörte nicht in das Feld, in dem die Kreisauer ihre gemeinsame Aufgabe sahen, den Entwurf einer gemeinsamen freiheitlichen Ordnung für Deutschland.

Moltke, der als ziviler Experte des Völkerrechts für die Wehrmacht arbeitete, wurde im Januar 1944 wegen eines dienstlichen Vorgangs, der mit der Tätigkeit seines Kreises in keiner Beziehung stand, verhaftet. Dieser verlor ohne ihn an Schwung, einzelne Mitglieder näherten sich der Widerstandsgruppe um Goerdeler und Stauffenberg. Nach dem fehlgeschlagenen Attentat vom 20. Juli 1944 wurden darum auch viele Mitglieder des Kreisauer Kreises, darunter Moltke und Yorck, vor Gericht gestellt und zum Tode verurteilt. Moltke, dem keine Verwicklung in das Attentat nachzuweisen war, wurde vom Richter vor allem seine Verbindung zu dem mitangeklagten Jesuiten Alfred Delp, dem Jesuitenorden und der katholischen Kirche zum Vorwurf gemacht. Die unflätigen Beschimpfungen, die Moltke sich deshalb anhören musste, verstand er als Bestätigung seiner Auffassungen. „Letzten Endes", so schrieb er seiner Frau, „entspricht diese Zuspitzung auf das kirchliche Gebiet dem inneren Sachverhalt".[15]

Keine andere Gruppe ist im öffentlichen Bewusstsein so stark mit dem historischen Phänomen des deutschen Widerstands verknüpft wie jene, die von der Wissenschaft mangels einer besseren Kennzeichnung als „national-konservativ" bezeichnet worden ist.[16] Sie entstand in verschiedenen Stufen aus der wachsenden Enttäuschung der traditionellen Führungseliten des Reiches über die Politik Hitlers und aus der moralischen Empörung über die letztlich von ihm zu verantwortenden Gräueltaten an Polen, Juden, Kriegsgegnern und fand ihren Höhepunkt im fehlgeschlagenen Attentat vom 20. Juli

15 Brakelmann 2007, S. 354.

16 Aus der Überfülle der Literatur nur wenige Hinweise: Hoffmann 1992; ders. 1985; Müller 1969; ders. 1986, S. 40–59; Ritter 1954.

1944. Gleichwohl bildete sie keine innere Einheit: manche, die sich in Opposition zu Hitler begeben hatten, strebten nur Teilziele, Änderungen der Politik in einzelnen Fragen an und gelangten nicht zu der letzten Konsequenz, dass es keinen anderen Weg zur Rettung Deutschlands gebe, als die Beseitigung des Diktators.

In den durch die Revolution von 1918 und die Weimarer Republik in Rang und Ansehen herabgeminderten alten Eliten war die Ernennung Hitlers zum Reichskanzler vielfach als Chance gesehen worden, die eigene bedrohte Position wieder zu festigen. Seine Politik eröffnete die Aussicht auf die Wiederherstellung einer Großmachtposition für Deutschland, eine Stabilisierung von Rang und Einfluss der früheren Führungsschichten, dem Militär insbesondere eine tragende Rolle als „zweite Säule" des neuen Staates neben der nationalsozialistischen Partei. Es war die Gefährdung ihrer Aussichten durch Aktionen Hitlers, die Angehörige der traditionellen Führungsgruppen zunehmend von ihm entfremdete und schließlich manche – unter dem Eindruck seiner fehlerhaften Kriegführung und brutalen Verfolgung vermeintlicher Feinde – zu seinen unerbittlichen Gegnern machte.

Nachdem der Ausbau der (später so genannten) Waffen-SS nach der Mordaktion vom 30. Juni 1934 die Stellung der Wehrmacht als „einziger Waffenträger der Nation" und damit die anfängliche Allianz der Wehrmacht mit Hitler fragwürdig gemacht hatte, wurde die Krise um die Entlassung des Generalobersten Freiherrn von Fritsch im Frühjahr 1938 zum Anlass für erste noch unkoordinierte Aktionen. Ein kleiner Kreis in der Abteilung „Abwehr" der Wehrmacht plante die gewaltsame Entfernung der SS und der von ihr beherrschten Geheimen Staatspolizei von politischem Einfluss, die Heeresleitung erstrebte eine ausgehandelte Neuverteilung der politischen Gewichte im Sinne des 1933 versuchten Arrangements. Beides kam nicht zur Ausführung; aber ein kleiner Kreis von Offizieren und Beamten wurde mit der Vorstellung vertraut, dass eine Verbesserung der politischen Situation die Anwendung von Gewalt erforderlich machen könne.

Diese Krise fiel zeitlich zusammen mit einer Auseinandersetzung über einen möglichen Krieg gegen die Tschechoslowakei. Während Hitler diesen bereits für 1938 vorgesehen hatte, widersetzte sich der Generalstabschef, Ludwig Beck, einer solchen Absicht wenigstens zu diesem frühen Zeitpunkt und wurde dabei unterstützt von einer Diplomatengruppe im Auswärtigen Amt unter dem Staatssekretär Freiherrn von Weizsäcker. Da es Beck nicht gelang, seine Auffassung auf dem dienstlichen Wege zur Geltung zu bringen, erwog er einen gemeinsamen Rücktritt der Generäle von ihren Ämtern, der die Armee führerlos und alle Kriegsabsichten zunichte gemacht hätte, und nahm auch ein Vorgehen des Militärs zur „Wiederherstellung geordneter Rechtszustände" gegen radikale Kräfte in der Partei Hitlers in Aussicht, aber nicht gegen diesen selbst. Da er für seine Pläne nicht den genügenden Rückhalt fand, blieb ihm nur der Rücktritt. Die „Kriegverhinderungspartei" hat manche Unterstützung durch einflussreiche Zivilisten erfahren, die durch ihre politischen Beziehungen im Ausland die Lageeinschätzung Becks zu erhärten suchten, dass ein deutscher Angriff auf die Tschechoslowakei einen großen Krieg auslösen und damit das finis Germaniae bewirken werde. Aus ihrer Zahl ragt der ehemalige Leipziger Oberbürgermeister Carl Goerdeler hervor, der von der Firma Bosch unterstützt, vielfältige Reisen unternahm, um das diffuse Gebilde der deutschen Opposition im Ausland bekannt zu machen und für deren Absichten zu werben. Er stieg im Lauf der folgenden Jahre zum zivilen Haupt der Verschwörer auf.

Als im September 1938 wiederum der Krieg um die Tschechoslowakei auszubrechen drohte, plante eine entschlossene Gruppe die gewaltsame Beseitigung Hitlers. Ein Stoßtrupp stand zum Eindringen in die Reichskanzlei bereit, als die Nachricht kam, dass die Westmächte und Italien auf einer Konferenz in München gemeinsam mit Hitler über das Schicksal der Tschechoslowakei befinden würden. Hitler hatte in letzter Stunde einen Erfolg errungen, der sein Ansehen im Volke wieder so hob, dass jedes Vorgehen gegen ihn unverstanden geblieben wäre.

Der militärische Triumph über Polen im folgenden Jahr festigte Hitlers Ansehen weiter; zugleich wurden jedoch maßgebliche Offiziere des Heeres erschreckt durch die Brutalität in der Behandlung der geschlagenen Polen. Aus ihrem Kreise stammt das Wort, dass man sich schäme, ein Deutscher zu sein. Versuche, die bevorstehende Offensive gegen Frankreich, deren Fehlschlag als sicher vorausgesehen wurde, noch abzuwenden und mit Großbritannien (durch die Vermittlung von Papst Pius XII.) günstigere Friedensbedingungen für den Fall der Beseitigung Hitlers auszuhandeln, schlugen fehl. Erst während des Feldzugs gegen die Sowjetunion, der für die Einsichtigen auf die militärische Katastrophe hinauslief und gleichzeitig das Maß der Gräuel an Unschuldigen über alles Vorstellbare hinauswachsen ließ, versuchten entschlossene Offiziere erneut, Hitler durch Attentat zu beseitigen. Ein Zentrum solcher Planungen war der Stab der Heeresgruppe Mitte mit Henning von Treskow. Die von ihm vorbereiteten Attentate schlugen durch die Verknüpfung von Zufällen immer wieder fehl, ohne dass seine Urheberschaft entdeckt wurde. Für ihn war das Attentat, selbst ohne alle Chancen des Erfolgs, unerlässlich, um der Welt den Beweis zu liefern, dass es in Deutschland Widerstand gegen das verbrecherische Regime Hitlers gab. Das letzte und wichtigste Attentat, dem Hitler wiederum knapp entging, führte der Oberst Graf Schenk von Stauffenberg aus, der zur Sicherung des innenpolitischen Umsturzes mit seinen Mitverschworenen weitreichende Pläne ausgearbeitet hatte, welche die Träger des Regimes ausschalten sollten. Eine zivile Regierung unter Goerdeler stand bereit. Ein Programm lag in einer in Kreisau ausgearbeiteten „Ersten Weisung an die Landesverweser" vor. Auch als das Scheitern des Attentats bekannt wurde, besaß die militärische Führung im Westen noch die Möglichkeit, den aussichtslos gewordenen Kampf zu beenden und dadurch dem Regime Hitlers einen schweren Schlag zu versetzen. Aber keiner der hohen Befehlshaber fand sich zu einem solchen Schritt bereit. So endete das mit dem Namen des sofort erschossenen Stauffenberg verknüpfte Unternehmen mit massenhaften Verhaftungen, Schauprozessen vor dem Volksgerichtshof und Todesurteilen. Eine Abkürzung des Krieges hat es nicht bewirkt.

3 Würdigung

War der deutsche Widerstand darum sinnlos? Er hat kostbare Menschenleben verlangt, und wie er den Krieg nicht beendet hat, so ist auch der Aufbau der Bundesrepublik nicht aus ihm hervorgegangen; die Pläne der Kreisauer blieben unbeachtet, der neue deutsche Staat im Westen entstand nicht aus dem Widerstand, sondern aus der Resistenz, der hartnäckigen Haltung jener, die sich mit dem Regime nicht offen widersetzten, aber auch nicht mit ihm gemein machten, und im Rückgriff auf das parlamentarische System, das die Kreisauer hinter sich gelassen hatten. Aber unabhängig von seinem Erfolg oder Misserfolg bleibt die von Treskow formulierte Position, das Attentat auf Hitler sei um jeden Preis notwendig, um der Welt zu demonstrieren, dass es in Deutschland Widerstand gegen ihn und seine Untaten gegeben hat. Dies dürfte nicht alles sein: die Kreisauer haben ihre Pläne ausgerichtet an der Würde des Menschen und wurden damit zum Vorbild für das Recht der Bundesrepublik; die gegen Hitler verschworenen Soldaten haben gezeigt, dass Fahneneid und soldatischer Gehorsam eine immanente Grenze haben und es damit der Bundesrepublik ermöglicht, wieder Soldaten in Pflicht zu nehmen; die Kirchen nehmen ihre Verantwortung für das Ganze ernster wahr, und der Staat gilt nicht mehr als „Wirklichkeit der sittlichen Idee" (Hegel), deren Wucht die Freiheit in der Entscheidung des Gewissens bedroht. Alles dies gehört zu dem, was die Gesellschaft der Bundesrepublik Deutschland dem Widerstand für die Gestaltung ihrer Ordnung verdankt.

Literatur

Barth, Karl. 1939. *Die Kirche und die politische Frage von heute. Vortrag, gehalten an der Versammlung des Schweizerischen Evangelischen Hilfswerks für die Bekennende Kirche in Deutschland im Kirchgemeindehaus Wipkingen am 5. Dezember 1938.* Zollikon.

Bleistein, Roman, Hg. 1987. *Dossier: Kreisauer Kreis. Dokumente aus dem Widerstand gegen den Nationalsozialismus. Aus dem Nachlass von Lothar König S. J.* Frankfurt am Main.

Bracher, Karl Dietrich. 1992. Nationalsozialismus, Faschismus, Totalitarismus – Die deutsche Diktatur im Macht- und Ideologienfeld des 20. Jahrhunderts. In *Deutschland 1933–1945. Neue Studien zur nationalsozialistischen Herrschaft*, hg. von Karl Dietrich Bracher, Manfred Funke, und Hans-Adolf Jacobsen, 566–590. Düsseldorf.

Brakelmann, Günter. 2007. *Helmuth James von Moltke 1907 – 1945. Eine Biographie.* München.

Broszat, Martin et al., Hg. 1977. *Bayern in der NS-Zeit. Bd. I.* München.

—, Hg. 1981. *Bayern in der NS-Zeit. Bd. IV.* München, Wien.

Burleigh, Michael. 2000. *Die Zeit des Nationalsozialismus. Eine Gesamtdarstellung.* Frankfurt am Main.

Gotto, Klaus, Hans Günter Hockerts, und Konrad Repgen. 1990. Nationalsozialistische Herausforderung und kirchliche Antwort. Eine Bilanz. In *Die Katholiken und das Dritte Reich*, hg. von Klaus Gotto, und Konrad Repgen. 3. Aufl., 173–190. Mainz.

Hoffmann, Peter. 1985. *Widerstand, Staatsstreich, Attentat. Der Kampf der Opposition gegen Hitler.* 4. Aufl. München, Zürich.

—. 1992. *Claus Graf Schenk von Stauffenberg und seine Brüder.* 2. Aufl. Stuttgart.

Hüttenberger, Peter. 1977. Vorüberlegungen zum „Widerstandsbegriff". In *Geschichte und Gesellschaft, Sonderheft 3: Theorien in der Praxis des Historikers*, hg. von Jürgen Kocka, 117–139. Göttingen.

Jaeger, Harald, und Hermann Rumschöttel. 1977. Das Forschungsprojekt „Widerstand und Verfolgung in Bayern 1933–1945". *Archivalische Zeitschrift* 73: 209–220.

Kershaw, Ian. 1985. „Widerstand ohne Volk?" Dissens und Widerstand im Dritten Reich. In *Der Widerstand gegen den Nationalsozialismus. Die deutsche Gesellschaft und der Widerstand gegen Hitler*, hg. von Jürgen Schmädeke, und Peter Steinbach, 779–798. München, Zürich.

—. 1994. *Der NS-Staat. Geschichtsinterpretationen und Kontroversen im Überblick.* Reinbek bei Hamburg.

Müller, Klaus-Jürgen. 1969. *Das Heer und Hitler. Armee und nationalsozialistisches Regime 1933–1940.* Stuttgart.

—. 1986. Der nationalkonservative Widerstand 1933–1940. In *Der deutsche Widerstand 1933–1945*, hg. von Klaus-Jürgen Müller, 40–59. Paderborn.

Peukert, Detlev J. K. 1982. *Volksgenossen und Gemeinschaftsfremde. Anpassung, Ausmerze und Aufbegehren unter dem Nationalsozialismus.* Köln.

—. 1985. Volksfront und Volksbewegungskonzept im kommunistischen Widerstand. In *Der Widerstand gegen den Nationalsozialismus. Die deutsche Gesellschaft und der Widerstand gegen Hitler*, hg. von Jürgen Schmädeke, und Peter Steinbach, 875–887. München, Zürich.

Ritter, Gerhard. 1954. *Carl Goerdeler und die deutsche Widerstandsbewegung.* Stuttgart.

Roon, Ger van. 1967. *Neuordnung im Widerstand. Der Kreisauer Kreis innerhalb der deutschen Widerstandsbewegung.* München.

Ruck, Michael. 2000. *Bibliographie zum Nationalsozialismus.* Darmstadt.

Schmädeke, Jürgen, und Peter Steinbach. 1985. *Der Widerstand gegen den Nationalsozialismus. Die deutsche Gesellschaft und der Widerstand gegen Hitler.* München, Zürich.

Scholder, Klaus. 1977. *Die Kirchen und das Dritte Reich. Bd. I.* Berlin.

Steinbach, Peter, und Johannes Tuchel, Hg. 1994. *Lexikon des Widerstands 1933–1945.* München.

—, Hg. 2004. *Widerstand gegen die nationalsozialistische Diktatur 1933–1945.* Bonn.

Ueberschär, Gerd R. Hg. 2011. *Handbuch zum Widerstand gegen Nationalsozialismus und Faschismus in Europa 1933/39 bis 1945.* Berlin, New York.

Wehler, Hans-Ulrich. 2009. *Der Nationalsozialismus. Bewegung, Führerherrschaft, Verbrechen 1919–1945.* München.

Widerstand und Opposition in der DDR

Peter Steinbach

1 Ein sperriges Thema

„Widerstand und Opposition" in der SBZ und in der DDR gehören zu den geschichtspolitisch hochgradig aufgeladenen und deshalb äußerst sperrigen Themen wissenschaftlicher Zeitgeschichte. Dies verständlich zu machen, war nach dem Umbruch des Jahres 1989 nicht leicht, denn die Geschichte der DDR war den Westdeutschen fremd geworden. Seit dem Mauerfall genossen die ostdeutschen Oppositionellen zumindest in den politischen Stellungnahmen der Repräsentanten des vereinigten Deutschland hohes Ansehen. In den siebziger und achtziger Jahren galten sie hingegen noch als ein irritierendes Element in der Entwicklung deutsch-deutscher Beziehungen. Nach 1990 wurde manchen Oppositionellen sogar das Bundesverdienstkreuz verliehen. Einzelne erlangten – wie Günter Nooke, Vera Lengsfeld, Markus Meckel oder Rainer Eppelmann – in der Bundestagspolitik Bedeutung, andere setzten ihren Weg in Wissenschaft und Bildung fort.

Wenn heute mit Angela Merkel und Joachim Gauck zwei Repräsentanten der Umbruchbewegung in der DDR an der Spitze der Bundesrepublik stehen, zeigt gerade die Auseinandersetzung um die Rolle Gaucks in den Herbsttagen 1989, wie umstritten weiterhin der Widerstand von Oppositionellen in der DDR ist. Teilweise ist das eine Folge der Vielschichtigkeit des Widerstands, der sich gegen den SED-Staat richtete. Probleme resultieren allerdings auch aus der inhaltlichen Konkretisierung des Widerstandsbegriffs, der ein Wortfeld markiert, das aus vielen in sich gestuften Bedeutungen gebildet wird: Abweichendes Verhalten, Ziviler Ungehorsam, Selbstbehauptung, Protest, Nonkonformität und Dissidenz, Konspiration, gewaltsamer Kampf, Attentat gehören dazu. Erschwerend ist, dass viele Beispiele für Widerständigkeit sich auf die Geschichte des Widerstands gegen den Nationalsozialismus beziehen.

1.1 Unbeachtete Vorgeschichte

Die Geschichte der Opposition und die Geschichte des Widerstands gegen den SED-Staat wurde umfassend im Zusammenhang mit der Arbeit der beiden Enquete-Kommissionen des Bundestags zur Geschichte der DDR und ihrer Aufarbeitung erforscht und angemessen dargestellt.[1] Bedeutung und Ansehen der Arbeitsergebnisse der Enquetekommissionen erklären sich daraus, dass der Umbruch, der sich in der DDR zwischen 1985 und 1990 ereignete, zumindest in Deutschland als das Ergebnis einer „fried-

1 Siehe die Materialien der Enquete-Kommission „Aufarbeitung von Geschichte und Folgen der SED-Diktatur in Deutschland" hg. vom Deutschen Bundestag, besonders Bd. 2, 3, 4, 6, 7, 8 und 9. Sehr wichtig im widerstandsanalytischen Zusammenhang sind auch einige Bände der zweiten Enquete-Kommission: Materialien der Enquete-Kommission „Überwindung der Folgen der SED-Diktatur im Prozeß der Deutschen Einheit", hg. vom Deutschen Bundestag, insbesondere Bd. 4, 5 und 6.

lichen Revolution" gedeutet wird, die von den ostdeutschen Oppositionellen ausging, andere DDR-Bürger mitriss, Massendemonstrationen ermöglichte und so den Machthabern die Grenzen ihres Handelns und ihrer repressiven Maßnahmen aufzeigte.

Zugleich ist überraschend, dass die Entstehung einer breiten oppositionellen Strömung in der untergehenden DDR nicht stärker als es sich bisher in der zeitgeschichtlichen Erforschung niedergeschlagen hat, den Blick auf die Vor- und Frühgeschichte der oppositionellen Bewegungen und Strömungen seit der sowjetischen Besatzungszone und der frühen DDR-Geschichte lenken konnte. Denn die Opposition, die seit 1985/86 den Umbruch in der DDR vorbereitete, wurzelte viel tiefer in der Geschichte der DDR, der Kultur der Kirchen und der oppositionellen Intellektuellen als ihre Entstehung und Ausweitung im Laufe der achtziger Jahre deutlich macht oder den Oppositionellen dieser Zeit bewusst war. Dieser Widerstand war das Ergebnis der Reaktion auf eine wachsende Unterdrückung durch die SED, die seit dem Ende der vierziger Jahre auf eine weitestgehende politische Gleichschaltung der Parteien, auf eine soziale Homogenisierung durch tiefgreifende Veränderung der Eigentumsordnung und eine Gleichrichtung des Bildungssystems, der Presse und der Kultur drängte. Dies führte zu einer starken Abwanderung durch Fluchtbewegungen, die zugleich aber das Potential für Widerstand und Widerspruch schwächte. Vielleicht erklärt dies, dass sich innerhalb der SED immer wieder oppositionelle Bestrebungen greifen lassen, die durch die repressive Reaktion der Staatsorgane und der Parteiführung den Blick vor allem auf innerparteiliche Bekundungen von abweichenden Meinungen gelenkt haben.

Die auch durch den Mauerbau nicht gebrochene Fluchtbewegung, die zunehmende Zahl von Ausreiseanträgen, die Formierung lokaler oppositioneller Gruppierungen lassen erkennen, dass die systemkritischen und schließlich auf die Überwindung der DDR zielenden Gruppen und Strömungen sich aus höchst unterschiedlichen Anlässen formiert hatten, dass sie divergierende Ziele verfolgten und dabei durchaus an Entwicklungen anknüpfen konnten, die auf widerständige Traditionen und Hoffnungen aus den fünfziger, sechziger und siebziger Jahren verweisen.

1.2 Zusammenhang von Widerstand und Repression

So einmütig eine vor allem auch kirchlich-zeitgeschichtliche Aspekte berücksichtigende Wertschätzung der Opposition nach der Vereinigung war, so wenig ist zu bestreiten, dass die Verfolger und Unterdrücker der SED und des Ministeriums für Staatssicherheit nicht in der Lage waren, Motive und Strukturen der DDR-Opposition pragmatisch nach Ansätzen, Motiven und Organisationsformen zu differenzieren. Sie hätten diejenigen, denen es um eine Reform der DDR und der SED ging, unterscheiden können von den Oppositionellen, die nur eine alternative Lebensweise propagierten, indem sie Rock- und Punk-Musik goutierten, sich westlich-legerer kleideten (mit den „Texas-Hosen", wie Jeans genannt wurden) oder sie sich im Rahmen der europäischen Umwelt- und Friedensbewegung an Protesten gegen Rüstungsmaßnahmen oder die Zerstörung der Natur beteiligten.

Die Mitarbeiter der Staatssicherheit kannten nur politische Gegner und wollten deren Einfluss durch Druck und Gewalt brechen, durch Polizeizugriffe, Desinformation, eine politisierte und deshalb parteiliche Rechtsprechung und nicht zuletzt durch abschreckende Haftbedingungen. Sie verteidigten den Status quo der DDR-Gesellschaft und ihres politischen Systems und mussten deshalb auf die „Durchherrschung" aller Lebensbereiche abzielen. Sie bekämpften „Abweichler", „Renegaten", „Republikfeinde" und wollten mit allen Mitteln das verhindern, was als Wiederauflage der Unruhen vom 17. Juni 1953 galt. Sie machten aus dem angeblichen „Fürsorgestaat" einen „Überwachungs- und Unterdrückungsstaat". Ihre Praxis war eng mit Polizei und Justiz abgestimmt und beweist den Unrechtscharakter der DDR in Gestalt einer Willkür- und Schreckensherrschaft, die die Gewaltenteilung zwischen Exekutive und Judikative aufhob.

Deshalb ist es fraglich, ob sich der Begriff der „friedlichen Revolution" auf Dauer hält. Denn die Gegenmaßnahmen des Staates waren auch im Oktober 1989 unverhältnismäßig hart, wie das Vorgehen der Staatsorgane gegen Ausreisewillige und Demonstranten im Zuge von Massenverhaftungen und polizeilichen Gegeneinsätzen in den frühen Oktobertagen des Jahres 1989 gezeigt hat. Damals drohte der DDR eine chinesische Lösung, die Krenz bei einem Besuch gegenüber dem damaligen saarländischen Ministerpräsidenten Oskar Lafontaine angesprochen hatte. Die Öffentlichkeit stand unter dem Eindruck drohender gewaltsamer Reaktionen der Repressionsorgane auf den Widerspruch und Widerstand, der sich in der Massenflucht der Herbsttage 1989 manifestierte. Unter den Verhafteten der Volkspolizei befanden sich viele Verletzte, die Opfer von Schlägen und von Bisswunden der Polizeihunde geworden waren.

Widerstand zu leisten, Widerspruch zu artikulieren, Grund- und Menschenrechte in Anspruch zu nehmen ist in diktatorischen Systemen für den Einzelnen immer hochriskant. Er wird isoliert und in dieser Situation der Vereinzelung der geballten Macht der Verfolger ausgesetzt. Sie bestimmen den Verlauf und die Dauer von Haft, die Intensität von Verhören und die Verlässlichkeit von Außenkontakten. Denn Widerspruch deuteten die Machthaber als Angriff auf staatliche Institutionen, auf die Partei, die nach leninistischer Parteidoktrin „immer Recht hätte". Sie empfinden sie dabei als Bedrohung der eigenen politischen Machtstellung und der Existenz. Reagierend bedrohen die „Staatsorgane" deshalb nicht nur das Individuum, sondern auch dessen Angehörige. Karl-Wilhelm Fricke hat diesen Zusammenhang zwischen Widerstand, Repression und Terrorisierung der Angehörigen auf bedrängende Weise analysiert und zugleich ein bedeutendes Werk der Widerstandsgeschichte geschaffen.[2]

2 Fricke 1996.

1.3 Erweiterung der Perspektive

Wenn sich der forschende Blick vieler DDR-Forscher und Zeithistoriker, der auf die Geschichte der Opposition gerichtet ist, bisher zu stark auf das vierte und damit letzte Jahrzehnt der DDR konzentriert hat, ist einzuwenden, dass sich die Erforschung der Opposition gegen die SED-Herrschaft in den vierzig Jahren des „realen Sozialismus" nicht auf diesen engen Zeitraum beschränken darf. Deshalb soll in diesem Beitrag diese historische Verkürzung korrigiert werden. Denn das von der SED geprägte Herrschaftssystem der DDR blieb trotz einiger innerer Wandlungen seit der Entstalinisierung der SED Mitte der fünfziger Jahre stabil und wurde in seinen Grundstrukturen so wenig verändert wie in seinem Machtanspruch. Damit lässt es sich als eine Konstante auch der Widerstandsgeschichte begreifen, die unverzichtbar ist, um Widerstand zu verstehen. Es sind zunächst immer die Machthaber, die oppositionelles Verhalten, das auf Veränderungen innerhalb des Systems zielt, kriminalisieren und deshalb eine Zunahme oppositioneller Entschlossenheit bewirken, die das System zu transzendieren bestrebt ist.

Zugleich soll in meinem Beitrag betont werden, wie wichtig es ist, rezeptionskritisch die Voraussetzungen einer Wahrnehmung oppositioneller Bestrebungen in den vorangegangenen drei Jahrzehnten[3] zu erfassen. Denn der Schlüssel zur Deutung oppositioneller Bestrebungen liegt nicht nur in der Real-, sondern auch in der Wahrnehmungsgeschichte. Dabei darf nicht auf die Erforschung der Beziehungen zwischen Staatsmacht und ihren Gegnern, zwischen Repression und Widerstand verzichtet werden. In diesem Spannungsverhältnis wird der Gewaltcharakter des SED-Systems ebenso deutlich wie die Bedeutung von Zivilcourage und Protest für die Veränderung verfestigter Strukturen des Alltags, des kulturellen Lebens und der Politik.

Ist der Umbruch von 1989 zum einen aus den vielschichtigen Veränderungen erklärlich, die den gesamten Ostblock seit dem Tode Breschnews erschütterten und die vor allem nach der Wahl Michael Gorbatschows zum Staatspräsidenten der Sowjetunion und zum Generalsekretär der KPdSU im Jahre 1985 im Laufe weniger Jahre Mitteleuropa erfasst hatten[4], so erfolgte der grundlegende Wandel der politischen Strukturen, die eine Erstarkung der Opposition ermöglichten, schon wesentlich früher und begleitete die Entstehung des SED-Staates[5].

3 Vgl. allg. Agethen und Buchstab 2003.
4 Vgl. insgesamt Garton Ash 1990.
5 Zur Terminologie vgl. Schroeder 1998.

2 Motive, Träger und Strukturen des Widerstands

2.1 Auslöser

Der Widerstand gegen die SED-Führung hat eine Vorgeschichte, die bis in die Zeit der sowjetischen Besatzungsherrschaft und der sich konsolidierende DDR zurück verweist. Denn schon bald nach der Gründung der KPD im Sommer 1945 wurde deutlich, dass die von der Sowjetunion in ihre Besatzungszone eingeflogenen Funktionäre von der führenden Rolle der Kommunisten bei der Entstehung eines neuen Systems ausgingen. Überraschend ist, dass die Errichtung des neuen Herrschaftssystems keinem Plan folgte, sondern situativ sich wandelnden Bedingungen angepasst wurde. Die Errichtung eines Systems, das „Volksdemokratie" genannt wurde, markierte den Endpunkt der Entwicklung in der SBZ und zugleich den Ausgangspunkt für die Entstehung des DDR-Systems, das zunächst – bis 1952 – ganz stark durch stalinistische Orientierungs- und Zielpunkte geprägt wurde.

Zunächst aber wurden neben der KPD weitere Parteien gebildet, die bürgerliche Strömungen wie die Christlich-Demokratische Union (CDUD) oder die Liberaldemokratische Partei (LDPD) – und die Sozialdemokratische Partei (SPD) sowie – seit 1950 – sogar ehemalige Nationalsozialisten in der Nationaldemokratischen Partei (NDPD) binden sollten. Diese Parteien, zu denen sich später Massenorganisationen wie der Deutsche Frauen Bund, der Kulturbund, die Freie Deutsche Gewerkschaft FDGB), die Freie Deutsche Jugend (FDJ) und die Organisation der Jungen Pioniere (JP) blieben in Blockstrukturen eingebunden, die sich leicht wandeln konnten. Zunehmend drangen auch ehemalige Kommunisten oder auf die SED orientierte Mitglieder in die Vorstände der bürgerlichen Parteien ein und bestimmten so einen Kurs, der die Bedeutung der SED in keiner Weise in Frage stellte.

Vor allem mussten sich die Parteien und Organisationen bei Wahlen zunehmend der SED unterordnen, die als „Partei neuen Typs" galt. Sie konnte ihre hegemoniale Stellung im sich neu formierenden Parteisystem der SBZ rasch festigen und wurde dabei von der Sowjetischen Militäradministration (SMAD) unterstützt. Vor allem konnte die SED die Medien prägen. Widerspruch, der unter den Gründungsmitgliedern der bürgerlichen Parteien und Verbände aufkam, wurde rasch ausgeschaltet. Kritiker der KPD und der SED wurden vielfach interniert. Das antifaschistische Bekenntnis erleichterte dabei den Vorgang einer langdauernden und immer neu intensivierbaren politischen Säuberung. Frühe oppositionelle Proteste lassen sich an Universitäten nachweisen. Die frühen Ansätze politisch motivierter Opposition von Studenten-Kreisen wurden rasch, wie in Rostock bekannt wurde, kriminalisiert – Einweisung in Internierungslager, Lagerstrafen und Zwangsarbeit, Deportation in die Sowjetunion oder Verurteilung zu Haftstrafen waren die Folge. Als im Jahre 1948 Studierende der Berliner Universität aus politischen Gründen relegiert werden sollten, gründeten Oppositionelle Anfang 1948 gemeinsam mit Professoren die Freie Universität in Berlin als Zeichen ihres Widerstands gegen die neue Diktatur.[6]

Zwar gelang es dem SED-Staat im Zuge der von ihm proklamierten „antifaschistisch-demokratischen Umwälzung“ immer wieder, Unzufriedenheit, Kritik und auch soziale und politische Widerstandakte repressiv einzudämmen[7]. Dabei beriefen sich die Gegner oppositioneller Bestrebungen auf die Doktrin des Antifaschismus, wollten sie in der Kritik an der „führenden Rolle“ der SED doch vor allem Restbestände bürgerlichen Denkens erkennen, aus dem sich der „Faschismus“ entwickelt hätte. Aus diesem Denken heraus mussten alle zu Gegnern werden, die diesen so offensiv diffamierten Ordnungsvorstellungen anhingen. So wurde deutlich, wie Widerstand durch das Verhalten der Mächtigen initiiert wurde. Dabei schlug sich in der Programmatik der bürgerlichen Parteien, die durch die einflussreiche Rolle der SED bei der Aufstellung von Kandidaten für die Blockwahlen geradezu domestiziert worden waren, eine freiheitliche Politikvorstellung nieder.

2.2 *Verhalten der Blockparteien*

Die CDU der SBZ[8] bekannte sich zum „Recht der Persönlichkeit, ihrer Ehre und Menschenwürde.“ Als eine Kampfansage an das Verständnis vom Recht als Ausdruck des Klassenkampfes ließ sich verstehen, wenn die CDU in ihrem Gründungsaufruf betonte: „Das Recht muss wieder die Grundlage des öffentlichen Lebens werden.“[9] Auch die Liberal-Demokratische Partei[10] ließ sich trotz der Einbindung in den Block[11] der antifaschistisch-demokratischen Parteien nicht gleichschalten und bekannte sich zu liberalen Ordnungsvorstellungen, zur „Erhaltung des Privateigentums und der freien Wirtschaft, des unabhängigen Berufsbeamten- und Richtertums“ und zu „politischer, wirtschaftlicher, sozialer und kultureller Gerechtigkeit.“[12]. Das Bekenntnis zur „Neugestaltung des deutschen Gemeinschaftslebens auf wahrhaft demokratischer Grundlage“ war zugleich ein Bekenntnis zum Pluralismus.

Weil bei Wahlen deutlich geworden war, dass die KPD keineswegs unbestrittene politische Führungskraft war, trat neben das Bekenntnis zur Demokratie die Forderung, eine „Einheitsfront der antifaschistischen Parteien“, einen „Antifa-Block“ zu bilden. Da Einheitsbeschwörungen in Diktaturen stets eine politische Homogenisierung einleiten,

6 Lönnendonker, Fichter und Rietzschel 1973.
7 Vgl. insgesamt Meuschel 1992.
8 Vgl. Baus 2001; Richter 1991; ders. und Rißmann 1995.
9 Weber 1985; Richter und Rißmann 1995.
10 Frölich 2002.
11 Lapp 1988.
12 Weber 1985, S. 79.

die in der Regel eine eigene Dynamik entfaltet und sich zur Verfolgung Andersdenkender steigert, muss die Widerstandsgeschichte von den gewaltdurchgesetzten politischen Ordnungsvorstellungen ausgehen, die Pluralität einschränken und dadurch in der SBZ und frühen DDR unübersehbar eine Distanz gegenüber der beanspruchten Rolle der SED aufbauen konnten, die allerdings nicht in den offenen Protest mündete, sondern in die Resignation vieler Gründungsmitglieder, die in den Westen flohen.

Repressionsmaßnahmen, polemische Diffamierung von Andersdenkenden und staatliche Verfolgung rechtfertigten sich in den Augen der Angehörigen der Staatssicherheit durch die Überzeugung, die SED müsse nicht nur als politisch, sondern auch weltanschaulich dominierende Macht stabilisiert werden. Kaschiert wurde die angestrebte und gewaltsam durchgesetzte umfassende ideologische Homogensierung durch die Bildung von Block-Parteien, die „etwas völlig neues in der deutschen Parteigeschichte“[13] darstellten und die dominierende Rolle der von der sowjetischen Militäradministration besonders bevorzugten KPD unter Pieck und Ulbricht zu verklären hatten.

Zunächst aber waren die kritischen und abwehrenden Reaktionen von Mitgliedern der „bürgerlichen“ Blockparteien entscheidend. Viele der führenden Parteimitglieder flohen in den Westen und beteiligten sich, wie Jakob Kaiser, Ernst Lemmer oder Andreas Hermes, Gustav Dahrendorf und Leo Bauer, anschließend am Aufbau und Ausbau des westdeutschen Parteien- und Verbandssystems. Trotz der politisch-moralischen Überhöhung des kommunistischen Herrschaftssystems in Ostdeutschland als angebliche „Lehre aus der Geschichte“ blieb auch später der Widerspruch von Mitgliedern bürgerlicher Blockparteien nicht aus, die ihrem Selbstverständnis nach eine Alternative zum Anspruch der SED-Führung auf die Hegemonialstellung der Kommunisten verkörperten.

Deshalb wurde immer wieder durch keineswegs nur versteckten, sondern offenen Widerspruch die Legitimitätsgrundlage des SED-Staates in Frage gestellt. Die SMAD unterstützte die Taktik der SED-Führung und übte massiven Druck auf widerspenstige Mitglieder der nichtkommunistischen Blockparteien aus. Repressionsmaßnahmen der Sowjets und das Machtbewusstsein der SED zerstörten schließlich weitere Illusionen. „Die Revolution entlässt ihre Kinder“[14] – dies war die resignative Feststellung mancher politischer Aktivisten, die sich endgültig von der DDR abwandten, durch ihren Fortzug zugleich aber auch das Widerstandspotential der DDR schwächten.

Vielleicht verlagerte sich deshalb geradezu unvermeidlich der Widerspruch zunehmend in die SED selbst, die 1946 aus der SPD und der KPD zu einer neuen Einheitspartei geformt worden war. In den fünf Ländern der SBZ entsprach der Wille zur Vereinigung der Arbeiterparteien und der Gewerkschaften zunächst durchaus einem verbreiteten Wunsch, die Spaltung der Arbeiterbewegung zu überwinden. Viele machten den Gegensatz von Sozialdemokraten und Kommunisten für den Machtzuwachs der NSDAP in

13 Ebd., S. 82.
14 Leonhard 1955.

der Endphase der Weimarer Republik verantwortlich. Vor allem unmittelbar nach der Befreiung von der nationalsozialistischen Herrschaft wurden gemeinsame Verfolgungserfahrungen beschworen. Eine der ersten Anregungen zur Bildung einer gemeinsamen Partei ging sogar von sozialdemokratischen Funktionären aus.[15] Allerdings vertrauten Sozialdemokraten auf die Mehrheitsverhältnisse innerhalb der neuen Partei – diese Vorstellung erwies sich angesichts des Rückhalts der KPD bei der sowjetischen Militärverwaltung als Illusion. So gelang es nach einer entschlossenen Intervention durch westdeutsche Sozialdemokraten unter Karl Schumacher nur der Westberliner SPD, sich der Zwangsvereinigung zu widersetzen.

2.3 Oppositionelles Potential innerhalb der SED

Die SED hatte mit der Vereinigung, die Sozialdemokraten schon wenige Monate später als „Zwangsvereinigung" erlebten und deuteten, selbst das innerparteiliche oppositionelle Potential vergrößert. Immer wieder machte sich innerhalb der SED Widerspruch breit. Die innerparteiliche Auseinandersetzung mit „Renegaten", Abweichlern" und „Sektierern" bestimmte seit den fünfziger Jahren die Entwicklung der SED. Mitgliederüberprüfungen, Parteibuchtausch, schließlich die Sammlung von Informationen über Parteimitglieder in sogenannten „Grundbüchern" machte deutlich, dass sich die SED zu einer totalitären Kaderpartei stalinistischen Typs entwickelt hatte. Vor allem Emigranten, die aus der westlichen Hemisphäre in die SBZ zurückgekehrt waren, stießen auf das Misstrauen der aus dem Moskauer Exil heimgekehrten Emigranten. Das Misstrauen verfestigte sich zuweilen in offensichtlich werdenden inneren Widerstand, der in der Regel aber durch das Instrument der demonstrativen „Selbstkritik" geschwächt und nicht selten ganz gebrochen werden konnte. Dennoch war kein Zweifel: Vor allem nach dem Tode Stalin erodierte die „führende Rolle einer sich als Avantgarde des Proletariats" bezeichnenden Machtgruppe die SED unter Walter Ulbricht.

Manche der innerparteilichen Kritiker des Kurses von Pieck und Ulbricht versuchten, Veränderungen innerhalb der KPdSU in der SED umzusetzen. Dabei erfuhren sie, dass sich die Stellung von Ulbricht und Pieck immer wieder festigte, weil sie von der verunsicherten sowjetischen Vormacht als Garanten einer innerparteilichen Ordnung galten, die die befürchteten Erosionsprozesse außerhalb der Sowjetunion verhinderten. Die Konsequenzen innerparteilicher Opposition fürchtete die Führung der KPdSU vor allem nach Stalins Tod, weil in Polen Auflösungsprozesse offensichtlich waren und Schauprozesse in der Tschechoslowakei das Gefühl der Unsicherheit verstärkten. Proteste polnischer Arbeiter 1953 und 1956, der Ungarnaufstand im Herbst 1956 und später der Prager Frühling 1968 stabilisierten deshalb immer wieder die Stellung der alten Ka-

15 Kaden 1980, S. 32.

der der SED und schwächten Versuche, eine Alternative zur gerontokratisch orientierten SED zu entwickeln.

Dennoch zerfiel die staatliche Autorität in ideologischer Hinsicht. Denn die Theorie von der Avantgarde des Proletariats, die sich in der Führung der kommunistischen Partei manifestieren sollte, hatte keine Grundlage, als deutlich wurde, dass sich das Regime zur Durchsetzung eines politischen und weltanschaulichen Führungsanspruchs auf Unterdrückungsmaßnahmen stützte, die immer neue Fluchtwellen auslöste. Diese spiegelten zum einen eine schwierige wirtschaftliche Lage, die die DDR-Führung durch Erhöhung der Leistungsnormen auffangen wollte. Kein Geheimnis war auch, dass viele der in der DDR produzierten Güter in die Sowjetunion transferiert wurden. Kritik an der Sowjetunion war auch nicht einmal in Ansätzen möglich und wurde umgehend kriminalisiert. Die Proklamation einer unverbrüchlichen „Freundschaft zur großen Sowjetunion" galt als der wichtigste Loyalitätsbeweis gegenüber Partei und Staat. Man begann, nicht mehr von Russen oder Sowjets zu sprechen, sondern benutzte Formeln wie „unsere sowjetischen Freunde".

Die Unzufriedenheit wurde durch Eingriffe in die Eigentumsverhältnisse verstärkt. Die zunächst begrüßten „Reformmaßnahmen" – Bodenreform als Enteignung des Großgrundbesitzes und Verstaatlichung von Banken und Großbetrieben – verloren bereits in den frühen 50er Jahren mit der Bildung landwirtschaftlicher Produktionsgenossenschaften und der Gründung sogenannter Volkseigener Betriebe an Plausibilität, vor allem auch, weil die Enteignungen, um die es sich faktisch handelte, mit der Diffamierung des Mittelstands und der Freien Berufe einhergingen. Die DDR wollte ein Bauern- und Arbeiterstaat sein und erreichte dieses Ziel durch eine systematische Degradierung bürgerlicher Familien und deren Wertvorstellungen. Kinder von Akademikern durften nicht mehr studieren. So kamen zu den bereits bestehenden immer neue Fluchtgründe. Neue Fluchtwellen verhinderten die Stärkung oppositioneller Kräfte und erleichterten die Veränderung der gesamtgesellschaftlich verbindlichen Wertvorstellungen.

In den frühen fünfziger Jahren hatte sich die SED-Führung insoweit gegenüber den Blockparteien durchgesetzt, als deren Parteivorstände weitgehend konform mit der SED gingen. Damit wurde die Evangelische Kirche für einige Jahre einer der wichtigsten Akteure gegen die Homogenisierung der SED. Oppositionsgeschichtlich war die Auseinandersetzung der SED mit den Konfessionen und den Kirchen der Anfang eines durchgehend vorhandenen kirchlichen Widerstands, der sich als vielleicht einzige kontinuierliche Ereigniskette während des Bestehens der DDR ausmachen lässt.

Zunächst wurde die Bildung der DDR von manchen westdeutschen Pastoren und Christen als Chance für einen politischen Neuanfang gesehen. Irritierend war der religionskritische Ansatz des Marxismus, der in der Religion „Opium des Volkes" sah. Lenin steigerte diese Überzeugung noch einmal, indem er Religion als „Opium für das Volk" bezeichnete, also andeutete, dass mit Hilfe der Kirchen im Interesse des Staates das Urteilsvermögen geschwächt und schließlich ausgeschaltet werde. In den frühen 50er Jahren zeigte sich, dass die SED-Führung den religionskritischen Ansatz des Marxismus aufgriff und sich mit publizistischen, politischen, justiziellen und schulischen Kampfansagen gegen kirchliche Institutionen, Gemeinden und Gemeindeglieder richtete. Widerstand aus Kirchenkreisen erstarkte und wurde vor allem von Jugendlichen verschärft, die zu Opfern staatlicher Repression wurden. Mindestens 300 Mitglieder junger Gemeinden wurden verhaftet, eine weitaus größere Zahl relegiert und vom Studium ausgeschlossen.

Die Beschwörung der humanistischen Grundlage marxistischer Ideologie erwies sich offensichtlich als Illusion und schlug sich ganz manifest vor allem in der Benachteiligung der Kinder von Pfarrern nieder. Mit dem Aufbau staatlicher Jugendorganisationen wie der Freien Deutschen Jugend und den Jungen Pionieren entstanden staatliche Organisationen, die den Kampf gegen die „Jungen Gemeinden" aufnahmen, in denen sich christlich orientierte Jugendliche gesammelt hatten. Insgesamt betrachtet, war die manifeste kirchliche Opposition jedoch nur ein kurzes Zwischenspiel. Die westlichen Kirchenverbände unterstützten die Pfarrer und Gemeinden vor Ort, legten aber großen Wert darauf, dass Pastoren nicht in den Westen übersiedelten. Flucht wurde vor allem nur dann akzeptiert, wenn die Benachteiligung der Pfarrerfamilien unerträglich wurde. Der weitere Weg der kirchlichen Opposition war zum einen durch das Konzept vorgezeichnet, das seit den sechziger Jahren überwiegend akzeptiert wurde und von der Möglichkeit einer „Kirche im Sozialismus" ausging, zum anderen aber durch eine rigide Kritik an der Kirchenpolitik der SED, die immer wieder, wie sich nach 1990 beweisen ließ, kirchliche Entscheidungen in den siebziger und achtziger Jahren durch ihre gegenüber der Partei gehorsamen Vertrauensleute oder durch inoffzielle Mitarbeiter der Staatssicherheit, durch direkte Kontakte zwischen Vertretern von SED und Bischöfen und hohen kirchlichen Mitarbeitern zu beeinflussen versuchte. Deshalb sprachen Kritiker der Haltung der evangelischen Kirchen von „Kumpanei" zwischen Kirchenleitungen und SED-Staat.

2.4 Kultur, Wissenschaft, Bildungswesen

In den sechziger und siebziger Jahren übernahmen Vertreter einer zunächst von der SED geförderten Intelligenz eine Oppositionsrolle, indem sie die Grenzen künstlerischer und schriftstellerischer Handlungsspielräume auf eine Weise ausschöpften, die auch die Grenzen der Toleranz durch die SED ausloten wollte. Die Intelligenz hatten neben Bauern und Arbeitern in der Programmatik der SED immer die dritte Säule der DDR-Gesellschaft ausmachen sollen. Künstler wurden vom System alimentiert. Erwartet wurde allerdings die Übereinstimmung mit den kultur- und kunstpolitischen Zielen der Partei, die mehrfach diskutiert, aber auch verändert und durchgesetzt wurden.

Unmittelbar nach Kriegsende gab es Spielräume für Künstler, die unter dem Nationalsozialismus verfolgt worden waren. Allerdings zeigte sich bereits seit den späten vierziger Jahren, dass eine zunehmende Sowjetisierung der Ästhetik eine Folge sowjetischer

Herrschaft war. Zur künstlerischen Norm wurde der sozialistische Realismus. Abstrakte Malerei, experimentelle Dichtung hingegen galten als Rückfall in ein bürgerlich-individualistisches Selbstverständnis. Auch die Schriftsteller wurden deutlich auf die Parteilinie verpflichtet und entsprechend diszipliniert, wenn Abweichungen konstatiert wurde. Die SED-Führung verordnete dem Schriftstellerverband und dem Kulturbund Vorstandsmitglieder, die die Parteilinien umsetzten.

Diese Gleichrichtung betraf auch die Organisation des Hochschul- und Schulwesens sowie von Forschung und Wissenschaft. Die Partei erhob ihren weltanschaulichen Führungsanspruch, orientierte sich bis 1953/54 an der Lehre Stalins und legte anschließend vor allem im geistes- und sozialwissenschaftlichen Bereich klare Ziele fest, die die Erklärung der Welt, der Geschichte, der Fortschrittsvorstellungen sowie die Erziehungsziele betrafen. Wissenschaft wurde nicht nur als Produktivfaktor, sondern auch als Instrument im Klassenkampf verstanden und benutzt. Historisch-dialektische Vorstellungen beeinflussten das Urteil über den Wert von literarischen Zeugnissen.

Mit dem Mauerbau vom 13. 8. 1961 wurde es für Künstler und Wissenschaftler so wie für die der SED-Führung gegenüber kritisch eingestellte Bevölkerung unmöglich, durch Flucht Zumutungen zu entgehen und dem politischen Druck der Partei zu entkommen. Konflikte wurden nun wieder stärker innerhalb der bestehenden Ordnung ausgetragen. Nicht übersehen werden darf in diesem Zusammenhang, dass es den Angehörigen der Intelligenz – die nicht mit den Intellektuellen des westlichen Typs verwechselt werden dürfen, weil sie oftmals staatlich alimentiert wurden! – vereinzelt gelang, Nutzen aus der Beachtung ihrer Diskussionen und Auseinandersetzungen in der westlichen Öffentlichkeit zu ziehen. Dies bedeutete allerdings, dass sich auch außerhalb der DDR ein Widerständigkeits-Potential erhielt. Es wird deutlich im Wirken eines Uwe Johnson, in den Werken der wichtigsten gesamtdeutschen Schriftsteller, bei Erich Loest. Sie waren eigentlich Exilanten und standen weiterhin mit dem Gesicht zur DDR, wo andere Schriftsteller wie Wolf Biermann und Wissenschaftler wie Robert Havemann den Kampf gegen die führende SED aufgenommen hatten.

Unübersehbar waren jedoch die Manifestationen eines alltäglichen Widerstands, die als Reaktionen auf viele Zumutungen des Systems zu deuten sind. Ihre Ausprägung berührte viele Lebensbereiche[16] – von der Verweigerung des Wehrdienstes, der Verpflichtung in die Neben- und Vorfeldorganisationen der SED bis zur Unterstützung der innerkirchlichen Opposition, die ihre Existenz in der Selbstverbrennung des Pastors Oskar Brüsewitz[17] schlagend vor das Auge der Welt rückte, wurde auch die Realisierung eines alternativen Lebensstils als oppositionelles Signal gedeutet und von der Staatsmacht verfolgt. Allerdings wurden ihre Grenzen immer offensichtlicher. Dies war zum einen eine Folge des europäischen Entspannungsprozesses, zum anderen aber auch der Entstehung ost- und ostmitteleuropäischer Widerstands- und Protestbewegungen wie der Solidar-

16 Fricke, Steinbach und Tuchel 2002; Henke, Steinbach und Tuchel 1999.
17 Müller-Enbergs, Schmoll und Stock 1993. Wichtig auch Klier 2004.

nosc, der Charta 77, der Proteste des sowjetischen Wissenschaftlers Sacharow, der Arbeiten Solschenizyns und der Nachwirkungen des Versuches, einen Sozialismus „mit menschlichem Antlitz" im Prager Frühling 1968 zu schaffen.

3 Kontinuitäten und Veränderungen

3.1 Sozialstruktur, Werte und Lebensstile

Seit Mitte der siebziger Jahre entstand in Ostmitteleuropa allmählich eine Oppositionsbewegung, die die DDR zunächst überraschend wenig berührte. Dies erklärt sich aus der Infiltration der SED-Funktionäre in die bürgerlichen Parteien in den fünfziger Jahren, durch die soziostrukturellen Veränderungen im Zuge der Enteignungen und durch die Flucht von etwa drei Millionen Bürgern aus der DDR. Dies alles hatte zu einer Erosion traditioneller Milieus geführt, die in der Regel Potentiale der Selbstbehauptung und des Widerstands darstellen. Milieus zeichnen sich dadurch aus, dass sie bei den zu einem bestimmten Milieu gehörenden Menschen eine Übereinstimmung von Weltsicht und Weltverständnis bewirken. Diese Milieus hatten sich in den Widerstandskreisen nach 1933 noch weitgehend erhalten. Durch politische Homogenisierung, durch soziostrukturellen Wandel waren sie in der DDR weitgehend zerstört worden und schließlich vergangen. In den frühen 50er Jahren waren sie noch erkennbar gewesen, aber durch Flucht und Zerstörung der sozioökonomischen Grundlagen zerstört worden. Auch oppositionelle Bestrebungen innerhalb der innerparteilichen Opposition waren ein Opfer der disziplinierenden innerparteilichen und sich dynamisch entwickelnden Gewaltbereitschaft der DDR-Führung geworden. So konnten sich innerparteiliche Oppositionelle, die etwa das Bekenntnis zu Perestroika und Glasnost der sowjetischen Führung in die DDR-Diskussionen übertragen wollten, nicht durchsetzen. So wird deutlich, in welchem Maße in den achtziger Jahren ein Neuanfang aller oppositionellen Gruppen vonnöten war. Dies lässt sich nur vor dem Hintergrund einer wechselhaften spezifischen Oppositionsgeschichte der DDR im Zeitraum 1945 bis Mitte der fünfziger Jahre deutlich machen.[18]

Diese spezifischen Bedingungen für die Traditionen und Kontinuitäten von Opposition und Widerständigkeit in der DDR sind bisher erst in einigen Ansätzen erfasst und beschrieben[19], bisher jedoch nicht hinreichend erforscht worden, sieht man von den unübersehbaren Studien über das Machtinstrument der SED-Führung, das Ministerium für Staatssicherheit ab[20]. Dabei wirkte sich die rudimentäre Kenntnis der Zeitgeschichte der DDR aus, die aus der Perspektive der SED gedeutet wurde. So wurde die historische Analyse der gesellschaftlichen Verankerung der oppositionellen Strömungen vielfach

---

18 Einen sehr guten Überblick bietet Weber 2012, S. 218 ff.
19 Vgl. Henke et al. 1999.
20 Vgl. als Klassiker und Pionier der Forschung Fricke 1989.

mehr von historischen Kenntnissen als von den politischen Optionen, Prämissen und Identifikationen der Beteiligten und ihrer Konkurrenten innerhalb der Opposition getragen. Sie hatte sich in den achtziger Jahren aus vielen Gruppierungen entwickelt, die sich auf lokaler Ebene gebildet und konkrete Anlässe für ihren Widerspruch gesucht hatten: Kirchengruppen standen neben Umweltgruppen, diese neben libertären Sozialisten, Trotzkisten, innerparteilichen Oppositionsgruppen oder Protestgruppen, die einfach einen alternativen Lebensstil praktizieren wollten, aber als „Rowdies", „Punks" oder Arbeitsscheue verfolgt wurden.

Selbst innerhalb der Machtapparate von Partei, Nationaler Volksarmee und Staatssicherheit hatten sich reformerische Zirkel gebildet, die durch einen vorsichtigen Veränderungskurs eine „menschenwürdigere DDR" schaffen wollten, aber nicht die Vereinigung der beiden deutschen Staaten zum Ziel hatten. Der gemeinsame Bezugspunkt einer Gesamtgeschichte des Widerstand ist deshalb vor allem die gewaltsame Reaktion des Staates, die das Maß der „Repression" überschreitet und – zumindest bei mir – Zweifel an der Angemessenheit des Begriffs der „friedlichen Revolution" weckt. Denn gegen Oppositionelle wurde mit allen Mitteln eines Polizeistaates vorgegangen. Auch die Justiz verstand sich als politisches Instrument der Partei und urteilte entsprechend „parteilich".

3.2 *Widerstands- und Diktaturforschung*

Sperrig war das Thema „Widerstand in der DDR" nicht nur aus politischen, sondern auch aus begriffsgeschichtlichen und analytischen Gründen. In der Widerstandsforschung und in der komparatistischen Diktaturforschung war es immer schwierig, Manifestationen des Widerstands kategorial zu fassen, denn Dissidenz, Nonkonformität, abweichendes Verhalten, Protest, Auflehnung, Widerstand und aktive Konspiration sind längst als Teilbereiche des „Widerstands" differenziert, definiert und inhaltlich konkretisiert worden. Die meisten dieser Begriffe waren im Zuge einer Erforschung des Widerstands gegen den Nationalsozialismus entwickelt und an den tatsächlichen historischen Verhältnissen überprüft worden. Dennoch überlagerten sich Erfahrungen, Vergleichsebenen und politische Perspektiven. Teilweise nutzten Zeithistoriker die Fragestellungen der zeitgeschichtlichen Erforschung des Widerstands gegen den Nationalsozialismus und versuchten, mit ihnen auch die Geschichte des Widerstands in der DDR zu erklären. Das trug ihnen nicht selten den Vorwurf ein, der sich gegen die Totalitarismustheorie gerichtet hatte. Deshalb waren die Kritiker dieser Theorie, die bereits in der Auseinandersetzung zwischen Sozialdemokraten und Kommunisten in der Endphase der Weimarer Republik formuliert worden war[21], als historisch unangemessen und wissenschaftlich falsch, gar als Produkt des Kalten Krieges zurückzuweisen

21 Vgl. die sozialdemokratische Wahlparole von 1932, die sich gegen die KPD und gegen die NSDAP richtete: „Weder Stalins Sklaven noch Hitlers Knechte."

Opposition gilt als Verhalten, das auf eine Änderung der Politik innerhalb des verfassungsmäßigen Handlungsrahmens zielt. Widerstand hingegen richtet sich gegen ein als unrechtmäßig geltendes System und nutzt dabei viele Möglichkeit des Handelns und der Beeinflussung. Die Demonstration der Widerständigkeit zielt in der Regel die Öffentlichkeit. Widerstand soll Beachtung finden und symbolisiert die Verweigerung von Anpassung, Folgebereitschaft, Konventionalität im Sinne einer weitgehenden Übereinstimmung mit den geltenden Wertvorstellungen. Deshalb sind die Grenzen zwischen abweichendem Verhalten und Provokation vielfach fließend. Weil Widersetzlichkeit auf öffentliche Wirkung zielt, bewirkt sie Reaktionen der Machthaber, gegen die sich Widerstand und Widerständigkeit richten. Eine riskante Stufe des Widerstands stellt die Konspiration dar. Dabei handelt es sich in der Regel um einen insgeheim vorbereiteten und von den Machthabern als Landes- oder Hochverrat kriminalisierten Umsturzversuch, der das abgelehnte und bekämpfte System schwächen oder beseitigen soll.

In den Weltanschauungsdiktaturen des 20. Jahrhunderts galten alle Spielarten oppositionellen Verhaltens als kriminalisiertes und strafbewehrtes Verbrechen. Hingegen sind Manifestationen des Protestes, der Kritik und der Verweigerung in freiheitlichen Verfassungsstaaten als Ausdruck politischer Freiheit sogar durch besondere Verfassungsbestimmungen eigens geschützt. Deutlichen Ausdruck findet die Wertschätzung eines aus der Gesellschaft erwachsenden Widerstands, der auf die Verteidigung der Verfassungsordnung zielt, im Grundgesetz der Bundesrepublik Deutschland[22]. Eine vergleichbare Bestimmung fand sich in der DDR-Verfassung nicht, die allerdings ein klares Bekenntnis zum Prinzip des demokratischen Zentralismus und der Parteiherrschaft ablegte und sich so deutlich als antipluralistische Verfassungsordnung zu erkennen gab. Widerstand gegen das politische System des SED-Staates galt als Verbrechen gegen Staat und Gesellschaft und wurde durch das politische Strafrecht geahndet. Insofern eignet sich der systemvergleichende Blick auf das Phänomen des politischen Widerstands, um Aussagen über den Charakter eines politischen Systems zu treffen. Denn in der Rechtfertigung des Widerstands werden Ziele und Zwecke eines Gemeinwesens sichtbar.

In diktatorischen Systemen bedeutet die Brechung von Ansätzen der Kritik und des Widerstands eine wichtige Rechtfertigung der Gewaltanwendung gegen Teile der Gesellschaft. In der Regel verweist Widerstand so nicht nur auf den Kampf gegen ein politisches System von Einzelnen und Gruppen, die sich der herrschenden Staatsdoktrin widersetzen, sondern erlaubt Aussagen über das Gewaltpotential des Staates, seine Repressionsmittel, seine Überwachungspraxis und sein ständiges Misstrauen gegenüber der Bevölkerung, der zu dienen die staatlichen Institutionen diktatorischer Systeme beanspruchen. Insofern ist jede Bewertung einer diktatorischen Ordnung auf Kriterien angewiesen, die den Maßstäben des Verfassungsstaates entwachsen sind. Als wesentliche Prinzipien des Verfassungsstaates gelten Gewaltenteilung, Rechtstaatlichkeit, Min-

22 Art. 20 (4) GG.

derheitenschutz und Parteienvielfalt, Pluralismus und individuelle Abwehr- und Entfaltungsrechte etc.

Mit diesen Grundlagen einer freiheitlichen Ordnung sind zugleich auch Bewertungen des Widerstands verknüpft, der sich rechtfertigt durch den Versuch, Staatszwecke und Staatsziele zu verwirklichen, die in der Regel – wie bei Locke – vertragstheoretisch begründet werden. In der Regel gelten Grundsätze des freiheitlichen Verfassungsstaates universal und generell. Meinungs- und Pressefreiheit gelten ebenso wie das Recht zur Freizügigkeit als Ausdruck unteilbarer Menschenrechte, deren Verletzung im Zuge von Verfolgungs- und Unterdrückungsmaßnahmen das Grundrecht auf Asyl begründen kann. Oppositionelle Bewegungen, die sich für diese Ziele einsetzen, finden große Unterstützung in der Regel auch in der Öffentlichkeit von Gesellschaften, die sich nach den Grundsätzen des freiheitlichen Verfassungsstaates organisieren. Aber Proteste gegen Menschenrechtsverletzungen durch Macht- und Gewalthaber werden nicht immer unterstützt, denn oftmals stehen außenpolitische Rücksichten dagegen.

Dies erklärt vermutlich die Zurückhaltung, mit der mehrere Jahrzehnte in der Bundesrepublik Deutschland die Geschichte des Widerstands in der DDR wissenschaftlich analysiert wurde. Dass er sich gegen staatliche Gewaltmaßnahmen wie die Einschränkung der Freizügigkeit, willkürliche Strafverfahren, unwürdige Haftbedingungen und massive Verletzung von Grund- und Menschenrechten wandte, war nicht umstritten. Deshalb ist mit der selbstkritischen Frage nach der Wahrnehmung des Widerstands in der Sowjetischen Besatzungszone und in der DDR durch die westliche Öffentlichkeit stets auch eine an die allgemeine Wahrnehmung und an die Regierung der Bundesrepublik gerichtete Frage verknüpft, die das Verhältnis von Kooperationsinteressen und Konfrontationsbereitschaft der Bundesregierung mit Blick auf die DDR – vor allem in der Deutschland- und Entspannungspolitik – thematisierte. Welche Belastungen war die Bonner Regierung bereit zu tragen, wenn sie oppositionellen „Bürgern der DDR" beistand? Wie sehr war sie willens, die politische Opposition zu unterstützen, zu rechtfertigen oder gar mit ihr zu kooperieren? Ohne Zweifel bot der in Helsinki beschlossene KSZE-Prozess seit den 70er Jahren gute Möglichkeiten, auch die Respektierung der Menschenrechte in den Staaten jenseits des Eisernen Vorhangs zu fordern. Aber war die westdeutsche Politik bereit, diplomatische Konflikte auf sich zu nehmen, um die Rechte von Menschen zu schützen, die ihre Meinung artikulierten, die Rechtsverletzungen anprangerten, die Reise- und Gedankenfreiheit forderten?

Hinzu kam ein zweites Problem. Denn die westdeutsche Forschung tat sich seit den siebziger Jahren immer sehr schwer damit, diktaturvergleichende Fragestellungen zu entwickeln. Die Totalitarismustheorie galt als ideologisch diskreditiert. Rechts sei nicht gleich links, so lautete in den Universitätsseminaren dieser Zeit die Kritik an komparatistischen Ansätzen, die faschistische, nationalsozialistische und kommunistische Herrschaftsformen vergleichen wollten.

Erst in den neunziger Jahren erfolgte eine erneute Anknüpfung an die Totalitarismustheorie. Deren weitgehende Ablehnung hatte in den siebziger und achtziger Jahren auch Konsequenzen für die Wahrnehmung und Bewertung des Widerstands in den kommunistischen Nachkriegsdiktaturen. Bewegungen wie die Solidarnosc oder die Gruppe Charta 77 fanden in der Regel mehr Aufmerksamkeit als die Manifestationen von Widerständigkeit in der DDR.

Wer den Widerstand gegen den SED-Staat erforschen wollte, musste immer wieder auf ein begriffliches Muster zurückgreifen, das im Zuge einer Erforschung des Widerstands gegen den Nationalsozialismus entwickelt worden war. Ohne diesen Rückgriff auf Manifestationen des gegen den Nationalsozialismus gerichteten Widerstands waren in ganzer Breite, Vielfalt und Widersprüchlichkeit kaum die vielfältigen Erscheinungsformen, Entwicklungen und Wirkungen des Widerstands zu erfassen, der sich gegen das SED-Regime gerichtet hatte.[23]

Heute sind kritische Systemanalysen der osteuropäischen Diktaturen nicht mehr umstritten – im Gegenteil. Dies berührte auch die Deutung und Rechtfertigung des politischen Widerstands in diktatorischen Systemen. Die zeitgeschichtliche Analyse der gegen die Bevölkerung gerichteten Methoden kommunistischer Herrschaftsstabilisierung hat nach 1990 eine Fülle neuer grundlegender Arbeiten hervorgebracht, die auch das Bewusstsein für die Bedeutung des Widerstands stärkten. Zahlreiche Studien entstanden, die grundlegend wurden[24].

Die wesentlichen Fragestellungen dieser Arbeiten konzentrieren sich auf drei Schwerpunkte: (1) Die Erforschung der innerparteilichen Opposition zur SED-Führung in den fünfziger Jahren; (2) die Analyse der Repressionspraxis, die mit dem Ministerium für Staatssicherheit verbunden ist; (3) schließlich auf die seit der Ausweisung von Wolf Biermann beginnende Opposition in der untergehenden DDR.[25]

Vorausgegangen war im Zeitraum vor der Gründung der DDR, also zwischen 1945 und 1949, die Bekämpfung von Parteien und Schichten, die einem sozialistischen Umbau der Besatzungsgesellschaft und der Formung eines „neuen Menschen" entgegenstanden. Internierungslager, Urteile der Sowjetischen Militärtribunale und Zwangsarbeit[26] in den Lagern der Sowjetunion waren die wichtigsten Instrumente einer gesellschaftlichen Neuformierung, die legitimiert wurde als Ausrottung jeglicher Wurzel des Faschismus. Man sprach auch von „politischer Säuberung" und beschwor den „antifaschistischen Konsens", der zugleich auf die Anerkennung des kommunistischen Führungsanspruchs bei der „gesellschaftlichen Umwälzung" hinauslaufen sollte und deshalb eine „Lebenslüge" des neuen kommunistischen Herrschaftssystems darstellte.

23 Vgl. dazu Fricke et al. 2002.
24 Neubert 1997 mit umfassender Bibliographie.
25 Weber 2012, S. 212.
26 Bude 2010.

3.3 Ost-West-Konflikt

Die grundsätzliche Bedeutung der Widerstandsgeschichte der DDR liegt in der gegenseitigen Abhängigkeit von Herrschaftsanspruch der Sowjetunion und der DDR. An den Repressionsmaßnahmen entzündet sich der Widerstand, nicht an einem Wertekonflikt, der erst wieder in den Zeiten des Kalten Krieges wichtig wurde und seinen Niederschlag in der Totalitarismus-Theorie fand. Das Verhalten der Sowjetmacht zeigte in dieser frühen Phase der Machtkonsolidierung alle Zeichen einer Herrschaftspraxis, die Terror, Repression und Verfolgung zur Grundlage eines Systems machte, das den Stalinismus imitierte. Jede Form der Abweichung von der ideologischen Generallinie wurde geahndet, denn sie galt als Ausdruck einer Widersetzlichkeit. Dies machte erneut deutlich, dass Widerstand in der Regel nicht von den Widerständigen selbst, sondern von deren Gegnern in Regierung, Polizei und Justiz definiert wird. Vertreter der Staatsmacht kriminalisieren politische Artikulation und Manifestationen, die sie als Angriff auf die bestehende Ordnung begreifen wollen. Dies änderte sich auch in den Jahrzehnten bis zum Mauerfall nicht.

Wer sich in der Folgezeit gegen Ziele, Praktiken und Parolen der Staatsmacht der DDR wandte, wurde isoliert und kriminalisiert. Voraus geht dieser Ausgrenzung oppositionellen Verhaltens durch Kriminalisierung in der Regel eine weltanschauliche Offensive, die sich gegen alternative Denkvorstellungen richtet und an ihrer Stelle einen weltanschaulichen Führungsanspruch erhebt. Diesem Ziel dienten Schauprozesse und Strafverfahren, die das Ziel hatten, Menschen einzuschüchtern und so oppositionelle Bestrebungen nicht nur zu diskreditieren als Verrat an den politischen Zielen des Sozialismus, die mit angeblicher „Humanität" gleichgesetzt wurden, sondern durch Terror und Willkür abzuschrecken. Die Repression war allgegenwärtig und jederzeit intensivierbar. Sie richtete sich gegen Bewegungen, die als „Klassenfeinde" apostrophiert wurden und die durch die Behauptung charakterisiert wurden, eine „alte, überholte und zu überwindende Ordnung" zu verkörpern. Damit wurde der Kampf gegen kriminalisierte widerständige Tendenzen als Fortsetzung des revolutionären Kampfes um eine neue, zukunftssichere Ordnung gerechtfertigt.

Am Beginn der Opposition in der SBZ stehen deshalb Anhänger von politischen Parteien, die die Kommunisten als Repräsentanten einer überwundenen, durch den Keim des Faschismus angeblich infizierten Ordnung bekämpften. Im Einflussbereich der Sowjetischen „Siegermacht" hatten sich bereits im Sommer 1945 bürgerliche Parteien wie die CDUD, LDPD, NPD bilden können, die das Bürgertum vertreten sollten, zugleich aber durch die Manipulation von Wahlen und die Beeinflussung ihrer Parteiführungen für kommunistische Herrschaftsinteressen instrumentalisiert wurden. Immer dienten diese Parteien auch als Kontrastfolie für ideologische Auseinandersetzungen. Das galt auch für die Sozialdemokratische Partei, die sich zu einer Gefahr für die KPD entwickelte, weil sie in Landtags- und Kommunalwahlen immer stärkste Kraft war und deshalb von der KPD-Führung unter Anknüpfung an die ideologischen Konfliktmuster der Weimarer Republik bekämpft werden musste.

Hermann Weber lenkt in Kenntnis dieser frühen Konflikte den Blick auf die „Gewinnung von Anhängern durch ideologische Indoktrination“[27] gegen eine Neutralisierung möglicher Gegenkräfte durch eine Verbesserung der Lebensverhältnisse, die vor der Bevölkerung als Rechtfertigungsgrund der SED-Herrschaft gelten. Einer positiven Veränderung der Lebenslage auf der einen entsprach die Unterdrückung oppositioneller und gegnerischer Strömungen auf der anderen Seite. Diese wurde mehrheitlich hingenommen, wenn die Versorgung geregelt war. Diese strategische Vermengung von „Fürsorglichkeit“ und Repression bezeichnet ein unauflösliches Dilemma, denn durch die Verbindung von Befriedigung von sozialen Bedürfnissen mit einer immer breiter ansetzenden Repression, die schließlich in eine fast völlige Überwachung der Gesellschaft mündete, war auch die Politik der SED-Führung präformiert. Zugleich beeinträchtigte dieses Nebeneinander die Wahrnehmung der „ostzonalen“ Politik im westlichen Deutschland. Dort wurde der pseudodemokratische Charakter des Staates durchschaut.

Denn Volksdemokratie bedeutete seit den kommunistischen Machtergreifungen in Prag, Warschau und Budapest Verfestigung der kommunistischen Herrschaft durch eine Politik der Einheitsfront und der Blockbildung, der präfixierten Wahlprozesse. Andererseits hielten beide deutschen Staaten an dem Ziel der Einheitsbildung fest. Im Westen waren Politiker an der Verbesserung der Versorgungslage interessiert und hielten an der Vorstellung einer deutschen Staatsbürgerschaft fest. Unterstützung oppositioneller Strömungen bedeutete aber eine Verschlechterung der Beziehungen und damit auch eine ungünstige Ausgangslage für die Versorgung der Bevölkerung in der „Zone“, der sogenannten DDR, der „Sowjet- oder Ostzone“, die schließlich in distanzierende Anführungsstriche gesetzt und „DDR“ geschrieben wurde. „Auch drüben ist Deutschland“, wurde im Westen betont und daraus der Auftrag westdeutscher Politik zur Verbesserung der Lebensverhältnisse abgeleitet. Irgendwann waren Störungen des Verhältnisses zwischen den beiden deutschen Regierungen nicht mehr erwünscht. Der Schutz von Oppositionellen trat deshalb in der westlichen Wahrnehmung im Laufe der Zeit immer mehr zugunsten pragmatischer Politik in den Hintergrund und machte sogar diejenigen Westdeutschen, die die Unterdrückung von Gegnern der SED anprangerten, zu Außenseitern.

3.4 Westdeutsche Haltung

Die Frage nach der Wahrnehmung und Würdigung des Widerstands im Herrschaftsbereich der SED zielte deshalb immer auf die Bereitschaft der westdeutschen Regierung

27 Ebd.

und der westdeutschen Öffentlichkeit, deutschen „Landsleuten" im Falle ihrer Unterdrückung beizustehen. Solidarität mit den Opfern sozialistischer Politik vor 1949 war sehr selten. Das änderte sich mit der Unterdrückung von Christen in den frühen fünfziger Jahre, galt aber als Herausforderung der Schwesterkirchen im Westen. Die höchst rudimentäre westliche Wahrnehmung von Widerstand und Opposition in der DDR machte so schlagartig nicht nur die zwielichtige Bewertung des „real existierenden sozialistischen Staates" DDR sichtbar, sondern auch die Gespaltenheit, zumindest die Zurückhaltung bei der konkreten Realisierung der Menschenrechte. Kalkül und Politik bestimmten immer das Verhältnis der westeuropäischen Regierungen zu den oppositionellen osteuropäischen Strömungen, die sich seit der Mitte der 50er Jahre fast periodisch in Ost- und Ostmitteleuropa artikulierten, allerdings oppositionelle Strömungen in der DDR weniger prägten.

So mag es reizvoll sein, einzelne Manifestationen des Widerstands in der SBZ und in der DDR auch daraufhin zu befragen, wie sie im Westen wahrgenommen und bewertet wurden. Zuweilen sind die Ergebnisse deprimierend. So wurde der Widerstand von Studenten und Schülern, auch von Mitgliedern der protestantischen Jungen Gemeinde im Westen nicht deutlich wahrgenommen – dies ganz im Unterschied zu der Selbstbehauptung von Sozialdemokraten, die sich der Zwangsvereinigung von KPD und SPD in der sowjetisch besetzten Zone widersetzten. Hier waren politische Interessen spürbar, die den Konflikt zwischen Sozialdemokraten und Kommunisten aus politischem Kalkül zuspitzten. Denn nur durch die Abgrenzung der Sozialdemokraten von den „rotlackierten Nazis" des Osten, wie Kurt Schumacher einmal sagte, war glaubhaft zu machen, dass sich die SPD nicht an den Zielen der Bolschewisten und Sowjetmarxisten orientierte, dass keineswegs nicht alle sozialdemokratisch beeinflussten politischen „Wege des Marxismus nach Moskau" führten, wie Wahlplakate der CDU 1953 verkündeten.

Ein Umbruch der Wahrnehmung der ostdeutschen Opposition erfolgte mit dem Aufstand vom 17. Juni 1953 – ein Aufstand, der, wie grundlegende neue Forschungen zeigen[28], die gesamte DDR erfasste. Das geradezu tragische Ergebnis dieses Aufstandes war die Stabilisierung der Macht Ulbrichts, der sich in den folgenden Jahren mit seinen innerparteilichen Kritikern auseinandersetzte und nicht zuletzt wegen der Unruhen, die 1956 in Polen und Ungarn die Herrschaft der Sowjets erschütterten, seine Machtposition ausbauen und bis weit in die siebziger Jahre hinein festigen konnte[29]. Die Parteifunktionäre Zaiser und Herrnstadt, die innerhalb der SED-Führung als Alternative galten, wurden aus der SED ausgeschlossen. Eine weitere Reinigung des Parteiapparates folgte. Parteibücher wurden ausgetauscht und in einem Zuge fast 200 000 SED-Mitglieder faktisch ausgeschlossen. Hermann Weber ermittelte, dass bis zu 70 Prozent der Bezirksleiter der SED von ihrer Posten enthoben wurden.

28 Vgl. Kowalczuk 2003.
29 Vgl. Weber 1985, S. 44ff.

Die Ausschaltung der innerparteilichen Opposition interessierte einzelne DDR-Forscher, nicht aber die westdeutsche Öffentlichkeit, die 1956 eher fasziniert war von dem Versuch einer Entstalinisierung der Sowjetunion nach dem Tode Stalins und der Ausschaltung Berijas und dabei übersah, dass in der DDR entgegen aller Beteuerungen in organisatorischer Hinsicht stalinistische Herrschaftsstrukturen konserviert wurden. Ulbricht schaltete seine Gegner in der Parteiführung aus, wenngleich im Zuge der Entstalinisierung Mitte der fünfziger Jahre einige der früheren Gegner Ulbrichts rehabilitiert wurden[30]. Die Volkskammerwahlen von 1954 schienen eine fast hundertprozentige Zustimmung der Bevölkerung zu suggerieren. Die Erklärung dieser Wahlergebnisse lag nicht nur in der Wahlpraxis, sondern auch in der Gleichschaltung der bürgerlichen Parteien, die formal bestanden, aber zugleich als Blockparteien vor allem der bürgerlich-politischen Opposition, die in der SBZ und noch in den ersten Jahren der SED-Herrschaft sehr stark war, die organisatorischen und zunehmend auch die soziokulturellen Grundlagen raubte.

Das öffentliche Leben der DDR-Bevölkerung wurde mit propagandistischen Mitteln nicht nur organisiert und strukturiert, sondern es wurde auch mit dem verfassungsmäßig abgesicherten Führungsauftrag der SED ein weltanschaulicher Führungsanspruch erhoben, dem sich viele der latent Oppositionellen durch Flucht und Umsiedlung entzogen. Zunehmend wurden die politischen Lebensverhältnisse in der DDR mit der NS-Herrschaft verglichen. Dies beflügelte die Totalitarismus-Theorie. Es waren Insider der Herrschaftsanalyse, Kritiker der SED-Macht „ohne Mandat" wie Hermann Weber und Ernst Richert, die betonten, dass von den 1950 gewählten Abgeordneten in nur vier Jahren acht verhaftet und 17 in die Bundesrepublik geflohen waren, dass überdies 44 Abgeordnete gezwungen worden waren, ihr Mandat niederzulegen.

Der sowjetische Parteiführer Nikita Chruschtschow verkörperte selbst in den Augen des Westens zunächst einen gewissen Aufbruch, bis er ab Ende 1958 mit der 2. Berlin Krise deutlich machte, dass er sich in seiner Deutschlandpolitik auf die Förderung sowjetischer Interessen orientierte. Der Kalte Krieg teilte die Welt in Blöcke und verstärkte die Integration der beiden deutschen Staaten in ihre Blöcke – damit vertiefte sich die Spaltung Deutschlands. Wirtschaftliche Prosperität steigerte sich zum Wirtschaftswunder und verstärkte die sozialen Unterschiede. Im Westen entstand eine neue Mittelstandsgesellschaft, die ihren Ausdruck vor allem in einer breiten Eigentumsbildung fand. Eigenheime, ein neues Arbeits- und Sozialrecht sowie Vollbeschäftigung bedeuteten im Westen das Ende der alten Arbeiterschaft, der Proletarität, während im Osten Deutschlands eine Gesellschaft entstand, die laut offizieller Statistik der DDR zu fast 80 Prozent aus Arbeitern bestehen sollte. Die Zahl der Selbständigen war drastisch zurückgegangen und wurde Anfang der 70er Jahre noch einmal durch eine gegen den restlichen Mittelstand gerichtete Kampagne reduziert.

30 Weber 2012, S. 48.

4 Zusammenfassung

„Der Maßstab schafft die Phänomene“ (E. Lederer)

Wenngleich sich die DDR als erster deutscher Arbeiter- und Bauernstaat bezeichnete, war doch offensichtlich, dass die DDR demokratisch nicht legitimiert war. Die Stimmabgabe bei Wahlen musste vor den Augen aller erfolgen. In der Massenflucht aus der DDR, die in Wellen verlief, wurde deutlich, wie groß die Unzufriedenheit war. Vor allem die Berichte der Flüchtlinge, von denen insgesamt etwa 3 Millionen in den Westen gingen, ließen dort bewusst werden, dass die ostdeutsche Gesellschaft in sozialer Hinsicht durch die Entstehung von Volkseigenen Betrieben und landwirtschaftlichen Produktionsgenossenschaften völlig umgestaltet worden war. Viele der Flüchtlinge, die in den fünfziger Jahren in den Westen geflohen waren, bezeugten rigide Eingriffe in die Sozialstruktur, die mit Enteignungen einhergingen. Staatseigentum und Genossenschaftseigentum reduzierte die Möglichkeit, Privateigentum zu bilden – Menschen zogen sich aus dem öffentlichen Raum zunehmend in private Nischen zurück.

Flankiert wurde diese Politik, die auf die Entstehung einer neuen Gesellschaft zielte, durch eine rigide Bildungspolitik, die zu einem Instrument des Klassenkampfes wurde und vor allem Arbeiter- und Bauernkinder zum Studium zuließ. Besonders bekämpft wurde seit den fünfziger Jahren die Evangelische Kirche. Allein im ersten Vierteljahr des Jahres 1953 wurden mehr als 50 evangelische Pfarrer und Gemeindehelfer verhaftet. Die „Junge Gemeinde“ evangelischer Christen wurde immer häufiger von Mitgliedern der „Freien Deutschen Jugend“, der Staatsjugend, attackiert und im Schulunterricht drangsaliert, zumindest benachteiligt.

Mit dem Aufbau der Nationalen Volksarmee bot sich der Regierung neben der Erlaubnis zum Besuch einer höheren Schule und zum Studium eine weitere Disziplinierungsmöglichkeit. Immer mehr Jugendliche verließen die DDR, um im Westen zu studieren. Zugleich erklärt diese Massenbewegung, dass Widerständigkeitspotentiale geringer wurden. Denn innerer Druck, der sich in Protest und Auflehnung hätte entladen können, konnte nicht entstehen.

Die Zunahme der Massenflucht in den frühen 50er Jahren hatte die Krise des sozialen Systems der DDR und den großen Legitimationsverlust der Regierung Ulbricht/Pieck sichtbar gemacht. Pro Jahr flohen bis zum Mauerbau jährlich durchschnittlich 250 000 Menschen aus der DDR in die Bundesrepublik und nach Westberlin. Das änderte sich mit dem Bau der Berliner Mauer am 13. 8. 1961 und der Abriegelung der innerdeutschen „Staatsgrenze“ der DDR. Widerstandsbereitschaft manifestierte sich nun vor allem sichtbar in den Fluchtversuchen, die allein an der Berliner Mauer vielfach tödlich endeten. Tunnel wurden gegraben, um die Grenzbefestigen zu unterqueren, Fluchthilfe wurde systematisch organisiert und bedeutete für die Beteiligten ein hohes Risiko. Auch Fluchtversuche über das mit der DDR „befreundete sozialistische Ausland“ nahmen zu.

Eine neue Phase der Opposition erwuchs in der Mitte der siebziger Jahre aus den Protesten von Künstlern und Schriftstellern, aber auch von Wissenschaftlern wie Havemann, der als Naturwissenschaftler die marxistische Dialektik kritisierte und zum Kern einer neuen Oppositionsbewegung wurde, die nun auch im Westen breitere Aufmerksamkeit fand. Das war zum einen eine Folge der Oppositionsströmungen im Ostblock, die ihre Wortführer in Intellektuellen wie Kopelew, Solschenizyn und Sacharow, in Dubcek und Havel sowie in den polnischen Oppositionellen im Umkreis der Solidarnosc und der katholischen Kirche gefunden hatten. Die DDR-Führung reagierte mit einer Expansion ihrer Überwachungs- und Polizeiapparate und baute das Ministerium für Staatssicherheit aus. Widerstand manifestierte sich zunehmend in Ausreiseanträgen, deren die DDR-Führung trotz massiver Repressionsmaßnahmen nicht mehr Herr werden konnte.

Mit der Umweltbewegung erwuchs dann seit den achtziger Jahre eine Oppositionsbewegung neuer Art. Sie suchte nicht mehr, die Politik der SED zu verändern, wie es noch Oppositionelle in den fünfziger Jahren versucht hatten. Auch die polnische und tschechische Opposition, die den Prager Frühling eingeleitet hatte, war kein Bezugspunkt. Eher knüpften Oppositionelle an Abrüstungs- und Friedensappelle an und nutzten dabei die Bestimmungen der „Konferenz für Sicherheit und Zusammenarbeit in Europa“ (KSZE).

In Zukunft wird es darauf ankommen, die Geschichte von Widerstand und Opposition in der DDR stärker in ein gesamtdeutsches Geschichtsverständnis zu integrieren. Vielleicht ist die Politik weiter als das deutsche Geschichtsbewusstsein. Denn zwei Politiker, die der Oppositionsbewegung in der Endphase der DDR Konturen und Schwung gaben, stehen heute an der Spitze der Bundesrepublik. Offensichtlich ist es nicht immer so, dass die Realitäten und Fakten den Vorstellungen und Idealen folgen.

Literatur

Agethen, Manfred, und Günter Buchstab, Hg. 2003. *Oppositions- und Freiheitsbewegungen im frühen Ostblock*. Freiburg.

Baus, Ralf Thomas. 2001. *Die Christlich-Demokratische Union Deutschlands in der sowjetisch besetzten Zone 1945 bis 1948. Gründung – Programm – Politik*. Düsseldorf.

Bude, Roland. 2010. *Workuta – Strafe für politische Opposition in der SBZ/DDR* Landesbeauftragter für die Unterlagen des Staatssicherheitsdienstes der ehemaligen DDR. Berlin.

Deutscher Bundestag, Hg. 1995. *Machtstrukturen und Entscheidungsmechanismen im SED-Staat und die Frage der Verantwortung*. Materialien der Enquete-Kommission „Aufarbeitung von Geschichte und Folgen der SED-Diktatur in Deutschland“ (12. Wahlperiode des Deutschen Bundestages) Bd. II in 4 Tb. Baden-Baden; Frankfurt am Main: Nomos; Suhrkamp.

—, Hg. 1995. *Rolle und Bedeutung der Ideologie, integrativer Faktoren und disziplinierender Praktiken in Staat und Gesellschaft der DDR*. Materialien der Enquete-Kommission „Aufarbeitung von Geschichte und Folgen der SED-Diktatur in Deutschland" (12. Wahlperiode des Deutschen Bundestages) Bd. III in 3 Tb. Baden-Baden; Frankfurt am Main: Nomos; Suhrkamp.

—, Hg. 1995. *Recht, Justiz und Polizei im SED-Staat.* Materialien der Enquete-Kommission „Aufarbeitung von Geschichte und Folgen der SED-Diktatur in Deutschland" (12. Wahlperiode des Deutschen Bundestages) Bd. IV. Baden-Baden; Frankfurt am Main: Nomos; Suhrkamp.

—, Hg. 1995. *Rolle und Selbstverständnis der Kirchen in den verschiedenen Phasen der SED-Diktatur.* Materialien der Enquete-Kommission „Aufarbeitung von Geschichte und Folgen der SED-Diktatur in Deutschland" (12. Wahlperiode des Deutschen Bundestages) Bd. VI in 2 Tb. Baden-Baden; Frankfurt am Main: Nomos; Suhrkamp.

—, Hg. 1995. *Möglichkeiten und Formen abweichenden und widerständigen Verhaltens und oppositionellen Handelns, die friedliche Revolution im Herbst 1989, die Wiedervereinigung Deutschlands und Fortwirken von Strukturen und Mechanismen der Diktatur.* Materialien der Enquete-Kommission „Aufarbeitung von Geschichte und Folgen der SED-Diktatur in Deutschland" (12. Wahlperiode des Deutschen Bundestages) Bd. VII in 2 Tb. Baden-Baden; Frankfurt am Main: Nomos; Suhrkamp.

—, Hg. 1995. *Das Ministerium für Staatssicherheit, Seilschaften, Altkader, Regierungs- und Vereinigungskriminalität.* Materialien der Enquete-Kommission „Aufarbeitung von Geschichte und Folgen der SED-Diktatur in Deutschland" (12. Wahlperiode des Deutschen Bundestages) Bd. VIII. Baden-Baden; Frankfurt am Main: Nomos; Suhrkamp.

—, Hg. 1995. *Formen und Ziele der Auseinandersetzung mit den beiden Diktaturen in Deutschland.* Materialien der Enquete-Kommission „Aufarbeitung von Geschichte und Folgen der SED-Diktatur in Deutschland" (12. Wahlperiode des Deutschen Bundestages) Bd. IX. Baden-Baden; Frankfurt am Main: Nomos; Suhrkamp.

—, Hg. 1999. *Bildung, Wissenschaft, Kultur.* Materialien der Enquete-Kommission „Überwindung der Folgen der SED-Diktatur im Prozeß der Deutschen Einheit" im Deutschen Bundestag : (13. Wahlperiode des Deutschen Bundestages) Bd. IV in 2 Tb. Baden-Baden; Frankfurt am Main: Nomos; Suhrkamp.

—, Hg. 1999. *Alltagsleben in der DDR und in den neuen Ländern.* Materialien der Enquete-Kommission „Überwindung der Folgen der SED-Diktatur im Prozeß der Deutschen Einheit" im Deutschen Bundestag : (13. Wahlperiode des Deutschen Bundestages) Bd. V. Baden-Baden; Frankfurt am Main: Nomos; Suhrkamp.

—, Hg. 1999. *Gesamtdeutsche Formen der Erinnerung an die beiden deutschen Diktaturen und ihre Opfer.* Materialien der Enquete-Kommission „Überwindung der Folgen der SED-Diktatur im Prozeß der Deutschen Einheit" im Deutschen Bundestag: (13. Wahlperiode des Deutschen Bundestages) Bd. VI. Baden-Baden; Frankfurt am Main: Nomos; Suhrkamp.

Fricke, Karl Wilhelm. 1989. *Die DDR-Staatssicherheit: Entwicklung, Strukturen, Aktionsfelder.* 3. Aufl. Köln.

—. 1996. *Akten-Einsicht. Rekonstruktion einer politischen Verfolgung.* Berlin.

Fricke, Karl Wilhelm, Peter Steinbach, und Johannes Tuchel. 2002. *Opposition und Widerstand in der DDR. Politische Lebensbilder.* München.

Frölich, Jürgen. 2002. Liberal-Demokratische Partei Deutschlands. In *Die Parteien und Organisationen der DDR. Ein Handbuch,* hg. Gerd-Rüdiger Stephan et al, S. 311–342. Berlin.

Garton Ash, Timothy. 1990. *Ein Jahrhundert wird abgewählt.* München.

Henke, Klaus-Dietmar, Peter Steinbach, und Johannes Tuchel, Hg. 1999. *Widerstand und Opposition in der DDR.* Weimar.

Kaden, Albrecht. 1980. *Einheit oder Freiheit. Die Wiedergründung der SPD 1945/46*. Bonn.

Klier, Freya. 2004. *Oskar Brüsewitz – Leben und Tod eines mutigen DDR-Pfarrers*. Berlin.

Kowalczuk, Ilko-Sascha. 2003. *17. Juni 1953: Volksaufstand in der DDR*. Bremen

Lapp, Peter Joachim. 1988. *Die Blockparteien im politischen System der DDR*. Melle.

Leonhard, Rudolf. 1955. *Die Revolution entläßt ihre Kinder*. Köln.

Lönnendonker, Siegward, Tilman Fichter unter Mitarbeit von Claus Rietzschel. 1973. *Freie Universität Berlin 1948–1973 – Hochschule im Umbruch (Zeittafeln und Dokumente, im Auftrage des Präsidenten zum 25-jährigen Bestehen der FU) – Teil I 1945–1949 „Gegengründung wozu?"*. Berlin.

Meuschel, Sigrid. 1992. *Legitimation und Parteiherrschaft. Zum Paradox von Stabilität und Revolution in der DDR 1945–1989*. Frankfurt am Main.

Müller-Enbergs, Helmut, Heike Schmoll, und Wolfgang Stock. 1993. *Das Fanal. Das Opfer des Pfarrers Brüsewitz und die evangelische Kirche*. Berlin.

Neubert, Ehrhart. 1997. *Geschichte der Opposition in der DDR 1949–1989*. Berlin.

Richter, Michael. 1991. *Die Ost-CDU 1948–1952. Zwischen Widerstand und Gleichschaltung*. Düsseldorf.

Richter, Michael, und Martin Rißmann, Hg. 1995. *Die Ost-CDU*. Köln.

Schroeder, Klaus. 1998. *Der SED-Staat. Geschichte und Strukturen der DDR*. München.

Weber, Hermann. 1985. *Geschichte der DDR*. München.

—. 2012. *Die DDR 1945–1990*. 5. Aufl. München.

Widerstandsrecht im Grundgesetz

Josef Isensee

1 Rechtsbruch zur Wahrung des Rechts

Das Grundgesetz sieht ein nach Tatbestand und Rechtsfolge ausformuliertes Recht zum legalen Widerstand vor (Art. 20 Abs. 4 GG). Doch ein Recht auf legalen Widerstand ist ein hölzernes Eisen. Ein Unding also. Widerstand ist seinem Wesen nach illegal. Rechtlich erlaubtes Handeln, sei es den Regierenden noch so lästig und dem Rechtsbewusstsein noch so schädlich, ist kein Widerstand, wie ihn das Widerstandsrecht nach herkömmlichem Verständnis meint. Widerstand ist Rechtsbruch zu dem Zweck, der Gefahr eines anderen Rechtsbruchs, eines solchen von erheblich schlimmerer Art und Ausmaß, zu wehren.

Wer ein Widerstandsrecht ausübt, schert aus dem Legalsystem aus und stellt sich auf den Boden einer heterogenen Legitimität. Gegen das Gesetz des Staates beruft er sich auf den Anruf des Gewissens, auf das Gebot Gottes, auf eine sittliche Pflicht, auf das Naturrecht. Die Apostel widerstanden dem Hohen Rat zu Jerusalem, der ihnen verbot, im Namen Jesu zu predigen: „Man muss Gott mehr gehorchen als den Menschen."[1] Antigone in Sophokles' Tragödie verstieß gegen den Befehl des Herrschers Kreon und folgte der gottgewollten Pflicht, ihren gefallenen Bruder zu bestatten. Der Tyrannenmörder berief sich auf ein Widerstandsrecht, wenn er, um Leben, Freiheit und Würde eines Volkes zu retten, das Tötungsverbot übertrat und Gewalt durch Gegengewalt verhinderte.[2] Die Idee des Widerstandsrechts ist so alt wie die Erkenntnis, dass alle Macht, die Gehorsam heischt, einem höheren Recht unterliegt und sich an diesem bricht. Die Folgerung liegt nahe, dass im äußersten Konfliktfall ein jeder dieses höhere Recht gegen die Rechtsprätention des Mächtigen in Stellung bringen kann. Der Gedanke durchzieht die abendländische Geschichte von der Antike über das Mittelalter und die frühe Neuzeit bis in die Gegenwart hinein.[3] Er hat tragische Größe erlangt in dem Widerstand der Männer des 20. Juli 1944, die, ungeachtet ihres Scheiterns, ein sittliches Zeichen wider die Tyrannis setzten.

Die Lehre vom Widerstandsrecht geht ein in die Gründungsphilosophie des modernen Verfassungsstaates. John Locke gibt ihr die klassische Form: Wo der ganze Volkskörper oder irgendein Einzelner seiner Rechte beraubt oder unrechtmäßiger Machtausübung unterworfen sei und keinen Richter auf Erden finde, da hätten sich die Menschen „nach einem Gesetz, welches allen positiven Gesetzen der Menschen voransteht und über sie erhaben ist, jene letzte Entscheidung vorbehalten, die aller Menschheit zukommt, wo sie niemanden auf Erden anrufen kann: nämlich zu urteilen, ob sie gerechte Ursache haben, den Himmel anzurufen. Dieser Urteilsfreiheit können sie sich nicht begeben; denn es steht außerhalb der menschlichen Macht, sich einem anderen so zu unterwerfen, dass

1 Apg 5, 29.
2 Geschichtliche und aktuell-völkerrechtliche Positionen Gornig 2001, S. 603–626.
3 Zur Geschichte Wolzendorff 1916; Kaufmann 1972; Bibliographie von Backmann 1972; Schneider 1973.

man ihm die Freiheit zur eigenen Vernichtung zuerkennt."[4] Wenn sich die Bürger im Staatsvertrag zum Gemeinwesen verbinden und ihm die höchste irdische Gewalt übertragen, bleibt die Staatsgewalt gleichwohl rechtlich begrenzt, und die Unterwerfung der Bürger steht unter dem Vorbehalt, dass sie nicht jene Güter verletzt, zu deren Schutz sie geschaffen wurde: Leben, Freiheit und Eigentum. Im Streit, ob der Staat die Grenzen seiner zulässigen Wirksamkeit überschritten hat oder nicht, ist der Staat notwendig Partei, und das staatliche Recht scheidet als Maßstab aus. Entscheiden kann nur ein Richter, der außerhalb des Konflikts zwischen Staat und Bürgern steht: Gott, der im Gewissen des Menschen spricht. Das Gewissen aber ist kein Medium subjektiver Willkür, sondern das Tribunal, in dem sich die Subjektivität vor dem allgemeinen objektiven Gesetz Gottes rechtfertigt und läutert zu heiligem Ernst. Wer Widerstand übt, kündigt den Bürgerfrieden auf, den der Staat gewährleistet, und riskiert den Bürgerkrieg, den der Staat institutionell überwunden hat. Eben deswegen kann nicht jedwedes Unrecht den Widerstandsfall auslösen, sondern nur ein Unrecht, dessen Gewicht das Übel der Verletzung des Bürgerfriedens aufwiegt. Nach Locke führt die Annahme eines Widerstandsrechts nicht zu fortwährender Unordnung im Staat. Denn es lebt nicht auf, „solange nicht die Überstände so groß sind, dass die Mehrheit sie fühlt und ihrer müde wird und glaubt, dass es notwendig sei, sie zu beheben".[5]

In poetischer Prägnanz kommt diese Sicht des Widerstandsrechts zu Wort in Schillers „Wilhelm Tell", dem Gründungsmythos der Schweiz aus der Tat des Widerstands:

„Nein, eine Grenze hat Tyrannenmacht,
Wenn der Gedrückte nirgends Recht kann finden,
Wenn unerträglich wird die Last – greift er
Hinauf getrosten Mutes in den Himmel,
Und holt herunter seine ewgen Rechte,
Die droben hangen unveräußerlich
Und unzerbrechlich wie die Sterne selbst –
Der alte Urstand der Natur kehrt wieder,
Wo Mensch dem Menschen gegenübersteht –
Zum letzten Mittel, wenn kein andres mehr
Verfangen will, ist ihm das Schwert gegeben – …".[6]

---

4 Locke 1689, XIV, 168; vgl. auch III, 20; XIX, 222–243. (dt.: Locke 1966, S. 22, 133 f., 172–192).
5 Locke 1689, XIV, 168 (dt. S. 134).
6 Schiller 1804, II, 2 (Verse 1275–1285).

2 Ablösung des Widerstandsrechts durch Institutionen: der Verfassungsstaat

Diese Wiederkehr des „alten Urstands der Natur“, in dem der Bürger wieder zum Schwert greift, ist die größte Gefahr, die der staatlichen Zivilisation droht. Gerade deswegen, so John Locke, müssen die Staatsorgane alles daransetzen, diese Gefahr zu vermeiden.[7] Doch es ist der Geist des Verfassungsstaates selbst, der diese Gefahr bannen will. Er geht darauf aus, das Konfliktpotential, an dem sich in älteren Ordnungen ein Widerstandsrecht entzündete, von vornherein zu entschärfen, das Widerstandsrecht abzulösen durch Institutionen.

Der Verfassungsstaat gründet die Staatsgewalt auf den Willen des Volkes und zwingt alles staatliche Handeln, sich aus diesem Willen zu legitimieren. Damit scheidet ein prinzipieller Widerspruch zwischen Volk und Herrschaft aus, wie er in Autokratien aufreißen kann. Staatliche Macht wird nur auf Zeit und auf Abruf übertragen. Für den Wechsel der politischen Führung stehen in der Demokratie rechtlich geordnete Verfahren bereit. Für Putsch und Tyrannenmord besteht kein Bedarf. Es gibt keine plausible Rechtfertigung für politische Gewalttätigkeit in einer freiheitlichen Demokratie.

Die Herrschaft des Volkes verwirklicht sich als Herrschaft des Rechts. Die Macht des Staates dient dazu, dem Recht, das sich aus dem Willen des Volkes ableitet, Wirksamkeit zu verschaffen. Die gewaltenteilige Ausdifferenzierung der Staatsorganisation wirkt hin auf rechtliche Disziplinierung und Balancierung der Macht. Deren demokratische Ausübung wird gesteuert und begrenzt durch den Rechtsstaat. Das rechtsstaatliche Gesetz bildet nur eine Ordnung äußeren Verhaltens und greift nicht zu auf die Gesinnung der Bürger. Die Grundrechte bieten die Freiheit des privaten Daseins, des öffentlichen Wirkens, des politischen Prozesses. Sie sichern in ihrer Abwehrfunktion die Selbstbehauptung des Einzelnen gegenüber der Staatsgewalt und in ihrer Schutzfunktion die Selbstbehauptung gegenüber den Nebenmenschen. Was in autoritären oder gar in totalitären Systemen Sprengsatz eines Widerstandes wäre, wird in das System des Verfassungsstaates integriert und umgewendet in ein systemtragendes Element: der gesellschaftliche Pluralismus und der Wettbewerb der wirtschaftlichen, politischen und weltanschaulichen Kräfte. Die Opposition, die parlamentarische wie die außerparlamentarische, kann sich legal entfalten und erlangt geradezu Systemnotwendigkeit. Die Möglichkeit des Widerspruchs zwischen Macht und Recht, zwischen Gesetz und Gewissen wird prinzipiell gebannt durch die verfassungsrechtliche Gewähr grundrechtlicher und demokratischer Freiheit. Wo diese herrscht, besteht – jedenfalls prima facie – kein Grund zum Widerstand.

Der Verfassungsstaat trägt der Fehlbarkeit des Menschen Rechnung, zumal der Verführbarkeit durch Machtbesitz. Alles staatliche Handeln ist rechenschaftspflichtig. Im System vertikaler wie horizontaler Gewaltenteilung unterliegt das jeweils handelnde Staatsorgan der Kontrolle eines anderen Staatsorgans, das ihm übergeordnet oder ne-

7 Locke 1689, XIV, 168 (dt. S. 134).

bengeordnet, so oder so aber von ihm unabhängig ist. Hinzutritt die Kontrolle durch die gesellschaftliche Öffentlichkeit. Die rechtlichen Bindungen der Staatsgewalt werden sanktioniert durch die Möglichkeit, ein Gericht anzurufen. Dem Bürger wird der umfassende Rechtsschutz von Verfassungs wegen gewährleistet. Die Ablösung des Widerstandsrechts durch Verfahren scheint perfekt.

3 Rechtsungehorsam und private Gewalt

Die gerechteste aller denkbaren Verfassungen und die wirksamsten Freiheitsgarantien können nicht schlechthin Grenzfälle ausschließen, in denen sich Bürger einzeln oder in Gruppen auf ein Widerstandsrecht berufen und aus der Legalordnung ausbrechen zur Wahrung einer überlegalen Legitimität. Es ist nicht von vornherein auszuschließen, dass sich die Legalität von ihrer Legitimitätsgrundlage ablöst, entartet und dem Missbrauch Raum gibt. Denkbar ist auch, dass die Legitimitätsbasis des Rechts zerbricht und unversöhnliche Vorstellungen aufeinandertreffen.

Der demokratische Rechtsstaat hat das Widerstandspotential der Gesellschaft vermindert, aber nicht ohne Rest beseitigt. Er ist Staat und als solcher machtbewehrte Friedens- und Entscheidungseinheit.[8] Die Freiheit, die er bietet, ist nicht anarchische, sondern rechtlich begründete und begrenzte Freiheit. Der Preis, den der Bürger für sie zu entrichten hat, ist der Rechtsgehorsam, ohne den die Rechtsordnung, die Grundlage der Freiheit, nicht bestehen kann. Der Rechtsgehorsam ist eine Blankettpflicht, die sich auf alle staatlichen Normen bezieht, die nach den Regeln der Verfassung zustande gekommen sind und ihr nicht inhaltlich widersprechen. Der feste, materielle Kern des Rechtsgehorsams ist die Friedenspflicht des Bürgers: die Pflicht, sich der Anwendung und Androhung physischer Gewalt zu enthalten, sein Recht nur mit den Mitteln des staatlichen Rechts und nicht mit Eigenmacht durchzusetzen. Die grundrechtliche Freiheit endet vor dem Gewaltmonopol des Staates.[9] Wenn es ein Widerstandsrecht im Verfassungsstaat gäbe, so wären seine Mittel Ungehorsam gegen das geltende Recht, insbesondere aber Ausübung oder Androhung physischen Zwangs durch Private. Praktische Beispiele bilden der politische Generalstreik und der Abgabenboykott. Widerstand ist also eine Waffe (und nicht nur im metaphorischen Sinne), eine für die staatliche Friedensordnung überaus gefährliche Waffe. Ob es aber ein Recht zum Gebrauch einer solchen Waffe überhaupt geben kann oder wirklich gibt, ist die verfassungsrechtliche Frage. Die Frage richtet sich an das Grundgesetz.

8 Böckenförde 1978, S. 12–15.
9 Isensee 1982, S. 23–40; ders. 2004, § 15 Rn. 82–114.

4 Der normierte Widerstandsfall des Art. 20 Abs. 4 GG

Das Grundgesetz sieht in Art. 20 Abs. 4 vor: „Gegen jeden, der es unternimmt, diese Ordnung (sc. die Ordnung der parlamentarischen Demokratie, des sozialen und föderalen Rechtsstaates) zu beseitigen, haben alle Deutschen das Recht zum Widerstand, wenn andere Abhilfe nicht möglich ist."[10] Das Widerstandsrecht, das hier normiert wird, unterscheidet sich seinem Wesen nach vom ungeschriebenen Widerstandsrecht der abendländischen Tradition. Wer sich auf Art. 20 Abs. 4 GG beruft, greift nicht in den naturrechtlichen Himmel und holt nicht „ewge Rechte" herab, „die droben hangen unveräußerlich und unzerbrechlich wie die Sterne selbst". Vielmehr stützt er sich schlicht auf positives staatliches Recht, wenngleich ein solches auf höchster Geltungsstufe, eben der Verfassung. Das verfassungsrechtliche Widerstandsrecht hat teil am Geltungsanspruch des Grundgesetzes, aber es stößt auch an dessen Grenzen. Das Problem, das gerade Art. 20 Abs. 4 GG aufwirft, besteht darin, ob es den Geltungsanspruch ebenso einzulösen vermag wie eine übliche Norm des Grundgesetzes, seien es Grundrechte oder Regeln des Staatsorganisationsrechts. Die Frage sei vorerst vernachlässigt. Fürs erste stehe die Hypothese, dass die Norm des Art. 20 Abs. 4 GG als reguläres Verfassungsrecht beim Wort genommen werden kann und dass sie in Tatbestand wie Rechtsfolge nach denselben Kriterien auszulegen ist wie andere Verfassungsnormen auch: eine Hermeneutik des Als-ob.

4.1 *Verfassungsnothilfe*

Die Bestimmung des Art. 20 Abs. 4 wurde 1968 im Zuge der Notstandsverfassung nachträglich in das Grundgesetz eingefügt.[11] Sie steht damit in einer Reihe mit den Regelungen des Katastrophenfalls sowie des inneren und des äußeren Notstands, also der Notaggregate der Staatlichkeit, die einsetzen, wenn deren reguläre Vorkehrungen versagen, um außergewöhnlichen Herausforderungen zu begegnen. Die Notstandsartikel erweitern die Handlungsbefugnisse in Ausnahmesituationen und erleichtern ihre Ausübung. Ihre Adressaten sind staatliche Stellen. Der Widerstandsartikel dagegen richtet sich an die Bürger. Sie sind das letzte Aufgebot zum Schutz der Verfassung. Wenn nichts anderes mehr hilft, drückt diese ihnen die Waffe des Widerstandsrechts in die Hand, um ihr eigenes Überleben zu sichern.

Das Widerstandsrecht setzt private Gewalt frei, und es durchbricht die Bürgerpflicht zum Rechtsgehorsam zu dem Zweck, die Verfassung zu retten. Das Bundesverfassungs-

10 Exemplarische Literatur: Schneider 1969; Isensee 1969; Herzog 1980, Rn. 1–66; Stern 1980; Dolzer 1992, § 171; Jakobs 1991, S. 441–444; Hesse 1995, S. 313–315; Sommermann 2010, Rn. 329–358; Heinemann 2003; Grzeszick 2010, § 12 Rn. 26 ff., 68.

11 Zur Entstehungsgeschichte Schneider 1969, S. 8–13.

gericht kennzeichnet das Widerstandsrecht als „Notrecht zur Bewahrung und Wiederherstellung der Rechtsordnung“, das nur „im konservierenden Sinne“ ausgeübt werden dürfe.[12] In der Tat ist der Sinn des Widerstandsrechts, die grundgesetzliche Ordnung zu bewahren, nicht aber sie zu verändern und zu verbessern. Es taugt nicht zum Instrument des politischen Fortschritts. Widerstand ist der Gegenbegriff zur Revolution.[13] Diese will die bestehende Ordnung von Grund auf beseitigen und durch eine neue, bessere ersetzen. In der Sicht von Revolutionären ist der Widerstand „konterrevolutionär“ und „reaktionär“. Der Aufstand der Deutschen in der DDR 1989 war dagegen eine echte Revolution. Sie stürzte das etablierte System der sozialistischen Diktatur, um ein anderes System, die liberale Demokratie, aufzurichten.[14]

In die Rechtssprache übersetzt, geht es in Art. 20 Abs. 4 GG um Nothilfe der Bürger zu dem Zweck, einen Angriff auf den Bestand der Verfassung abzuwehren. Das Widerstandsrecht lässt sich auch als ein Modus des Rechts der Gefahrenabwehr deuten mit der Besonderheit, dass die Zwangsmittel der Abwehr, die in der Regel dem Staat vorbehalten sind, nun in private Hände gelangen.

Das Potential des historischen Widerstandsrechts wird in Art. 20 Abs. 4 GG auch nicht annähernd ausgeschöpft. So erfasst es nicht die denkmöglichen (wenngleich nicht notwendig der Verfassung kompatiblen) Fälle des Widerstands gegen einen einzelnen Verfassungsverstoß oder einen sonstigen Unrechtsakt[15] oder den Widerstand aus Gewissensgründen gegen gültige allgemeine Gesetze, auch nicht den „zivilen Ungehorsam“.[16] Das Recht des Art. 20 Abs. 4 GG beschränkt sich auf den Überschneidungsbereich des traditionellen Widerstandsrechts mit dem Recht des Verfassungsschutzes. Es wird instrumentalisiert für die Ziele der „abwehrbereiten“ („streitbaren“, „wehrhaften“) Demokratie.[17]

4.2 *Schutzgut: die grundgesetzliche Ordnung*

Die „Ordnung“, zu deren Schutz das Widerstandsrecht des Art. 20 Abs. 4 GG dient, ist die Ordnung des Grundgesetzes.[18] Das bedeutet jedoch nicht, dass jede einzelne Rege-

12 So das KPD-Urteil des Jahres 1956 zu einem ungeschriebenen Widerstandsrecht, an dem sich der spätere Art. 20 Abs. 4 GG ausrichten sollte (BVerfGE 5, 85 [377]). Zustimmend Wassermann 1986, S. 356.

13 Zu der Unterscheidung Bertram 1964, S. 37–42.

14 Zur Qualität als Revolution Fiedler 1995, § 18 Rn. 13–17, 56–61; Quaritsch 1995, § 193 Rn. 61; ders. 1992, S. 314 ff.

15 Zum Tatbestand: Glotz 1983; Laker 1986, S. 98 ff., 121 ff.; Püttmann 1994, S. 46 ff.; Jakobs 1991, S. 443 f.

16 Allgemein zur Unzulässigkeit des zivilen Ungehorsams: Starck o. J. [1988], S. 19–27; Dolzer 1992, § 171 Rn. 26; Jakobs 1991, S. 444; Bethge 2009, § 158 Rn. 62; Depenheuer 2011, § 194 Rn. 45; Isensee 1988, S. 57–63. Rechtfertigungsversuch Laker 1986, S. 189–314.

17 Zu dem Konzept Denninger 1979, S. 14–48; Klein 1979, S. 63–110; Becker 1992, § 167; Jesse 1981; Thiel 2003 S. 1–24.

18 Zum Schutzgut näher Isensee 1969, S. 13–20; Herzog 1980, Rn. 12–22; Stern 1980, S. 1511–1514.

lung widerstandsbedeutsam wäre. Gegenstand ist vielmehr der Bestand der grundgesetzlichen Ordnung im Ganzen. Zu dieser gehören die Grundsätze, die Art. 20 Abs. 1 bis 3 GG anführt: der demokratische und soziale Bundesstaat, die Legitimation aller Staatsgewalt aus dem Willen des Volkes und deren Ausübung in Wahlen und Abstimmungen, Repräsentation und Gewaltenteilung, Vorrang der Verfassung sowie Vorrang und Vorbehalt des Gesetzes. Diese Prinzipien reichen über den Inhalt der „freiheitlichen demokratischen Grundordnung" hinaus, auf die sich die sonstigen Tatbestände der „abwehrbereiten" Demokratie beziehen, Grundrechtsverwirkung (Art. 18 GG), Parteiverbot (Art. 21 Abs. 2 GG) und innerer Notstand (Art. 91 GG). Die „Ordnung" des Art. 20 Abs. 4 GG umschließt auch das bundesstaatliche und das sozialstaatliche Prinzip; freilich sind diese „unpolitischen" Materien kaum staatsstreichgefährdet. Sie erschöpft sich nicht in den ausdrücklich benannten Prinzipien des Art. 20 GG. Zu ihr gehört das Prinzip des Rechtsstaats, das nur einschlussweise in Art. 20 GG enthalten ist, ferner gehören dazu die Ideen der Menschenwürde und der Menschenrechte sowie die Bindung aller Staatsgewalt an die Grundrechte, also jene in Art. 1 GG statuierten Verfassungselemente, die wie die des Art. 20 GG selbst gegen eine legale Verfassungsänderung gefeit sind. In ihrer Gesamtheit machen sie die Identität des Grundgesetzes aus und bilden so die „Ordnung", auf die sich Art. 20 Abs. 4 GG bezieht. Das Schutzgut des Widerstandsrechts entspricht dem revisionsfesten Verfassungskern des Art. 79 Abs. 3 GG.

Beide Vorkehrungen schützen nicht lediglich einen abstrakten Typus der freiheitlichen Verfassung, sondern eine bestimmte, positivrechtliche Verfassung, eben das Grundgesetz für die Bundesrepublik Deutschland. Die „Ordnung" im Sinne des Art. 20 Abs. 4 GG ist nicht als reines Normensystem zu verstehen. Denn ein solches lässt sich nicht durch die rohe Faktizität eines Staatsstreichs beseitigen und auch nicht durch private Gewalt verteidigen. Vielmehr geht es um die Wirklichkeit dieser Ordnung, um die gelebte Verfassung. Der Widerstandsfall tritt ein, wenn das demokratisch gewählte Parlament oder die legale Regierung von Putschisten gestürzt wird, auch wenn diese das parlamentarische Regierungssystem nicht abschaffen, sondern nur einmalig korrigieren wollen, um später zu regulären Verhältnissen zurückzukehren.

Schutzgut des Art. 20 Abs. 4 GG ist der Verfassungsstaat. Zu ihm gehört auch die Staatlichkeit als solche, also der Staat als souveräne Entscheidungs-, Macht- und Friedenseinheit, sein Gewaltmonopol und seine territoriale Einheit. Der Staat ist Voraussetzung und Gegenstand der Verfassung. Wenn er beseitigt wird, erledigen sich auch seine verfassungsrechtlichen Strukturen. Auch anarchistische und separatistische Bestrebungen können den Widerstandsfall auslösen.[19] Das Widerstandsrecht richtet sich nur auf Gefahren aus dem Inneren des Landes. Es lässt sich nicht gegen eine Okkupationsarmee in Stellung bringen, und es bietet keinen Rechtstitel für Partisanen. Fragen der äußeren Selbstbehauptung des Staates sind insoweit kein Thema.[20]

19 Isensee 1969, S. 18; Herzog 1980, Rn. 20 ff.; Stern 1980, S. 1513.
20 Isensee 1969, S. 19 f.

4.3 Art der Gefahr

Der Widerstandsfall setzt voraus, dass jemand es unternimmt, die Ordnung des Grundgesetzes zu beseitigen. Der Angriff geht auf das Ganze. Es reicht nicht aus, dass bei einer Bundestagswahl einzelne Unkorrektheiten auftreten, dass die Exekutive dem Vorbehalt des Gesetzes nicht hinlänglich Rechnung trägt, dass die Legislative Grundrechte verletzt oder der Bundespräsident den Bundestag zu Unrecht vorzeitig auflöst. Das Widerstandsrecht reagiert nicht auf einzelne Verfassungsverstöße, für die ohnehin Abhilfe bereitsteht. Daher rechtfertigt es auch nicht den „zivilen Ungehorsam", der sich gegen einzelne Akte oder Einrichtungen richtet, die als rechtswidrig, unmoralisch oder gefährlich geächtet werden, etwa gegen die Abschiebung eines Ausländers, den Bau einer Verkehrsanlage, den Transport von Nuklearmaterial.[21] Ein Steuerboykott wird nicht gerechtfertigt durch eine etwaige verfassungswidrige Anwendung des Steueraufkommens. „Es würde die repräsentative Demokratie lahmlegen, wenn einzelne oder gegebenenfalls viele Bürger dieser Demokratie die finanzielle Grundlage mit der Begründung entziehen könnten, dass einzelne staatliche Tätigkeiten nach ihrer Auffassung rechts- oder völkerrechtswidrig sind."[22] Vollends ermächtigt die Verfassung nicht zum Widerstand gegen Großvorhaben, deren Zulässigkeit in eingehendem und langwierigem Verfahren rechtskräftig festgestellt worden ist.[23]

Das Widerstandsrecht bezieht sich nur auf einen Angriff, der die grundgesetzliche Ordnung als solche beseitigen soll, sie also von Grund auf bedroht. Das kann ein Unternehmen sein, das die staatliche Ordnung anarchisieren will, wie auch ein solches, das einen autoritären oder totalitären Gegenentwurf verwirklicht, das etwa darauf ausgeht, die Alleinherrschaft einer Partei aufzurichten, das den Rechtsstaat dem Gesetz der Scharia unterwerfen oder eine ökologische Diktatur einführen will. Der Angriff braucht sich nicht auf sämtliche inhaltlichen Elemente des Grundgesetzes zu beziehen. Es genügt, dass er die Identität der Verfassung in einem ihrer Grundsätze, etwa im rechtsstaatlichen Prinzip, in Frage stellt und darin den Geltungsgrund der Verfassung antastet. Dabei kommt es nicht auf die verfassungsfeindliche Gesinnung des Angreifers an, sondern auf die Gefährlichkeit des Angriffs. Denn der Widerstand will die Unversehrtheit der grundgesetzlichen Ordnung sichern, nicht aber persönliche Schuld ahnden. Er gehört zum Recht der Gefahrenabwehr, nicht zum Strafrecht.

Der Angriff auf die grundgesetzliche Ordnung ist notwendig illegal. Eine legale Verfassungsänderung, auch eine Totalrevision, scheidet von vornherein aus, desgleichen die Ablösung des Grundgesetzes durch eine neue Verfassung, falls die Ablösung den for-

21 Zur Sitzblockade als Nötigung: BVerfGE 73, 206 (230 ff.) – mit gespaltenen Voten; Dreher 1988, S. 19 f.; Jakobs 1991, S. 444.

22 FG Berlin, Urt. v. 7. 3. 2000, zitiert nach: http://www.juris.de.

23 Das gilt für das Verkehrsprojekt „Stuttgart 21" der Deutschen Bahn. Dazu Gärditz 2011, S. 276–278.

mellen und materiellen Bedingungen des Art. 146 GG Genüge tut.[24] Der Widerstandsfall wird nicht durch verfassungsfeindliche Bestrebungen provoziert, die, auf Grundrechte wie die Meinungsfreiheit gestützt, sich innerhalb deren Schranken bewegen. Das gilt auch für eine politische Partei, die – im Genuss des Parteienprivilegs[25] – das Ihre tut, um die grundgesetzliche Ordnung zu unterminieren. Gegen sie hilft die politische Abwehr im Rahmen der allgemeinen Gesetze und als ultima ratio des Rechts das Parteiverbot durch das Bundesverfassungsgericht. Das Widerstandsrecht ermächtigt nicht die Bürger, dem Bundesverfassungsgericht zuvorzukommen und von sich aus die Partei zu vernichten.

Für Art. 20 Abs. 4 GG irrelevant ist ein stillschweigender Verfassungswandel, die Folge einer Mutation des Normverständnisses, des Rechtsbewusstseins und der Staatspraxis. Auf diese Weise mag die Ordnung der Verfassung von Grund auf geändert werden.[26] Doch gegen geistige Prozesse hilft nur geistige Gegenwehr. Diese aber ist reguläre Grundrechtsausübung. Physische Gewalt richtet hier nichts aus. Sie kann vielleicht eine Revolution aufhalten, nicht aber die Evolution. Das grobe Mittel vermag nicht, in einen verfassungsgefährdenden politischen Diskurs zu intervenieren, diesen zu wenden oder zu beenden. Dazu eignen sich allein Argumente. Der Kampf der Argumente aber ist die Normalität der freiheitlichen Demokratie. Er löst nicht den Widerstandsfall aus, und er setzt nicht das Widerstandsrecht frei. Dieses lebt erst auf in einer offenen oder latenten Bürgerkriegslage.

Allgemein gilt, dass die Rechtswidrigkeit des Angriffs für den Tatbestand des Art. 20 Abs. 4 GG nicht genügt. Der Angriff muss Momente des physischen Zwangs enthalten und manifest sein: ein Coup. Nur ein Schlag gegen die bestehende Ordnung kann durch den Gegenschlag des Widerstandes abgewehrt werden. Solange über einen Verfassungsbruch mit Worten gestritten wird, ist der Widerstandsfall nicht gegeben.[27] Er tritt selbst dann nicht ein, wenn eine Verfassungsrevision an den unantastbaren Kern des Grundgesetzes rührt oder die Ablösung des Grundgesetzes die Bahnen des Art. 146 GG verlässt, sich jedoch immer noch in den Bahnen des politischen Diskurses hält.

Widerstandsfall ist ein Staatsstreich. Dabei kommt es nicht darauf an, ob dieser aus der Staatsorganisation heraus geführt wird wie der Militärputsch (Staatsstreich von oben) oder aus der Gesellschaft heraus wie der Aufstand der Straße oder die Machtergreifung durch eine politische Gruppe (Staatsstreich von unten). Das Grundgesetz unterscheidet hier nicht. Es ermächtigt zum Widerstand gegen „jeden", der es unternimmt, die grundgesetzliche Ordnung zu beseitigen, gleich ob der Akteur staatliche Macht missbraucht oder private Freiheit.

24 Dazu näher Isensee 1992, § 166 Rn. 61–68.
25 BVerfGE 12, 296 (305); 17, 155 (166); 47, 130 (139).
26 Grundlegend Jellinek 1906, S. 8 ff.
27 Erfordernis der Evidenz: Schneider 1969, S. 18 f.

Der verfassungsändernde Gesetzgeber, der 1968 den Art. 20 Abs. 4 GG schuf, ahnte nicht, dass Jahrzehnte später das konstitutionalisierte Widerstandsrecht auf Maßnahmen der europäischen Integration angewendet[28] und ein Integrationsschritt wie die Gründung der Währungsunion als Staatsstreich qualifiziert werden könnte,[29] mit der Begründung, dass mit jedem Schritt die staatliche Substanz Deutschlands schrumpfe und das Grundgesetz an Bedeutung verliere, so dass sich die Schwelle nähere, ab der der völkerrechtliche Status der Souveränität absinke in den europarechtlichen Status des Glieds eines europäischen Bundesstaates. Nach Auffassung des Bundesverfassungsgerichts würde eine solche Degradierung allerdings den irreversiblen Kernbereich des Grundgesetzes antasten (Art. 79 Abs. 3 GG) und als revolutionärer Akt die Neubegründung der Verfassung erzwingen.[30] Das Bundesverfassungsgericht lässt sich allerdings nicht auf das Argument des Widerstandsrechts ein. Das Problem stelle sich „schon deshalb" nicht, weil, wie gerade die vorliegenden Verfahren zeigten, den Beschwerdeführern rechtsstaatliche Möglichkeiten offenstünden, sich gegen die Ratifizierung zu wehren.[31] Die Begründung lässt sich vertiefen: Die Integration ist ein verfassungsmäßig geordneter Prozess; sie bildet keinen Coup, der den Gegenschlag herausfordert. Der kritische Punkt, an dem die Staatlichkeit verlorengeht, lässt sich, wenn überhaupt, erst aus der Rückschau eindeutig bestimmen. Im Übrigen herrscht juristischer Streit darüber, ob der Verlust der Staatlichkeit überhaupt zum Thema des Art. 79 Abs. 3 GG gehört und ob das Aufgehen Deutschlands in einem europäischen Bundesstaat nicht geradezu eine Zielvorgabe des Grundgesetzes erfüllt. Wie immer diese Frage auch zu beantworten ist, die Antwort lässt sich nur im offenen juridischen Diskurs und im rechtlich geregelten Verfahren finden – nicht aber in Aktionen des Widerstands. Dieser setzt evidentes Unrecht voraus, eine Bürgerkriegslage und einen handfesten Angriff. An all dem fehlt es.

4.4 Fehlen anderer Abhilfe

Der Widerstandsfall tritt erst ein, „wenn andere Abhilfe nicht möglich ist". Er ist der Ausnahmefall schlechthin. Daher müssen alle Mittel der Normallage versagen, um die Gefahr abzuwehren, ehe die Bürger zu den heiklen Mitteln des Rechtsbruchs und der Gewaltsamkeit greifen. Sie dürfen es nicht, solange der Konflikt noch in zivilen Formen

---

28 Erfolglose Rüge in der Verfassungsbeschwerde gegen das Zustimmungsgesetz zum Maastricht-Vertrag (BVerfGE 89, 155 [180]) und im Organstreit um den Verfassungsvertrag (BVerfGE 112, 263 [367]).

29 Als Frage gestellt, aber – gerade noch – verneint von Huber 1993 (S. 48: „kurz vor der Schwelle" des unantastbaren Kerns des Art. 79 Abs. 3 GG).

30 BVerfGE 123, 267 (347–355). Vgl. auch BVerfGE 89, 155 (182–188). In diesem Sinne Huber 1993, S. 22–27; Isensee 2004, § 15 Rn. 44 ff., 105 ff.; Kirchhof 2004, § 21 Rn. 69 ff., 84; Hillgruber 2004, § 32 Rn. 15. – Gegenposition: Classen 2009, S. 889; Dreier 2009, S. 95–97.

31 BVerfGE 89, 155 (180). Ebenso BVerfGE 112, 263 (367 f.); AG Köln, Urt. v. 15. 1. 1981, in: Wohnungswirtschaft und Mietrecht (WuM) 1981, S. 89 f. – Stromzahlungsboykott; FG Berlin, Urt. v. 7. 3. 2000, zitiert nach: http://www.juris.de – Steuerboykott.

ausgetragen werden kann, solange das demokratische System noch intakt ist und die Regierenden abgewählt werden können, solange friedlicher Protest noch eine Chance auf Gehör findet, insbesondere solange Verfahren der Kontrolle und des Rechtsschutzes noch Wirkung versprechen.[32] Die Staatsgewalt muss als Hüterin der grundgesetzlichen Ordnung ausfallen, sei es, dass sie selbst es ist, von der die Gefahr ausgeht (im Staatsstreich von oben), sei es, dass sie nicht fähig oder nicht willens ist, dem Staatsstreich von unten wirksam zu begegnen.

Das Widerstandsrecht gibt dem Bürger keinen Anspruch gegen die Staatsgewalt, ihm andere Abhilfe zur verfahrensmäßigen Lösung eines Verfassungskonflikts zu verschaffen, etwa die Klagemöglichkeiten zum Bundesverfassungsgericht zu erweitern.[33] Die Leistung der Abhilfe ist nicht Thema des Art. 20 Abs. 4 GG. Vielmehr bildet das Fehlen der Abhilfe seine Voraussetzung. Der Tatbestand knüpft an das vorhandene Potential eines regulären Verfassungsschutzes an.

Die Subsidiaritätsklausel des Art. 20 Abs. 4 GG markiert die Grenze zwischen dem status civilis der staatlich befriedeten Ordnung und dem status naturalis der Bürgerkriegslage. Nur im Falle der äußersten Not darf die Grenze überschritten werden, jenseits derer Friedlosigkeit und Rechtlosigkeit lauern. „Der alte Urstand der Natur kehrt wieder, wo Mensch dem Menschen gegenübersteht": homo homini lupus. Dennoch gibt das Grundgesetz unter strengsten Kautelen den anarchischen Weg frei: „Zum letzten Mittel, wenn kein andres mehr verfangen will, ist ihm das Schwert gegeben."

4.5 Beginn und Ende des Widerstandsfalls

Das Grundgesetz spricht vom „Unternehmen" der Beseitigung. Dieser dem Strafrecht entlehnte Begriff[34] umfasst Versuch und Vollendung. Bloße Vorbereitungshandlungen reichen nicht aus.[35] Der Angriff muss aus dem Stadium des Plans in das der Ausführung übergehen. Zumindest muss er unmittelbar bevorstehen und erkennen lassen, dass ihm keine reguläre Abhilfe gewachsen ist. Polizeirechtlich gewendet, setzt das Widerstandsrecht eine konkrete Gefahr voraus. Die abstrakte Gefahr, die im verfassungsfeindlichen Potential einer Gesellschaft liegt, reicht nicht aus. Das Widerstandsrecht ermächtigt nicht zum Präventivschlag.

Es zeitigt auch keine Vorwirkungen dahin, dass der Private im Normalzustand den Widerstand trainieren und sich mit Waffen für den Ernstfall versehen darf. Zu Recht lässt die Staatspraxis sich nicht darauf ein, dass ein Privater zur Vorbereitung eines et-

32 BVerfGE 89, 155 (180); 112, 363 (367).
33 BVerfGE 89, 155 (180).
34 § 11 Abs. 1 Nr. 6 StGB.
35 Zu den zeitlichen Grenzen des Widerstandsfalles näher Isensee 1969, S. 21–28.

waigen gewaltsamen Widerstandsrechts Sprengkörper bastelt und so das staatliche Gewaltmonopol unterläuft.[36]

Das Widerstandsrecht besteht nur so lange wie die Gefahr. Ist diese erfolgreich abgewehrt, erlischt es. Es erlischt auch, wenn die grundrechtliche Ordnung endgültig beseitigt und durch eine andere Ordnung ersetzt ist. Im neuen Kontext wäre der Kampf für die Prinzipien des Grundgesetzes revolutionär. Ziel des Widerstandsrechts ist der Schutz der bestehenden, nicht die Restauration einer früheren Ordnung.

Erfolg im Widerstand macht trunken. Eine private Formation, der es gelingt, einen Staatsstreich abzuwenden, neigt dazu, einen Lohn für ihre Rettungstat von den geretteten Repräsentanten der staatlichen Legalität einzufordern und zu erzwingen. Das historische Lehrstück bildet der politische Generalstreik, den die sozialistisch dominierten Gewerkschaften im Jahr 1920 gegen den Kapp-Lüttwitz-Putsch durchführten. Dieser wurde aber nach dem Zusammenbruch des Putsches am 17. März bis zum 24. März fortgesetzt – nunmehr gegen die verfassungsmäßige Reichsregierung Bauer und den Reichspräsidenten Ebert zu dem Zweck, diesen ein gewerkschaftliches Neun-Punkte-Programm aufzunötigen, das die Regierungsbildung und die öffentliche Verwaltung dem gewerkschaftlichen Einfluss unterwerfen sollte, Sozialisierungen und Enteignungen forderte sowie die Entlassung missliebiger Minister vorsah, um die „abgebrochene Revolution" von 1918/19 wieder aufzugreifen und die Diktatur des Proletariats aufzurichten. Der Widerstand gegen die Usurpation schlug um in einen revolutionären Angriff auf die Verfassungsordnung. Die Abwehr des Staatsstreichs von Rechts verwandelte sich zum Staatsstreich von Links.[37] Der Generalstreik trug übrigens in seiner ersten Phase kaum bei zur Abwehr des Putsches. Denn dieser brach in sich zusammen, da es ihm, kopflos wie er war, nicht gelang, die Ministerialverwaltung, die Reichsbank, die Reichswehr im Ganzen wie auch sonstige politische Potenzen von Gewicht zu gewinnen. Dagegen zeitigte er in seiner zweiten Phase, nunmehr selber als Staatsstreich, Wirkung, unmittelbar nur gering, mittelbar jedoch nachhaltig in der Delegitimation der Weimarer Republik und in der Diskreditierung der Verfassungsparteien, zumal der SPD. Der Generalstreik von 1920 taugt schlecht zum Leitbild des Widerstandsrechts, dagegen eher zur Warnung vor den Geistern, die, einmal gerufen, nur schwer loszuwerden sind.[38]

36 BVerwG, Urt. v. 4.8.1982, in: Das Recht im Amt (RiA) 1983, S. 100; Zeitschrift für Beamtenrecht (ZBR) 1983, S. 41 – Fall eines Lehramtskandidaten als Problem seiner fachlichen Eignung.

37 Geschichte und Analyse: Kaiser 1959, S. 50–52; Huber 1984, S. 44 ff. (48, 96–100); Erger 1967, insbesondere S. 279–302; Schulze 1982, S. 218–221.

38 Es ist eine prekäre, zwiespältige Sache, dass einzelne Gewerkschaften in ihren Satzungen eine Widerstandspflicht für ihre Mitglieder statuieren und den politischen Streik für den Fall des Angriffs auf Existenz und Rechte der Gewerkschaften sowie auf die freiheitlich demokratische Grundordnung vorsehen. Dazu Isensee 1969, S. 94.

4.6 Ausübung des Widerstandsrechts

Das Widerstandsrecht kommt Bürgern zu, nicht aber der Staatsorganisation und ihren Amtswaltern. Es erweitert nicht die staatlichen Notstandsbefugnisse. Vielmehr lebt es erst auf, wenn die Staatsorganisation aus Mangel an Legalität oder aus Mangel an Effizienz die grundgesetzliche Ordnung nicht mehr schützt.

Das Grundgesetz spricht das Widerstandsrecht „allen Deutschen" zu und legt damit den Grund frei, aus dem es sich rechtfertigt. Wer dem deutschen Volk angehört, aus dessen verfassunggebender Gewalt sich das Grundgesetz ableitet, ist berufen, das Grundgesetz in der Existenzkrise zu verteidigen. Die Frage, die der Deutschenvorbehalt der Grundrechte sonst aufwirft, ob hier eine Lücke im Freiheitsschutz für Ausländer (mit oder ohne Unionsbürgerstatus) bestehe und ob diese Lücke durch das Auffanggrundrecht der Allgemeinen Handlungsfreiheit (Art. 2 Abs. 1 GG) zu füllen sei, stellt sich hier nicht. Denn das Widerstandsrecht ist kein Freiheitsrecht, sondern ein Recht der demokratischen Teilhabe an der Staatsgewalt, die vom Volke ausgeht. Im Widerstandsfall ist das Volk freilich staatlich desorganisiert. Es kann nur über seine einzelnen Bürger und deren Gruppierungen handeln. Diese handeln aber nicht als Private und nicht zur Selbstverwirklichung, sondern als Sachwalter für die allgemeine Sache, für den Schutz der grundrechtlichen Ordnung.

Das rechtsstaatliche Verteilungsprinzip, wonach die Freiheit des Bürgers ursprunghaft und prinzipiell unbegrenzt, die Staatsgewalt aber rechtfertigungsbedürftig und notwendig begrenzt ist,[39] gilt nicht für das Widerstandsrecht, das dieses Prinzip geradezu auf den Kopf stellt. Denn die Ausübung des Widerstandsrechts bedarf der Rechtfertigung. Sie unterliegt den gleichen Schranken wie die Ausübung der Staatsgewalt, insbesondere der Schranke des Übermaßverbots. Der Widerstand bildet einen Eingriff in die Rechtsordnung, nicht zuletzt in Rechte anderer. Mithin darf er sich nur zwecktauglicher Mittel bedienen, die wenigstens einen bescheidenen Erfolg in der Gefahrenabwehr versprechen. Von mehreren zwecktauglichen Mitteln ist das für die Allgemeinheit und die betroffenen Individuen schonendste zu wählen. Das Mittel darf, gemessen an dem Ziel, das es im günstigen Fall erreichen kann, nicht unverhältnismäßig sein. Das gilt besonders für Kollateralschäden bei Unbeteiligten. Als ultima ratio mag die Tötung des Angreifers gerechtfertigt sein. Doch terroristische Maßnahmen sind niemals legitim. Wer eine Ordnung verteidigt, die ihren letzten Sinn in der Wahrung und im Schutz der Menschenwürde findet, darf nicht selber die Menschenwürde verletzen.

Es ist die freie Entscheidung jedes einzelnen Bürgers, ob er im Ernstfall das Widerstandsrecht ausübt und sich den Risiken aussetzt, die mit seiner Ausübung verbunden sind, oder ob er sich zurückhält und den Gang der Ereignisse abwartet. Das ist Sache des staatsbürgerlichen Ethos und der politischen Klugheit. Von Verfassungs wegen besteht

39 Schmitt 1928, S. 126.

keine Widerstandspflicht. Das Grundgesetz hat sein Schicksal in die Hände der Bürger gelegt. Von ihrem Verhalten hängt es ab, ob es die Krise übersteht.

5 Das anarchische Recht

Laut ausdrücklicher Regelung des Grundgesetzes kann jedermann das Bundesverfassungsgericht über die Verfassungsbeschwerde anrufen, mit der Rüge, durch die öffentliche Gewalt in seinem Recht aus Art. 20 Abs. 4 GG verletzt zu sein. Als Prüfungsmaßstab wird das Widerstandsrecht in eine Reihe gestellt mit den Grundrechten und den grundrechtsgleichen Rechten wie denen auf rechtliches Gehör, auf den gesetzlichen Richter und auf den gleichen Zugang zu öffentlichen Ämtern (Art. 93 Abs. 1 Nr. 4a GG).[40] Wer aber eine Verfassungsbeschwerde auf Art. 20 Abs. 4 GG stützt, wird vom Gericht belehrt, dass sie unzulässig sei, weil sich das Problem des Widerstandsrechts gar nicht stelle, wenn andere Abhilfe möglich sei.[41] Die Rüge einer Verletzung des Widerstandsrechts gerät zum Beweis dafür, dass das Widerstandsrecht gar nicht bestehe. In der Tat ist der Widerstandsfall noch nicht eingetreten, solange das Bundesverfassungsgericht funktionsfähig ist. Hat es jedoch seine Funktionsfähigkeit verloren, ist die Verfassungsbeschwerde sinnlos. Nur mit einiger juridischer Mühe und Phantasie lassen sich Fälle denken, in denen die Berufung auf Art. 20 Abs. 4 GG rechtspraktisch Sinn haben könnte: dass nach erfolgreichem Widerstand dessen straf- und deliktsrechtliche, arbeits- und entschädigungsrechtliche Auswirkungen zu untersuchen wären.[42] Falls jedoch der Widerstand scheitert und das Grundgesetz beseitigt wird, verliert das grundgesetzliche Widerstandsrecht, mitsamt der Verfassungsbeschwerde und der Verfassungsgerichtsbarkeit, seine Geltung, und die erfolgreichen Usurpatoren dürften kaum geneigt sein, ihren Widersachern einen Legalitätsbonus zuzuerkennen. In der Staatsrechtslehre besteht daher die Neigung, einem Widerstandsrecht nur sittlichen, nicht aber positivrechtlichen Wert zuzusprechen.[43]

Die Verfassung, die das Widerstandsrecht vorsieht, bietet dem, der es ausübt, keinen Schutz und keinen Rückhalt, weil die Inhaber der Staatsgewalt, die an sich dazu verpflichtet wären, die verfassungsmäßigen Rechte zu gewährleisten, entweder ohnmächtig oder aber unwillig und untreu sind. Wer Widerstand übt, handelt auf eigenes Risiko. Er nimmt Partei im Bürgerkrieg und muss mit allen Blessuren rechnen, die dieser nach sich zieht. Er riskiert nicht nur das faktische Scheitern, sondern auch den Irrtum über die Tatsachen- und Rechtslage.[44] Die Lage aber dürfte im Ernstfall unklar und die Ver-

40 Ebenso § 90 Abs. 1 BVerfGG.

41 BVerfGE 89, 155 (180). Vgl. auch BVerfGE 112, 363 (367 f.).

42 Dazu Isensee 1969, S. 86–95; Blank 1982, S. 35–48, 139–161; Jakobs 1991, S. 4.

43 Heller 1963, S. 22 f.; Krüger 1964, S. 948; Schneider 1969, S. 22 f.

44 Zur strafrechtlichen Seite Blank 1982, S. 139–161. Allgemein zum Risiko Wassermann 1986, S. 361 f.

wirrung der Geister vollständig sein. Denkbar ist, dass der Kampf um die Existenz des Grundgesetzes als Kampf um seine richtige Interpretation ausgetragen wird, und dass jede Seite der anderen Rebellion vorwirft und für sich selbst das Widerstandsrecht reklamiert.[45]

Für keine der Seiten spricht eine apriorische Vermutung der Richtigkeit. Der Staat fällt als unparteiischer, neutraler Richter aus.[46] Wer Widerstand übt, handelt kraft Selbstermächtigung als Richter in allgemeiner Sache und ist zugleich Partei. Wenn es hier überhaupt eine Vermutung gibt, dann: im Zweifel für Rechtsgehorsam und Friedenspflicht, im Zweifel also gegen den Zugriff auf das Widerstandsrecht.

Trotz seiner verfassungsrechtlichen Legalisierung ist das Widerstandsrecht des Art. 20 Abs. 4 GG anarchisch. Anarchie aber lässt sich nicht normieren. Hier versagt auch die Verfassung. Das Grundgesetz übernimmt sich, wenn es einen Bereich regelt, der sich der Wirksamkeit des Staates und damit auch der möglichen Wirksamkeit einer Verfassung entzieht. Mithin erweist sich auch die schulgerechte Als-ob-Interpretation des Art. 20 Abs. 4 GG als graue Theorie, die geringe Aussicht hat, sich im Ernstfall zu bewähren. Wenn das Schicksal der grundgesetzlichen Ordnung auf Messers Schneide stehen sollte, dürfte niemand fragen, ob es sich bei denen, die Widerstand leisten, um Deutsche im Sinne des Grundgesetzes, um Unionsbürger, sonstige Ausländer oder verfassungsloyale Restbestände der Staatsorganisation handelt. Ob und wieweit das Übermaßverbot den Widerstand effektiv disziplinieren und humanisieren kann, hängt ab vom guten Willen der Akteure und von den Umständen, nicht aber von grundgesetzlichen Vorgaben.

Das Grundgesetz bedient in Art. 20 Abs. 4 Legalitätsbedürfnisse dort, wo Legalität nichts mehr ausrichtet, und bestätigt Lenins Sarkasmus, dass deutsche Revolutionäre, ehe sie den Bahnhof stürmen, zuvor noch Bahnsteigkarten kaufen.

6 Sinn und Gefahr der Legalisierung

Die Legalisierung kann trügerisches Rechtsvertrauen stiften und den Eindruck wecken, das Widerstandsrecht sei ein staatlich gesichertes Grundrecht wie die Meinungs- oder die Versammlungsfreiheit, und seine Ausübung genieße den favor legis. Die Gefahr des unzeitigen Gebrauchs ist programmiert. Aus diesem Grunde hatte der Abgeordnete Carlo Schmid im Hauptausschuss des Parlamentarischen Rates den Vorschlag verwor-

---

45 Die Prätention des Widerstandsrechts kann sich auch gegen den Verfassungsstaat kehren. Exemplarisch die Position Adolf Hitlers: „Wenn durch die Hilfsmittel der Regierungsgewalt ein Volkstum dem Untergang entgegengeführt wird, dann ist die Rebellion eines jeden Angehörigen eines solchen Volkes nicht nur Recht, sondern Pflicht. Die Frage aber, wann ein solcher Fall gegeben sei, wird nicht entschieden durch theoretische Abhandlungen, sondern durch Gewalt und – den Erfolg" (Hitler 1936, S. 104).

46 Immanuel Kant folgert daraus, dass es kein Recht auf Widerstand geben könne (1966, B 203–208, S. 437–440; ders. 1964, A 255–269, S. 156–163).

fen, ein Widerstandsrecht im Grundgesetz zu verankern,[47] mit der Begründung, dieser Artikel werde sich in praxi als „Aufforderung zum Landfriedensbruch" auswirken und „daß wir damit viele arme Teufel eigentlich recht in eine Versuchung führen, aus deren Folgen wir sie nicht werden herausholen können".[48] Der Vorschlag aber, der vom Abgeordneten Seebohm ausgegangen war, hatte sich auf staatspädagogische Gründe gestützt: dass ein solches Recht namentlich in der Beamtenschaft die Bereitschaft zur Zivilcourage stärken könne; man solle den Deutschen, deren Widerstandsbereitschaft gegen Übergriffe der Staatsgewalt außerordentlich gering sei, durch eine solche Bestimmung das Rückgrat stärken – was den Zuruf auslöste: „Dieses Papierkorsett hält auch nicht mehr."[49]

Was 1949 im Parlamentarischen Rat mit überwältigender Mehrheit abgelehnt wurde, fand, freilich in anderer Fassung, 1968 im Wege der Verfassungsrevision Eingang in das Grundgesetz, mit der Prognose, die Normierung des Widerstandsrechts werde keine größeren Schwierigkeiten bereiten als die Normierung der Notwehr, und sie werde einen erzieherischen Effekt erzielen.[50] Die Prognose erstaunt im historischen Kontext der im selben Jahr 1968 ausbrechenden Kulturrevolution, in der Rechtsbruch und Selbstjustiz grassierten und das staatliche Gewaltmonopol auszufransen begann.[51] Überhaupt ist die Prognose naiv. Eine Verfassungsnorm kann Imperative für praktisches Handeln geben, aber keine volkspädagogischen Impulse.

Widerstand als solcher ist kein Erziehungsziel. Erziehungsziel ist vielmehr der verantwortliche Umgang des Bürgers mit seiner Freiheit unter den Bedingungen verfassungsstaatlicher Normalität. Dazu gehört, das Recht des anderen zu achten und die Zumutungen seiner Freiheit zu ertragen, die Regeln demokratischer Fairness einzuhalten, die legitimen Erfordernisse der Allgemeinheit zu akzeptieren, also ein staatsbürgerliches Ethos zu verinnerlichen. Wo diese staatsbürgerlichen Tugenden herrschen, ist das Risiko minimal, dass jemals der Widerstandsfall eintritt.

Ist das Gewissen des Bürgers hinreichend geschärft, so wird es ihn zu sorgfältiger Selbstprüfung und zur Prüfung der äußeren Umstände bewegen, wenn der Grenzfall des äußersten Unrechts doch einmal eintreten sollte und keine andere Instanz mehr bereitstünde, an die er appellieren könnte, als eben sein eigenes Gewissen. Dann aber darf er im Sinne John Lockes selbst urteilen, ob er „gerechte Ursache hat, den Himmel anzu-

47 Der Vorschlag des Abgeordneten Seebohm lautete: „Bei Verfassungsbruch sowie rechts- und sittenwidrigem Mißbrauch der Staatsgewalt wird ein Widerstandsrecht anerkannt. Öffentliche Amtsträger sind in diesem Fall zum Widerstand verpflichtet" (24. Sitzung des Hauptausschusses vom 19. Januar 1949, in: Feldkamp 2009, S. 1432.).

48 Abgeordneter Schmitt ebd. (Feldkamp 2009, S. 1432, 1433).

49 Abgeordneter Seebohm ebd. (Feldkamp 2009, S. 1432, 1433).

50 So der Abgeordnete Even am 15. Mai 1968 im Deutschen Bundestag (174. Sitzung, 5. Wahlperiode, Prot. S. 9366). Kritik Schneider 1969, S. 12 f., 21, 23; Wassermann 1986, S. 362 f.

51 Zur Gefährlichkeit des Art. 20 Abs. 4 GG unter diesen Bedingungen Schneider 1969, S. 12–23. Zu den Verbiegungen des Rechtsbewusstseins Püttmann 1994, S. 37 ff., 74 ff., 102 ff.

rufen", also die Legalität zu durchbrechen, wo Rechtsgehorsam schädlich wäre, und auf ein überpositives Widerstandsrecht zurückzugreifen.

Literatur

Backmann, Leonhard E. 1972. Bibliographie. In *Widerstandsrecht*, hg. von Arthur Kaufmann, 561–615. Darmstadt.

Becker, Jürgen. 1992. Die wehrhafte Demokratie des Grundgesetzes. In *Handbuch des Staatsrechts der Bundesrepublik Deutschland VII*, hg. von Josef Isensee, und Paul Kirchhof, § 167. Heidelberg.

Bertram, Karl Friedrich. 1964. *Widerstand und Revolution*. Berlin.

Bethge, Herbert. 2009. Gewissensfreiheit. In *Handbuch des Staatsrechts der Bundesrepublik Deutschland VII*, hg. von Josef Isensee, und Paul Kirchhof. 3. Aufl., § 158. Heidelberg.

Blank, Theodor. 1982. *Die strafrechtliche Bedeutung des Art. 20 Abs. 4 GG (Widerstandsrecht)* Baden-Baden.

Böckenförde, Ernst-Wolfgang. 1978. *Der Staat als sittlicher Staat*. Berlin.

Classen, Claus Dieter. 2009. Legitime Stärkung des Bundestages oder verfassungsrechtliches Prokrustesbett?. *Juristenzeitung 64(18)*: 881–889.

Denninger, Erhard. 1979. Verfassungstreue und Schutz der Verfassung. *Veröffentlichungen der Vereinigung der Deutschen Staatsrechtslehrer 37*: 7–51.

Depenheuer, Otto. 2011. Solidarität und Freiheit. In *Handbuch des Staatsrechts der Bundesrepublik Deutschland IX*, hg. von Josef Isensee, und Paul Kirchhof. 3. Aufl., § 194. Heidelberg.

Dolzer, Rudolf. 1992. Der Widerstandsfall. In *Handbuch des Staatsrechts der Bundesrepublik Deutschland VII*, hg. von Josef Isensee, und Paul Kirchhof, § 171. Heidelberg.

Dreher, Eduard. 1988. Zwanzig Thesen zum Thema ziviler Ungehorsam und Sitzblockaden. *Monatsschrift für Deutsches Recht*: 19 f.

Dreier, Horst. 2009. *Gilt das Grundgesetz ewig?*. München.

Erger, Johannes. 1967. *Der Kapp-Lüttwitz-Putsch*. Düsseldorf.

Feldkamp, Michael F., Hg. 2009. *Der Parlamentarische Rat 1948–1949. Akten und Protokolle, Bd. 14/2: Hauptausschuß*. München.

Fiedler, Wilfried. 1995. Die deutsche Revolution von 1989. In *Handbuch des Staatsrechts der Bundesrepublik Deutschland VII*, hg. von Josef Isensee, und Paul Kirchhof, § 18. Heidelberg.

Gärditz, Klaus Ferdinand. 2011. Angemessene Öffentlichkeitsbeteiligung bei Infrastrukturplanungen als Herausforderung an das Verwaltungsrecht im demokratischen Rechtsstaat. *Gewerbearchiv*: 273–279.

Glotz, Peter, Hg. 1983. *Ziviler Ungehorsam im Rechtsstaat*. Frankfurt am Main.

Gornig, Gilbert. 2001. Der Tyrannenmord. In *Festschrift für Georg Brunner*, 603–626. Baden-Baden.

Grzeszick, Bernhard. 2010. Ungeschriebenes Verfassungsrecht. In *Verfassungstheorie*, hg. von Otto Depenheuer, und Christoph Grabenwarter, § 12. Tübingen.

Heinemann, Jan. 2003. Das Widerstandsrecht nach Art. 20 Abs. 4 GG. In *Wehrhafte Demokratie*, hg. von Markus Thiel, 99–128. Tübingen.

Heller, Hermann. 1963. *Staatslehre*. 3. Aufl. Leiden.

Herzog, Roman. 1980. Art. 20 Abs. IV. In *Grundgesetz*, hg. von Theodor Maunz, und Günter Dürig, Stand 1980. München.

Hesse, Konrad. 1995. *Grundzüge des Verfassungsrechts der Bundesrepublik Deutschland.* 20. Aufl. Heidelberg.
Hillgruber, Christian. 2004. Der Nationalstaat in seiner überstaatlichen Verflechtung. In *Handbuch des Staatsrechts der Bundesrepublik Deutschland II*, hg. von Josef Isensee, und Paul Kirchhof. 3. Aufl., § 32. Heidelberg.
Hitler, Adolf. 1936. *Mein Kampf.* 204/208. Aufl. München.
Huber, Ernst Rudolf. 1984. *Deutsche Verfassungsgeschichte seit 1789, Bd. VII.* Stuttgart u. a.
Huber, Peter Michael. 1993. *Maastricht – ein Staatsstreich?.* Stuttgart u. a.
Isensee, Josef. 1969. *Das legalisierte Widerstandsrecht.* Bad Homburg v. d. Höhe u. a.
—. 1982. Die Friedenspflicht der Bürger und das Gewaltmonopol des Staates. In *Festschrift für Kurt Eichenberger*, 23–40. Basel, Frankfurt am Main.
—. 1988. Ziviler Ungehorsam. In *Widerstand und Ungehorsam*, hg. von Günter Birtsch, und Meinhard Schröder, 57–63. Trier.
—. 1992. Schlußbestimmung des Grundgesetzes: Artikel 146. In *Handbuch des Staatsrechts der Bundesrepublik Deutschland VII*, hg. von Josef Isensee, und Paul Kirchhof, § 166. Heidelberg.
—. 2004. Staat und Verfassung. In *Handbuch des Staatsrechts der Bundesrepublik Deutschland II*, hg. von Josef Isensee, und Paul Kirchhof. 3. Aufl., § 15, 3–106. Heidelberg.
Jakobs, Günther. 1991. *Strafrecht. Allgemeiner Teil.* 2. Aufl. Berlin u. a.
Jellinek, Georg. 1906. *Verfassungsänderung und Verfassungswandlung.* Berlin.
Jesse, Eckart. 1981. *Streitbare Demokratie.* 2. Aufl. Berlin.
Kaiser, Joseph H. 1959. *Der politische Streik.* 2. Aufl. Berlin.
Kant, Immanuel. 1964. Über den Gemeinspruch: das mag in der Theorie richtig sein, taugt aber nicht für die Praxis (1793). In *Werke in sechs Bänden, hg. von Wilhelm Weischedel. Bd. VI*, 125–172. Darmstadt.
—. 1966. Metaphysik der Sitten (^{2}1798). In *Werke, hg. von Wilhelm Weischedel. Bd. IV*, 302–634. Darmstadt.
Kaufmann, Arthur, Hg. 1972. *Widerstandsrecht.* Darmstadt.
Kirchhof, Paul. 2004. Die Identität der Verfassung. In *Handbuch des Staatsrechts der Bundesrepublik Deutschland II*, hg. von Josef Isensee, und Paul Kirchhof. 3. Aufl., § 21. Heidelberg.
Klein, Hans Hugo. 1979. Verfassungstreue und Schutz der Verfassung. *Veröffentlichungen der Vereinigung der Deutschen Staatsrechtslehrer 37*: 53–113.
Krüger, Herbert. 1964. *Allgemeine Staatslehre.* Stuttgart.
Laker, Thomas. 1986. *Ziviler Ungehorsam.* Baden-Baden.
Locke, John. 1689. *The Second Treatise of Government.* London.
—. 1966. *Über die Regierung.* Hamburg.
Püttmann, Andreas. 1994. *Ziviler Ungehorsam und christliche Bürgerloyalität.* Paderborn.
Quaritsch, Helmut. 1992. Eigenarten und Rechtsfragen der DDR-Revolution. *Verwaltungsarchiv 83*: 314–329.
—. 1995. Wiedervereinigung in Selbstbestimmung. In *Handbuch des Staatsrechts der Bundesrepublik Deutschland VIII*, hg. von Josef Isensee, und Paul Kirchhof, § 193. Heidelberg.
Schiller, Friedrich. 1804. *Wilhelm Tell.* Tübingen.
Schmitt, Carl. 1928. *Verfassungslehre.* Berlin.
Schneider, Hans. 1969. *Widerstand im Rechtsstaat.* Karlsruhe.
Schneider, Hans-Peter. 1973. Das „ius resistendi“ als rechtstheologisches Problem in Geschichte und Gegenwart. *Zeitschrift der Savigny-Stiftung für Rechtgeschichte (ZRG) 90 Kan Abt. 59*: 383–416.
Schulze, Hagen. 1982. *Weimar. Deutschland 1917–1933.* Berlin.

Sommermann, Karl-Peter. 2010. Art. 20 Abs. 4. In *Kommentar zum Grundgesetz. Bd. 2: Art. 20–82*, hg. von Hermann v. Mangoldt, und Friedrich Klein, & Cristian Starck. 6. Aufl. München.

Starck, Christian. o. J. [1988]. *Recht auf Widerstand in der Demokratie* (Zur christlichen Berufsethik - Kirche im Gespräch; 13, hg. vom Bistum Essen). Essen.

Stern, Klaus. 1980. *Das Staatsrecht der Bundesrepublik Deutschland, Bd. II.* München.

Thiel, Markus. 2003. Zur Einführung: Die „wehrhafte Demokratie" als verfassungsrechtliche Grundentscheidung. In *Wehrhafte Demokratie*, hg. von Markus Thiel, 1–24. Tübingen.

Wassermann, Rudolf. 1984. Zum Recht auf Widerstand nach dem Grundgesetz. In *Konsens und Konflikt. 35 Jahre Grundgesetz. Vorträge und Diskussionen einer Veranstaltung der Freien Universität Berlin vom 6. bis 8. Dezember 1986*, hg. von Albrecht Randelzhofer, und Werner Süß, 348–364. Berlin, New York.

Wolzendorff, Kurt. 1916. *Staatsrecht und Naturrecht in der Lehre vom Widerstandsrecht des Volkes gegen rechtswidrige Ausübung der Staatsgewalt.* Breslau.

Widerstand und ziviler Ungehorsam im demokratischen Rechtsstaat

Heinz Kleger

Vorbemerkung

Der demokratische Rechtsstaat ist eine voraussetzungs- und anspruchsvolle normative Ordnung, die sowohl die Grund- und Menschenrechte der einzelnen Bürgerinnen und Bürger garantieren als auch ein demokratisches Regieren ermöglichen soll. Die politischen Kommunikationsrechte gehen weit, verbindliche Entscheidungen sind gleichwohl möglich und unterliegen der richterlichen Normenkontrolle. Zum Schutzbereich politischer Freiheit gehört mittlerweile ein breites Spektrum von Protestformen, durch die sich die politische Kultur der Demokratie selber seit den 60er Jahren merklich verändert hat. Volkssouveränität und Minderheitenschutz gebieten, „die Kriminalisierbarkeit politischen Protests strikt am Verstoß gegen die Verpflichtung zum Respekt vor der Autonomie, Würde und Gleichheit der Bürger zu orientieren."[1] Im Kontext der neuen sozialen Bewegungen seit den 80er Jahren hat sich in Deutschland – nach heftigen Kontroversen, die nicht gänzlich verebbt sind – inzwischen auch der zivile Ungehorsam eingebürgert. Allerdings gilt,

> „dass derjenige, der zivilen Ungehorsam übt oder Regelverletzungen begeht, demonstrativ für begrenzte Rechtsverstöße einsteht und auch dem Einsatz der Staatsgewalt nur passiven Widerstand entgegensetzt. Durch diese Risiko- und Verantwortungsbereitschaft will der Protestierende ein Maximum an öffentlicher Aufmerksamkeit und Aufklärung erreichen. Wer sich demgegenüber vom Prinzip der Gewaltlosigkeit meint dispensieren zu müssen, ‚wer Gewalt gegen Sachen' allemal und ‚Gewalt gegen Personen', jedenfalls gegen Vollzugsorgane und Repräsentanten der Staatsgewalt, für gerechtfertigt hält, also für die Durchsetzung seiner politischen Vorstellungen normative Schranken nicht kennt und sich deshalb zu seinem Verhalten auch nicht bekennt, kann sich auf die Freiheit politischen Protests nicht berufen, was immer seine politischen Motive sein mögen."[2]

1 Prämissen und Unterscheidungen

Dieser demokratische Ungehorsam ist als Ausnahmemethode, die nicht inflationiert werden darf, ein letztes Mittel von Bürgern und Bürgerbewegungen geworden. Er lebt ebenso von der Kraft der Gewaltfreiheit wie von seiner inhaltlichen Begründbarkeit; er setzt aber auch eine hohe wechselseitige zivile Toleranz innerhalb der Bürgerschaft voraus, die er zwar strapazieren kann, aber nicht aufs Spiel setzen sollte. Vor allem aber ist es innerhalb eines funktionierenden Rechtsstaates nicht gestattet, das Recht in die eigene Regie zu nehmen.

---

1 Frankenberg und Rödel 1981, S. 334.
2 A. a. O. S. 335.

Der Jurist und Politikwissenschaftler Otto Kirchheimer charakterisiert den modernen Verfassungsstaat geradezu durch „die Degradierung des Widerstandsrechts zu einem Katalog konstitutioneller Freiheitsrechte".[3] An die Stelle eines unbestimmten Widerstandsrechts (im Unterschied zu den Kriterien des zivilen Ungehorsams), „dessen Stärke allein seine Verankerung im Volksbewusstsein – und das heißt gleichzeitig seine substantielle Grenzenlosigkeit – war, trat der rationalisierte Gesetzesbegriff".[4] Die angesprochene Grenzenlosigkeit erlaubt alles bis hin zur Selbstermächtigung von Gewalt. Auch diejenigen Juristen, Philosophen und Politikwissenschaftler, die sich nach den totalitären Erfahrungen gegen eine Verdrängung des Widerstandsrechts im Rechtsdenken wenden, sprechen nicht zufällig von „einem gefährlichen Recht".[5] Die Gefahr liegt für sie darin, „dass im Kampf gegen die Staatsautorität die Schleusen der Anarchie geöffnet, nicht nur die tyrannische Ordnung, sondern Ordnung und Autorität überhaupt zersetzt werden könnten".[6] Zwischen der Angst vor der Anarchie, welche das autoritäre Staatsdenken seit Hobbes beherrscht, und der Abwehr totalitärer Versuchungen, die eine neue Herrschaftsform des 20. Jahrhunderts begründeten, tritt immer mehr die Idee einer rechtsstaatlichen Ordnung.

Maßstab für die Bestimmung legitimer Widerstände wird damit die sich entwickelnde rechtsstaatliche Demokratie selber, und zwar sowohl formal wie inhaltlich: „Alles Recht ist an sich schon Ausdruck des Widerstandes. Der Rechtsstaat aber ist organisierter, kanalisierter, das heißt rechtlich geordneter Widerstand".[7] Demokratie und Rechtsstaat sollen dabei nicht gegeneinander ausgespielt werden, obwohl es Spannungen und Konflikte gibt; (direkte) Demokratie und Rechtsstaat müssen in eine Beziehung zueinander gesetzt werden. Erst das Versagen des intrakonstitutionellen Widerstandes der Bürger ruft somit den extra-konstitutionellen Widerstand hervor, der wie ein Notrecht im buchstäblichen Sinne funktioniert. Auf diese Weise verstehen wir auch das deklarierte Menschenrecht (welches von einem verfassten Grundrecht zu unterscheiden ist) auf Widerstand gegen Unterdrückung (Art. II der Erklärung der Menschen- und Bürgerrechte von 1789).[8] Auf diese Weise könnte man für die Gegenwart die sogenannte klassische Widerstandsproblematik idealtypisch skizzieren, die freilich ebenfalls verschiedene Facetten hat, die hier nicht unser Thema sind. Wenn wir uns im Folgenden auf Widerstände und zivilen Ungehorsam im demokratischen Rechtsstaat einlassen, so ist damit absichtsvoll von Widerständen *ohne* Widerstandsrecht die Rede, was Konsequenzen auf Seiten der Praxis des Rechtsstaates nach sich zieht wie auf Seiten des Widerstandes. Wir werden deshalb versuchen, konsequent und kohärent zu argumentieren,

---

3 Kirchheimer 1967, S. 9.

4 A. a. O.

5 So zum Beispiel der Zürcher Staatsrechtslehrer Werner Kägi 1947 in seiner Antrittsvorlesung an der Universität Zürich.

6 A. a. O.

7 A. a. O.

8 Vgl. dazu Gauchet 1989.

obwohl in der politischen Theorie das Singuläre und Exemplarische diese immer wieder aufs Neue – zwischen Philosophie und Geschichte – in Bewegung hält und herausfordert. Die politische Theorie muss dabei eine Schule der Urteilskraft bleiben.

Dem rationalisierten Gesetzesbegriff des demokratischen Rechtsstaates entspricht das Wechselspiel von Regierung und Opposition sowie die institutionalisierte Opposition, die meist parlamentszentriert gesehen wird. Sofern in der Praxis einer konsolidierten liberalen Demokratie die Meinungs-, Presse- und Versammlungsfreiheit wirklich gilt, gibt es selbstverständlich auch eine außerparlamentarische Opposition, die oft zu den unkonventionellen politischen Formen der Beteiligung gerechnet wird. Konventionen sind jedoch zeit- und milieuabhängig. Diesbezüglich existieren deshalb immer auch erwünschte und inkriminierte Formen und Inhalte politischer Opposition. Opposition bildet begriffsanalytisch und systematisch jedoch in allen politischen Systemen zumindest den ‚anderen Teil' der Regierung. Darin geht nun die Geschichte des zivilen Ungehorsams allerdings nicht auf. Seine Artikulationen und Inhalte weisen eine spezifische Zeit- und Handlungsdramatisierung auf (z. B. die Zeit als Frist oder „Lieber aktiv als radioaktiv"). Was die Möglichkeiten der Bürger angeht, politische Prozesse selber zu initiieren und zu entscheiden, so bietet die direkte Demokratie von unten die meisten Chancen und kann auf diese Weise auch politische Gewalt binden:

> „Die institutionelle Chancenstruktur dissentierender Minderheiten innerhalb der Bürgerschaft, ihre Standpunkte zu artikulieren und in den politischen Willensbildungsprozess einzuspeisen, ist alles in allem in der Schweiz zweifelsohne günstiger beschaffen als in den übrigen Systemen. Ein vergleichbar wirksames Instrument wie das der Schweizerischen Volksinitiative gibt es in Deutschland, Großbritannien, Frankreich und den Vereinigten Staaten zumindest auf zentralstaatlicher Ebene nicht."[9]

Und darüber hinaus:

> „Auch hinsichtlich der Möglichkeit der Bürger, am politischen Leben des Landes teilzunehmen, schneidet die Schweiz eindeutig besser ab als die ausschließlich oder doch ganz überwiegend repräsentativ-demokratisch strukturierten Systeme der größeren Länder Westeuropas und die USA."[10]

Trotz dieser Beteiligungsmöglichkeiten gab und gibt es allerdings auch in der Schweiz nicht zufällig seit den 80er Jahren (ebenso wie in Deutschland) eine breite Diskussion über Widerstand und zivilen Ungehorsam im Rechtsstaat.[11] Zu den Beteiligungs-

---

9 Helms 2006, S. 181. Helms verwendet die acht Kriterien von Dahl für den Vergleich der Performanz unterschiedlicher Oppositionsmodelle, vgl. Dahl 1966, S. 387–401.

10 Helms 2006, S. 182.

11 Siehe dazu den kommentierten Literaturüberblick in Kleger 1993, S. 471–486.

möglichkeiten, die alle weder erschöpft noch ausgeschöpft sind, gehört inzwischen der Protest in seinen vielfältigen Formen.[12] Repräsentativ-demokratische Geschlossenheit provoziert einen Widerspruch zwischen repräsentativer und direkter Demokratie, der bisweilen vom zivilen Ungehorsam in Anspruch genommen wird. Auch die Instrumente der anspruchsvollen direkten Demokratie mit hohen Hürden, bei denen es zwar oft zu Volksinitiativen, aber in Deutschland selten zu Volksbegehren und Volksentscheiden kommt, schließen die Zeit- und Handlungsdramatisierung des zivilen Ungehorsams nicht aus. Letzterer kann indes in solche Verfahren übergehen und so möglicherweise Konflikte entscheiden und befrieden.[13] Demokratie ist anstrengend, und direkte Demokratie, in der letztlich die Bürger politische Prozesse initiieren und entscheiden, ist besonders anstrengend.

Hobbes' wirkungsmächtige Position, dass der moderne souveräne Staat, wenn er nicht das Überleben (und Wohlergehen!) seiner Bürger garantieren kann, seine Legitimität verliert,[14] ist politiktheoretisch eine riskante Position. Dies liegt vor allem an drei Gründen: Erstens ist die Problemlösungskapazität des heutigen Nationalstaates aufgrund grenzüberschreitender Risiken in einer zunehmend globalisierten Welt eingeschränkt. Zweitens kann die Bewertung von Sicherheit und ihrer Bedrohung nur subjektiv sein und ist damit mit erheblichen Unsicherheiten belastet, denken wir nur an die aktuell weltweite Debatte ‚Nützlichkeit versus Gefährlichkeit von Atomenergie', die in verschiedenen Ländern und Regionen ganz unterschiedlich gesehen wird. Drittens ist die binäre Betrachtung von entweder Unterordnung oder Widerstand zu grobschlächtig. Wenn wir ihr folgen würden, könnten wir die Thematik von zivilen Widerständen weder analytisch noch normativ einlässlich diskutieren. Um dies jedoch vernünftig tun zu können, was ein Desiderat politischer Aufklärung ist, empfiehlt es sich, ein abgestuftes Konzept von Widerständen zu entwickeln, das sich an der jeweiligen Verfassungsrealität orientiert:

1) In einer *funktionierenden rechtsstaatlichen Demokratie* im Sinne von Rawls „fast gerechtem System", was selten ist, soll lediglich der zivile Ungehorsam als gut begründete Ausnahmemethode ein Appell zur Korrektur sein;[15] er tangiert weder das Gewaltmonopol des Staates, noch nimmt er das Recht in die eigene Regie. Allenfalls klagt er eine Umsetzung von nicht eingelösten Versprechen der Demokratie ein. Selbstverständlich ist es in der gegenwärtigen Demokratie sehr umstritten, welche Versprechen die Demokratie überhaupt macht. Doch unabhängig von Differenzen hinsichtlich der Bewertung der graduellen Reichweite dieser Versprechen muss die

12 Siehe dazu Neidhardt und Rucht 1999, S. 129–164.

13 ‚Stuttgart 21' nach dem Volksentscheid vom 27. November 2011 (dem ersten im Land seit vierzig Jahren) ist ein Beispiel dafür. Es zeigt auch die Grenzen des Protests und die Notwendigkeit, in der Politik zu entscheiden – Diskurs und Dezision.

14 Vgl. Hobbes 1959, S. 124–234; ders. 1984, 17. Kap.

15 Rawls 1975.

Demokratie politische und soziale Ansprüche erfüllen. Tut sie es nicht und entsteht so ein Unzufriedenheitspotential bei den Bürgern, dann sind die Bürger gefordert, ihre Vorstellungen und Ansprüche in Verfahren demokratischer Partizipation einzufordern.

2) In einer *Demokratie im Verfall,*[16] wobei diese Diagnose natürlich eine schwierige Frage reflektierender Urteilskraft ist, sollen Rechte und Pflichten weiterhin wahrgenommen werden, jedoch wird der zivile Widerstand gerade insofern zu einer moralischen Pflicht engagierter Bürger, als sie Bürger einer Demokratie bleiben wollen und nicht ‚freiwillige Untertanen' eines „oligarchischen Rechtsstaats", der weithin die Realität ausmacht.[17] Das größte Problem hierbei ist die Evaluation der existenten Demokratie. Die gesamte Diskussion zur ‚Postdemokratie' macht deutlich, wie umstritten die Kriterien sind, die der diachronen und synchronen Diagnose zugrunde liegen.[18] Woran misst man den Verfall einer Demokratie? Und wie gewichtet man die Gegentendenzen, da die politische Realität eine interpretierte von Handeln und Gegenhandeln ist. Keinesfalls jedoch ist die Demokratie ein abgeschlossenes Projekt, sondern immer nur im Werden,[19] weshalb sie auch nicht verfallen kann. An dieser Stelle entsteht möglicherweise eine Art von simulativer Demokratie.[20]

3) In unübersichtlichen ‚hybriden Systemen',[21] mithin im *Grenzbereich zur Scheindemokratie und zur Diktatur,* auf deren Weg stets die Gewalten- und Machtteilung abgeschafft wird, werden sodann mutige Handlungen von einzelnen Bürgerrechtlern nötig.[22] Dabei müssen sie das zynische Spiel mit simulierten demokratischen Verfahren nicht nur durchschauen, sondern auch anprangern. Sie agieren damit sowohl gegen die etablierten Machtkartelle und eine zumeist korrupte Bürokratie als auch gegen die Apathie und die Angst der großen Mehrheit der Bevölkerung. Ihr Einsatz wird umso gefährlicher, je willkürlicher die Macht geschützt wird und je rudimentärer rechtsstaatliche Schutzmechanismen ausgebildet sind. Dies kann bis zur Bedrohung des eigenen Lebens reichen, besonders dann, wenn sich die Bürgerrechtler der Öffentlichkeit bedienen.[23]

4) In einer *etablierten Diktatur,* die gewalttätig gegen friedliche Demonstranten vorgeht, wird schließlich auch der gezielte gewalttätige Widerstand legitim und der ‚*regime change*' zum strategischen Problem. Dieser Widerstand kann jedoch moralisch nicht mehr als bürgerliche Pflicht angemahnt oder gar gefordert werden wie bei einer

16 Saner 1988.

17 Vgl. Rancière 2011, S. 79.

18 Crouch 2008.

19 Nicht zu verwechseln mit Derridas ‚kommender Demokratie', die in ihrem Denkgestus an den ‚kommenden Gott' (Heidegger) oder den ‚kommenden Aufstand' (vgl. Schmeda 2010) erinnert. Vgl. Derrida 2006, S. 111–134.

20 Blühdorn 2006, S. 72–85.

21 Knobloch 2006.

22 Jennifer Gandhi 2008; Levitsky und Way 2010; Scheller 2010.

23 Das Beispiel der russischen Journalistin Anna Politkowskaja ist dafür bezeichnend, vgl. dies. 2007.

> ‚Demokratie im Verfall', da die normalen Menschen-Bürger keine Märtyrer oder Widerstandskämpfer sind und dies von ihnen auch nicht verlangt werden kann. Das augenscheinliche Unvermögen einer adäquaten sozialwissenschaftlichen Behandlung von Widerstand unter Lebensgefahr und die Schwierigkeiten einer zufriedenstellenden Erklärung des Losbrechens politischer Proteste in Diktaturen, verweisen auf die radikale *Kontingenz* von Widerstand.[24]

Auf der Linie Widerstand ohne Widerstandsrecht wird im Weiteren versucht, den gewaltfreien Widerstand zu denken. Das reflektierteste Konzept innerhalb dieser Wende ist der zivile Ungehorsam. Sodann sind die thematischen Felder der neuen Widerstände genauer zu betrachten, was hier aus Raumgründen nur sehr verkürzt und illustrierend geschehen kann. Diese neuen Widerstände, deren vergleichende Fallanalyse ergiebig ist, sind (deskriptiv) in unserer Perspektive mit dem zivilen Ungehorsam verbunden und sollen es (normativ) auch bleiben.

2 Begründungen

Die Frage nach der Gewalt spielt natürlich in die Begriffsklärung des gewaltfreien Widerstandes hinein. Es gibt verschiedene Formen des gewaltfreien Widerstandes, und die Philosophie der Gewaltfreiheit ist bei einigen Protagonisten eine eigenständige Philosophie. Diese Philosophie beinhaltet mehr als Gewaltlosigkeit. Gewaltfreiheit ist eine *Haltung* innerer Stärke und bedeutet prinzipiellen Gewaltverzicht. Der inflationäre Gebrauch des Begriffs ‚Gewalt' hat jedoch zu Konfusionen darüber geführt, was er alles fassen soll. So ist in der Judikatur ein heftig umstrittener Trend auszumachen, auch psychischen Zwang unter den Gewaltbegriff zu subsumieren. In den Sozialwissenschaften wurden insbesondere seit Johann Galtungs Einführung des Begriffs ‚strukturelle Gewalt' zahlreiche Gewaltverhältnisse aufgedeckt,[25] was einerseits zu deren Enttabuisierung geführt hat, andererseits aber auch die Operationalisierbarkeit des Begriffs Gewalt geschwächt hat. Der unscharfe Begriff der Gewalt hat in der Folge zu einer Reihe von Paradoxa geführt, deren bekanntestes und zugleich widersinnigstes in der Formulierung „Gewaltfreier Widerstand ist Gewalt" zum Ausdruck kommt. Will man den Kern der Philosophie der Gewaltfreiheit wieder freilegen, so kommt man an der Philosophie und Person Gandhis (1869–1948) nicht vorbei, obschon auch andere Quellen ausgemacht werden können.

24 Vgl. zu den Umstürzen in Nordafrika Roose 2011.
25 Galtung 1975.

Gandhis zentrale Position für den Diskurs um den Begriff des gewaltlosen Widerstandes zeigt sich darin, dass er alle nachfolgenden Theoretiker und Praktiker durch seinen politischen Erfolg – immerhin die Unabhängigkeit eines Subkontinents – sowie den „erstaunlichen Grad der Konsistenz"[26] seiner Äußerungen beeinflusst hat. Er bietet zwei Begründungen für die Position, politisches Handeln ausschließlich gewaltfrei zu denken und zu praktizieren: Eine spirituell-religiöse sowie eine, die an der Unterscheidung zwischen Ziel und Mittel ansetzt.

Gandhi denkt Politik und Religion zusammen. Allerdings ist „Religion" für ihn „the universal and all-pervading Spirit of Truth" (und explizit nicht die kommunalistische Variante, die „Religion" mit einem bestimmten Glaubensbekenntnis und der Befolgung der diesem Bekenntnis zugehörigen Verhaltensregeln gleichsetzt[27]). Diese „Wahrheit" kann nicht vollends erkannt und schon gar nicht erlernt werden. Man kann sich ihr nur im eigenständigen reflektierten Handeln annähern. Sie (oder „Gott") sei „zuletzt nicht festlegbar, aber doch lebendig wirksam"[28] und damit nicht zu ignorieren. Die richtige Herangehensweise sei „Devotion to Truth", also quasi-religiöse Hingabe an etwas, das man nur stückweise erfahren kann. Insbesondere der eigene Wille steht dem Erkennen der Wahrheit im Weg. Die Macht soll deswegen aus der Kommunikation entfallen. Weil jede Person einen Willen zur Macht hat, soll der eigene Wille „ausgelöscht"[29] werden. Es gibt für Gandhi mithin eine Wahrheit, die von persönlichen Interessen verdeckt wird. Der Weg, sie zu finden, heißt „ahimsa" (Sanskrit für Nicht-Verletzen), auf angelsächsisch „non-violence". Das Private ist also politisch, und zwar bis in die letzte Konsequenz. Gandhi hat für diese Strategie der Annäherung an eine quasi-religiöse Wahrheit durch praktische Politik den Begriff „Satyagraha" geprägt, ein Kunstwort aus den Sanskrit-Wörtern für „Festhalten" und „Wahrheit". Mit dieser speziellen Verbindung von Religion und Politik knüpfte der Politiker Gandhi einerseits an die hinduistische Tradition an, konnte aber andererseits auch der großen Minderheit der Muslime die Teilnahme am Widerstand ermöglichen. Gandhis Religionsbegriff ist also modern: „I do however suggest that non-violence is the end of all religions".[30]

Die zweite Begründung für Gewaltlosigkeit gründet auf der Austauschbarkeit von Mitteln und Zielen im politischen Prozess, insbesondere über längere Zeiträume. Dieter Conrad erklärt: „Die Abhängigkeit der Ziele vom Modus der Verwirklichung zwingt zur grundsätzlichen Aufhebung der Unterscheidung von Mittel und Zweck. Die Zwecke sind von den angewandten Mitteln nicht zu lösen, weil diese sich im Ergebnis mit ausprägen und deshalb vorweg schon in die Zweckbestimmung eingehen. Sie können nicht

26 Morris-Jones 1960, zitiert nach: Conrad 2006, S. 26. Siehe auch für ein umfassendes Studium: Gandhi 2011.

27 „There are many religions, but Religion is only one", so Gandhi im Jahr 1946, zit. nach Tendulkar 1960, Bd. 7, S. 45.

28 Conrad 2006, S. 61.

29 Conrad 2006, S. 62.

30 Gandhi 1924, S. 140.

gewissermaßen am Schluss aus der moralischen Rechnung wieder herausgestrichen werden. Für das Verhältnis braucht Gandhi gern Vergleiche organischer Wachstumsstadien, das Verhältnis von Samen und Pflanze, oder … von Pflanze zu Frucht."[31] Und weiter: „Im Grund erscheint die Vorstellung des endgültigen Zustands überhaupt, des Resultats, in Bezug auf die politische Realität und ihren ständigen Fortgang unangemessen. … Damit gewinnt das Ziel selbst eine gewisse zeitliche (Aus-)Dehnung und eine gewisse Flüssigkeit im Verhältnis zu der durch die Mittel bestimmten Vorgehensrichtung; auf sie, auf die Methode, kann sich das unmittelbare Interesse konzentrieren – dies aber auch darum, weil sich in ihr der Zielbereich mitkonstituiert".[32] Die für das klassische westliche Staatsdenken zentrale Unterscheidung zwischen Zwecken und Mitteln wird also aufgehoben – mit bemerkenswerten Konsequenzen: „Damit entfällt für ihn der Grund für Max Webers Unterscheidung zwischen Gesinnungs- und Verantwortungsethik, soweit mit ihr die Möglichkeit eröffnet werden soll, bedenkliche Mittel durch die Verantwortung für das „End"-Ergebnis zu rechtfertigen. Konkret entfällt die Möglichkeit, List in der Form der Lüge, aber auch schon des heimlichen Komplotts, und erst recht Gewalt als erlaubte Mittel in den Dienst der Politik zu stellen."[33] Als direktes Zitat noch einmal eindrücklich (in Verbindung mit praktischen Fragen der Arbeit für Swaraj in der Präsidenten-Ansprache auf dem Belgaum Congress am 26. Dezember 1924): „But the spinning-wheel, Hindu-Muslim unity and removal of untouchability are only means to an end. The end we do not know. For me it is enough to know the means. Means and end are convertible terms in my philosophy of life".[34] In Indien wird weiter auf Gandhi Bezug genommen – ein Beispiel ist der Hungerstreik des „Swaraj"-Aktivisten Anna Hazare im Sommer 2011 für die Verabschiedung eines Gesetzes zur Einrichtung einer Ombudsstelle gegen Korruption durch die Zentralregierung.[35]

Für die *amerikanische Tradition* des gewaltfreien Widerstandes wird die Verknüpfung von Gandhi und Thoreau bedeutsam. So soll Gandhi bereits in der Zeit, als er sich in Südafrika aufhielt, begeistert Thoreau gelesen haben, woraus seine Aktionslehre vom ‚gewaltfreien Widerstand' erwachsen sei. Thoreau wiederum hatte die indischen und chinesischen Klassiker gelesen und daraus sein Motiv der prinzipiellen Gewaltlosigkeit bezogen.[36] Bei Thoreau gibt es eine Militanz-Steigerung, die von der „Pflicht zum Ungehorsam" (1849), einem Protest, der öffentlich und symbolisch sein will und sich überwiegend in passivem Widerstand äußert (1.), zum Ausbau der moralischen Verpflichtung beim zivilen Ungehorsam (2.) in „Sklaverei in Massachusetts" (1854) bis hin zur

31 Conrad 2006, S. 84.
32 A. a. O., S. 85.
33 A. a. O., S. 88.
34 Ghandi 1958–1984, Bd. 25, S. 480.
35 ZEIT Online v. 28. 8. 2011.
36 W. E. Richartz in Thoreau 1967, S. 79.

Unterstützung von Browns Gewaltanwendung gegen die Sklaverei (3.) in „Ein Plädoyer für Captain John Brown“ (1859) geht.[37]

Die zweite große Figur gewaltfreien Widerstandes neben Gandhi ist *Martin Luther King,* der die amerikanische Bürgerrechtsbewegung als zivile Interventionsform in politische Entscheidungsprozesse entwickelte.[38] Vier Gedanken sind für King leitend: Erstens, dass der Unrechtszustand veranschaulicht wird; zweitens, dass Aktionen stets nur ein letztes Mittel sind und keinem Selbstzweck huldigen; drittens die Leidens- und Opferbereitschaft, die Gandhi gefordert hatte, und viertens die Vorstellung, dass es nie um die Unterdrückung der Unterdrücker gehen dürfe und es in diesem Kampf auch keine Sieger gebe.[39] King hatte einen formierenden Einfluss auf die Anti-Vietnamkriegsbewegung, die sich in den sechziger Jahren mit der internationalen Studenten- und Jugendbewegung verband und diese politisch radikalisierte.[40] Genauso wie es in der Bürgerrechtsbewegung die ganze Bandbreite von spiritueller Gewaltfreiheit bis hin zu ‚Black Power‘ gegeben hatte, so wurde auch in der Anti-Vietnamkriegsbewegung über die Interpretation der Gewaltfreiheit und die Anwendung von Gewalt gestritten. Hannah Arendt hat mitgestritten und recht behalten: „Wenn eine Vereinigung es nicht mehr vermag oder nicht mehr dazu bereit ist, die Anstrengung auseinanderstrebender Geister (zusammenzufassen) und (...) sie einem klar umschriebenen Ziel (entgegenzutreiben)‘ (Tocqueville), hat sie ihre Handlungsfähigkeit verloren. Was die Studentenbewegung, im Augenblick der Hauptexponent des zivilen Ungehorsams, bedroht, sind nicht nur Vandalismus, Gewalttätigkeit, schlechte Launen und noch schlechtere Manieren, sondern der Sachverhalt, dass die Bewegung zunehmend von Ideologien (Maoismus, Castrismus, Stalinismus, Marxismus-Leninismus und dergleichen) infiziert wird, welche sie als Vereinigung spalten und auflösen.“[41]

Wenn wir wieder nach *Deutschland* zurückkehren, so ist es hier vor allem Theodor Ebert, der die profunden Analysen bisheriger gewaltfreier Aktionen des Amerikaners Gene Sharp aufnimmt[42] und dessen Überlegungen weiterführt: „Die gewaltfreie Aktion hat zunächst einmal das Ziel, einen Konfliktgegenstand so zu dramatisieren, dass die Dringlichkeit der Suche nach neuen Lösungen den Verantwortlichen und einer breiten Öffentlichkeit klar wird. Man spricht auch von ‚direkter Aktion‘, weil der fragliche Konflikt an seinem tatsächlichen oder einem symbolischen Ort so angepackt wird, dass die Verantwortlichen zu einer Entscheidung gezwungen werden – und sei es auch nur zur

37 Dooley, der diese Interpretation teilt, kommt zum Schluss, dass Thoreau schließlich die Gewalt unterstützte, weil er – im Gegensatz zu Gandhi und King – nicht mehr an das prinzipiell Gute und Wandelbare im Menschen glaubte (Dooley 1978, S. 180, 187).

38 King 1959; ders. 1964.

39 Der Begriff des Sieges und der Sieger „gehöre in den Boxring“. Vgl. Hildebrandt 1987, S. 62 f.

40 Vgl. Miller 1988.

41 Arendt 1986, S. 155 ff.

42 Vgl. Sharp 1967.

Repression des Widerstandes".[43] Außerdem ist erwähnenswert, dass es Ebert sowohl um den zivilen Ungehorsam im Rechtsstaat (‚ziviler Ungehorsam im engeren Sinne') als auch um gewaltfreien Widerstand gegen Okkupanten geht, mithin um ‚soziale Verteidigung', welche den militärischen Widerstand ersetzen soll.[44] Ebert argumentiert aus pazifistischer Perspektive.

An dieser Stelle muss auch die Theorie und Praxis des Streiks bis hin zur Massenstreikdebatte (1905) und zur immer wiederkehrenden Forderung des politischen Generalstreiks erwähnt werden. Sie ist mehr als ein Beispiel. Das Wort ‚Streik' wird in der Mitte des 19. Jahrhunderts aus dem Englischen von ‚to strike work' übernommen. Streiks, die mit verschiedenen Taktiken und Strategien operieren – Bernstein spricht von einer „ganzen Wissenschaft" –, sind „Pressionsmittel" dadurch, dass sie „materiellen Schaden" in Aussicht stellen.[45] Die Mehrheit der Streiks, von denen es verschiedene Typen gibt (Angriffsstreiks, Abwehrstreiks u. a. m.) dreht sich um Lohnfragen, Fragen der Arbeitszeit und Fragen des Arbeitsrechts.[46] Die „elementaren Formen der modernen Gewerkschaft" sind Streikvereinigungen.[47] Mit der Zeit wird der Streik immer mehr zu einer latenten Kraft. Bernstein spricht optimistisch davon, dass die „durchgeführte politische Demokratie den politischen Streik als Waffe entbehrlich machen wird".[48] Bernstein, der demokratisch-sozialistische Gegenspieler Lenins, stirbt 1932 in Berlin.

3 Definitionskriterien zivilen Ungehorsams

Welche Komponenten sollen nun den Begriff des zivilen Ungehorsams genauer definieren? Die meisten Theoretiker trennen die Kriterien der Definition nicht eindeutig von den Kriterien der Rechtfertigung. Jedes Begriffselement provoziert Nachfragen: Umstritten ist sowohl, was überhaupt zum Begriff im Sinne eines Konzepts gehört, als auch das genaue Verständnis seiner einzelnen Komponenten. Was heißt ‚öffentlich', was ‚gewaltlos', was ‚gerechtfertigt'? Die Diskussion nimmt kein Ende, wir können nur versuchen, die einzelnen Komponenten so genau wie möglich zu definieren und problembewusst, das heißt offen für neue Erfahrungen, zu erläutern. Bisher haben wir mit der bekannten Definition von Rawls gearbeitet. Sie lautet: Ziviler Ungehorsam ist eine öffentliche (1.), gewaltlose (2.), gewissensbestimmte (3.), aber politisch gesetzwidrige Handlung (4.), die gewöhnlich eine Änderung der Gesetze oder der Regierungspolitik

43 Ebert 1988, S. 95.
44 Ebert 1981; ders. 1991.
45 Vgl. Bernstein 1905, S. 14.
46 A. a. O., S. 25.
47 A. a. O., S. 31.
48 A. a. O., S. 119.

herbeiführen soll. Diese Definitionselemente werden wir jetzt im Einzelnen besprechen und weiter präzisieren.[49]

3.1 *‚Öffentlich'*

Protest und Widerstand in der Demokratie müssen öffentlich sein, wenn sie nicht in Verdacht geraten wollen, undemokratisch zu sein. Denn die legitimatorische Quelle der Demokratie ist ein offener und fairer, d. h. ein mit gleich langen Spießen ausgetragener Willens- und Meinungsbildungsprozess. Verzerrungen dieses Prozesses aufgrund gesellschaftlicher Machtungleichgewichte berühren unmittelbar die demokratische Legitimation. Legitimationsdefizite dieser Art weisen jedoch mehr oder weniger alle politischen Systeme auf. Sie allein können deshalb noch keinen Freibrief für zivilen Ungehorsam ausstellen. Innerhalb dieser Art politischer Kommunikation, wie sie eine lebendige Demokratie auszeichnet, bildet, wie schon festgehalten, der zivile Ungehorsam die Ausnahme – und nicht die Regelmethode. Trotzdem bleibt die Ausnahme insofern auf die Regel bezogen, als sie sich um eine Kommunikation bemühen muss, die eine elitäre und isolierende Verselbständigung vermeidet. Das bedeutet, dass die Protesthandlungen wahrnehmbar sein müssen für diejenigen, gegen die protestiert wird; und sie müssen überzeugend sein für diejenigen, die man als Bündnispartner gewinnen will.

Das Kriterium ‚öffentlich' enthält weiterhin die Aufforderung an die Akteure, dass sie ihre politische Identität zu erkennen geben. Damit hängt zusammen, dass sie für die Folgen ihres Tuns politisch-rechtliche Verantwortung übernehmen. Die Moral der Folgenverantwortlichkeit nimmt auch sonst auf sich, wer die politische Auseinandersetzung in der Demokratie führt; denn diese Auseinandersetzung ist notwendigerweise eine unter vielen Menschen, d. h. sie findet auf dem Boden des Common sense der Vielen statt, in den selbstredend auch vieles eingeht. Das Kriterium ‚öffentlich' ist gewissermaßen aus einem moralisch anspruchsvollen Begriff von Politik herausgezogen, der mit zwischenmenschlicher Moral im Sinne von Güte nicht zusammenfällt. Ziviler Ungehorsam lässt sich also auf die Bedingungen eines öffentlichen politischen Lebens ein. Die Regelmethoden der Demokratie beinhalten mehr und anderes als das, woran Aktionen des zivilen Ungehorsams jeweils Anstoß nehmen. Die angegebenen ‚messbaren' Eigenschaften des Kriteriums ‚öffentlich' – Wahrnehmbarkeit und Übernahme von Folgenverantwortung – erlauben eine objektive Abgrenzung des zivilen Ungehorsam von politischer Kriminalität einerseits und konspirativem Widerstand andererseits.

49 Ich folge hier (und anderswo) einer stark gekürzten und überarbeiteten Form von Kleger, 1994.

3.2 ‚Friedlich'

Zwar operieren sämtliche Begriffsbestimmungen der einschlägigen Literatur mit dem formalen Kriterium der Gewaltlosigkeit. Was sie aber unter Gewalt bzw. Gewaltlosigkeit inhaltlich verstehen, ist nicht immer klar. Das in der angelsächsischen Debatte gebräuchliche Kriterium ‚non-violence' vereindeutigt eher, was Gewalt heißt: ‚violent' bezeichnet zerstörerische, verletzende oder handgreifliche Handlungen, welche in die körperliche Integrität eines Menschen eingreifen. Dieser enge Gewaltbegriff, für den wir plädieren, kollidiert mit einem inflationierten Begriff der Gewalt, der diese Grenzen längst hinter sich gelassen hat.

Um die notorische (und wahrscheinlich unvermeidliche) Polemik in der Diskussion um den Gewaltbegriff hinter uns zu lassen, wird anstelle von ‚gewaltlos' oder ‚gewaltfrei' als operationalisierbares Kriterium ‚friedlich' vorgeschlagen.[50] So ist es möglich, die ausgrenzenden Konsequenzen, zu welchen die Anwendung des strafrechtlichen Gewaltbegriffs führt, zu vermeiden. Diese Nuancierung schafft der Diskussion insofern wieder eine Vernunftbasis, als sie der Politik, der Regierung und vor allem der Rechtsprechung eine differenzierte Wahrnehmung als Voraussetzung für ein kluges Handeln ermöglicht. Der zivile Ungehorsam macht sich andererseits unter Inanspruchnahme dieses Kriteriums verständlicher als Schachzug in einem normativ-rechtlichen Sinn.

3.3 ‚Politisch-moralisch begründbar'

Die Schwierigkeiten mit dem Kriterium ‚gewissensbestimmt' hängen im Kern alle mit der Unmöglichkeit der intersubjektiven Überprüfbarkeit des Gewissens zusammen. Das Gewissen kann von außen nicht überprüft werden. Hinzu kommt, die ‚Beliebigkeit' der Gewisseninhalte insofern, als es dem einen gebietet, was es dem andern verbietet. Ein drittes Charakteristikum besteht schließlich darin, dass das Gewissen in erster Linie bestimmte Handlungen verbietet. Sein ‚Nein' ist aus einer Notsituation heraus geboren, in der es keine Alternative gibt (‚Gewissensnot').

Beim moralisch und politisch basierten zivilen Ungehorsam stehen im Unterschied zum ‚integrity based' zivilen Ungehorsam dagegen meist noch mehrere Alternativen zur überlegten Wahl an. In Bezug darauf kann man deswegen auch von klug oder nicht klug sprechen, während in Bezug auf ‚integrity-based' zivilen Ungehorsam diese Wertung nicht ins Spiel gebracht werden kann. Dort, wo das Gewissen eine allein ausschlaggebende motivierende Rolle spielt, handelt es sich in unserer Argumentation – denn das Gewissen kann im Verhältnis zur Moral auch anders verstanden werden – um das Gewissen als Erziehungsprodukt, das gar nicht anders reagieren kann. Im Gewissen werden Normen verinnerlicht und in die Persönlichkeitsstruktur aufgenommen, so dass

50 Ich folge damit der juristischen Untersuchung des Dreier-Schülers Thomas Laker 1986, S. 181.

sich in diesen Fällen die ganze Persönlichkeit auflehnt. Deshalb scheint es angebracht, Handlungen dieser Art einer besonderen Kategorie zuzuordnen, nämlich der ‚Weigerung aus Gewissensgründen'. Für den moralisch und politisch basierten zivilen Ungehorsam schlagen wir hingegen vor, das Kriterium ‚gewissensbestimmt' durch das Kriterium ‚politisch-moralisch motiviert' zu ersetzen.[51] Damit werden Gründe beansprucht, die über die inhaltliche Beliebigkeit bzw. Kontingenz des Gewissens hinausgehen. Überdies wird mit diesem Kriterium eine Ebene betreten, auf der die rationale Rechtfertigungsfähigkeit eher zum Zuge kommt.

Die Schwierigkeiten der Überprüfung werden mit dem neu eingeführten Kriterium ‚politisch-moralisch begründbar' wenn nicht aufgehoben, so doch gemildert, da mit dieser Bestimmung auf den Anspruch Bezug genommen wird, gegebenenfalls Gründe angeben zu können, denen universelle moralische und/oder politische Prinzipien, mindestens aber verallgemeinerbare Interessen zugrunde liegen. Die Überprüfung dieses Anspruchs ist jedermann prinzipiell zugänglich, während die nunmehr ersetzten alten Kriterien wie ‚gewissensbestimmt' oder ‚politisch-moralisch *motiviert*' einen Geltungsanspruch erheben, der sich auf Wahrhaftigkeit bezieht, die letztlich nur durch eine länger währende Beobachtung von Handlungsketten bestätigt werden kann. ‚Politisch-moralisch *begründbar*' ist ferner ein beschreibendes Prädikat, das besagt, dass ziviler Ungehorsam begriffsnotwendig mit einem normativen Anspruch verbunden ist, der intersubjektiv überprüft werden kann.

3.4 ‚Tatbestandliche Rechtsverletzung'

Dass ziviler Ungehorsam das bewusste Verletzen einer oder mehrerer Rechtsnormen beinhaltet, ist unbestritten. Differenzen gibt es hinsichtlich der Formulierung dieses Sachverhalts, was indes für die Frage einer allfälligen rechtlichen Rechtfertigung folgenreich ist. Denn zwei Ausformulierungen desselben unbestrittenen Sachverhalts sind möglich. Die eine lautet: „Alle Aktionen zivilen Ungehorsams erfüllen den Tatbestand einer rechtlichen Verbotsnorm und kollidieren somit zumindest prima facie mit der Rechtsordnung".[52] Damit wird die Verletzung eines rechtlich geschützten Rechtsgutes eingestanden, aber noch nichts über die Rechtswidrigkeit des zivilen Ungehorsams ausgesagt – die Frage, in die nun eine rechtliche Rechtfertigung hineinstoßen kann. Im Falle des Notstandes nach Art. 34 StGB ist zwar der ‚Tatbestand einer Verbotsnorm' erfüllt, jedoch die verletzende Handlung durch den Notstand rechtlich gerechtfertigt. Der Rechtfertigungsgrund des Notstandes schließt die Rechtswidrigkeit der Handlung aus.

Das neu vorgeschlagene Kriterium ‚tatbestandliche Rechtsverletzung' lässt offen, ob bei Handlungen zivilen Ungehorsams überhaupt eine Rechtswidrigkeit vorliegt.

51 Laker 1986, S. 179.
52 Laker 1986, S. 216.

Schließt man jedoch Rechtswidrigkeit in die Definition zivilen Ungehorsams ein, so schiebt man seiner möglichen rechtlichen Rechtfertigung von vornherein einen Riegel vor. Gerade dies bezweckt die zweite Ausformulierung des unbestrittenen Sachverhalts, dass Rechtsnormen verletzt werden. Sie lautet: „Entweder ist eine Handlung juristisch gerechtfertigt, dann ist sie kein Widerstand, oder sie ist Widerstand, dann kann sie nicht gleichzeitig juristisch gerechtfertigt sein".[53] Mit dieser zweiten Formulierung wird eine nachträgliche rechtliche Rechtfertigung schon durch die Definition ausgeschlossen. Die Beurteilung von Aktionen zivilen Ungehorsams unter dem Blickpunkt der tatbestandlichen Rechtsverletzung ergibt einmal den Vorteil, dass es dadurch möglich wird, eine rechtliche Würdigung dieser Aktionen zu leisten, z. B. durch den Einbezug der Rechtfertigungsgründe des zivil Ungehorsamen, selbst wenn damit der Widerspruch Rechtsverletzung – Rechtfertigungsfähigkeit in Kauf genommen werden muss. Zweitens bleibt der Vorteil für die Praxis der Rechtsprechung erhalten, als Ausweg aus der Verlegenheit nämlich, Aktionen zivil Ungehorsamer zum Zeitpunkt ihres Stattfindens bereits rechtlich mit Bestimmtheit qualifizieren zu müssen, aber „die Begriffsfestlegung erst nach einem rechtskräftigen Urteilsspruch treffen zu können", zu entgehen.[54]

3.5 Aktuelle Entwicklungen

Betrachten wir die vier Definitionskriterien im Spiegel aktueller Entwicklungen, so lässt sich beobachten, dass sich der Kampf um Aufmerksamkeit in der immer dichter werdenden Medienöffentlichkeit verschärft. Die Aneignung von Werbung („Just do it – Schottern …") oder „De-Facing", also das Kommentieren von Werbebotschaften in der Botschaft selbst (etwa Aufkleber mit feministischen Slogans auf Unterwäschewerbung und vieles mehr) spielen in solchen Auseinandersetzungen zunehmend eine Rolle. Auf die Boulevardisierung der Medien und die Erosion der Öffentlichkeit wird reagiert, sodass das Kriterium ‚Öffentlichkeit' selbst in die Auseinandersetzung hineingezogen wird. Vor allem wegen der neuen Problemlage der allumfänglichen Datenspeicherung und potentiellen Dauerbeobachtung tritt mittlerweile Widerstand oft maskiert oder anonym auf. Hierher gehören zum Beispiel die Internet-Attacken der Hackergruppe „Anonymous" auf bestimmte informationelle Infrastrukturen. Staatliche Stellen in der Türkei, in Spanien, in den USA und den Niederlanden haben dies zum Anlass für strafrechtliche Verfolgungen genommen.

An dieser Stelle wird auch das Kriterium der Gewaltfreiheit bzw. Friedlichkeit wieder zum Problem, in Deutschland z. B. die Legitimität des sogenannten ‚Schotterns', die in der aktiven Szene hoch ist und eingebettet bleibt in die jährlichen Massenproteste im Wendland gegen die Castor-Transporte, die trotz Atomausstiegs weitergehen, ja in

53 Kriele 1983, S. 116.
54 Fleisch 1989, S. 136.

Frankreich erst begonnen haben. Gewalt bleibt indes ein Skandal, wie der ‚schwarze Donnerstag' am 30. September 2010 in Stuttgart gezeigt hat, als der Einsatz von Wasserwerfern gegen Rentner und Schüler die offizielle Politik delegitimiert hat. Erst dadurch eskalierte der Konflikt um ‚Stuttgart 21' und wurde lösungs- und vermittlungsbedürftig.

Gar keine Zustimmung, ja breite Ablehnung findet hingegen eine isolierte linksextreme Gruppierung, die 2011 in Berlin-Brandenburg mit Brandsätzen das Bahnnetz lahmzulegen versuchte. In ihrem Bekennerschreiben spricht sie von „entschleunigen" und davon, „die Funktionsfähigkeit einer kriegswichtigen Hauptstadt" zu „unterbrechen".[55] Gegen sie wird wegen „verfassungsfeindlicher Sabotage" ermittelt, von einer „Rückkehr des RAF-Terrorismus" kann jedoch nicht gesprochen werden. Fast gleichzeitig wird indes der „Nationalsozialistische Untergrund" (mit Terrorlisten) zu einem innenpolitischen Hauptthema in Deutschland, das den Bundestag zu einer Entschuldigung gegenüber den Opfern veranlasste. Dies ist eine Politik des Hasses und der Gewalt – mit 182 dokumentierten Toten[56] seit 1990 und sehr viel mehr Verletzten und Angegriffenen –, die aus dem Rahmen unseres Themas fällt, wobei allerdings der dabei erlittene Vertrauensverlust in Staat und Verfassungsschutz, welche die Bürger schützen sollen, für unser Thema durchaus von Belang ist.

Eine in der Öffentlichkeit breit diskutierte Aktionsform zivilen Ungehorsams war in den letzten Jahren – zum Beispiel in Halbe, Dresden (am Jahrestag der Bombardierung: 13. Februar) und Neuruppin – die Blockade rechtsextremer Aufmärsche. Auch diese Aktionen waren – ähnlich wie im Wendland – eingebettet in ein breites Bündnis zivilgesellschaftlicher Akteure, die zuverlässig für friedlichen Protest stehen. Umstritten bleibt jedoch – bei zulässigen rechten Demonstrationen und Versammlungen – das *Verfassungsverständnis* der Blockierer, insbesondere, was das Grundrecht auf Meinungsfreiheit (Art. 5 GG) und die Versammlungsfreiheit (Art. 8 GG) angeht, als auch deren *Bündnisfähigkeit,* wenn die Polizei, die inzwischen deeskalierende Methoden einzusetzen weiß, gegen Demonstranten eingreifen muss. Polizei und Staatsanwaltschaft geraten dabei in ein Dilemma,[57] zumal dann, wenn sozusagen die ‚Staatsspitze' (in Gestalt des Bundestagsvizepräsidenten und Bundestagsabgeordneter in Dresden oder Landesminister und Landtagsabgeordnete in Halbe beim alljährlichen nazistischen ‚Heldengedenken' an Deutschlands größtem Soldatenfriedhof) bei der Blockade beteiligt ist.

Staatsanwalt Rautenberg zitiert das Urteil des Bundesverfassungsgerichts vom 4. November 2009, das deutlich genug ist: „Die mögliche Konfrontation mit beunruhigenden Meinungen, auch wenn sie in ihrer gedanklichen Konsequenz gefährlich und selbst wenn sie auf eine prinzipielle Umwälzung der politischen Ordnung gerichtet sind, gehört zum freiheitlichen Staat. Der Schutz vor einer Beeinträchtigung des ‚allgemeinen Friedensgefühls' oder der ‚Vergiftung des geistigen Klimas' sind ebenso wenig ein Eingriffsgrund

55 Die Sätze beziehen sich auf das Manifest ‚Der kommende Aufstand', vgl. Schmeda 2010.
56 Vgl. Mut gegen rechte Gewalt 2011.
57 So der Generalstaatsanwalt des Landes Brandenburg Rautenberg 2010, S. 8.

wie der Schutz der Bevölkerung vor einer Kränkung ihres Rechtsbewusstseins durch totalitäre Ideologien oder eine offenkundig falsche Interpretation der Geschichte."[58] Der Artikel 8 des Grundgesetzes lautet zudem: „Alle Deutschen haben das Recht, sich ohne Anmeldung oder Erlaubnis friedlich und ohne Waffen zu versammeln." Das Kriterium „Friedlichkeit" unterstützt hier den demonstrativen Charakter des zivilen Ungehorsams, oder anders gesagt: Die Demonstrationsfreiheit kann zuweilen Ungehorsam implizieren, wenn es nötig ist und die Demonstration friedlich bleibt. Die immanente Reichweite der Versammlungsfreiheit ist politisch von größter Bedeutung bis hin zur demokratischen Revolution. Man kann deshalb den normativen Kern von Art. 8 GG darin sehen, die Freiheit politischer Opposition auch außerhalb formalisierter Kanäle politischer Einflussnahme zu gewährleisten.[59] An solchen Versammlungen „unmittelbarer Demokratie" wird nicht nur geredet, der Vorbehalt ‚Friedlichkeit' weist vielmehr darauf hin, dass auch sozialer Druck (im Sinne von Beeindruckung) ausgeübt werden kann.[60] Dem resignierenden Bürger „bleibt als einziger legaler Ausweg das Recht auf Demonstration".[61] Aber auch die Wirkung solcher Demonstrationen bleibt begrenzt: „Ausreichende politische Mitwirkungsrechte bei der Abwehr von als katastrophal angesehenen oder in die Inhumanität führenden Entwicklungen? Nein, es bleibt in diesen Fällen verständlich, wenn Menschen den politischen und rechtlichen Prozessen, auch wenn sie an ihnen teilnehmen, nicht oder nicht voll vertrauen. Dann aber muss ihre Diskriminierung abgewendet werden, soweit dies dem Teilsystem Recht möglich ist, ohne seine Funktion aufzugeben, hier und jetzt zwischen Recht und Unrecht verbindlich zu unterscheiden".[62]

Die Räumung einer Sitzblockade gegen eine Neonazi-Kundgebung am 24. September 2011 in Neuruppin, während der Demonstranten vier Stunden lang in einem Polizeikessel festsaßen, hat den Brandenburger Landtag im Innenausschuss und in der parlamentarischen Debatte beschäftigt. Der heutige Innenminister, der den Polizeieinsatz rechtfertigte, berief sich dabei auf das Legalitätsprinzip, dem die Polizei verpflichtet ist; derselbe Innenminister nahm 2005 als Agrarminister (zusammen mit vielen anderen Politikern) an einer Blockade gegen das ‚Heldengedenken' in Halbe teil. Heute gibt es dort, stattdessen, einen ‚Tag der Demokratie' – ein Erfolg des bürgerschaftlichen Aktionsbündnisses, das seit 2002 aktiv ist. Damals wurde die Blockade mit 2000 Demonstranten nicht aufgelöst. In Neuruppin, das sich wie viele andere Kommunen immer stärker gegen ‚braune' und fremdenfeindliche Besetzungen des öffentlichen Raumes wehrt,

58 A. a. O. „Die freie Mitteilung der Gedanken und Meinungen ist eines der kostbarsten Menschenrechte" (Art. XI 1789).

59 Vgl. Preuss 1985.

60 Dieser soziale Druck kann legitim sein, wenn er weiterhin versucht, das Urteilsvermögen anderer zu beeinflussen, ohne es zu manipulieren, indem er Gleichheit, Würde und die freie Beschlusskraft missachtet. (Dazu differenziert Matz 1975, S. 78 ff.). Der analytische Philosoph Peter Bieri hält die Frage, was Einfluss, der manipuliert, von Einfluss unterscheidet, der die Selbstbestimmung fördert, für die „tiefste und schwierigste *politische Frage,* die man aufwerfen kann." (Bieri 2011, S. 32, Hervorhebung H. K.).

61 So der Richter Günther Ellscheid 1988, S. 260 f.

62 A. a. O., S. 260 f.

waren es ein paar hundert Demonstranten. Hier wurde die Blockade auf kritikwürdige Weise geräumt.

Es stellt sich in diesen Fällen – wie oft im Leben und in der Politik – das Problem der *Konsequenz*. Auch das Konzept des zivilen Ungehorsams ist – wie jedes Konzept – nicht davor gefeit, missbraucht zu werden. Ziviler Ungehorsam, der seinen Preis hat, *soll* eine gut begründete Ausnahmemethode bleiben. Beim ubiquitären Wort ‚Widerstand' ist ein solcher Eingrenzungs- und Kultivierungsversuch vergeblich. Das Wort umfasst so viele Facetten im aktuellen Sprachgebrauch, dass es nicht auf einen Nenner zu bringen ist. Es lädt zu semantischer Überhöhung ebenso ein wie es zu relationalen Fehleinschätzungen verführt. Das Konzept ‚Widerstand' macht nur Sinn, wenn man es differenziert verwendet und spezifiziert. Im Französischen spielt es eine große Rolle (auch gegenwärtig wieder), und zwar sowohl ‚Résistance' groß geschrieben als auch ‚résistance' klein geschrieben. Hier begegnet uns die Unterscheidung zwischen dem großen Widerstandsrecht und dem Widerstandsrecht in kleiner Münze wieder. Die Erinnerung an ersteres mit dem Aufruf zu letzterem verbindet Stéphane Hessels Streitschrift „Empört euch!".[63] Sie endet mit den Sätzen: „Neues schaffen heißt Widerstand leisten. Widerstand leisten heißt Neues schaffen."[64] Hessel war beteiligt an der „Allgemeinen Erklärung der Menschenrechte", die am 10. Dezember 1948 in Paris verabschiedet worden ist. Seitdem sieht er große Fortschritte: „das Ende der Kolonialherrschaft und der Apartheid, der Untergang des Sowjetreiches, der Fall der Berliner Mauer."[65] Dagegen habe das erste Jahrhundert des neuen Jahrtausends einen Rückschritt gebracht, den er wiederum an den Fortschritten der 1990er Jahre misst, wie zum Beispiel der epochalen Rio-Konferenz von 1992, die vieles auf den Weg gebracht hat.[66] Mit seinem Aufruf zur Empörung erinnert er an das Erbe der Résistance: „das Grundmotiv der Résistance war die Empörung".[67] Im heutigen Frankreich sieht er (mit vielen anderen) das „gesamte Fundament der sozialen Errungenschaften der Résistance in Frage gestellt."[68] Résister hat deshalb Konjunktur.

In einer rechtsstaatlichen Demokratie, die eine große zivilisatorische Errungenschaft ist, gibt es gute Gründe, konsequent zu bleiben; für die Inkonsequenz im Einzelfall muss es daher besonders gute Gründe geben. Außerdem muss die Aktion friedlich und ohne

63 Hessel 2011.
64 A. a. O., S. 21.
65 A. a. O., S. 20.
66 A. a. O., S. 20.
67 A. a. O., S. 9.
68 A. a. O., S. 9. Dies steht im Aufruf am 60. Jahrestag der Verkündigung des Programms des nationalen Widerstandsrates. Die Rede vor der Vereinigung ‚Citoyens Résistants d'Hier et d'Aujourd'hui' (am 17. Juni 2009) bildete sodann den Anstoß zur Publikation des Aufrufes ‚Indignez-vous!', der breiten und inzwischen grenzüberschreitenden Widerhall bei der jungen Generation findet (vgl. auch: www.citoyens-resistants.fr). Es ist ebenso ein Aufruf zur Gewaltlosigkeit (vgl. Hessel 2011, S. 18 f.). Vgl. auch Weissmann 2010.

Verletzte auf beiden Seiten ablaufen.[69] Wir argumentieren hier auf der Linie einer politischen Theorie der verfassungsdemokratischen Bürgergesellschaft, deren Argumente natürlich ebenfalls bestritten werden können. Diese Theorie versucht, den politischen Werteopportunismus in Grenzen zu halten und an zivilen Mindeststandards, wozu der Gewaltverzicht gehört, festzuhalten. Dies kann zumindest einen Grundkonsens stiften bei allen Differenzen und Konflikten.

4 Typen zivilen Ungehorsams

Arendt stellt fest, dass „(…) ziviler Ungehorsam niemals als Handlung eines einzelnen Individuums in Erscheinung tritt".[70] Die moralischen Argumente für zivilen Ungehorsam, so wie sie von Thoreau stammen, werden dadurch geschwächt, dass sie die politisch-gesellschaftliche Dimension außer Acht lassen. Sie tendieren dazu, das Individuum und sein moralisches Gewissen zu verabsolutieren. Von dieser Linie rücken wir ab, wenn wir Widerstände und zivilen Ungehorsam von vornherein in politisch-gesellschaftliche Zusammenhänge stellen. Gerade dann können wir etwas lernen, unabhängig davon, ob wir in den konkreten Einzelfällen zustimmen oder nicht. Jenseits von Kritik und Zustimmung können wir nämlich darüber etwas lernen, wie die Weiterarbeit an gesellschaftlichen Strukturen oft gut etablierter Indifferenz im Verbund mit der Sorge um die Demokratie der Bürger zumindest problematisiert werden kann.

Eine politische Theorie des zivilen Ungehorsams, die aussagekräftig bleiben will, muss wahrnehmen und die unterschiedlichen historisch-moralischen Situationen der Akteure beachten, die bewusste Regelverstöße begehen. Um diesem theoretischen Erfordernis gerecht zu werden, schlägt Dworkin eine neue Typologie des zivilen Ungehorsams vor,[71] die wir weiter ergänzen und differenzieren können.[72] Dabei geht er von zwei unabhängig voneinander zu beantwortenden Fragen aus. Bei der *ersten* Frage handelt es sich um das normativ richtige Verhalten derjenigen, die Gesetze oder Regierungsmaßnahmen für ungerecht oder gefährlich halten. Bei der Beantwortung dieser Frage hängt alles von den unterschiedlichen Typen zivilen Ungehorsams ab, die jeweils spezifische Rechtfertigungsmuster erfordern und sich mit Selbsteinwänden konfrontiert sehen. Diese ergeben sich situationsspezifisch: faktisch aus den vorhandenen und potentiell nutzbaren Oppositionsmöglichkeiten sowie aus den Enttäuschungserfahrungen des bisherigen öffentlichen Engagements und grundsätzlich aus Überlegungen darüber, welche

69 Wie zum Beispiel bei einer Blockade in Berlin gegen eine Versammlung der islamfeindlichen ‚Bürgerbewegung Pro Berlin' im Juni 2011, die das Rathaus Kreuzberg für ihre bewilligte Versammlung nutzen wollte.

70 Arendt 1986, S. 122. William A. Herr (1974) fragt deshalb zu Recht, ob Thoreau überhaupt als ‚civil disobedient' zu bezeichnen sei, da heute der zivile Ungehorsam andere Konnotationen aufweist.

71 Dworkin 1984.

72 Ich folge hier Kleger 1994.

Mittel sich durch welche Zwecke rechtfertigen lassen. Die *zweite* Frage lautet: Wie sollen Regierungen auf diese Entscheidungen autonomer Individuen, denen eine überlegte Moral zugesprochen wird, ihrerseits richtig reagieren? Beiden Seiten werden Überzeugungen zugebilligt, die richtig sein können: das Gewissen, die Moral oder die politische Klugheit sind nicht von vornherein von einer der beiden Seiten gepachtet.

Mit anderen Worten: die Regierungs-, Rechts- oder Staatsseite handelt nicht einfach ohne Gewissen, Moral oder politische Klugheit. Gerade das Konzept des zivilen Ungehorsams bringt auf reflektierte Weise zu Bewusstsein, dass hierbei aus falschen theoretischen Frontstellungen wie beispielsweise Moral vs. Recht oder Legitimität vs. Legalität auszubrechen ist. Für eine politische Theorie des zivilen Ungehorsams kommt es deshalb darauf an, Maßstäbe zu entwickeln, mit deren Hilfe nicht bloß die Berechtigung bestimmter Überzeugungen in jeweils anders gelagerten politischen Kontroversen beurteilt werden können, sondern unterstellte Überzeugungen generell. Fälle, die äußerst dringlich sind, rechnet Dworkin zum *ersten Typ zivilen Ungehorsams.* Hierbei nimmt der Akteur ein in seiner Selbstachtung wurzelndes Recht auf Weigerung für sich in Anspruch. Dieser Ungehorsam duldet kaum pragmatische Einschränkungen, denn der Nordstaatler, der z. B. gegen den ‚Fugitive Slave Act' verstieß, oder auch ein Zeuge Jehovas, der sich weigerte, in der Schule die Flagge zu salutieren, würde seine Selbstachtung verloren haben, hätte er diesen Gesetzen Gehorsam geleistet in der Hoffnung auf spätere politische Änderungsmöglichkeiten. Dieser Typ zivilen Ungehorsams, den Dworkin als *‚integrity based civil disobedience'* bezeichnet,[73] fällt mit der Weigerung und der Gesetzesumgehung aus *Gewissensgründen* zusammen.

Bei den Ungehorsamsakten der amerikanischen Bürgerrechtsbewegung handelte es sich dagegen um einen *zweiten Typ zivilen Ungehorsams,* nämlich um Rawls zivilen Ungehorsam im engeren Sinne. In diesen Fällen wollen die Akteure eine Politik rückgängig machen, die eine Mehrheit deshalb zu Unrecht verfolgt, weil sie damit fundamentale Rechte anderer missachtet, seien es die Rechte einer Minderheit im eigenen Land, seien es die Rechte eines anderen Volkes bzw. einer anderen Nation. Für diesen zweiten Typus verwendet Dworkin den Begriff *‚justice based civil disobedience'.*[74]

Hiervon wiederum unterscheidet sich ein *dritter Typ zivilen Ungehorsams,* der zunächst ganz auf den konkreten Fall des Widerstandes gegen die Raketenstationierung in der BRD 1983 zugeschnitten scheint. In diesem Fall wird eine Politik bekämpft, von der nicht einfach behauptet werden kann, dass sie im Sinne des zweiten Typs ein *offensichtliches* Unrecht darstellt. Die Gehorsamsverweigerer gehen infolgedessen auch nicht primär von der Annahme aus, dass die Mehrheit nur ihre Interessen rücksichtslos verfolgt und dabei die Rechte anderer vernachlässigt. Sie widersetzen sich vielmehr einer *offiziellen Politik,* vielleicht sogar einem modernen Begriff des Politischen, den sie – weil er in ökonomische und politische System-Mechanismen und deren Codes eingespannt

73 Dworkin 1985, S. 107.

74 A. a. O.

ist – grundsätzlich für *zerstörerisch* halten. Sie sind davon überzeugt, dass ihre Ablehnung der offiziellen Politik und ihre Überprüfung des Begriffs des Politischen langfristig im allgemeinen Interesse liegt.

Während ziviler Ungehorsam des zweitens Typs ohne größere Schwierigkeiten mit Demokratie zu vereinbaren ist, da Rechte gegen die Mehrheit zu den Geltungsbedingungen des Mehrheitsprinzips selber zählen, stellt der dritte Typus, den Dworkin ‚*policy based civil disobedience*' nennt, eine größere Herausforderung dar. Es liegt auf der Hand, dass sich im Übergang vom zweiten zum dritten Typus die Selbsteinwände, zu denen grundsätzliche demokratietheoretische Bedenken hinzukommen, verschärfen: Wenn z. B. die überzeugendsten Argumente gegen die Stationierung neuer atomarer Mittelstreckenraketen in einem Komplex von Argumenten bestehen, der als ganzer auf die fatalen Auswirkungen jener Politik hinweist, so hält die politische Vernunft Aktionen zivilen Ungehorsams dennoch insoweit für ungeeignet, als sie nicht ausreichen können, um ausgerechnet diejenigen, die von einer gänzlich anderen politischen Logik überzeugt sind, zur Einsicht in die Stärke *dieser* Argumente zu bringen. Nach Dworkin müsste deshalb ehrlicherweise zugegeben werden, dass es sich beim Widerstand gegen die Raketenstationierung, in Ergänzung zur begleitenden Publizistik, um eine ‚nicht-argumentative Strategie' zivilen Ungehorsams insofern handelt, als sie darauf abzielt, den *Preis* für eine bestimmte Politik zu erhöhen.

5 Strategien: Überzeugung und/oder Preiserhöhung

Der zivile Ungehorsam wendet sich an die Vielen, die eine politische Mehrheit bilden oder – wenn sie sich *am politischen Prozess* beteiligen würden – bilden könnten. Oder er wendet sich an die Regierungen als die jeweiligen Repräsentanten bestimmter Mehrheitsmeinungen. Diesbezüglich handelt es sich beim zivilen Ungehorsam um eine symmetrisch kommunikative Praxis des *Miteinanders* jenseits von Strategie und Mobilisierung. Daher mag er als politisch naiv erscheinen. Macht man indessen die Praxis des zivilen Ungehorsams selbst zum Objekt der Untersuchung, so lassen sich auf der der Praxis übergeordneten Ebene, d. h. auf der Ebene der theoretischen Analyse *zwei Abläufe* analytisch unterscheiden: *Überzeugungsstrategie* und *Preiserhöhungsstrategie.*[75] Wir müssen uns also fragen, ob sich diese Unterscheidung für den Begriff des zivilen Ungehorsams aufrechterhalten lässt und ob sie überhaupt (und wenn ja: zu welchem Zweck) sinnvoll ist. Jedenfalls gibt diese Diskussion den Anlass, was oben ein ‚naiver Punkt' des zivilen Ungehorsams genannt worden ist, selbstkritisch zu überprüfen: Ist er z. B. nur ein Appell? Es könnte sich herausstellen, dass sein Begriff doch nicht gänzlich jenseits von Strategie und Mobilisierung anzusiedeln ist. Der zivile Ungehorsam verlöre dann seine vermeintliche ‚politische Unschuld'. Auf Überzeugung angelegter ziviler Unge-

75 Dworkin 1984, S. 32.

horsam ist appellativer oder symbolischer Protest. Insofern er vor allem mit den symbolischen Mitteln der gesprochenen Sprache oder mit Bildern operiert, lässt er sich als argumentativer Protest auffassen: „Mit zivilem Ungehorsam zwingt eine Minderheit die Mehrheit, zu prüfen, ob sie ihre Handlungen so aufgefasst wissen möchte, oder ob sie angesichts des gemeinsamen Gerechtigkeitssinnes, die berechtigten Forderungen der Minderheit anerkennen möchte".[76] Was hier unterstellt wird, ist ein gemeinsamer Gerechtigkeitssinn, den der argumentative Protest durch Argumente evozieren kann.

Demgegenüber hat Dworkin darauf aufmerksam gemacht, dass der zivile Ungehorsam in der Realität häufig mit Strategien der ‚Preiserhöhung' operiert. Diese zielen nicht darauf ab, „die Meinung der Mehrheit zu ändern, die die Politik für richtig hält, sondern den Preis, den die Mehrheit zu zahlen hat, wenn sie jene Politik fortführt, möglichst in die Höhe zu schrauben, wobei man hofft, dass die Mehrheit den neuen Preis für unannehmbar hoch hält".[77] Dabei können den Aktionen der sich wehrenden Minderheit folgende Überlegungen zugrunde liegen: Die Mehrheit bzw. die Regierung, die ja immer den Anspruch erheben muss, für das Ganze und das Gemeinwohl einzustehen, wird ihre Politik dann aufgeben:

- wenn sich viele Bürger mit zivilem Ungehorsam dagegen wehren;
- wenn sie deswegen viele bestrafen muss, da der Einsatz legitimer staatlicher Gewalt eine heikle Problemlösung ist, die einer besonderen Anstrengung der Rechtfertigung bedarf;[78]
- wenn die Regierung auf die Mitarbeit der Minderheit nicht verzichten kann, was zum Beispiel für eine überlegte Konkordanzpolitik in einem Land der Minderheiten wichtig ist; und schließlich
- wenn sie den folgenreichen Legitimitätsentzug einer Minderheit, der sich vom politischen Basiskonsens absetzt, nicht in Kauf nehmen will.

Es fällt auf, dass in der deutschsprachigen Diskussion ziviler Ungehorsam fast einhellig als symbolisch-argumentativer Protest verstanden wird. Was die theoretische Diskussion anbetrifft, so lässt sich das auf den großen Einfluss von Rawls' Theorie der Gerechtigkeit zurückführen, die den zivilen Ungehorsam eindeutig auf die Funktion des Appells festlegt.[79] Einzig der Staatsrechtler und Richter Martin Kriele kommt der Unterscheidung zwischen Preiserhöhungs- und Überzeugungsstrategie nahe, indem er zwischen zivilem Ungehorsam mit „Nötigungscharakter" und solchem mit „reinem Demonstrationscharakter" unterscheidet.[80] Bei ihm wird diese Unterscheidung jedoch

76 Rawls, 1971, S. 402.
77 Dworkin 1984, S. 32.
78 Das Strafrecht ist deshalb auch derjenige Rechtsbereich mit den größten Legitimationsnöten, die jedoch durch die Anrufung von Ressentiments politisch überspielt werden können.
79 Rawls 1971, S. 401 ff.; ders. 1977, S. 179.
80 Kriele 1983, S. 147.

in ein entlegitimitierendes Licht insofern getaucht, als gesagt wird, dass ziviler Ungehorsam mit Nötigungscharakter versuche, „die demokratische Rechtsgleichheit aufzuheben und elitäre Privilegien zu beanspruchen". Mit dieser Qualifizierung ist die Frage der Rechtfertigung bereits vorentschieden, denn selbstverständlich wäre ein ziviler Ungehorsam, der die demokratische Rechtsgleichheit aufzuheben und elitäre Privilegien zu beanspruchen versuchte, nicht nur nicht gerechtfertigt, sondern, gemäß unserer Perspektive, gar nicht mehr als solcher zu bezeichnen. Dieses Präjudiz, schon mit dem *Begriff* des zivilen Ungehorsams seine *Rechtfertigung* zu entscheiden, wollen wir gerade vermeiden.

Es erhebt sich also nochmals die Frage, ob ein angemessener Begriff der *Wirklichkeit* zivilen Ungehorsams sich ausschließlich auf dessen Appellfunktion beschränken kann und muss. Unser Bemühen in der politischen Theorie muss dahin gehen, Fragen der Legitimation möglichst nicht beschränkt zu diskutieren, weshalb wir die Ebenen von Begriff und Rechtfertigung analytisch auseinanderhalten. Trotz unserer Kritik an Martin Kriele zwingt uns seine entlegitimierende Sichtweise ebenso wie Dworkins Unterscheidung, die Realität zivilen Ungehorsams genauer ins Auge zu fassen. Das hat zur Konsequenz, einen Begriff bilden zu müssen, der nicht in falscher Weise idealisiert, indem er zum Beispiel die reale Verknüpfung der kommunikativen mit der strategischen Dimension, die gleichwohl nicht aufeinander reduzierbar sind, übersieht. Folglich steht in Frage, ob sich ziviler Ungehorsam ausschließlich als symbolisch-argumentativer Prozess verstehen lässt. Politisch unschuldig ist der zivile Ungehorsam sicherlich insoweit, als er, selbst wenn er zu Mitteln der Preiserhöhung greift, nicht mit dem Arsenal politischer Machteroberungsstrategien in Verbindung gebracht werden kann. Machtphantasien sollte man mit ihm nicht verbinden. Eine dahingehende Interpretation ist einerseits durch seine begriffliche Bestimmung ausgeschlossen, andererseits werden die Kriterien ‚öffentlich' und ‚friedlich' – wie die Beispiele demonstrieren – auch in der Praxis eines Ungehorsams mit Preiserhöhungsstrategie erfüllt. Obzwar diese Praxis friedlich ist und somit allen beteiligten Parteien Spielräume überlegten Handelns und Entscheidens belässt, ist sie deshalb dennoch nicht gänzlich zwanglos. Dies ist unbestritten ein allgemeines Kennzeichen der politischen Arena, in der Macht und Widerstände aufeinander treffen, selbst in den institutionalisierten Politikfeldern mit ihren Vetopunkten. Ebenso gehört es zum demokratischen Politikverständnis, dass die politischen Auseinandersetzungen mit argumentativen Mitteln ausgetragen werden. Dennoch geht in eine erfolgreiche politische Überzeugungsarbeit immer mehr ein als das Durchsetzungsvermögen der stärkeren Argumente. Demokratische Entscheidungen kommen nicht nur deliberativ zustande, so wichtig die Zeit und Fähigkeit der Deliberation auch ist.[81]

Versuchen wir die Handlungen auf der Regierungsseite zu interpretieren, so stellt sich die Frage: Wenn die Regierung aufgrund von Protestaktionen die Politik ändert, tut sie es, weil sie durch Argumente überzeugt worden ist, oder tut sie es deshalb, weil sie

81 Siehe Walzer 1999, S. 39–65.

allein davon überzeugt ist, dass der Preis für das Festhalten an der bekämpften Politik in eine unannehmliche Höhe geschraubt worden ist? Diese Frage lässt sich letztlich wohl nicht eindeutig entscheiden, insofern sich die wahren Handlungsgründe der Regierung einer restlosen Überprüfung von außen entziehen. Allenfalls lassen sich in konkreten Situationen von eben diesen Situationen abhängige Indikatoren angeben, die Schlüsse auf die jeweiligen Handlungsmotive möglich machen. Gehen wir nun davon aus, dass in der Realität des zivilen Ungehorsams die strategische und die kommunikative Dimension ineinander verschachtelt sind und die verantwortlichen Instanzen im allgemeinen nicht (nur) in erster Linie vor den besseren Argumenten der Protestierenden zurückweichen, sondern insgesamt vor dem vom Protest ausgehenden Druck – diesen könnte man normativen Druck nennen, oft ist auch von öffentlichem Druck die Rede – so stellt sich die Frage, welche Funktion der Preiserhöhungsstrategie zukommt.

Die Indienstnahme von solchen Mitteln kann etwa dann erforderlich werden, wenn der vom Ungehorsam ausgehende Druck erst die Voraussetzung schafft, unter welcher der damit einhergehende Appell überhaupt wahrgenommen wird. Dworkin führt dafür als Beispiel die Anwendung von rassendiskriminierenden Gesetzen durch die Behörden US-amerikanischer Staaten an: „Die Mehrheit, sogar die des Südens, errötete, als sie durch zivilen Ungehorsam dazu gezwungen wurde, ihre eigenen Gesetze anzuführen. Eine politische Mehrheit konnte nicht sagen: „Ja, wir stehen dazu. Wir behandeln einen Teil der Gemeinschaft als minderwertig im Vergleich zu uns, um sich dann wieder gleichmütig von der Realität abzuwenden".[82] In diesem Fall und in vielen anderen Fällen zivilen Ungehorsams ist ein Großteil der Überzeugungsarbeit schon geleistet. Dem zivilen Ungehorsam selbst fällt dann nur noch die Rolle zu, möglichst viele dazu zu bringen, „auf das zu sehen, was die Mehrheit aus einer Vielzahl von Gründen lange ignoriert hatte".[83] Dabei rührt er in erster Linie an die Indifferenz der regierenden Mehrheit und derer, die sie passiv unterstützen. Er überspringt also gewissermaßen Schwellen der Indifferenz, die Mitglieder einer nach Funktionen gegliederten, spezialisierten und organisierten Gesellschaft um sich aufgebaut haben. Als ‚Perfektion des Mitglieds' wird dieser Seelenzustand perfekt auf den Begriff gebracht.[84] Überdies wird durch die Bereitschaft zur teilweisen Aufkündigung des Rechtsgehorsams das Verständnis staatlicher Politik zumindest tangiert. Zudem wird der politische Alltag gestört, da sich die regierende Mehrheit in der Öffentlichkeit mit Vorwürfen konfrontiert sieht, die ihre Politik in bestimmten Punkten entlegitimieren. Alles in allem lässt sich also sagen, dass jeder zivile Ungehorsam immer auch den Effekt hat, den Preis für die Fortsetzung der von ihm bekämpften Politik zu erhöhen. Wir unterscheiden im Folgenden drei in der

82 Dworkin 1984, S. 34.
83 Dworkin 1984, S. 34.
84 Siehe dazu die Untersuchung von Grünberger 1981.

politischen Wirklichkeit häufig zu beobachtende Typen, die wir mit je einem Beispiel erläutern werden.[85]

5.1 *Preiserhöhung als vermittelndes Glied*

Im April 1985 droht der Zürcher Kantonsarzt Ärzten und Apothekern, die Drogenabhängigen weiterhin sauberes Injektionsmaterial zur Verfügung stellen, mit patentrechtlichen Maßnahmen bis hin zum Berufsverbot. Trotz des vehementen Protests der Ärztegesellschaft und eines von der FDP und der SP im Gemeinderat unterstützten Postulats, das die Abgabe von sterilen Spritzen verlangte, stellte sich der Regierungsrat hinter den Beschluss des Kantonsarztes. Ende 1985 erklären gegen 300 Zürcher Ärzte öffentlich, dass sie sich der Weisung der Gesundheitsdirektion widersetzen würden und untermauern diese Absichtserklärung mit dem auch von der Subkommission Drogenfragen der Eidgenössischen Betäubungsmittelkommission vertretenen Argument, dass die Knappheit an sauberem Injektionsmaterial der beschleunigten Ausbreitung von Hepatitis B und AIDS weiter Vorschub leiste. Hinsichtlich der rechtlichen Aspekte der Angelegenheit kommt der Basler Strafrechtler Stratenwerth zudem zum Schluss, dass die Abgabe steriler Spritzen nicht gegen die Rechtsvorschriften verstoße. Da jedoch mit der Einsicht der Verwaltung weiterhin nicht gerechnet werden kann, nimmt der Kantonsarzt im Juni 1986 das Geschäft selbst in die Hand. Erst im September gibt der Regierungsrat den Spritzenverkauf vollumfänglich frei – ein seitdem in ganz Europa vielbeachtetes Experiment.

Wie aus dem Beispiel hervorgeht, ist die Ankündigung der Ärzte, entgegen der Weisung des Kantonsarztes weiterhin steriles Injektionsbesteck abzugeben, um auf diese Weise den Regierungsrat unter Druck zu setzen, nur ein Glied in einem Protest, dessen Spektrum von der politischen Opposition bis zur Einflussnahme von Experten auf die öffentliche Meinungsbildung reicht. Als Sequenz im Protestverlauf hat die öffentliche Herausforderung des Kantonsarztes und des ihn untersetzenden Regierungsrates die katalysatorische Funktion, erneut auf die argumentative Grundlage der Auseinandersetzung und die Unhaltbarkeit der gegnerischen Position aufmerksam zu machen und somit dem Anliegen einer breitgefächerten Opposition Nachdruck zu verschaffen. In diesem Fall nutzen die Ärzte die Ressourcen, über die sie dank ihrer privilegierten Position verfügen, insofern, als sie erstens von weiten Teilen der etablierten politischen Parteien und anerkannten Experten zumindest hinsichtlich der Plausibilität ihrer Argumente unterstützt werden und zweitens der Kantonsarzt das angedrohte Berufsverbot für 300 Ärzte wohl kaum ohne gravierende Folgen für das reibungslose Funktionieren des kantonalen Gesundheitssystems durchsetzen könnte.

85 Ich folge hier Kleger 1994.

5.2 Punktuelle Preiserhöhung

Dieser zweite, wohl prominenteste Typ lässt sich näher dadurch charakterisieren, dass der Zweck des Protests über die einzelne Ungehorsamsaktion hinausweist. Durch punktuelle Effizienzstörungen soll auch im buchstäblichen Sinn des Wortes der Preis der von Regierung und Behörden verfolgten Politik heraufgesetzt werden, um damit den Appell zu intensivieren und/oder als ‚Auge der Öffentlichkeit' Missstände verschiedenster Art wie etwa die unzureichende Anwendung von Umweltschutzgesetzen ans Licht zu bringen (Aktionen mit gewaltfreiem Körpereinsatz). Greenpeace und Robin Wood liefern dafür bis heute zahlreiche öffentlichkeitswirksame Beispiele.

An dieser Stelle sei noch ein weiteres deutliches Beispiel überlegter punktueller Preiserhöhung im zivilen Ungehorsam angeführt: Im Kampf gegen das geplante Atomkraftwerk Kaiseraugst hat die ‚Gewaltfreie Aktion Kaiseraugst' (GAK) Mitte der 70er Jahre ein dreistufiges Stromrechnungsstreikkonzept entwickelt. Diese Maßnahme wurde wie folgt begründet: „Wiederholt wurde ein Baustopp für alle Atomkraftwerke gefordert, bis die betroffenen Bürger demokratisch darüber abstimmen können. Diese Petitionen, Interpellationen, Schreiben, Demonstrationen und mündlichen Vorsprachen brachten weder eine bessere Information noch ein Selbstbestimmungsrecht der Bevölkerung in dieser lebenswichtigen Frage. Wir befinden uns deshalb in einer Notsituation, die nach ungewöhnlichen Maßnahmen ruft".[86] Der Stufenplan sieht vor, in einer ersten Phase mittels einer Bereitschaftserklärung die Protestressourcen auszumessen; konkret heißt das, dass mindestens tausend Haushalte sich vorab zur Teilnahme an der Aktion bereit erklärt haben müssen. Vor Streikbeginn soll jedoch in einer zweiten Phase erneut das Gespräch mit Vertretern der betroffenen Elektrizitätswerke gesucht und deren Reaktion abgewartet werden. Zweck dieser Streikvorbereitungen ist es, der Gegenseite zu demonstrieren, dass eine Bereitschaft zum Kompromiss weniger Kosten verursachen würde als ihre Unnachgiebigkeit. Erst im Falle eines erfolglosen Verhandlungsverlaufs ist für eine dritte Phase vorgesehen, mit dem angedrohten Stromrechnungsstreik ernst zu machen.

5.3 Preiserhöhung als konfliktstrukturierende Strategie

Preiserhöhung als konfliktstrukturierende Strategie bedeutet, dass die Preiserhöhung über weite Strecken des Konfliktverlaufs zum prägenden Handlungsmuster für beide Seite wird. Wir können in solchen Fällen von einer strategischen Interaktion sprechen. Als ‚strategisch' definieren wir für unsere Zwecke ein Aktionsprogramm einer Partei, einer Gruppe oder auch eines Einzelnen, das sich darauf ausrichtet, ein festgelegtes Ziel zu erreichen, indem Mittel, Ressourcen und Erfolg bewusst aufeinander abgestimmt

86 Zitiert nach Schroeren 1977, S. 61.

werden. Im Begriff der strategischen Interaktion ist zudem impliziert, dass alle Teilnehmer an diesem Strategiespiel die Wahl der einzelnen Spielzüge (strategische Dezision) immer wieder von den jeweils vermuteten Handlungsabsichten und -ressourcen des Gegenspielers abhängig machen müssen.

Zur Veranschaulichung dieses theoretischen Zusammenhangs sei kurz auf das Beispiel der Besetzung des Baugeländes Kaiseraugst im Jahre 1975 hingewiesen, das Ausgangspunkt der schweizerischen Diskussion über zivilen Ungehorsam war (so wie Wyhl in Deutschland, dessen Konfliktgeschichte bis 1971 zurückreicht).[87] Schon bei einer oberflächlichen Betrachtung der damaligen Ereignisse zeigt sich, dass nicht nur die Erfolglosigkeit des legalen Protests, sondern nicht zuletzt auch die Art und Weise, mit der die Atomenergie-Befürworter auf die Anliegen der opponierenden regionalen Bevölkerung reagierten, für die Umstände mitverantwortlich zu machen sind, die in den Augen der Protestierenden die Besetzung des Baugeländes schließlich als unumgänglich erscheinen ließen.[88] Ihre Distanzierung von kommunikativ undurchlässigen demokratischen Institutionen und Verfahren hat ihren Grund einerseits im Gefühl, nur noch Verfügungsgegenstand zu sein, und andererseits in der Verbitterung darüber, in der Ausschöpfung sowohl der juristischen Mittel als auch der Mittel der politischen Opposition einem Gegner gegenüberzustehen, dem an der konsensorientierten Konfliktlösung nicht zu liegen scheint. Dafür, dass die Kommunikationsbrücken von den Befürwortern der Atomenergie und nicht von den Gegnern abgebrochen werden, lassen sich verschiedene Messgrößen angeben: Die kategorische Ablehnung von Kompromissangeboten; die Diskriminierung der Atomenergie-Gegner in den Medien; die aktive Verweigerung von Kommunikation seitens der Behörden, die etwa in Form von Benachteiligung der Atomenergie-Gegner bei der Stellensuche zuweilen den Charakter einer Zermürbungs- und Einschüchterungsstrategie annimmt.[89]

In der Folge greifen in der Anti-AKW-Bewegung Resignation und Ohnmachtsgefühle um sich. Als dann aber im Frühjahr 1975 mit den Aushubarbeiten begonnen wird, entschließt sich die Gewaltfreie Aktion Kaiseraugst (GAK), zu der bei der Polizei und Baufirma schon angekündigten Geländebesetzung aufzurufen. Dieses der neuen Situation angemessene Mittel der Preiserhöhung ist zunächst insofern erfolgreich, als die unangenehm überraschte Gegenseite ihren Apparat auf die Konfrontation erst einstellen muss. Im weiteren Verlauf der Besetzung aber sehen sich die Protestierenden mit immer massiver werdenden Drohungen einerseits und halbherzigen Verhandlungsangeboten der Behörden andererseits konfrontiert, was schließlich ihre Spaltung bewirkt.[90] Dennoch erzielen sie mindestens insofern Erfolg, als die Wiederaufnahme der Bauarbeiten bis auf weiteres aufgeschoben wird. Auch wenn über den Zeitraum der Besetzung hin-

87 Siehe dazu Vandamme 2000, S. 61 ff.
88 Schroeren 1977, S. 11–60.
89 Kriesi 1982.
90 Vgl. Schroeren 1977, S. 65–106; und Füglister 1984.

weg immer wieder die Kommunikation mit den Kernkraftbefürwortern gesucht wird, kann man sich des Eindrucks nicht erwehren, dass die Regierung nur deshalb zu Verhandlungen bereit ist, weil sie befürchten muss, dass eine gewaltsame Räumung des Bauplatzes zu hohe politische Kosten zeitigen würde.

6 Aufrichtigkeitstest

Das moralphilosophische Argument, dass in der Bereitschaft, die rechtlichen Folgen der Handlungsweise auf sich zu nehmen, der Aufrichtigkeitstest zivilen Ungehorsams liegt, wird von vielen geteilt, die zivilen Ungehorsam in der Schwebe zwischen Legitimität und Legalität halten wollen und schon wegen des unerwünschten Normalisierungseffekts die Legalisierung des zivilen Ungehorsams ablehnen. Wenn das im Ungehorsamsakt eingegangene persönliche Risiko, mit einem Gerichtsverfahren belangt zu werden, nicht mit der Bereitschaft verbunden ist, auch die Strafe für die Regelverletzung auf sich zu nehmen, läuft ziviler Ungehorsam tatsächlich Gefahr, seine moralische Grundlage zu verlieren und an Appellwirkung einzubüßen.

Die Lösung des Spannungsverhältnisses zwischen Legalität und Legitimität, zwischen Recht und Moral, auf das ziviler Ungehorsam aufmerksam machen will, ist nicht in seiner Verrechtlichung zu suchen, weil diese ein primär politisches Phänomen lediglich auf die rechtliche Ebene verschieben würde. Es wäre dann allein den Gerichten überlassen, zu entscheiden, wann ziviler Ungehorsam berechtigt ist. Diese werden sich jedoch ohnehin der Herausforderung des zivilen Ungehorsams nicht entziehen können, da sie über diese Art von Ungehorsam zu richten haben und damit zugleich die Frage beantworten müssen, wie ziviler Ungehorsam rechtlich zu beurteilen ist. Denn eine Gesetzesverletzung, die mit Berufung auf verfassungslegitime Grundsätze erfolgt, ist sicherlich anders zu bewerten als die üblichen Delikte. Wenn im Übrigen nach Art. 63 StGB die Motive des Straftäters zu berücksichtigen sind, dann gilt dies selbstverständlich auch für die Akte zivilen Ungehorsams. Und wenn sodann Art. 64 StGB „achtungswerte Beweggründe" als strafmildernd anerkennt, so wäre es nur folgerichtig, wenn den politisch-moralischen Motiven für innerhalb der Definition zivilen Ungehorsams liegende Strafen ‚privilegierende Wirkung' zuerkannt würde. Hinsichtlich der Bereitschaft, die rechtlichen Sanktionen auf sich zu nehmen, radikalisiert der Jurist Günther Frankenberg den Gedanken insofern, als er das gerichtliche Verfahren *selbst* zu einem integralen Bestandteil des zivilen Ungehorsams macht.[91] Im Einstehen für die Regelverletzung werde der Protest fortgesetzt und erfahre eine zusätzliche Dramatisierung. Das gerichtliche Verfahren wird selbst zur Tribüne für einen politischen Prozess.

Frankenberg verwirft denn auch die ‚Protestflucht'. Als letzte Konsequenz seiner Auffassung ließe sich die Selbstdenunziation des Regelverletzers postulieren, um in Fäl-

91 Frankenberg 1984.

len, wo aus welchen Gründen auch immer der Staat auf die rechtliche Sanktionierung verzichtet, ein Gerichtsverfahren zu erzwingen. Obwohl diese Forderung in der politischen Praxis illusorisch ist, besteht doch kein Zweifel, dass durch Protestflucht die moralische Grundlage des zivilen Ungehorsams untergraben wird. Die Achtung vor dem Gesetz drückt sich in der Bereitschaft aus, für Gesetzesübertretungen die dafür vorgesehene Strafe zu akzeptieren. In diesem Sinne betrachtet Dreier die Bestrafung nicht als zum Begriff des zivilen Ungehorsams zugehörig, sondern versteht ihn eher als (grundrechtlichen) Kampf ums Recht, weshalb er sich zwangsläufig vor den Schranken der Gerichte abspielen werde.[92] Diese Position ist in der Literatur, vor allem auch im deutschsprachigen Raum, fast durchgängig anzutreffen.

Eine andere Position vertritt beispielsweise der Philosoph Hans Saner insofern, als er a priori und de jure ein Recht auf zivilen Ungehorsam verlangt, solange die Gesetze ein Mehr an Gerechtigkeit verhindern, und er a posteriori und de facto einen Verzicht auf Bestrafung zivil Ungehorsamer fordert.[93] „In der Übernahme der Strafe auch willig Buße zu tun, ist ein schon widerlicher Demokratie-Pietismus. Was man als klar unzumutbar erkennt, soll man auch klar zurückweisen, ohne Scham und Reue".[94]

Als Vertreter für die angloamerikanische Literatur kann Zinn angeführt werden, der meint, wenn die Gerechtfertigtkeit der Protesthandlungen erwiesen sei, „the protester need be no more willing to accept the rule of punishment than to accept the rule he broke".[95] Ebenso gibt Chomsky zu bedenken, dass für jemanden, der eine kriminelle Handlung des Staates zu verhindern sucht, es „keinerlei moralischen Zwang (gebe), sich freiwillig einer Bestrafung für sein Tun zu unterziehen".[96] Ähnlich argumentiert Dworkin und rät den Gerichten, den zivil Ungehorsamen bevorzugt zu behandeln.[97] Andere Stimmen empfehlen, falls der Staat offensichtlich Unrecht begeht, etwa durch die Stationierung von Waffensystemen, die von einer Mehrheit des Volkes abgelehnt werden, soll man sich durch Gesetzesübertretungen der Durchführbarkeit der Maßnahme entziehen und die vom Staat verhängte Strafe nicht freiwillig auf sich nehmen.[98] Ergäbe sich aus diesen Situationen eine Gefährdung der „staatlichen Stabilität (…) habe nicht ich, sondern der Staat dies zu verantworten".[99]

Andererseits hält niemand Sinn und Existenz der Rechtsordnung für bedroht, wenn nur einzelne Gesetzesverletzungen nicht geahndet werden. Dann würde jede Rechtsordnung zusammenbrechen. Der streng sokratische Standpunkt in Platons ‚Kriton'[100] lässt

92 Dreier 1983, S. 61 f.
93 Saner 1985, S. 107.
94 A. a. O.
95 Zinn 1968, S. 42.
96 Chomsky 1974, S. 20.
97 Dworkin 1984, S. 39 f.
98 Seifert 1984, S. 101.
99 Ulrich und Saathoff 1984, S. 117.
100 Platon 1984.

sich aus diesem Grunde auch nicht mehr auf die modernen rechtsstaatlichen Verhältnisse übertragen. Insoweit ist dann auch der Streit darüber müßig, wessen Held Sokrates sei – der Held der Treue gegenüber den Gesetzen oder der Held des zivilen Ungehorsams.[101] Auf jeden Fall gilt, dass Aufrichtigkeit nur verlangen kann, wer selber ihre Bedingungen erfüllt. Wenn man auf dem Aufrichtigkeitstest beharrt, dann soll dieser für beide Seiten des vorerst unentschiedenen Konflikts gelten.

Eine wegweisende Funktion kann ziviler Ungehorsam auch in der Rechtsfortbildung einnehmen: wenn die herrschende Rechtspraxis im Bezug auf Legitimitätsvorstellungen in der Gesellschaft veraltet – Beispiele wären etwa das Konkubinats- oder das Abtreibungsverbot – kann ziviler Ungehorsam Anstoß für die überfälligen Korrekturen geben.[102] In einer reifen politischen Kultur wird der Rechtsstaat zurückhaltend auf zivilen Ungehorsam reagieren, indem die Rechtsprechung beispielsweise ihren gesetzlichen Beurteilungs- und Entscheidungsspielraum zugunsten der Regelverletzer ausschöpft, oder indem die politischen Instanzen, sofern sie eine Berechtigung zum zivilen Ungehorsam anerkennen, eine Amnestie erlassen.

7 Was heißt ‚Systemimmanenz'?

Das Erfordernis der Systemimmanenz des zivilen Ungehorsams bezieht sich auf seine Ziele wie auf seine Mittel. Diese Einbindung in den Kontext ‚des Systems' wird vor allem von der juristischen Warte aus, der die Politiker gerne folgen, mit aller Strenge erhoben. Unter System versteht diese Diskussion den Rahmen des positiven, verfassten Rechtsstaates. Doch was heißt Systemimmanenz genau? Hier ist mittlerweile problematisch, wo das ‚System' beginnt und wo es aufhört. Ist es nur der Staat? Oder ist es die neoliberale Hegemonie? Der umgreifende Sexismus in der Werbung? Gewiss, in der rechtstheoretischen Diskussion gehört Systemimmanenz schon zu den Definitionskomponenten zivilen Ungehorsams. Erst recht gelingt die normative Rechtfertigung aus dieser rigiden Sicht nur dann, wenn ziviler Ungehorsam ‚in angemessener Form' ausgeübt wird, das heißt, ein ‚stabilisierendes Mittel' ist, das im Verfassungsstaat mehr Gerechtigkeit schafft.[103] Als gewichtigstes Argument, das in der angelsächsischen Diskussion für den zivilen Ungehorsam ins Feld geführt wird, gilt dabei fast ausschließlich, „dass das Recht, gäbe es keinen solchen demokratischen Widerspruch, mit der Zeit an Gerechtigkeit und Fairness abnehmen und die Freiheit des Bürgers verringert würde".[104] Auch in der deutschen Diskussion, etwa bei Dreier und Habermas, die Rawls und Dworkin rezipiert haben, geht es um die weitergehende Durchsetzung der den bestehenden Staat

101 Vgl. Kriele 1984.
102 Siehe zum Beispiel: Spescha 1988.
103 Rawls 1977, S. 181 und 184; ders. 1971, S. 402, 409 und 421.
104 Stratenwerth 1990, S. 258.

legitimierenden Prinzipien. Habermas spricht von der „Verwirklichung anspruchsvoller Verfassungsgrundsätze mit universalistischem Gehalt".[105] Und Dreier fordert, dass sich der Protest gegen „schwerwiegendes Unrecht" richten müsse, wobei als systematischer Unrechtsmaßstab eben „hauptsächlich die Grundrechts- und Staatszielbestimmungen" der Verfassung dienen sollen.[106]

Ebenso haben sich die Mittel des zivilen Ungehorsams in einem bestimmten Rahmen zu halten, der mit dem Rahmen der Systemimmanenz konvergiert. Wiederum gilt in Bezug auf den neuen Ungehorsam deskriptiv und normativ: Er hat sich als Appell der Minderheit an die Mehrheit darzustellen und soll derart die Mehrheit dazu bewegen, ihre Haltung in einer bestimmten Frage noch einmal zu überdenken und möglicherweise zu revidieren. Die Mehrheitsregel bleibt prinzipiell anerkannt. Die Protestakte haben ferner nach diesem Selbstverständnis, das die Theorie nachvollzieht, „keineswegs den Sinn, die Mehrheit unter Druck zu setzen. Sie erscheinen vielmehr als eine besonders eindringliche ‚Form der Rede', die überzeugen soll (…)".[107]

Die Gültigkeit der Mehrheitsentscheide hängt in starkem Maße davon ab, ob sie als das Ergebnis einer argumentativen Auseinandersetzung, für das die besseren Gründe sprechen, zumindest verstanden werden können und nicht bloß als herrschaftlicher Machtanspruch. Ebendies begründet die besondere Bedeutung der Freiheitsrechte politischer Kommunikation. Die argumentative Auseinandersetzung ist allerdings ihrerseits an Vorbedingungen gebunden. Diese werden heute politische Kultur genannt. Demnach kann sich die geforderte argumentative Auseinandersetzung nur auf dem Boden eines Minimums an gemeinsam geteilten normativen Überzeugungen vollziehen. Stratenwerth drückt dies wie folgt aus: „Als Aufforderung an die Mehrheit, eine von ihr getroffene Entscheidung zu überprüfen, kann daher auch ziviler Ungehorsam nur verstanden werden, soweit er sich auf beiderseits anerkannte Grundwerte bezieht. Wo es daran fehlt, bei einem fundamentalen Dissens, hat es keinen Sinn, zu argumentieren; hier bleibt allein die Möglichkeit, klarzustellen, um welche Differenzen es geht".[108] Zwei Wendungen sind hier noch weiter zu präzisieren: ‚argumentieren' kann nur im Sinne von Rawls' Appell und seiner Gerechtigkeitstheorie gemeint sein; weiter ist zu fragen, was hier ‚Grundwerte' einerseits und ‚fundamentaler Dissens' andererseits heißt. Diese nicht-persuasive Form des Widerstandes kann dabei nicht nur, wie wir bisher mit Dworkin unterstellt haben, auf das Ziel eingeengt werden, den Preis, den die Mehrheit für die Durchsetzung ihrer Auffassung zu zahlen hat, in die Höhe zu treiben. Diese Proteste können „auch den Sinn haben, der Mehrheit zu demonstrieren, dass es um solche Überzeugungen geht".[109] Statt um ‚Preiserhöhung' mit dem primären Ziel der Änderung

105 Habermas 1983, S. 39 ff.

106 Dreier 1983, S. 63. Ihm schließt sich Laker an, 1986, S. 285 ff.

107 Vgl. Stratenwerth 1990., S. 259, mit Hinweis auf Rawls, anders in diesem Punkt Dworkin.

108 A. a. O., S. 263, (erste Hervorhebung von H. K.).

109 A. a. O., S. 264; als Beispiele erwähnt er die Proteste gegen die ‚Plutonium-Wirtschaft' und gegen die ‚Nachrüstung'.

der Mehrheitsverhältnisse geht es dann genau genommen darum, „Überzeugungen geltend zu machen, die in den Augen der Minderheit zu großes Gewicht beanspruchen, als dass sich eine Mehrheit – überhaupt oder allzu leichtfertig – über sie hinwegsetzen dürfte".[110]

Dieser neue Ungehorsam – als ‚Preiserhöhungsstrategie' ebenso wie als ‚Darstellung fundamentaler Differenzen' – sprengt den Rahmen systemimmanenter Differenzen. Verzichtet man hier auf das Erfordernis der Systemimmanenz, so sieht man sich der Notwendigkeit gegenüber, neue – jenseits der etablierten Verfassungsprinzipien liegende – Maßstäbe für die Legitimität zivilen Ungehorsams zu entwickeln. Dass sich in den legitimierenden Grundlagen unserer Staatlichkeit ein Wandel vollzieht, ist kaum zu negieren. Ebenso wenig ist zu bezweifeln, dass es oft Minderheiten sind, die Anstöße zu tiefer greifendem kulturellem und sozialem Wandel geben. Der neue Ungehorsam setzt Zeichen und lässt neue Bewegungen entstehen.[111]

Das Kriterium der Systemimmanenz scheint jedoch geeignet zu sein, zumindest auch jenes zweifellos gewichtig Moment des zivilen Ungehorsams zu beurteilen, das als dramaturgische Stufe der verfassungsmäßig geschützten Rede- und Versammlungsfreiheit verstanden wird. Sofern also – selbst im Falle fundamentaler Differenzen – diese demonstrative und moralisch-expressive Komponente der Ungehorsamshandlung evident ist, so handelt es sich um einen Akt politischer Kommunikation. Dies ist die Voraussetzung dafür, dass das positive Rechtssystems sich angesichts der „Aporie des illegalen, möglicherweise aber legitimen Widerstandes",[112] sich nicht einfach auf „die binäre juristische Logik mit ihrer Unterscheidung von Recht und Nicht-Recht" reduzieren darf, sondern, wie Ellscheid schreibt, „als zivilisiertes Rechtssystem"[113] kommuniziert. „Da das positive Recht als Praxis verstanden werden muss, kann man (…) doch denken, dass das positive Recht in einem mehr oder weniger sinnvollen Umgang mit jener Aporie treten kann. (…) Und dementsprechend könnte das Thema des illegalen moralischen Widerstandes aus zwei Perspektiven ein gemeinsames Erkenntnisinteresse ausdrücken: nämlich das Interesse daran, dass das Rechtssystem möglichst sinnvoll reagiert und dass der Widerstand, wenn er denn schon sein muss, das Rechtssystem in einer möglichst sinnvollen Weise in Frage stellt".[114]

---

110 A. a. O.

111 Stratenwerth sagt hierzu: „(…), indem er Zeichen setzt und manche Einzelne vielleicht erst innewerden lässt, dass sie mit ihrer Überzeugung nicht allein sind", (1990, S. 265).

112 Ellscheid 1988, S. 253.

113 A. a. O., S. 261.

114 A. a. O., S. 253 f.

8 Schluss: Fortschritts- und Demokratiekonflikte

Der neue Ungehorsam hat nur dann eine demokratische Perspektive, wenn er sich auch als kleinste Minderheit nichtsdestotrotz potentiell als ‚konkurrierende Mehrheit' innerhalb und unter anderen Minder- und Mehrheiten bewegt. Dieses Verständnis führt zu einer dialogischen Praxis, die für seine demokratische Legitimität, die nicht institutionell und formell gegeben ist, ausschlaggebend wird. Diese dynamische Legitimität muss insofern gebildet und aufgebaut werden, als die ‚konkurrierende Mehrheit', die in wohlüberlegten Fällen zur demokratischen Ausnahmemethode des zivilen Ungehorsams greift, in Konkurrenz zu Mehrheiten der politischen Entscheidungen tritt. Wir sagen ‚Ausnahmemethode', denn der ‚Normalfall' besteht darin, dass Entscheide, die politisch ja meist Ermessensfragen betreffen, in demokratischer Gelassenheit vollzogen und akzeptiert werden können. Dies zählt zum demokratiepragmatischen Normal-Dezisionismus des positiven Rechts, worüber sich niemand zu empören braucht. Das Wartenkönnen des zivilisierten Staatsbürgers folgt daraus.[115] Diesbezüglich wird das Erträgliche zum Richtigen, denn vergessen wir nicht, dass zur *Toleranz der Demokratie* gleichermaßen die Offenheit, die Geduld und der zivile Umgang mit Differenzen gehören.[116]

Soziale Systeme, die spezialisierte Funktionen erfüllen, darunter auch die Politik und die Verwaltung, sorgen über legitimierte und legitimierende Verfahren für korrekte Ergebnisse. Sie sind nicht auf der Gesinnung von Bürgern gebaut, sondern leben von einem erfahrungsbewährten politischen Vertrauen, das als sozialer Kitt für komplexe Systeme nicht verlorengehen darf. Die (systemtheoretische) Alternative ‚Geduld' oder ‚Gesinnung', die hier jedoch ins Spiel kommt, ist allerdings zu grob und erfasst vieles nicht, was für eine demokratische Theorie der Bürgerschaft wichtig ist. Erfahrungen von Enttäuschung, Betrug, Intransparenz, Manipulation, Betroffenheit, Ohnmacht und Ungerechtigkeit sind Ausgangspunkte von Empörung, Ungehorsam und Widerstand. Anlässe gibt es genug. Die ‚neue Empörung' hat dabei durchaus auch helfende und soziale Komponenten, die denen eine laute Stimme geben, die ansonsten unsichtbar blieben.[117] Dazu kommen das Misstrauen und die verblüffungsresistente Beharrlichkeit vieler Bürger. Werte spielen dabei sehr wohl eine Rolle: Sie müssen internalisiert sein, und die Politiker, die mit dem Volk über Wahlen und Abstimmungen verzahnt sind, müssen sie – bei allem (parteipolitischen) Werteopportunismus (Luhmann) – glaubwürdig vertreten können. Auf der Argumentationslinie einer politischen Theorie der verfassungsdemokratischen Bürgergesellschaft, die, obwohl solide, ständig verbesserungsbedürftig bleibt, darf es kein Vakuum in Bezug auf grundlegende Werte und Normen geben. Eine zusammenhängende Werteorientierung, die im realen Leben nicht ohne Widersprüche

115 Vgl. Luhmann 2010, S. 233, 236.
116 Vgl. Kleger 2009.
117 Zum Beispiel gegenüber Migranten, Asylsuchenden, „Sans-Papiers", Sinti und Roma, vgl. Hessel 2011, S. 15.

und Konflikte zu haben ist, bleibt für eine demokratische Orientierung unerlässlich. Es reicht dafür nicht, Werte bloß aufzuzählen. Entscheidender ist es, die wichtigsten Werte, die nicht zur Disposition stehen, und ihren Zusammenhang aus der Verarbeitung historischer Erfahrungen abzuleiten und konfirmieren zu können, zum Beispiel der grundlegende Zusammenhang von Freiheit und Toleranz oder Menschenwürde und Menschenrechten. Für die Argumentation politischer Theorie ist es grundlegend, Erfahrungen transferier- und reflektierbar zu halten.

Eigensinnige Menschen und Bürger gehören zu einer Demokratie, die ohne Kritik und Widerstand ihre Lern- und damit auch Entwicklungschancen verliert. Als ziviler Ungehorsam machen neue Widerstände ohne Widerstandsrecht Verpflichtungsvorbehalte und -grenzen geltend. Sie formulieren keine grundsätzlichen und machtpolitischen Einwände gegen die formellen Verpflichtungen, wie sie in Demokratie, Staat und positivem Recht impliziert sind, da sie dazu über keine machtpolitischen Gegen-Konzepte verfügen.

Dafür können die Felder des neuen Ungehorsams, die dynamisch und im Plural auftreten, zeigen, wo partielle Brüche verlaufen, die nicht zur ‚einen' Macht- und Systemfrage monologisierbar sind. Diese Kritik lebt nicht mehr von der Potenz eines (sozialistischen) Gegenentwurfs zur bestehenden Gesellschaft, die sie kritisiert. Das Wofür der Widerstände bleibt vielmehr konkret und dialogisch. Die Verpflichtungen des mündigen Menschen-Bürgers sind in einer solchen Gesellschaft reflexiv auf die Stärkung des zivilen Wachstums bezogen. Unsere bisherige Diskussion hat sich vor allem an Beispielen seit den 60er Jahren orientiert. Insbesondere im Zusammenhang mit den neuen sozialen Bewegungen in den 80er Jahren, der Antiatom-, Ökologie-, Friedens- und Frauenbewegung ist die Debatte um den zivilen Ungehorsam neu aufgelebt. Seit den 90er Jahren sind diese Bewegungen nicht verschwunden, sondern haben sich gewandelt.

Teile der Antiatom- und Ökologiebewegung sind in professionalisierte Organisationen wie Greenpeace oder Robin Wood aufgegangen, die mit einer starken Mitgliederbasis einerseits *Kampagnen* finanzieren und organisieren, andererseits *wissenschaftliche Expertisen* in die politische Diskussion einbringen.[118] Insbesondere Greenpeace tut sich regelmäßig mit spektakulären direkten Aktionen hervor, bei denen gut ausgebildete Aktivisten öffentlichkeitswirksam etwa Transparente an Atomkraftwerken aufhängen oder sich vor die Harpune eines Walfangschiffes stellen. Die Auseinandersetzung um die Versenkung der Ölplattform Brent Spar 1995 ist dabei ein besonders aufschlussreicher, bestens koordinierter „kontrollierter Regelverstoß" (Thilo Bode) unter Bedingungen einer globalisierten Mediengesellschaft gewesen.[119]

Der Erfolg dieses Modells führte dazu, dass auch in anderen Politikbereichen ähnlich strukturierte Nichtregierungsorganisationen (NGOs) entstanden – so etwa ‚Attac', das 1998 in Frankreich als Netzwerk für die Einführung einer Tobin-Steuer gegrün-

118 Brand 2008, S. 238 ff.
119 Siehe hierzu die Greenpeace-Dokumentation: Vorfelder 1995; vgl. dazu auch Vandamme 2000, S. 131 ff.

det wird und heute den gesamten Themenkomplex ‚neoliberale Globalisierung' bearbeitet.[120] Ähnliche Formen der Netzwerkbildung können auch in der Sozialforenbewegung mit dem ersten weltweiten Treffen 2001 – nicht zufällig im südbrasilianischen Porto Alegre – beobachtet werden. Diese Millionenstadt mit ihrem ‚Orcamento Participativo' (OP) wird zum Symbol für den Slogan ‚Eine andere Welt ist möglich' (im Kontrast zum ‚World Economic Forum' in Davos, das seit 1971 stattfindet).

Spätestens seit dem Jahr 2000 beschleunigt sich die Vernetzung dieser Proteste noch einmal deutlich durch die Ausweitung des Internetzugangs auf weite Teile der Bevölkerung. Die globalisierungskritischen Bewegungen nutzen die neuen Kommunikationsmöglichkeiten früh und effektiv insbesondere zur Kommunikation innerhalb der Netzwerke, aber auch zur Protestmobilisierung und zur weiteren Institutionalisierung ihrer spezifischen Gegenöffentlichkeit. Ein Beispiel dafür war die Einrichtung des unabhängigen Nachrichtenportals Indymedia[121] im Vorfeld der WTO-Ministerkonferenz in Seattle 1999, auf dem „grassroots coverage of the WTO protests" geliefert wurde.

Zu diesem Zeitpunkt waren nach dem gescheiterten MAI-Abkommen[122] und der Asienkrise 1997 bereits weithin Zweifel am Modell der neoliberalen Globalisierung in der öffentlichen Diskussion präsent. Eben jene WTO-Ministerkonferenz in Seattle musste unter dem Eindruck unkontrollierbarer Proteste sogar abgebrochen werden. Beim G8-Treffen in Genua 2001 wurde das Schengen-Abkommen außer Kraft gesetzt, und die Gewalt zwischen 200 000 Demonstranten und den Carabinieri eskalierte derart, dass ein Demonstrant starb und Hunderte verletzt wurden.[123] Die Folge war, dass multilaterale Regierungstreffen immer stärker polizeilich und militärisch „geschützt" werden mussten. Sie finden deshalb an immer schwerer zugänglichen Orten statt und gleichen inzwischen militärischen Festungen, die entsprechend verteidigt werden. In Deutschland fand der G8-Gipfel 2007 vom 6. bis zum 8. Juni im weiträumig abgesperrten Seebad Heiligendamm statt. Zur Sicherung des Gipfels wurden 18 000 Polizisten, 1 100 Soldaten der Bundeswehr sowie militärisches Gerät zur Sicherung des Luftraums und der See eingesetzt.[124] Auch für die Sicherheit großer Städte, insbesondere bestimmter Bezirke, lässt sich zunehmend eine Vermengung militärischer und polizeilicher Maßnahmen beobachten. Die Erfahrung von Genua war buchstäblich ein Einschnitt, der das

120 ‚Attac' heißt: Assiocation for the Taxation of Financial Transaction for the Aid of Citizens.

121 Independent Media Center (o. J.).

122 „Multilaterales Abkommen über Investitionen" – bei diesem OECD-Abkommen sollten Investitionen von multinationalen Unternehmen gegen staatliche Regulierung geschützt werden. Nachdem sich die französische Regierung aus Sorge um die nationale Souveränität und um internationale Opposition aus den Verhandlungen zurückzog, wurde das Projekt nicht weiter verfolgt. Vgl. den so genannten Lalumière-Report, der die Verhandlungen kritisch würdigt und aufgrund dessen die Regierung Jospin die Verhandlungen abbrach: Lalumière und Landau 1998.

123 Tagesschau.de vom 20. 7. 2011. Siehe dazu auch: Baer und Dellwo 2011. Zur Entstehung eskalierender Gewalt ist aufschlussreich: Collins 2011.

124 Wadewitz 2009.

Vertrauen in den (italienischen) Rechtsstaat erschütterte. Darauf stellt sich wiederum der Widerstand ein: Wo Macht ist, ist Widerstand – und umgekehrt, das gilt generell.

Zivile staatsbürgerliche Toleranz, die mit Entschiedenheit kombinierbar ist, schließt Konflikte nicht aus, sondern ein. Diese humanen Grundlagen, die durch leidvolle Erfahrungen gewachsen sind, können indessen auch wieder zerfallen, bis hin zur hassbedingten Vernichtung des anderen. Hass zu vermeiden war deshalb nicht nur ein tiefgründiges Motiv von *Gandhis Philosophie* des zivilen Widerstands (und gehört zum demokratischen Ungehorsam), sondern war gleichermaßen eine kluge *Handlungsempfehlung Machiavellis* für die Durchführung aller Machtpolitik.

Während einige, vor allem junge Aktivisten schon in den neunziger Jahren die neuen Technologien der schnellen Kommunikation über E-Mail-Listen, Foren und Webseiten nutzen, entsteht ab etwa Mitte des Jahrzehnts das so genannte ‚Web 2.0', in welchem Nutzer leicht die Möglichkeit haben, sich zu vernetzen und interessante Nachrichten in Sekundenschnelle an ihren Bekanntenkreis im Internet weiterzuleiten (‚share').[125] Emblematisch hierfür ist die Verbreitung des ‚Sozialen Netzwerks' Facebook, das mittlerweile weltweit mehr als eine halbe Milliarde Nutzer hat, von denen die meisten jung und technikaffin sind. Seit einigen Jahren spielen sich deshalb nicht zufällig Protestaktionen auch im virtuellen Raum ab, wie die Angriffe der Hackergruppe „Anonymous" auf die Websites verschiedener Zahlungsdienstleister zeigen, als diese auf Druck der amerikanischen Regierung Spendenzahlungen Dritter zu Gunsten der Whistleblowing-Website Wikileaks blockierten.[126] Die Protestierenden sind der Macht im Internet meist einen (anarchischen) Schritt voraus. Dieser Raum der Auseinandersetzung wird künftig noch wichtiger werden und durchaus eigene Formen entwickeln, die sich der Kontrolle entziehen. Letzteres ist ein zutiefst ambivalenter Vorgang.

Die überraschenden demokratischen Revolutionen in den arabischen Ländern nutzen zudem die neuen Kommunikationsmöglichkeiten, um durchaus unterschiedlichen Anliegen Gehör zu verschaffen und sich zu organisieren. Von der (vorerst) gescheiterten „Grünen Revolution" im Iran bis zum „Arabischen Frühling" spielte der schnelle Wissensvorsprung der Jugend bei der Nutzung neuer Technologien eine gewichtige Rolle. Trotzdem: Entscheidend ist nicht der Klick auf Facebook, sondern die öffentliche und friedliche Aktion. Die Technologie hilft, die Menschen auf die Straße zu bringen, um das grundlegendste Menschenrecht der Meinungs- und Redefreiheit einzufordern und den öffentlichen Raum zu besetzen. Das Politische als Möglichkeit, handeln und neu anfangen zu können (Hannah Arendt), wird so wiedererobert.

Fast gleichzeitig entstehen Stadtcamps des sozialen Protests. Inzwischen hat sich weltweit, inspiriert von den Ereignissen auf dem Tahrir-Platz in Kairo, die neue Demonstrationsform der Occupy-Bewegung entwickelt, welche gegen die Macht der Banken, die Verflechtung von Kapital und Politik oder einfach gegen hohe Mieten protes-

125 Zur ‚Arabellion' siehe auch: Ben Mhenni und Klobusiczky 2011.
126 Welt Online vom 8.12.2010.

tiert – an der Wall Street, in Madrid,[127] Tel Aviv, Frankfurt a. M. oder am Paradeplatz in Zürich. In diesem Zusammenhang, mit bekannten Ökonomen und Insidern auf ihrer Seite, entstehen neue Konflikte um die Besetzung des öffentlichen Raumes, die den klassischen Auseinandersetzungen um den zivilen Ungehorsam gleichen. Gewaltlosigkeit bleibt dabei verpflichtender Grundkonsens, wie die sofortigen und unmissverständlichen Reaktionen auf den versuchten Briefbombenanschlag durch italienische Anarchisten auf den Vorstandsvorsitzenden der Deutschen Bank, Josef Ackermann, gezeigt haben. Auch in diesem Fall ist zu unterscheiden zwischen einem *Meinungsklima*, welches dämonisiert und einen Schuldigen für die Krise sucht (marxistisch ist das nicht), und dem (Grund-)Recht auf *Meinungsfreiheit*, welches nicht zur Disposition der Mehrheit steht. Der Protest wird direkt an die globalen Unternehmen und Finanzakteure adressiert, nicht mehr ausschließlich an Regierungen und Parteien. Auch die expliziten Verfassungsgrundsätze spielen keine Hauptrolle mehr. Es ist ein politik- (genauer: Parteien- und Politiker-) verdrossener Widerstand der jungen, gut ausgebildeten Leute, nicht policy-orientiert und ohne jedes (Zukunfts-)Vertrauen in die staatstragenden Parteien. Im demokratischen Rechtsstaat Chile geht der ‚Bildungsstreik' (an dem sich allerdings auch landesweit die Gewerkschaften beteiligen) inzwischen über bloße Unzufriedenheit hinaus, indem Ministerien besetzt werden.

Das Bild des zivilen Ungehorsams bleibt vielgestaltig. In den letzten zwei Jahrzehnten haben sich drei größere Veränderungen ergeben: Einige Bewegungen haben sich professionalisiert (insbesondere im Bereich der Ökologie), während andere Bewegungen (etwa die Bewegungen gegen die massenhafte Speicherung von Kunden- und Verbraucherdaten durch die Internetkonzerne) neu entstehen. Die Adressaten des Protests sind nicht mehr unbedingt Staaten oder Regierungen, deren Problemlösungskompetenz von den Protestierenden ohnehin angezweifelt wird. Der Protest wird direkt an Unternehmen gerichtet oder sogar an die Protestierenden selbst, wie sich in den Stadtcamps zeigt, in denen neue Modelle der Beratung und Entscheidungsfindung ausprobiert werden. Occupy Wall Street hat inzwischen eine Agenda entwickelt, die an Tabus des politischen Systems rührt (z. B. die Käuflichkeit vieler Politiker).[128] Die neuen Technologien haben Mobilisierung und Informationsaustausch beschleunigt, was tendenziell jungen Gegenöffentlichkeiten zugutekommt. Trotzdem: Die demokratischen Ideale, wie die Gleichheit der Bürger, die Forderung nach Transparenz oder Beteiligung, bleiben virulent. Wie sie umzusetzen sind, darüber herrscht allerdings eine konstruktive Ratlosigkeit im Unterschied zur revolutionären ‚Besserwisserei' der 1960er – ironischerweise kann dies vielleicht sogar als Fortschritt der skeptischen Aufklärung gewertet wer-

127 Das „Movimiento 15-M" anlässlich der spanischen Regionalwahlen am 15. Mai 2011 gehörte zu den ersten Jugendprotesten, die die Idee des Stadtcamps aus Kairo übernommen haben. Vgl. Movimiento 15M 2011. Das Manifest ist älter als das angegebene Datum und prädatiert sicher die Proteste, es gibt allerdings kein Original-Posting mehr im Internet.

128 Vgl. Wolf 2011a. Der kontroverse Artikel hat vielseitige Reaktionen hervorgerufen und ist zu einem der meistverlinkten Guardian-Artikel auf Facebook geworden, vgl. Wolf 2011b.

den, zumal auch die sogenannten Eliten (im Sinne der Positionsinhaber) von Selbstzweifeln erfasst sind. Drei zeitlich unterschiedliche Stufen von Demokratie sind deshalb zu unterscheiden: 1. Austausch- und Selbstfindungsprozesse in den ‚asambleas' (zunehmend unter transnationalen Bedingungen mit Ansteckungseffekten[129]); 2. kontroverse Forderungen (Policy-Orientierung); sowie 3. der Aufbau von gemeinsamer Handlungsmacht, was heute nur noch in Allianzen erfolgen kann (politics).

Die politischen Verpflichtungen der Bürger in einer lernfähigen Demokratie lassen sich nicht dogmatisch auf den Gehorsam gegenüber dem Staat reduzieren. Die komplexe rechtsstaatliche Demokratie mit ihren Machtteilungen und Grundrechten ist letztlich nur verfassungstheoretisch zu begründen. Sie enthält in sich verschiedene Artikulationen von Demokratie[130] und birgt deshalb auch ein Potential für Demokratiekonflikte in der Demokratie. Der große Fortschritt im Singular, welcher die Neuzeit definiert hatte, ist seit den erfahrenen und diskutierten ‚Grenzen des Wachstums' (die sich durch die sichtbaren Auswirkungen des Klimawandels verschärft haben) zum Orientierungsproblem geworden. In der näheren Zukunft wird nicht einfach alles anders und zugleich besser werden, vielmehr überwiegen heute die Zukunftsängste einerseits und vor allem eine große Ungewissheit andererseits; die Erfahrung der Unberechenbarkeit der Ereignisse – der Kontingenz und Volatilität – drängt sich zunehmend in den Vordergrund. Die real existierende Demokratie ist immer sowohl Medium einer begrenzten Massenzivilität mit ihren Wahrheiten und Mehrheiten als auch eine Struktur verfassungstheoretischer Regelungen, die der Revision fähig sind. Die anhaltenden Fortschritts- und die sich verschärfenden Demokratiekonflikte, verbunden mit sozialen Protesten, sind der reale Hintergrund für die virulente Problematik ziviler Widerstände in einem durchsetzungsfähigen Rechtsstaat, auf den man bauen muss und in den man vertrauen kann.

Literatur

Arendt, Hannah. 1986. Ziviler Ungehorsam. In *Zur Zeit: Politische Essays*, 119–159. Berlin.
Baer, Willi, und Karl-Heinz Dellwo. 2011. *Die blutigen Tage von Genua*. Berlin.
Ben Mhenni, Lina, und Patricia Klobusiczky. 2011. *Vernetzt euch!*. Berlin.
Bernstein, Eduard. 1905. *Der Streik*. Frankfurt am Main.
Bieri, Peter. 2011. *Wie wollen wir leben? Salzburg.*
Blühdorn, Ingolfur. 2006. Postdemokratische Wende und simulative Demokratie. *Forschungsjournal Neue Soziale Bewegungen 19(4)*: 72–85.
Brand, Karl-Werner. 2008. Umweltbewegung. In *Die sozialen Bewegungen in Deutschland seit 1945*, hg. von Dieter Rucht, und Roland Roth, 220–244. Frankfurt am Main.
Chomsky, Noam. 1974. *Aus Staatsraison*. Frankfurt am Main.
Collins, Randall. 2011. *Dynamik der Gewalt*. Hamburg.

129 Vgl. Teune 2010.

130 Unmittelbare Demokratie, Basisdemokratie, repräsentative Demokratie, direkte Demokratie, Wählerdemokratie, Parteiendemokratie, parlamentarische Demokratie, lokale Demokratie, Beteiligungsverfahren.

Comité Invisible. 2007. *L'insurrection qui vient*. Paris.
Conrad, Dieter. 2006. *Gandhi und der Begriff des Politischen. Staat, Religion und Gewalt*. Paderborn.
Crouch, Colin. 2008. *Postdemokratie*. Frankfurt am Main.
Dahl, Robert A. 1966. Epilogue. In *Political Opposition in Western Democracies*, hg. von Robert A. Dahl, 387–401. New Haven, London.
Derrida, Jacques. 2006. *Schurken*. Frankfurt am Main.
Dooley, P. K. 1978. Thoreau on Civil Disobedience – From Pacifism to Violence. *Journal of Thought* 13: 180–187.
Dreier, Ralf. 1983. Widerstand und ziviler Ungehorsam im Rechtsstaat. In *Ziviler Ungehorsam im Rechtsstaat*, hg. von Peter Glotz, 51–75. Frankfurt am Main.
Dworkin, Ronald. 1984. Ethik und Pragmatik des zivilen Ungehorsams. In *Widerstandsrecht in der Demokratie*, hg. von Thomas Meyer, Susanne Miller, und Johano Strasser, 24–42. Köln.
—. 1985. Civil Disobedience and Nuclear Protest. In *A Matter of Principle*, 104–116. Oxford.
Ebert, Theodor. 1981. *Soziale Verteidigung: Bd. 1: Historische Erfahrungen und Grundzüge der Strategie*. Waldkirch.
—. 1988. Die Auswirkungen von Aktionen zivilen Ungehorsams in parlamentarischen Demokratien. In *Widerstand im Rechtsstaat*, hg. von Peter Saladin, Beat Sitter, und Suzanne Stehelin-Bürgi, 73–116. Fribourg.
—. 1991. *Soziale Verteidigung: Bd 2: Formen und Bedingungen des zivilen Widerstands*. Waldkirch.
Ellscheid, Günther. 1988. Interaktionen zwischen Rechtssystem und Widerstand. In *Widerstand im Rechtsstaat*, hg. von Peter Saladin, Beat Sitter, und Suzanne Stehelin-Bürgi, 251–262. Fribourg.
Fleisch, Nico H. 1989. *Ziviler Ungehorsam oder Gibt es ein Recht auf Widerstand im schweizerischen Rechtsstaat? Grüsch.*
Frankenberg, Günther. 1984. Ziviler Ungehorsam und rechtsstaatliche Demokratie. *Juristenzeitung* 6: 266–275.
Frankenberg, Günter, und Ulrich Rödel. 1981. *Von der Volkssouveränität zum Minderheitenschutz: Die Freiheit politischer Kommunikation im Verfassungsstaat*. Frankfurt am Main.
Füglister, Stefan. 1984. *Darum werden wir Kaiseraugst verhindern*. Zürich.
Galtung, Johann. 1975. *Strukturelle Gewalt*. Reinbek bei Hamburg.
Gandhi, Jennifer. 2008. *Political Institutions Under Dictatorship*. Cambridge.
Gandhi, Mahatma. 2011. *Ausgewählte Werke. 5 Bde, hg. von Shriman Narayan, bearbeitet von Wolfgang Sternstein*. Göttingen.
Gandhi, Mohandas K. 1924, 29. Mai. *Hindu-Muslim Tension: Its Cause and Cure*. Young India New Delhi.
—. 1958–1984. *The Collected Works of Mahatma Ghandi*. New Delhi.
Gauchet, Marcel. 1989. *La Révolution des droits de l'homme*. Paris.
Grünberger, Johann. 1981. *Die Perfektion des Mitglieds*. Berlin.
Habermas, Jürgen. 1983. Ziviler Ungehorsam – Testfall für den demokratischen Rechtsstaat. In *Ziviler Ungehorsam im Rechtsstaat*, hg. von Peter Glotz, 29–53. Frankfurt am Main.
Helms, Ludger. 2006. *Politische Opposition. Theorie und Praxis in westlichen Regierungssystemen*. Wiesbaden.
Herr, William A. 1974. Thoreau: A Civil Disobedient?. *Ethics 85(1)*: 87–91.
Hessel, Stéphane. 2010. *Indignez-vous!*. Montpellier.
—. 2011. *Empört Euch!*. 15. Aufl. Berlin.

Hildebrandt, Rainer. 1987. *Von Gandhi bis Walesa. Gewaltfreier Kampf für Menschenrechte.* Berlin.
Hobbes, Thomas. 1959. *Vom Menschen/Vom Bürger (De Cive, 1642).* Hamburg.
—. 1984. *Leviathan (1651).* Frankfurt am Main.
Independent Media Center. O. J. *About Indymedia.* http://www.indymedia.org/en/static/about.shtml. Zugegriffen: 2. Dezember 2011.
Kägi, Werner. 1947, 29. Mai. Widerstandrecht und Rechtsstaat. *Neue Zürcher Zeitung.*
King, Martin Luther. 1959. *Stride Toward Freedom.* London.
—. 1964. *Why We Can't Wait.* New York.
Kirchheimer, Otto. 1967. *Politische Herrschaft. Fünf Beiträge zur Lehre vom Staat.* 2. Aufl. Frankfurt am Main.
Kleger, Heinz. 1993. *Der neue Ungehorsam. Widerstände und politische Verpflichtung in einer lernfähigen Demokratie.* New York, Frankfurt am Main.
—. 2009. *Toleranz der Demokratie.* Potsdam.
Knobloch, Jörn. 2006. *Hybride Systeme: Politische Praxis und Theorie am Beispiel Russlands.* Münster.
Kriele, Martin. 1983. Widerstand in der Demokratie? Über die Legitimität der Staatsgewalt. In *Frieden im Lande. Vom Recht auf Widerstand,* hg. von Streithofen, und Basilius, 139–154. Bergisch-Gladbach.
—. 1984, 10. März. Ziviler Ungehorsam als moralisches Problem. *Frankfurter Allgemeine Zeitung Nr. 60.*
Kriesi, Hanspeter. 1982. *AKW-Gegner in der Schweiz.* Diessenhofen.
Laker, Thomas. 1986. *Ziviler Ungehorsam.* Baden-Baden.
Lalumière, Catherine, und Jean Pierre Landau. 1998. *Report on the Multilateral Agreement on Investment. (Lalumiere Report, übers. v. Caroline Dumonteil.* http://www.reocities.com/w_trouble_o/lumier.htm. Zugegriffen: 2. Dezember 2011.
Levitsky, Steven, und Lucan A. Way. 2010. *Competitive Authoritarianism.* Cambridge.
Luhmann, Niklas. 2010. *Politische Soziologie.* Berlin.
Matz, Ulrich. 1975. *Politik und Gewalt.* Freiburg, Minden.
Miller, James. 1988. *Democracy is in the streets: From Port Huron to the siege of Chicago. New York.*
Morris-Jones, Wyndraeth H. 1960. Gandhi – Political Philosopher?. *Political Studies 8(1)*: 16–36.
Movimiento 15M. 2011. *Manifiesto Movimiento 15M – ¡Democracia Real YA!.* http://movimiento-15m.org/manifiesto-movimiento-15m-%C2%A1democracia-real-ya/. Zugegriffen: 13. Dezember 2011.
Mut gegen rechte Gewalt. 2011, 23. November. *182 Todesopfer rechtsextremer und rassistischer Gewalt seit 1990.* https://www.mut-gegen-rechte-gewalt.de/news/chronik-der-gewalt/todesopfer-rechtsextremer-und-rassistischer-gewalt-seit-1990. Zugegriffen: 9. Dezember 2011.
Neidhardt, Friedhelm, und Dieter Rucht. 1999. Protest und Protestgeschichte in der BRD 1950–1994. In *Eine lernende Demokratie. 50 Jahre Bundesrepublik Deutschland,* hg. von Max Kaase, und Günther Schmid, 129–164. Berlin.
Platon. 1984. *Apologie/Kriton.* Stuttgart.
Politkowskaja, Anna. 2007. *Russisches Tagebuch.* Köln.
Preuss, Ulrich K. 1985. Nötigung durch Demonstration. In *Recht, Justiz, Kritik. Festschrift Richard Schmid,* hg. von H. E. Böttcher, 419–445. Baden-Baden.
Rancière, Jacques. 2011. *Der Hass der Demokratie.* Berlin.

Rautenberg, Erardo C. 2010, 20. Dezember. Demonstrationsblockaden gegen Rechts? Nein Danke. *Potsdamer Neueste Nachrichten*: 8.
Rawls, John. 1975. *Eine Theorie der Gerechtigkeit*. Frankfurt am Main.
—. 1977. *Gerechtigkeit als Fairness*. Freiburg i.Br.
Roose, Jochen. 2011. Nordafrika 2011: Revolutions- und Bewegungstheorien und die (Un-)Vorhersagbarkeit von Protest. *Forschungsjournal Neue Soziale Bewegungen 24(1)*: 7–18.
Saner, Hans. 1985. Widerstand in der Demokratie. In *Studia philosophica. Jahrbuch der Schweizerischen Philosophischen Gesellschaft* 44, 101 ff. Basel.
—. 1988. *Identität und Widerstand*. Basel.
Scheller, Andreas. 2010. Authoritarianism's Last Line of Defense. *Journal of Democracy 21(1)*: 69–80.
Schmeda, Elmar. 2010. *Der kommende Aufstand. Nautilus Flugschrift*. Hamburg.
Schroeren, Michael. 1977. *Zum Beispiel Kaiseraugst*. Zürich.
Seifert, Jürgen. 1984. Ziviler Ungehorsam als Instrument der Politik. In *Widerstandsrecht in der Demokratie*, hg. von Thomas Meyer, Susanne Miller, und Johano Strasser, 43 ff. Köln.
Sharp, Gene. 1967. The Technique of Non-violent Action. In *The Strategy of Civilian Defence*, hg. von Adam Roberts, 87–105. London.
Spescha, Marc. 1988. *Rechtsbruch und sozialer Wandel*. Berlin.
Stratenwerth, Günther. 1990. Bemerkungen zum zivilen Ungehorsam. In *Macht und Recht. Festschrift für Heinrich Popitz*, hg. von Hans Oswald, 257–267. Opladen.
Tagesschau.de. 2011, 20. Juli. *Das war ein Spießrutenlauf*. http://www.tagesschau.de/ausland/genua104.html. Zugegriffen: 2. Dezember 2011.
Tendulkar, Dinanath Gopal. 1960. *Mahatma. Life of Mohandas Karamchand Gandhi*. Bd. 7.
Teune, Simon, Hg. 2010. *The Transnational Condition. Protest Dynamics in an Entangled Europe (Protest, Culture & Society, Bd. 4*. New York, Oxford.
Thoreau, Henry David. 1967. *Über die Pflicht zum Ungehorsam gegen den Staat*. Zürich.
Ulrich, Bernd, und Günther Saathoff. 1984. Ziviler Ungehorsam – Ein deutsches Trauma. In *Wege des Ungehorsams. Jahrbuch für libertäre und gewaltfreie Aktion*, 99–121. Kassel.
Vandamme, Ralf. 2000. *Basisdemokratie als zivile Intervention*. Opladen.
Vorfelder, Jonas. 1995. *Brent Spar oder die Zukunft der Meere*. München.
Wadewitz, Felix. 2009, 11. Juni. 30.000 Euro für ein Auge. *Spiegel Online* http://www.spiegel.de/politik/deutschland/0,1518,629757,00.html. Zugegriffen: 9. Dezember 2011.
Walzer, Michael. 1999. Deliberation. und was sonst?. In *Vernunft, Politik und Leidenschaft*, 39–65. Frankfurt am Main.
Weissmann, Elisabeth. 2010. *La désobéissance éthique*. Paris.
Welt Online. 2010, 8. Dezember. *Wikileaks-Fans kündigen weitere Hacker-Angriffe an*. http://www.welt.de/politik/ausland/article11489735/Wikileaks-Fans-kuendigen-weitere-Hacker-Angriffe-an.html. Zugegriffen: 2. Dezember 2011.
Wolf, Naomi. 2011a, 25. November. The shocking truth about the crackdown on Occupy. *The Guardian* http://www.guardian.co.uk/commentisfree/cifamerica/2011/nov/25/shocking-truth-about-crackdown-occupy. Zugegriffen: 13. Dezember 2011.
—. 2011b, 28. November. reception, response, critics. *The Guardian* http://www.guardian.co.uk/commentisfree/cifamerica/2011/nov/28/naomi-wolf-reception-responses-critics. Zugegriffen: 13. Dezember 2011.
ZEIT online. 2011, 28. August. *Anna Hazare beendet Hungerstreik*. http://www.zeit.de/politik/ausland/2011-08/anna-hazare-3. Zugegriffen: 3. Dezember 2011.
Zinn, Howard. 1968. *Disobedience and Democracy*. New York.

Revolution

Birgit Enzmann

Vorbemerkung

Die Erforschung von Revolutionen hat in den letzten 50 Jahren einen enormen Wandel erlebt. Was einst ein gut strukturiertes Forschungsfeld war, hat sich in eine unübersichtliche Vielfalt von Fallstudien, Methoden und Theorien gewandelt. Bis in die 1970er Jahre hatte sich die Revolutionsforschung auf die Analyse der großen Revolutionen in Frankreich 1789, Russland 1917 und China 1949 konzentriert, die bei allen Unterschieden im Detail deutliche Gemeinsamkeiten aufwiesen. Die Revolutionswellen in Lateinamerika, Afrika und Osteuropa ließen die großen Vorbilder aber letztlich als Untertypen eines sehr facettenreichen Phänomens erscheinen, zu dem verallgemeinernde Aussagen nur begrenzt möglich sind.[1] Dies gilt auch für die Anwendung von kollektiver politischer Gewalt: Gehörte sie in früheren Definitionen noch zu den konstitutiven Merkmalen der Revolution,[2] wird sie heute als äußerste, nicht notwendigerweise eintretende Zuspitzung eines Revolutionsprozesses betrachtet. Ihr Auftreten ist nach heutigem Stand der Forschung von nicht vorhersehbaren situativen Faktoren abhängig und damit allen Wissensfortschritten zum Trotz letztlich überraschend.[3] Was aber den Boden für Revolutionen bereitet, welche Rolle das Volk, die Eliten und der Staat spielen, hat die Revolutionsforschung hinreichend geklärt. Der Beitrag fasst die wesentlichen Erkenntnisse zu Ursachen, Abläufen und Ergebnissen zusammen.

1 Zur Begriffsgeschichte

In der ursprünglichen Verwendung des Begriffes im Mittelalter und der Frühen Neuzeit meinte Revolution (lat. das Zurückwälzen, die Umdrehung) die Rückkehr zu einem früheren Zustand. Die moderne Bedeutung setzte sich erst im 18. Jahrhundert im Umfeld der Französischen Revolution durch. Hier vermischten sich aufklärerische Ideen von Emanzipation, Willensfreiheit und Volkssouveränität mit den konkreten historischen Ereignissen zu folgender Vorstellung: Das nunmehr als souverän betrachtete Volk hat das Recht, sich über alle Bindungen und Traditionen hinwegzusetzen und eine völlig neue gesellschaftliche und politische Ordnung zu schaffen, die den Idealen von Fortschritt, Emanzipation und Freiheit besser entspricht. Wenn die bisherige Elite das behindert, ist auch der Einsatz von Gewalt zulässig.[4] Die Rechtfertigung der Revolution ist in diesem Konzept somit prozedural und materiell zugleich: prozedural, weil das Volk als autonom und somit als berechtigt gesehen wird, frei über seine Ordnung zu bestimmen; materiell, weil dieses Selbstbestimmungsrecht in den Dienst der Freiheit des

---

1 Goldstone 2001, S. 139.
2 Z.B. Huntington 1968, Gurr 1970, Johnson 1982.
3 Goldstone 1986, S. 17.
4 Griewank, 1973, S. 187–209.

Menschen und seiner optimalen Entwicklungschancen gestellt wird. Zentral ist hier die Darstellung von G. W. F. Hegel in seinen Vorlesungen zur Philosophie der Geschichte zu Beginn des 19. Jahrhundert Hegel begreift die Französische Revolution als einen entscheidenden Schritt in der Entwicklungsgeschichte der Menschheit zur Verwirklichung der Freiheit. Weil vom Volk selbst ausgegangen, zeige sich darin der Durchbruch des aufklärerischen Ideals der individuellen Willensfreiheit.[5]

Die Vorstellung einer völligen Neuschöpfung der Ordnung – ob gewaltsam oder nicht – war für konservative und auch viele liberale Denker aber inakzeptabel.[6] Sie setzten deshalb dem bei Demokraten, Anarchisten und Sozialisten positiv verstandenen Begriff der Revolution eine negative Deutung entgegen: Revolution als unbedachte, mehr Leid als Nutzen hervorbringende Zerstörung, nicht kontrollierbare Entfesselung der Gewalt, Instrument sinnlosen Terrors und Rechtfertigungsversuch brutaler Unterdrückungsherrschaft, wie sie die Jakobiner nach dem gewaltsamen Sturz des Ancièn Regime errichtet hatten.[7] Als Gegenentwurf propagierten Konservative und Liberale die „Reform", eine gewaltlose und den Status Quo in seinen wesentlichen Grundlagen bewahrende Veränderung, die sich nicht auf die Volkssouveränität berufen muss und vor allem nicht auf die Notwendigkeit einer Emanzipation aus bestehenden Verhältnissen. Stattdessen legitimiert sich die Reform aus der Kombination von Fortschritt, Vernunft, Stabilität und Bewährung.[8] Insbesondere Liberale und auch einige gemäßigte Demokraten waren der Ansicht, dass sich Revolutionen durch beizeiten unternommene, durchdachte und ggf. institutionalisierte Reformen ohnehin vermeiden ließen. Als zentrale Ursache von Revolutionen wurde damit die Reformunfähigkeit einer politischen Führung gesehen, die auf die Zeichen der Zeit nicht oder nicht rechtzeitig reagiert.

Die stark wertende Verwendung des Revolutionsbegriffes als entweder emanzipatorisch-fortschrittlicher oder als unverantwortlich-zerstörerischer Akt blieb auch im 19. Jahrhundert bestehen und war Teil der politischen Auseinandersetzung zwischen konservativ-monarchistischen, liberalen, demokratischen und sozialistischen Kräften. Besonders wirkmächtig war die Einbettung in die teleologische marxistische Geschichtsphilosophie. Sie übernahm Hegels Grundgedanken der Revolution als Instrument historischen Fortschritts und verstand sie als Mittel einer aufstrebenden Klasse, veraltete sozio-ökonomische Strukturen zu beseitigen, um die nächste historische Stufe auf dem Weg zur Emanzipation des Menschen von Entfremdung und Unterdrückung zu erreichen.[9] Nicht die Unfähigkeit der alten Führung, sondern die Klassenkonflikte und die Diskrepanz zwischen politischen und sozioökonomischen Strukturen bildeten hier die wesentlichen Ursachen der Revolution. Außerdem schwang auch in anderen

5 Hegel, 1944, S. 920–926.
6 Vgl. die Warnungen bei Edmund Burke 1967 oder August-Ludwig Schlözer 1793.
7 Wassmund, 1978, S. 26.
8 Backes, 2000, S. 411 f.
9 Honecker 1995, S. 385 f.

Revolutionsdefinitionen des 20. Jahrhunderts der Fortschrittsgedanke, zumindest die Absicht der Revolutionäre zur Emanzipation und Modernisierung weiter mit. Hannah Arendt etwa verstand unter einer Revolution die gewaltsame Errichtung einer völlig anderen Herrschaftsform, deren neue politische Ordnung auf die Befreiung von Unterdrückung und Konstituierung von Freiheit zielt.[10]

Solche wertenden und weltanschaulich geprägten Definitionen wurden in der zweiten Hälfte des 20. Jahrhunderts sukzessive durch empirisch-analytische Begriffsbestimmungen verdrängt. Ziel war eine neutrale Kerndefinition, die auf Revolutionen aller Epochen und politischen Richtungen anwendbar war, aber gleichzeitig die nötige Trennschärfe gegenüber anderen Veränderungsprozessen besaß. Samuel Huntington formulierte 1968, eine Revolution sei

> „a rapid, fundamental, and violent domestic change in the dominant values and myths of a society, in its political institutions, social structure, leadership, and government activity and policies."[11]

Ganz ähnlich heißt es fast dreißig Jahre später bei Wolf und Zürn: Revolutionen sind

> „tiefgreifende und nachhaltige Veränderungen der Struktur eines politischen (und häufig auch gesellschaftlichen) Systems …, die vergleichsweise abrupt erfolgen und sich auf der Grundlage einer breiten Bevölkerungskoalition vollziehen."[12]

Unter einer breiten Bevölkerungskoalition ist zu verstehen, dass sich an der Revolution eine signifikante Anzahl von Menschen beteiligt, die nicht der Elite, dem Militär oder anderen Sicherheitskräften zuzurechnen ist. Dabei kann die Initiative durchaus von einer organisierten Gruppierung (Opposition, Gewerkschaften) ausgehen, die dann die Unterstützung größerer Bevölkerungsteile sucht. Eine Revolution kann aber auch als Massenbewegung beginnen. Sie unterscheidet sich damit von einem Putsch oder Staatsstreich, der von einer kleinen um die Macht konkurrierenden Gruppe verübt wird. Zudem beschränken sich solche Umstürze, im Unterschied zu Revolutionen, meist auf einen Austausch der politischen Führung und eine Änderung der Ressourcenverteilung. Systemrelevante Änderungen finden nicht statt. Das Merkmal tiefgreifender Änderungen kann dagegen als Conditio sine qua non einer Revolution gelten. Dies betonte der deutsche Politikwissenschaftler Wolfgang Merkel zu Beginn der Unruhen im arabischen Raum 2011 in einem Interview:

10 Arendt 1963, S. 28.
11 Huntington 1968, S. 264.
12 Wolf und Zürn 1995, S. 552.

> „Der Begriff Revolution für die gegenwärtigen Umbrüche in der arabischen Welt erscheint mir unpräzise. Was wir gegenwärtig erleben, sind Massenmobilisierungen gegen verkrustete Diktaturen. Eine Revolution im klassischen Wortsinne würden diese Umbrüche erst dann, wenn sie zumindest die politischen, aber auch die sozialen Verhältnisse grundlegend umwälzen. Ob dies erfolgreich in Ägypten und Tunesien oder weiteren arabischen Staaten geschieht, ist gegenwärtig noch nicht abzusehen."[13]

Der grundlegende Charakter der Veränderung und die Massenmobilisierung grenzen die Revolution aber auch von Reformen ab, die Veränderungen innerhalb des bestehenden Systems anstreben und in aller Regel auf Aushandlungsprozessen innerhalb der Eliten beruhen.

Das Kriterium der kurzen Zeitspanne dient der Differenzierung der Revolution von Evolution, es ist aber nicht unumstritten. So dauerte es auch bei den großen Revolutionen lang, bis die alten Strukturen nicht nur zerschlagen, sondern tatsächlich ersetzt waren. Eher könnte man sagen, dass eine Revolution im Unterschied zur Evolution kein sich langsam anbahnender und vollziehender Wandel ist, sondern ein bewusstes, planvolles Streben nach Veränderung, das sich dann durchaus über längeren Zeit erstrecken kann.[14]

Umstritten ist auch das bei Huntington hervorgehobene Merkmal des gewaltsam herbeigeführten Wechsels. Viele ältere Revolutionsbegriffe schließen aufgrund der Orientierung an den großen historischen Revolutionen in aller Regel die aktive Anwendung von Waffengewalt ein. In der neueren Forschung wird dagegen eher von einem latent oder potentiell gewaltsamen Charakter ausgegangen, d. h. Gewalt stellt ein wichtiges Druckmittel gegenüber der herrschenden Elite dar, ohne dass es zur tatsächlichen Anwendung kommen muss,[15] damit wir von einer Revolution sprechen. Das Gewaltkriterium wurde insbesondere durch die Veränderungsprozesse in der Sowjetunion und Osteuropa ab 1989 in Frage gestellt. Sie erfolgten trotz Massenprotesten relativ gewaltlos und einige wurden dementsprechend als „friedliche " Revolutionen bezeichnet. Aber auch andere Revolutionskriterien trafen auf die osteuropäischen Prozesse nicht zu: Die Veränderungen waren mit wenigen Ausnahmen (DDR) im kulturellen, sozialstrukturellen, politischen und personellen Bereich nicht grundlegend und zogen sich über Jahre hin.[16] Dennoch haben sie eine Epoche geprägt und hatten gravierenden Einfluss auf die internationale Ordnung. Diese Erkenntnisse zeitigten unterschiedliche Reaktionen in den Sozialwissenschaften. Ein Weg war, das Problem zu umgehen, indem man die Fälle mit dem allgemeineren Begriff „Systemwechsel" erfasste und die Revolutionsforschung in dem florierenden Bereich der Transitionsforschung aufgehen ließ. Darin entspricht

13 Siehe Rösch 2011.
14 Lindner, 1972, S. 16.
15 Lindner, 1972, S. 17 f. Colgan 2012.
16 Vgl. Dix 1991, S, 230 ff.

eine Revolution einem von unten durch die Massen erzwungenen Systemwechsel, oft als „transition through rupture“ bezeichnet, im Gegensatz zu einer von herrschender und oppositioneller Elite paktierten „transition through transaction“.[17] Außerdem wurden Transitionsprozesse in verschiedene Phasen unterteilt, die sich hinsichtlich ihrer Dauer, der beteiligten Akteure, Mittel und Ergebnisse deutlich unterscheiden können. Ein Veränderungsprozess kann dadurch kurze revolutionäre Sequenzen, d. h. durch Massenaufstände und Gewalt(androhung) erzwungene rasche und grundlegende Wechsel enthalten, aufs Ganze gesehen aber doch ein von Eliten getragener Reformkompromiss sein.

Eine andere Reaktion war, eine Debatte über die Notwendigkeit neuer Definitionen und Theorien von Revolution zu führen.[18] Im Mittelpunkt stand die Frage, ob die Umwälzungen nach 1989 trotz ihrer Abweichungen von den historischen Modellfällen als Revolutionen zu klassifizieren seien, wenn auch, bedingt durch andere historische Rahmenbedingungen, als ein neuer Typ. In diesem Fall könnte die Forschungstradition fortgeschrieben werden. Hierfür müsste die Definition von Revolution allerdings geöffnet werden. Gewalt könnte von einem konstituierenden zu einem möglichen Mittel herabgestuft werden; stattdessen könnte man von irregulären Mitteln als Standardmerkmal von Revolutionen sprechen, so eine Überlegung von Robert H. Dix. Das Kriterium der Erhebungen der Masse, das bei den großen Revolutionen einen Aufstand der Arbeiter- oder Bauernklasse meinte, wäre durch einen unspezifischen Volks-, Bevölkerungs- oder Massenbegriff zu ersetzen. Weitere Öffnungen wären erforderlich, so Dix, um auch längere oder nicht auf den ersten Blick als grundlegend erkennbare Umwälzungsprozesse einschließen und um das ggf. breitere oder andere Spektrum potentieller Akteure, Ziele und Motive erfassen zu können.[19] Einen Vorschlag für eine neue sehr breite Definition machte 2001 Jack A Goldstone. Eine Revolution ist…

> „an effort to transform the political institutions and the justifications for political authority in a society, accompanied by formal or informal mass mobilization and noninstitutionalized actions that undermine existing authorities.“[20]

Goldstone hebt hervor, dass seine Definition breit genug sei, um so unterschiedliche Ereignisse wie die relativ friedlichen Revolutionen in Osteuropa auf der einen und die gewalttätige islamische Revolution in Afghanistan einzuschließen. Sie sei aber eng genug, um Staatsstreiche, Revolten, Bürgerkriege und Rebellionen auszuschließen, die keine grundlegenden Wechsel der Institutionen und Legitimationsgrundlagen anstrebten. Sie schlösse außerdem auch friedliche Systemwechsel zur Demokratie durch institutionelle Arrangements aus, etwa durch Volksabstimmungen und freie Wahlen wie in Spanien

17 vgl. die Übersichten bei Bos 1996, S. 90 f.; Valenzuela, Samuel 1992, S. 73–78.
18 Vgl. die Beiträge in der Zeitschrift Theory and Society 1994, 23(6).
19 Dix 1991, S. 231 f.
20 Goldstone 2001, S. 142.

nach Franco. Der gemeinsame Kern aller Revolutionen bestehe noch aus drei Elementen: erstens, dass damit tatsächlich eine Systemalternative, basierend auf anderen Vorstellungen einer guten Ordnung angestrebt werde; zweitens, dass es ein nennenswertes Ausmaß an Massenmobilisierung gebe und drittens, dass nichtinstitutionalisierte Aktionen wie Massendemonstrationen, Proteste, Streiks und Gewalt eingesetzt würden, um den Wechsel zu erzwingen.[21] Hier ist gut zu sehen, dass das durch die Massenmobilisierung erzeugte Drohpotential konstitutiv für den Revolutionsbegriff geblieben ist.

2 Typologie und Verbreitung

Im Übrigen ist der Kernbestand der Gemeinsamkeiten durch die Ausweitung des Revolutionsbegriffs auf sehr unterschiedliche Ereignisse aber so weit reduziert, dass sich Aussagen zu Ursachen, Verläufen, Akteuren etc. heute oft nur auf eine begrenzte Gruppe von Revolutionen beziehen, die sich bezüglich bestimmter Kriterien zu Subtypen zusammenfassen lassen.

Verbreitet sind Typisierungen nach den Ergebnissen der Umwälzungen, nach den zentralen Trägern,[22] nach der Art ihres Verlaufs bzw. ihrer Ausbreitung[23] oder nach zugrunde liegenden Ideologien (vgl. Abb. 1). Bezug genommen werden könnte aber auch auf die eingesetzten Mittel (friedlich vs. gewaltsam), den Modernisierungsstand der Gesellschaft (traditionell, modern …), die Region, Epoche oder die Art des bekämpften Regimes (despotisch, diktatorisch, totalitär …). Bis auf Weiteres ist m. E. auch die Differenzierung zwischen großen und begrenzten Revolutionen sinnvoll. Unter großen Revolutionen sind die zu verstehen, die grundlegende Änderungen hervorrufen, ein Land

Abbildung 1 Revolutionstypologien

Kriterium	Ausprägung
Bereich der Umwälzungen	politische, soziale, kulturelle, wissenschaftliche … Revolution
Hauptträger	bürgerliche, proletarische, bäuerliche, Intellektuellen-, Managerrevolution
Verlaufsmuster	periphere („östliche"), zentrale („westliche") Revolution, vollständiger Regierungskollaps (osteuropäische R.)
Ideologie	liberale, faschistische, kommunistische, islamische … Revolution

Quelle: eigene Darstellung nach Goldstone 2001, S. 142 ff.

21 Ebd.
22 Fetscher 1985.
23 Huntington 1968, Dix 1983.

Abbildung 2 Staaten mit Revolutionen 1910 bis 1999

Dekade	Colgan (1945–2000)	Walt (1910–79)	Zimmermann (1910–79)
1910–39		Mexiko; China; Russland	Mexiko; China; Russland
1940–49	Argentinien; China; Thailand; Costa Rica; Tschechoslowakei (6)	China	Jugoslawien; Vietnam (1945–73); China
1950–59	Bolivien; Ägypten; Costa Rica; Guatemala; Irak; Pakistan; Syrien/UAR; Thailand; Kuba (9)	Kuba	Bolivien; Algerien (1954–1962); Kuba
1960–69	Südkorea; Myanmar; Jemen AR; Irak; Syrien; Algerien; Kongo; Burundi; Brasilien; Griechenland; Mali; Panama; Peru; Libyen; Somalia; Sudan (16)		
1970–79	Bolivien; Uganda; Benin; Chile; Äthiopien; Kambodscha; Komoren; Laos; Madagaskar; Burundi; Bangladesch; Pakistan; Afghanistan; El Salvador; Iran; Nicaragua (16)	Äthiopien; Kambodscha; Iran; Nicaragua	Iran; Nicaragua
1980–89	Guinea-Bissau; Liberia; Mauretanien; Zimbabwe; Ghana; Burkina Faso; Guinea; Uganda; Burundi; Fidschi; Myanmar; Bulgarien; Tschechoslowakei; Ungarn; Rumänien; Sudan; Jugoslawien (17)		
1990–99	Polen; Äthiopien; Russland; Afghanistan; Albanien; Madagaskar; Venezuela (7)		

Quelle: eigene Darstellung; Daten in Spalte 2 nach Colgan 2012, S. 462 f.; Daten der Spalten 3 und 4 nach Weede und Muller 1998, S. 50, auf der Basis der Aufstellungen von Walt 1992, S. 325 und Zimmermann 1990, S. 40.

für eine ganze Epoche prägen und sogar grenzüberschreitende Wirkung entfalten. Sie schaffen durch den radikalen Bruch mit dem Alten die Möglichkeit zu Neuem, selbst zu Lösungen, die zu Beginn der Revolution noch gar nicht angedacht waren. Begrenzte Revolutionen, wie politische Zusammenbrüche und Regimewechsel, bleiben dagegen innerhalb gängiger Alternativen.[24]

Ein wesentlicher Nachteil des Fehlens einer allgemein anerkannten Definition ist, dass es keine konsensfähige Liste der stattgefundenen Revolutionen gibt. Abb. 2 stellt drei Listen gegenüber, die sich für den Zeitraum 1945–1979 überschneiden und dort

24 Vgl. McDaniel 1994, der dafür plädiert, große und begrenzte Typen jeweils aus ihrem idealtypischen „Sinn" und Gesamtgefüge, nicht aus einzelnen Kausalfaktoren heraus zu verstehen.

deutliche Unterschiede aufweisen. Dennoch sind daraus regionale Häufungen und aus der Liste von Jeff Colgan in Spalte 2 auch eine deutliche Häufung der Fälle zwischen 1960 und 1989 ersichtlich.

3 Ursachen, begünstigende Faktoren, Auslöser

Revolutionen werden nicht durch einzelne, sondern viele miteinander verwobene Faktoren ausgelöst. Eigentliche Ursachen, nur begünstigende Faktoren und akute Auslöser lassen sich dabei pauschal nicht unterscheiden. Ein verlorener Krieg kann für eine Revolution ursächlich gewesen sein und für eine andere nur eine gute Gelegenheit geboten haben. Verzichtet man aber auf den Versuch einer strengen Unterscheidung, bietet die Revolutionsforschung heute ein detailreiches Bild der Wechselwirkungen multipler Faktoren, die zu Revolutionen führen. Im Mittelpunkt dieses Bildes steht die enge Verbindung zwischen der Mobilisierung einer unzufriedenen Masse, der Abspaltung oppositioneller Eliten und einem geschwächten Staat. Diesen Zusammenhang hat der amerikanische Historiker Crane Brinton bereits 1938 bei einem Vergleich der Englischen, Amerikanischen, Französischen und Russischen Revolution erkannt und fünf Faktoren formuliert, die bei allen untersuchten Revolutionen vorlagen. (1) Es kam zu einer ökonomischen Krise nach einer Phase wirtschaftlichen Aufschwungs. Dadurch konnten Hoffnungen, die der Aufschwung erweckt hatte, nicht mehr erfüllt werden. (2) Die Klassengegensätze nahmen zu, insbesondere ein Antagonismus von Führung und aufstrebender Zwischenschicht. Dadurch bestand ein scharfer Gegensatz zwischen Inhabern politischer Führungspositionen und denen, die ihnen z. B. an ökonomischer Ausstattung ebenbürtig, aber von Teilhabe ausgeschlossenen waren. (3) Die Intellektuellen entzogen der politischen Führung die Unterstützung und stellten sich den Unzufriedenen als Sprecher, Ideengeber, Planer und Organisatoren zur Verfügung. Damit verfügten die Unzufriedenen über eine gemeinsame Ideologie/Zukunftsvision und eine Koalition. (4) Der Regierungsapparat war unfähig zur Anpassung und konnte anstehende neue Aufgaben nicht bewältigen. (5) Die alte herrschende Klasse zerstörte sich selbst durch den Verlust des Glaubens an alte Werte, traditionelle Rollen und Selbstzweifeln der Rechtmäßigkeit ihrer Herrschaftspraktiken.[25]

Unzufriedenheit der Bevölkerung reichte also nicht, um eine Revolution auszulösen, mitentscheidend waren das Verhalten und den Einstellungen der Elite und der Herrschenden. Ähnlich formulierte das schon der russische Revolutionär W. I. Lenin:

25 Brinton 1965, ähnlich Weis 1978, S. 96 f.: Er nennt folgende zentralen Voraussetzungen zur Entstehung einer Revolution: 1. Unzufriedenheit und Überzeugung der Reformunfähigkeit, 2. eine Ideologie/Zukunftsvision, 3. für Machtübernahme ausreichende Koalition, 4. eine plötzliche wirtschaftliche oder politische Krise nach einer Zeit des Erfolgs, 5. die Schwäche, Uneinigkeit und Ineffizienz auf Seiten der Gegenkräfte, des Staates.

„Das Grundgesetz der Revolution … besteht in folgendem: Zur Revolution genügt es nicht, daß sich die ausgebeuteten und unterdrückten Massen der Unmöglichkeit, in der alten Weise weiterzuleben, bewußt werden und eine Änderung fordern; zur Revolution ist es notwendig, daß die Ausbeuter nicht mehr in der alten Weise leben und regieren können. Erst dann, wenn die ‚Unterschichten' das alte nicht mehr wollen und die ‚Oberschichten' in der alten Weise nicht mehr können, erst dann kann die Revolution siegen."[26]

Die hier zum Ausdruck kommende Wechselwirkung von drei Faktoren – Unzufriedenheit und Mobilisierung der Bevölkerung, eine Krise des Staates und die Entfremdung der Eliten, hat im Grundsatz bis heute Gültigkeit, wurde aber durch neue Erkenntnisse stetig erweitert und ergänzt.

3.1 Unzufriedenheit und Mobilisierung der Bevölkerung

Dies gilt zu allererst für den Aspekt der Unzufriedenheit. Er ist bei Brinton zu eng gefasst, weil er nur die Unzufriedenheit mit wirtschaftlicher und politischer Teilhabe impliziert. In vielen Revolutionen in den 1970er bis 1990er Jahren spielten ökonomische Konflikte aber nur eine nachgeordnete Rolle. Für die Iranische und Afghanische Revolution von 1979 galten vielmehr religiöse Konflikte, insbesondere die Unzufriedenheit der Traditionalisten mit Säkularisierung, sozialem und Wertewandel als zentral.[27] Im Gegensatz zu den großen Revolutionen war Modernisierung nicht Ziel und Folge der Umstürze, sondern ging ihnen voraus.[28] Weitere Hintergründe ergaben Studien zu Revolutionen in afrikanischen Dritte-Welt-Staaten. Die hatten v. a. antikolonialistische Beweggründe oder dienten der Beseitigung diktatorischer Regime.[29] Der Faktor Unzufriedenheit wurde durch diese neuen Revolutionen nicht widerlegt, sondern nur aus seiner Beschränkung auf ökonomische Zurücksetzung gelöst.

Für sich genommen kann Unzufriedenheit aber nicht als hinreichende Erklärung gelten, weil sie eine ubiquitäre Erscheinung ist, die nahezu jedem politischen Konflikt zugrunde liegt, ohne stets eine Revolution hervorzurufen. Sie eignet sich insbesondere nicht zur Erklärung der Eskalation von politischer Opposition und Protest zu Revolution und schließlich zu revolutionärer Gewalt. Hieran ändert auch die ab 1969 eingeführte Präzisierung nichts, Unzufriedenheit nicht als eine absolute, sondern relative Benachteiligung zu begreifen.[30] Sie wird von den Betroffenen erst durch den Vergleich mit

26 Zit. nach Wassmund, 1978, S. 44.
27 Tibi 1981, Keddi 1981, Ahadi 1991.
28 Zum Problem siehe Tilly 1973.
29 Goodwin und Skocpol 1989, weitere Literaturhinweise bei Goldstone 2001, S. 141.
30 Gurr 1970, Davies 1969, vgl. dazu auch den Beitrag „Politische Gewalt" von Enzmann i. d. B.

anderen Personen, theoretisch Erreichbarem oder besseren Zeiten[31] wahrgenommen. Auch diese „relative Deprivation“ ist letztlich überall zu finden. Ebenso war der Versuch, Schwellenwerte zu benennen, ab denen Unzufriedenheit Revolutionen auslöst, nicht zielführend. Stattdessen zeigte sich, dass gerade große und weitverbreitete Armut zu Resignation statt zu Revolution führt.[32] Dies wurde lange Zeit mithilfe des Ressourcenmobilisierungsansatzes erklärt.[33] Demnach fehlen den besonders benachteiligten Menschen die materiellen, motivationalen, sozialen und logistischen Mittel, um eine Revolution zu beginnen. Aber auch bei vorhandenen Ressourcen führt Unzufriedenheit meist nur zu Protestaktionen, um gezielte Korrekturen von Missständen zu fordern.

Mehrere Schritte sind erforderlich, um ausgehend von einer deprivierten Menge eine revolutionäre Situation zu schaffen.

(1) Das entscheidende Verbindungsglied zwischen Unzufriedenheit und Revolution wurde in Studien zu Revolutionen in Lateinamerika und dem Iran deutlich: Nicht eine diffuse, sich auf Belastungen und Widrigkeiten unterschiedlichster Herkunft erstreckende Unzufriedenheit führt zu Revolutionen, sondern erst die Zurückführung dieser Probleme auf einen Staat, der sie verursacht oder versäumt hat, sie zu lösen.[34] Plakativ ausgedrückt muss der Staat (d.h. Staats- und Regierungschef, Minister, oberste Staatsorgane und ihre führenden Vertreter), zu einem Feindbild werden, das die Unzufriedenheit weiter Teile der Bevölkerung auf sich konzentriert.

(2) Die Unzufriedenen müssen sich zu Protestgruppen zusammenschließen und diese sich wiederum mit den oppositionellen Eliten zu einer breiten Front gegen das Regime verbinden. Erst in diesem Moment ist eine revolutionäre Bedrohung des Staates gegeben. Robert H. Dix spricht von einer „negativen Koalition“, die mehr als alle anderen Faktoren für das Scheitern oder Zustandekommen der Revolutionen in Lateinamerika verantwortlich gewesen seien.[35] Dabei ist es nach Goldstone entscheidend, dass der Staat sowohl als unfähig als auch als ungerecht und unwillig angesehen wird, so dass von ihm auch in Zukunft keine Verbesserungen zu erwarten sind.

> „States and rulers that are perceived as ineffective may still gain elite support for reform and restructuring if they are perceived as just. States that are considered unjust may be tolerated as long as they are perceived to be effective in pursuing economic or nationalist goals, or just

---

31 Als besonders problematisch erwies sich eine rasche und starke Rezession, die auf eine längere Wachstumsphase folgte. Davies verweist als Beleg auf entsprechende Entwicklungen vor der Französischen Revolution, dem Amerikanischen Bürgerkrieg, der Machtergreifung der Nazis und der „Black Rebellion“ in den 1960er Jahren. Davies 1969, S. 716 f. Die Liste zeigt schon, dass relative Deprivation politische Gewalt, Staatsstreiche etc. befördern kann, aber nicht zu Revolutionen führen muss.

32 So schon Davies 1969, S. 400 f.; vgl. Scott 1985.

33 Den Ansatz verwenden z.B. Tilly 1986, Skocpol 1979, Huntington 1968, Moore 1966.

34 Vgl. Goodwin 1994, S. 758, der dies als eine von zwei zentralen Lehren aus wichtigen Revolutionsstudien der frühen 1990er Jahre sieht.

35 Dix 1984; auch Goodwin und Skocpol 1989.

too effective to challenge. However, states that appear both ineffective and unjust will forfeit the elite and popular support they need to survive."[36]

(3) Seit Mitte der 1990er Jahre ist im Zuge des *cultural turn* der Sozialwissenschaften die Bedeutung von selbst- oder fremdzugeschriebenen Identitäten untersucht worden, um zu klären, wie es zu solchen revolutionären Frontbildungen über räumliche, ethnische, sozioökonomische Grenzen hinweg kommt. Ursprünglich war man davon ausgegangen, dass die Mobilisierung an bestimmte vorhandene Gruppenidentitäten appelliert, sei es an beruflich-ökonomische Identitäten als Bauer, Student oder Arbeiter, sei es an religiöse, nationale oder ethnische Zugehörigkeiten. Neuere Studien zeigen aber, dass der Appell an solche Identitäten nicht ausreicht. Es müssen spezifische Protestidentitäten geschaffen werden, die die Mitglieder dazu bringen, dem Staat ihre Loyalität zu entziehen und sie stattdessen auf eine Protestbewegung zu übertragen.[37] Das kann von bestehenden Organisationen, wie Gewerkschaften oder Kirchen angestoßen werden, aber auch gezielt zur Steuerung des Protests gegründete Gruppen und Parteien kommen in Frage. Im Zuge einer solchen von organisierten Einheiten voran getriebenen Mobilisierung werden die bestehenden Missstände thematisiert, der Protest dagegen gerechtfertigt und ggf. sogar Verbesserungen der Lage für die Betroffenen erreicht. So werden diese Menschen an eine Protestgruppe als dem neuen Wahrer ihrer Interessen gebunden, nachdem der Staat diese Rolle nicht mehr ausfüllt. Um eine breite Schar von Anhängern unabhängig von deren persönlicher Betroffenheit versammeln zu können, wurden in vielen Revolutionen spezielle Ideologien eingesetzt. Sie legen nicht nur die Ungerechtigkeit des bestehenden Zustands dar, sondern entwerfen auch eine alternative Vision besserer Ordnung. Außerdem betonen sie, dass diese Revolution historisch oder religiös unvermeidbar ist und der Erfolg deshalb vorprogrammiert.

Traditionelle Mobilisierungswege über Gewerkschaften, Parteien etc. sind aber nicht die einzige Möglichkeit. Bei einigen Revolutionen der jüngeren Vergangenheit sind sie kaum ins Gewicht gefallen. Vielmehr bildeten sich in Reaktion auf ein einschneidendes Ereignis spontane Allianzen von Einzelpersonen, wie etwa in Leipzig oder Peking 1989.[38] Steven Pfaff erläutert den spezifischen Ablauf einer solchen informellen Mobilisierung in Ostdeutschland 1989:

> „The crucial factors in making the revolution possible were shared grievances and the expectation of social solidarity. Though they were politically subordinated, ordinary East Germans expressed grievances and nurtured opposition in small circles of confidants. Reference to

36 Goldstone 2001, S. 148; ganz ähnlich unter zusätzlichem Hinweis auf den Rückzug ausländischer Unterstützung Goldstone 2011, S. 8.
37 McAdam 1995, Pfaff 1996.
38 Vgl. zu Leipzig Opp et al. 1995, Pfaff 1996; zu Peking Zhao 2001.

collective identities helped to mobilize and frame opposition in East Germany making a swift, unexpected revolution possible once the state began to founder."[39]

Die hier angesprochene kollektive Identität war aber nicht die Zugehörigkeit zu einer bestimmten Gruppierung, sondern zeigte sich in der Losung „Wir sind das Volk", *der* klassischen revolutionären Identität seit der Französischen Revolution.

Eine weitere, oft zusätzlich zu den traditionellen oder neuen informellen Mustern stattfindende Mobilisierung geht vom Staat aus. In vielen Fällen trägt er zur Entstehung von Protestidentitäten bei. Wenn er Kritiker und Protestierer verschiedenster Richtungen durch Verfolgung als Gegner einstuft, weist er ihnen eine neue gemeinsame Identität als Revolutionäre zu und wirkt damit ungewollt auch auf die Bildung einer gemeinsamen Front der diversen Protestgruppen hin.[40]

3.2 Entfremdung der Eliten

Die Rolle der Eliten besteht in einer Revolution einerseits in der Bereitstellung von Ressourcen, Organisation und Koordinierung der Aktionen. Zum anderen sind es in der Regel Eliten, die eine frontbildende Ideologie formulieren. Um zu erklären, warum Teile der Eliten sich vom Staat entfremden und sich an die Spitze der revolutionären Bewegung stellen, werden oft ähnliche soziologische und psychologische Konzepte eingesetzt wie zur Untersuchung der Unzufriedenheit der Bevölkerung; insbesondere der Deprivations- und Ressourcenmobilisierungsansatz. Alternativ verwenden einige Forscher Rational-Choice-Modelle. Diese unterstellen, dass jedes Mitglied der Elite bestrebt ist, seine materiellen und ideellen Präferenzen so weit wie möglich umzusetzen. Solange das im Rahmen des bestehenden Systems möglich ist, werden sie sich loyal verhalten. Sobald das System dies aber nicht mehr gewährleistet, beginnt eine aktive Suche nach besseren Optionen, die auch eine Revolution einschließen können. Die Elitepersonen agieren dabei rational, d. h. auf der Basis einer Kosten-Nutzen-Analyse, in die vor allem persönlicher Nutzen (Machtgewinn oder andere Präferenzen), Kosten und Risiken (Exil, Haft oder Tod) einbezogen werden. Kollektive Werte und Präferenzen spielen nur eine nachgeordnete Rolle. Fällt die erwartete Nutzenbilanz einer Revolution positiv aus, muss der Akteur entscheiden, wie er die Revolution unterstützt: passiv durch Duldung oder durch aktives Eingreifen. Direkt beteiligen wird er sich nur, wenn er glaubt, die Aktion könnte durch sein Eingreifen bessere Aussichten auf Erfolg haben.[41]

Um das abschätzen zu können, muss der Akteur sowohl seine eigenen Ressourcen als auch die Kräfte der übrigen Beteiligten und ihre möglichen Reaktionen einkalku-

39 Pfaff 1996, S. 91.
40 Goldstone 2001.
41 Weede und Muller 1998.

lieren. Zunächst gilt es, die zu erwartende Gegenwehr des Staates abzuschätzen. Ist sie hoch, sind Reformversuche oder Stillhalten wahrscheinlicher als Revolutionen. Zentral ist die Haltung des Militärs. Obschon eine staatliche Einrichtung, bildet es eine relativ abgeschlossene Akteurseinheit, deren Präferenzen von denen der übrigen Staatsorgane und der Regierung abweichen können. Insofern ist es sinnvoll, es als einen eigenständigen Akteur zu betrachten. Die Haltung des Militärs hat sich in zahlreichen Studien als wesentlich für Erfolg oder Scheitern einer Revolution erwiesen.[42] Signalisieren führende Militärs, im Fall einer Revolution in den Kasernen zu bleiben und weigert sich die Regierung zu verhandeln, ist eine Revolution wahrscheinlich. Die Abkehr des Militärs kann aber auch direkt zu einem Kollaps des Regimes führen. Häufige Ursachen für das Abfallen des Militärs vom Regime waren kurz zuvor verlorene Kriege. Aber auch eigene Machtinteressen und ideologische Differenzen können Regierung und Militär entzweien.

Darüber hinaus müssen die Mitglieder der Eliten die internen Koalitionsmöglichkeiten abwägen. Ist die Elite geschlossen, werden die Mitglieder das Risiko einer Revolution nicht eingehen, sondern gemeinsam Reform- oder Putschversuche unternehmen. Ist sie in viele Splitter fragmentiert, wird es schwerfallen, eine gemeinsame Front gegen das Regime zu bilden. Stehen sich aber wenige Lager mit unvereinbaren Präferenzen und Ordnungsidealen gegenüber, wird eine Revolution wahrscheinlicher: Jede Teilelite hofft, sich mit Unterstützung der Bevölkerung gegen die Herrschenden und die konkurrierenden Eliten durchzusetzen.

Der letzte Schritt der Kosten-Nutzen-Analyse ist deshalb die Antizipation der Haltung der Bevölkerung. Das ist angesichts der vielen anonymen Akteure kaum möglich, es wird also eher darum gehen, die Strategien bestehender gesellschaftlicher Gruppen und Organisationen zu eruieren und mit ihnen Koalitionen zu bilden. Der Nutzen für die Eliten liegt im Drohpotential der Massen; der Nutzen für die Bevölkerung in der besseren Ressourcenausstattung der Eliten.

Vorausgesetzt die Annahmen des Rational-Choice-Modells stimmen, würde das bedeuten, dass Revolutionen nie allein durch die Masse, sondern immer nur in Verbindung mit Eliten erfolgen:

> „If resourceful and privileged actors are likely to rebel while powerless people do not, then elite rebellions should be frequent and mass rebellions should be rare. (...) *Pure* mass rebellions or revolutions – defined not only by mass participation but also by absence of elite leadership – should not happen.[43]

Soweit es die spärlich zu findenden und untereinander divergierenden Aufstellungen bisheriger Revolutionen zeigen, entspricht diese Vermutung weitgehend der Realität.

42 Z. B. Russel 1974, Huntington 1968, Skocpol 1979, Johnson 1966.
43 Weede und Muller 1998, S. 46.

Massenrebellionen sind erheblich seltener als Rebellionen durch Eliten, und nur jede siebte Massenrebellion kann aufgrund der erreichten tiefgreifenden Veränderungen als Revolution bezeichnet werden.[44] Empirisch gut belegt ist auch, dass nicht fragmentierte oder gespaltene, sondern nur polarisierte Eliten die Wahrscheinlichkeit einer Revolution erhöhen.[45]

3.3 Revolutionsanfällige Staaten

Schon Brinton hatte in seiner Studie von 1938 die Legitimations- und Leistungsschwäche des Staates als eine Mitursache, mindestens aber als ein Gelegenheitsfenster für Revolutionen identifiziert. Die Zusammenhänge wurden ab Mitte der 1960er Jahre in weiteren Studien belegt und mit Hilfe systemtheoretischer Modelle zu erklären versucht. Demnach liegt in einer stabilen Gesellschaft ein Gleichgewicht aus Druck und Gegendruck vor, das auf Konsens, Integration, etablierten Werten und einer eingespielten Funktionalität seiner Teile beruht. Das System ist in der Lage, Störungen in begrenztem Umfang zu kontrollieren oder zu kompensieren. Die Verarbeitungskapazität aber ist begrenzt, d. h. wenn ein von innen oder außen kommender Druck zu groß wird, werden die routinemäßigen Prozeduren und Arrangements außer Kraft gesetzt und verschiedene Faktoren treiben das System nun in Richtung einer Revolution: Das Regime verliert durch sein Versagen oder seinen Handlungsunwillen das Vertrauen seiner bisherigen Unterstützer und wird fortan als illegitim angesehen. Es muss deshalb immer mehr Gewalt einsetzen, um die Gesellschaft zu integrieren und erleidet eine zunehmende Machtdeflation. Eine revolutionäre Ideologie mit einer alternativen Ordnungsidee spaltet das System endgültig in Anhänger und Gegner. Damit ist die Ausgangssituation für eine Revolution gegeben. Ein durch den Zufall beigesteuerter unmittelbarer Anlass, etwa eine Wirtschafts- und Finanzkrise oder ein Krieg, erhöhen den Druck auf die Elite zusätzlich, ziehen noch mehr Kraft ab, schwächen die Organisation oder Loyalität der Ordnungskräfte des Staates, so dass die Revolutionäre schließlich ihre Chance sehen und ergreifen.[46] Welche Rolle die Regierung, staatliche Organe etc. in diesem Prozess haben, inwiefern Fehlverhalten oder Mängel der politischen Strukturen das Versagen ausmachen, blieb in diesen systemtheoretischen Analysen aber meist unklar.

Ende der 1970er Jahre begann eine gezielte Suche nach Faktoren, die einen konkreten Staat zum Ziel des Unmutes und anfällig für eine Revolution machen. Besonders einflussreich war die Studie „States and Social Revolutions" der amerikanischen Politologin

44 Ebd, S. 46–49.

45 Vgl. Lachmann 1997; Green 1984, Eisenstadt 1999. Die Leistungsfähigkeit von Rational-Choice-Modellen für kollektive Phänomene, ob für Revolutionen oder auch für friedliche Transitionsprozesse gilt dennoch als sehr begrenzt; vgl. Bos 1996.

46 Vgl. Johnson 1971, Hagopian 1974.

Theda Skocpol. Sie analysierte die Französische, Russische und Chinesische Revolution und verglich die dort vorliegenden inneren und äußeren Rahmenbedingungen mit den zeitgleichen Gegebenheiten in Preußen, Japan und England. Sie kam zu dem Ergebnis, dass – bei allen Unterschieden im Detail – die drei Revolutionsstaaten ähnliche sozioökonomische und politische Strukturen aufwiesen, die sie anfällig für eine Revolution gemacht hätten: Die Kombination aus bäuerlicher Wirtschafts- und Gesellschaftsordnung mit einer zentralistischen Staatsgewalt führte unweigerlich zu einer Polarisierung der Interessen von Bevölkerung, Elite und Staat und gab gleichzeitig Bürgern und Elite ausreichende Verfügungsgewalt über die für eine Revolution erforderlichen Ressourcen. Dagegen waren die Ressourcen des Staates in allen drei Fällen durch wirtschaftliche und militärische Einflüsse von außen erheblich geschwächt, so dass die Mittel zur Kontrolle der innenpolitischen Lage fehlten und die schon bestehenden Interessengegensätze zwischen Staat, Elite und bäuerlicher Bevölkerung in die Revolution führten.

Dass bestimmte Staaten schon durch ihre Ordnungsstrukturen anfällig für Revolutionen sind, haben auch Studien zu Revolutionen in Lateinamerika und der Dritten Welt bestätigt. Dabei handelt es sich zum einen um Kolonialregime, die die Unzufriedenheit der Bevölkerung in mehrfacher Weise erregen: Sie sind Fremdkörper, die den Nationalstolz kränken, die kulturelle Identität gefährden und Wohlstand in das Mutterland abfließen lassen. Besonders gefährdet sind zum zweiten Despotien, Sultanistische Regime und Diktaturen unter der Führung einer einzelnen Person. Der Herrscher zieht zur Sicherung seiner Position gezielt alle Hoffnungen auf Wohlstand, nationale Einheit etc. auf sich. Er wird dann aber auch zur Zielscheibe des Unmuts, wenn sich die versprochenen Erfolge nicht einstellen. Beide Regimetypen haben zusätzlich den Nachteil, sich nicht auf eine breite nationale Elite zu stützen, sondern auf einen kleinen handverlesenen Kreis. Die unerfüllten Machtinteressen der übrigen Eliten erhöhen die Gefahr, dass sie sich an die Spitze einer Revolution stellen.[47]

Für alle Staaten ungeachtet ihrer Strukturen gilt, dass sie umso anfälliger für Revolutionen sind, je weniger sie den von Eliten und Bevölkerung gestellten Erwartungen entsprechen. Diese Erwartungen können auf die unterschiedlichsten Ziele gerichtet sein, realistisch oder überzogen.[48] Verlorene Kriege waren wiederholt Auslöser von Revolutionen (China, Russland, Vietnam), weil sie sehr viele Erwartungen gleichzeitig zerschlagen: Sie verursachen Armut, Modernisierungsrückschläge, Gebietsverluste oder sogar Sezessionen und verletzen den Nationalstolz. Besonders groß ist die Revolutionswahrscheinlichkeit dann in den Staaten, die den Krieg begonnen und verloren haben.[49] Denn dann können die Missstände eindeutig dem herrschenden Regime als Verursacher

47 Vgl. Snyder 1998 zum Sultanismus, Goodwin und Skocpol 1989 zu personalisierten Diktaturen.

48 Goldstone 2001, S. 147 f. mit weiteren Nachweisen.

49 Bueno de Mesquita et al. 1992; mit Vergleichszahlen zum Zusammenhang von Krieg und Revolution Weede und Muller 1998: Sie betonen, dass zwar verlorene Kriege allein nicht zu Revolutionen führen, aber die Wahrscheinlichkeit deutlich erhöhen.

zugeschrieben werden. Zudem hinterlasse ein Krieg, so der Historiker Walter Laqueur, eine geistig-moralische Atmosphäre, die Revolutionen förderlich ist.

> „Das allgemeine Durcheinander, die materiellen Verluste und die menschlichen Opfer schaffen eine Atmosphäre, die radikalen Veränderungen förderlich ist. Große Teile der Bevölkerung sind bewaffnet, das menschliche Leben ist weniger wert als in Friedenszeiten, die Autorität verfällt und die soziale Unzufriedenheit erhält zusätzlichen Antrieb durch das Gefühl der Verletzung des nationalen Prestiges.“[50]

Die jüngere Transitionsforschung zu – nicht immer revolutionären – Systemwechseln betont eine weitere, von der Staatsführung selbst herbeiführte Gefährdung: eine eingeleitete Liberalisierung. Wenn ein autoritäres Regime mehr politische oder wirtschaftliche Freiräume eröffnet, können Opposition und Bevölkerung ihre Ressourcen erhöhen. Geht die Liberalisierung dann nur langsam voran, kann es zu einer Mobilisierung breiter Bevölkerungsteile und Massenprotesten kommen. Die treiben die Ereignisse über die an sich geplanten kleineren Reformen hinaus, indem sie das Regime zu einem klaren Kurs zwingen: Entweder werden die Massenproteste durch entschlossene und zielgenaue Repressionen niedergeschlagen oder der Forderung nach tiefgreifenden Änderungen nachgegeben. Aber häufig ist die Regimespitze bereits zu Beginn einer Liberalisierung in Reformwillige und Hardliner gespalten, die sich auch über den weiteren Weg uneinig sind. Dass es überhaupt zu Liberalisierungen gekommen ist, beruht in den meisten Fällen, so der Transitionsforscher Adam Przeworski, auf der Fehleinschätzung, die Dynamik des Prozesses mittels Repressionen kontrollieren zu können. Sind die Proteste aber massiv, entstehen an den Erfolgsaussichten solcher Maßnahmen Zweifel und die Strategie muss angepasst werden: Ob die Situation zur Revolution eskaliert, hängt nun von situativen Faktoren ab: Welche Signale kommen von der oppositionellen Elite, wie stark ist die Bevölkerung bereits mobilisiert, wie ist die Machtverteilung innerhalb der Regimespitze?[51] Als problematisch gilt der Versuch halbherziger oder wahlloser Repressionen. Das Regime wird dann als schwach oder ungerecht wahrgenommen. Die Unzufriedenheit wird dadurch eher verstärkt als geschwächt und anfangs gemäßigte Protestierer radikalisiert.[52]

3.4 Internationale Einflüsse

Ein letzter zu nennender Faktor sind internationale Einflüsse auf die Entstehung von Revolutionen. Zu allererst sind dabei Umstürze und radikale Veränderungen in ande-

50 Laqueur, 1968, S. 501.
51 Vgl. Bos 1996, Przeworski 1992.
52 Vgl. Goldstone 2001.

ren Staaten zu nennen, die sozusagen den Keim der Revolution in die Region oder die Welt streuen. Augenscheinlicher Beleg sind die regelrechten revolutionären Wellen in bestimmten Epochen oder Regionen: die antimonarchistischen Revolutionen in Amerika und Europa 1776–1789, die liberalen in Europa 1848, die antikolonial-nationalen in Lateinamerika und Afrika 1950–1970, die kommunistischen 1945 bis 1979 in Osteuropa, Kuba und Vietnam, die arabisch-nationalen im Mittleren Osten und Nordafrika 1952 bis 1966, die antikommunistischen Revolutionen in der Sowjetunion und Osteuropa ab 1989 und schließlich der „Arabische Frühling" ab 2011.[53] Diese Wellen sind zum Teil auf die grenzüberschreitende Wirkung von Ideen und Ideologien zurückzuführen. Amerikanische und Französische Revolution etwa stehen in einem sehr engen ideengeschichtlichen Bezug zueinander, ebenso die liberalen Revolutionen 1848. Während der Welle der kommunistischen Revolutionen haben aber Revolutionäre anderer Länder auch direkte Unterstützung geleistet.

Teils ergeben sich Wellen aber auch ohne Wechselwirkungen untereinander durch die gleichen internationalen Gegebenheiten. Hierzu ist die Schwächung der Kolonialmächte durch den 1. und 2. Weltkrieg zu nennen oder die Kursänderung der Sowjetunion in den 1980er Jahren. Auch regional oder global auftretende Wirtschafts- und Ernährungskrisen können Revolutionswellen begünstigen. Die auf dem Weltmarkt massiv gestiegenen Getreidepreise gelten als ein gemeinsamer Hintergrund der aktuellen Umstürze in arabischen Ländern.

Die seit den 1990er Jahren intensiv erforschten internationalen Einflüsse auf Revolutionen haben außerdem einen strukturellen Faktor ergeben. Eine gute Einbindung in regionale und globale Handelsbeziehungen machen Revolutionen unwahrscheinlicher, weil sie die Stabilität der Regierungen stützt. Gleichzeitig kann die Chance besserer wirtschaftlicher Einbindung ein starker Anreiz für tiefgreifende Veränderungen nach einem Umsturz sein, etwa die Chance eines EU-Beitritts.

Darüber hinaus ist gut belegt, dass Revolutionen durch gezielte direkte und indirekte Interventionen ausländischer Staaten und internationaler Organisation befördert oder gebremst werden können. Die Maßnahmen reichen von der Ankündigung, eine der beiden Seiten im Falle einer Revolution zu unterstützen oder bisher gewährte Hilfe künftig zu verweigern, bis hin zu diplomatischen Vermittlungsversuchen und militärischer Intervention.[54]

---

53 Vgl. die Auflistung bei Goldstone 2001, S. 145; ausführlich Katz 1997.

54 Vgl. Pastor 2001; am Beispiel Lateinamerikas Wickham-Crowley 1992; für Dritte-Welt-Staaten Goodwin und Skocpol 1989.

4 Revolutionsverläufe und Folgen

4.1 Typische Verlaufsmuster

Die Eruierung typischer Verlaufsformen der Revolution ist nicht nur ein wissenschaftliches, sondern war auch lange ein politisches Anliegen. Gegner der Revolution wollten durch den Nachweis einer immer gleichen Abfolge zeigen, dass der Fortgang einer einmal losgetretenen Revolution einer von den Revolutionären selbst nicht mehr steuerbaren Eigenlogik folgt, so dass die ursprünglichen Ziele nicht erreicht werden können. Stattdessen ende eine Revolution zwangsläufig in Terror und Diktatur, wie die Französische Revolution es gezeigt hatte.[55]

Während solche Modelle in erzieherischer Absicht das Hauptaugenmerk auf die Abläufe nach dem Umsturz richten, beziehen empirisch-analytische Verlaufsdarstellungen auch die Vorbereitungs- und Mobilisierungsphasen ein. Ein Entwurf von 1974 von Rex D. Hopper nennt folgende vier Phasen: (1) eine Vorstufe vielförmiger individueller Erregung, diffus und unkoordiniert mit hoher Anfälligkeit für Demagogen und Propaganda; (2) eine Stufe der allgemeinen kollektiven Erregung und Unruhe, in der sich die individuellen Erregungen zu einer Opposition mit klaren Zielen vereinen und die Masse sich hinter einem prophetischen Führer oder einem programmatischen Reformer sammelt; (3) der Beginn der eigentlichen Revolution; dabei geht der Trend von gemäßigten zu radikalen Positionen, von liberalen Prinzipien zum ideologisch legitimierten Terror; (4) die Phase der Institutionalisierung und Legalisierung der neuen Herrschaft; dabei werden zwangsläufig Kompromisse mit den Werten des alten Regimes geschlossen, so dass die revolutionäre Bewegung inhaltlich an einem Punkt zum Stillstand kommt, der *vor* ihren ausdrücklichen Zielsetzungen liegt.[56]

Durch die Einbeziehung der Mobilisierungsphase wurden in vergleichenden Untersuchungen erhebliche Unterschiede in den Verläufen großer und einiger neuer Revolutionen deutlich. Dies führte zur Formulierung unterschiedlicher Revolutionstypen anhand ihrer Verlaufsmuster. Diese stellen eine Verbindung her zwischen der räumlichen Ausbreitung einer Revolution, der Rollenverteilung von Eliten und Bevölkerung sowie der Art der bestehenden gesellschaftlichen und politischen Strukturen:

(1) Die von Samuel Huntington 1968 so benannten „westlichen" Revolutionen (Frankreich 1789 aber auch Russland 1917) ereignen sich in traditionellen Gesellschaften mit überwiegend ländlich-bäuerlicher Struktur und geringer Alphabetisierung. Die dortigen Regime sind schwach, weil sie nur über wenige Zwangsmittel (Polizei, Militär) und eine geringe gesellschaftliche Basis verfügen. Verliert es die Unterstützung der Eliten, reichen oft wenige Aufstände in der Hauptstadt aus, um das Regime zu Fall zu bringen. Von dort breiten sich die Aufstände durch eine spontane oder auch gelenkte

55 Vgl. die Warnung des deutschen Historikers Jakob Burckhardt 1963, S. 185.

56 Hopper, 1974, S. 166.

Mobilisierung der Bauern über das Land aus; die verbliebenen staatlichen Kräfte werden geschlagen.[57]

(2) „Östliche" Revolutionen (China 1946/49, Vietnam 1945) dagegen wenden sich gegen Diktaturen in modernisierenden Gesellschaften mit wachsenden Urbanisierungs-, Industrialisierungs- und Alphabetisierungsraten. Die Regime haben zwar ebenfalls eine geringe gesellschaftliche Basis, verfügen aber bereits über gut organisierte Sicherheitskräfte, die nur durch massive Waffengewalt geschlagen werden könnten. Revolutionen beginnen deshalb auf dem Land mit einer Mobilisierung der dortigen Bevölkerung. In einem Bürgerkrieg wird die Regierungsarmee niedergekämpft. Erst dann kann die Regierung in der Hauptstadt beseitigt werden.[58]

(3) Am Beispiel der Revolutionen in Kuba 1959 und Nicaragua 1979 ergänzt Robert H. Dix 1983 eine dritte Variante, die „lateinamerikanischen" Revolutionen. Sie wenden sich gegen starke, militärgestützte Diktaturen in semimodernen Gesellschaften und beginnen mit einem Guerilla-Krieg auf dem Land. Statt aber im nächsten Schritt die ländliche Bevölkerung zu mobilisieren, gewinnen sie die Unterstützung der städtischen Jugend, Mittelklasse, Eliten und auch ausländischer Kräfte. Guerillakämpfe und Aufstände in den Städten stürzen schließlich das Regime in der Hauptstadt.[59]

Aus heutiger Sicht müsste man weitere Verlaufsmuster hinzufügen, die die Abläufe von Revolutionen in modernen Gesellschaften erfassen, wiederum differenziert danach, ob sie sich gegen schwache oder gegen starke Regime mit umfassenden Repressionsmöglichkeiten richten. Zu erwarten wäre, dass eine klare Abfolge von Aktionen auf dem Land oder in der Stadt nicht mehr festzustellen ist, sondern dass es in Zentrum und Peripherie relativ zeitgleich zu Koalitionen reformorientierter vs. revolutionärer Bewegungen kommt, die sich vorübergehend zu einer breiten Front zusammenschließen.

4.2 Ergebnisse und Wirkungen

Die Frage nach den Ergebnissen und Wirkungen ist bis heute ein Politikum geblieben und es sei vorweggenommen, dass so etwas wie eine vergleichende Erfolgsstatistik von Revolutionen nicht vorliegt. Weitgehende Einigkeit besteht aber heute dazu, dass die propagierten Ziele und tatsächlich bewirkten Ergebnisse nicht identisch sind.

Das erläuterte der österreichische Soziologe Franz Borkenau schon 1937. Sein aus der Analyse der Russischen Revolution und des Spanischen Bürgerkriegs gewonnenes „law of the twofold development of modern revolutions" besagt, dass Revolutionen als anarchistische Bewegungen gegen den existierenden bürokratischen Staat beginnen, ihn zerstören und dann aber durch einen anderen, meist noch bürokratischeren, ersetzen,

57 Huntington 1968.
58 Huntington 1968; dazu kritisch Dix 1983.
59 Dix 1983.

der alle freien Massenbewegungen unterdrückt.[60] Als Gründe für die Wiedererrichtung eines bürokratisch-diktatorischen Staates führte Borkenau an, dass anfangs äußere und innere Schwierigkeiten zur Zentralisierung der Macht und Einführung diktatorischer Maßnahmen drängten, z. B. Versuche zur Konterrevolution, die Angriffe fremder Staaten, Bruderstreitigkeiten im revolutionären Lager, das Aufbegehren notleidender Bevölkerung und nationalistische Abspaltungsbestrebungen.[61] Nach deren Beseitigung zwängen dann die zur Ermöglichung eines gesellschaftlichen Zusammenlebens nötigen Lenkungs-, Verteilungs- und Disziplinierungsaufgaben zu deren Beibehaltung, weil der Mensch eben nicht gut, sondern eigennützig sei und ohne Zwang keine Opfer für das allgemeine Wohl bringe.[62] Aufgrund dieser inneren und äußeren Notwendigkeiten hätten auch von unterschiedlichen Ideologien ausgegangene Revolutionen letztlich in gleichen Staatssystemen geendet. Ideologien spielten für die Revolution zwar insofern eine Rolle, als jeder große historische Kampf von dem Glauben begleitet worden sei, dass nach dem Kampf alle Armut, alles Leid, alle Unterdrückung Vergangenheit wären. Für die Weiterentwicklung nach dem Sturz des alten Regimes seien Unterschiede in den Revolutionen zugrundeliegenden Ideologien aber völlig bedeutungslos.[63] Was in Borkenaus Konzeption von 1937 noch fehlte, war ein Weg für die Rückkehr zur Normalität. 1948 fügte er seinem Ablaufschema der Revolution eine letzte Stufe hinzu, die den Übergang zu einer neuen, dauerhaften Gesellschaftsform ebnet. In der letzten, der napoleonischen Phase der Revolution nämlich, sterbe der revolutionäre Impuls ab, wenn sich erweise, dass sich die ursprünglichen Vorstellungen nicht verwirklichen lassen. So zerbreche auch die apokalyptische Vision einer neuen Gesellschaft und mache der Möglichkeit Platz, das bisher Erreichte zu erkennen und auszuwerten. Erst jetzt trete die neue Gesellschaftsordnung hervor, die nie mit der alten aber auch nie mit der revolutionären Vision übereinstimme.[64]

Eine Möglichkeit zur Entschärfung des alten Streits, ob Revolutionen zu Freiheit und Fortschritt oder nur zu neuer Unterdrückung führen, besteht darin, zwischen (1) *outputs*, d. h. kurzfristigen Ergebnissen und (2) *outcomes*, d. h. langfristigen Wirkungen unterschieden wird. Zu den kurzfristigen Ergebnissen gehören:

- die Einleitung radikaler Veränderungen auf verschiedenen Ebenen des Gesellschaftssystems,
- die Auswechslung des Führungspersonals in allen wichtigen Bereichen von Staat, Wirtschaft, Armee und Erziehung,

60 Borkenau 1937, S. 66 f. Borkenau bekräftigt diese Entwicklungstendenz von der Freiheitslosung zur Despotie auch in Borkenau 1948, S. 330.
61 Borkenau 1937, S. 62–66.
62 Ebd., S. 69.
63 Borkenau 1937, S. 66 ff.
64 Borkenau 1948, S. 330 f.

- eine Änderung des Stils der Herrschaftsausübung mit Trend zu Straffung, Zentralisierung, Effizienzsteigerung,
- meist der Beginn einer Umverteilung des Besitzes an Produktionsmitteln, v. a. Bodenenteignungen,
- eine Änderung des Zugangs zu Machtpositionen und neue Eignungskriterien,
- „Säuberungen", d. h. Entfernung von Revolutionsgegnern aus dem Staats- und Verwaltungsapparat, Schauprozesse,
- die Lancierung neuer Bewertungsmaßstäbe und Wertvorstellungen, Normen.[65]

Durch eine Erweiterung des Beobachtungszeitraums könnten aber auch die langfristigen Wirkungen auf die geistig-kulturellen, sozioökonomischen und politischen Strukturen erfasst werden. Die Dauer dieses Zeitraums ist jedoch bisher unbestimmt. Zu kurz gefasst, könnten insbesondere Auswirkungen auf Lebensstile, Mentalitäten, Geschlechterverhältnisse usw. übersehen werden. Zu lang gefasst bestehen Zurechnungsprobleme. Tiefgreifende Änderungen, die sich erst nach längerer Zeit einstellen, könnten auch Folge evolutionären sozialen Wandels sein. Für Transitionsprozesse hat Huntington ein sehr pragmatisches Kriterium vorgeschlagen, um das Ende eines Systemwechsels zu bestimmen: Ein zweimaliger regulärer machtpolitischer Wechsel zeige an, dass die neuen Strukturen anerkannt und funktionstüchtig seien.[66] Insofern Revolutionen aber nicht nur politischen Wandel beinhalten, ist das Kriterium nicht anwendbar.

Nach heutigem Stand der Revolutionsforschung gilt noch immer, dass auch die langfristigen Wirkungen von Revolutionen hinter den gesteckten Zielen zurückbleiben. Kompromisse mit vorherigen Traditionen, außenpolitischen Zwängen, Grundbedürfnissen staatlicher Ordnung, und auch die Integration von früheren Gegnern sind unvermeidbar.[67] Gestützt wird diese pessimistische Sicht durch die Transitionsforschung. Die Revolution – hier bezeichnet als „ruptura", plötzlicher Bruch – ist demnach ein Weg des Systemwechsels mit relativ schlechten Erfolgschancen. Neben dem Zwang, alte Eliten zumindest teilweise einzubinden, gilt die erforderliche breite Akzeptanz in der Bevölkerung als erhebliches Problem. Bei einer Ruptura fehlen die Anknüpfungspunke an Traditionen und demokratische Vorerfahrungen, so dass in der Bevölkerung ein Rückhalt für das neue System nicht leicht zu bekommen ist. Eine Ruptura wird deshalb häufig bei einigen kurzfristigen Erfolgen stecken bleiben, und dann einer Restauration oder abgeschwächten, paktierten Reform weichen müssen.

Um die Folgen einer Revolution vollständig abschätzen zu können, müssten (3) bei Analysen auch die *impacts,* d. h. Einflüsse auf das Umfeld untersucht werden. Häufig wirken sich Revolutionen auf die Sicherheit, die Handelsbeziehungen oder Hegemoni-

65 Wassmund 1978, S. 58–60.

66 Huntington 1991. An dieser Stelle bleibt selten die süffisante Feststellung aus, dass die Bundesrepublik dann erst 1982 mit dem Ende der SPD-Regierungsbeteiligung ihren Systemwechsel konsolidiert hätte.

67 Von Wassmund 1978, S. 62 f. bis Colgan 2012.

alstrukturen einer ganzen Region aus. Ein Desiderat der heutigen Revolutionsforschung sind deshalb vergleichende Cross-national-Studien in denen Ergebnisse, Wirkungen und Einflüsse berücksichtigt werden.

Schluss

Zahlreiche, oft vergleichend angelegte Fallanalysen haben Ursachen, Abläufe und Ergebnisse von Revolutionen aller Epochen und Regionen überzeugend analysiert. Dennoch – oder gerade deshalb – sind generalisierbare Aussagen nur begrenzt möglich, zu groß ist inzwischen der Variantenreichtum. Damit ist auch die Prognoseleistung der Revolutionsforschung weiterhin gering. Goldstone verglich deshalb schon 1986 Revolutionen mit Erdbeben. Allen Wissensfortschritten zum Trotz kämen sie für die Forscher jedes Mal wieder überraschend.

> „Yet the study of revolutions remains much like the study of earthquakes. When one occurs, scholars try to make sense of the data they have collected and to build theories to account for the next one. Gradually, we gain a fuller understanding of revolutions and of the conditions behind them. And yet the next one still surprises us. Our knowledge of revolutions, like that of earthquakes, is still limited. We can detail the patterns in those that have occurred, and we can list some of the conditions conducive to them; but a better and more exact understanding of precisely when they are likely to occur still lies in the future."[68]

Zentrales Problem ist nach wie vor die Erklärung der Ausreißer und Abweichungen. Warum blieb eine Revolution aus, obwohl alle Standardfaktoren vorlagen oder warum brach sie aus, obwohl zentrale Faktoren fehlten? Eine der Ursachen dürfte sein, dass zwar strukturelle Faktoren und Rahmenbedingungen genau erfasst werden können, aber nur ein Teil der Akteure samt ihrer Präferenzen, Lageeinschätzungen und Entscheidungen. Denn neben den gut identifizierbaren politischen Eliten, leitenden Militärs, Bürokraten, Intellektuellen, Religionsführern, Großgrundbesitzer, Industriellen, Gewerkschaftsführern etc. ist bei Revolutionen die „Masse" mitentscheidend. D. h. zahllose anonym bleibende Personen beeinflussen, ob und wie eine Revolution stattfindet. Bei Revolutionen fällt aber das Akteursmoment besonders ins Gewicht. Zwar sind strukturelle Faktoren für die Entstehung revolutionärer Ausgangssituationen und auch für die spätere Installation einer neuen Ordnung von großer Bedeutung. Während des Umsturzes jedoch dominiert das Wechselspiel der Akteure, die unter größter Unsicherheit mit unzureichenden Informationen Entscheidungen treffen müssen. Ihre anfänglichen Strategien und Ziele müssen sie im Verlauf des Prozesses immer wieder neu justieren, um auf unerwartete Aktionen des Gegenübers zu reagieren. Hinzu kommt, dass sich Revolutionen ge-

68 Goldstone 1986, S. 17.

rade dadurch auszeichnen, dass alte Bindungen und Strukturen brüchig sind und durch neue ersetzt werden sollen. Die Alternativen stehen nicht im Vorhinein fest.

Literatur

Ahady, Anwar-ul-Haq. 1991. Afghanistan: State Breakdown. In *Revolutions of the Late Twentieth Century*, hg. von Jack A. Goldstone, Ted R. Gurr, und Farrokh Moshiri, 162–193. Boulder, Co. Westview Press.

Arendt, Hannah. 1963. *On Revolution*. New York: Viking Press.

Backes, Uwe. 2000. *Liberalismus und Demokratie – Antinomie und Synthese: Zum Wechselverhältnis zweier politischer Strömungen im Vormärz*. Düsseldorf: Droste. Univ., Habil.-Schr. – Bayreuth, 1997.

Borkenau, Franz. 1937. State and Revolution in the Paris Commune, the Russian Revolution and the Spanish Civil War. *Sociological Review* 29 (1): 41–75.

—. 1948. Hundert Jahre Marxismus. *Merkur* 2: 321–333.

Bos, Ellen. 1996. Die Rolle von Eliten und kollektiven Akteuren in Transitionsprozessen. In *Systemwechsel 1: Theorien, Ansätze und Konzepte der Transitionsforschung*, hg. von Wolfgang Merkel, 81–109. Opladen: Leske + Budrich.

Brinton, Crane. 1965. *The Anatomy of Revolution (1938)*. New York: Vintage Books.

Bueno Mesquita, Bruce de, Randolph M. Siverson, und Gary Woller. 1992. War and the Fate of Regimes: A Comparative Analysis. *The American Political Science Review* 86 (3): 638–646.

Burckhardt, Jacob. 1963. *Weltgeschichtliche Betrachtungen*. Stuttgart: Kroner.

Burke, Edmund. 1967. *Betrachtungen über die Französische Revolution*. Frankfurt am Main: Suhrkamp.

Colgan, Jeff. 2012. Measuring Revolution. *Conflict Management and Peace Science* 29 (4): 444–467. doi: 10.1177/0738894212449093.

Davies, James C. 1969. The J-Curve of Rising and Declining Satisfaction as a Course of Some Great Revolutions and a Contained Rebellion. In *Violence in America: Historical and comparative perspectives*, hg. von Hugh D. Graham und Ted R. Gurr, 690–731. New York: Bantam Books.

Dix, Robert H. 1983. The Varieties of Revolution. *Comparative Politics* 15: 281–294.

—. 1984. Why Revolutions Succeed & Fail. *Polity* 16 (3): 423–446.

—. 1991. Eastern Europe's Implications for Revolutionary Theory. *Polity* 24 (2): 227–242.

Eisenstadt, Shmuel N. 1999. *Fundamentalism, sectarianism, and revolution: The Jacobin dimension of modernity*. Cambridge, U. K.; New York: Cambridge University Press.

Fetscher, Iring. 1985. Evolution, Revolution, Reform. In *Politikwissenschaft: Begriffe, Analysen, Theorien : ein Grundkurs*, hg. von Iring Fetscher und Herfried Münkler, 399–431. Reinbek bei Hamburg: Rowohlt.

Goldstone, Jack A., Hg. 1986. *Revolutions: Theoretical, comparative, and historical studies*. San Diego: Harcourt Brace Jovanovich.

—. 2001. Toward A Fourth Generation of Revolutionary Theory. *Annual Review of Political Science* 4 (1): 139–187. doi: 10.1146/annurev.polisci.4.1.139.

—. 2011. Understanding the Revolutions of 2011. Weakness and Resilience in Middle Eastern Autocracies. *Foreign Affairs* 30 (3). http://www.foreignaffairs.com/articles/67694/jack-a-goldstone/understanding-the-revolutions-of-2011. Zugegriffen: 13. Oktober 2012.

Goodwin, Jeff. 1994. Toward a new sociology of revolutions. *Theory and Society* 23: 731–766.

Goodwin, Jeff, und Theda Skocpol. 1989. Explaining Revolutions in the Contemporary Third World. *Politics & Society* 17 (4): 489–509. doi: 10.1177/003232928901700403.

Green, Jerrold D. 1984. Countermobilization as a Revolutionary Form. *Comparative Politics* 16 (2): 153–169.

Griewank, Karl. 1973. *Der neuzeitliche Revolutionsbegriff: Entstehung u. Geschichte.* 1. Aufl. Frankfurt (am Main): Suhrkamp.

Gurr, Ted R. 1970. *Why men rebel.* Princeton, N. J. Published for the Center of International Studies, Princeton University [by] Princeton University Press.

Hagopian, Mark N. 1974. *The Phenomenon of Revolution.* New York: Dodd, Mead.

Hegel, Georg W. F. 1944. *Vorlesungen über die Geschichte der Philosophie. Einleitung: System und Geschichte der Philosophie.* Leipzig: Meiner.

Honecker, Martin. 1995. *Grundriß der Sozialethik.* Berlin; New York: W. de Gruyter.

Hopper, R. D. 1974. Der revolutionäre Prozeß. In *Revolution und Theorie 1: Materialien zum bürgerlichen Revolutionsverständnis*, hg. von Urs Jaeggi und Sven Papcke, 149–168. Frankfurt am Main: Athenäum.

Huntington, Samuel P. 1968. *Political order in changing societies.* New Haven, Conn: Yale Univ. Press.

—. 1991. *The third wave: Democratization in the late twentieth century.* Norman: University of Oklahoma Press.

Johnson, Chalmers A. 1966. *Revolutionstheorie.* Köln [u. a.]: Kiepenheuer & Witsch.

—. 1971. *Revolutionstheorie.* Studienbibliothek. Köln [u. a.]: Kiepenheuer & Witsch.

—. 1982. *Revolutionary change.* Stanford, CA: Stanford Univ. Press.

Katz, Mark N. 1997. *Revolutions and revolutionary waves.* 1. Aufl. New York: St. Martin's Press.

Keddi, Nikki R. 1981. *Roots of revolution. An interpretive history of modern Iran.* New Haven: Yale U. P.

Lachmann, Richard. 1997. Agents of Revolution: Elite conflicts and mass mobilization from the Medici to Yeltsin. In *Theorizing revolutions*, hg. von John Foran. 1. Aufl., 73–101. London u.a: Routledge.

Laqueur, Walter. 1968. Revolution. In *International Encyclopedia of the Social Sciences*, hg. von David L. Sills, 501–507. New York, NY: Macmillan.

Lindner, Clausjohann. 1972. *Theorie der Revolution: Ein Beitrag zur verhaltenstheoretischen Soziologie.* München: Goldmann.

McAdam, Doug. 1986. Recruitment to High-Risk Activism: The Case of Freedom Summer. *American Journal of Sociology* 92 (1): 64–90.

McDaniel, Tim. 1994. Response to Goodwin. *Theory and Society* 23 (6): 789–793.

Moore, Barrington. 1966. *Social origins of dictatorship and democracy: Lord and peasant in the making of the modern world.* Boston: Beacon Press.

Opp, Karl-Dieter, Peter Voss, und Christiane Gern. 1995. *Origins of a spontaneous revolution: East Germany, 1989.* Economics, cognition, and society. Ann Arbor: Univ. of Michigan Press.

Pastor, Robert A. 2001. Preempting Revolutions: The Boundaries of U. S. Influence. In *Revolution: International dimensions*, hg. von Mark N. Katz, 169–197. Washington, DC: CQ Press.

Pfaff, Steven. 1996. Collective Identity and Informal Groups in Revolutionary Mobilization: East Germany in 1989. *Social Forces* 75 (1): 91–117.

Przeworski, Adam. 1992. The Games of Transition. In *Issues in Democratic Consolidation: The new South American Democracies in Comparative Perspective*, hg. von Scott Mainwaring, Guillermo O'Donnell, und J. S. Valenzuela, 105–152. Notre Dame, Ind: University of Notre Dame Press.

Rösch, Annemarie. 2011. Wissenschaftszentrum Berlin: „Tunesien hat die größten Chancen". *Badische Zeitung*, 26. 02. 2011. http://www.badische-zeitung.de/ausland-1/tunesien-hat-die-groessten-chancen--41810260.html. Zugegriffen: 26. 09. 2012.

Russell, D. E. H. 1974. *Rebellion, revolution, and armed force: A comparative study of fifteen countries with special emphasis on Cuba and South Africa.* New York: Academic Press.

Schlözer, August L. von. 1793. *Allgemeines StatsRecht und StatsVerfassungsLere.* StatsGelartheit nach ihren Haupttheilen, im Auszug und Zusammenhang 1. Göttingen: Vandenhoeck und Ruprecht.

Scott, James C. 1985. *Weapons of the weak: Everyday forms of peasant resistance.* New Haven: Yale Univ. Pr.

Skocpol, Theda. 1979. *States and social revolutions: A comparative analysis of France, Russia, and China.* Cambridge; New York: Cambridge University Press.

Snyder, Richard. 1998. Paths out of Sultanistic Regimes: Combining Structural and Voluntarist Perspectives. In *Sultanistic regimes*, hg. von Houchang E. Chehabi und Juan J. Linz, 49–81. Baltimore, Md: Johns Hopkins Univ. Press.

Tibi, Bassam. 1981. Die iranische Revolution und die Re-Islamisierung im Lichte des Nord-Süd-Konfliktes. *Aus Politik und Zeitgeschichte : APuZ* (14): 12.

Tilly, Charles. 1973. Does Modernization Breed Revolution? *Comparative Politics* 5 (3): 425–447.

—. 1986. *The contentious French.* Cambridge, Mass: Belknap Press.

Valenzuela, J. S. 1992. Democratic Consolidation in Post-Transitional Settings: Notion, Process, and Facilitating Conditions. In *Issues in Democratic Consolidation: The new South American Democracies in Comparative Perspective*, hg. von Scott Mainwaring, Guillermo O'Donnell, und J. S. Valenzuela, 57–104. Notre Dame, Ind: University of Notre Dame Press.

Walt, Stephen M. 1992. Revolution and War. *World Politics* 44 (3): 321–368.

Wassmund, Hans. 1978. *Revolutionstheorien.* 1. Aufl. Beck'sche Schwarze Reihe 176. München: Beck.

Weede, Erich, und Edward N. Muller. 1998. Rebellion, Violence and Revolution: A Rational Choice Perspective. *Journal of Peace Research* 35 (1): 43–59.

Weis, Eberhard. 1978. *Der Durchbruch des Burgertums, 1776–1847: Propylaen-Geschichte Europas.* Frankfurt am Main [u. a.]: Propylaen Verl.

Wickham-Crowley, Timothy P. 1992. *Guerrillas and revolution in Latin America: A comparative study of insurgents and regimes since 1956.* Princeton, N.J: Princeton University Press.

Wolf, Dieter, und Michael Zürn. 1995. Revolutionstheorien. In *Lexikon der Politik*, hg. von Dieter Nohlen, 552–561. München: Beck.

Zhao, Dingxin. 2001. *The power of Tiananmen: State-society relations and the 1989 Beijing student movement.* Chicago Ill. u.a: Univ. of Chicago Press.

Zimmermann, Ekkart. 1990. On the Outcomes of Revolutions: Some Preliminary Considerations. *Sociogical Theory* 8 (1): 33–47.

Revolutionstheorien des 20. Jahrhunderts

Eine kritische Betrachtung

Ekkart Zimmermann

„Es gibt Dekaden, in denen nichts passiert; und es gibt Wochen, in denen sich Dekaden abspielen" (Lenin).

1 Einleitung

Der (vorgegebene) Titel dieses Beitrags weckt sogleich Widerspruch, sind doch einige der bis heute erklärungskräftigen Hypothesen aus der vergleichenden Revolutionsforschung bereits im 19. Jahrhundert und noch früher (Burke) entstanden. So erklärt etwa die berühmte Hypothese von Tocqueville:

> „Man gelangt nicht immer nur dann zur Revolution, wenn eine schlimme Lage zur schlimmsten wird. Sehr oft geschieht es, daß ein Volk, das die drückendsten Gesetze ohne Klage und gleichsam, als fühlte es sie nicht, ertragen hatte, diese gewaltsam beseitigt, sobald ihre Last sich vermindert. Die Regierung, die durch eine Revolution vernichtet wird, ist fast stets besser als die unmittelbar voraufgegangene, und die Erfahrung lehrt, daß der gefährlichste Augenblick für eine schlechte Regierung der ist, wo sie sich zu reformieren beginnt."[1]

am prägnantesten, wie es nach dem Lapsus Schabowskis über die als Verbesserung gedachten neuen Reisemodalitäten in der DDR („nach meiner Kenntnis … ist das sofort, unverzüglich") zum sang- und klanglosen Untergang des DDR-Satrapenstaates gekommen ist. Im Politbüro hatte es Abstimmungsschwierigkeiten gegeben, ab wann und unter welchen Bedingungen die neuen Bestimmungen gelten sollten. Freilich wäre die DDR schon im Juni 1953 untergegangen, hätten die Sowjets damals im Unterschied zu 1989 nicht militärisch eingegriffen. Im Gefolge des Mauerfalls und der damit ausgelösten weitausgreifenden West-Ost-Entspannung ist es dann mit der gescheiterten Reform von oben durch Gorbatschow auch zur Abwicklung des letzten großen Kolonialreichs im 20. Jahrhundert gekommen.

Tocqueville hat zugleich im Unterschied zur Verelendungstheorie von Marx für viele Revolutionsfälle richtig erkannt, dass die „Unzufriedenheit unter den Massen genau in den Teilen Frankreichs am stärksten war, in denen sich die größten Verbesserungen ergeben hatten". Berühmt geworden ist dann die Kombination beider Hypothesen durch Davies (1962) in der J-Kurven-Hypothese: ein mit gesteigerten Erwartungen[2] verbundener Aufschwung und ein darauf folgender Abschwung sei eine der Kausalbedingungen für Revolutionen.[3]

Für das (bisherige) 21. Jahrhundert wird auf besondere *differentia specifica* weiter unten hinzuweisen sein.

Und nun zum Thema:

---

1 Tocqueville 1969, S. 153.

2 Und auch mit gestiegenen Ressourcen, um Proteste ausführen zu können.

3 Zur Kritik siehe Zimmermann 1981, S. 210–13.

2 Revolutionstheorien im 20. Jahrhundert

Drei große Theorieblöcke lassen sich unterscheiden:

2.1 *Marxistische Lehren*

Die *marxistisch geprägte Theorie* (Engels, Kautsky, Plechanow, Luxemburg, Bernstein, Hilferding, Korsch, Trotzki, Fanon u. a.) geht vom „Widerspruch" des Besitzes der Produktionsmittel in Händen einer immer kleineren Schar von Kapitalisten aus, die die Arbeitnehmer ausbeuten und damit letztlich zur Revolution treiben, wenn die Entrechteten und „Expropriierten" erst einmal ihre Ketten sprengen. Lenin als führender theoretischer Kopf im 20. Jahrhundert brachte diese Lehre im Sinne praktischer politischer Aktion auf den Nenner: „Nur wenn die *‚unteren Klassen'* das alte Regime *nicht mehr wollen* und wenn die *‚oberen Klassen' nicht mehr in der alten Weise fortfahren können* – nur dann kann die Revolution triumphieren."[4] Die mehrfachen Staatstreichversuche von Lenin waren denn auch Lernschritte eines politischen und organisatorischen Genius,[5] gegenüber dem „politischen Primitivling" Marx.[6]

Kernfaktoren für den Erfolg der Russischen Revolution im Jahre 1917 waren die militärische Niederlage im 1. Weltkrieg, die Demoralisierung der Truppen an der Front, das beste politische Angebot, das man den rückflutenden Bauernmassen machen konnte („Brot und Frieden" als Slogan der Bolschewiki) und der mangelnde Kampfeswille der aristokratischen Oberschicht, die in Petersburg, aber nicht vor Ort verankert war, im Unterschied zur preußischen Landoberschicht.[7] Im Endeffekt war die Revolution politisch und wirtschaftlich erst mit dem Sieg über die „Weiße Armee"-Koalition im Bürgerkrieg im Jahre 1922 eingeleitet. Hauptakteure waren zwei Gruppen, die bei Marx kaum, schon gar nicht in dieser Schärfe wie bei Lenin vorkommen: eine hochgradig verschworene und extrem kampfeswillige Kadertruppe (s. z. B. Trotzkis disziplinierende Rolle im Bürgerkrieg) und als der Hauptakteur die breiten Bauernmassen.

Bezeichnenderweise wiederholt sich dieses Muster in der Chinesischen Revolution. Mao entwickelte nach seinem Scheitern mit den frühen städtischen revolutionären Aufständen (Shanghai etc. 1927) und dem Rückzug in die Lößhöhlen von Jenan schrittweise eine deutlich von Marx unterschiedene Theorie, die in der Praxis fortgeschrieben wurde. Hauptakteure waren auch in diesem Falle Bauern und ideologische Kadergruppen. Die Niederlage in einem externen Krieg und ein Sieg in einem langwierigen Bür-

4 In der Lehre Paretos (1900) vom Kreislauf der Eliten schaffen es die alten „Füchse" nicht mehr, die jungen revolutionären „Löwen" zu kooptieren.

5 Huntington 1968, S. 334–43.

6 Huntington 1968, S. 336.

7 Skocpol 1979; Moore 1966.

gerkrieg sind auch hier wegweisend. Aus dieser Sicht liegt der entscheidende Unterschied beider Revolutionen in rückständigen agrargeprägten Feudalgesellschaften im „*westlichen*" Ablaufmuster der Russischen Revolution (erst Einnahme des Zentrums, dann die langwierige Erorberung der Provinzen) und „*östlichen*" der Chinesischen Revolution mit umgekehrtem Ablauf.[8] Dass beiden Revolutionen jeweils Varianten einer bürgerlich-geprägten Revolution vorausgingen, ist eine weitere Parallele, auch deren jeweiliges Scheitern.

Das maoistische Modell des Guerillakriegs und der Entwicklung eines Gegenstaates ist dann vor allem von Ho Chi Minh und Guevara weiterentwickelt worden. Im Falle Vietnams ist ebenfalls nach Verwicklung in einen Bürgerkrieg und zugleich externen Krieg die revolutionäre Kaderpartei als dominante Erscheinung festzuhalten, auf der Machtbasis einer kampfeswilligen professionalen Armee. Die Parallelen zwischen China und Vietnam sind offenkundig. Auch werden in all diesen Fällen zwei grundlegende Erklärungen für erfolgreiche Revolutionen benannt, die in ihrem Stellenwert vielleicht als gleichwertig anzusehen sind: zum einen das Faktum,[9] dass die Aufständischen gegen einen intakten und kampfeswilligen repressiven Apparat schwer gewinnen können, es sei denn sie entwickeln Rückzugsgebiete, können auf Überläufer und die Demoralisierung der Gegenseite setzen. Die dabei wichtigste Schubkraft ist und bleibt das Momentum eines antikolonialen, nationalistisch geprägten Befreiungskampfes (in allen drei Fällen), wenngleich dieser Kampf in Russland angesichts totaler Erschöpfung durch den Friedensschluss beendet wurde.

Die Kubanische Revolution von 1957 als im Endeffekt sozialistisch fällt im Muster der Eroberung der Hauptstadt unter das chinesische östliche Modell. „Östlich" und westlich" sind also nicht geographisch, sondern nur nach ihren wesentlichen Erscheinungsformen (Französische Revolution 1789, Russland, Mexiko, erste Phase der Chinesischen Revolution) zu verstehen. Gerade im kartenhausartigen Zusammenfallen der repressiven Kräfte in Kuba wie letztlich in Saigon im Jahre 1975 ist eine weitere Kernaussage von Huntington bestätigt, nämlich dass im Unterschied zur westlichen Revolution im östlichen Muster das definitive „Ende" mit dem Einzug in der Hauptstadt bezeichnet werden kann.

2.2 *Ständestaatlich-ethnozentrische Doktrinen*

Für das zwanzigste Jahrhundert sind mit den *konservativ-autoritär geprägten Revolutionstheorien* (de Maistre, Müller, Schmitt, Gentile, Michels, Rocco, Corradini u. a.) zunächst die wichtigsten theoretischen Gegenspieler zu den marxistischen revolutionären Herausforderungen benannt. Dabei diffundieren die Formen der Machtübernahme und

8 Huntington 1968, S. 266–268.
9 Chorley 1943.

auch die ideologischen Versatzstücke immer wieder über eine reine „Links-Rechts"-Sicht hinweg. So hat Mussolini ebenfalls erst im zweiten Versuch und nach seiner Abwendung vom Sozialismus das Machteroberungsmodell von Lenin entliehen, allerdings erweitert um eine breite Volkskoalition, die angesichts der Schwäche der liberalen und konservativen Mittelparteien im Durchmarsch nach Rom die Macht übernehmen konnte. Entscheidender Unterschied und Einsicht von Mussolini war der Umstand, dass er von den herrschenden Kräften, nämlich dem Königshaus unter Viktor Emanuel III., zunächst in die neue Machtposition als Ministerpräsident eingesetzt worden ist. Gleichermaßen wurde er aber nach der Kriegsniederlage gegen die US-Amerikaner vom gleichen König und dem Kronrat 1943 abgesetzt.

Der Kerngedanke, der sich in der Umsetzung in Hitlers Machtübernahme wiederfindet, ist nicht die Zerstörung des Staatsapparates (rhetorisch zwar oft angedeutet und angedroht), sondern seine möglichst intakte Übernahme, möglichst auch auf „legalem" Wege, um sodann mit einer totalitären national-sozialistisch oder faschistisch geprägten Transformation beginnen zu können.

Die Elemente gewaltsamer bürgerkriegsähnlicher Auseinandersetzungen, wirtschaftlicher Malaise und geringer Legitimität des vorherrschenden Staatsapparates und der jeweiligen Wirtschaftsordnung, oft gepaart mit revolutionärem Separatismus, finden sich auch in der Machtübernahme durch Franco 1939 und Salazar 1932. Externe militärische Unterstützung der frankistischen Truppen durch Deutschland und Italien sind nicht unbedeutende zusätzliche Faktoren, aber letztlich nicht zentral für ein Verständnis dieser autoritären Umwälzungen.

Ideologisch geht es um einen Ständestaat, der den politischen Liberalismus, den Pluralismus sozialer Gruppen und bürgerliche Freiheitsrechte gänzlich (Führerprinzip im Nationalsozialismus und Faschismus) oder sehr deutlich (Italien, Spanien u.a.) einschränkt und bestimmte Bevölkerungsgruppen in einem oft übersteigerten Nationalismus ausschließt. Moore[10] hat hier die Fälle Deutschlands und Japans einer vergleichenden Analyse unterzogen. Für Deutschland gilt, dass sich die Landoberschichten, von wirtschaftlichen Krisen und Forderungen nach politischer Repräsentation der bislang ausgeschlossenen sozialen Schichten bedrängt, mit der repressiven Regierung verbündet haben, die zwar bedeutende wirtschaftliche Reformen eingeleitet hat, aber in der politischen Modernisierung deutlich hinterherhinkte und in Gestalt der ebenfalls wirtschaftlich bedrängten Kartellführer weitere anti-demokratische Unterstützung erfuhr.

2.3 Empirisch vergleichende Analysen

Die dritte große Gruppe an Theorien ist eher *sozialstrukturell politisch-historisch vergleichend* angelegt und liefert die Basis für die durchgängige Sichtweise und Argumen-

10 Moore 1966.

tation in diesem Aufsatz. Deshalb ist eine strukturell offene Definition von Revolutionen auch anderen vorzuziehen: „Als Revolution ist der erfolgreiche Umsturz der bisher herrschenden Elite(n) durch eine neue Elite (neue Eliten) zu verstehen, die nach ihrer (meist mit größerem Gewaltgebrauch und der Mobilisierung von Massen verbundenen) Machtübernahme die Sozialstruktur und damit auch Herrschaftsstruktur fundamental verändert (verändern)."[11] Es geht nicht um ideologische Ziele, sondern um grundlegende erklärende Merkmale[12] wie *(1) Effizienzkrise der als ungerecht wahrgenommenen staatlichen Autorität, (2) entfremdete Eliten, gespalten im Dissens über den Reformkurs; (3) massive Wohlfahrtsverschlechterung in Land und Stadt; (4) Entstehen einer angriffswilligen elite-geleiteten Volkskoalition und (5) eine zusammenschweißende, Angriffe rechtfertigende und Alternativen aufzeigende Ideologie.* Jeder einzelne oder mehrere Faktoren können Einzelformen des Konflikts auslösen, zusammen erzeugen sie eine *revolutionäre* Situation, das Überlaufen von Sicherheitskräften und Armee zu den Revolutionären gar eine Revolution.[13]

Entscheidende Vertreter, die jeweils einzelne analytische Elemente in ihren vergleichen Analysen in den Vordergrund gerückt haben, sind Huntington, Tilly, Skocpol und Moore.[14]

Findet sich bei Moore noch der Versuch einer relativ geschlossenen historischen Deutung im Sinne einer frühbürgerlichen Revolution im 17.–18. Jahrhundert (England, Frankreich, USA), die den drohenden Furor einer Bauernrevolution im 20. Jahrhundert (Russland, China) verhindern hilft, so treten bei späteren Vertretern nur einzelne theoretische Elemente in den Vordergrund. In der Interpretation von Skocpol zielen revolutionäre Umsturzversuche auf die Anpassung an andere international fortgeschrittene Staaten.[15] Zugleich hebt sie die Verschanzungsmöglichkeiten von Bauern und oppositionellen Adligen gegen die Zentralgewalt hervor. Goldstone sieht in starkem Bevölkerungswachstum, Finanzkrisen und Elitenkonflikten die grundlegenden Elemente von Staatskrisen.[16] Zugleich berücksichtigt er in der Wahl der abhängigen Variable „Staatskrisen", dass Revolutionen nur einer der möglichen Ausgänge, andere dagegen Meisterung oder auch Vertiefung von Krisen zu Dauermalaisen sind. Zugleich wird damit auch die Fallzahl für vergleichende Analysen vergrößert und die Auswahl der Fälle nicht nur auf erfolgreiche Revolutionen beschränkt.

11 Zimmermann 1981, S. 142.
12 Goldstone 2003, S. 81–82.
13 Zimmermann 1981, S. 163.
14 Huntington 1968, Tilly 1978; ders. 1996, Skocpol 1979; Moore 1966.
15 Skocpol 1979.
16 Goldstone 1991.

3 Globalisierung und Revolution – *terra incognita*

Mit der globalisierten Ökonomie, die in verschärften Varianten mit Chinas Öffnung zum Kapitalismus ab 1978, dem Zusammenbruch des kommunistischen Weltreiches (Russland 1991, Unabhängigkeit der Satrapen-Staaten) und dem historisch einzigartig schnellen wirtschaftlichen Aufstieg der asiatischen Tigerstaaten (Südkorea, Taiwan, Hongkong und Singapur) und nunmehr anderen Staaten einhergeht, verändern sich zu Ende des 20. und Beginn des 21. Jahrhunderts auch die Bedingungen für Revolutionen.

So kann man argumentieren, dass die Anpassungen an den globalen wirtschaftlichen Druck, also Investitionen und Kapital ins Land zu holen oder selbst zu bilden, kostspielige Unternehmungen wie politische und wirtschaftliche Revolutionen eher unwahrscheinlicher werden lassen. Dies erklärt bezeichnenderweise auch im Moment das Fehlen jeglicher nachhaltiger Herausforderungen des Markt-Kapitalismus, eben wegen fehlender oder gescheiterter Alternativen. Das chinesische autoritäre System ist auf den westlichen Kapitalismus angewiesen und steht unter Öffnungsdruck zu einer freiheitlicheren politischen Staatsform. Dies alles ist ein großer Unterschied zu den zahlreichen politischen Alternativen vor und nach dem 1. Weltkrieg (Nationalsozialismus, Faschismus, andere ständestaatliche Varianten, Sozialismus), besonders im Gefolge der Weltwirtschaftskrise mit ihren Erschütterungen und dem Sturz politischer Regime.

Andererseits kann ein zu großer Rückstand zu anderen fortschrittlicheren Staaten Anlass zu erneuten gesellschaftlichen revolutionären Experimenten werden, zumindest zu solchen Versuchen. Die entscheidende Veränderung liegt m. E. aber in einer Produktivkraft, die sowohl auf der Mikro- wie der Makroebene und letztlich der globalen Ebene eine Wirkungskraft gewonnen hat, die nur mit der des Dynamits (und der Verfügung darüber) zu vergleichen ist: der Entwicklung des Internets und der Kommunikationsindustrie allgemein.

Mindestens in fünffacher Hinsicht ist hier mit dauerrevolutionären Entwicklungen zu rechnen. An dieser Stelle mögen Stichworte reichen:

a) Selbst für etablierte demokratisch-legitimierte Staaten wie die Bundesrepublik Deutschland ist das blitzartige Auftreten der „Piratenpartei", einer neuen Ein-Punkt-Partei, und das ausschließlich unter „negativem" Vorzeichen, also dem der Verhinderung von Schranken im Internet (die Grünen hatten aktive Ziele und waren außerdem in der Friedenspolitik engagiert) ein kleines Beispiel solcher Veränderungen.
b) Regierungen jedweder Art werden kaum noch über Geheiminformationen verfügen können. Kurzfristig steigen die Kosten der Regierung deutlich. Angesichts einer dezentralen Informationsbasis und ebensolcher Technologie erfordert die dauerhafte Überwachung wichtiger Mitarbeiter eine deutlich verstärkte Kontrolle.
c) Die Taktiken der Mobilisierung Protestierender und ihrer Informierung haben derartig an Substanz und Geschwindigkeit gewonnen, dass ein naturgemäß schwerfälliger Staatsapparat eigentlich nur vor der Alternative steht, härteste Repression (Nord-

korea) anzuwenden, oder sich mit dem Nichtunterbinden des Internets blitzartigen neuen Koalitionen mit ihren eskalierenden Forderungen, Dokumentationen und berichteten Leidensgeschichten gegenüber zu sehen. Dabei ist mit einer Vielfalt von verbundenen und bislang eher unverbundenen Akteuren und Akteursgruppen zu rechnen. Die von Tilly in den Vordergrund gerückte Mobilisierung entlang sozialer Kategorien und Netzwerke *(cat-net)* wird deutlich aufgelockert werden.[17] Natürlich kann der Staat ebenso in erhöhtem Maße seine Gefolgsleute erreichen und mobilisieren, doch verschiebt sich ceteris paribus die Machtbilanz eher zugunsten der bislang Herrschaftsunterworfenen. Ein gänzlich willkürlicher Gewalteinsatz wie unglaubwürdige Reformschritte wirken dabei eher eskalierend, glaubhafte Gesprächsbereitschaft der bisherigen Machtinhaber, solange diese noch weitgehend über das Gewaltmonopol verfügen (Spanien 1975), eher deeskalierend. Dabei ist die Einsicht in die Neuformierung einer öffentlichen Meinung, die sich nicht mehr von der privaten, bislang geheim gehaltenen unterscheidet, durch „emotionale Kaskaden" und entsprechende Eskalationsprozesse grundlegend.[18]

d) Das Internet verschafft Individuen (Mikroebene) gesteigerte Informationen und Kontrollmöglichkeiten, die sich auf der Makroebene politischer Regime mit Wünschen nach grundlegenden Veränderungen äußern können.
e) Die letztgenannte Zangenwirkung von Mikrohandlungen und Makrowirkungen berührt die Frage der Gewaltenteilung in grundlegender Form und wirft damit Fragen nach der nationalen und internationalen rechtlichen Stellung des Internets auf.[19]

Die „Arabellion" die noch in keinem der Länder (Tunesien, Ägypten, Libyen, Algerien, Syrien) zu einer wirklichen Revolution im Sinne wirklich neuer Herrschaftsgruppen und einer fundamentalen Veränderung der Sozialstruktur und damit auch Herrschaftsstruktur[20] geführt hat, hat diese neue Produktivkraft des Internets und seiner Nutzung in einer bislang kaum vorstellbaren Weise vorgeführt.

Hintergrund all dieser Rebellionen und revolutionären Herausforderungen ist allerdings ein Bevölkerungsaufbau mit 80 Prozent jungen Menschen unter 30 Jahren, von denen mindestens die Hälfte keine Arbeit hat, die allgemein perspektivlos in einer bildungsgetriebenen globalisierten Welt sind, noch verschärft durch religiös-ideologische Glaubenskriege und Auseinandersetzungen, die einerseits für eine hohe und umfassende Mobilisierung sorgen können (der Impetus bei der „Arabellion" war überraschender Weise eher säkularer Art), aber in der Bewerkstelligung internationaler Konkurrenzfähigkeit die Anpassung eher noch verzögern.

17 Tilly 1978.
18 Kuran 1991.
19 Auf eine weitere, in sich bereits hochbedrohliche Variante, die des *cyber warfare* sei hier nur verwiesen.
20 Zimmermann 1981, S. 142.

Wenn Huntington recht hat mit seiner zugespitzten Bemerkung, dass die wahrlich hoffnungslosen Staaten und Gesellschaften diejenigen ohne Kraft zu Revolutionen sind, dann sind auch diese Entwicklungen möglicherweise der Anfang zu offeneren Gesellschaften mit Gewaltenteilung, rechtlicher Sicherheit und Meinungsfreiheit. Revolutionen sind auch immer gegen das internationale System gerichtet.[21] Aber in einer Welt zunehmender wirtschaftlich-politischer Multipolarisierung nimmt das Gewicht der bisherigen international kontrollierenden Mächte ab. Zugleich nimmt der ökonomische Anpassungsdruck an globale Märkte in nie gekannter Weise zu. Es bleibt abzuwarten, welchen Einfluss diese scheinbar disparaten Entwicklungen und andere Konstellationen auf Revolutionen des 21. Jahrhunderts und die entsprechende Theoriebildung haben werden.

Literatur

Chorley, Katherine. 1943. *Armies and the Art of Revolution*. London: Faber and Faber.

Davies, James C. 1962. Toward a theory of revolution. *American Sociological Review 27(1)*: 7–48.

Goldstone, Jack A. 2003. Comparative historical analysis and knowledge accumulation in the study of revolutions. In *Comparative Historical Analysis in the Social Sciences*, hg. von James Mahoney, und Dietrich Rueschemeyer, 41–90. Cambridge.

—. 1991. *Revolution and Rebellion in the Early Modern World*. Berkeley: University of California Press.

Huntington, Samuel P. 1968. *Political Order in Changing Societies*. New Haven: Yale University Press.

Kuran, Timur. 1991. Now out of never: The element of surprise in the East European revolution of 1989. *World Politics 44(1, October)*: 7–48.

Moore, Barrington, Jr. 1966. *Social Origins of Dictatorship and Democracy: Lord and Peasant in the Making of the Modern World*. Boston: Beacon.

Pareto, Vilfredo. 1900. Un' applicazione di teorie sociologice. *Rivista Italiana di Sociologia* 2: 401–456.

Skocpol, Theda. 1979. *States and Social Revolutions: A Comparative Analysis of France, Russia, and China*. Cambridge: Cambridge University Press.

Tilly, Charles. 1974. *From Mobilization to Revolution*. Reading, Mass.: Addison-Wesley.

—. 1996. *European Revolutions 1492–1992*. New York: Wiley.

Tocqueville, Alexis de. 1969. *Der Alte Staat und die Revolution*. Hamburg: Rowohlt.

Walt, Stephen M. 1996. *Revolution and War*. Ithaca: Cornell University Press.

Zimmermann, Ekkart. 1981. *Krisen, Staatsstreiche und Revolutionen: Theorien, Daten und neuere Forschungsansätze*. Opladen: Westdeutscher Verlag.

—. 2012 (i. E.). Internal wars and revolution. In *Concise Encyclopedia of Comparative Sociology*, hg. von Masamichi Sasaki, Ekkart Zimmermann, und Jack A. Goldstone. Leiden: Brill.

21 Huntington 1968, S. 306, Walt 1996.

Von großen und kleinen Kriegen

Monika Heupel

Einleitung

Unsere Vorstellung dessen, was Krieg ist, hat sich in der Geschichte immer wieder gewandelt. Lange war unsere Bild vom Krieg ein eurozentrisches, denn Krieg wurde mit gewaltsamen Auseinandersetzungen zwischen Staaten gleichgesetzt. Nach dem Zweiten Weltkrieg, dem paradigmatischen zwischenstaatlichen Krieg, hat sich das Bild vom Krieg ausdifferenziert. Seither werden auch nichtstaatliche Akteure als Kriegsparteien anerkannt. Das Gros der heute gängigen Kriegsdefinitionen spiegelt die Entstaatlichung des Kriegsbegriffs wieder. Die Arbeitsgemeinschaft Kriegsursachenforschung (AKUF) etwa definiert in Anlehnung an István Kende Krieg als einen „gewaltsamen Massenkonflikt, der alle folgenden Merkmale aufweist: (a) an den Kämpfen sind zwei oder mehr bewaffnete Streitkräfte beteiligt, bei denen es sich mindestens auf einer Seite um reguläre Streitkräfte … der Regierung handelt; (b) auf beiden Seiten muss ein Mindestmaß an zentralgelenkter Organisation der Kriegführenden und des Kampfes gegeben sein … ; (c) die bewaffneten Operationen ereignen sich mit einer gewissen Kontinuierlichkeit … ".[1] In der jüngeren Vergangenheit werden vermehrt auch gewaltsame Auseinandersetzungen ohne die Beteiligung von Staaten als Krieg bezeichnet. Krieg ist demnach eine „Extremform des gewaltsamen Konfliktaustrags zwischen organisierten Gruppen".[2]

Die Öffnung der Kriegsdefinition für nichtstaatliche Akteure ging Hand in Hand mit der Unterscheidung verschiedener Kriegstypen. Die Unterscheidung zwischen großen (oder symmetrischen) und kleinen (oder asymmetrischen) Kriegen, die diesem Kapitel zu Grunde liegt, wurde Ende der 1990er Jahre von Christopher Daase in der deutschsprachigen Friedens- und Konfliktforschung populär gemacht. Demzufolge sind große Kriege Kriege zwischen den regulären Armeen von Staaten. Kleine Kriege hingegen sind Kriege zwischen staatlichen und nichtstaatlichen Akteuren[3]. Etwas anders gelagert ist die verwandte Unterscheidung zwischen zwischenstaatlichen Kriegen und Bürgerkriegen, da Bürgerkriege auch Kriege ohne jede staatliche Beteilung einschließen. Um das Kriegsgeschehen vollständig erfassen zu können, schlage ich in diesem Kapitel Kriege ohne die Beteiligung staatlicher Akteure den kleinen Kriegen zu. Aufgabe des Kapitels ist es, einen knappen Überblick über den Stand der Forschung zu großen und kleinen Kriegen zu geben. Ich werde zunächst zwischen verschiedenen *Typen* großer und kleiner Kriege unterscheiden (1.) und Informationen zur *Verteilung* von Kriegen in Zeit und Raum geben (2.). Anschließend werde ich den Forschungsstand zu den *Ursachen* großer und kleiner Kriege (3.) und ihrer *Beendigung* (4.) referieren. Den Abschluss bilden Ausführungen zu den Bestimmungen des *Völkerrechts* zu großen und kleinen Kriegen (5.).

1 Arbeitsgemeinschaft Kriegsursachenforschung 2011.
2 Vgl. Chojnacki 2006, S. 49.
3 Vgl. Daase 1999.

1 Typen

Innerhalb der breiten Kategorien große und kleine Kriege lassen sich verschiedene Typen unterscheiden. *Große Kriege* werden häufig nach der *Anzahl der beteiligten Staaten* unterschieden. Auf der einen Seite gibt es Dyaden, also Kriege zwischen zwei Staaten, wie zum Beispiel der Grenzkrieg zwischen Äthiopien und Eritrea der späten 1990er Jahren. Auf der anderen Seite stehen zwischenstaatliche Kriege, an denen mehr als zwei Staaten beteiligt sind. Dabei können sich wie beispielsweise im Zweiten Weltkrieg zwei Allianzen gegenüber stehen oder eine Allianz einem einzelnen Staat, wie bei den militärischen Intervention der NATO im Kosovo und in Libyen.

Auch *kleine Kriege* lassen sich in unterschiedliche Typen aufteilen. Einige Autoren unterscheiden nach beteiligten *Akteurstypen*. Sven Chojnacki unterscheidet zum Beispiel zwischen innerstaatlichen, substaatlichen und extrastaatlichen Kriegen.[4] Innerstaatliche Kriege sind Kriege zwischen staatlichen und nichtstaatlichen Akteuren innerhalb bestehender Grenzen. Als substaatliche Kriege bezeichnet er Kriege zwischen nichtstaatlichen Gewaltakteuren innerhalb oder jenseits formaler Staatsgrenzen. Extrastaatliche Kriege sind Kriege zwischen Staaten und nichtstaatlichen Akteuren jenseits bestehender Staatsgrenzen; prominentes Beispiel ist der anhaltende Afghanistankrieg, in dem die zentrale Konfliktlinie zwischen der von den USA geführten Staatenkoalition und den Taliban verläuft. Andere Autoren differenzieren nach *Kriegszielen*. Die AKUF etwa unterscheidet zwischen Antiregime-Kriegen, Autonomie- und Sezessionskriegen, Dekolonisationskriegen und einer Restkategorie. Antiregime-Kriege sind „Kriege, in denen um den Sturz der Regierenden oder um die Veränderung oder den Erhalt des politischen Systems oder gar der Gesellschaftsordnung gekämpft wird". Autonomie- und Sezessionskriege sind „Kriege, in denen um größere regionale Autonomie innerhalb des Staatsverbandes oder um Sezession vom Staatsverband gekämpft wird". Dekolonisationskriege sind „Kriege, in denen um die Befreiung von Kolonialherrschaft gekämpft wird".[5]

2 Verteilung in Zeit und Raum

Auch wenn unser Bild vom Krieg lange vom Krieg zwischen Staaten geprägt war, waren zwischenstaatlichen Kriege mit einer kurzen Ausnahme nie der dominante Kriegstyp. Vielmehr zeigen die Daten des *Correlates of War Project* (COW), dass seit 1816 – mit einer kurzen Ausnahme von 1930 bis 1939 – jedes Jahr weniger zwischenstaatliche Kriege als innerstaatliche Kriege ausgebrochen sind.[6] Nach dem Zweiten Weltkrieg

4 Vgl. Chojnacki 2006, S. 56.
5 Arbeitsgemeinschaft Kriegsursachenforschung 2011.
6 Sarkees et al. 2003.

hat sich die Differenz von zwischenstaatlichen Kriegen zu anderen Kriegstypen jedoch deutlich verschärft.[7] Etwa zwei Drittel (118) der 178 Kriege, die zwischen 1946 und 2007 stattgefunden haben, waren innerstaatliche Kriege, während auf zwischenstaatliche Kriege lediglich 24 Kriege entfallen; extrastaatliche und substaatliche Kriege stehen mit 19 bzw. 17 zu Buche. Damit stehen 24 große Kriege 154 kleinen Kriegen gegenüber. Wenn man nicht die Gesamtzahl der Kriege heranzieht, sondern für jedes Jahr getrennt erhebt, welcher Kriegstyp wie häufig auftritt, wird der Bedeutungsverlust zwischenstaatlicher Kriege noch offensichtlicher. Denn während inner-, sub- und extrastaatliche Kriege durchschnittlich sechs bis sieben Jahre anhielten, dauerten zwischenstaatliche Kriege im Durchschnitt nur etwas mehr als zwei Jahre. Während die geringe Anzahl zwischenstaatlicher Kriege zwischen 1946 und 2007 relativ konstant blieb (zwischen null und zwei pro Jahr), kam es bei den anderen Kriegstypen zu leichten Veränderungen. Extrastaatliche Kriege nahmen bereits seit den 1970er Jahren mit dem Rückgang der Dekolonisationskriege ab. Die Anzahl innerstaatlicher Kriege ist seit dem Ende des Ost-West-Konflikts leicht zurückgegangen, auch wenn innerstaatliche Kriege der klar dominante Kriegstyp bleiben. Ebenfalls seit 1990 ist die Anzahl substaatlicher Kriege gestiegen.[8]

Auch die Anzahl der anhaltenden Kriege pro Jahr hat sich stark verändert. Von 1946 bis Mitte der 1990er Jahre ist ein starker und kontinuierlicher Anstieg zu verzeichnen, und zwar von fünf Kriegen im Jahr 1946 zu 36 Kriegen im Jahr 1992. Diese Entwicklung ist vor allem auf die Zunahme innerstaatlicher Kriege zurückzuführen, die von drei im Jahr 1946 auf 29 im Jahr 1992 stiegen. Seither ist kein klarer Trend zu verzeichnen. Zunächst fiel die Zahl der Kriege bis 1998 auf 21 ab, um sich danach auf einen Wert um die 30 Kriege pro Jahr einzupendeln.[9]

Das Kriegsgeschehen konzentriert sich seit dem Ende des Zweiten Weltkrieges weitgehend auf Regionen außerhalb der OECD-Welt. Afrika hatte die meisten Kriege zu verzeichnen und kommt mit 62 auf mehr als ein Drittel aller weltweit zwischen 1946 und 2007 begonnenen Kriege. Asien, der Nahe Osten, Nord- und Südamerika und Europa folgen mit 56, 30, 17 bzw. 13 Kriegen. Seit dem Ende des Ost-West-Konflikts lässt sich eine leichte Verschiebung beobachten. Seither sind die meisten Kriege in Asien ausgebrochen, gefolgt von Afrika, dem Nahen Osten, und Europa.[10]

7 Die folgende Darstellung basiert auf den Daten der *Consolidated List of Wars* von Sven Chojnacki und Gregor Reisch. Andere Datenbanken, wie das *Correlates of War Project* (COW), das *Uppsala Conflict Data Program* (UCDP) und die Datenbank des Arbeitskreises Kriegsursachenforschung (AKUF), die mit je eigenen Kriegsdefinitionen und Operationalisierungen arbeiten, kommen in einzelnen Aspekten zu abweichenden Ergebnissen, reflektieren aber viele der breiten Trends der *Consolidated List of Wars.*

8 Chojnacki und Reisch 2008.

9 Vgl. ebd.

10 Vgl. ebd.

3 Ursachen

3.1 Große Kriege

Vertreter des (Neo-)Realismus und des Liberalismus schreiben großen Kriegen unterschiedliche Ursachen zu. (Neo-)Realisten gehen davon aus, dass die *Machtverteilung im internationalen System* einen Einfluss auf die Kriegswahrscheinlichkeit im System hat. Über Zeit haben sich die Annahmen darüber, welche Machtkonstellation besonders kriegsanfällig ist, gewandelt. Hans J. Morgenthau und Kenneth N. Waltz hatten zunächst ein *balance of power* Modell entworfen, wonach das internationale System dann besonders friedlich ist, wenn die Machtverhältnisse zwischen Staatengruppen ausgeglichen sind.[11] In den vergangenen Jahren hat sich jedoch eine Mehrheitsmeinung herausgebildet, der zufolge für Staatenpaare das Kriegsrisiko mit sinkender Machtdifferenz zunimmt. Stabile Machtasymmetrien sind demnach deutlich weniger kriegsanfällig als Machtgleichgewichte.[12] Allerdings besteht Uneinigkeit darüber, warum das Kriegsrisiko bei abnehmenden Machtungleichgewichten hoch ist. Klassische *power transition* Theorien gehen davon aus, dass Kriege vor allem von aufstrebenden Mächten, die mit dem *status quo* unzufrieden sind, begonnen werden.[13] Neuere Studien zeigen, dass Kriege eher von dem Staat ausgelöst werden, der seine hegemoniale Stellung an einen aufsteigenden Herausforderer zu verlieren droht.[14]

Unter Rückgriff auf Immanuel Kants klassische Schrift *Zum Ewigen Frieden*[15] postulieren Vertreter des Liberalismus, dass Frieden zwischen Staaten durch Demokratie, Handel und internationale Organisationen gestützt wird. Im Umkehrschluss ist Krieg zwischen Staaten also dann besonders wahrscheinlich, wenn Staaten nicht demokratisch verfasst sind, wenig Handel miteinander treiben und nicht in dieselben internationalen Organisationen eingebunden sind. Gemäß der Theorie des *Demokratischen Friedens* führen Demokratien (fast) nie Kriege gegeneinander und verhalten sich gegenüber Demokratien auch unterhalb der Kriegsschwelle friedlicher als Autokratien.[16] Das bedeutet allerdings nicht, dass Demokratien auch gegen Autokratien generell friedfertig wären. Vielmehr gibt es sogenannte „Schattenseiten des Demokratischen Friedens", denn Demokratien führen gegen Autokratien Krieg und sind insgesamt ähnlich häufig wie Autokratien an Kriegen beteiligt.[17] Einige der frühen Erklärungen des Demokratischen Frieden haben sich als nicht tragfähig erweisen. So versuchte man zunächst, den Demokratischen Frieden mit einer unterstellten generellen Abneigung der Bürger in

11 Morgenthau 1948; Waltz 1979.
12 Z. B. Hegre 2008.
13 Vgl. Organski 1968.
14 Vgl. Chan 2003.
15 Kant 1795.
16 Vgl. Doyle 1983a.
17 Vgl. Geis 2007.

demokratischen Staaten gegen den Krieg und mit der Demokratien inhärenten Gewaltenteilung, die einen überstürzten Kriegseintritt unmöglich macht, zu erklären. Beide Erklärungen können jedoch der Neigung bestimmter Demokratien, insbesondere der USA, gegen Autokratien Krieg zu führen, nicht Rechnung tragen.[18] Andere Erklärungen sind vielversprechender. Die These des Abschreckungsfriedens besagt, dass Demokratien keine attraktiven Kriegsgegner sind, da sie überdurchschnittlich oft Kriege gewinnen.[19] Außerdem tendieren Demokratien dazu, sich gegenseitig als Freunde wahrzunehmen, während sie Autokratien eher als Feinde ansehen.[20]

Auch *Handel* zwischen Staaten kann, so liberale Theoretiker, die Kriegswahrscheinlichkeit zwischen Staaten reduzieren. Kant formulierte prägnant: „Es ist der Handelsgeist, der mit dem Krieg nicht zusammen bestehen kann …".[21] Demnach bevorzugen wirtschaftliche Akteure friedliche zwischenstaatliche Beziehungen, um ungestört ihre ökonomischen Interessen verfolgen zu können, während politische Akteure in ihren Handlungen die Interessen wirtschaftlicher Akteure reflektieren. Außerdem fördert grenzüberschreitender Handel die Herausbildung gemeinsamer Identitäten. Dennoch führt Handel nicht unter allen Bedingungen zu friedlichen zwischenstaatlichen Beziehungen. Vielmehr können Handelsbeziehungen gewaltsame Konflikte auch fördern, und zwar dann, wenn die Gewinne ungleich verteilt sind[22] oder Gesellschaften in externe Abhängigkeit geraten und ihre eigenen Geschicke nicht mehr kontrollieren können.[23]

Schließlich verringert die gemeinsame Mitgliedschaft zumindest bestimmter Staatenpaare in *internationalen Organisationen* die Wahrscheinlichkeit, dass diese Staaten gegeneinander Krieg führen. Zwar ist der Effekt der Mitgliedschaft in internationalen Organisationen auf die Kriegsanfälligkeit geringer als der Effekt der demokratischer Verfasstheit der Staaten und des zwischenstaatlichen Handels; gleichwohl reduziert die gemeinsame Mitgliedschaft von Staatenpaaren mit dem höchsten Kriegsrisiko – Staatenpaare mit gemeinsamer Grenze und Staatenpaare mit mindestens einer Großmacht – die Kriegsanfälligkeit signifikant.[24] Rationalisten führen den friedensfördernden Effekt der gemeinsamen Mitgliedschaft in internationalen Organisationen darauf zurück, dass internationale Institutionen die anarchische Struktur des internationalen Systems auflösen; sie erleichtern den Austausch von Informationen und schaffen die Voraussetzungen für dauerhafte Kooperation. Konstruktivisten betonen, dass die gemeinsame Mitgliedschaft in internationalen Organisationen die Identitäten, und mithin Interessen, von

18 Vgl. ebd.
19 Vgl. Bueno de Mesquita et al. 1999.
20 Vgl. Doyle 2005.
21 Kant 1795, S. 226.
22 Vgl. Czempiel 1986, S. 148.
23 Vgl. Doyle 1983b.
24 Oneal und Russett 1999.

Staaten verändern und die Herausbildung gemeinsamer oder zumindest miteinander vereinbarer Identitäten erleichtern kann.[25]

3.2 *Kleine Kriege*

Auch im Hinblick auf kleine Kriege[26] hat die Kriegsursachenforschung eine Reihe unterschiedlicher Ursachen identifiziert. So beeinflusst das politische System eines Staates nicht nur die Wahrscheinlichkeit zwischenstaatliche Kriege sondern auch die Wahrscheinlichkeit interner Kriege. Konkret sind Staaten, die sich im Zustand der *Demokratisierung* befinden, einer erhöhten Wahrscheinlichkeit eines Kriegsausbruchs auf ihrem Staatsgebiet ausgesetzt. Sowohl bei etablierten Demokratien als auch bei stabilen Autokratien ist diese Wahrscheinlichkeit geringer, wobei Autokratien wiederum anfälliger für interne Kriege sind als konsolidierte Demokratien. Staaten im Übergang vom autokratischen zum demokratischen System sind deshalb besonderen Risiken ausgesetzt, weil gesellschaftliche Gruppen bereits in der Lage sind, sich zu organisieren und ihre Wünsche zu artikulieren, die Machthaber aber vielfach noch nicht willens oder nicht in der Lage ist, diesen Wünsche gerecht zu werden.[27] Der destabilisierende Effekt von Demokratisierung und insbesondere der Durchführung von Wahlen kommt dabei vor allem in ethnisch heterogenen Gesellschaften zum Tragen. Denn demokratischer Wettbewerb in multiethnischen Gesellschaften kann politischem Wettbewerb und Mobilisierung entlang ethnischer Linien stimulieren.[28]

Als weitere Ursache inner- und substaatlicher Konflikte gilt die *überhastete Einführung des marktwirtschaftlichen Systems* und ein *mittleres Entwicklungsniveau.* Demnach sind Staaten, die im Begriff sind, ein marktwirtschaftliches System einzuführen, einem höherem Risiko eines bewaffneten Konflikts ausgesetzt als Staaten, die relativ geschlossen gegenüber der Weltwirtschaft sind, und als Staaten, die sich bereits fest in die Weltwirtschaft integriert haben. Schließlich verschärft die Einführung der Marktwirtschaft, die oft durch von außen verordnete Strukturanpassungsprogramme angeleitet ist, sowie die Integration in die globale Wirtschaft nicht selten soziale Ungleichheit und bringt Verlierer hervor, die zu gewaltsamen Mitteln greifen können, um ihre Interessen durchzusetzen. Auch zwischen dem Stand der wirtschaftlichen Entwicklung und dem Konfliktrisiko gibt es einen Zusammenhang. Staaten auf einem mittleren Entwicklungsniveau sind einem höheren Konfliktrisiko ausgesetzt als Staaten auf einem hohem oder einem niedrigem Entwicklungsniveau.[29]

25 Vgl. Czempiel 1986, S. 82/83; Oneal und Russet 1999, S. 6.
26 Die folgenden Ausführungen beziehen sich nur auf innerstaatliche und substaatliche Kriege.
27 Vgl. Ellingsen und Gleditsch 1997. Vgl. Hegre 2001.
28 Mousseau 2001.
29 Vgl. Bussmann und Schneider 2007; Cooper 2005; Paris 1997.

Kriege zwischen verschiedenen ethnischen Gruppen haben seit den frühen 1990er Jahren zugenommen. *Ethnische Heterogenität* einer Gesellschaft ist für sich genommen allerdings noch keine Ursache eines Krieges oder bewaffneten Konflikts.[30] Vielmehr sind ethnisch heterogene Gesellschaften nur unter bestimmten Bedingungen besonders konfliktanfällig. Besonders gefährlich ist beispielsweise die geographische Verteilung ethnischer Gruppen an den Rändern des Staatsgebiets oder über Außengrenzen hinweg. Politische, ökonomische und kulturelle Diskriminierung ethnischer Gruppen erhöhen das Konfliktrisiko ebenfalls. Das gleiche gilt für ein schwach ausgeprägtes staatliches Gewaltmonopol und wirtschaftliche Probleme. Auch Spannungen in der Vergangenheit wirken sich positiv auf das Konfliktrisiko aus. Hinzu kommen auslösende Faktoren, wie zum Beispiel charismatische Führungsfiguren, die sich diskursiver Strategien zur Mobilisierung bedienen, in denen Differenzen zwischen ethnischen Gruppen konstruiert und Bedrohungsszenarien heraufbeschworen werden.[31]

Schließlich gibt es auch einen Zusammenhang zwischen der Gelegenheit, überhaupt Krieg führen zu können, und dem Kriegsrisiko. Vor allem der Zugriff auf *Ressourcen*, mit denen Krieg finanziert werden kann, erhöht das Kriegsrisiko. Denn der Zugriff auf Ressourcen kann Krieg nicht nur finanzieren sondern auch überhaupt erst motivieren.[32] So wurde gezeigt, dass der Export von Primärressourcen das Konfliktrisiko erhöht, wobei umstritten ist, ob dies für alle Ressourcentypen zutrifft[33]oder nur für Öl.[34] Außerdem wurde gezeigt, dass die Ausbeutung von Ressourcen in grenznahen Gebieten ein Anreiz für einen Sezessionskrieg sein kann. Genauso steigt das Kriegsrisiko, wenn Kriegsparteien Verträge für die zukünftige Ausbeutung von Ressourcenvorkommen mit Unternehmen abschließen und so die Kosten für die erste Phase eines Krieges aufbringen können.[35]

4 Beendigung

4.1 Große Kriege

Das *Uppsala Conflict Data Program* (UCDP) *Conflict Termination dataset*, das zwischen 1946 und 2005 63 zwischenstaatliche Kriege zählt, gibt Aufschluss darüber, wie große Kriege enden. Der Datensatz unterscheidet zwischen vier Typen der Kriegsbeendigung, und zwar Sieg, Friedensabkommen, Waffenstillstandsabkommen und anderer Aus-

30 Nicholas Sambanis (2001, S. 280) vertritt die abweichende Auffassung, dass bereits ethnische Heterogenität einer Gesellschaft signifikant und positiv mit dem Ausbruch eines Krieges korreliert ist.

31 Vgl. Brubaker und Laitin 1998; Gurr 1994; Wolff 2006.

32 Vgl. Le Billon 2001; Collier und Hoeffler 2004.

33 Vgl. Collier und Hoeffler 2004.

34 Ross 2004.

35 Vgl. ebd.

gang (Krieg endet ohne Sieg oder Abkommen). Jeweils etwa ein Drittel der Kriege endete ohne Sieg oder Abkommen (21) oder mit einem Waffenstillstandsabkommen (19). Kriegsbeendigung durch den Sieg einer Konfliktpartei (13) oder mit einem Friedensvertrag (10) war deutlich seltener zu verzeichnen.[36]

Die Forschung zu den Gründen der Beendigung von Kriegen gilt als vernachlässigtes Forschungsfeld, gerade im Vergleich zur Kriegsursachenforschung. Dennoch lassen sich einige – wenn auch zum Teil strittige – Annahmen darüber identifizieren, wann zwischenstaatliche Kriege enden. Danach sind Konflikte dann reif für eine friedliche Lösung, wenn die Konfliktparteien ein „mutually hurting stalemate" wahrnehmen, bestenfalls in Verbindung mit einer drohenden, vergangenen oder jüngst abgewendeten Katastrophe.[37] Ebenso kann ein Wechsel in der politischen Führungselite eines beteiligten Staates die Beendigung eines Krieges erleichtern, wenn er den Weg für Verhandlungen ebnet.[38] Wenn ein Mediator an Verhandlungen beteiligt ist, scheint der Mediationsstil eine Rolle zu spielen: Manipulation hat den stärksten Effekt auf die Wahrscheinlichkeit, ein formales Abkommen zu erzielen, während Förderung (facilitation) den größten Effekt auf die Wahrscheinlichkeit hat, Spannungen dauerhaft zu reduzieren.[39] Zudem sollen schwere Kämpfe zu Beginn eines Krieges die Chance auf ein rasches Kriegsende erhöhen, weil darin enthaltene Informationen der schwächeren Seite die Möglichkeit geben, ihre Gewinnchancen neu zu evaluieren.[40] Schließlich stärken durch den Krieg bedingte Verluste in der Bevölkerung innerstaatliche Gruppen, die auf ein Kriegsende drängen.[41]

Zudem lassen sich in der Literatur einige Annahmen darüber ausmachen, unter welchen Bedingungen zwischenstaatliche Kriege, die einmal beendet worden sind, erneut ausbrechen. So wird behauptet, dass bei Kriegen, die durch ein aufgezwungenes Abkommen beendet wurden, die Wahrscheinlichkeit einer abermaligen Eskalation am geringsten ist. Der militärische Ausgang eines Krieges hat allenfalls einen indirekten Effekt auf die Wahrscheinlich, dass der Krieg erneut ausbricht, und zwar insofern, als dass die Chance, dass ein Abkommen aufgezwungen werden kann, durch ein entscheidendes militärisches Ergebnis erhöht wird.[42] Außerdem sollen Kriege, die mit Hilfe der Dienste eines Mediators beendet wurden, weniger häufig wieder ausbrechen als Kriege, in denen sich die Konfliktparteien alleine auf ein Abkommen zur Beendigung des Krieges geeinigt haben.[43] Darüber hinaus laufen Demokratien höhere Gefahr als Autokra-

36 Vgl. Kreutz 2010.
37 Vgl. Zartman 1985.
38 Vgl. Stanley und Sawyer 2009.
39 Vgl. Beardsley et al. 2006.
40 Vgl. Chan 2003.
41 Vgl. Vasquez 1997, S. 651.
42 Vgl. Quackenbush und Venteicher 2008.
43 Vgl. Beardsley et al. 2006.

tien, nach Kriegen geringer Intensität von dem gleichen Gegner ein weiteres Mal angegriffen zu werden.[44]

4.2 Kleine Kriege

Das *UCDP Conflict Termination dataset* gibt außerdem Auskunft darüber, wie kleine Kriege zwischen 1946 und 2005 endeten. Dabei wird explizit zwischen innerstaatlichen und extrasystemischen Kriegen, also Kriegen zwischen Staaten und nichtstaatlichen Akteuren jenseits bestehender Staatsgrenzen, unterschieden. In dem Zeitraum fanden nach Zählung der Datenbank 288 innerstaatliche Kriege statt. Was die Verteilung auf unterschiedliche Typen der Kriegsbeendigung betrifft, zeigt sich ein anderes Bild als bei zwischenstaatlichen Kriegen. Knapp die Hälfte der innerstaatlichen Kriege endete ohne Sieg oder Abkommen (116), gefolgt von Kriegsbeendigung durch den Sieg einer Partei (102). Friedensvertrag (39) und Waffenstillstandsabkommen (31) spielten keine große Rolle. Der Datensatz zeigt auch, dass innerstaatliche Kriege während des Ost-West-Konflikts anders endeten also nach Ende des Ost-West-Konflikts. Während zwischen 1946 und 1989 die Mehrzahl der Kriege mit dem Sieg einer Konfliktpartei endeten (58 %), ist seit 1990 das Auslaufen der Kampfhandlungen ohne Sieg oder Abkommen (48 %) der am meisten verbreitete Modus der Kriegsbeendigung. Waffenstillstandsabkommen (20 %) und Friedensvertrag (18 %) kommen an zweiter und dritter Stelle, der Sieg einer Kriegspartei hingegen ist zum am wenigsten verbreiteten Modus der Kriegsbeendigung abgestiegen (14 %). Diese Verschiebung ist auf die nach dem Ende des Ost-West-Konflikts größere Bereitschaft internationaler Akteure zurückzuführen, als Mediator oder mit Friedenstruppen in Kriege einzugreifen.[45] Des Weiteren fanden in dem Zeitraum 21 extrasystemische Kriege statt. Die Mehrzahl dieses Kriegstyps wurde entweder ohne einen Sieg oder ein Abkommen (9) oder mit einem Friedensvertrag (8) beendet. Lediglich vier extrasystemische Kriege endeten mit dem Sieg einer Konfliktpartei.[46]

Darüber hinaus hat die Kriegsforschung Faktoren identifiziert, welche die Dauer innerstaatlicher Kriege beeinflussen. Danach sind innerstaatliche Kriege, die ihren Ursprung in einem Staatsstreich oder einer Revolution haben, in der Regel relativ kurz. Das gleiche gilt für Dekolonisationskriege. Kriege, in denen eine ethnische Minderheit in Peripherielage um die Kontrolle über einen Teil des Staatsgebiets kämpft, halten hingegen gewöhnlich lange an.[47] Kriege in Staaten mit niedrigem Pro-Kopf-Einkommen und hoher sozialer Ungleichheit sind ebenfalls normalerweise von langer Dauer.[48] Und

44 Vgl. Grieco 2001.
45 Vgl. Kreutz 2010 und Human Security Report Project 2011.
46 Vgl. Kreutz 2010.
47 Vgl. Hartzell und Hoddie 2003.
48 Vgl. Collier, Hoeffler und Söderbaum 2004.

auch Kriege, in denen nichtstaatliche Gewaltakteure über den Ressourcenschmuggel Einkünfte generieren können, dauern in der Regel lange an.[49] Kriege, in die externe Akteure auf der Seite von Rebellen militärisch intervenieren, sind dagegen eher von kurzer Dauer.[50]

Schließlich wurden auch Faktoren identifiziert, die den Widerausbruch eines einmal beendeten innerstaatlichen Kriegs wahrscheinlicher bzw. weniger wahrscheinlich machen. Dementsprechend macht die Entsendung von Peacekeeping Verbänden nach Kriegsende den Widerausbruch eines Krieges weniger wahrscheinlich.[51] Das gleiche gilt für Kriege, die mit dem Sieg einer Kriegspartei endeten, und zwar insbesondere dann, wenn die Regierung den Sieg davon getragen hat. Kriege, die ohne Sieg oder Abkommen enden, sind dagegen sehr anfällig für eine erneute Eskalation. Darüber hinaus gilt der erneute Ausbruch eines Krieges dann als wahrscheinlich, wenn die Kriegsparteien ihre Anhänger entlang ethnischer Konfliktlinien mobilisiert hatten. Und schließlich wird die Wahrscheinlichkeit, dass ein Krieg erneut ausbricht, auch dadurch erhöht, dass nichtstaatliche Gewaltakteure für einen umfassenden gesellschaftlichen Wandel, also nicht-teilbare Ziele, gekämpft hatten anstatt für begrenzte Reformen.[52] Insgesamt gilt, dass die Wahrscheinlichkeit, dass ein Krieg erneut ausbricht, in den ersten Jahren nach Kriegsende am höchsten ist. Die Wahrscheinlichkeit, dass Kriege erneut ausbrechen, hat über Zeit zugenommen[53] und liegt derzeit bei etwa einem Drittel.[54]

5 Kriegsvölkerrecht

5.1 Große Kriege

Für große Kriege hat sich in den vergangenen 150 Jahren ein ausdifferenziertes Kriegsvölkerrecht entwickelt, das sich aus dem *ius ad bellum* und dem *ius in bello,* dem humanitären Völkerrecht, zusammensetzt. Das *ius ad bellum* legt fest, unter welchen Bedingungen Staaten Krieg führen dürfen. Unter dem Eindruck der beiden Weltkriege und der humanitären Krisen der 1990er Jahre hat sich in diesem Bereich eine starke Verrechtlichung vollzogen. So wurde in der Satzung des Völkerbunds von 1919 erstmals ein partielles Kriegsverbot festgeschrieben,[55] das im Briand-Kellogg-Pakt von 1928 zu einem allgemeinen Kriegsverbot ausgeweitet wurde. Dort nämlich verpflichteten sich alle Unterzeichnerstaaten, auf den Krieg als Mittel der Politik grundsätzlich zu verzich-

49 Vgl. Fearon 2004.
50 Vgl. Collier, Hoeffler und Söderbaum 2004.
51 Vgl. Quinn, Mason, und Gurses 2007.
52 Vgl. Kreutz 2010 und Human Security Report Project 2011.
53 Vgl. ebd.
54 Vgl. Schreiber 2011.
55 Siehe die Präambel der Völkerbundsatzung 1919/20.

ten; Ausnahme bildete lediglich die individuelle und kollektive Selbstverteidigung gegen Aggressoren.[56] Die Charta der Vereinten Nationen von 1945 brachte eine Erweiterung vom allgemeinen Kriegsverbot zum generellen Gewaltverbot. Alle Unterzeichnerstaaten verpflichteten sich, „in ihren internationalen Beziehungen jede gegen die territoriale Unversehrtheit oder die politische Unabhängigkeit eines Staates gerichtete oder sonst mit den Zielen der Vereinten Nationen unvereinbare Androhung oder Anwendung von Gewalt" zu unterlassen.[57] Gleichzeitig schreibt auch die Charta der Vereinten Nationen Ausnahmen fest. Wenn der Sicherheitsrat der Vereinten Nationen eine Bedrohung oder einen Bruch des Friedens oder eine Angriffshandlung feststellt, kann er militärische Zwangsmaßnahmen beschließen.[58] Außerdem verleiht auch die Charta allen Staaten das individuelle und kollektive Selbstverteidigungsrecht gegen einen bewaffneten Angriff.[59] Mit dem Konzept der *Responsibility to Protect* schließlich, das auf dem *World Summit* der Vereinten Nationen 2005 anerkannt wurde, ist eine Rechtsnorm im Entstehen, wonach die internationale Staatengemeinschaft auch ohne Autorisierung des Sicherheitsrats mit militärischen Mitteln in Staaten intervenieren darf, die gravierende Menschenrechtsverletzungen ihrer Bürger zulassen oder selbst zu verantworten haben (International Commission on Intervention and State Sovereignty 2001).

Das *ius in bello* legt fest, wie sich Staaten im Krieg verhalten müssen bzw. dürfen. Die zentralen Dokumente sind die Haager Abkommen und die Genfer Konventionen. Die Haager Abkommen (1899, 1907) verbieten bestimmte Kampfmittel und -methoden. Das bedeutendste Abkommen ist die Haager Landkriegsordnung, die unter anderem Bestimmungen zum Umgang mit Kriegsgefangenen, zur Verschonung bestimmter Gebäude, und zum Verhalten als Besatzungsmacht enthalten.[60] Die Genfer Konventionen (1864, 1929, vor allem 1949) bestimmen Regeln für den Schutz von Personen, die nicht (Zivilisten) oder nicht mehr (verwundete und kranke Soldaten, Kriegsgefangene) an Kriegshandlungen teilnehmen. Das Statut des Internationalen Strafgerichtshofs, das 2002 in Kraft trat, bestimmt Völkermord, Verbrechen gegen die Menschlichkeit und Kriegsverbrechen als Straftatbestände. Individuen, die sich in zwischenstaatlichen Kriegen dieser Verbrechen schuldig machen, können mithin von einem internationalen Gericht zur Verantwortung gezogen werden.[61]

56 Siehe Briand-Kellogg-Pakt 1928, Art.2.
57 Siehe Charta der Vereinten Nationen 1945, Art. 2(4).
58 Charta der Vereinten Nationen 1945, Art. 39, 42.
59 Charta der Vereinten Nationen 1945, Art. 51.
60 Siehe Haager Landkriegsordnung 1807.
61 Siehe Römisches Statut des Internationalen Strafgerichtshofs 1998, Art. 5–8

5.2 Kleine Kriege

Das Kriegsvölkerrecht wurde ursprünglich für den zwischenstaatlichen Krieg entwickelt. Vor dem Hintergrund des Formwandels des Krieges, also der Verschiebung von großen zu kleinen Kriegen, lassen sich jedoch Bemühungen ausmachen, sowohl das kodifizierte Völkerrecht als auch das Gewohnheitsrecht auch für Kriege anwendbar zu machen, an denen nichtstaatliche Gewaltakteure teilnehmen. Was das *ius ad bellum* betrifft, so war die Charta der Vereinten Nationen ursprünglich für die Verrechtlichung des Krieges zwischen Staaten konzipiert. Der Staatenkrieg wurde verboten und auch die Ausnahmen vom allgemeinen Gewaltverbot bezogen sich zumindest implizit auf Bedrohungen, die von Staaten ausgingen. In der Praxis der vergangenen Jahrzehnte wurde das *ius ad bellum* jedoch so erweitert, dass es auch für Kriege mit Beteiligung nichtstaatlicher Akteure Relevanz bekommen hat. So darf sich ein Staat dann militärisch gegen den Angriff eines nichtstaatlichen Akteurs verteidigen, wenn er dessen Handlungen einem anderen Staat zuordnen kann. Denn wenn die effektive Kontrolle eines anderen Staates über den nichtstaatlichen Akteur nachgewiesen werden kann, kann sich der angegriffene Staat auf das Recht zur Selbstverteidigung berufen.[62] Außerdem interpretiert der Sicherheitsrat der Vereinten Nationen den Begriff der Friedensbedrohung seit dem Ende des Ost-West-Konflikts äußerst freihändig. Danach gelten heute auch innerstaatliche Krisen wie zum Beispiel massive Menschenrechtsverletzungen als Bedrohung des internationalen Friedens; mit entsprechendem Mandat des Sicherheitsrats können Staaten mithin auch gegen nichtsstaatliche Akteure mit militärischen Mitteln vorgehen. Das in der Charta verankerte generelle Gewaltverbot wurde damit schrittweise auch auf die innerstaatliche Anwendung von Gewalt, sofern sie mit schweren Menschenrechtsverletzungen einhergeht, ausgedehnt.[63]

Auch das *ius in bello* wurde auf Kriege mit Beteilung nichtstaatlicher Akteure ausgeweitet. Bereits die Genfer Konventionen von 1949, die sich an Staaten richten und sich vorrangig mit dem humanitären Völkerrecht in zwischenstaatlichen Kriegen befassen, enthalten Bestimmungen, die auch für nichtstaatliche Akteure gelten. Artikel 3 jeder der vier Genfer Konventionen enthält Bestimmungen für alle Akteure – also staatliche wie nichtstaatliche – die an nicht-internationalen bewaffneten Konflikten beteiligt sind: Personen, die nicht an den Kampfhandlungen teilnehmen, sind mit Menschlichkeit zu behandeln; Verwundete und Kranke sind zu schützen.[64] Außerdem wurde in der Dritten Genfer Konvention, dem Genfer Abkommen über die Behandlung der Kriegsgefangenen, festgelegt, dass private Kombattanten unter bestimmten Bedingungen – unter anderem wenn sie sich als Kombattanten zu erkennen geben – als Kriegsgefangene

62 Z. B. Schmalenbach 2002.
63 Z. B. Delbrück 2000.
64 Z. B. Genfer Abkommen zur Verbesserung des Loses der Verwundeten und Kranken der bewaffneten Kräfte im Felde. 1949, Art. 3.

zu behandeln sind und damit den Schutz der Konvention genießen.[65] Die Zusatzprotokolle zu den Genfer Konventionen von 1977 dienten explizit der Weiterentwicklung der Bestimmungen des humanitären Völkerrechts für Kriege mit Beteilung nichtstaatlicher Akteure. Das erste Zusatzprotokoll bringt die humanitären Bestimmungen des Kriegsvölkerrechts auch für bewaffnete Konflikte zur Anwendung, in denen nichtstaatliche Gewaltakteure unter Berufung auf ihr Selbstbestimmungsrecht gegen Kolonialherrschaft, Fremdbesatzung und rassistische Regime kämpfen.[66] Das zweite Zusatzprotokoll weitet die Bestimmungen des humanitären Völkerrechts auf nicht internationale Konflikte aus, in denen reguläre Streitkräfte nichtstaatlichen Gewaltakteuren gegenüberstehen, die Kontrolle über einen Teil des Staatsgebiets ausüben, einer gemeinsamen Führung unterstehen, und koordinierte Kampfhandlungen ausführen.[67] Darüber hinaus ermöglicht das Statut des Internationalen Strafgerichtshofs Anklagen auch gegen nichtstaatliche Akteure wegen Völkermord, Verbrechen gegen die Menschlichkeit und Kriegsverbrechen; und in der Tat sind die meisten Individuen, gegen die der Gerichtshof bislang Klage erhoben hat, leitende Mitglieder privater Gewaltakteure. Und schließlich wird argumentiert, dass die zentralen Bestimmungen des humanitären Völkerrechts mittlerweile unter das *ius cogens* fallen und deshalb nicht nur die Staaten, die die entsprechenden Abkommen und Konventionen unterzeichnet haben, sondern auch nichtstaatliche Gewaltakteure binden.[68]

Nichtsdestotrotz werden die Versuche, den kleinen Krieg zu verrechtlichen, generell als weniger wirksam eingeschätzt, als die weiter zurückliegenden Versuche, den großen Krieg zu verrechtlichen.[69] Was das *ius ad bellum* betrifft, so ist das Verbot zwischenstaatlicher Kriege in der Charta der Vereinten Nationen explizit formuliert, während das Verbot von Kriegen mit Beteiligung nichtstaatlicher Akteure lediglich indirekt abgeleitet werden kann. Die weitaus höhere Anzahl kleiner Kriege gegenüber großen Kriegen nach dem Ende des Zweiten Weltkriegs mag, neben anderen Ursachen, diesem Unterschied geschuldet sein. Was das *ius in bello* betrifft, so gelten heute viele der Bestimmungen des humanitären Völkerrechts für große wie kleine Kriege gleichermaßen. Die Durchsetzung der Bestimmungen scheint jedoch bei kleinen Kriegen vor besonderen Herausforderungen zu stehen, wie die Kontroverse um die Rechte der in Guantanamo internierten Al Qaida- und Taliban-Kämpfer beispielhaft zeigt. Es bleibt allerdings abzuwarten, was für Effekte viele der neueren Entwicklungen im Hinblick auf die Verrechtlichung des kleinen Krieges in den kommenden Jahren entfalten werden.

65 Genfer Abkommen über die Behandlung der Kriegsgefangenen, 1949, Art. 4, 5.

66 Zusatzprotokoll zu den Genfer Abkommen vom 12. August 1949 über den Schutz der Opfer internationaler bewaffneter Konflikte, 1977, 8. Juni.

67 Zusatzprotokoll zu den Genfer Abkommen vom 12. August 1949 über den Schutz der Opfer nicht internationaler bewaffneter Konflikte, 1977, 8. Juni.

68 Pfanner 2005, S. 168.

69 Für eine besonders negative Einschätzung siehe Daase 2001.

Schluss

Das Kapitel hat einen knappen Überblick über den Forschungsstand zu großen und kleinen Kriegen gegeben. Beide Kriegstypen lassen sich demnach intern ausdifferenzieren (vgl. die Übersicht in Abb. 1), sei es nach der Anzahl der beteiligten Akteure (große Kriege) oder dem Typ der beteiligten Akteure (kleine Kriege als inner-, sub- und extrastaatliche Kriege). Seit 1945 hat die Zahl der Kriege deutlich zugenommen, innerstaatliche Kriege sind zum dominanten Kriegstyp aufgestiegen, während sich das Kriegsgeschehen fast ausschließlich auf Regionen außerhalb der OECD-Welt konzentriert. Der Ausbruch großer Kriege wird von der Machtverteilung im internationale System, Merkmalen des politischen Systems der beteiligten Staaten, dem Ausmaß des zwischenstaatlichen Handels und der gemeinsamen Mitgliedschaft von Staaten in internationalen Organisationen beeinflusst; als Ursachen inner- und substaatlicher Kriege gelten Demokratisierung, wirtschaftliche Öffnung bzw. mittleres Entwicklungsniveau, ethnische Heterogenität (unter bestimmten Bedingungen) und Zugriff auf Ressourcen. Das Auslaufen der bewaffneten Auseinandersetzungen ohne Sieg oder Abkommen ist sowohl für zwischenstaatliche als auch für inner- und extrastaatliche Kriege der dominante Modus der Kriegsbeendigung. Schließlich hat sich seit dem Ende des Zweiten Weltkriegs ein *ius ad bellum* und *ius in bello* herausgebildet und ausdifferenziert, das vor allem zwischenstaatliche Kriege, in zunehmenden Maße aber auch Kriege mit Beteiligung nichtstaatlicher Akteure rechtlich einhegt.

Der Überblick über verschiedene Forschungsstränge der Kriegsforschung (S. 256) zeigt, dass die verbreitete Klage über den mageren Stand unserer Erkenntnisse nicht mehr die Berechtigung hat, die ihr noch vor einigen Jahren zugekommen ist.[70] Dennoch möchte ich mit einigen Forschungsdesiderata schließen: Die Analyse der Bedingungen erfolgreicher Kriegsbeendigung verdient mehr Aufmerksamkeit, als ihr gerade im Vergleich zur Kriegsursachenforschung zu Teil wird. Auch die systematische Forschung zu extrastaatlichen (oder extrasystemischen) Kriegen, die über Einzelfallstudien hinausgeht, führt bislang ein Schattendasein und sollte mehr Beachtung finden. Vor allem aber würden wir enorm von der Zusammenführung der Ergebnisse disparater Einzelstudien und der stärkeren Integration der quantitativen und der qualitative Kriegsforschung profitieren – so herausfordernd dies angesichts der Vielzahl an Kriegsdefinitionen und unterschiedlichen Operationalisierungen, die den unterschiedlichen Studien zu Grunde liegen, auch sein mag.

70 Siehe auch Hasenclever 2002.

Abbildung 1 Große und kleine Kriege im Vergleich

	Große Kriege	**Kleine Kriege**
Typen	*Anzahl der beteiligten Staaten:* • Dyaden • Kriege mit mehr als zwei beteiligten Staaten	*Akteurstypen:* • innerstaatliche Kriege • substaatliche Kriege • extrastaatliche Kriege *Kriegsziele:* • Antiregimekriege • Autonomie- und Sezessionskriege • Dekolonialisationskriege • Restkategorie
Verteilung in Zeit	1946–2007: 24	1946–2007: 154
… und Raum	1946–2007: Afrika (62), Asien (56), Naher Osten (30), Nord- und Südamerika (17), Europa (13)	
Ursachen	• Machtverteilung im internationalen System • mangelnde demokratische Verfasstheit mindestens eines am Krieg teilnehmenden Staates • wenig Handel • wenig Mitgliedschaft in gleichen internationalen Organisationen	• Demokratisierung • überhastete Einführung des marktwirtschaftlichen Systems, mittleres Entwicklungsniveau • ethnische Heterogenität (unter bestimmten Bedingungen) • Zugriff auf Ressourcen
Beendigung	*1946–2005:* • ohne Sieg oder Abkommen (21) • Waffenstillstandsabkommen (19) • Sieg (13) • Friedensvertrag (10)	*Innerstaatliche Kriege (1946–2005):* • ohne Sieg oder Abkommen (116) • Sieg (102) • Friedensvertrag (39) • Waffenstillstandsabkommen (31) *Extrastaatliche Kriege (1946–2005):* • ohne Sieg oder Abkommen (9) • Friedensvertrag (8) • Sieg (4)
Kriegsvölkerrecht	*Ius ad bellum:* • Völkerbund: partielles Kriegsverbot (1919) • Briand-Kellogg-Pakt: allgemeines Kriegsverbot (1928) • Vereinte Nationen: generelles Gewaltverbot (1945) • Responsibility to Protect: Aufweichung des Interventionsverbot (2005) *Ius in bello:* • Haager Abkommen (1899, 1907) • Genfer Konventionen (1964, 1929, 1949) • Internationaler Strafgerichtshof (2002) • ius cogens	*Ius ad bellum:* • Generelles Gewaltverbot der Charta der Vereinten Nationen schrittweise auf besonders schwere Fälle innerstaatlicher Gewalt ausgedehnt (v. a. seit 1990) *Ius in bello:* • Genfer Konventionen (1949) • Zusatzprotokolle zu Genfer Konventionen (1977) • Internationaler Strafgerichtshof (2002) • ius cogens

Quelle: Eigene Darstellung

Literatur

Arbeitsgemeinschaft Kriegsursachenforschung (AKUF). 2011. *Kriegsdefinition.* http://www.sozialwiss.uni-hamburg.de/publish/Ipw/Akuf/kriege_aktuell.htm. Zugegriffen: 28. März 2011.

Beardsley, Kyle C., David M. Quinn, und Bidisha Biswas et al. 2006. Mediation Style and Crisis Outcomes. *Journal of Conflict Resolution 50(1)*: 58–86.

Briand-Kellogg-Pakt. 1928. http://www.yale.edu/lawweb/avalon/imt/kbpact.htm#art2. Zugegriffen: 7. April 2011.

Brubaker, Roger, und David D. Laitin. 1998. Ethnic and Nationalist Violence. *Annual Review of Sociology 24*: 423–524.

Bueno de Mesquita, Bruce, James D. Morrow, und Randolph M. Siverson. 1999. An Institutionalist Explanation of the Democratic Peace. *American Political Science Review 934*: 791–807.

Bussmann, Margit und Gerald Schneider. 2007. When Globalization Discontent Turns Violent: Foreign Economic Liberalization and Internal War. *International Studies Quarterly 51(1)*: 79–97.

Chan, Steve. 2003. Explaining War Termination: A Boolean Analysis of Causes. *Journal of Peace Research 40(1)*: 49–66.

Charta der Vereinten Nationen. 1945. http://www.un.org/Depts/german/un_charta/charta.pdf. Zugegriffen: 7. April 2011.

Chojnacki, Sven, Hg. 2006. Kriege im Wandel. Eine typologische und empirische Bestandsaufnahme. In *Den Krieg überdenken*, hg. von Anna Geis, 47–74. Baden-Baden.

Chojnacki, Sven, und Gregor Reisch. 2008. Perspectives on War: Collecting, Comparing and Disaggregating Data on Violent Conflicts. *Sicherheit und Frieden 26*: 233–245.

Collier, Paul, und Anke Hoeffler. 2004. Greed and Grievance in Civil War. *Oxford Economic Papers 56(4)*: 563–595.

Collier, Paul, Anke Hoeffler, und Mans Söderbaum. 2004. On the Duration of Civil War. *Journal of Peace Research 41(3)*: 253–273.

Cooper, Neil. 2005. Picking out the Pieces of the Liberal Peaces: Representations of Conflict Economies and the Implications for Policy. *Security Dialogue 36(4)*: 463–478.

Czempiel, Ernst-Otto. 1986. *Friedensstrategien. Systemwandel durch internationale Organisationen, Demokratisierung und Wirtschaft.* Paderborn.

Daase, Christopher. 1999. *Große Wirkung: Wie unkonventionelle Kriegführung die internationale Politik verändert.* Baden-Baden.

—. 2001. Humanitäres Völkerrecht und der Wandel des Krieges. In *Humanitäres Völkerrecht. Politische, rechtliche und strafrechtliche Dimensionen (Frieden durch Recht Bd. 1)*, hg. von Hasse Jana, Erwin Müller, und Patricia Schneider, 132–157. Baden-Baden.

Delbrück, Jost. 2000. Wirksames Völkerrecht oder neues „Weltinnenrecht"? Perspektiven der Rechtsentwicklung in einem sich wandelnden internationalen System. In *Frieden machen*, hg. von Dieter Senghaas, 482–512. Frankfurt am Main.

Doyle, Michael W. 1983a. Kant, Liberal Legacies, and Foreign Affairs Part 1. *Philosophy & Public Affairs 12(3)*: 205–235.

—. 1983b. Kant, Liberal Legacies, and Foreign Affairs Part 2. *Philosophy & Public Affairs 12(4)*: 323–353.

—. 2005. Three Pillars of the Liberal Peace. *The American Political Science Review 99(3)*: 463–466.

Ellingsen, Tanja, und Nils P. Gleditsch, Hg. 1997. Democracy and Armed Conflict in the Third World. In *Causes of Conflict in the Third World* Ketil Volden, und Dan Smith, S. 69–81. Oslo.
Fearon, James D. 2004. Why Do Some Civil Wars Last So Much Longer Than Others?. *Journal of Peace Research 41(3)*: 275–301.
Geis, Anna, Harald Müller, und Wolfgang Wagner, Hg. 2007. Das Kantsche Friedensprogramm und seine Schattenseiten. In *Schattenseiten des Demokratischen Friedens: Zur Kritik einer Theorie liberaler Außen- und Sicherheitspolitik* Anna Geis, Harald Müller, und Wolfgang Wagner, 11–42. Frankfurt am Main.
Genfer Abkommen über die Behandlung der Kriegsgefangenen. 1949, Art. 4, 5, http://www.admin.ch/ch/d/sr/c0_518_42.html. Zugegriffen: 7. April 2011.
Genfer Abkommen zur Verbesserung des Loses der Verwundeten und Kranken der bewaffneten Kräfte im Felde. 1949, Art. 3, http://www.admin.ch/ch/d/sr/i5/0.518.12.de.pdf. Zugegriffen: 7. April 2011.
Grieco, Joseph M. 2001. Repetitive Military Challenges and Recurrent International Conflicts, 1918–1994. *International Studies Quarterly 45(2)*: 295–316.
Gurr, Ted R. 1994. Peoples Against States Ethnopolitical Conflict and the Changing World System. *International Studies Quarterly 38*: 347–377.
Haager Landkriegsordnung. 1807. http://rk19-bielefeld-mitte.de/info/Recht/Haager_Landkriegsordnung/inhalt.htm. Zugegriffen: 7. April 2011.
Hartzell, Caroline, und Matthew Hoddie. 2003. Institutionalizing peace: power sharing and post-civil war conflict management. *American Journal of Political Science 47(2)*: 318–332.
Hasenclever, Andreas. 2002. Sie bewegt sich doch: Neue Erkenntnisse und Trends in der quantitativen Kriegsursachenforschung. *Zeitschrift für Internationale Beziehungen 9(2)*: 331–364.
Hegre, Harvard. 2001. Toward a Democratic Civil Peace? Democracy, Political Change, and Civil War, 1816–1992. *American Political Science Association 95(1)*: 33–48.
—. 2008. Gravitating toward War: Preponderance May Pacify, but Power Kills. *Journal of Conflict Resolution 52(4)*: 566–589.
Human Security Report Project. 2011. *Human Security Report 2009/2010.* Vancouver.
Kant, Immanuel. 1795. *Zum ewigen Frieden. Ein philosophischer Entwurf.* Königsberg.
Kreutz, Joakim. 2010. How and When Armed Conflicts end: Introducing the UCDP Conflict Termination dataset. *Journal of Peace Research 47(2)*: 243–250.
Le Billon, Philippe. 2001. The Political Ecology of War: Natural Resources and Armed Conflicts. *Political Geography 20(5)*: 561–584.
Morgenthau, Hans J. 1948. *Politics Among Nations. The Struggle for Power and Peace.* 7. Aufl. New York, NY.
Mousseau, Demet Y. 2001. Democratizing with Ethnic Divisions: a Source of Conflict?. *Journal of Peace Research 38(5)*: 547–567.
Oneal, John R., und Bruce Russett. 1999. The Kantian Peace: The Pacific Benefits of Democracy, Interdependence, and International Organizations, 1885–1992. *World Politics 55*: 1–37.
Organski, A. F. K. 1968. *World Politics.* 2. Aufl. New York, NY.
Paris, Roland. 1997. Peacebuilding and the Limits of Liberal Internationalism. *International Security 22(2)*: 54–89.
Pfanner, Toni. 2005. Asymmetrical Warfare from the Perspective of Humanitarian Law and Humanitarian Action. *International Review of the Red Cross 857*: 149–174.
Quackenbush, Stephen, und Jerome F. Venteicher. 2008. Settlements, Outcomes, and the Recurrence of Conflict. *Journal of Peace Research 45(6)*: 723–743.

Quinn, Michael J., und Gurses Mehmet Mason David. 2007. Sustaining the Peace: Determinants of Civil War Recurrence. *International Interactions 33(2)*: 167–193.

Römisches Statut des Internationalen Strafgerichtshofs. 1998. http://www.un.org/Depts/german/internatrecht/roemstat1.html. Zugegriffen: 7. April 2011.

Ross, Michael L. 2004. How Do Natural Resources Influence Civil War? Evidence from Thirteen Cases. *International Organization 58(1)*: 35–67.

Sambanis, Nicholas. 2001. Do Ethnic and Nonethnic Civil Wars Have the Same Causes? A Theoretical and Empirical Inquiry (Part 1). *Journal of Conflict Resolution 45(3)*: 259–282.

Sarkees, Meredith R., Frank W. Wayman, und David J. Singer. 2003. Inter-State, Intra-State, and Extra-State Wars: A Comprehensive Look at their Distribution over Time, 1816–1997. *International Studies Quarterly 47(1)*: 49–70.

Schmalenbach, Kirsten. 2002. The Right of Self-Defence and The „War on Terrorism" One Year after September 11. *German Law Journal 3(9)* http://www.germanlawjournal.com/article.php?id=189. Zugegriffen: 2. Juni 2012.

Schreiber, Wolfgang, Hg. 2011. Wie Kriege enden. In *Krieg im Abseits. „Vergessene Kriege" zwischen Schatten und Licht oder das Duell im Morgengrauen um Ökonomie* Österreichisches Studienzentrum für Frieden und Konfliktlösung, 233–249. Wien.

Stanley, Elizabeth Sawyer John P. 2009. The Equifinality of War Termination: Multiple Paths to Ending War. *Journal of Conflict Resolution 53(5)*: 651–676.

Vasquez, John A. 1997. War Endings: What Science and Constructivism Can Tell Us. *Millenium Journal of International Studies 26(3)*: 651–678.

Völkerbundsatzung. 1919/20. http://www.versailler-vertrag.de/vv1.htm. Zugegriffen: 7. April 2011.

Waltz, Kenneth N. 1979. *Theory of International Politics*. Boston, MA.

Wolff, Stefan. 2006. *Ethnic Conflict: A Global Perspective*. Oxford.

Zartman, William I. 1985. *Ripe for Resolution*. New York.

Zusatzprotokoll zu den Genfer Abkommen vom 12. August 1949 über den Schutz der Opfer internationaler bewaffneter Konflikte. 1977, 8. Juni. http://www.admin.ch/ch/d/sr/i5/0.518.521.de.pdf. Zugegriffen: 7. April 2011.

Zusatzprotokoll zu den Genfer Abkommen vom 12. August 1949 über den Schutz der Opfer nicht internationaler bewaffneter Konflikte. 1977, 8. Juni. http://www.admin.ch/ch/d/sr/i5/0.518.522.de.pdf. Zugegriffen: 7. April 2011.

Theorie des gerechten Krieges

Problemskizze zur Entwicklung von den Anfängen bis zur Gründung der Vereinten Nationen (1945)

Bernhard Sutor

Vorbemerkung

Krieg, der bewaffnete Konflikt zwischen politischen Verbänden, durchzieht die ganze uns bekannte Geschichte. Ihn begleitet aber auch die Frage nach seiner Legitimität. Sie ist Teil der umfassenderen Frage nach der Legitimation politischer Herrschaft. In der europäischen Geschichte – auf diese müssen wir uns hier beschränken – wird die Frage nach Begründung und Begrenzung des Krieges, beginnend in der griechisch-römischen Antike, in der Denkfigur des *bellum iustum* erörtert. Sie stellt Krieg unter Rechtfertigungszwang nach Kriterien von Gerechtigkeit und Recht. Das *bellum iustum* hat ein Doppelgesicht. Es kann in dichotomischer Verabsolutierung von Recht und Unrecht zum heiligen Krieg gegen das Böse führen, es enthält aber auch kritisches Potential zur Begrenzung kriegerischer Gewalt.

Hier soll die Entwicklung der Bellum-Iustum-Theorie von ihren Anfängen bis zur Gründung der Vereinten Nationen in ihren wichtigsten Stationen und Ausprägungen vor dem Hintergrund des jeweiligen geschichtlich-politischen Kontextes skizziert werden. Wir finden dabei immer ein Ineinander von moralischen Vorstellungen, Formen des Rechts und politischem Machthandeln. Das gilt auch für das neuzeitliche Völkerrecht, auch wenn es die Bellum-Iustum-Lehre in ein wertneutrales *ius ad bellum* umwandelt und die Moralfrage ganz an das Gewissen der Akteure verweist. Die Vernichtungskriege des 20. Jahrhunderts haben diese Trennung ad absurdum geführt. Wenn wir heute die Geschichte der Bellum-Iustum-Theorie im Licht der Idee betrachten, die dem Konzept der Vereinten Nationen zugrunde liegt, nämlich Krieg rechtlich-institutionell zu überwinden, entkommen wir doch nicht der unaufhebbaren Spannung zwischen Frieden, verstanden als Vermeidung militärischer Gewalt, und unseren Vorstellungen von Gerechtigkeit, heute vor allem in Menschenrechten ausgedrückt. Das Recht allein kann Krieg nicht verhindern. Es braucht immer politische Mächte, die bereit sind, Verträge zu schließen und zu halten; die aber auch bereit und in der Lage sind, dem Rechtsbruch äußerstenfalls mit militärischer Gewalt entgegen zu treten. Deshalb bleiben Kriegsverhütung und Kriegsbegrenzung immer politische Aufgaben, deren Wahrnehmung Recht, Macht und politisch-moralisches Wollen zugleich erfordert.

So stehen die folgenden Darlegungen unter der skeptischen Generalfrage, wieweit Krieg gezähmt und möglichst verhindert werden kann. Es bedarf dazu über ethisch begründbare rechtlich-institutionelle Formen hinaus immer der Kunst politischer Konfliktregelung.[1]

---

1 Zur Gesamtthematik: Beestermöller 2011; Bruha et al. 2008; Grewe 1984; Hobe und Kimminich 2004; Janssen und Quante 2003; darin besonders Ulrike Kleemeiers ideengeschichtliche Skizze: Krieg, Recht, Gerechtigkeit, S. 11 ff.; Kreis 2006; Schmitt 1950; Sutor 2004.

1 Die Anfänge der Bellum-Iustum-Lehre in der griechisch-römischen Antike

Das Kriegsrecht der Griechen und Römer war grausam; es war Siegerrecht. Die Besiegten verfielen mit Leib und Leben, mit Hab und Gut dem Sieger. Die kampffähigen Männer wurden getötet, die übrige Bevölkerung versklavt, die Städte geplündert und zerstört. Allerdings setzten religiöse Vorstellungen der Siegerwillkür auch Grenzen. Heiligtümer wurden nicht selten geschont, schon um den Zorn der Götter nicht zu erregen; Kämpfe wurden, wie schon die Ilias bezeugt, durch Waffenstillstand zur Bestattung der Toten unterbrochen.

Grundsätzlich war Krieg wie alles menschliche Handeln in einen religiösen Kosmos eingebunden, von religiösen Riten durchsetzt, von seiner Eröffnung bis zum Friedensschluss und zur Feier von Siegen. In Rom gab es dazu ein eigenes Priesterkollegium, die Fetialen. Die „religiöse Konstruktion des Krieges" (Rüpke) hatte viele Facetten: Repräsentation von Macht, aber auch ihre Ordnung und Kontrolle. Außerhalb des religiös-rituellen Kontextes war Krieg nicht vorstellbar, wäre unerlaubt, also Unrecht gewesen.[2] In Griechenland gibt es Vergleichbares, wenn auch nicht formal so ausgeprägt wie bei den Römern. So galt während der Olympischen Spiele, einer kultischen Feier, allgemeiner Friede. Krieg gehörte in der Antike zur Welt der Menschen und ihrer Götter wie alle anderen Lebensvollzüge. Allerdings dürfte die These überspitzt sein, Krieg habe gleichsam als Naturzustand gegolten. Dann hätte es seiner Förmlichkeiten nicht bedurft. Das römische Recht unterschied präzise zwischen dem Kriegsgegner *(hostis)* und dem Räuber (*praedo* oder *latro*). Krieg war wie Friede kein Natur-, sondern ein Rechtszustand. Friede entstand durch Verträge, bei den Griechen *spondai,* bei den Römern *pacta* genannt. Pax, der Friede, ist abgeleitet von pacisci, Vertrag schließen. Der Sieger bezog Besiegte in ein Vertragsverhältnis ein. So entstanden in Griechenland Symmachien unter der Hegemonie des Siegers. Die Römer machten Unterworfene zu Bundesgenossen *(socii),* die als *pacati* in ein Patronatsverhältnis zu Rom traten und so dem Imperium eingefügt wurden.

In dem Maße, wie im klassischen Griechenland die Menschen lernten, sich selbst als Verursacher ihrer Handlungen und damit auch der politischen Geschicke zu begreifen, wurden Krieg und Frieden auch zu Gegenständen moralischen Urteils und zu Fragen der Ethik, die man nicht mehr auf die Götter oder das Fatum abschieben konnte. Euripides beklagte in eindringlichen Versen die durch Krieg zerstörten Städte und Heiligtümer, die Tötung und Versklavung von Menschen als von Menschen zu verantworten. Die beiden ersten großen Geschichtsschreiber, Herodot und Thukydides, urteilten über die Kriege zwar nicht moralisch, aber es trieb sie ein moralisches Motiv, wenn sie genauer nach menschlichen Handlungen als Kriegsursachen fragten. Thukydides sagt am Anfang seines Peloponnesischen Krieges, er möchte seinen Lesern ein Werk von bleibender Bedeutung in die Hände geben; denn dieser Krieg habe für alle Beteiligten

2 Rüpke 1990.

schreckliche Folgen gehabt. So taucht eben in dieser Zeit bei den griechischen Philosophen die ethische Frage nach Krieg und Frieden auf.[3]

1.1 Platon (427–347)

Platons Aussagen zu Krieg und Frieden sind nicht leicht auf einen Nenner zu bringen. Die Schriften setzen unterschiedliche Akzente; zudem steht durchweg die Frage nach der guten inneren Ordnung der Polis im Vordergrund.

In der idealen Ordnung der Politeia ist Gerechtigkeit das Ziel. Dazu bedarf es der Herrschaft der Vernunft über das Begehren, über das Streben nach Macht, Besitz und Ruhm. Platons Wortführer Sokrates argumentiert gegen die Position der Sophisten vom Recht des Stärkeren für die Bindung der Macht an moralische Normen. Äußerstenfalls ist Unrecht leiden besser als Unrecht tun. Aber die Polis muss so stark sein, dass sie ihre Bürger gegen Unrecht schützen kann. Deshalb braucht sie auch den Stand der Krieger und deren Tapferkeit.

Auch in den Nomoi plädiert Platon für den militärisch starken Staat, der feindlichen Nachbarn wehren und befreundeten zu Hilfe kommen kann. Das beste sei freilich immer wechselseitiger Friede. Nur sind die Ursachen für Kriege nicht mehr aus der Welt zu schaffen, nachdem die Menschen die Genügsamkeit archaischer Lebensführung verlassen und in der Entwicklung von Ökonomie und Technik Begehrlichkeiten freigesetzt haben. Krieg scheint also nach Platon unvermeidbar, aber das Ziel soll der Friede sein. Dabei rückt ein allgemeiner Friede der griechischen Stadtstaaten untereinander in den Blickpunkt, eine Idee, die sich dann Philipp von Mazedonien und Alexander der Große zueigen machen, um ihre imperiale Ordnungsvorstellung zu rechtfertigen.

1.2 Aristoteles (384–322)

Aristoteles denkt weniger spekulativ als Platon, gewinnt vielmehr die Normen menschlichen Handelns aus der teleologischen Frage nach ihrem vernünftigen Sinn. So lautet seine normative Grundaussage über den Krieg sowohl in der Nikomachischen Ethik als auch in der Politik, Krieg müsse um des Friedens willen geführt werden. Das höchste Ziel menschlichen Lebens ist die Glückseligkeit. Sie setzt Muse in Frieden und Freiheit voraus, Freisein auch vom Zwang zur Arbeit und zum Krieg führen. „Denn wir arbeiten, um dann Muse zu haben, und führen Krieg, um dann in Frieden zu leben. Niemand wählt den Krieg um des Krieges willen, und niemand rüstet deshalb zum Krieg. Denn als durch und durch blutdürstig müsste der gelten, der sich Freunde zu Feinden machen wollte, damit Kampf und Blutvergießen entsteht" (Nik.Ethik X7).

3 Ricken 1988.

In der Politik ordnet Aristoteles den gleichen Gedanken ein in Überlegungen zur guten Verfassung der Polis, die ihren Bürgern ein gutes Leben im vernünftig geordneten Miteinander ermöglichen soll (VII14). Den Menschen ist das möglich, weil sie *logos* (Vernunft/Sprache) haben. Allerdings müssen die in solchem Leben notwendigen Tugenden erst in gemeinsamer Praxis erworben werden. Andererseits gehört für Aristoteles Krieg zur realen Welt. Gründe, die Krieg rechtfertigen und notwendig machen, sind die Verteidigung der eigenen Freiheit und die Sicherung von Herrschaft über Untergebene und Sklaven. Dazu muss die Polis autark sein, da sie anders das gute Leben ihre Bürger nicht gewährleisten kann. Hier bleibt Aristoteles hinter seinem Lehrer Platon zurück. Für diesen war Krieg gegen „Barbaren" notwendig, um die Freiheit der Griechen zu verteidigen. Nach Aristoteles gibt es jedoch Menschen, die von Natur zu Sklaven bestimmt sind und deshalb auch unterworfen werden dürfen. Einen Krieg gegen widerständige Sklaven nennt er „von Natur gerecht" (Politik I 8).

Diese Vorstellung taucht in der Neuzeit wieder auf in Begründungen europäischer Kolonialkriege gegen „Unzivilisierte und Wilde"; ebenso der Gedanke der autarken Polis im neuzeitlichen souveränen Staat. Gegen beide Verengungen hat schon die Stoa in der Weiterentwicklung der klassischen griechischen Philosophie die Vorstellung von einem alle Menschen umfassenden universalen Vernunftgesetz entwickelt. Davon ist Cicero beeinflusst, der als erster eine Bellum-Iustum-Lehre und ein *ius in bello* formuliert.[4]

1.3 Cicero (106–43)

Es sind im Wesentlichen zwei Stellen, an denen sich Cicero mit dem Recht des Krieges grundsätzlich befasst: (de re publica III 23 und de officiis I 11,34 ff.).

Im dritten Buch über die *res publica* geht es Cicero um die Bindung von Staat und Politik an ein über ihnen stehendes Naturrecht oder ewiges Gesetz. Ein Staat, der sich daran bindet, führt Krieg nur *pro fide*, um seine Schutzpflicht gegenüber Untergebenen und Unterworfenen zu erfüllen; oder *pro salute*, um seinen Bestand zu sichern. Kriege sind ungerecht, wenn sie ohne Grund *(sine causa)* unternommen werden. Hinzu kommt die Beachtung der formalen Regeln, die dem römischen Fetialrecht entsprechen: förmliche Erklärung des Krieges, zuvor Forderungen an den Gegner, um Krieg zu vermeiden. In diesem Kontext formuliert Cicero dann auch die viel diskutierte These, das römische Volk habe sein Imperium *defendendo* geschaffen, nämlich durch Verteidigung seiner *socii*, nicht durch ungerechtfertigte Aggressionen. Das ist zweifellos eine verharmlosende Interpretation des römischen Expansionsdrangs. Aber richtig ist, dass dieser verbunden war mit der hohen Kunst, Besiegte in ein rechtlich geordnetes Bundesverhältnis einzubinden. Daraus entwickelte sich die durch Jahrhunderte wirksame Idee der Pax Romana.

4 Forschner 1988.

Im ersten Buch seines Traktats über die Pflichten handelt Cicero über die Gerechtigkeit und in diesem Zusammenhang auch über den Krieg. Der übergeordnete Grundsatz lautet, es gebe Pflichten auch gegenüber denen, von denen man Unrecht erlitten hat. Dieser Grundsatz wird dann auf das Recht des Krieges in drei wesentlichen Aussagen angewandt. Erstens ist Krieg nur gerechtfertigt, wenn ein Konflikt nicht mit anderen Mitteln beigelegt werden kann. Krieg wird also zur *ultima ratio;* denn die den Menschen gemäße Art des Streitens soll die der Sprache, also der Verhandlung sein. Zweitens sind der Sinn und das Ziel des Krieges ein Leben in Frieden und Gerechtigkeit. Drittens haben auch Strafe und Rache ihr Maß und ihre Grenzen. Feinde, die sich ergeben, verdienen Schonung. Cicero führt dazu unterschiedliche Beispiele aus der römischen Geschichte an, teils lobend, teils tadelnd. Schließlich wird auch wieder die Einhaltung des Fetialrechts angemahnt. Dazu gehört, was später für die Unterscheidung von Soldaten und Zivilisten Bedeutung gewann, dass nämlich der römische Soldat nur kämpfen darf, wenn er zuvor den Fahneneid geleistet hat. Andernfalls macht er sich strafbar.

Das Nachdenken antiker Denker über den Krieg bringt so die wesentlichen Elemente der Bellum-Iustum-Lehre hervor, die im christlichen Mittelalter gelehrt werden: Die *iusta causa,* die *intentio recta* (der Friede als Ziel), auch die *legitima auctoritas,* insofern Krieg als formal-rechtlich gebundenes Handeln einer politischen Einheit gedacht wird; einschließlich gewisser *iura in bello.*

2 Kriegsethik im christlichen Mittelalter: Bellum iustum – Heiliger Krieg – Rechte Fehde – Landfriede

Das mittelalterliche theologisch-ethische Denken über Krieg und Frieden ist keineswegs so einheitlich, wie man es vor dem Hintergrund des gemeinsamen Glaubens erwarten könnte. Es fließen in ihm römische Denkweise, das Fehderecht der Feudalherren und kirchliche Lehren zusammen, aber in unterschiedlicher Gewichtung und Ausprägung. Einerseits wird von den Theologen die Rechtfertigung des Krieges an strenge Kriterien des Naturrechts gebunden, andererseits wird das Kriegführen zunehmend stärker mit dem Glauben und religiösen Praktiken verbunden, so dass es nicht selten den Charakter eines Heiligen Krieges gewinnt.

2.1 Augustinus (354–430)

Am Anfang steht Augustinus, höchste theologisch-kirchliche Autorität für das ganze Mittelalter. Allerdings ist sein philosophisch-theologisch tiefgründiges Denken, immer von strenger Selbstprüfung und Gewissenhaftigkeit getragen, im Mittelalter oft vergröbert worden. Augustinus unterwirft die römische Vorstellung vom *bellum iustum* strenger Prüfung durch das christliche Gewissen. Im christlichen Denken kann Krieg nicht mehr, wie in der heidnischen Antike, als fraglos zur Welt gehörend gedacht werden, die ja Schöpfung Gottes ist; er ist vielmehr Ausdruck von Sünde.[5]

Konkret wird Augustinus zuerst mit der Frage des Krieges konfrontiert durch Anfragen christlicher Soldaten, die es als Dilemma empfinden, Menschen töten zu sollen. Augustinus' Antworten zeigen, dass er erfüllt ist von „tiefer Skepsis gegenüber der dira necessitas des Krieges und darauf bedacht, ihn an der Wiedergewinnung des Friedens zu orientieren".[6] Der Krieg soll dem Bösem wehren, Böses verhindern. Wer in diesem Sinn kämpft, ist „bellando pacificus". Die Weisung der Bergpredigt, dem Gewalttäter nicht zu widerstehen, könne vom weltlichen Amt in der sündhaften Welt nicht immer befolgt werden. Aber Krieg müsse auf den gerechten Frieden als Ziel gerichtet sein, und auch gegenüber dem Feind gebe es Verpflichtungen *(fides).*

Das ist christliche Interpretation des antiken Naturrechts. Systematischer hat sie Augustinus entfaltet im Buch XIX seiner Civitas Dei. Obwohl er von tiefer Skepsis durchdrungen ist gegenüber weltlicher Macht, weil die menschliche *superbia* als *libido dominandi* in ihr besonders gefährlichen Ausdruck findet, spricht er dennoch der politischen Ordnung eine positive Aufgabe zu, nämlich den Frieden in der Welt zu wahren, die *pax terrena.* Diese bleibt immer unvollkommen und gefährdet. Sie darf nicht mit dem himmlischen Frieden verwechselt werden. Das Reich Gottes ist nicht irdisch-politisch zu verwirklichen. Aber der irdische Friede ist ein hohes Gut und muss geschützt werden.[7] So findet man bei Augustinus alle Kriterien der römischen Bellum-Iustum-Lehre, die *iusta causa,* die *necessitas* und *ultima ratio,* ein *ius in bello,* alles strenger Prüfung unterzogen und auf den Frieden als Ziel ausgerichtet.[8] Das alles meint nicht den Heiligen Krieg, d. h. den Einsatz von Waffengewalt für Gott oder für den Glauben. Sein *bellum iustum* meint den Krieg zur Sicherung des irdischen Friedens und irdischer Gerechtigkeit, die notwendige Voraussetzung des Friedens ist. Er ist keine „religiöse Legitimation eines Krieges ohne die Existenz offensichtlicher, erheblicher und dauerhafter Störung der irdisch-sozialen Friedensordnung".[9]

Dennoch öffnet die christliche Fassung dieser Lehre einen Weg auch zu religiöser Rechtfertigung von Kriegen. Die *iusta causa* ist für Augustinus eine theologisch-moralische Kategorie. Das Unrecht, das bekämpft werden muss, ist christlich gedeutet Ausdruck von Sünde. Damit wird der Gegner zum moralisch Bösen, zum Sünder, und muss bestraft werden, auch wenn das aus Liebe und mit Maß geschehen soll. Im Kontext einer christlich begründeten politischen Ordnung, in der der gemeinsame Glaube auch öffentlich-politische Bedeutung gewann, ließ sich von daher dann auch Zwang gegen Ab-

5 Gesamtdarstellung: Weissenberg 2005, dort S. 34–43 Literaturübersicht.

6 Grewe1984, S. 134 mit Quellenbelegen; Weissenberg 2005, S. 387 ff.

7 Vgl. Weissenberg 2005, S. 260 ff.; Luther greift die strenge Unterscheidung der beiden civitates wieder auf in seiner Zwei-Reiche-Lehre, die in den lutherisch geprägten deutschen Fürstenstaaten der Neuzeit große Bedeutung erlangte; vgl. Abschnitt 4.

8 Vgl. Weissenberg 2005, S. 146 ff.

9 Ebd. S. 248; vgl. auch S. 449 ff.

weichler, gegen Häretiker rechtfertigen, da sie die gemeinsame Ordnung in Frage stellten. Dazu hat Augustinus selbst gleichsam einen Türspalt geöffnet. Im Streit mit der Sekte der Donatisten in Nordafrika sprach er sich nach langem Zögern schließlich für den Einsatz staatlichen Zwanges aus. Dabei ging es freilich nicht um Krieg. Aber angesichts der Autorität des Augustinus muss man fragen, wieweit seine ausnahmsweise Befürwortung von Zwang in Glaubensfragen dazu beitrug, spätere Praktiken wie Inquisition und Ketzerkriege zu rechtfertigen.[10]

2.2 Heiliger Krieg und Kreuzzüge

Idee und Realität einer einheitlichen *res publica christiana* führten im Mittelalter zu einer immer stärkeren Sakralisierung des Krieges. Kriegszüge und Schlachten wurden mit Gebet, Fasten und Gottesdiensten vorbereitet, unter Anrufung heiliger Schutzpatrone (Maria, Michael, Georg) geführt, mit Dankfeiern, mit Kirchen- und Klostergründungen abgeschlossen.[11] Die mittelalterlichen Rechtssammlungen, die die Lehren der Kirchenväter zusammenfassten, vor allem das Decretum Gratiani, unterschieden nicht zwischen einem *bellum iustum* zum Zweck des politischen Friedens und einem Krieg Deo auctore.[12] Für Heinrich von Segusia (+1271), Kardinalerzbischof von Ostia, war das *bellum iustum* der Krieg, der von der Christenheit gegen die Ungläubigen geführt wurde. Er nannte ihn *bellum romanum,* da die Christenheit in ihrer Weise das Römische Reich fortsetzte.[13]

Ihre politisch praktische Auswirkung, räumlich und zeitlich das ganze Mittelalter beherrschend, fanden solche Vorstellungen in den Kreuzzügen. In ihnen flossen sehr unterschiedliche Motive zusammen. So gab es anfänglich durchaus eine Rechtfertigung im Sinn der strengen Bellum-Iustum-Lehre, nämlich zum Schutz der christlichen Wallfahrer im Heiligen Land, also eine Art bewaffneter *peregrinatio*. Damit verband sich die Vorstellung einer Strafaktion gegen die Muslime für die Verletzung des Verkehrsrechts. Aber zunehmend wurden solche Vorstellungen überlagert von der mächtigeren Idee eines Heiligen Krieges im Auftrag Gottes gegen Ungläubige und Ketzer, gegen äußere und dann auch innere Feinde. Kreuzzüge wurden von der höchsten Autorität, vom Papst, proklamiert und aus dem Glauben begründet, auch mit Analogien zum Alten Testament, und mit dem entsprechenden Fanatismus geführt.[14] Die Kreuzzüge ge-

10 Ebd. S. 473 ff. und S. 503 ff. Vor dem Hintergrund der genauen Untersuchung Weissenbergs scheint mir Ulrike Kleemeiers Interpretation der Lehren Augustins nicht haltbar. Augustinus war kein Verfechter heiliger Kriege; diese sind nach Weissenberg für Augustinus im neutestamentlichen Kontext nicht denkbar.
11 Vgl. Schreiner 2000.
12 So Grewe 1984, S. 72 f.
13 Ebd. S. 73 f.
14 Grundlegend Erdmann 1955; Mayer 2000; Riley-Smith 2003.

gen die Muslime zielten jedoch nicht auf die Vernichtung des Gegners, auch nicht auf seine Bekehrung. Vielmehr pflegten die Fürsten der lateinischen Christenheit immer auch vielfältige Beziehungen zu islamischen Herrschern.[15] Im Inneren freilich galt die Einheit im Glauben als Bedingung guter Ordnung. Für Ketzer, die sich politisch eigenständig organisierten, kannte man nur den Zwang zur Bekehrung oder die Vernichtung. Das bekannteste und wohl auch grausamste Beispiel bieten die Albigenserkriege in Südfrankreich im frühen 13. Jahrhundert.[16]

2.3 *Fehderecht – Treuga Dei – Landfriede*

Im Übrigen war die Einheit der Christenheit unter der Führung von Papst und Kaiser durch das ganze Mittelalter hindurch mehr eine geistliche Idee als eine politische Wirklichkeit. Die mittelalterliche Ordnung ist durch eine Vielzahl von Feudalverbänden (Lehnsherrschaften) gekennzeichnet, nicht durch neuzeitliche Staatlichkeit. Die Herrschaftsverbände sind Personenverbände, nicht territorial durch Gebietshoheit bestimmt. Sie sind als solche immer auch von zahlreichen kriegerischen Konflikten durchzogen, die man nicht nach unseren Begriffen in Kriege und Bürgerkriege unterscheiden kann. Der mittelalterliche Feudalherr fordert von seinen Untergebenen Gehorsam und bietet ihnen dafür Schutz; und er nimmt in Anspruch, seine Rechte notfalls auch in gewaltsamer Form durchzusetzen. Die „rechte Fehde" ist eine geregelte Form der Rechtsdurchsetzung gegenüber Gleichen, gegebenenfalls auch gegenüber Übergeordneten; denn wo diese Unrecht tun, gibt es das Widerstandsrecht. Der Gehorsam wird dann in aller Form aufgekündigt, und es wird „Fehde angesagt", mit festgelegten Fristen.[17]

Angesichts einer Vielzahl kleinerer und größerer Feudalherren, die in einem komplizierten Netzwerk von Beziehungen standen, bewirkte das Fehderecht einen Zustand ständiger bewaffneter Konflikte; zumal da jeder Herr sein Recht nach eigenem Gutdünken auslegte. Die eigentlich Leidtragenden dieses unfriedlichen Zustandes waren die „kleinen Leute". Es gab zwei Wege des Versuchs, das Fehderecht einzuschränken, den vorläufigen, religiös-kirchlichen der Treuga Dei und den rechtlich-politischen der Durchsetzung eines allgemeinen Landfriedens mit entsprechender Gerichtsbarkeit durch Könige und den Kaiser.

Die Treuga Dei hat ihren Ursprung bei Kirchen- und Klosterreformern in Südfrankreich, vor allem in der Reformbewegung von Cluny. Von Bischöfen und Äbten proklamiert, verpflichtete sie durch Eid alle, die über Waffen verfügten, erstens bestimmte Gruppen von Menschen (Kleriker, Bauern, Arme) sowie heilige Orte zu schonen; zwei-

15 Vgl. Grewe 1984, S. 74f.

16 Vgl. Angenendt 2007, hier S. 267ff.

17 Vgl. Grewe 1984, S. 93ff. und S. 132f.; grundlegend zu den mittelalterlichen Herrschaftsstrukturen Brunner 1965.

tens an bestimmten Tagen der Woche (Freitag bis Sonntag) und zu besonderen Zeiten des Kirchenjahres Waffenruhe zu halten. So sollten zeitliche und örtliche Inseln des Friedens in einer kriegerischen Welt geschaffen werden.[18]

Der zweite Weg führte, langfristig betrachtet, zur Herausbildung des Territorialstaates mit der Monopolisierung des Rechts der Gewaltanwendung beim Landesherrn. Er beginnt mit der Wahrnehmung von Schiedsgerichtsbarkeit zwischen Fehde-Gegnern durch einen Dritten oder einen Übergeordneten und findet seine Fortsetzung im Versuch von Landesherren, Friedenswahrung und Rechtsprechung an sich zu ziehen. Im Reich machte sich zunächst Heinrich III. (1039–1056) den Gedanken der Treuga Dei zueigen, etwas später in Frankreich auch der dortige König. Daraus wurde dann ein allgemeines Verbot der Fehde, ein „Königsfriede". Den ersten allgemeinen Reichslandfrieden in diesem Sinn verkündete Heinrich IV. 1103, in Frankreich Ludwig VII. 1155. In Frankreich und England setzte sich die Entwicklung der Landesherrschaft schneller durch als im Reich. Hier brachte erst die Reform von 1495 mit einem allgemeinen Reichslandfrieden einen gewissen Abschluss eines langen Prozesses. Dieser wurde jedoch wieder durchbrochen durch die Konfessionskriege im Gefolge der Reformation. Die Konfessionskriege wurden noch einmal geführt zur Verteidigung des rechten Glaubens, aus der Vorstellung, gemeinsamer Glaube, gleiche Konfession sei das notwendige Band einer politischen Einheit. Erst an deren Ende stehen das Gewaltmonopol des Landesherren, ein neues Völkerrecht und mit ihm die Verrechtlichung, die Entmoralisierung des Krieges, das vorläufige Ende der Bellum-Iustum-Theorie.

Diese bildete dennoch eine gewichtige Stufe in der Entwicklung des neuzeitlichen Völkerrechts bei den spanischen Spätscholastikern; und diese ihrerseits orientierten sich an Thomas von Aquin.

2.4 Thomas von Aquin (1225–1274)

Was die Kriterien eines gerechten Krieges betrifft, sagt Thomas von Aquin nichts Neues.[19] Zu einer besonderen Autorität durch die Jahrhunderte, für die katholische Friedens- und Kriegsethik bis ins 20. Jahrhundert, wurde er durch die systematische Zusammenschau von Philosophie und Theologie bei gleichzeitiger Unterscheidung von Vernunft- und Glaubenserkenntnis. In seiner *quaestio* über den Krieg in der Summa fragt Thomas nicht, ob es einen gerechten, sondern einen erlaubten Krieg geben könne. Damit wird deutlich, dass Krieg immer ein Übel ist und dass es um ein verantwortbares Urteil in einem moralischen Dilemma geht. Die drei Hauptkriterien für die Erlaubtheit eines Krieges sind: *legitima auctoritas* bzw. *auctoritas principis* – nur eine rechtmäßige Regierung darf Krieg führen; Privatleute müssen ihr Recht vor Gericht suchen, aber der legi-

18 Vgl. Hartmann 1992.
19 Gesamtdarstellung von Beestermöller 1990.

time Fürst trägt im Auftrag Gottes das Schwert; *iusta causa* – es liegt schweres Unrecht vor, das den Rechtsfrieden gefährdet und Bestrafung erforderlich macht; *intentio recta* – Krieg darf nur in der Absicht geführt werden, das Gute zu sichern oder das Böse zu verhüten. Motive wie Grausamkeit, Rache oder Machtgier machen den Krieg unerlaubt, auch wenn die beiden anderen Bedingungen erfüllt sind.

Thomas macht in seiner Summa auch an anderen Stellen Aussagen über Frieden, Krieg und Gewaltanwendung, über ihr Recht und ihre Grenzen. Daraus ergeben sich weitere Kriterien, die die Spätscholastiker dann, wie vergleichbar schon Cicero, als eigene neben die drei klassisch gewordenen gestellt haben: Krieg ist nur das äußerste Mittel *(ultima ratio)*; er muss Aussicht auf Erfolg bieten; die eingesetzten Mittel müssen in angemessenem Verhältnis zum Ziel stehen, dürfen es nicht unmöglich machen (Proportionalität). Thomas bewegt sich selbstverständlich im Kontext der mittelalterlichen Einheit von Glauben und weltlicher Ordnung. Zu den Gütern, die auch politisch geschützt werden müssen, gehört auch der gemeinsame Glaube. Deshalb müssen schwere Sünden und Abfall vom Glauben, wenn sie in äußeren Handlungen in Erscheinung treten und so den Frieden gefährden, von der weltlichen Gewalt geahndet werden. Krieg ist Vollzug eines Rechtsurteils, eine Strafaktion gegen den Rechtsbrecher. Wenn Christen Krieg gegen Ungläubige führen, dann nicht, um sie zum Glauben zu zwingen, sondern weil sie Christen daran hindern, gemäß ihrem Glauben zu leben. Niemand darf zum Glauben gezwungen werden, denn er ist Sache des freien Willens.[20] Das politische Gemeinwesen hat keine unmittelbar religiösen Zwecke, aber es muss die natürlichen Voraussetzungen eines gläubigen und sittlichen Lebens seiner Mitglieder sichern. Das ist im Wesentlichen der rechtlich geordnete Friede, der auch, wie bei Augustinus, dem Heilsfrieden dient. Deshalb ist der Verstoß gegen die natürliche Ordnung Sünde und fordert Bestrafung.

Im Denken des Thomas von Aquin sind aber Naturrecht und Vernunfterkenntnis von erheblich größerem Gewicht als in der augustinischen Tradition. Das Naturrecht, die *lex naturalis,* gründet zwar im göttlichen Recht, in der *lex aeterna,* aber seine Entfaltung ist Sache der Vernunft. Die *lex naturalis* enthält die Grundsätze des menschlichen Rechts, des *ius civile* und des *ius gentium.* Deren Konkretisierung, die Anwendung auf Handlungssituationen, ist aber nicht theoretisch zu deduzieren, sondern ist Sache der abwägenden Klugheit. Auf diese Weise ist die thomistische Ethik viel erfahrungsgesättigter als die vieler anderer mittelalterlicher Denker und öffnet der Weiterentwicklung Wege zur Unterscheidung von Geistlich und Weltlich, von Glauben und Vernunft, von Kirche und Politik.

20 Grewe 1984, S. 74.

3 Frühe Neuzeit: Vom Bellum iustum zum Ius ad bellum und zum Iustus Hostis

Wilhelm Grewe nennt die hier gemeinte Epoche das Spanische Zeitalter der Völkerrechtsordnung, begrenzt von den Jahreszahlen 1494 und 1648.[21] Die Entdeckung der Neuen Welt und die Landnahme europäischer Mächte in Übersee bringen nicht nur machtpolitische Verschiebungen und neue Konflikte, sondern stellen auch neue Rechtsfragen. Die Reformation und die Ausbildung souveräner Einzelstaaten schwächen die alten europäischen Universalgewalten Papsttum und Kaisertum. Die Idee einer *res publica christiana* verblasst. Allerdings haben die Eroberungskriege der Conquistadoren, die Türkenkriege jener Zeit, die europäischen Konfessionskriege bis hin zum Dreißigjährigen Krieg allesamt noch eine religiöse Komponente, sind aber zugleich politische Kämpfe um die Machtstrukturen des sich herausbildenden europäischen Staatensystems. Am Anfang der neuen Völkerrechtsepoche stehen spanische Denker. In kritischer Auseinandersetzung mit der spanischen Conquista leiten sie einen Prozess ein, der am Ende das Völkerrecht und mit ihm das Kriegsrecht säkularisiert; der das ethisch und christlich begründete *bellum iustum* verdrängt durch ein wertneutrales *ius ad bellum* souveräner Fürsten.[22]

3.1 Francisco de Vitoria (1483–1546)

Der Dominikaner Francisco de Vitoria steht in der Tradition des Thomas von Aquin und entwickelt dessen Auffassung vom *bellum iustum* produktiv weiter; zum einen in einem Kommentar zur Summa Theologica, zum anderen in einer Vorlesung über das Recht der Spanier zum Krieg in den Indianergebieten.[23] Wie Thomas argumentiert er zum *bellum iustum* streng naturrechtlich und weist deshalb biblisch-religiöse Begründungen der Eroberungen zurück. Weder päpstliche noch kaiserliche Ansprüche auf eine Universalherrschaft rechtfertigen die Eroberungen; weder der biblische und päpstliche Missionsauftrag noch die Ablehnung des Christentums durch die Heiden.[24]

Vitoria versteht die Menschheit insgesamt als eine im Naturrecht *(ius gentium naturale)* gründende Rechtsgemeinschaft; ein universales Gemeinwesen, das in voneinander unabhängige Herrschaftsverbände gleichen Rechts gegliedert ist. Heidnischen Herrschern steht deshalb das gleiche Recht zu wie christlichen. Die von den Spaniern eroberten Gebiete waren keineswegs herrenloses Land. Vitoria akzeptiert deshalb auch nicht die damals verbreitete Vorstellung, jenseits einer Linie, die christliche und „barbarische" Völker trennt, höre die Unterscheidung von Recht und Unrecht auf. Dennoch

21 Ebd. S. 163 ff.
22 Vgl. Grewe 1984, S. 211 ff.
23 Gesamtdarstellung: Justenhoven 1991.
24 Justenhoven 1991, S. 75 ff. und S. 103 ff.; Schmitt 1950, S. 71.

kennt Vitoria Gründe, die den Krieg der Spanier gegen die Indianer rechtfertigen können. Zum universal verbindlichen Naturrecht gehören auch Rechte wie Freizügigkeit und freier Handel, gehört auch das Recht auf christliche Mission unter den Heiden und das Recht, die zum Christentum Bekehrten zu schützen. Mit dem Recht des Papstes, einen Missionsauftrag zu erteilen, auch mit der humanitär-missionarischen Vorstellung der Spanier, es sei Recht und Pflicht, gegen barbarische Tyrannen und mörderische Sitten der Barbaren für Gerechtigkeit zu kämpfen, kommt dann doch ein stark religiös und moralisch missionarisches Element in Vitorias Lehre.[25] Nach Carl Schmitt ist hier konkret-geschichtlich die Rechtsvorstellung der *res publica christiana* bei Vitoria stärker als seine abstrakte Idee vom *ius gentium naturale.*[26]

Soweit Vitoria aus dem *ius naturale* die Bellum-Iustum-Lehre entfaltet, kommt er aber zu Differenzierungen, die die weitere Entwicklung stark beeinflusst haben. Der naturrechtliche Kern des *ius gentium* ist die Verpflichtung zum Frieden durch Einhaltung des Rechts. Es gibt aber keine universale Instanz, die das erzwingen könnte. Deshalb handelt der einzelne Fürst, der als legitime Autorität ein *bellum iustum* führt, gleichsam subsidiär für die Völkergemeinschaft. Vitoria sieht freilich klar das Problem, dass es keinen unparteiischen Richter gibt. Deshalb wird für ihn die Prüfung der Gründe und der möglichen Folgen eines Krieges umso wichtiger. Dazu führt er die Kriterien der Verhältnismäßigkeit und der *ultima ratio* ein. Gewalt darf nur angewandt werden, wenn sie als geringeres Übel im Vergleich zum geschehenen oder drohenden Unrecht gerechtfertigt werden kann. In dieser Güterabwägung geht es nicht nur um das Wohl des Einzelstaates, sondern ausdrücklich auch um das der Völkergemeinschaft. *Ultima ratio* heißt ferner, eine friedliche Regelung müsse immer den Vorrang haben. In diesem Zusammenhang fordert Vitoria die für politisches Handeln wichtige Norm, ein Fürst sei verpflichtet, sich auch in die Position des Gegners zu versetzen.

Einen erheblichen Schuss Realismus erhält Vitorias Erörterung gerechter Kriegsgründe, indem er einräumt, infolge mangelhaften Wissens, Unwissenheit, Irrtum könne ein Krieg von beiden Seiten als gerecht angesehen werden *(bellum iustum ex utraque parte).* Hier liegt der Anfang der Entmoralisierung der Iusta-Causa-Kategorie.[27] Vitoria konstatiert deshalb eine hohe Mitverantwortung der fürstlichen Räte, sogar der Soldaten und des Volkes, soweit ihnen ein Einblick in die Zusammenhänge möglich ist. Sind Zweifel nicht auszuräumen, darf ein Krieg nicht geführt werden. Untertanen, für die die Ungerechtigkeit eines Krieges feststeht, dürfen dem Befehl des Fürsten nicht folgen.

Auch aus dem Kriterium der *intentio recta* leitet Vitoria konkretisierende Regeln ab, vor allem für die Behandlung der Besiegten; was man von ihnen fordert, muss verhältnismäßig sein und darf nicht Quelle zu neuem Krieg werden. Insgesamt wird erkennbar, weshalb es Gründe dafür gibt, bei Vitoria Ursprünge des neuzeitlichen Völkerrechts zu

25 Justenhoven 1991, S. 165 ff.; Grewe 1984, S. 214.
26 Schmitt 1950, S. 80 ff.
27 Grewe 1984, S. 241 ff.

sehen. Freilich sind diese Elemente noch eng verbunden mit dem mittelalterlichen Denken im Horizont einer christlichen Völkergemeinschaft.

Ein neues Element über Vitoria hinaus ist bei Franz Suarez (1548–1617) zu finden. Auch er sieht die Weltstaatengesellschaft im Naturrecht verbunden. Aber während nach Vitoria deren Gemeinschaft letztlich in der göttlichen Weltordnung gründet, die im Naturrecht ihren Ausdruck findet, ist für Suarez das Völkerrecht positives Recht, das im Konsens der Staaten bzw. ihrer Herrscher gründet. Diese leben nicht schon von Natur aus in einer Rechtsgemeinschaft; vielmehr gründen sie diese vertraglich. Damit kommt ein stark politisch-voluntaristisches Element ins Völkerrecht. Die Staaten befinden darüber, wer zu ihnen gehört oder ausgeschlossen bleibt. Für die Erweiterung oder Begrenzung der europäischen Staatenwelt hatte das erhebliches Gewicht. Allerdings bedeutet das nach Suarez nicht reinen Voluntarismus der Herrschenden. Das Völkerrecht ist vielmehr rückgebunden an den naturrechtlichen Grundsatz der Vertragstreue: *pacta sunt servanda.*[28]

3.2 Balthasar Ayala und Alberico Gentilis

Gegen Ende des 16. Jahrhunderts wird die Diskussion über das Kriegsrecht zunehmend auch von Juristen geführt. Balthasar Ayala war Rechtsberater der spanischen Armee in den Niederlanden. 1582 veröffentlichte er eine Untersuchung zu Rechten und Pflichten im Krieg. Nach Grewe liegt hier die erste juristische, von moraltheologischen Argumenten absehende Kriegsrechtstheorie vor; sie verwende das „*iustum*" des Krieges im Sinn von rechtmäßig oder legal als Ausdruck des Rechts eines Souveräns.[29] Nur ihm steht das Recht zu, Krieg zu führen im Unterschied zu Rebellen (wie den Holländern) und Privatpersonen. Souveräne Kriegsgegner sind rechtlich Gleiche, sie sind *iusti hostes,* wie Ayala unter Berufung auf das römische Recht schreibt; also Feinde mit Rechtsstatus, keine Verbrecher. Zwar erörtert Ayala auch die Frage nach Kriegsgründen, aber über diese entscheidet der Souverän; sie werden also aus der öffentlichen moralischen Bewertung gleichsam in das *forum internum* des Herrschers verlegt. Rechtlich wichtiger werden Pflichten zwischen den Kriegführenden wie das Repressalien- und Beuterecht, die Rechtsstellung von Kriegsgefangenen und die Verbindlichkeit von Versprechen. Ein formalisiertes Kriegsrecht, das den Gegner nicht moralisch diskriminiert, öffnet also neue Möglichkeiten, Kriegführung durch ein *ius in bello* zu humanisieren.

Alberico Gentilis, ein in Oxford lehrender italienischer Jurist, dort auch Rechtsberater des spanischen Botschafters, veröffentlichte 1588 eine Untersuchung über das Kriegs-

---

28 Grewe 1984, S. 255 f.; eine umfangreiche Gesamtdarstellung der Theorieentwicklung in der frühen Neuzeit bis ins 18. Jahrhundert bieten Brieskorn und Riedenauer 2000, 2002, 2003.

29 Grewe 1984, S. 245 ff.; Schmitt 1950, S. 124 ff.

recht und kam zu etwa den gleichen Ergebnissen wie Ayala.[30] Er definierte Krieg als *publicorum armorum iusta contentio.* Iusta ist diese *contentio,* wenn sie von Souveränen als Feinden gleichen Rechts geführt wird, bestimmte Formen beachtend wie eine förmliche Kriegserklärung, möglicherweise mit einer Frist, einem Moratorium verbunden. Gentilis vergleicht solchen Krieg mit einem Duell und mit einem Zivilprozess; in ihm geht es nicht wie im Strafprozess und im moralisch diskriminierenden *bellum iustum* um Sühne von Unrecht, sondern um die Entscheidung eines Rechtsstreits mit Waffen unter Gleichen. In diesen Rechtsfragen sollen die Theologen schweigen. Auch Gentilis entwickelt daraus Normen eines *ius in bello,* so zum Austausch von Gefangenen, zur Behandlung von Geiseln, zur Schonung von Frauen, Kindern, Händlern, Geistlichen, Bauern; ebenso Möglichkeiten und Verbindlichkeit eines Waffenstillstandes. Das ist alles ist vor dem Hintergrund der damaligen Praxis ebenso zukunftsweisend wie Gentilis' Gedanken zum „gerechten Frieden". Wie die Regeln eines *ius in bello* sind auch sie von politisch-ethischem Gehalt, indem sie dem Sieger Mäßigung im Hinblick auf Entschädigungen, Tribut und Gebietsabtretungen abverlangen. „Der Sieger ist im Unrecht, der einen Frieden anbietet, der keiner ist."[31]

3.3 Hugo Grotius (1583–1645)

Hugo Grotius wird häufig der Vater des neuzeitlichen Völkerrechts genannt. Fachleute haben dagegen allerdings erhebliche Einwände.[32] Einerseits betonen sie, Grotius stehe, obwohl Protestant, noch stark in der philosophisch-theologischen Tradition der spanischen Spätscholastiker; andererseits hätten andere vor ihm klarer als er die Normen vorformuliert, die nach 1648 die Beziehungen zwischen gleichberechtigten europäischen Souveränen, zumal im Kriegsrecht, regelten.

Nach Grewe hat Grotius den Naturrechtsgehalt des von den Spaniern entwickelten Völkerrechts keineswegs völlig säkularisiert. Der christlichen Tradition verpflichtet, beklagt er die entartete Kriegsführung der Völker Europas, die als die eigentliche Völkerrechtsgemeinschaft die Pflicht hätten, mit allen Völkern eine sittlich begründete Rechtsgemeinschaft zu bilden. Die universale christliche Idee ist bei ihm noch wirksam, indem er Normen für einen Bund der christlichen Souveräne sucht.

Die eigentliche, deshalb auch weiter wirkende Leistung des Hugo Grotius besteht darin, dass er in seinem Werk De iure belli ac pacis ein ganzes System entwickelt, von den naturrechtlichen Prinzipien bis in die Einzelheiten des rechtlich-politischen Verkehrs, und zwar mit reichhaltigen Zitaten aus der römischen Überlieferung. Dabei scheint das Verhältnis zwischen dem *ius gentium naturale* und dem *ius gentium civile,*

30 Grewe 1984, S. 247 ff.; Carl Schmitt 1950, S. 129 ff.
31 Zitiert bei Grewe 1984, S. 250.
32 Grewe 1984, S. 277 ff. mit der entsprechenden Literatur.

dem positiven Vertragsrecht, nicht durchweg klar, auch in der Frage des Kriegsrechts. Carl Schmitt kritisiert, Grotius trenne nicht klar zwischen *iusta causa* und *iustus hostis,* was wohl daran liegt, dass Grotius in den beiden ersten Büchern nur die überlieferten Lehren referiert.[33] Jedenfalls kennt Grotius noch das *bellum iustum;* seine gerechten Gründe sind Verteidigung, Wiedererlangung von Geraubtem und Strafe. Ungerecht wären reine Machtmotive und Annexionswünsche. Objektiv kann die gerechte Sache nur auf einer Seite liegen, aber faktisch könne jede Seite im guten Glauben an ihr Recht sein. Von dieser realistischen Möglichkeit des *bellum iustum ex utraque parte* her kommt Grotius zu seinem Begriff des *bellum solenne,* des förmlichen Krieges zwischen Souveränen, den er an Kriegserklärung und an zahlreiche Normen des *ius in bello* bindet. Dass Grotius noch gerechte und ungerechte Kriegsgründe kennt, hat auch Auswirkung auf die Neutralen. Sie dürfen den Ungerechten nicht unterstützen und dem Gerechten keine Hindernisse in den Weg legen. Aber das Urteil über die Gerechtigkeit eines Krieges bleibt dann doch dem Gewissen der Kriegführenden wie der Unbeteiligten überlassen. „Alles, was zuvor über den gerechten Krieg gesagt worden ist, ist damit relativiert: es handelt sich um Fragen der interna iustitia, die mehr in den Bereich der Moral als in den des Rechts gehört."[34]

Grewe zieht aus diesem zwiespältigen Befund die Folgerung, Grotius habe eine doppelte Zielsetzung verfolgt: Einerseits die eindringliche Ermahnung an Fürsten und Völker, sich in der Anwendung von Waffengewalt zurückzuhalten und alle Macht friedlicher Beilegung von Konflikten (Verhandlungen, Kompromiss, Schiedsspruch usw.) zu versuchen, andererseits sich im Modus der Kriegsführung zu mäßigen, Krieg zu humanisieren, seine Ausdehnung und Dauer zu beschränken. In diesem Sinn hat Grotius weitergewirkt, aber als Vater der Ideen des 20. Jahrhunderts, Krieg als Institution abzuschaffen, taugt er nicht.

4 Das ius ad bellum souveräner Staaten (1648–1914)

Mit den Friedensschlüssen von 1648 kommt die alte Bellum-Iustum-Lehre an ein Ende. Die Territorialherren bestätigen sich gegenseitig ihre Unabhängigkeit, Territorialhoheit, Bündnisfreiheit. Zum Inbegriff dieser Freiheiten wird die Souveränität, wie sie theoretisch in Frankreich Bodin (1529–1596) und in England Hobbes (1588–1679) vor dem Hintergrund der europäischen Religionskriege begründeten. Die Souveränität umfasst auch das *ius ad bellum* gemäß der je eigenen Staatsräson. Krieg und Frieden wurden jetzt Sache des politisch-rechtlichen Kalküls von Souveränen.

---

33 Schmitt 1950, S. 131 ff.; Grewe 1984, S. 254 ff.
34 Grewe 1984, S. 258.

4.1 *Moralfreies ius ad bellum*

Die Kriege der Zeit des Absolutismus werden oft als Kabinettskriege bezeichnet. Das will sagen, sie wurden vom Souverän mit seinen Beratern nach seinen Interessen kalkuliert. Jeder Herrscher, der sich im Spiel der Mächte behaupten wollte, musste zur *ultima ratio* des Krieges bereit sein. Ausdruck dessen war das stehende Heer. Im Kalkül spielten durchaus auch Rechtsgründe eine Rolle. Die Fürsten standen ja in vertraglichen Beziehungen. Nicht selten wurden Erbansprüche geltend gemacht (Erbfolgekriege). Rechtsgründe dienten nicht nur für die diplomatische Rechtfertigung eines Krieges, sondern wurden auch schon im Blick auf eine öffentliche Meinung wichtig. Als Friedrich II. 1740 den Ersten Schlesischen Krieg begann, beauftragte er seinen Staatskanzler mit der Abfassung einer Rechtfertigungsschrift, fügte aber hinzu: „Aber beeile er sich; denn die Ordres an die Armee sind schon hinaus".[35]

Die Souveräne der absolutistischen Zeit begründeten ihre Legitimation zwar noch „von Gottes Gnaden" und verstanden sich als Herrscher einer christlichen Staatenwelt. Ihre Beziehungen untereinander jedoch gestalteten sie nach weltlichem Recht, im Rahmen eines als Vernunftrecht ausgelegten Naturrechts. Auf dieser Grundlage sollte die 1648 grundgelegte Ordnung durch ein gewisses Gleichgewicht der Mächte erhalten werden; als Prinzip ihrer Beziehungen galt: *pacta sunt servanda.*[36]

Im 19. Jahrhundert trat an die Stelle des noch christlich geprägten europäischen Vernunftrechts die Idee der „zivilisierten Nationen", die ein entsprechendes Sendungsbewusstsein nach außen implizierte und zunehmend national aufgeladen wurde. Die europäische Völkerrechtsordnung erweiterte sich durch die Einbeziehung neuer Staaten. Im Aufeinandertreffen und in der gegenseitigen Überlagerung des europäischen und des amerikanischen Ordnungssystems stellte sich schließlich die Frage einer Gleichgewichtsordnung im Weltmaßstab. Aber das Recht des souveränen Staates zur Kriegsführung gemäß seinen Interessen wurde bis 1914 nicht in Frage gestellt; vielmehr war völkerrechtlich das Institut des Krieges erst jetzt voll ausgebildet. Im deutschen Handbuch des Völkerrechts von 1912 hieß es: „Das heutige Völkerrecht kennt … keine Kriegsursachen, keine Regeln darüber, wann Kriege geführt werden dürfen. Will ein Staat sein eigenes Selbst einsetzen, so darf er jederzeit Krieg beginnen".[37] Diese wertneutrale Auffassung vom Krieg ermöglichte die Entwicklung eines Rechts auf Neutralität Dritter und die Weiterentwicklung des *ius in bello.*[38] Carl Schmitt würdigte den Wandel vom „Internationalen Bürgerkrieg" des 16./17. Jahrhunderts zum Staatenkrieg, diese „Hegung des Krieges" als ein „Kunstwerk menschlicher Vernunft". So habe es 200 Jahre lang auf

---

35 Zitiert bei Kimminich und Hobe 2000, S. 41 f.

36 Grewe 1984, S. 334 ff.; Steiger 2008, S. 59 ff.

37 Zitiert bei Fassbender 2008, hier S. 102.

38 Grewe 1984, S. 294 ff.; Steiger 2008, S. 80 ff.

europäischem Boden keinen „Vernichtungskrieg" gegeben.[39] Im Vergleich mit früheren Zeiten ist diese Bewertung verständlich. Im Blick sowohl auf die Kolonialkriege der europäischen Mächte wie auch auf die unbestreitbare Tatsache, dass im Rahmen dieses Völkerrechts die Katastrophe des Ersten Weltkriegs möglich war, wird sie fragwürdig.

Deshalb lassen sich auch im Hinblick auf die Kriege der Neuzeit die Fragen moralischer Rechtfertigung nicht unterdrücken. Ob und wieweit bei Entscheidungen der Akteure für einen Krieg moralische Erwägungen eine Rolle spielten, lässt sich nicht leicht ermitteln. Sie galten vor dem Recht als interne Gewissensfragen der „Verantwortlichen", spielten völkerrechtlich keine Rolle. Diskutiert wurden diese Fragen für das 19. Jahrhundert am Beispiel Bismarcks, als nach dem Zweiten Weltkrieg über einen spezifisch deutschen Militarismus gestritten und von manchen eine allzu einfache Linie gezogen wurde von Friedrich II. über Bismarck zu Hitler. Die Bismarck-Forschung hat einen gewissen Konsens dahingehend erzielt, dass der Reichsgründer sich sehr wohl aus der Frage von Krieg und Frieden ein Gewissen machte; dass er aber, in der lutherisch-pietistischen Tradition der Zwei-Reiche-Lehre stehend, seine private Religion von der politischen Verantwortung für die preußisch-deutschen Interessen unterschied, die ihm als *ultima* oder auch als *opportuna ratio* auch den Krieg gebot.[40] Das sind Überlegungen ex post. Sie zeigen aber, dass man Krieg angesichts seiner Wirkungen und Folgen für die Betroffenen nie ganz von der Frage nach seiner moralischen Rechtfertigung trennen kann; auch wenn die Moral privatisiert wird und für die Wahrnehmung von Interessen Rechtsformen entwickelt werden.

4.2 Rechtsfreie Räume und Kolonialkriege

Die Hegung des Krieges gelang nur im Raum des geltenden Völkerrechts und scheiterte schließlich im 20. Jahrhundert. Das europäische Mächtegleichgewicht war immer prekär und labil, und es wurde zunehmend gefährdet durch die Verlagerung der Mächtekonkurrenz in überseeische Gebiete. Mit dem Expansionsdrang der Mächte in neuentdeckte Welten wuchs ihr Konfliktpotential und führte schon im 18. Jahrhundert zu einem komplizierten Geflecht von Vereinbarungen und Verträgen über Handels- und Seefahrtsrechte, über die „Freiheit der Meere", über Piraterie und Kaperung; über das Recht von Handelskompanien und ihrer Niederlassungen, über Einflusssphären und „Freundschaftslinien", jenseits deren die Mächte sich gegenseitig freie Hand zubilligten nach dem Prinzip: No peace beyond the line.[41] Als im 19. Jahrhundert die „Flagge dem Handel folgte", es also im Wettlauf um noch „freie Gebiete" der Erde zunehmend um politische Besitznahme ging, verschärften sich diese Konflikte. Man versuchte sie zu re-

39 Schmitt 1950, S. 122 f.
40 Vgl. von Muralt 1955.
41 Grewe 1984, S. 341 ff. und S. 471 ff.

geln durch ein Geflecht von Konventionen und Verträgen, die einerseits Respekt abnötigen, andererseits aber erkennbar machen, dass die europäische Völkerrechtsordnung immer weniger in der Lage war, die weltweit gewordenen Probleme zu lösen.[42]

Theorie und Praxis dieser Ordnung führten unter dem Einfluss der Vorstellung „zivilisierter Nationen" zu einer eigenartigen Dreiteilung der Welt. Gemäß der Idee einer Gemeinsamkeit der zivilisierten Völker verkehrten die europäischen und die amerikanischen Mächte untereinander als Gleiche nach geltendem Völkerrecht. Gegenüber „halbzivilisierten Völkern" beanspruchten sie jedoch je nach Situation Vorrechte der Bevormundung und des Drucks, auch der Intervention und des Abschlusses „ungleicher Verträge". Schrittweise traten diese Staaten dann in den Geltungsbereich des Völkerrechts ein (Türkei, Japan, China u. a.). Noch einmal anderes galt gegenüber „unzivilisierten" oder „barbarischen Völkern". Sie galten als staatenlos. Der bekannte englische liberale Theoretiker Joan Stuart Mill vertrat mit den meisten Völkerrechtlern die These, eine Verletzung des Völkerrechts gegenüber Barbaren sei nicht möglich, weil sie ohne staatliche Ordnung seien. Zu dieser müssten sie erst hingeführt werden.[43] Folglich galt gegenüber diesen Barbaren auch keinerlei Kriegsrecht, auch kein *ius in bello.* Da nicht staatlich organisiert, konnten sie per definitionem keinen Krieg führen. Sie waren, wenn sie Gewalt übten, Rebellen, und da sie nicht zwischen Kombattanten und Nichtkombattanten unterschieden, durfte die Kolonialmacht auch gegen das Volk insgesamt kämpfen.[44] Grenzen der Gewaltanwendung konnten allenfalls Humanität und Moral bieten, sofern man bereit war, diese zu beachten.

4.3 *Entfaltetes ius in bello*

Die Bemühungen, Krieg zwischen den souveränen Staaten der Völkerrechtsordnung zu hegen, gipfelten am Ende des 19. Jahrhunderts in den beiden Haager Konferenzen von 1899 und 1907.[45] Die erste Konferenz hatte vor allem zwei Verhandlungsgegenstände: Schiedsgerichtsbarkeit und Rüstungs- bzw. Waffenkontrolle. Schiedsgerichtsbarkeit war ein Thema schon durch das ganze 19. Jahrhundert hindurch. In zwischenstaatlichen Konflikten von geringerem Gewicht wurde sie in zahlreichen Fällen eingesetzt. Aber das ehrgeizige Ziel, vor allem von den USA verfochten, war die Einrichtung einer verpflichtenden Gerichtsbarkeit. Es wurde in Haag nicht erreicht. Zwar wurde ein ständiger Gerichtshof eingerichtet, besetzt von Experten, für die die Unterzeichnerstaaten Vorschläge machen konnten, und mit einem Büro versehen. Aber seine Anrufung blieb der Entscheidung der souveränen Staaten überlassen. Immerhin hat er bis zum Ersten

42 Vgl. Teil IV bei Grewe 1984: International Law.
43 Grewe 1984, S. 531 und S. 643.
44 Die Belege bei Grewe 1984 und bei Steiger 2008, S. 97 f.
45 Zusammenfassende Darstellung bei Hürten 1983.

Weltkrieg eine Reihe von Streitfällen entschieden.[46] In der Rüstungs- und Waffenfrage einigte man sich nur auf ein Verbot des Bombenabwurfs aus der Luft, der Verwendung von Giftgas und von Dum-Dum-Geschossen.

Die zweite Konferenz führte zu einer Reihe von Abkommen, von denen das vierte, die Haager Landkriegsordnung, und das fünfte über die Rechtsstellung neutraler Staaten die wichtigsten waren. Die Landkriegsordnung enthielt u. a. Regeln zur Unterscheidung von Kombattanten und Nichtkombattanten sowie über Status und Behandlung von Kriegsgefangenen. Die Regelungen zur Neutralität von Staaten im Krieg brachten einen langen Prozess der Entwicklung des Rechtsinstituts Neutralität zu einem gewissen Abschluss.[47] Kriegführende Parteien verpflichteten sich, die erklärte Neutralität Dritter strikt zu achten. Die Einzelheiten sind verständlicherweise sehr kompliziert, besonders was den Handel, den Seekrieg, Blockaden, Prisenrecht usw. betrifft. Die divergierenden Interessen der Staaten sind u. a. daran erkennbar, dass Großbritannien die Neutralitätskonvention nicht ratifizierte. Immerhin hat die Staatengemeinschaft nach dem Zweiten Weltkrieg an die Haager Abkommen angeknüpft und sie durch die Genfer Konventionen von 1949 zu einem humanitären Kriegsvölkerrecht weiterentwickelt.

Aber nicht erst im Zweiten, sondern schon im Ersten Weltkrieg wurden viele Vereinbarungen der Haager Konferenz von den Kriegführenden verletzt und missachtet. Beide Weltkriege führten das wertneutrale *ius ad bellum* der souveränen Staaten ad absurdum, indem sie demonstrierten, dass ein *ius in bello* zur Illusion wird, wenn Krieg zu einem Kampf auf Leben und Tod wird, der ideologisch aufgeladen ist und mit allen Ressourcen industriell hoch entwickelter Völker geführt wird. Danach konnte die Frage nach der moralischen Rechtfertigung des *ius ad bellum* nicht mehr unterdrückt werden. Ob sie mit Hilfe von Kriterien der alten Bellum-Iustum-Lehre beantwortet werden kann, bleibt zu fragen.

Exkurs I: Französische Revolutionskriege

Die Französische Revolution setzte Ideen und Kräfte frei, die ein Jahrhundert später die alte europäische Ordnung sprengten. Es waren dies vor allem „die Zuspitzung und Übersteigerung des Souveränitätsgedankens im Namen des Nationalitätenprinzips“ und die ideologische Begründung einer Bellum-Iustum-Theorie, die den Krieg als einen Kreuzzug zur Befreiung der Völker von ihren tyrannischen Herrschern proklamierte.[48]

Zunächst propagierten die Revolutionäre eine grundsätzliche Gleichheit aller Völker als Grundlage der Völkerrechtsgemeinschaft und vertraten das Prinzip der Nicht-Intervention. Aber die Revolution war getragen von einem Sendungsbewusstsein, das in

46 Zur Schiedsgerichtsbarkeit vgl. Grewe 1984, S. 600 ff.; ferner Justenhoven 2006.

47 Grewe 1984, S. 487.

48 Ebd. S. 487 und S. 495 ff.

den 1792 beginnenden Kriegen als Mission zum Kampf für das Selbstbestimmungsrecht der Völker gegen die Fürsten eine elementare Kraft entfaltete. Nach Robespierre war ein Feind aller Nationen und ein Verbrecher der, der sich an der Freiheit einer Nation verging. In Formeln wie „Krieg den Palästen, Frieden den Hütten“ oder „Krieg den Königen, Friede den Nationen“ proklamierten die Revolutionäre eine Art Weltbürgerkrieg als Befreiungskrieg. Sie ersetzten „den reinen Staatenkrieg durch den Volkskrieg und die demokratische levée en masse“ auf der Grundlage allgemeiner Wehrpflicht.[49] Damit war der Gegner wieder kriminalisiert, an die Stelle des *iustus hostis* trat der Feind des Menschengeschlechtes.

Den Schwung dieses ideologisch-nationalen Aufbruchs nutzte Napoleon dann für seine Eroberungs- und Unterwerfungskriege mit Massenheeren. Im Gegenzug erhielten die Befreiungskriege gegen ihn ebenfalls Züge nationaler Volkskriege. Das ganze „Zwischenspiel“ von 1789–1815 mutet so wie ein Vorschein an auf das, was im Ersten Weltkrieg den „gehegten Krieg“ ad absurdum führte.

Exkurs II: Kants Idee eines Völkerbundes

Auch Immanuel Kants Entwurf eines friedenssichernden Völkerbundes steht quer zum positivistischen *ius ad bellum* seiner Zeit. Seine Vorstellungen wurden in den Diskussionen und Bemühungen des 20. Jahrhunderts um völkerrechtliche Wege zur Kriegsverhütung neu virulent.[50]

Für die Bedeutung des Kantschen Denkens scheint mir erhellend, wie Carl Schmitt sich damit auseinandersetzt.[51] Schmitt will bei Kant Widersprüche sehen und meint, er zeige ein Doppelgesicht: Einerseits stehen sich die Staaten im Naturzustand als Gleiche mit gleichem Recht zum Krieg, als *iusti hostes* gegenüber; darin kann es keinen Strafkrieg geben. Andererseits kommt dann doch der *hostis iniustus* ins Spiel, gegen den ein gerechter Präventivkrieg möglich wäre. Schmitts resignierendes Resümee dazu lautet, Kant sei nun einmal kein Jurist, er stehe den Theologen näher.

Die Darlegungen Kants in seiner Rechtslehre (§§ 53–61), auf die sich Schmitt hier bezieht, machen aber deutlich, dass man das *ius ad bellum* gleichberechtigter Staaten nicht völlig von der Gerechtigkeitsfrage lösen kann. Kant deutet den Naturzustand der Staaten nicht völlig im Sinn von Hobbes als rechtlosen Kriegszustand. Vielmehr gibt es für ihn auch darin schon ein Recht der Völker, aus dem er Elemente eines Rechtes vor, in und nach einem Krieg herleitet (§§ 56–58). Anschließend spricht er von einem „Recht des Friedens“ (§§ 59–61), und dort taucht der *hostis iniustus* auf.

49 Schmitt 1950, S. 123.
50 Vgl. Höffe 1995; Habermas 1996, S. 192 ff.; ders., 2004, S. 111 ff.
51 Schmitt 1950, S. 140 ff.

> „Es ist derjenige, dessen öffentlich … geäußerter Wille eine Maxime verrät, nach welcher, wenn sie zur allgemeinen Regel gemacht würde, kein Friedenszustand unter Völkern möglich, sondern der Naturzustand verewigt werden müsste. Dergleichen ist die Verletzung öffentlicher Verträge, von welcher man voraussetzen kann, dass sie die Sache aller Völker betrifft, deren Freiheit dadurch bedroht wird, und die dadurch aufgefordert werden, sich gegen einen solchen Unfug zu vereinigen und ihm die Macht dazu zu nehmen" (§ 60).

Zwar ist nach Kant der ewige Friede eine unausführbare Idee, aber möglich ist ein auf dem Recht der Menschen und der Staaten gründender Verein von Staaten zur gemeinsamen Erhaltung des Friedens, ein Völkerbund. Um des Rechts der Menschen und der Staaten willen muss also der Naturzustand des Krieges überwunden, in einen Rechtszustand überführt werden.

In seiner Schrift „Zum ewigen Frieden" führt Kant diese Idee breiter aus. Er gibt seiner Friedensschrift die literarische Form eines Friedensvertrages mit Präliminarartikeln (Bedingungen der Überwindung des Kriegszustandes) und Definitivartikeln (positive Rechtsbedingungen des Friedens). Die sechs Präliminarartikel lesen sich wie grundsätzliche Kritik an der damaligen Praxis der Fürsten, ihr *ius ad bellum* wahrzunehmen. Der erste, der fünfte und der sechste Artikel zielen auf die Grundvoraussetzung dauerhaften Friedens, auf ein Minimum an Vertrauen zwischen den souveränen Akteuren und an politischem Willen zu gegenseitiger Respektierung von Grenzen und Besitzstand (kein geheimer Kriegsvorbehalt bei Friedensschluss, keine gewalttätige Einmischung in innere Angelegenheiten, keine ehrlosen Kriegshandlungen). Die Artikel zwei bis vier sollen den Akteuren die rechtlichen und materiellen Instrumente zu willkürlicher Kriegführung aus der Hand nehmen (kein privatrechtlicher Erwerb von Staaten, keine stehenden Heere, keine Staatsverschuldung zu Kriegszwecken).

Der erste Definitivartikel fordert eine republikanische Verfassung der Staaten. Das meint hier keine bestimmte Staatsform, sondern ist das Gegenprinzip zum Despotismus der absoluten Fürsten: Gewaltenteilung und eine rechtliche Form von Repräsentation der Regierten, die das vernünftige Interesse der Bürger politisch wirksam macht und so friedensfördernd sein soll. Der zweite Definitivartikel bildet das Herzstück der Friedensschrift: „Das Völkerrecht soll auf einen Föderalism freier Staaten gegründet sein". Die Staaten sollen sich gemäß einem Gebot der Vernunft unter ein für alle gleiches Recht der Völker stellen und so das *ius ad bellum* des einzelnen Staates aufheben. Nicht nur ein Krieg, sondern alle Kriege sollen so endigen.

Kant sieht durchaus das Dilemma: Zu Ende gedacht müsste das zu einer mit Zwangsgewalt ausgestatteten Weltrepublik, zu einem Staat über den Staaten führen. Das hält er aber wegen der Verschiedenartigkeit der Völker und ihrer Interessen nicht für möglich und wegen der Gefahr eines universalen Despotismus auch nicht für wünschenswert. Deshalb ist ein ewiger Friede unmöglich. Für möglich hält Kant aber einen Bund frei bleibender Staaten, gleichsam der negative Ersatz für den nicht wünschenswerten Weltstaat. Dieser Bund kann auch stufenweise, durch Teilföderationen erreicht werden.

Er soll den zwischen seinen Gliedern vereinbarten Frieden sichern; als kontinuierliche Aufgabe einer vom vernünftigen Interesse aller gebotenen Politik. Kant formuliert damit exakt die weltpolitische Aufgabe, an der die Staaten seit den Erfahrungen zweier Weltkriege sich abmühen.

Der dritte Definitivartikel fordert ein auf allgemeine Hospitalität (Gastfreundschaft) eingeschränktes Weltbürgerrecht. Das hat zwei Seiten. Einerseits schränkt es ein. So wie es keinen Weltstaat geben kann, so auch kein umfassendes Weltbürgerrecht. Nicht jeder kann überall die gleichen Rechte fordern; das gäbe nur unendliche Konflikte. Aber da die Erde als begrenzter Raum ursprünglich gemeinschaftlicher Besitz aller ist, soll die Hospitalität aller überall gelten, d. h. Besuchsrecht, Gastfreundschaft, freier Handel zur Stützung und Förderung des Friedens. Kant spricht diesbezüglich von einem „öffentlichen Menschenrecht, dessen Verletzung von allen gefühlt wird". Ein Vorgriff auf die heutigen Bemühungen um weltweite Geltendmachung von Menschenrechten.[52]

In der Friedensschrift spricht Kant nicht ausdrücklich von einem *bellum iustum*. Aber dieses liegt in der Konsequenz seiner Vorstellung, dass der Völkerbund freier Staaten den Krieg abwehren soll. Demnach muss äußerstenfalls ein Krieg gegen den Rechtsbrecher als *bellum iustum* zu rechtfertigen sein, allerdings nicht mehr aus einer metaphysisch begründeten Ordnungsvorstellung, sondern aus vernünftig vereinbartem Recht. Dem entspricht, dass in der Rechtslehre der Rechtsbrecher als *hostis iniustus* bezeichnet wird. Ein solcher moralisch gerechtfertigter Krieg gibt keineswegs ein schrankenloses Recht gegenüber dem ungerechten Feind. Sein Land zu teilen, den Staat gleichsam verschwinden zu lassen, wäre auch dem Völkerbund nicht erlaubt; denn kein Volk verliert nach Kant sein ursprüngliches Recht, sich in ein gemeines Wesen zu verbinden, also einen Staat zu bilden (Rechtslehre § 60).

Es ist also richtig, was Carl Schmitt als Vorwurf formuliert, dass Kant mit der Denkfigur eines natürlichen Rechts und eines *hostis iniustus* ein philosophisch-ethisches Moment wieder in das zu seiner Zeit positivistisch gedachte Völkerrecht einführt und damit auch die Vorstellung eines *bellum iustum* rehabilitiert. Aber die Verbindung von Moral, Recht und Politik ist bei Kant in einer Weise begründet, die eine exzessive, den Gegner moralisch diskriminierende Inanspruchnahme von Moral durch Politik und damit auch einen nur moralisch oder religiös begründeten Krieg unmöglich macht.[53] Die moralische Pflicht der Politik besteht darin, aus Vernunft Recht zu setzen und zu sichern. Ohne diese vernünftige Bindung an Recht wird Politik nicht aus dem Naturzustand des Krieges herauskommen. Vernünftiges Recht soll nach Kant also das notwendige Minimum an Moral in der Politik sichern, es aber zugleich auf Zwecke des Rechts beschränken.

---

52 Zur Aktualität der Kantschen Idee vgl. die Darstellungen bei Höffe 1995 sowie Habermas 1996; ders. 2004 und dort genannte weitere Literatur. Die Kant-Zitate sind entnommen der 10-bändigen Kant-Ausgabe von Wilhelm Weischedel, 1968.

53 Vgl. Castillo 1995, S. 195 ff.; ferner Habermas 2004, S. 187 ff.

In den strengen Begriffen Kants ist es nicht die Moral, die etwa mit detaillierten Normen die politische Vernunft binden soll; vielmehr ist es die Moralität, das heißt die innere Bindung der praktischen Vernunft an eine verallgemeinerbare Handlungsmaxime im Sinn des kategorischen Imperativs. Er verbindet so die Idee des Rechts, ohne die auch kein positivistisch gefasstes Kriegsrecht auskommt, mit der moralischen Anlage im Menschen. Damit hat Kant das Problem auf den Begriff gebracht, an dem sich Politik und Völkerrecht seit den Weltkriegen abarbeiten: ob Krieg durch international durchsetzbares Recht in einem Bund frei bleibender Staaten verhütet, gleichsam institutionell überwunden werden kann; man könnte auch sagen, ob er reduziert werden kann auf die *ultima ratio* eines *bellum iustum* der Staatengemeinschaft gegen Rechtsbrecher.

5 Vom Völkerbund zur UNO: Rückkehr des bellum iustum durch kollektive Sicherheit?

Die Erfahrungen des Ersten Weltkriegs leiteten einen Epochenwechsel im Völkerrecht und speziell im Kriegsrecht ein. Dieser fand seinen ersten Ausdruck im Völkerbund, seinen zweiten nach dem Zweiten Weltkrieg in den Vereinten Nationen, beides Versuche, den Krieg zwischen Staaten durch eine Sicherheitsgemeinschaft der Staaten zu verhindern. Das Scheitern des Völkerbundes und die ständigen Schwierigkeiten der Vereinten Nationen, ihrer Aufgabe gerecht zu werden, sind bekannt. Deshalb überraschen auch nicht negative Urteile in der Völkerrechtsliteratur. Unter dem Aspekt unseres Themas fällt aber auf, dass die Wiederkehr eines diskriminierenden Kriegsbegriffs mit dem Völkerbund, die Frage also nach Recht und Unrecht in einem objektivierbaren Sinn und die Feststellung eines *hostis iniustus*, von manchen Völkerrechtlern eher negativ bewertet wird. Am deutlichsten wird das bei Carl Schmitt, der die Hegung des Krieges durch das wertneutrale *ius ad bellum* preisgegeben sieht und die Rückkehr zu Lehren vom gerechten Krieg als ein ideologisches Begleitphänomen der industriell-technischen Entwicklung moderner Vernichtungsmittel erklärt.[54] Bei Wilhelm Grewe finden sich ähnliche Wertungen. Völkerbund und Kellogg-Pakt bewertet er als Instrumente der angelsächsischen Doppelhegemonie; die Versuche völkerrechtlicher Kriegsächtung nennt er ideologisch-moralisierend.[55]

Nun sind die ideologischen Elemente in Theorie und Praxis des Bemühens um eine universale Völkerrechtsordnung, also der interessebedingte Einsatz hoher Wertbegriffe und rechtlicher Bestimmungen, nicht zu bestreiten. Aber dass das alte *ius ad bellum* souveräner Staaten schon durch den Ersten Weltkrieg diskreditiert war, vollends durch den Zweiten Weltkrieg ad absurdum geführt wurde, kann man nicht gut bestreiten; und also auch nicht die Notwendigkeit, nach neuen Regeln zu suchen. Im Ersten Welt-

54 Schmitt 1950, S. 255 und S. 299.
55 Grewe 1984, S. 691 ff. und S. 730 f.

krieg wurde das *ius in bello* der Haager Konferenzen vielfältig durchbrochen: durch die deutsche Missachtung der belgischen Neutralität gleich zu Beginn, durch den beiderseitigen Einsatz von Giftgas und von Bombenflugzeugen gegen Städte; durch die britische Seeblockade gegen die Mittelmächte und durch den deutschen uneingeschränkten U-Boot-Krieg. Zum ersten Mal machten die Völker die Erfahrung, dass moderner Krieg zwischen hochgerüsteten Industrienationen tendenziell die Unterscheidung von Militär und Zivilbevölkerung aufhebt, weil alle Ressourcen der kämpfenden Nation „kriegswichtig" werden. Menschenverluste und Zerstörungen hatten schon im Ersten Weltkrieg ein Ausmaß angenommen, dass die überlieferten Lebensverhältnisse erschüttert, das „bürgerliche Gefühl von Sekurität und Kontinuität" zerstört war.[56]

Vernichtungsmittel und Vernichtungswille steigerten sich im Zweiten Weltkrieg zu einem „totalen Krieg" mit den maßlosen Exzessen des Vernichtungskriegs, den Deutschland in der Sowjetunion führte, und der Zerstörung der meisten deutschen Großstädte durch britische und amerikanische Luftangriffe. Als die Alliierten auf der bedingungslosen Kapitulation Deutschlands bestanden, war dies sprechender Ausdruck dafür, dass es unmöglich geworden war, Hitler-Deutschland als *iustus hostis* zu betrachten, weil die NS-Ideologie ihrerseits nur noch die Alternative von Sieg oder Untergang kannte. Wenn Krieg zerstört, was er schützen soll, ist seine Funktionalität aufgehoben, und wenn er ideologisch als Vernichtungskrieg geführt wird, endet jede Wertneutralität.

So schien die zuerst vom amerikanischen Präsidenten Wilson propagierte Idee eines Völkerbundes einleuchtend. Sie war ebenso einfach wie schwer realisierbar. Nach Art. 11 der Satzung des Völkerbundes war künftig jeder Krieg und jede Kriegsdrohung eine Angelegenheit des ganzen Bundes, der dagegen Maßnahmen zum Schutz des Friedens ergreifen sollte. Indem also Krieg zur Sache der Staatengemeinschaft erklärt wurde, war das herkömmliche *ius ad bellum* des einzelnen Staates in Frage gestellt, wenn auch noch nicht aufgehoben. Hobe und Kimminich bringen die rechtliche Substanz der Satzung des Völkerbundes auf den Begriff Kriegsverhütungsrecht mit den Teilen Abrüstung, Schiedsgerichtsbarkeit, Sicherheit.[57] Die Satzung sprach kein absolutes, sondern ein relatives Kriegsverbot aus. Sie duldete Krieg als Wahrnehmung des Selbstverteidigungsrechts eines Staates, wenn Streitbeilegung durch Schiedsspruch oder durch einstimmige Ratsentscheidungen im Völkerbund nicht gelang. Die wichtigsten Instrumente zur Kriegsverhütung waren Sanktionen gegen den Friedensstörer und Schiedsgerichtsbarkeit. Art. 16 der Satzung drohte dem Mitglied des Bundes, das unter Verletzung des Vertrages zum Krieg schritt, Sanktionen aller anderen an. Damit war die Neutralität des bisherigen Kriegsvölkerrechts für die Mitglieder des Bundes tendenziell abgelöst durch die Pflicht, den Friedensstörer gemeinsam in Schranken zu weisen, äußerstenfalls auch mit koordinierten militärischen Mitteln. Allerdings blieb die Beteiligung an solchen Aktionen der Entscheidung der einzelnen Mitglieder überlassen. Ferner wurde die Beile-

56 Fassbender 2008, S. 103; vgl. auch Habermas 2004, S. 152 ff.
57 Hobe und Kimminich 2004, S. 45 f.

gung von zwischenstaatlichen Konflikten durch Schiedsspruch institutionalisiert durch die Errichtung eines Ständigen Internationalen Gerichtshofs in Den Haag. Dessen Inanspruchnahme blieb allerdings weitgehend freiwillig.

Die Vertragspartner des Völkerbundes waren sich bewusst, dass die Satzung nur ein Anfang sein konnte im Versuch, den Krieg zu ächten. Die Bemühungen, über das zunächst Erreichte hinaus zu kommen, führten 1924 zum Genfer Protokoll. Es verbot jeden Angriffskrieg; es enthielt auch eine Definition des Angreifers und überließ die Feststellung, ob ein Angriff vorliege, nicht mehr den Bundesmitgliedern, sondern übertrug sie dem Völkerbundsrat. Zugleich jedoch sollte den Staaten das Recht auf Selbstverteidigung zur Abwehr eines Angriffs bleiben. Damit kommt ein Grunddilemma kollektiver Sicherheit zum Ausdruck. Die UN-Charta hat später dieses Dilemma zwischen Kriegsverbot und Verteidigungsrecht in Art. 51 so zu lösen versucht, dass dem angegriffenen Staat militärische Gegenwehr nur so lange gestattet sein soll, bis der Sicherheitsrat die notwendigen Maßnahmen zur Aufrechterhaltung des internationalen Friedens und der Sicherheit ergriffen habe. Das Genfer Protokoll ist nicht in Kraft getreten, weil maßgebliche Mitglieder des Völkerbundes, so Großbritannien und Kanada, in Einschätzung ihrer Interessen nicht bereit waren, weitreichende Garantien für die Sicherheit anderer zu übernehmen.[58] Charakteristisch für diese Sicht der Dinge ist die Formulierung, die der Vertreter Kanadas in den Verhandlungen vertrat: Die Risiken bei dieser gegenseitigen „Feuerversicherung" seien nicht gleich. „We live in a fire-proof house, far from inflammable materials."[59]

Einen weiteren Anlauf, durch solidarisch garantierten Beistand Krieg unmöglich zu machen, versuchte danach regional der Locarno-Vertrag 1925 zwischen Deutschland und seinen ehemaligen westeuropäischen Gegnern, sodann international der Briand-Kellogg-Pakt von 1928, dem bis 1938 63 Staaten beigetreten waren. Er verstand sich als Allgemeiner Pakt zur Ächtung des Krieges und enthielt zwei Verpflichtungen: den Verzicht der Partner auf Krieg als Mittel der Konfliktlösung und die Bereitschaft, Streitigkeiten nur mit friedlichen Mitteln zu regeln.[60] Freilich enthielt auch dieser Vertrag den Vorbehalt des Rechts auf Selbstverteidigung und verließ sich in der Frage friedlicher Streitbeilegung auf die im Rahmen des Völkerbundes gegebenen Wege und Mittel. Fassbender sieht im Kellogg-Pakt „den endgültigen Bruch mit der klassischen Lehre der *iusti hostes*" und weist darauf hin, dass der Vertrag im Nürnberger Kriegsverbrecherprozess als eine Rechtsgrundlage herangezogen wurde.[61] Carl Schmitt konstatiert einen Widerspruch, indem er feststellt, die Genfer Liga habe sich sowohl dem amerikanischen Kellogg-Pakt über Kriegsverzicht als auch der Einführung des „gerechten Krieges" durch Definition des Angriffs „unterworfen". Jetzt sei der Kriegsbegriff des

58 Ebd. S. 48 ff. und Fassbender 2008, S. 108 f.
59 Zitiert bei Hürten 1983, S. 143.
60 Vgl. Hobe und Kimminich 2004, S. 48 f.; Fassbender 2008, S. 111.
61 Fassbender 2008, S. 111; vgl. Hobe und Kimminich 2004, S. 49.

europäischen Völkerrechts aus den Angeln gehoben worden, die Kriminalisierung habe ihren Lauf genommen.[62] Das kann er unter seiner Perspektive so sehen, aber er erspart sich die weitere Auseinandersetzung mit dem Problem mit der Bemerkung: „An diesem Punkt brechen wir unsere Erörterung ab";[63] als habe es kein NS-Regime und keinen Zweiten Weltkrieg gegeben.

In der Beilegung von Konflikten war der Völkerbund nicht durchweg ohne Erfolg, aber das gilt nur für politisch weniger gravierende Fälle.[64] Die Erfolglosigkeit des Völkerbundes in den schwerwiegenderen Konflikten hängt eng mit seinem Scheitern in der Abrüstungsfrage zusammen; denn gemeinsame Friedenssicherung und Abrüstung waren im Konzept des Völkerbundes eng miteinander verknüpft. Je länger erfolgreiche Schritte in der Abrüstungsfrage ausblieben, umso geringer wurde der Einfluss des Völkerbundes auf die Regelung zwischenstaatlicher Konflikte. 1931/32 konnte der Völkerbund die japanische Aggression gegen die Mandschurei nicht rückgängig machen, da keiner der Bundesstaaten zum militärischen Eingreifen gegen Japan bereit war. Als wirkungslos erwiesen sich 1935/36 die Sanktionen gegen Italien anlässlich seiner Eroberung Äthiopiens, zumal da sie von Deutschland unterlaufen wurden. Dem Spanischen Bürgerkrieg musste der Völkerbund machtlos zusehen, ebenso der Kündigung der Locarno-Verträge und der Besetzung des entmilitarisierten Rheinlandes durch Hitler 1936. In den weiteren Beschwichtigungsversuchen der europäischen Staaten gegenüber Hitler-Deutschland in der Vorgeschichte des Zweiten Weltkriegs spielte der Völkerbund keine Rolle.

Schwäche und schließliche Ohnmacht des Völkerbundes gründeten auch darin, dass ihm niemals während der 20 Jahre von 1919 bis 1939 alle wichtigeren Mächte der Staatengemeinschaft angehörten. Die USA blieben ihm von Anfang an fern, weil die amerikanische Politik in Reaktion auf die europäischen Querelen in und nach Versailles von einer neuen Welle des Isolationismus bestimmt wurde. Das bolschewistische Russland trat erst 1933 dem Völkerbund bei; Deutschland wurde erst nach den Locarno-Verträgen 1926 zugelassen, aber Hitler trat 1933 unter dem Vorwand ungleicher Behandlung in der Abrüstungsfrage wieder aus; ebenso Japan im Zuge des Mandschukuo-Konflikts. Diesbezüglich schien die UNO 1945 bessere Voraussetzungen zu haben, weil zahlreiche Staaten der Welt unter der Führung der großen Siegermächte des Zweiten Weltkriegs sich gemeinsam auf eine Charta einigten, die eine wirksame kollektive Friedenssicherung auf der Basis eines allgemeinen Gewaltverbotes erreichbar erscheinen ließ. Warum auch dieser Versuch bisher trotz eindrucksvoller Weiterentwicklung des Völkerrechts und unübersehbarer Interdependenz aller Staaten in der einen Welt bis heute nicht wirksam gelang, ist nicht mehr unser Thema.

---

62 Schmitt 1950, S. 232 und S. 255.

63 Ebd. S. 255.

64 Die Beispiele bei Fassbender 2008, S. 119 f.

Ausblick

Der Völkerbund ist nicht an Rechtsproblemen, sondern politisch gescheitert. Es ist schwierig, aber nicht unmöglich, das Selbstverteidigungsrecht des Staates und die Möglichkeit seines Missbrauchs einerseits, ein allgemeines Gewaltverbot und die Möglichkeiten seiner kollektiven Durchsetzung andererseits völkerrechtlich in ein widerspruchfreies Verhältnis zu bringen.[65] Die UN-Charta kam darin weiter als der Völkerbund, indem sie das Selbstverteidigungsrecht (Art. 51) dem Gewaltverbot (Art. 2) und den Kompetenzen des Sicherheitsrates (Kapitel VII) unterordnete. Der Sicherheitsrat war und ist aber häufig durch entgegengesetzte Interessen der Veto-Mächte politisch blockiert. Ein Staat kann und wird nur dann auf sein Recht zur Selbstverteidigung verzichten, wenn er sicher sein kann, dass die Staatengemeinschaft seine bedrohte Sicherheit im konkreten Fall wirksam schützt. Das wird nicht möglich sein, solange die Mitglieder des kollektiven Sicherheitssystems nicht den gemeinsamen politischen Willen aufbringen, dieses mit den entsprechenden Mitteln auszustatten. Dies wiederum werden sie nicht tun, solange sie ihre unterschiedlichen bis gegensätzlichen Interessen stärker gewichten als ein allgemeines Interesse an gemeinsamer Sicherheit. Das ist der politische Zirkel, an dem der Völkerbund gescheitert ist und den auch die Vereinten Nationen bisher nicht auflösen konnten.[66]

Was bedeutet die skizzierte Entwicklung des Völkerrechts für die Theorie vom *bellum iustum*? Die Frage hat zwei Seiten. Deshalb reicht die Auskunft nicht, ein *bellum iustum* sei mit der Logik des geltenden Völkerrechts nicht vereinbar.[67] Die These ist richtig, wenn mit dem *bellum iustum* ein zwischenstaatlicher Krieg moralisch legitimiert werden soll unter Missachtung oder Umgehung des geltenden Völkerrechts. Die Gefahr, dass politische Akteure unter Berufung auf höhere Legitimitätsgründe der Gerechtigkeit die strenge Legalität der Kriegsvermeidung aushebeln, ist nicht zu übersehen. Das Recht dazu hat der einzelne Staat nicht. Aber er hat das „natürliche" Recht der Selbstverteidigung, und die Staatengemeinschaft hat die Pflicht und Aufgabe, die kollektive Sicherheit aller Staaten zu gewährleisten. Diese wird mit der Gründung der UN und dann in zunehmendem Maße an Sicherung der Menschenrechte und humanitäre Grundstandards geknüpft. Damit kommt die andere Seite unserer Frage in den Blick.[68]

---

65 Vgl. Fassbender 2008, S. 112 ff.

66 Zum Diskussionsstand der Völkerrechtslehre vgl. Doehring 2004, § 11: Kriegsrecht; Schweisfurth, 2006, Kapitel 13: Kriegsverhütung und Gewaltabwehr; Bothe 2007, S. 637 ff.: Friedenssicherung und Kriegsrecht.

67 So Schweisfurth 2006, S. 479 und Kimminich 1987, Bd. 3 S. 711; Kleemeier 2003, S. 26 mit weiteren Belegen.

68 Dazu Anne Peters und Simone Peter 2006, S. 43 ff.; Ziolkowski 2008. Diese Dissertation aus der FU Berlin untersucht die kriegerischen Konflikte seit 1945 unter dem Aspekt ihrer Rechtfertigung durch Topoi der Bellum-Iustum-Theorie. Sie arbeitet den Missbrauch detailreich heraus, räumt aber am Ende

Im Selbstverständnis der Vereinten Nationen und im Bewusstsein der Weltöffentlichkeit gehören Frieden und Menschenrechte zusammen. Damit wird die Interdependenz von Moral und Recht auch im Völkerrecht wieder deutlicher als in Zeiten seines rein formal-positivistischen Verständnisses. Zweifellos ist damit die Gefahr gegeben, dass einzelne Staaten militärisches Vorgehen fälschlicherweise aus höheren „Werten" legitimieren, auch dass eine Supermacht die Vereinten Nationen in dieser Weise instrumentalisiert. Aber eben deshalb müssen sowohl die Selbstverteidigung eines Staates als auch das Einschreiten der Staatengemeinschaft gegen Friedensstörer im Rahmen völkerrechtlicher Legalität auch an ethischen Kriterien gemessen werden. Das formale Recht reicht dazu nicht, weil es immer Spielräume der Interpretation und des politisch-ethischen Ermessens lassen muss. Damit kommen für eine ethisch verantwortbare Politik der Friedenssicherung mit militärischen Mitteln die Kriterien der Bellum-Iustum-Theorie ins Spiel.

Wann etwa wird die Gefahr einer Aggression zur *iusta causa* für militärische Gegenwehr? Wann fordern ein Genozid, eine ethnische Vertreibung, eine schwerwiegende Verletzung von Menschenrechten die *ultima ratio* bewaffenten Eingreifens? Wann also sind diplomatisch-politische Regelungsversuche an ihrem Ende? Wer ist die legitime Autorität? Wie kann eine Selbstmandatisierung durch Supermächte verhindert werden? Welche Chancen auf Erfolg hat bewaffnetes Vorgehen, gemessen am Ziel (der *intentio recta*) gerechteren Friedens? Kann die Verhältnismäßigkeit der Mittelgewahrt, können also die Folgen kalkuliert und verantwortet werden? Was ist, wenn der Sicherheitsrat sich selbst blockiert? Mit anderen Worten, die Anwendung militärischer Gewalt im Rahmen einer völkerrechtlich geltenden und fortschreitend zu verbessernden Friedensordnung muss Recht und Ethik in Übereinstimmung bringen. Gesucht wird ein „Rechtspazifismus", eine Verbindung von Legalität (Gewaltverbot) und Legitimität (gerechter Friede).[69]

Der Rückgriff auf die ethischen Kriterien der Bellum-Iustum-Lehre ist zwingend geworden, seit die Staatenwelt die Erfahrung gemacht hat, dass ein wertfrei wahrgenom-

---

ein, dass das strikte Gewaltverbot allein keine glatte Lösung bietet; dass deshalb den Staaten ein Notstandsrecht als allgemeiner Grundsatz des Völkerrechts zustehen müsste.

Die Berufung auf Elemente der Bellum-Iustum-Theorie ist in den USA besonders ausgeprägt. Die amerikanische Politik wird darin begünstigt durch den Tatbestand, dass die Theorie im angloamerikanischen Raum nie abgebrochen war. Das konnte hier nicht dargestellt werden. Vgl. die Literaturangaben dazu bei Ziolkowski 2008, S. 31 f.

Es muss aber darauf hingewiesen werden, dass die anspruchsvolle ethische Diskussion der Thematik keinesfalls dazu neigt, der Politik nach dem Mund zu reden. Dazu der Hinweis auf zwei herausragende Publikationen: Walzer 1982; McMahan 2009. Beide Autoren bejahen vor dem Hintergrund der europäischen Denktradition die Möglichkeit des *bellum iustum.* Aber beide gewinnen aus dieser Lehre strenge Kriterien für das *ius in bello,* diskutieren an konkreten Fällen die moralischen Dilemmata und die Aporien, in die auch ein als gerecht anzusehender Krieg gerät. Dabei fällen sie auch harte Urteile über die Kriegspraxis der angelsächsischen Mächte. Über Praxis und Weiterentwicklung des *ius in bello* gehen die Ansichten der beiden Autoren allerdings weit auseinander.

69 Ausführlicher dazu Beestermöller (2011) in Teil IV seines Aufsatzes.

menes *ius ad bellum* die Grundlagen humanen Zusammenlebens der Völker zerstört. Damit wird wieder erkennbar, dass die Bellum-Iustum-Lehre in den Rahmen einer Friedensethik gehört, was für ihre geistigen Väter selbstverständlich war.[70] Nur in diesem Rahmen ist sie vertretbar, in ihm aber auch nötig. Denn zum Frieden gehört die Notwendigkeit seiner Sicherung. Friedensethik und Bellum-Iustum-Lehre allein können freilich den Frieden nicht sichern. Sie müssen in wirksames, geltendes, durchsetzbares Recht übertragen und in politisch kluger Regelung von Konflikten praktiziert werden; eine ständige Aufgabe.

Literatur

Angenendt, Arnold. 2007. *Toleranz und Gewalt. Das Christentum zwischen Bibel und Schwert.* Münster.

Beestermöller, Gerhard. 1990. *Thomas von Aquin und der gerechte Krieg. Friedensethik im theologischen Kontext der Summa Theologica.* Köln.

—. 2011. Krieg/Frieden. In *Neues Handbuch philosophischer Grundbegriffe. Bd.* 2, 1332–1345. Freiburg.

Bothe, Michael. 2007. Friedenssicherung und Kriegsrecht. In *Völkerrecht.*, hg. von Wolfgang Graf Vitzthum. 4. Aufl., 637–752. Berlin.

Brieskorn, Norbert, und Markus Riedenauer, Hg. 2000, 2002,2003. *Suche nach Frieden. Politische Ethik in der Frühen Neuzeit. 3 Bde.* Stuttgart.

Bruha, Thomas et al. 2008. *Legalität, Legitimität und Moral. Können Gerechtigkeitspostulate Kriege rechtfertigen?.* Tübingen.

Brunner, Otto. 1965. *Land und Herrschaft.* 5. Aufl. Wien.

Castillo, Monique. 1995. Moral und Politik. Mißhelligkeiten und Einhelligkeit. In *Immanuel Kant – Zum Ewigen Frieden*, hg. von Otfried Höffe, 195–220. Berlin.

Doehring, Karl. 2004. *Völkerrecht.* 2. Aufl. Heidelberg.

Erdmann, Carl. 1955. *Die Entstehung des Kreuzzugsgedankens.* Nachdruck d. Ausg. 1935 Stuttgart.

Fassbender, Bardo. 2008. Selbstverteidigung und Staatengemeinschaftsinteresse in der Zeit des Völkerbundes. In *Legalität, Legitimität und Moral. Können Gerechtigkeitspostulate Kriege rechtfertigen?*, hg. von Thomas Bruha et al., 99–132. Tübingen.

Forschner, Maximilian. 1988. *Stoa und Cicero über Krieg und Frieden.* Barsbüttel: Institut für Theologie und Frieden.

Grewe, Wilhelm. 1984. *Epochen der Völkerrechtsgeschichte.* Baden-Baden.

Habermas, Jürgen. 1996. Kants Idee des ewigen Friedens – aus dem historischen Abstand von 200 Jahren. In *Die Einbeziehung des Anderen*, 192–236. Frankfurt am Main.

70 Deshalb bleibt auch die oft vertretene Meinung oberflächlich, die katholische Kirche, eine Hauptvertreterin der Bellum-Iustum-Theorie, habe den „Gerechten Krieg" durch den „Gerechten Frieden" verabschiedet. Es ist richtig, dass die kirchliche Lehre bis zum Zweiten Weltkrieg relativ unkritisch die alte Lehre vertrat und oft auch dem Missbrauch preisgab. Erst unter dem Eindruck des Zweiten Weltkrieges und angesichts der Gefahr einer atomaren Katastrophe hat sie ihre Lehre revidiert, an den Bedingungen gegenwärtiger Weltpolitik geprüft und ihre Kriterien in eine umfassende Lehre vom gerechten Frieden zurückgeholt. Vgl. Nagel 1997.

—. 2004. Das Kantische Projekt und der gespaltene Westen. In *Der gespaltene Westen*, 111–193. Frankfurt am Main.
Hartmann, Wilfried. 1992. *Der Frieden im frühen Mittelalter*. Barsbüttel: Institut für Theologie und Frieden.
Hobe, Stephan, und Otto Kimminich. 2004. *Einführung in das Völkerrecht*. 8., völlig neu bearbeitete Aufl. Tübingen, Basel.
Höffe, Otfried, Hg. 1995. *Immanuel Kant – Zum Ewigen Frieden*. Berlin.
Hürten, Heinz. 1983. *Friedenssicherung und Abrüstung. Erfahrungen aus der Geschichte*. Graz.
Janssen, Dieter, und Michael Quante, Hg. 2003. *Gerechter Krieg, rechtsphilosophische und ethische Beiträge*. Paderborn.
Justenhoven, Heinz-Gerhard. 1991. *Francisco de Vitoria zu Krieg und Frieden*. Köln.
—. 2006. *Internationale Schiedsgerichtsbarkeit. Ethische Norm und Rechtswirklichkeit*. Stuttgart.
Kant, Immanuel. 1968. *Werke in 10 Bänden, hg. von Wilhelm Weischedel*. Darmstadt.
Kimminich, Otto. 1987. Krieg. In *Staatslexikon. Bd. 3.*, hg. von der Görres-Gesellschaft. 7. Aufl., 708–711. Freiburg i.Br.
Kimminich, Otto, und Stephan Hobe. 2000. *Einführung in das Völkerrecht*. 7. Aufl. Tübingen.
Kleemeier, Ulrike. 2003. Krieg, Recht, Gerechtigkeit. In *Gerechter Krieg, rechtsphilosophische und ethische Beiträge*, hg. von Dieter Janssen, und Michael Quante, 11–28. Paderborn.
Kreis, Georg, Hg. 2006. *Der „gerechte Krieg". Zur Geschichte einer aktuellen Denkfigur*. Basel.
Mayer, Hans E. 2000. *Geschichte der Kreuzzüge*. 9. Aufl. Stuttgart.
McMahan, Jeff. 2009. *Kann töten erlaubt sein? Krieg und Ethik*. Oxford.
Muralt, L. von. 1955. *Bismarcks Verantwortlichkeit*. Göttingen.
Nagel, Ernst Josef. 1997. *Die Friedenslehre der katholischen Kirche. Eine Konkordanz kirchenamtlicher Dokumente*. 2. Aufl. Barsbüttel: Institut für Theologie und Frieden.
Peters, Anne, und Simone Peter. 2006. Lehren vom „Gerechten Krieg" aus völkerrechtlicher Sicht. In *Der „gerechte Krieg". Zur Geschichte einer aktuellen Denkfigur*, hg. von Georg Kreis, 43–96. Basel.
Ricken, Fridolin. 1988. *Platon und Aristoteles über Krieg und Frieden*. Barsbüttel: Institut für Theologie und Frieden.
Riley-Smith, Jonathan. 2003. *Wozu heilige Kriege? Anlässe und Motive der Kreuzzüge*. Berlin.
Rüpke, Jörg. 1990. *Domi Militiae. Die religiöse Konstruktion des Krieges in Rom*. Stuttgart.
Schmitt, Carl. 1950. *Der Nomos der Erde im Völkerrecht des Ius Publicum Europaeum*. Köln.
Schreiner, Klaus. 2000. *Märtyrer – Schlachtenhelfer – Friedensstifter. Krieg und Frieden im Spiegel mittelalterlicher und frühneuzeitlicher Heiligenverehrung*. Opladen.
Schweisfurth, Theodor. 2006. *Völkerrecht*. Tübingen.
Steiger, Heinhard. 2008. Ius belli in der Völkerrechtsgeschichte – universelle Geltung oder Beschränkung auf anerkannte Kulturvölker?. In *Legalität, Legitimität und Moral. Können Gerechtigkeitspostulate Kriege rechtfertigen?*, hg. von Thomas Bruha et al., 59–98. Tübingen.
Sutor, Bernhard. 2004. *Vom gerechten Krieg zum gerechten Frieden?*. Schwalbach/Ts.
Walzer, Michael. 1982. *Gibt es den gerechten Krieg? (1977)*. Stuttgart.
Weissenberg, Timo J. 2005. *Die Friedenslehre des Augustinus. Theologische Grundlegung und ethische Entfaltung*. Stuttgart.
Ziolkowski, Katharina. 2008. *Gerechtigkeitspostulate als Rechtfertigung von Kriegen*. Baden-Baden.

Humanitäre Intervention

*Herfried Münkler**

* Für Hinweise und Anregungen danke ich Maja Bächler.

1 Was heißt „Intervenieren"?

In der klassischen Theorie des Krieges stehen sich Angriff und Verteidigung als die zwei alternativen Aktionsformen militärischen Handelns gegenüber, wobei diese je nach politischen, strategischen und taktischen Aspekten unterschieden werden.[1] Zumindest auf der politischen Ebene ist die Intervention gegenüber Angriff und Verteidigung ein Drittes. Der Intervent ist kein Angegriffener, der sich gegen einen Angreifer verteidigen müsste, sondern entschließt sich aus freien Stücken, d. h. ohne unmittelbaren Zwang durch einen anderen, zum Eingreifen in eine Angelegenheit, die ihn selbst nicht existenziell betrifft.[2] Gleichzeitig besteht er darauf, dass dieses Eingreifen kein Angreifen sei, da unter den Motiven und Zielsetzungen der Intervention nicht eigene, sondern die Interessen der Menschen im Interventionsgebiet ausschlaggebend seien. Die Intervention, die, sobald sie mit militärischen Mitteln erfolgt, auf den Ebenen von Strategie und Taktik durchaus Züge eines Angriffs haben kann, ist also von Anfang an mit einem humanitär grundierten Legitimationsdiskurs verbunden, und dieser Diskurs ist zusammen mit flankierenden Mandatierungspraxen umso wichtiger geworden, je stärker die Interventionsmacht darauf achten musste, dass ihr Eingreifen nicht in den Verdacht eines Angriffs kam. Das war seit dem Inkrafttreten des Briand-Kellogg-Pakts im Jahre 1929, durch den der Angriffskrieg geächtet wurde, und seit 1945 intensiviert durch das Gewaltverbot der UN-Charta der Fall. Seitdem ist jede Intervention von einer Legitimation abhängig, in der deutlich gemacht wird, dass dieses Eingreifen kein Angreifen ist und in seinem Mittelpunkt die Interessen der Menschen des Interventionsgebiets stehen. Insofern ist die Geschichte der Interventionen durch das Kriegs- bzw. Gewaltverbot des Briand-Kellogg-Pakts und der Charta der Vereinten Nationen in zwei Teile gegliedert. Wie tief und wie folgenreich diese Trennung ist, ist Gegenstand politischer und wissenschaftlicher Kontroversen, wie sie im Umfeld von Interventionsentscheidungen immer wieder aufflackern.

Auch wenn erst seit dem Ende des Ost-West-Konflikts und dem Zusammenbruch der Sowjetunion sämtliche Interventionen ihrem Anspruch nach humanitäre Interventionen sind,[3] so haben doch bereits vorherige Interventionen immer auch humanitäre Argumente im Arsenal ihrer Begründungen gehabt, wobei diese vom Schutz eigener Staatsbürger bis zur Durchsetzung zivilisatorischer Werte und menschenrechtlicher

1 Von Clausewitz 1980, S. 613–632.

2 In der Literatur wird das Konzept der Intervention verschiedentlich in die Nähe der Verteidigung gebracht, indem ein „Grundrecht" auf Selbstverteidigung angenommen wird, dem im Fall der humanitären Intervention Dritte zur Hilfe kommen; vgl. Zanetti 2008; ähnlich auch dies. 2010.

3 Für einige Autoren ist humanitäre Intervention ein Begriff des 19. Jahrhunderts, auf den in den 1990er Jahren lediglich zurückgegriffen worden ist; verschiedentlich werden die Anfänge einer Interventionskultur sogar bis in die Frühe Neuzeit bzw. die Ära der Konfessionskriege zurückverlegt; vgl. u. a. Simms und Trim 2011.

Normen reichen konnten.[4] Die humanitäre Motivation war hier jedoch nur eine neben anderen, die zum Entschluss zur Intervention führten. Ein Beispiel hierfür ist die britische Militärintervention in den Sudan *(Mahdist War)* am Ende des 19. Jahrhunderts, die von Winston Churchill beschrieben worden ist.[5] Hier spielten geopolitische, ökonomische, reputationspolitische und humanitäre Motive zusammen, und es ist kaum möglich, diese hinsichtlich ihres Einflusses auf die Interventionsentscheidung zu gewichten. Geopolitisch spielte der Sudan für das Empire insofern eine Rolle, als er an dessen vom Mutterland nach Indien führende Lebensader grenzte. Die imperiale Verbindungslinie war in diesem Bereich äußerst vulnerabel, und die Regierung in London hatte ein Interesse daran, dass die in Khartum Herrschenden ihr wohlgesonnen waren. Das war bei dem selbsternannten Mahdi, Raouf Pasha, und seinen Nachfolgern nicht der Fall. Daneben gab es gewisse Interessen an der Kontrolle des sudanesischen Elfenbeinhandels. Bedeutender war jedoch eine Prestigefrage, wonach London den Tod des Generals Gordon zu rächen hatte, der bei der Verteidigung Khartums gegen die Truppen des Mahdis getötet worden war. Und schließlich war da noch der Umstand, dass der Sudan zum Zentrum des Sklavenhandels in Ostafrika geworden war und das britische Empire diesen Handel nicht, wie in Westafrika, mit Hilfe der Flotte unterbinden konnte, sondern dazu bis ins Landesinnere vordringen musste. Also redeten die Abolitionisten, an ihrer Spitze britische Frauenorganisationen, einer militärischen Intervention in den Sudan das Wort: Sie versprachen sich von ihr ein Ende der Sklaverei und des Sklavenhandels. Die von General Kitchener geführte Militärintervention war in der Schlacht von Omdurman erfolgreich, wo sie bei minimalen eigenen Verlusten die sudanesische Heeresmacht vernichtete.

Es ist, wie der *Mahdist War* exemplarisch zeigt, die Gemengelage der Motive und Zwecke, die es schwer macht, vor 1990/91 von humanitären Interventionen zu sprechen. Allenfalls kann von Interventionen mit humanitären Motiven die Rede sein, wozu die Entsendung europäischer Truppen zum Schutz christlicher Minderheiten im Osmanischen Reich gehört, etwa 1860/61, als französisches Militär in das Gebiet des heutigen

---

4 Die beiden Formen humanitärer Intervention, die im Völkerrecht bis heute unterschieden werden, sind solche zur Rettung oder zum Schutz eigener Bürger aus Notlagen auf dem Territorium eines anderen Staates (militärisch abgesicherte Evakuierungsaktionen) sowie solche zur Rettung oder zum Schutz von Menschen beliebiger Staatsangehörigkeit, also Interventionen, durch die ein Bürgerkrieg beendet oder ein Regime gestürzt wird; vgl. Pape 1997, S. 104 ff. Da es sich bei der Intervention zur Evakuierung eigener Staatsbürger um einen zeitlich wie räumlich begrenzten Eingriff handelt, der keine nachhaltigen Spuren im Interventionsgebiet hinterlässt, hat sich darüber keine größere Debatte entfaltet. Evakuierungsinterventionen bedürfen darum keiner aufwändigen Legitimationen. Darin ist die zweite Interventionsform, die durch eine Ausweitung der humanitären Zielsetzungen gekennzeichnet ist, das genaue Gegenteil: De facto erstreckt sie sich über längere Zeiträume sowie ein großes Gebiet und greift, wenn sie erfolgreich ist, nachhaltig in die „inneren Verhältnisse" des Interventionsgebiets ein. Im Folgenden wird es darum fast ausschließlich um die zweite Form der humanitären Intervention gehen.

5 Churchill 1899 (dt. 2008).

Syrien entsandt wurde.[6] Freilich hatte Frankreich in diesem Raum politische Interessen und die Positionierung als Schutzmacht christlicher Minderheiten war dabei hilfreich. Die dahinterstehende grundsätzliche Frage lautete, inwieweit im „imperialen Zeitalter“[7] humanitäre Gründe vorgeschoben wurden, um in deren Deckung Einfluss auf die politischen Verhältnisse in entsprechenden Räumen zu gewinnen. Was im imperialen Zeitalter und in den Konstellationen am Rande der großen Blöcke während der zweiten Hälfte des 20. Jahrhunderts – zu nennen sind hier die Intervention Indiens in Ostpakistan im Jahre 1971, die zur Unabhängigkeit Bangladeschs führte, die Intervention Tansanias in Uganda von 1978/79, die den Sturz des Diktators Idi Amin zur Folge hatte, und die Intervention Vietnams in Kambodscha während derselben Zeit, die das Regime der Roten Khmer beendete – ein politisches Faktum war, ist nach 1990 zum generalisierten Verdacht geworden: dass sich hinter den humanitären Begründungen einer militärischen Intervention ganz andere Absichten, vor allem solche geoökonomischer Art, verbergen und diese den eigentlichen Ausschlag gäben. In der politischen Parole „Kein Blut für Öl“, entstanden in Reaktion auf die Intervention einer US-amerikanisch geführten Koalition zur Befreiung Kuwaits von irakischen Besatzungstruppen, hat dieser Verdacht, hier zur Anklage zugespitzt, seinen Niederschlag gefunden. Mit der Häufung der humanitären Interventionen haben auch die sozialistischen Imperialismustheorien eine anhaltende Revitalisierung erfahren.[8]

Eine gewichtige Folge der humanitären Interventionspraxis seit den 1990er Jahren ist die Zweiteilung der Staatenwelt in die Gruppe derer, die prinzipiell zu den Interventen gehören, und jener, die notorische Kandidaten für humanitäre Interventionen sind. Die normative Grundlage des Staatensystems sowie die symmetrische Reziprozität der ihm angehörenden Akteure werden dadurch schrittweise aufgelöst und einige Staaten können für sich in Anspruch nehmen, die unverzichtbaren Garanten der politischen Gesamtordnung zu sein. Die immer schon gegebene faktische Ungleichheit an politischer Stabilität und wirtschaftlicher Prosperität verwandelt sich in eine Rangordnung, die in den Begriffen von Zentrum und Peripherie zum Ausdruck gebracht wird: Das Zentrum interveniert in die Peripherie, und es tut dies nach seinem freien Ermessen und nicht gemäß bindender Verpflichtungen, während die Peripherie der Raum ist, in den hinein interveniert wird, ohne dass ihm bei der Entscheidung über Intervention oder Nichtintervention eine relevante Mitsprachemöglichkeit zukäme. Im Gegensatz zu den Annahmen der Imperialismustheorie geht diese Dynamik jedoch nicht vom Zentrum, sondern von der Peripherie in Form zerfallen(d)er Staatlichkeit aus.[9] An die Stelle der symmetrischen Reziprozität der Staatengemeinschaft treten durch sich wiederholende huma-

6 Dazu Beyerlin 1995, S. 927.
7 Hobsbawm, 1987 (dt. 1989).
8 Ein Beispiel dafür ist Bollinger 2004; für eine Darstellung dieser Theorien vgl. Schröder 1973.
9 Zum Problem zerfallen(d)er Staatlichkeit und deren Rückwirkungen auf das Staatensystem vgl. Weiss und Schmierer 2007 sowie Ruf 2003.

nitäre Interventionen nichtreziproke Asymmetrien, in denen man durchaus imperiale Strukturen sehen kann.[10] Die Imperialität ist hier freilich keine, bei der die Peripherie durch das Zentrum ausgebeutet wird, sondern bei der das Zentrum selektiv, aber über längere Zeit in Gestalt humanitärer Interventionen in die Peripherie investiert – freilich nicht ohne die eigenen Interessen aus dem Auge zu verlieren.[11]

Wenn Intervenieren ein Drittes gegenüber Angreifen und Verteidigen ist, so stellt sich die Frage, wie energisch dieses Einschreiten sein muss, damit von einer Intervention die Rede sein kann. Dem französischen Politiker Talleyrand wird die Bemerkung zugeschrieben, Nichtintervention sei ein rätselhafter Begriff und er, Talleyrand, gehe davon aus, dass er ungefähr dasselbe bedeute wie Intervention.[12] Talleyrand bezweifelte also, dass es eine identifizierbare Schwelle gebe, an der sich Intervention von Nichtintervention unterscheiden lasse. Hintergrund dieser Bemerkung ist die enge politische und wirtschaftliche Verflechtung der Staaten, die zur Folge hat, dass es die Möglichkeit einer strikten Nichteinmischung in die innere Angelegenheit eines Staates nicht gibt. Talleyrand hat damit einen „erweiterten Interventionsbegriff" im Auge, bei dem das Nichtreagieren auf veränderte Konstellationen in einem Staat auf eine Parteinahme für die Gruppe der Herrschenden hinausläuft, zumal wenn man diese zuvor mit Waffen und Finanzmitteln oder zumindest mit Anerkennung und Legitimität ausgestattet hat. Im Falle der jugoslawischen Zerfallskriege der 1990er Jahre wurde der tiefere Sinn von Talleyrands Bonmot erfahrbar: Wer nicht für die militärisch schwachen, jedenfalls der serbisch dominierten Bundesarmee unterlegenen Slowenen, Kroaten, Bosnier usw. Partei ergriff, unterstützte damit *de facto* die serbische Seite. Seit dem Jahr 2011 wiederholt sich dies in der Konfrontation zwischen den Anhängern und Gegnern des Assad-Regimes in Syrien. Seinen konkreten Niederschlag findet dies im Agieren jener Sicherheitsratsmitglieder, die sich Sanktionen gegen das Assad-Regime widersetzen und für eine Politik der strikten Nichtintervention eintreten: *De facto* nämlich läuft dies auf ein Handeln zugunsten des Regimes hinaus, das als Verbündeter im weiteren Sinn geschont und gestützt wird. Talleyrands Bonmot ist also dahingehend zu präzisieren, dass zumindest die mächtigen weltpolitischen Akteure, unter ihnen zweifellos die fünf Vetomächte des Sicherheitsrates, nicht die Option der Nichtintervention haben, da, wie auch immer sie sich entscheiden, dies auf eine Parteinahme für eine der konfligierenden Parteien hinausläuft. Danach haben nur kleine und machtlose Akteure theoretisch die Option

---

10 Zum Theorem der peripherieinvestiven Imperien vgl. Münkler 2005; weiterhin Ignatieff 2003.

11 In einer neuen Studie zum W2I (Will to Intervene) verweisen die Autoren auf die Notwendigkeit, dass humanitäre Interventionen als Sicherungsmaßnahme für die Bevölkerungen im Zentrum der jeweiligen politischen Ordnung angesehen werden müssen und daher von „nationalem Interesse" seien. Sie geben konkrete Empfehlungen zur Umsetzung dieser vorgeschlagenen Politik. Vgl. Chalk et al. 2010, S. XXVIII ff. und S. 135 ff.

12 „Madame, non-intervention est un mot diplomatique et énigmatique, qui signifie à peu près la même chose qu'intervention." Zit. nach Geffcken 1889, S. 138 f.

der Nichtintervention, doch begleichen sie dies damit, dass sie infolge ihrer relativen Machtlosigkeit nicht die militärische Möglichkeit zur Intervention haben.

2 Interventionstypen

2.1 Imperiale und humanitäre Interventionen

Die Ummantelung einer Politik der Expansion mit humanitären Begründungen ist nicht neu. Bereits Caesar berichtet in seiner Schrift *De bello gallico* davon, wie in dem innergallischen Konflikt zwischen Haeduern und Avernern letztere ein Germanenaufgebot unter dem Fürsten Ariovist zur Hilfe gerufen hätten, diese in mehreren Schlachten gesiegt und sich in Gallien festgesetzt hätten, so dass nunmehr die vormaligen Verbündeten ebenso unter ihnen litten wie die von ihnen Besiegten. So erreicht den römischen Prokonsul Caesar schließlich die Bitte eines Haeduerfürsten, er möge etwas gegen die germanischen Eindringlinge unternehmen und die Freiheit der gallischen Völker wieder herstellen. Es sind, so Caesars Darstellung, die Bitten der Unterdrückten und Geknechteten, die am Anfang der römischen Intervention in die innergallischen und schließlich gallisch-germanischen Angelegenheiten stehen.[13] Caesar greift nach eigener Darstellung nicht *an,* sondern greift *ein,* geht dazwischen, fordert Ariovist mit freundlichen Worten auf, seine Eroberungs- und Unterdrückungspolitik aufzugeben und als Zeichen dessen die Geiseln freizulassen, die er überall in Gallien genommen hat. Als Ariovist dagegen auf das Recht des Siegers verweist, der mit den Besiegten nach Belieben verfahren könne, kommt es zum Krieg zwischen Rom und den nach Gallien eingedrungenen Germanenstämmen. Bei seiner Betonung der moralischen und rechtlichen Verpflichtungen Roms, zugunsten der Haeduer in den Konflikt zu intervenieren, vergisst Caesar nicht, auf die Gefahren hinzuweisen, die Rom von den Germanen drohen, „diesen wilden und ungesitteten Leuten". Es sind humanitäre Motive, die den Prokonsul – seiner eigenen Darstellung zufolge – veranlassen, sich in die innergallischen Angelegenheiten einzumischen, aber im Hintergrund stehen die Sicherheitsinteressen Roms, die ein präventives Vorgehen gegen die „germanische Gefahr" nahelegen.

Diese ideengeschichtlichen Schlüsselpassagen der Interventionspolitik lassen sich auf verschiedene Weise lesen: Man kann Caesar folgen und die humanitären Überlegungen als den Hauptgrund der Intervention ansehen, wobei die altruistischen Motive durch solche der Reputation (es wäre eine „Schande" für Rom, wenn den Haeduern, die er als „Brüder und Blutsverwandte" [fratres consanguincosque] bezeichnete, nicht beistehen würde) sowie sicherheitspolitische Aspekte unterstützt werden. Das präventive Einschreiten ist hier defensiver Art: Rom verteidigt Recht und Sitte und ist an der Sicherheit seiner Grenzen orientiert. Am Anfang des Gallischen Krieges stand danach

13 Caesar 1999, I, 30–37.

eine humanitäre Intervention. Man kann die Motivgewichtung aber auch umkehren, und dann steht am Anfang das Interesse Roms, durch die Vorverlegung seiner Grenzen von der Rhone zum Rhein Gallien in ein sicherheitspolitisches Glacis des Imperium Romanum zu verwandeln. Zu diesem Zweck werden Freundschaftsverträge abgeschlossen bzw. in Aussicht gestellt (heute wären dies die nuklearen Schutzschirme der Supermächte), aus denen sich nach einiger Zeit zwangsläufig Interventionschancen ergeben, und dann besteht die Möglichkeit, humanitäre Begründungen für die Intervention anzuführen. In diesem Sinn hat Ernst Jünger gemeint, die Erklärung, die Reichskanzler v. Bethmann Hollweg im August 1914 zur Verletzung der belgischen Neutralität durch deutsche Truppen abgab, sei eine politische Dummheit gewesen: Statt von der Neutralität Belgiens als „einem Fetzen Papier“ zu sprechen, hätte er erklären sollen, man interveniere zum Schutz der Rechte und kulturellen Identität der flämischen Bevölkerungsteile Belgiens. Die Umgewichtung der Motive in Caesars Darstellung kann als ideologiekritische Lesart bezeichnet werden, bei der die humanitären Begründungen bloß eine Tarnung machtpolitischer Überlegungen sind. Man kann noch einen Schritt weitergehen und die humanitäre Argumentation als Vortrupp der imperialistischen Expansion Roms sehen, insofern dessen Werte und Normen für andere Völkerschaften verbindlich erklärt werden, damit man sie bei Zuwiderhandlungen seiner Kontrolle unterwerfen kann. Der Universalismus der Werte und Normen wird zum Zivilisierungsanspruch, auf dessen Grundlage Interventionen einen imperialen Effekt bekommen;[14] sie begründen den Anspruch eines sich zivilisatorisch überlegen dünkenden Zentrums, rückständige Gebiete unter seine Kontrolle zu bringen. Andererseits ist die Ära der Kolonialimperien definitiv vorbei, und kritische Studien zum Kolonialismus haben zu dem Ergebnis geführt, dass sich die Kolonialpolitik wirtschaftlich nicht gelohnt hat. Von daher ist die gelegentlich zu hörende Behauptung, die Praxis des Interventionismus werde, auch wenn sie humanitär motiviert sei, zu neokolonialen Konstellationen führen, wenig plausibel. Gerade im Hinblick auf die damit verbundenen Kosten gibt es heute bei den potentiellen Interventen eine große Zurückhaltung gegenüber Interventionen. Das schließt jedoch nicht aus, dass hinter den humanitärer Standards politische und wirtschaftliche Interessen stehen können. Desweiteren ist zu bedenken, dass sich die Formen der Ausbeutung bzw. Einflussnahme geändert haben, so dass neokoloniale Politik auch ohne unmittelbare wirtschaftliche Gewinne betrieben werden kann. Statt um Gewinn geht es dann eher um die Kontrolle geostrategisch wichtige Räume und den Zugriff auf wirtschaftlich relevante Rohstoffe.

14 Dazu Barth und Osterhammel 2005.

2.2 Diplomatische Interventionen

Eine eher zurückhaltende Form des Intervenierens ist die diplomatische Intervention, die vom Einbestellen des Botschafters bis zu öffentlichen Erklärungen des UN-Generalsekretärs reichen kann. In der Regel wird darin zunächst die große Besorgnis eines Staates bzw. der Staatengemeinschaft angesichts der menschenrechtlichen Lage in einem anderen Staat zum Ausdruck gebracht. Es handelt es sich hier um eine humanitäre Intervention mit diplomatischen Mitteln. Fasst man den Begriff der Diplomatie weit, so beginnt diese Form der Einflussnahme mit Erklärungen und Dokumenten in Form der Dauerbeobachtung von Staaten durch Nichtregierungsorganisationen, wie *Amnesty International* oder *Human Rights Watch,* deren jährliche Berichte über die Beachtung der Menschenrechte[15] in den Ländern als die erste Stufe des humanitären Interventionismus angesehen werden können. Mit der Entwicklung der Menschenrechte und deren Ausformulierung in internationalen Erklärungen und Dokumenten[16] hat die Politik der Intervention eine neue Qualität erlangt, insofern die humanitäre Argumentation nun nicht länger dem politischen Belieben eines Staates oder Imperiums unterliegt, sondern eine gemeinsame Aufgabe der Staatengemeinschaft darstellt. Obendrein steht die Deutung der humanitären Situation unter der kritischen Beobachtung von Nichtregierungsorganisationen, die darauf drängen, dass die Staatengemeinschaft gegen staatliche Menschenrechtsverletzer einschreitet. Die humanitäre Intervention mit diplomatischen Mitteln stellt insofern bereits den Endpunkt einer Entwicklungslinie dar, an deren Anfang die Dauerbeobachtung der Menschenrechtslage in allen Staaten durch Nichtregierungsorganisationen steht.

2.3 Politische und wirtschaftliche Sanktionen

Die diplomatische Intervention wiederum steht am Anfang einer Entwicklung, die bei Nichtreaktion des angesprochenen Staates bzw. seiner Regierung mit immer weiter reichenden Sanktionen den Druck steigern kann. Dabei orientieren sich Sanktionen an den von Michael Mann beschriebenen ideologischen, politischen, wirtschaftlichen und militärischen Machtsorten.[17] Während die ideologische Macht, zu der nach der Definition von Mann auch die Entwicklung von Normen und die Anmahnung humanitärer Standards gehört, ein durchgängige Begleiter dieses eskalatorischen Prozesses ist, lässt sich bei der politischen, wirtschaftlichen und schließlich militärischen Macht von einer sukzessiven Abfolge sprechen. Dabei erschöpft sich die politische Macht nicht im Gebrauch diplomatischer Noten, sondern zeigt sich auch in der *politischen Isolierung* des der Men-

15 Human Rights Watch 2012.
16 Dazu Hoffmann 2010.
17 Mann 1990, S. 46 ff.

schenrechtsverletzung angeklagten Staates und in der *Schmiedung von Sanktionskoalitionen*. Diese können in der zeitweisen Suspendierung der Stimm- und Mitwirkungsrechte in internationalen Organisationen bestehen, im Verbot des Export bestimmter Waren, zuvörderst Waffen, in diesen Staat und schließlich in einer weitgehenden Wirtschaftsblockade, die den betreffenden Staat mit den Mitteln der ökonomischen Strangulation zum politischen Einlenken bringen soll. Die ökonomischen Sanktionsregimes gegen den Irak unter Saddam Hussein (seit 1990) und gegen das von einer Militärjunta regierte Myanmar (1988 bis 2012) sind prominente Beispiele einer solchen Politik.

Im strengen Sinn sind solche Sanktionen freilich keine Interventionen, weil der durch sie ausgeübte Druck nicht unmittelbar auf das Zentrum eines Staates ausgeübt wird. Konkret heißt das, dass die Art und Weise, wie sich die Sanktionen auswirken, nicht von den Sanktionierenden, sondern von dem Sanktionierten festgelegt wird. Das ist zugleich die Achillesferse wirtschaftlicher Sanktionen: Dass sie unspezifische Effekte haben, die am wenigsten die Herrschenden und am meisten diejenigen treffen, deren Lage durch das Instrument der Sanktionen eigentlich verbessert werden soll. So haben die von den Vereinten Nationen über das Saddam-Regime verhängten Wirtschaftssanktionen vor allem die Mortalitätsrate der Alten und der Kleinkinder im Irak deutlich erhöht.[18] Demgemäß ist in den letzten Jahren daran gearbeitet worden, wirtschaftliche Sanktionen „intelligenter" zu machen, d. h. dafür zu sorgen, dass sie auch tatsächlich die treffen, die sie treffen sollen, etwa durch das Einfrieren ausländischer Bankguthaben von Politikern und Militärs und durch gegen sie verhängte Einreiseverbote. Dies hat aber zugleich zu einer Abschwächung des möglichen wirtschaftlichen Drucks gegen diese Regime geführt, insofern dieser Typus von Sanktion zwar den Lebensstil, aber nicht die Durchhaltefähigkeit eines Regimes trifft. Andererseits setzt sie die Sanktionsmächte auch nicht unter einen so großen Druck, wie dies in der Schlussphase der Wirtschaftssanktionen gegen das Saddam-Regime der Fall war: Damals stand die US-geführte Koalition vor der politischen Alternative, entweder den Druck auf das Saddam-Regime zu vermindern oder zu eskalieren, d. h. zur militärischen Intervention überzugehen.[19]

Wer die Differenz zwischen wirtschaftlichem Druck und militärischem Zwang akzentuieren will, wird den Unterschied zwischen Sanktion und Intervention herausstellen und dabei dem Gebrauch militärischer Zwangsmittel eine besondere Bedeutung gegenüber allen anderen Formen der Ausübung politischen und wirtschaftlichen Drucks zuweisen. Wer hingegen die eskalatorische Kontinuität vom politischen und wirtschaftlichen Einwirken bis zum militärischen Eingreifen herausstellen will, wird die unterschiedlichen Modi von Sanktionen unter den Begriff der Intervention subsummieren und das Militärische als ein Einwirkungsinstrument unter anderen begreifen. Es fällt auf, dass Imperien oder ehemals imperiale Mächte eher zu letzterem neigen, zumal dann, wenn sie über starke Seestreitkräfte verfügen, die klassisch als Instrument bei

18 Vgl. Clawson 1998.
19 Dazu Münkler 2003, S. 95 ff.

der Durchsetzung einer Wirtschaftsblockade dienen. Für sie ist die Trennlinie zwischen wirtschaftlichen Sanktionen und militärischer Intervention seit jeher durchlässiger, als dies bei Landmächten der Fall ist. Ein Grenzfall ist die Verminung von Häfen, bei der militärische Instrumente zur Erzielung wirtschaftlicher Effekte eingesetzt werden.

2.4 Militärische Interventionen

Mit dem Entschluss zur militärischen Intervention[20] nehmen die Interventen in Kauf, dass ihr Einschreiten/Dazwischengehen *unmittelbar* mit Toten und Verletzten verbunden ist, und zwar sowohl bei dem Regime, gegen das vorgegangen wird, als auch bei den eigenen Interventionskräften. Als besonders heikel ist eine dritte Opfergruppe anzusehen, und das sind die Zivilisten bzw. Nonkombattanten im Interventionsgebiet, die nichtintendiert zu Opfern von Kampfhandlungen bzw. Gewalteinwirkung werden.[21] Dafür hat sich der Begriff „Kollateralschaden" eingebürgert, dessen zynischer Beiklang dazu geführt hat, dass er zu einem grundsätzlichen Einwand gegen militärische Interventionen geworden ist, mögen diese humanitär noch so gut begründet sein. Bemerkenswert beim Übergang von Wirtschaftssanktionen zur Militärintervention ist weiterhin eine Dramatisierung des Zeitregimes, die sich als Vorgang der Beschleunigung beschreiben lässt:[22] Sind die Wirtschaftssanktionen auf lange Zeit angelegt bzw. erwartet man eine Wirkung erst nach längerer Dauer, so wird die Entwicklung, sobald Militär im Spiel ist, auf kurzfristige Entscheidungen umgestellt. Das heißt, dass – erstens – die politisch-militärische Führung der Interventen darauf eingestellt sein muss, nunmehr in kurzer Zeit Entscheidungen mit weitreichenden Folgen zu treffen, bei denen von einer relativ niedrigen Fehlertoleranz auszugehen ist. Zweitens sollte die Intervention nach kurzer Zeit erfolgreich beendet sein, weil sonst die politische Unterstützung für die Interventen durch die Bevölkerung ihrer Länder wie durch die internationale Gemeinschaft schnell erodiert. Drittens eröffnet sich den Akteuren im Interventionsgebiet nunmehr die Möglichkeit militärischen Gegenhandelns, wobei ihre Erfolgsaussichten in dem Maße wachsen, wie es ihnen gelingt, den Konflikt in die Länge zu ziehen. Sie werden deshalb zu Formen des Partisanenkriegs oder des Terrorismus greifen, mit denen sie die erhöhte Vulnerabilität der im Land befindlichen Interventionsstreitkräfte

20 Im strengen Sinn ist hier zwischen friedenserhalten/friedenserzwingenden Einsätzen und humanitären Interventionen zu unterschieden; vgl. Weiss 2012.

21 Zur Problematik, wer zur Gruppe der Nonkombattanten zählt, speziell unter dem Gesichtspunkt des „war on terror", vgl. die Debatte zwischen Michael Walzer (2006) und Jeff McMahan (2006; ders. 2004); zur Problematik der Unterscheidung zwischen Kombattanten und Nonkombattanten bei humanitären Interventionen vgl. Gade 2010.

22 Vgl. allgemein Rosa 2005, zum Zusammenhang von Macht, Krieg und Geschwindigkeit ebd., S. 311 ff.; zum strategischen Gebrauch von Zeitrhythmen vgl. Münkler 2006, S. 169 ff.

ausnutzen[23] und, indem sie immer wieder in Anschlägen oder Hinterhalten „Lebenszeichen" geben, die Aussichtslosigkeit eines nachhaltigen Erfolgs der Intervention kommunizieren.

Die Verwundbarkeit der Interventen für diese Art des Gegenhandelns ist davon abhängig, welche Ziele und Zwecke sie mit der Intervention verfolgen:[24] Ob sie, wie zuletzt bei der Libyen-Intervention, für eine Partei des innergesellschaftlichen Krieges Partei ergreifen und dieser mit Hilfe ihrer Luftwaffe zum Sieg verhelfen, ob sie ohne das Ziel eines Regimewechsels einen (drohenden) Bürgerkrieg beenden bzw. einen befürchteten Ethnozid im Interventionsgebiet verhindern wollen oder aber ob sie es auf eine grundlegende Transformation der politischen und sozialen Ordnung im Interventionsgebiet abgesehen haben, was darauf hinausläuft, dass sie zeitweilig die politische Verantwortung übernehmen oder mit beachtlichen Kräften für einen längeren Zeitraum im Land bleiben. Ist bei der Luftunterstützungsintervention das Risiko eigener Verluste eher gering, so kommt es bei der Beendigung eines Bürgerkriegs bzw. der Verhinderung eines Ethno- bzw. Genozids darauf an, dass die Entsendung militärischer Kräfte von politischen Verhandlungen begleitet wird. Die militärische Intervention hat hier die Aufgabe, das politische Einwirken auf die Parteien durch eine nachhaltige Komponente des militärischen Einschreitens zu unterstützen und zu verstärken. Das aber ist mit einem erheblichen Risiko eigener Verluste verbunden, und dieses Risiko wächst mit der Verweildauer der Streitkräfte im Interventionsgebiet. Das kann zum Scheitern der Intervention infolge militärischen Gegenhandelns jener Kräfte führen, die durch die militärische Einwirkung zum Einlenken gezwungen werden sollen. Andererseits sind bei einer Luftunterstützungsintervention die Chancen der politischen Einflussnahme der Interventen auf den Veränderungsprozess eher gering, und es besteht das Risiko, dass sich nach dem Sieg der durch die Intervention unterstützten Insurgenten an der humanitären Lage nichts Wesentliches ändert und es bloß zu einem Austausch von Opfern und Tätern kommt.[25] Dagegen ist der Zweck einer Intervention gerade in humanitärer Hinsicht dort am höchsten gesteckt, wo es um einen Regimewechsel oder gar eine soziokulturelle Transformation der Gesellschaft geht. Bei letzterer sind freilich auch die Risiken eines „Scheiterns auf der ganzen Linie" am größten.

Bei dieser Schematisierung militärischer Interventionen nach den Zielen und Zwecken der intervenierenden Mächte ist jedoch zu beachten, dass sich die Ziele und Zwecke durch Gegenhandeln im Interventionsgebiet verändern können. Militärische Interventionen – auch und gerade solche mit humanitären Zielen und Zwecken – verlaufen nicht nach dem Modell einer administrativen Implementierung normativer Vorgaben, sondern entwickeln sich zu dynamischen Verläufen, bei denen sich die Ziele und

23 Dazu Polk 2009.

24 Im Anschluss an Clausewitz (1980, S. 952) geben Ziele an, was man *in* dem Krieg, Zwecke hingegen, was man *mit* dem Krieg erreichen will.

25 Vgl. Hinsch und Janssen 2006, S. 182–186.

Zwecke unter der Einwirkung des Gegenhandelns und der dadurch bewirkten eigenen Verluste sowie der auflaufenden Kosten verändern.[26] In der Regel werden bei humanitären Interventionen die Herausforderungen der Transkulturalität unterschätzt.[27] Dazu gehören das unterschiedliche Verhältnis von Individualrechten zu Gemeinschaftsbindungen, Gebräuchen und Gepflogenheiten, die in den Augen der Interventen Rechtsverstöße darstellen oder inhuman sind, während sie im Interventionsgebiet allgemein akzeptiert werden, und schließlich ein höherer Verpflichtungsgrad des Religiösen, als er den Interventionsmächten vertraut ist.

3 Legitimationsdiskurse und Mandatierungspraxen

3.1 Souveränität und Schutzverantwortung (responsibility to protect)

Auf den ersten Blick stellen die Prinzipien der Staatensouveränität und der humanitären Intervention Gegensätze dar, denn die Souveränität im Sinne der Inappellabilität von Entscheidungen, die für ein begrenztes Gebiet und die auf ihm lebende Bevölkerung gelten,[28] kann nicht zusammen bestehen mit einer Instanz, die ihr übergeordnet ist und Entscheidungen des Souveräns daraufhin überprüft, ob sie mit den fundamentalen Prinzipien der Menschenrechte übereinstimmen. Eher haben wir es bei der Überprüfbarkeit politischer Entscheidungen durch Dritte mit Konstellationen vor der Durchsetzung des Souveränitätsprinzips zu tun, als die politische Ordnung Europas in Form einer Pyramide zu denken war, bei der die Doppelspitze von Kaiser und Papst den Anspruch erhob, die auf den unteren Ebenen getroffenen Entscheidungen überprüfen und sie gegebenenfalls aufheben zu können. Die Durchsetzung dieses Anspruchs auf Oberaufsicht in weltlichen (Kaiser) und geistlichen Fragen (Papst) war aber eine Machtfrage, und wenn der Kaiser schwach oder das Papsttum schismatisch war, war die Oberaufsicht bloß formaler Art und die unteren Ebenen verselbständigten sich ihr gegenüber. Daraus entstand der Anspruch der französischen Könige, in weltlichen Fragen keine höhere Instanz anzuerkennen *(rex Franciae in temporalibus superiorem non recognoscens)* bzw. im eigenen Herrschaftsbereich die Stellung des Kaisers innezuhaben *(rex Franciae imperator in suo regno).*[29] Zunächst *de facto,* danach dann auch *de jure* setzte sich das Souveränitätskonzept in Europa durch, und im Frieden von Münster und Osnabrück (1648) wurde es als Grundlage der europäischen Ordnung anerkannt. Damit war der Streit darüber beendet, ob überhaupt einer Instanz und, wenn ja, welcher eine Oberaufsicht über

26 Zum Zusammenspiel zwischen Interventen und lokalen Akteuren vgl. Distler 2010.

27 Dazu in historischer Perspektive Walter und Kudrus 2012; daneben zu prinzipiellen Fragen sowie gegenwartsbezogenen Fällen Kortüm 2006.

28 Zur Genese des Souveränitätskonzepts vgl. Quaritsch 1986; für dessen neuere Entwicklung Grimm 2009, S. 81 ff.

29 Hierzu Walther 1976.

die Könige zukomme. Damit war freilich auch die Möglichkeit verschwunden, Streitigkeiten der Herrscher durch einen Rechtsentscheid zu schlichten, und konsequent wurde die Souveränität mit dem uneingeschränkten Recht der Kriegserklärung verbunden. Die Souveräne, die Kriege erklärten und gegeneinander führten, waren niemandem Rechenschaft pflichtig. Im Kriegsvölkerrecht setzte sich seit dem Westfälischen Frieden der Begriff des „liberum ius ad bellum“ durch.[30] Der Anspruch einer imperialen oder sacerdotalen Oberhoheit diente also der Kriegsvermeidung, insofern diese Rechtsentscheide an die Stelle von Waffengängen setzten und Kriegszüge des Kaisers als Rechtsexekutionen begriffen. Aber diese Ordnung hing an der Akzeptanz der kaiserlichen (und päpstlichen) Oberhoheit, die nur selten gegeben war, zumal beide Mächte häufig im Konflikt miteinander standen. Im Westfälischen Frieden wurde dieses hierarchische Modell dann völkerrechtlich durch eine polyzentrisch-pluriverse Ordnung abgelöst.

Mit dem Übergang zum diskriminierenden Kriegsbegriff, der auf den Artikel 231 des Friedensvertrags von Versailles (Kriegsschuldfrage) zu datieren ist und im Briand-Kellogg-Pakt von 1929 sowie der UN-Charta seine Fortsetzung, Ausweitung und Präzisierung erfahren hat, ist es zu einer ersten wesentlichen Einschränkung der Souveränität gekommen. Man kann also argumentieren, dass so, wie das Kriegsverbot eine negative Einschränkung der Souveränität darstelle, die Verpflichtung zur Beachtung der Menschenrechte und zum Schutz der Bevölkerung gegen Gewalt und Diskriminierung (*responsibility to protect*, R2P) eine positive Qualifizierung der Souveränität sei, in der ein Gedanke angedacht wird, der dem Konzept der Souveränität von Anfang an inhärent gewesen ist: Die von Thomas Hobbes in der Formel *pro protectione oboedientia* gefasste Idee, wonach die Bürger dem Souverän nur dann Gehorsam schuldig sind, wenn er sie auch tatsächlich schützt. Diese Schutzverpflichtung sei nun unter die Kontrolle der Staaten- bzw. Völkergemeinschaft gestellt worden. Damit ist jedoch erneut ein Problem aufgetaucht, das das mittelalterliche Kaisertum stets begleitet hat: Die Frage, wer den konkreten Entscheider in diese Position eingesetzt und kraft welchen Rechts er dies getan hat. Der Verweis auf die Vereinten Nationen[31] hilft hier nicht weiter, solange den fünf ständigen Mitgliedern des Sicherheitsrats ein Vetorecht zukommt, durch das sie eine herausgehobene Position gegenüber allen anderen UN-Mitgliedern haben. Zur Begründung dieser Herausgehobenheit können jedoch nur die kontingenten Konstellationen von Siegern und Verlierern (sowie Unbeteiligten) am Ende des Zweiten Weltkriegs geltend gemacht werden. So wenig damit das Konzept der Schutzverantwortung, wie es zu Beginn des 21. Jahrhunderts unter dem Eindruck der Massaker in Bosnien und Ruanda

30 Vgl. Schmitt 1950, S. 113.

31 Anne Orford (2011) verweist auf die Verantwortung der VN für die internationale Gemeinschaft als Ganzes: Die R2P statte sie mit der notwendigen Autorität auf der Basis des internationalen Rechts und der moralischen Verpflichtung aus, in die staatliche Souveränität einzugreifen. Zu wenig beachtet wird jedoch der Konflikt zwischen einer rechtsdogmatischen Argumentation und den machtpolitischen Spielen im Sicherheitsrat der VN.

formuliert worden ist,[32] in Frage gestellt werden kann, so unbefriedigend bleibt die Antwort auf die Frage nach deren konkreter Handhabung bei der Wahrnehmung dieser Verantwortung.[33]

Ein anderer Einwand gegen die prinzipielle Unvereinbarkeit von Souveränitätsanspruch und Interventionsrecht ist der Verweis darauf, dass Interventionen häufig eine Reaktion auf Staatszerfall darstellen, in dessen Folge nicht mehr eindeutig bestimmbar ist, bei wem die Souveränität liegt bzw. mit welchem Recht sie beansprucht wird. Der Versuch der Staatengemeinschaft, solchen Staatszerfall zu stoppen und einen neuerlichen Prozess der Staatsbildung (*nation building* oder *state formation*) in Gang zu setzen,[34] ist nicht als Infragestellung von Souveränität, sondern als Schaffung von Voraussetzungen zu deren Wiederherstellung zu verstehen. Das verweist darauf, dass Souveränität nicht „von Natur gegeben" ist, sondern auf Voraussetzungen beruht, die keineswegs selbstverständlich sind, und obendrein durch Dritte anerkannt werden muss.[35] Diese Voraussetzungen können durch humanitäre Interventionen wiederhergestellt oder überhaupt erst geschaffen werden. Die Frage, ob Souveränität und Intervention einander widersprechen oder komplementär sind, ist nur anhand des konkreten Falls beantwortbar.

3.2 Legitimatorische Anleihen bei der Theorie des gerechten Krieges

Sowohl im Hinblick auf den Souveränitätsanspruch eines jeden Staates als auch angesichts der allgemeinen Furcht, eine um sich greifende Praxis des humanitären Interventionismus sei das trojanische Pferd der Imperienbildung, bedürfen Interventionen in jedem Einzelfall einer sorgfältigen Begründung. Darin müssen die Motive der Interventen und die Erfolgsaussichten des Vorhabens dargelegt und von der (bzw. einer) Staatengemeinschaft geprüft werden. Als Fragenkatalog dieses Prüfungsverfahrens bietet

32 Die kanadische Regierung hatte im Jahr 2000 die *International Commission on Intervention and State Souvereignty* einberufen, die ihren Bericht unter der Überschrift *The Responsibility to Protect* im Jahr 2001 vorlegte. Im Januar 2001 wurde auf Initiative der japanischen Regierung die *Commission on Human Security* eingesetzt, die ihren Bericht *Human Security Now* am 1. Mai 2003 vorlegte; dazu Tomuschat 2003, S. 55–57, sowie ders. 2008, S. 73 f.; Bellamy 2008a; O'Connell 2010.

33 Zu den Verschiebungen im Verhältnis zwischen Souveränitätsanspruch und Interventionsrecht während der letzten zwei Jahrzehnte vgl. Cottey 2008.

34 Vgl. unten, Abschnitt 4.3. Das Konzept der *nation building* bezieht sich vor allem auf organisatorische und administrative Fragen, während der Komplex des Identitären und Identifikatorischen, der im Deutschen wesentlich mit dem Nationsbegriff verbunden ist, weitgehend außer Betracht bleibt. Dennoch haben sich unter diesem Begriff allein in der US-amerikanischen Literatur mindestens drei Versionen entwickelt; vgl. Lake 2010.

35 Zur Problematik der Souveränität im Rahmen der R2P vgl. Keohane 2003, S. 276. „The responsibility to protect explicitly states as one of its objectives to strengthen the sovereignty of states, although it also seeks to change the emphasis from ‚sovereignty as control to sovereignty as responsibility'." (International Commission on Intervention and State Sovereignty (ICSS) 2012, S. 13).

sich die Theorie des gerechten Krieges an, wie sie von Cicero und Augustin entwickelt und durch Thomas von Aquin ausformuliert worden ist.[36] Bereits in den 1970er Jahren hat Michael Walzer den Weg in diese Richtung gewiesen.[37] Danach müssen Kriege, um als gerecht gelten zu können, vier Kriterien genügen: Sie müssen einen gerechten Grund *(causa iusta)* aufweisen, was in der Regel heißt, dass es um die Wiedergutmachung eines dem Krieg Führenden zugefügten Unrechts geht. Was auf den ersten Blick wie ein Angriff aussehen mag, ist danach ein Akt der Verteidigung, durch den die versehrte Ordnung wiederhergestellt wird. Diese Dimension der Wiederherstellung bzw. Wiedergutmachung ist humanitären Interventionen ihrem Anspruch nach durchweg eigen. Weiterhin sollten gerechte Kriege in aufrichtiger Absicht *(intentio recta)* geführt werden, was bedeutet, dass es ausschließlich um die Wiedergutmachung des angetanen Unrechts und um nichts Weiteres gehen darf. Das ist ein schwer zu prüfendes Kriterium, weil die Orientierung an ihm erst nach dem Krieg mit Sicherheit festgestellt werden kann, jedenfalls dann, wenn man akzeptiert, dass Strategie ein auf Paradoxien begründetes Handeln ist,[38] was heißt, dass in der Strategie die Intention des Handelns im Handeln nicht unmittelbar in Erscheinung tritt. Das gilt nicht nur für die militärische, sondern auch für die politische Strategie, wie die bekannte Formel *si pacem vis para bellum* (wenn Du den Frieden willst, bereite den Krieg vor) zeigt. Aber diese Unsicherheit ist bereits der klassischen Theorie des gerechten Krieges eigen und kein Resultat ihrer Übertragung auf die Politik der Intervention. Sie war als Selbstprüfung der Akteure in Zeiten, da die permanente Gewissensprüfung der Akteure vor Gott eine feste Annahme war, freilich weniger heikel als heute, wo sie das Einfallstor für skeptische Nachfragen wie für Verschwörungstheorien bildet. Weiterhin dürfen gerechte Kriege nur durch dazu legitimierte Personen oder Institutionen *(auctoritas principis)* erklärt und geführt werden, was bei der Übertragung auf Interventionen die schwierige Frage der Mandatierung aufwirft: Liegt die *auctoritas* zur Beauftragung mit einer humanitären Intervention ausschließlich beim Sicherheitsrat oder auch bei der Generalversammlung der Vereinten Nationen oder haben im Falle einer Selbstblockade des Sicherheitsrats durch eine Vetomacht auch regionale Sicherheitsorganisationen, wie die OSZE oder die Afrikanische Union, und Bündnissysteme, wie die NATO, das Recht zur Intervention? Der Begriff der Selbstmandatierung, der im Zusammenhang mit der Kosovo-Intervention der NATO ins Spiel gebracht wurde, zeigt die damit verbundenen Probleme: Gibt es subsidiäre Autoritäten, die bei Selbstblockade der obersten Autorität an deren Stelle

36 Für eine zusammenfassende Darstellung der Theorie des gerechten Krieges vgl. Peters und Peter 2006, S. 43–96, sowie Krause 2008.

37 Walzer 1977. Unter dem Eindruck der neuen Herausforderungen durch den Terrorismus bzw. Vermutungen über präemptive Kriege hat Michael Walzer seine Theorie präzisiert und erweitert, vgl. Walzer 2004.

38 Zu dieser Definition von Strategie vgl. Luttwak 2003, S. 17–32.

treten dürfen[39] (ein Gedanke, der den hierarchischen Vorstellungen der Bellum-iustum-Theorie nahesteht), und wer entscheidet eigentlich, ob ein durch Veto erfolgter Nichtbeschluss ein bindender Beschluss oder eine Selbstblockade ist? Schließlich ist als viertes Kriterium des gerechten Krieges noch zu nennen, dass er sich an die Regeln des Kriegsrechts *(forma iuris)* zu halten hat, wodurch der Motivkomplex von Rache und Vergeltung gezähmt werden soll. Ein wesentlicher Bestandteil dessen ist das Prinzip der Verhältnismäßigkeit, durch das die strategischen Optionen des sich auf die Grundsätze des gerechten Krieges Berufenden stark eingeschränkt werden *(ius in bello)*. Das spielte bei der Kosovo-Intervention eine Rolle, als, um die albanische Bevölkerung des Gebiets zu schützen, die NATO Luftangriffe gegen die Nervenzentralen serbischer Städte flog, um die serbische Regierung zum Einlenken zu zwingen. Diese Strategie war nach einigen Wochen erfolgreich, doch bei den Luftangriffen wurden insgesamt mehr Zivilisten als Soldaten getötet.[40] Kann ein solches Vorgehen noch als verhältnismäßig gelten?[41] Die Entscheidung für eine Intervention mit Luftangriffen und gegen den Einsatz von Bodentruppen, die der bedrohten Bevölkerung des Kosovo unmittelbaren Schutz hätten bieten können, war das Ergebnis einer Abwägung möglicher Verluste auf Seiten der Interventen. Die Interventionsmächte fürchteten, eigene Verluste beim Einsatz von Bodentruppen würden die Unterstützung der Intervention durch die Bevölkerung zu Hause beeinträchtigen und nahmen darum den Tod serbischer Zivilisten in Kauf.

Die Theorie des gerechten Krieges stellt keine wohlfeile Legitimation humanitärer Interventionen dar, sondern wirft mit ihren vier Kriterien genau die Fragen auf, denen sich jede Interventionsentscheidung zu stellen hat. Sie ist dabei gleichermaßen eine Legitimierung wie Limitierung der militärischen Gewalt, die als Instrument zur Erreichung der politisch vorgegebenen Ziele und Zwecke eingesetzt werden soll.

3.3 Frieden und Sicherheit als Kollektivgüter

Das Gewaltverbot der UN-Charta stellt die Bewahrung des Friedens und der internationalen Sicherheit als die Hauptziele der Weltgemeinschaft heraus. Dies betraf bei Inkrafttreten der Charta ausschließlich den zwischenstaatlichen Krieg und ließ innergesellschaftliche Konflikte und Bürgerkriege außer Betracht.[42] Das hatte gute Gründe in einer Zeit, als der Zerfall der europäischen Kolonialreiche noch bevorstand. Zwei Jahrzehnte nach Inkrafttreten der Charta sah die politische Landkarte gänzlich anders aus, und diese Veränderungen waren zum Teil mit erheblicher militärischer Gewalt durchgesetzt

39 Davis Brown spricht sich gegen die Reformulierung des Prinzips der *auctoritas principis* aus, da dies auch andere Kriterien der *bellum iustum*-Theorie aufweichen würde. Vgl. Brown 2011.

40 Gruber 2008, S. 83 ff.

41 Dazu Tomuschat 2008, S. 75–77.

42 Dazu und zum folgenden Oeter 2008, S. 30 ff.

worden. Die Unabhängigkeitskriege in den europäischen Kolonien, bei denen in der Regel die Aufständischen die Gewalt als Mittel der Befreiung ins Spiel brachten, während die Kolonialmächte mit der Aufrechterhaltung von Frieden und Sicherheit argumentieren konnten, blieben für das Gewaltverbot der UN-Charta ebenso außer Betracht wie die zahlreichen militärischen Interventionen, die von den USA und der Sowjetunion innerhalb ihrer jeweiligen Einflussgebiete zur „Disziplinierung“ oder Auswechslung ihnen unbotmäßig erscheinender Regierungen vorgenommen wurden. Eine Ausweitung des Gewaltverbots auf innergesellschaftliche Kriege und Militärinterventionen der großen Mächte in ihren „Hinterhöfen“ hätte zu diesem Zeitpunkt unweigerlich das Zerbrechen der Vereinten Nationen zur Folge gehabt. Also beschränkte sich die Weltorganisation klugerweise auf die Stabilisierung des Verhältnisses der beiden Blöcke zueinander und die Pazifizierung der zwischenstaatlichen Beziehungen unter den Blockfreien. Das änderte sich mit dem Zerfall des Warschauer Pakts und dem Auseinanderbrechen der Sowjetunion, in deren Folge ein neuer Typus von Krieg entstand, der sich in den postimperialen Räumen des Sowjetreichs, in Afrika, Südostasien und Teilen Südamerikas schnell ausbreitete.[43] Um in diese zunächst innergesellschaftlichen Kriege eingreifen zu können, musste völkerrechtlich eine Bedrohung des internationalen Friedens konstruiert werden, die dem UN-Sicherheitsrat als Grundlage des Eingreifens diente. Unter Verweis auf die durch Bürgerkriege erzeugten grenzüberschreitenden Flüchtlingsströme in der Somaliaresolution war dies erstmals der Fall. Dabei handelte es sich aber keineswegs um eine bloße völkerrechtliche Konstruktion, sondern die neuen Kriege haben eine starke Tendenz, sich aus innergesellschaftlichen in transnationale Kriege[44] zu verwandeln und ganze Regionen zu destabilisieren. Sie stellen damit tatsächlich eine Gefahr für den Frieden zwischen den Staaten und die internationale Sicherheit dar. Inzwischen ist das Argument hinzugekommen, *failed states* bildeten den Nährboden für international operierende Terrororganisationen und seien auch insofern eine Bedrohung der internationalen Sicherheit.

Ein nicht weniger großes Problem resultiert aus dem Umstand, dass es sich bei Frieden und internationaler Sicherheit um öffentliche Güter handelt. Öffentliche bzw. kollektive Güter sind dadurch definiert, dass keiner von ihrem Genuss ausgeschlossen werden kann,[45] was ein Problem der *Investition* in kollektive Güter zur Folge hat: Wer auf eigene Rechnung dafür sorgt, dass sie vorhanden sind, geht das Risiko ein, damit seine

43 Dazu Kaldor 2000 sowie Münkler 2002; zur Diskussion über die Theorie der neuen Kriege vgl. das dem Thema Krieg gewidmete Heft der Zeitschrift Erwägen-Wissen-Ethik (EWE), 19(1), 2008, hg. von Benseler et al.; sowie Berdal 2011, S. 109–133.

44 Transnationale Kriege unterscheiden sich von zwischenstaatlichen Kriegen darin, dass sie zwar die staatlichen Grenzen überschreiten, aber nicht von Staaten geführt werden. Die politischen Grenzen der Staatlichkeit sind hier durch konkurrierende Loyalitätsbeziehungen abgelöst worden, etwa solche ethnischer oder religiöser Art. Diese Kriege stellen die internationale Ordnung stärker in Frage als große Kriege, bei denen zwar Grenzen verschoben, aber die Grundsätze der Staatenordnung nicht infrage gestellt werden; dazu Daase 1999.

45 Zur Theorie der kollektiven Güter vgl. Olson 1971.

Konkurrenten zu stärken, insofern diese davon profitieren, ohne selbst zu investieren. Jedenfalls bildet sich eine Schar von „Trittbrettfahrern", die die Vorteile und Annehmlichkeiten des Friedens und der internationalen Sicherheit genießen, ohne sich an deren „Kosten" zu beteiligen. Auf das Problem humanitärer Interventionen bezogen heißt das, dass es ein Ungleichgewicht von Beteiligten und Nutznießern gibt. Das kann sich darin zeigen, dass einige Länder Teile ihres Militärs permanent den Vereinten Nationen gegen entsprechende Bezahlung zur Verfügung stellen wollen, um so ihren aufwändigen Militärapparat zu finanzieren, während diese Truppen von Ausbildung und Ausrüstung her den Anforderungen einer humanitären Intervention nicht genügen. Tatsächlich ist bei komplexeren Interventionen Militär mit gut ausgebildetem korruptionsresistentem Personal sowie hoher technischer Kompetenz vonnöten, über das in der Regel nur die sogenannten „westlichen" Staaten verfügen: Insbesondere geht es dabei um US-amerikanische Truppen, die oftmals als einzige über die für eine erfolgreiche Intervention erforderlichen Voraussetzungen verfügen. Gleichzeitig sind die USA der größte Beitragszahler der Vereinten Nationen, womit ein Dauerkonflikt vorprogrammiert ist: Legt der UN-Sicherheitsrat fest, wofür amerikanisches Militär eingesetzt wird und die USA zu zahlen haben, oder haben hier diejenigen das entscheidende Wort, die für die Kosten des Projekts aufkommen müssen? Und vor allem: Unter wessen Oberbefehl stehen die bei einer humanitären Intervention eingesetzten Truppen: dem des Truppenstellers (USA) oder dem, der das Mandat erteilt hat (UN)? Eine Reihe sachlich gebotener humanitärer Interventionen sind am Streit über diese Frage gescheitert.[46] In Abwandlung des bekannten Brecht-Satzes ließe sich formulieren: Stell dir vor, eine humanitäre Intervention ist vonnöten und keiner geht hin. In mancher Hinsicht ist die Tragödie um Darfur ein Beispiel dafür.[47]

3.4 Weltgemeinschaft und regionale Sicherheitsverbünde

Zweifellos haben die Vereinten Nationen, hier freilich eher die Generalversammlung als der Sicherheitsrat, das derzeit höchste denkbare Recht zur Entscheidung über humanitäre Interventionen. Gleichzeitig sind die Vereinten Nationen aber auch der Ort, an dem die unterschiedlichsten Interessen und Wertorientierungen der Staaten zusammenkommen und sich gegenseitig blockieren. Mit dem Legitimitätsvorsprung der Vereinten Nationen gegenüber sämtlichen alternativen Kandidaten korrespondiert ein Vollzugsdefizit bei Beschlussfassung und Durchführung, für das die Namen „Srebrenica" und „Ruanda" stehen.[48] Unter dem Eindruck des UN-Versagens während der jugoslawischen Zerfallskriege und bei den in deren Rahmen erfolgten Massakern sowie

46 Vgl. Hinsch und Janssen 2006, S. 98.
47 Vgl. Prunier 2006; Udombana 2005.
48 Vgl. z. B. Lis 2010; Giese 2010, S. 59–62.

beim ruandischen Völkermord ist die Frage aufgekommen, inwieweit subsidiär für eine entscheidungsunfähige UN auch regionale Sicherheitsorganisationen (NATO, Europäische Union, Afrikanische Union usw.) humanitäre Interventionen mandatieren und durchführen können. Noch weiter geht die Frage, ob Staaten anstelle der Weltgemeinschaft einspringen dürfen.[49] Der Vorzug einer solchen Regelung ist, dass hier Auftragserteilung und -durchführung in einer Hand liegen, so dass sich das Dilemma kollektiven Handelns nicht mit vergleichbarer Intensität stellt wie bei der Weltorganisation. Der Nachteil ist, dass hier auch regionale Interessen eine Rolle spielen können. Ansätze zu einer solchen sektoralen Weltordnung[50] mit einer entsprechend pluralisierten Mandatierungsbefugnis sind inzwischen erkennbar, wobei das Verhältnis zwischen UN und regionalen Sicherheitsverbünden komplementär und nicht konkurrenziell zu denken ist.[51] Ob sich eine solche Komplementarität in der Praxis bewährt, muss sich freilich noch zeigen. Für sie spricht, dass die sicherheitspolitischen Erfordernisse einer Region nicht durch die aus ganz anderen Zusammenhängen erwachsenden Bedenken „raumfremder Mächte“[52] konterkariert werden, die sich im UN-Zusammenhang als universell und prinzipialistisch camouflieren müssen – mit der Folge, dass eine Macht aus Angst vor Rückwirkungen auf ihre Region die Lösung vieler Probleme in anderen Regionen blockiert. Ein Beispiel dafür ist die mit Blick auf Taiwan erfolgende prinzipielle Ablehnung jeglicher Form von Separation durch China, die gerade gegenüber den willkürlichen Grenzziehungen im kolonialen Afrika ultrakonservative Konsequenzen hat. Andererseits haben „raumnahe“ Interventen in der Regel Interessen bezüglich des Interventionsgebiets, so dass die Dimension des Humanitären in der Gefahr steht, von politischen und wirtschaftlichen Ambitionen überlagert, wenn nicht gar durchkreuzt zu werden. Freilich ist derlei auch in globaler Perspektive nicht grundsätzlich auszuschließen, wie die unabschließbare Diskussion über die angeblichen oder tatsächlichen Rohstoffinteressen der Interventionsmächte, insbesondere der USA, zeigt.

49 Corten 2008.
50 Dazu Breitmeier et al. 2009.
51 Vgl. Kabia 2009, bes. S. 192 f.
52 Der Begriff „raumfremde Mächte“ geht auf Carl Schmitt zurück und steht im Zusammenhang mit dessen Versuch, die Monroe-Doktrin analog auf Europa und Asien zu übertragen: Danach waren die USA auf anderen als dem amerikanischen Kontinent eine „raumfremde Macht“; vgl. Schmitt 1941.

4 Interventionsverläufe

4.1 *Dauer und Intensität*

Als Faustregel für den Verlauf humanitärer Interventionen kann gelten: Je bescheidener ihre Ziele, desto kürzer ihre Dauer, desto größer ihre Erfolgsaussichten.[53] Und umgekehrt: Je anspruchsvoller ihre Ziele, desto länger ihre Dauer, desto geringer ihre Erfolgsaussichten. Das darf jedoch nicht zu dem Fehlschluss verleiten, mit einer Verkürzung der Interventionsdauer ließen sich zwingend auch deren Erfolgsaussichten vergrößern. Derlei gilt nur für kurzfristige Bilanzierungen, die auf den Faktor der Nachhaltigkeit keinen Wert legen. Das Ziel nachhaltiger Wirkungen erhöht die Dauer einer Intervention, ohne dass dabei deren Ziele und Ansprüche notwendig gesteigert würden.[54] Nachhaltigkeit und Zielsetzungen sind in der Regel Konkurrenten bei der politischen Planung einer Intervention, und *cum grano salis* gilt, dass sich die nachhaltige Umsetzung bescheidener Ziele an der Bevölkerung des Interventionsgebietes orientiert, während die normative Steigerung der in der Intervention zu verfolgenden Ziele überwiegend an die Bevölkerung des Entsendelands adressiert ist, um die erforderliche politische Unterstützung für das Projekt zu mobilisieren. Damit verbunden ist der Einfluss der Medien und der in ihnen verbreiteten Berichte über Verlauf und Fortschritte der Intervention, was wiederum Rückwirkungen auf die Intervention hat.[55] Eine – im Prinzip wünschenswerte – Kombination der Nachhaltigkeit mit einer normativen Zielerhöhung der Intervention führt zu einer erheblichen Verlängerung der Interventionsdauer, ohne dass damit eine Erhöhung der Erfolgsaussichten verbunden ist. Diese Erhöhung der Erfolgsaussichten ist auch nicht durch eine noch weitreichendere Verlängerung der Interventionsdauer zu erreichen, weil dann gilt, dass der zunächst willkommen geheißene Freund und Helfer, der lange bleibt, zum unerwünschten Besatzer wird, den man lieber heute als morgen loswerden möchte.[56] Humanitäre Interventionen unterliegen also einem Zielkonflikt, bei dem man sich zwischen der Effektivität des Einsatzes (Nachhaltigkeit) und der robusten Unterstützung des Einsatzes durch die Bevölkerung des Interventionsstaates (Normativität) entscheiden muss. Das Problem dabei ist freilich, dass letztere die Voraussetzung für ersteres ist. Eine Reihe von humanitären Interventionen ist an diesem Dilemma gescheitert.[57]

53 Die nachfolgenden Ausführungen stützen sich auf Beobachtungen, die zu finden sind bei: Paris 2007; Debiel 2003; Ignatieff 2002, insbes. S. 74 ff.

54 In jüngster Zeit ist kontrovers diskutiert worden, ob und inwieweit die Post-bellum-Situation in den Kriterienkatalog des gerechten Krieges und damit der Legitimation einer Intervention aufzunehmen sei; vgl. Bellamy 2008b; Evans 2009. Für die enge Verknüpfung von ius ad bellum und Post-bellum-Situation spricht sich auch aus: Merkel 2011.

55 Vgl. Gilboa 2005; Robinson 2011; Gaus 2004, Griffin 2010; Hammond 2007.

56 Vgl. Pattison 2010.

57 Sonja Grimm (2010) hat auf die Problematik divergierender Vorstellungen von Demokratie auf Seiten der Interventen sowie der unterschiedliche Vorstellungen vom Wiederaufbau eines Landes hingewie-

4.2 *Das Verhältnis von Militär und Nichtregierungsorganisationen*

Ein ähnliches Dilemma entsteht bei der Zusammenarbeit von Militär und Nichtregierungsorganisationen.[58] Beide Seiten beanspruchen für sich die Führungsposition im Interventionsgebiet, sind aber so unterschiedlich strukturiert, dass häufig bereits die Kommunikation zwischen ihnen scheitert.[59] Dem hierarchisch aufgebauten Militär, das nach den von der Politik des Entsendestaats gemachten Vorgaben agiert und diese Zug um Zug umzusetzen versucht, steht eine Fülle humanitärer Organisationen gegenüber, die unterschiedliche Zielsetzungen verfolgen, unterschiedliche Strukturen aufweisen und auf sehr unterschiedliche Art an ihre Aufgaben herangehen. Daraus resultiert zwangsläufig ein Primat des Militärs bei der Zuweisung von Aufgaben, Einsatzräumen und Zuständigkeiten im Einsatzgebiet, den die Hilfsorganisationen jedoch nur schwer akzeptieren und gegen den sie sich immer wieder zur Wehr setzen.[60] Die Folge ist ein Kompetenzgerangel, von dem in den Berichten aus den entsprechenden Ländern immer wieder die Rede ist. Aus Fehlschlägen und Fehlentwicklungen resultieren dann gegenseitige Schuldzuweisungen: Viele humanitäre Organisationen werfen dem Militär vor, es wolle das Projekt militarisieren und verspiele dadurch das Vertrauen der Bevölkerung, die gegenüber den schwer bewaffneten und von den Panzerplatten ihrer Fahrzeuge geschützten Soldaten ein sehr viel größeres Misstrauen habe als gegenüber Hilfsorganisationen, deren Angehörige auf die Menschen zugingen und ihnen unmittelbare Hilfe anböten. Umgekehrt wird von Seiten des Militärs geltend gemacht, die Publizitätsorientierung vieler Hilfsorganisationen sei bei der Durchführung eines längerfristig angelegten Projekts kontraproduktiv, und man müsse immer damit rechnen, dass die Organisationen bei einer publizitätsträchtigen Katastrophe andernorts das Einsatzgebiet verlassen und dem Pulk der Journalisten zum neuerlichen Aufmerksamkeitsherd folgen würden. Da sich viele humanitäre Organisationen aus Spenden finanzieren, gibt es für sie einen regelrechten Zwang, sich im Fokus der Aufmerksamkeit zu bewegen, was dann darauf hinauslaufen kann, dass gerade begonnene Projekte abgebrochen oder auf ein Minimum reduziert werden, um bei einem neuen Einsatz dabei zu sein. Das Verhältnis zwischen Militär und Hilfsorganisationen ist dementsprechend angespannt, und es besteht aufgrund der strukturellen Ursachen dieser Anspannung wenig Aussicht, dass sich dies bei mehr gutem Willen auf beiden Seiten ändern ließe.

---

sen. Die klassischen Probleme von Koalitionskriegführung wiederholen sich hier auf der Ebene von Koalitionsinterventionen.

58 Zur Rolle des Militärs im „Peace-building-Prozess", vgl. National Institute for Defense Studies 2009.

59 Einen mikro- und makroperspektivischen Blickwinkel auf Interventionen bietet der Sammelband Bonacker et al. 2010.

60 Dazu Schetter 2010, insbes. S. 43 ff., sowie Gromes 2010, insbes. S. 178 f.

4.3 Wirtschaftlicher Aufbau und soziale Rekonstruktion im Interventionsgebiet

Die sozial und ökonomisch destruktive Wirkung von Bürgerkriegen ist vielfach beschrieben worden.[61] Im Unterschied zum klassischen Staatenkrieg, der zwar mit massiven Zerstörungen verbunden ist, aber auch wissenschaftlich-technische Innovationsschübe freisetzt und sozialmoralische Mobilisierungskampagnen der Bevölkerung zur Folge haben kann, zerstören Bürgerkriege die wirtschaftliche, soziale und moralische Infrastruktur einer Gesellschaft. Immer wieder ist beobachtet worden, dass die Zerstörungen eines großen Krieges schnell beseitigt wurden und nach wenigen Jahren eine große Wiederaufbaudynamik die Gesellschaft erfasste. Bei Bürgerkriegen ist das nicht der Fall. Gegenseitiges Misstrauen und Apathie haben sich breit gemacht und die Gesellschaft verharrt nach dem Ende der manifesten Gewalt im Stillstand, als warte sie nur darauf, dass die Gewalt wieder ausbricht. Soll eine Pazifizierungsintervention nachhaltig sein, muss sie diesen Zustand überwinden.

Im Prinzip geht es dabei um die Transformation der Bürgerkriegs- in eine Friedensökonomie. Der Schlüssel zum Erfolg dieser Transformation ist die Rückgewinnung von Zukunft, nachdem der Bürgerkrieg die Zeitperspektive auf die unmittelbare Gegenwart, das Überleben hier und jetzt, reduziert hat. Durch die Verlängerung der Zeitperspektive in die Zukunft verwandelt sich der Nachbar aus einem Konkurrenten um die knappen Chancen des Überlebens in einen potentiellen Kooperationspartner. Eine humanitäre Intervention, die diesen kritischen Punkt nicht überschreitet, muss als gescheitert gelten. Die Interventen verlassen das Land, ohne ihm eine Zukunftsperspektive zu hinterlassen. Bei der Überwindung von Bürgerkriegsökonomien ist jedoch zu beachten, dass sich in ihr Akteure entwickelt haben, die vom Krieg leben, für die also Gewalt zu einer wirtschaftlichen Ressource geworden ist. Diese Akteure haben in der Regel kein Interesse an der Stiftung eines stabilen Friedens und werden ihn nach Möglichkeit bekämpfen. Von den Warlords über die Drogenhändler bis zu den Schmugglern gehören zu ihnen alle, die in einer funktionierenden Friedensökonomie ihre Geschäfte aufgeben oder in die „Unterwelt" gehen müssen. Es ist die Aufgabe der Interventen, diese Personen entweder für die Friedensökonomie zu gewinnen oder sie effektiv auszuschalten. Die Praxis des Gewaltabkaufs, die häufig gegenüber den Warlords angewandt wird, ist ausgesprochen rückfallgefährdet, weil die Warlords nach dem Abzug ihrer Finanziers wieder zu ihren früheren Betätigungsfeldern zurückkehren. Interventionen, die das Warlordproblem durch Freikauf vor sich herschieben, können zwar kurzzeitig Erfolge verbuchen, diese aber nicht nachhaltig sichern. Das Problem humanitärer Interventionen besteht darin, dass sie zwecks wirtschaftlichem Aufbau und sozialer Rekonstruktion viel Zeit brauchen, aber ihnen diese Zeit aus den oben angeführten Gründen nicht zur Verfügung steht. Dies ist eine der wichtigsten Erklärungen dafür, warum von ihren Ergebnissen her so viele humanitäre Interventionen als gescheitert bezeichnet werden müssen.

---

61 Vgl. Jean und Rufin 1999; Krumwiede und Waldmann 1998; insbes. auch Genschel und Schlichte 1997.

Literatur

Amnesty International. 2011. *Annual Report 2011. The state of the world's human rights.* http://www.amnesty.org/en/annual-report/2011/downloads. Zugegriffen: 9. Mai 2012.

Barth, Boris, und Jürgen Osterhammel, Hg. 2005. *Zivilisierungsmissionen. Imperiale Weltverbesserung seit dem 18. Jahrhundert.* Konstanz.

Bellamy, Alex J. 2008a. The Responsibility to Protect and the Problem of Military Intervention. *International Affairs 84(4)*: 615–639.

—. 2008b. The Responsibilities of Victory: Jus Post Bellum and the Just War. *Review of International Studies 34(4)*: 601–25.

Benseler, Frank, Bettina Blanck, und Reinhard Keil et al., Hg. 2008. *Erwägen-Wissen-Ethik (EWE). 19(1).*

Berdal, Mats. 2011. The ‚New Wars' Thesis Revisited. In *The Changing Character of War*, hg. von Hew Strachan, und Sibylle Scheipers, 109–133. Oxford.

Beyerlin, Ulrich. 1995. Humanitarian Intervention. In *Encyclopedia of Public International Law, Bd. 2*, hg. von Rudolf Bernhardt, 926–933. Amsterdam u. a.

Bollinger, Stefan, Hg. 2004. *Imperialismustheorien. Historische Grundlagen für eine aktuelle Kritik.* Wien.

Bonacker, Thorsten et al., Hg. 2010. *Interventionskultur. Zur Soziologie von Interventionsgesellschaften.* Wiesbaden.

Breitmeier, Helmut, Michèle Roth, und Dieter Senghaas, Hg. 2009. *Sektorale Weltordnungspolitik. Effektiv, gerecht und demokratisch?* Baden-Baden.

Brown, Davis. 2011. Judging the Judges: Evaluating Challenges to Proper Authority in Just War Theory. *Journal of Military Ethics 10(3)*: 133–147.

Caesar, Gaius Julius. 1999. *Der Gallische Krieg: lateinisch- deutsch, hg. von Otto Schönberger.* 2. Aufl. Düsseldorf, Zürich.

Chalk, Frank R. et al. 2010. *Mobilizing the Will to Intervene. Leadership to Prevent Mass Atrocities.* Montreal u. a.

Churchill, Winston S. 1899. *The River War. A Historical Account of the Reconquest of the Soudan.* London.

—. 2008. *Kreuzzug gegen das Reich des Mahdi.* Frankfurt am Main.

Clausewitz, Carl von. 1980. *Vom Kriege, hg. von W. Hahlweg.* Bonn.

Clawson, Patrick L., Hg. 1998. *Iraq Strategy Review. Option for US-Policy.* Washington.

Commission on Human Security. 2003. *Human Security Now.* http://reliefweb.int/sites/reliefweb.int/files/resources/91BAEEDBA50C6907C1256D19006A9353-chs-security-may03.pdf. Zugegriffen: 1. Mai 2012.

Corten, Oliver. 2008. *Le droit contre la guerre: l'interdiction du recours à la force en droit international contemporain.* Paris.

Cottey, Andrew. 2008. Beyond Humanitarian Intervention: the New Politics of Peacekeeping and Intervention. *Contemporary Politics 14(4)*: 429–446.

Daase, Christopher. 1999. *Kleine Kriege – große Wirkung. Wie unkonventionelle Kriegführung die internationale Politik verändert.* Baden-Baden.

Debiel, Tobias. 2003. *UN-Friedensoperationen in Afrika. Weltinnenpolitik und die Realität von Bürgerkriegen.* Bonn.

Distler, Werner. 2010. Die Bedingungen der Intervention: Interaktion in einer Ausnahmesituation. In *Interventionskultur. Zur Soziologie von Interventionsgesellschaften*, hg. von Thorsten Bonacker et al., 119–140. Wiesbaden.

Evans, Marc. 2009. Moral Responsibilities and the Conflicting Demands of Jus Post Bellum. *Ethics & International Affairs 23(2)*: 147–164.
Gade, Emily K. 2010. Defining the Non-Combattant. How do we Determine who is Worthy of Protection in Violent Conflict? *Journal of Military Ethics 9(3)*: 219–242.
Gaus, Bettina. 2004. *Casebook Völkerrecht, Frontberichte: die Macht der Medien in Zeiten des Krieges*. Frankfurt am Main.
Geffcken, F. H. 1889. Das Recht der Intervention. In *Handbuch des Völkerrechts, Bd. 4 (1887)*, hg. von F. v. Holtzendorff, § 40, 131–168. Hamburg.
Genschel, Philipp, und Klaus Schlichte. 1997. Wenn Kriege chronisch werden: der Bürgerkrieg. *Leviathan 25(4)*: 501–517.
Giese, Martin. 2010. *Vom gerechten Krieg zu humanitären Interventionen: Menschenrechte militärisch schützen?* München.
Gilboa, Eytan. 2005. Global Television and Foreign Policy: Debating the CNN Effect. *International Studies Perspectives* 5: 325–348.
Griffin, Michael. 2010. Media Images of War. *Media, War & Conflict* 3: 7–14.
Grimm, Dieter. 2009. *Souveränität. Herkunft und Zukunft eines Schlüsselbegriffs*. Berlin.
Grimm, Sonja. 2010. *Die erzwungene Demokratie. Politische Neuordnung nach militärischer Intervention unter externer Aufsicht*. Baden-Baden.
Gromes, Thorsten. 2010. Probleme der Komplexitätskoordination. Konsistenz und Beendigung von Interventionen. In *Interventionskultur. Zur Soziologie von Interventionsgesellschaften*, hg. von Thorsten Bonacker et al., 173–188. Wiesbaden.
Gruber, Stefan. 2008. *Die Lehre vom gerechten Krieg. Eine Einführung am Beispiel der NATO-Intervention im Kosovo*. Marburg.
Hammond, Philip. 2007. *Media, War and Postmodernity*. London, New York.
Hinsch, Wilfried, und Dieter Janssen. 2006. *Menschenrechte militärisch schützen. Ein Plädoyer für humanitäre Interventionen*. München.
Hobsbawm, Eric. 1987. *The Age of Empire*. London.
—. 1989. *Das imperiale Zeitalter 1875–1917*. Frankfurt am Main, New York.
Hoffmann, Stefan-Ludwig, Hg. 2010. *Moralpolitik. Geschichte der Menschenrechte im 20. Jahrhundert*. Göttingen.
Human Rights Watch. 2012. *World Report 2012*. http://www.hrw.org/world-report-2012. Zugegriffen: 9. Mai 2012.
Ignatieff, Michael. 2002. *Die Politik der Menschenrechte. Aus dem Engl. von Ilse Utz*. Hamburg.
—. 2003. *Empire lite. Nation-Building in Bosnia, Kosovo and Afghanistan*. London.
International Commission on Intervention and State Sovereignty (ICSS). 2001. *The Responsibility to Protect*. http://responsibilitytoprotect.org/ICISS%20Report.pdf. Zugegriffen: 6. Juni 2012.
Jean, François, und Jean-Christophe Rufin, Hg. 1999. *Ökonomie der Bürgerkriege. Aus dem Frz. von Birgit Sommer*. Hamburg.
Kabia, John M. 2009. *Humanitarian Intervention and Conflict Resolution in West Africa: from ECOMOG to ECOMIL*. Aldershot.
Kaldor, Mary. 2000. *Neue und alte Kriege. Organisierte Gewalt im Zeitalter der Globalisierung. Aus dem Engl. von Michael Adrian*. Frankfurt am Main.
Keohane, Robert O. 2003. Political Authority after Intervention: Gradations in Sovereignty. In *Humanitarian Intervention: Ethical, Legal, and Political Dilemmas*, hg. von J. L. Holzgrefe, und Robert O. Keohane, 275–298. Cambridge.
Kortüm, Hans-Henning, Hg. 2006. *Transcultural Wars from the Middle Ages to the 21st Century*. Berlin.

Krause, Skadi. 2008. Gerechte Kriege, ungerechte Feinde – Die Theorie des gerechten Krieges und ihre moralischen Implikationen. In *Humanitäre Intervention. Ein Instrument außenpolitischer Konfliktbearbeitung*, hg. von Herfried Münkler, und Karsten Malowitz, 113–142. Wiesbaden.

Krumwiede, Heinrich W., und Peter Waldmann, Hg. 1998. *Bürgerkriege. Folgen und Regulierungsmöglichkeiten.* Baden-Baden.

Lake, David. 2010. The Practice and Theory of US Statebuilding. *Journal of Intervention and Statebuilding 4(3)*: 257–284.

Lis, Julia Karolina. 2010. Die misslungene humanitäre Intervention der UN und der westlichen Welt in Ruanda. In *Internationale Interventionen Kongo, Irak, Ruanda, Afghanistan, Entwicklungspolitik, Völkerrecht*, hg. von Jürgen Bellers, und Markus Porsche-Ludwig, 113–136. Nordhausen.

Luttwak, Edward. 2003. *Strategie. Die Logik von Krieg und Frieden. Aus dem Amerikan. von Cornelia Lösch und Thomas Laugstien.* Lüneburg.

Mann, Michael . 1990. *Geschichte der Macht. Bd. 1: Von den Anfängen bis zur griechischen Antike.* Frankfurt am Main, New York.

McMahan, Jeff. 2004. The Ethics of Killing in War. Symposium on Terrorism, War, and Justice. *Ethics 114(4)*: 693–733.

—. 2006. Liability and Collective Identity: A Response to Walzer. *Philosophia 34*: 13–17.

Merkel, Wolfgang. 2011. Demokratie ‚durch' Krieg? *Vorgänge. Zeitschrift für Bürgerrechte und Gesellschaftspolitik 50(1)*: 53–78.

Münkler, Herfried. 2002. *Die neuen Kriege.* Reinbek b. Hamburg.

—. 2003. *Der neue Golfkrieg.* Reinbek b. Hamburg.

—. 2005. *Imperien. Die Logik der Weltherrschaft – vom antiken Rom bis zu den USA.* Berlin.

—. 2006. *Der Wandel des Krieges. Von der Symmetrie zur Asymmetrie.* Weilerswist.

National Institute for Defense Studies, Hg. 2009. *The Role of the Military in Peacebuilding: a New Approach to Conflict Resolution in the 21st Century.* Tokyo.

O'Connell, Mary Ellen. 2010. Responsibility to Peace: A Critique of R2P. *Journal of Intervention and Statebuilding 4(1)*: 39–52.

Oeter, Stefan. 2008. Humanitäre Intervention und die Grenzen des völkerrechtlichen Gewaltverbots – Wen oder was schützt das Völkerrecht: Staatliche Souveränität, kollektive Selbstbestimmung oder individuelle Autonomie? In *Humanitäre Intervention. Ein Instrument außenpolitischer Konfliktbearbeitung*, hg. von Herfried Münkler, und Karsten Malowitz, 29–64. Wiesbaden.

Olson, Mancur. 1971. *The Logic of Collective Action: Public Goods and the Theory of Groops [1965].* Cambridge, Mass.

Orford, Anne. 2011. *International Authority and the Responsibility to Protect.* Cambridge.

Pape, Matthias. 1997. *Die humanitäre Intervention. Zur Bedeutung der Menschenrechte in den Vereinten Nationen.* Baden-Baden.

Paris, Roland. 2007. *Wenn die Waffen schweigen. Friedenskonsolidierung nach innerstaatlichen Gewaltkonflikten. Aus dem Engl. von Doris Gerstner.* Hamburg.

Pattison, James. 2010. *Humanitarian Intervention and the Responsibility to Protect: who Should Intervene?* Oxford.

Peters, Anne, und Simone Peter. 2006. Lehren vom „gerechten Krieg" aus völkerrechtlicher Sicht. In *Der „gerechte Krieg". Zur Geschichte einer aktuellen Denkfigur*, hg. von Georg Kreis, 43–96. Basel.

Polk, William. 2009. *Aufstand. Widerstand gegen Fremdherrschaft: Vom Amerikanischen Unabhängigkeitskrieg bis zum Irak. Aus dem Engl. von Ilse Utz.* Hamburg.

Prunier, Gérard. 2006. *Darfur. Der „uneindeutige" Genozid. Aus dem Engl. von Gennaro Ghirardelli.* Hamburg.
Quaritsch, Helmut. 1986. *Souveränität. Entstehung und Entwicklung des Begriffs in Frankreich und Deutschland vom 13. Jh. bis 1806.* Berlin.
Robinson, Piers. 2011. The CNN effect reconsidered: mapping a research agenda for the future. *Media, War & Conflict* 4: 3–11.
Rosa, Hartmut. 2005. *Beschleunigung. Die Veränderung der Zeitstruktur in der Moderne.* Frankfurt am Main.
Ruf, Werner, Hg. 2003. *Politische Ökonomie der Gewalt. Staatszerfall und die Privatisierung von Gewalt und Krieg.* Opladen.
Schetter, Conrad. 2010. Von der Entwicklungszusammenarbeit zur humanitären Intervention. Die Kontinuität einer Kultur der Treuhandschaft. In *Interventionskultur. Zur Soziologie von Interventionsgesellschaften*, hg. von Thorsten Bonacker et al., 31–47. Wiesbaden.
Schmitt, Carl. 1941. *Völkerrechtliche Großraumordnung mit Interventionsverbot für raumfremde Mächte. Ein Beitrag zum Raumbegriff im Völkerrecht.* 4. Aufl. Berlin, Leipzig, Wien.
—. 1950. *Der Nomos der Erde im Völkerrecht des Jus Publicum Europaeum.* Köln.
Schröder, Hans-Christoph. 1973. *Sozialistische Imperialismusdeutung. Studien zu ihrer Geschichte.* Göttingen.
Simms, Brendan, und D. J. B Trim, Hg. 2011. *Humanitarien Intervention. A History.* Cambridge.
Tomuschat, Christian. 2003. *Human Rights. Between Idealism and Realism.* Oxford.
—. 2008. Humanitäre Intervention - ein trojanisches Pferd? In *Humanitäre Intervention. Ein Instrument außenpolitischer Konfliktbearbeitung*, hg. von Herfried Münkler, und Karsten Malowitz, 64–88. Wiesbaden.
Udombana, Nsongurua J. 2005. When Neutrality is a Sin: The Darfur Crisis and the Crisis of Humanitarian Intervention in Sudan. *Human Rights Quarterly* 27: 1149–1199.
Walter, Dierk, und Birthe Kudrus, Hg. 2012. *Waffen, Wissen, Wandel. Anpassung und Lernen in transkulturellen Erstkonflikten.* Hamburg.
Walther, Helmut G. 1976. *Imperiales Königtum, Konziliarismus und Volkssouveränität. Studien zu den Grenzen des mittelalterlichen Souveränitätsgedankens.* München.
Walzer, Michael. 1977. *Just and Unjust Wars. A Moral Argument with Historical Illustrations.* New York.
—. 2004. *Arguing About War.* New Haven, London.
—. 2006. Terrorism and Just War. *Philosophia* 34: 3–12.
Weiss, Stefani, und Joschka Schmierer, Hg. 2007. *Prekäre Staatlichkeit und internationale Ordnung.* Wiesbaden.
Weiss, Thomas G. 2012. *Humanitarian Intervention. War and Conflict in the Modern World.* 2. Aufl. Cambridge.
Zanetti, Véronique. 2008. Vom Recht auf Selbstverteidigung zum Recht auf Hilfe. In *Menschenrechte in die Zukunft denken*, hg. von Hans-Jörg Sandkühler, 101–114. Baden-Baden.
—. 2010. Wie lässt sich das Recht auf humanitäre Intervention begründen? *Information Philosophie* 2: 72–83.

Zum Verhältnis von Demokratie und Krieg

Wolfgang Wagner

1 Die Einhegung des Krieges durch Demokratie: ein historischer Abriss

Die Idee von der Einhegung des Krieges durch die Demokratisierung staatlicher Herrschaft hat ihren Ursprung im Zeitalter der Aufklärung. Sie findet sich in Montesquieu's „Vom Geist der Gesetze" (1748) ebenso wie in Tomas Paine's Pamphlet „Common Sense" (1776). Bis heute wird er aber vor allem mit Immanuel Kant in Verbindung gebracht.[1] In seinem Spätwerk „Zum ewigen Frieden"[2] fordert Kant, die „bürgerliche Verfassung in jedem Staate soll republikanisch sein", denn es sei „nichts natürlicher, als dass, da sie [die Staatsbürger, W. W.] all Drangsale des Krieges über sich selbst beschließen müssten […] sie sich sehr bedenken werden, ein so schlimmes Spiel anzufangen".[3]

Politisch wirksam wurde der Gedanke von der Demokratie als Friedensursache insbesondere nach dem ersten Weltkrieg, als der amerikanische Präsident Woodrow Wilson ihn zu einem Element der von ihm angestrebten Nachkriegsordnung erhob. Der Aufstieg des Faschismus und der Ausbruch des Zweiten Weltkriegs diskreditierten dann das gesamte, von Kant inspirierte Friedensprogramm, das neben der Demokratie auch noch ein System kollektiver Sicherheit und eine Verrechtlichung der internationalen Beziehungen umfasste. Von wenigen Ausnahmen[4] abgesehen, knüpften sich an die Demokratie keine Erwartungen über eine Einhegung des Krieges mehr. Stattdessen dominierte die Auffassung des politischen Realismus, dass mit der Demokratisierung der Außen- und Sicherheitspolitik die „rationale" Verfolgung „nationaler" Interessen eher erschwert werde. Aus dieser Perspektive ist die Außenpolitik von Demokratien dadurch belastet, dass Regierungen auf die Forderungen einer Wählerschaft Rücksicht nehmen müssen, die die Komplexität internationaler Sicherheitspolitik kaum durchschaut und sich vor allem von leicht mobilisierbaren Emotionen leiten lässt.[5]

Zu einer erneuten Renaissance des Nachdenkens über Demokratie als Friedensursache kam es erst wieder mit den Arbeiten Michael Doyles (1983) und Bruce Russetts (1993). Das Ende des Ost-West-Konflikts und die „dritte Welle der Demokratisierung"[6] bereiten in den westlichen Demokratien einen fruchtbaren Boden für die Idee eines Friedens durch Demokratie. Das bekannteste Dokument für die neu entfaltete Wirkung der Idee eines Friedens durch Demokratie ist die „National Security Strategy of Engagement and Enlargement", die US-Präsident Clinton 1996 veröffentlichte. Dort heißt es:

> „We believe that our goals of enhancing our security, bolstering our economic prosperity and promoting democracy are mutually supportive. […] democratic states are less likely to threa-

---

1 Dass Kant dabei verkürzt oder sogar verfälscht wiedergegeben wird, ist unter anderem von Macmillan 1995 und Baum 2008 behauptet worden.
2 Der ursprünglich 1795 publizierte Text liegt nun mit einem Kommentar vor: Kant 2011.
3 Vgl. Kant 2011, S. 20 ff.
4 Vgl. vor allem die Arbeiten von Czempiel 1972 et passim.
5 Vgl. Lippmann 1922; Almond 1950.
6 Huntington 1991.

> ten our interests and more likely to cooperate with the United States to meet security threats and promote free trade and sustainable development. [...] These goals are supported by [...] enlarging the community of secure, free market and democratic nations."[7]

Ähnliche Äußerungen finden sich bei Clintons Nachfolger im Weißen Haus, George W. Bush ebenso wie bei europäischen Spitzenpolitikern. Der damalige deutsche Außenminister Fischer sagte beispielsweise im September 1999 vor der Vollversammlung der Vereinten Nationen,

> „das Fundament präventiver Friedenspolitik und ziviler Konfliktbearbeitung [ist] der Schutz der Menschenrechte und die fortschreitende Demokratisierung der Staaten. Es ist eine historische Tatsache, dass Demokratien mit ausgeprägten zivilgesellschaftlichen Strukturen kaum jemals Krieg gegeneinander führen."[8]

Allerdings betonen Doyle[9] und Russett[10], dass Demokratien nur *untereinander* den Krieg erfolgreich eingehegt und eine stabile Zone des Friedens geschaffen hätten, während sie im Umgang mit Nichtdemokratien unvermindert gewaltbereit seien. Als empirischer Befund erwies sich dieser „Demokratische Friede" in der Auseinandersetzung mit zahlreichen Kritikern[11] als ausgesprochen robust und wurde daher von Jack Levy[12] als größte Annäherung an ein empirisches Gesetz der internationalen Beziehungen bezeichnet.

2 Ursachen und Akteure

Lange Zeit galt der Demokratische Friede als Befund „auf der Suche nach einer Erklärung".[13] Die Herausforderung bestand darin, nicht nur die Abwesenheit von Krieg zwischen Demokratien, sondern auch die weiterhin hohe Gewaltbereitschaft gegenüber Nichtdemokratien zu erklären. Die Entwicklung einer theoretischen Erklärung stand zu Beginn stark unter dem Einfluss der gleichzeitig ausgetragenen Rationalismus-Konstruktivismus-Debatte um die Bedeutung ideeller Faktoren in der internationalen Politik. Infolgedessen bildeten sich ein eher rationalistisches und ein eher sozialkonstruktivistisches Erklärungsangebot heraus.

7 Vgl. The White House 1996.
8 Fischer 1999.
9 Vgl. Doyle 1983, S. 205–35, 323–53.
10 Vgl. Russett 1993; ders. 2005.
11 Auf die zahlreichen Streitpunkte kann an dieser Stelle nicht eingegangen werden. Gute Überblicke der klassischen Debatte finden sich bei Chan 1997 und Nielebock 1993. Neuere Entwicklungen werden von Hasenclever 2010 berücksichtigt. Eine Sammlung klassischer Texte findet sich bei Brown, Lynn-Jones und Miller 1996.
12 Vgl. Levy 1989, S. 88.
13 Vgl. Nielebock 1993, S. 179–193.

Sozialkonstruktivistische Erklärungen verweisen auf die in Demokratien bestehende politische Kultur friedlicher Konfliktlösung.[14] Aus dieser Perspektive streben Staaten danach, innerstaatlich gültigen Normen und Werten auch in den internationalen Beziehungen soweit wie möglich zu folgen. Im Umgang mit anderen Demokratien scheint dies ohne weiteres möglich. In Konflikten mit Nichtdemokratien gelten hingegen weiter die „normalen" Regeln internationaler Politik, die den Einsatz von Gewalt nicht ausschließen.[15] Hinzu tritt, dass Demokratien miteinander eine Wertegemeinschaft bilden. Diese kollektive Identität „reduces uncertainty and anxiety, leads to cooperative relations, generates a tendency for liberal democracies to ally with one another, and contributes to the peaceful resolution of conflicts of interests".[16] Die Kehrseite davon ist, dass liberale Demokratien Staaten, die sie für illiberal halten, misstrauen.[17]

Die sozialkonstruktivistische Perspektive kann jedoch nicht nur erklären, weshalb Demokratien im Umgang mit Nichtdemokratien Opfer von Gewalt werden, sondern darüber hinaus auch, weshalb sie sich regelmäßig für den Einsatz militärischer Gewalt entscheiden. Die liberalen Werte und Normen, die demokratische Gesellschaften prägen, sind ihrem Anspruch nach nämlich universell, weshalb ihre Verletzung in Nichtdemokratien immer die Frage aufwirft, inwiefern militärische Gewalt zu ihrem Schutz nicht sogar geboten ist. Liberale Demokratien führen also typischerweise Kriege „for popular, liberal purposes".[18] Hierunter fallen die Verteidigung von Menschenrechten und die Verhinderung von Völkermorden ebenso wie die militärische Unterstützung von Liberalen in anderen Staaten.[19]

Schwer erklärbar bleibt aus dieser Perspektive allerdings, weshalb Demokratien auch untereinander durchaus militärische Gewalt androhen und – wenn auch unterhalb der Schwelle des Krieges[20] – anwenden.[21] Schließlich würden die Vorliebe für einen gewaltfreien Konfliktaustrag und das wechselseitige Vertrauen innerhalb einer Wertegemeinschaft erwarten lassen, dass auch minder schwere Formen militärischer Gewaltanwendung inakzeptabel erscheinen.

Für dieses Rätsel haben Vertreter eines rationalistischen Ansatzes eine Erklärung. Aus dieser Perspektive spielen demokratische Institutionen eine zentrale Rolle. Ganz allgemein wird das Spezifikum demokratischer Institutionen darin gesehen, dass sie das Regierungshandeln an die Zustimmung der davon Betroffenen rückbinden und da-

14 Vgl. Russett 1993, S. 35.

15 Vgl. Risse-Kappen 1995, S. 500.

16 Vgl. Kahl 1999, S. 95.

17 Owen 1994, S. 87–125, S. 132.

18 Vgl. Doyle 1983, S. 230.

19 Zu den demokratietypischen Kriegsgründen siehe auch Owen 1994; sowie Geis, Müller und Schörnig 2010.

20 In der Konfliktforschung hat sich die Definition des „Correlates of War" Projekts durchgesetzt, wonach ein militarisierter Konflikt dann als Krieg zu werten ist, wenn die Schwelle von 1 000 „battle-relates deaths" überschritten wird. Vgl. Sarkees, Wayman und Singer 2003, S. 58.

21 Vgl. Hellmann und Herborth 2008.

mit den Handlungsspielraum von Regierungen einschränken.[22] In Anlehnung an die Friedensschrift Immanuel Kants wird den betroffenen Bürgerinnen und Bürgern dabei eine allgemein kriegsabgeneigte Haltung unterstellt, so dass die Rückbindung des Regierungshandelns an den Willen der Bürgerschaft einen pazifizierenden Effekt erhält. Von zentraler Bedeutung sind in diesem Modell regelmäßige freie Wahlen. Diese stellen nicht nur eine dem Mehrheitswillen entsprechende Auswahl der Regierung(sspitze) sicher. Noch wichtiger ist, dass das der Regierung unterstellte Interesse an einer Wiederwahl dazu führt, dass sie die Auswirkungen ihrer Politik auf die nächsten Wahlen antizipiert:

> „Because political leaders recognize the possibility of ex post punishment in the loss of office, ex ante they select policies they believe will be successful and hence lengthen their tenure."[23]

Weitere pazifizierende Wirkungen werden im institutionell-strukturellen Modell den demokratiespezifischen „checks and balances" zugeschrieben:

> „If institutions or individuals other than the executive must also approve such a decision [to fight], less belligerent elements of society have a greater chance of moderating policy and can constrain the leader."[24]

Schließlich verlangsamen die Konsensbildungserfordernisse den Entscheidungsprozess, was zum einen einer Versicherung gegen einen Überraschungsangriff gleichkommt und zum anderen wertvolle Zeit für Vermittlungsbemühungen lässt.[25] Wie Sandra Dieterich, Hartwig Hummel und Stefan Marschall[26] am Beispiel des Irak-Krieges gezeigt haben, spielen außerdem Parlamente eine entscheidende Rolle dabei, ob die pazifistischen Präferenzen der Bevölkerung tatsächlich auch in eine entsprechende Regierungspolitik übersetzt werden: Während es in allen EU-Staaten Mehrheiten gegen eine Beteiligung am Irak-Krieg gab, haben vor allem diejenigen Regierungen auf eine Kriegsbeteiligung verzichtet, deren Entscheidung der Zustimmung des Parlaments bedurfte. Die Bedeutung derartiger „checks and balances" wird jedoch dadurch relativiert, dass die Entscheidung über den Einsatz von Streitkräften in der Mehrzahl der Demokratien von der Exekutive allein getroffen werden kann.[27]

Das oben genannte Rätsel, dass unter Demokratien militärische Gewalt durchaus angedroht und unterhalb der Kriegsschwelle eingesetzt wird, erklärt sich aus dieser Perspektive vor allem dadurch, dass die Rückbindung des Regierungshandelns an

22 Vgl. Bueno de Mesquita et al. 1999.
23 Vgl. Siverson, 1995, S. 483.
24 Vgl. Morgan und Campbell, 1991, S. 191.
25 Vgl. Russett 1993, S. 40.
26 Vgl. Dieterich, Hummel und Marschall 2009.
27 Vgl. Peters und Wagner 2011.

eine Kosten und Nutzen kalkulierende Öffentlichkeit Militäreinsätze keineswegs ausschließt, solange der Nutzen die Kosten übersteigt. Auf diese Weise lässt sich erklären, weshalb Demokratien vor kolonialen Eroberungskriegen keineswegs zurückgeschreckt sind: Schließlich ließen Kolonien erhebliche Reichtümer erwarten, während die technisch überlegenen Truppen der Eroberer gleichzeitig keine schweren Verluste zu erwarten hatten.

Rätselhaft bleibt aus dieser Perspektive allerdings, weshalb demokratische Großmächte Konflikte mit militärisch schwachen Demokratien nicht über die Schwelle des Krieges hinaus eskalieren lassen, denn die zu erwartenden Kosten würden auch in einem solchen Fall kaum ins Gewicht fallen. Aus rationalistischer Perspektive kann natürlich auf die Kosten-Nutzen-Abwägung der schwächeren Demokratie verwiesen werden, aus deren Sicht jedes Zugeständnis rationaler wäre als eine militärische Eskalation, deren Ausgang mit Sicherheit desaströs wäre. Ungeklärt bleibt allerdings, weshalb schwächere Demokratien gegenüber mächtigeren keineswegs leichtfertig Zugeständnisse machen und weshalb mächtige Demokratien selbst mit der Androhung militärischer Gewalt gegenüber schwachen Demokratien äußerst zurückhaltend sind.[28]

Die der Rationalismus-Konstruktivismus-Debatte geschuldete Gegenüberstellung von Normen und politischer Kultur einerseits und Institutionen (verstanden als Anreizsysteme für rational handelnde Akteure) andererseits hat die Entwicklung einer Erklärung für den Demokratischen Frieden eher behindert als befördert. Wie John Owen[29] gezeigt hat, wird die Einhegung militärischer Gewalt unter Demokratien und die fortbestehende Konfliktbereitschaft gegenüber Nicht-Demokratien erst aus dem Zusammenspiel von politischer Kultur und Institutionen verständlich: Demokratische Institutionen ermöglichen die Mobilisierung einer liberalen Öffentlichkeit, die allerdings vor allem dann aktiv wird, wenn ein Konflikt mit einer anderen liberalen Demokratie über die Kriegsschwelle hinweg zu eskalieren droht.

3 Typische Verlaufsformen

Die Forschung zum Demokratischen Frieden im engeren Sinne konzentrierte sich ganz auf die Abwesenheit von Kriegen zwischen Demokratien. Im Umfeld dieser Forschung entstand jedoch ein umfassendes Forschungsprogramm, das sich den Besonderheiten der Sicherheitspolitik von Demokratien im weiteren Sinne widmete. Die Leitfrage war dabei stets, inwiefern die im vorigen Abschnitt vorgestellten Kausalmechanismen weitere Unterschiede zwischen Demokratien und Nichtdemokratien, beispielsweise mit

28 Vgl. Hasenclever 2010.
29 Owen 1994, S. 87–125.

Blick auf Verteidigungsausgaben[30], internationale Institutionen,[31] Bürgerkriege[32] oder innere Sicherheit[33] erklären können. Im Kontext dieses Sammelbandes ist die Untersuchung demokratiespezifischer Verlaufsformen von militärischen Konflikten von besonderem Interesse. Wie auch bei anderen Bereichen des „democratic distinctiveness programme“[34] wurde bei der Erforschung dieser Verlaufsformen auf zahlreiche bereits vorhandene Arbeiten zurückgegriffen, diese jedoch nun im Zusammenhang demokratiespezifischer Sicherheitspolitik diskutiert. Im Folgenden werden drei Aspekte näher diskutiert, nämlich die Popularitätszunahme der Exekutive zu Beginn eines Konflikts („Rally-around-the-Flag-Effekt“, 3.1), die Abnahme öffentlicher Unterstützung angesichts wachsender Verluste („Opfersensibilität“, 3.2) und schließlich der Ausgang militärischer Konflikte („democratic victory“, 3.3).

3.1 *Der Rally-around-the-Flag-Effekt*

Bereits Ende der 1960er Jahre beobachtete Kenneth Waltz mit Blick auf die USA, dass „the first effect of an international crisis is to increase the President's popular standing“,[35] denn „people rally behind their chief executive“.[36] Angesichts einer Bedrohung von außen erscheint Kritik an der Regierung, die sonst in der politischen Kultur von Demokratien fest verankert ist, als unpatriotisch, da sie die obersten Repräsentanten des Staates bzw. der Nation in ihrem Umgang mit der Außenwelt zu schwächen scheint. Infolgedessen können Präsidenten in Zeiten äußerer Bedrohung außergewöhnlich hohe Popularitätswerte erzielen. Beispielsweise stiegen die Zustimmungswerte zu George W. Bushs Amtsführung kurz nach den Terroranschlägen vom 11.September 2001 auf 90 % und damit auf den höchsten Wert, den jemals ein amerikanischer Präsident seit den Anfängen der Meinungsforschung in den 1940er Jahren erreicht hat.[37] Ein ähnlicher Effekt ließ sich bereits nach dem japanischen Angriff auf Pearl Harbor im Dezember 1941 beobachten, als die Zustimmung zur Amtsführung von Präsident Roosevelt ebenfalls auf einen Höchstwert kletterte.

Der Rally-around-the-Flag-Effekt ist für kein anderes Land so gut dokumentiert wie für die USA, denn zum einen waren diese in den letzten Jahrzehnten regelmäßig in internationale Krisen verwickelt und zum anderen liegen in regelmäßigen Abständen erhobene Daten der selben Umfrage vor, die einen Vergleich über längere Zeit-

30 Vgl. Goldsmith 2007.
31 Vgl. Lipson 2003; Pevehouse und Russett 2006.
32 Vgl. Hegre et al. 2001.
33 Vgl. Abrahms 2007, S. 223–253; Wagner 2003.
34 Vgl. Owen 2004.
35 Vgl. Waltz 1976, S. 273.
36 Vgl. ebd., S. 273.
37 Vgl. Eichenberg, Stoll und Lebo 2006, S. 787.

abschnitte erlauben. Die Popularität Margret Thatchers nach der Besetzung der Falkland-Inseln durch Argentinien 1982 oder die gestiegene Zustimmung zur Amtsführung des französischen Präsidenten Nicholas Sarkozy nach Beginn des Kampfeinsatzes gegen das Gaddafi-Regime im Frühjahr 2011 deuten jedoch darauf hin, dass sich Rally-around-the-Flag-Effekte auch außerhalb der USA finden. Selbst in Diktaturen, für die es an verlässlichen Umfragedaten fehlt, lassen sich Hinweise auf Rally-around-the-Flag-Effekte finden.

In den Verdacht, eine Eskalation internationaler Konflikte mit dem Ziel zu provozieren, in den Genuss des Rally-Effekts zu kommen, sind jedoch vor allem demokratische Regierungen geraten. Das liegt daran, dass „diese im Gegensatz zu Nicht-Demokratien kaum andere Möglichkeiten besitzen, Unzufriedenheit zu zerstreuen oder interne Konflikte zu unterdrücken".[38] Für diese so genannte Ablenkungsthese ist der Rally-around-the-Flag-Effekt eine notwendige, aber keine hinreichende Voraussetzung. Natürlich ist die Ablenkungsthese Gegenstand zahlreicher Verschwörungstheorien, die von den Profiteuren eines eskalierenden Konflikts direkt auf seine Urheber schließen. Quantitative empirische Forschung, die nach Korrelationen zwischen Militäreinsätzen und schlechten Wirtschaftsdaten oder anstehenden Wahlen gesucht hat, hat hingegen keine eindeutigen Ergebnisse zutage gefördert.[39]

Ein für diese Diskussion interessanter Fall ist der Bundestagswahlkampf 2002: Angesichts schlechter Umfragewerte positionierte sich die rot-grüne Bundesregierung gegen eine mögliche militärische Intervention im Irak und konnte so die entscheidenden Stimmen für eine Wiederwahl gewinnen. Der Erfolg der Regierung Schröder/Fischer deutet darauf hin, dass sowohl der Rally-Effekt als auch die Ablenkung von innenpolitischen Themen in Staaten, die von einer politischen Kultur der militärischen Zurückhaltung geprägt sind, gänzlich anders funktionieren als in Staaten, deren politische Kultur dem Einsatz militärischer Gewalt aufgeschlossen gegenüber steht.

3.2 Opfersensibilität

Die Eskalation internationaler Konflikte zur eigenen Popularitätssteigerung ist allerdings für demokratische Regierungen schon deshalb eine äußerst riskante Strategie, weil der Rally-Effekt nur kurze Zeit anhält. Ist der Rally-Effekt einmal verebbt, kehrt sich der Zusammenhang zwischen militärischer Gewalt und Popularität der Regierung um: Während die Zustimmung zur Regierungspolitik zu Beginn militärischer Konflikte zumeist zunimmt, sinkt sie im weiteren Verlauf in dem Maße, wie die Zahl der Gefallenen steigt. Auch dieser Zusammenhang zwischen wachsenden Verlusten und sinkender Unterstützung ist insbesondere für die USA sehr gut dokumentiert. Als einschlägiges Bei-

38 Vgl. Daase 2006, S. 56.
39 Hasenclever 2001, S. 100.

spiel dient der Vietnam-Krieg, dessen Eskalation mit einer ständigen Abnahme der Popularität Präsident Johnsons einherging. Allerdings haben hierzu nicht nur wachsende Verluste unter den amerikanischen Streitkräften beigetragen, sondern auch die Bilder ziviler vietnamesischer Opfer, die das amerikanische Fernsehpublikum erreichten. Dass auch zivile Opfer der Gegenseite die Unterstützung für einen Militäreinsatz unterminieren können, erfuhr auch die Bundeswehr nach dem von ihr befohlenen Angriff auf einen Tanklastzug in der Nähe des afghanischen Kunduz im September 2009, bei dem nach Schätzungen der NATO bis zu 140 Menschen getötet oder verletzt wurden. Aus einer sozialkonstruktivistischen Perspektive kann nicht überraschen, dass sich die Opfersensibilität, wenn auch in abgestufter Form, auch auf Zivilisten der Gegenseite erstreckt. Schließlich verstehen liberal-demokratische Gesellschaften das Recht auf Leben als *universelles* Menschenrecht, das zwar in Kriegszeiten nicht unbedingt eingehalten werden muss, aber selbst dann so weit wie möglich beachtet werden sollte. Insbesondere militärische Interventionen, die mit dem Schutz von Zivilisten vor politischer Gewalt gerechtfertigt werden, würden ihr Ziel verfehlen, wenn sie nicht selbst zur Vermeidung ziviler Opfer in der Lage wären.

Wie für den Rally-Effekt gilt auch für die Opfersensibilität, dass sie zwar vor allem in Demokratien nachgewiesen werden kann, aber aller Wahrscheinlichkeit nach auch in Nicht-Demokratien besteht. Allerdings erlangt sie in Demokratien eine viel größere politische Relevanz, weil nur gewählte Regierungen angesichts steigender Gefallenenzahlen um ihre Wiederwahl fürchten müssen. In Demokratien sind daher auch die weitest gehenden Bemühungen zu beobachten, die eigenen Gefallenenzahlen sowie zivile Opfer soweit wie möglich zu minimieren. Demokratien haben dafür verschiedene Strategien entwickelt: Erstens haben Demokratien Ausrüstung und Strategie auf eine Minimierung von Opfern ausgerichtet. Das zeigt sich in der Entwicklung von Präzisionswaffen ebenso wie in der Vermeidung von Bodentruppen, die – wie im Vietnam-Krieg – besonders verwundbar sind. In einer der wenigen systematischen Studien zur Sensibilität für gegnerische Opfer hat Stephen Watts[40] gezeigt, dass Demokratien sich tatsächlich auch stärker um eine Schonung der gegnerischen Zivilisten bemühen als andere Staaten. Allerdings gibt es zwischen der Vermeidung von Verlusten unter den eigenen Truppen einerseits und unter gegnerischen Zivilisten andererseits häufig einen Zielkonflikt. Der Abwurf der Atombomben auf Hiroshima und Nagasaki hat ebenso wie die Vermeidung niedriger Flughöhen während des Kosovo-Krieges gezeigt, dass dieser Zielkonflikt in aller Regel zu Gunsten der eigenen Truppen entschieden wird.[41]

Zweitens ist es insbesondere für Demokratien attraktiv, militärische Aufgaben an private Sicherheitsfirmen zu delegieren. Sollten Angehörige dieser Firmen ums Leben kommen, werden diese nicht als gefallene Kombattanten, sondern als zivile Opfer gerechnet und verpflichten Regierungsvertreter dementsprechend nicht dazu, ihnen öf-

40 Vgl. Watts 2007.
41 Vgl. Schörnig 2007.

fentlich besondere Ehren zu erweisen. Die für Demokratien typische Opfersensibilität ist zwar sicherlich nicht die einzige Antriebskraft für die zugenommene Delegation von Aufgaben an private Sicherheitsfirmen, trägt aber zusätzlich zu dieser Entwicklung bei.[42]

Drittens haben insbesondere die USA aus dem Vietnam-Krieg die Lehre gezogen, dass die Berichterstattung über das Kriegsgeschehen einer größeren Kontrolle durch die Regierung unterworfen werden soll. Die Bewegungsfreiheit von Journalisten wurde daher während des Golfkrieges 1991 und des Irakkrieges 2003 deutlich eingeschränkt.

Eine Reihe neuerer Arbeiten hat zusätzliche Kontextbedingungen identifiziert, die den Zusammenhang zwischen Gefallenenzahlen und öffentlicher Zustimmung differenzieren. So sind Befragte eher zur Tolerierung von Gefallenen bereit, wenn sie einen militärischen Sieg erwarten.[43] Aus dieser Perspektive sind es also vor allem sinnlose Opfer, die eine Regierung in Misskredit bringen. Darüber hinaus wirkt sich die Autorisierung militärischer Gewalt durch internationale Organisationen, vor allem durch die Vereinten Nationen, positiv auf die öffentliche Unterstützung aus.[44] Ein Mandat des VN-Sicherheitsrates wirkt wie ein Gütesiegel, das einem Militäreinsatz Legitimität verleiht und daher auch eine höhere Toleranz gegenüber Gefallenen mit sich bringt.

3.3 Erfolgreiche Demokratien? Die Debatte um democratic victories

Die ausgeprägte Opfersensibilität demokratischer Gesellschaften hat zu der Vermutung geführt, Demokratien seien im Vergleich zu Nichtdemokratien weniger wehrhaft. Dagegen haben Dan Reiter und Allan Stam[45] die gegenteilige These aufgestellt, dass Demokratien häufiger als andere Regimetypen als Gewinner aus einem bewaffneten Konflikt hervorgehen. Verantwortlich für die hohe militärische Erfolgsrate sei keineswegs eine besonders ausgeprägte Fähigkeit, die eigene Ökonomie oder Alliierte für den Kriegseinsatz zu mobilisieren. Vielmehr träfen demokratische Regierungen schlichtweg klügere Entscheidungen über den Einsatz militärischer Gewalt. Erstens sind ihnen die Risiken, die sowohl verlorene Kriege als auch hohe Opferzahlen für ihre Wiederwahlchancen haben, bewusst. Deshalb halten sie sich von militärischen Abenteuern fern und entscheiden sich für militärische Gewalt nur dann, wenn sie einen erfolgreichen Ausgang erwarten. Zweitens sind demokratische Regierungen besser beraten: Während die Besetzung

42 Die Umstellung von der Wehrpflicht zu professionellen Streitkräften, wie sie die USA noch während des Vietnamkrieges vornahmen, folgt einer ähnlichen Logik: Eine Armee aus Wehrpflichtigen bedeutet immer, dass die menschlichen Kosten eines Krieges von den (Wahl-)Bürgern getragen werden müssen. Eine Berufsarmee hingegen erlaubt, die menschlichen Kosten auf die Teile einer Gesellschaft zu konzentrieren, die entweder eine höhere Bereitschaft aufweisen, ihr Leben zu riskieren, oder aber politisch weniger einflussreich sind.

43 Vgl. Gelpi, Feaver und Reifler 2006.

44 Vgl. Grieco et al. 2011.

45 Vgl. Reiter und Stam 2002.

militärischer Spitzenposten in Diktaturen häufig mit Vertrauensleuten erfolgt, ist sie in Demokratien stärker auf meritokratischen Kriterien gegründet. Darüber hinaus haben Kritiker, die auf die Risiken militärischer Einsätze hinweisen, in Demokratien leichteren Zugang zu den Entscheidungsprozessen, so dass der Entscheidung über einen Einsatz ein umfassenderes und realistischeres Bild zugrunde liegt.

Die Thesen Reiters und Stams sind nicht unumstritten geblieben.[46] Schwerer als die Kritik an verwendeten Datensätzen und statistischen Methoden wiegt jedoch der Einwand, dass Demokratien nur noch in Ausnahmefällen verfeindeten Armeen gegenüberstehen, die eine Entscheidung auf dem Schlachtfeld herbeizuführen suchen. Typischer sind hingegen längst asymmetrische Konflikte, in denen sich Demokratien Gegnern gegenübersehen, die militärische Entscheidungen gerade vermeiden und stattdessen im Stil einer Guerilla operieren. Wie der Somalia-Einsatz der USA 1992 zeigt, kann die hohe Opfersensibilität demokratischer Gesellschaften – zumal, wenn die Medien entsprechende Bilder dazu liefern – zu einem schnellen Abbruch des Einsatzes führen. Der zügige Abzug der USA aus Somalia hat für Konfliktparteien weltweit deutlich gemacht, dass die hohe Opfersensibilität die Achillesverse von Demokratien im Krieg darstellt, insbesondere wenn es sich nicht um einen aufgezwungenen Verteidigungskrieg handelt, sondern um einen so genannten „war of choice".

4 Schlussfolgerungen

Die seit der Aufklärung formulierte Hoffnung, eine Demokratisierung staatlicher Herrschaft werde auch mit einer Einhegung des Krieges einhergehen, ist nach wie vor aktuell. Zwar haben deskriptive Statistiken bestätigt, was jedem aufmerksamen Beobachter internationaler Politik ohnehin kaum entgehen konnte, nämlich dass Demokratien generell nicht weniger häufig in Kriege verwickelt sind als Nicht-Demokratien. Allerdings lenkt die Konzentration auf die bloße *Anzahl* von Kriegsbeteiligungen davon ab, dass es durchaus demokratietypische Verlaufsformen und Kriegsziele gibt. Beide Besonderheiten gehen auf die hohe Sensibilität für die Opfer politischer Gewalt zurück. So ist die militärische Intervention zur Verhinderung bzw. Beendigung von massiver staatlicher Repression, systematischer Menschenrechtsverletzungen oder gar von Völkermorden insbesondere seit dem Ende des Ost-West-Konflikts eine typische Form des Militäreinsatzes durch Demokratien. Gleichzeitig setzt die Sensibilität für Opfer unter den eigenen Truppen, aber auch unter den Zivilisten des Gegners der Eskalation militärischer Gewalt Grenzen. Darüber hinaus ist die Sensibilität für die Opfer politischer Gewalt nur in Demokratien politisch wirksam, weil nur dort Wähler bzw. deren Repräsentanten im Parlament die Regierung für den Einsatz militärischer Gewalt zur Rechenschaft ziehen können. Die Besonderheiten der von Demokratien geführten Kriege ergeben sich also

46 Vgl. Desch 2002; Minkwitz 2005.

weder ausschließlich aus den humanistisch-aufgeklärten Werten liberaler Gesellschaften noch ausschließlich aus demokratiespezifischen Institutionen. Erst das Zusammenspiel aus politischer Kultur und Institutionen kann die Besonderheiten demokratischer Kriege erklären.

Seit dem Ende des Ost-West-Konflikts ist die Forschung zum Demokratischen Frieden selbst politikwirksam geworden.[47] Das Ziel, um der eigenen Sicherheit willen die Demokratisierung anderer Staaten zu befördern, hat in die Sicherheitsdoktrinen zahlreicher liberaler Demokratien sowie der Europäischen Union Eingang gefunden. In den USA haben die Neokonservativen darüber hinaus einer Demokratisierung durch militärische Gewalt das Wort geredet. Der darauf folgende Irak-Krieg, zu dessen Legitimation auch auf Befunde des Demokratischen Friedens verwiesen wurde, hat in Teilen der Konfliktforschung jedoch große Ernüchterung und Frustration ausgelöst.[48]

Eine Reaktion auf die Instrumentalisierung des Demokratischen Friedens für die Legitimierung militärischer Gewalt ist die verstärkte Erforschung demokratie*spezifischer* Gewalt und anderer „Schattenseiten des Demokratischen Friedens".[49] Diese Forschungsrichtung arbeitet die Gewaltpotenziale der vermeintlich friedlicheren Demokratien systematisch heraus und arbeitet auf diese Weise einer allzu überheblichen Selbstgefälligkeit von Demokratien entgegen, die einer weiteren Einhegung des Krieges im Weg zu stehen droht. Die demokratiespezifischen Friedensfähigkeiten sollen dabei keineswegs kleingeredet werden. Vielmehr geht es darum, beim erreichten Stand der Einhegung des Krieges nicht stehen zu bleiben, sondern diesen durch eine kritische Reflektion auf die Schattenseiten des Demokratischen Friedens weiter voranzutreiben.

---

47 Vgl. Ish-Shalom 2006.

48 Vgl. etwa Russett 2005.

49 Geis, Müller und Wagner 2007. Die Arbeiten zu verdeckten Aktionen und zu demokratisierungsspezifischer Gewalt können als Vorläufer dieser Forschungen gelten. Geheimdienstliche Aktionen gegen demokratisch gewählte Regierungen, wie sie die USA beispielsweise 1973 gegen die Regierung Allende in Chile durchführten, sind insofern eine Form demokratiespezifischer Gewalt, weil gerade die effektive Einschränkung offener Gewaltanwendung die Wahl verdeckter Aktionen nahelegt (Vgl. Forsythe 1992). Die Forschung zur demokratisierungsspezifischen Gewalt hingegen hat darauf aufmerksam gemacht, dass Staaten im Übergang von autoritären zu demokratischen Regierungsformen besonders anfällig für Gewalt sind, weil alte Eliten die neuen Freiheiten zur aggressiven Mobilisierung breiter Bevölkerungsschichten nutzen können, ohne schon der mäßigenden Wirkung etablierter Institutionen unterworfen zu sein (Vgl. Mansfield und Snyder 1995; dies. 2005).

Literatur

Abrahms, Max. 2007. Why Democracies Make Superior Counterterrorists. *Security Studies 16(2)*: 223–253.

Almond, Gabriel. 1950. *The American People and Foreign Policy.* New York.

Baum, Tomas. 2008. A Quest for Inspiration in the Liberal Peace Paradigm: Back to Bentham. *European Journal of International Relations 14(3)*: 431–453.

Brown, Michael E., Sean M. Lynn-Jones, und Steven E. Miller, Hg. 1996. *Debating the Democratic Peace: An international Security Reader.* Cambridge, MA.

Bueno de Mesquita, Bruce, James Morrow, Randolph M. Siverson und Alastair Smith. 1999. An Institutional Explanation of the Democratic Peace. *American Political Science Review 93(4)*: 791–807.

Chan, Steve. 1997. In Search of Democratic Peace: Problems and Promise. *Mershon International Studies Review 41(1)*: 59–91.

Czempiel, Ernst Otto. 1972. *Schwerpunkte und Ziele der Friedensforschung.* München.

Daase, Christopher. 2006. Demokratischer Frieden – Demokratischer Krieg. Drei Gründe für die Unfriedlichkeit von Demokratien. In *Demokratien im Krieg*, hg. von Christine Schweitzer, Björn Aust, und Peter Schlotter, 53–72. Baden-Baden.

Desch, Michael C. 2002. Democracy and Victory: Why Regime Type Hardly Matters. *International Security 27(2)*: 5–47.

Dieterich, Sandra, Hartwig Hummel, und Stefan Marschall. 2009. „Kriegsspielverderber"? Europäische Parlamente und der Irakkrieg 2003. *Zeitschrift für Internationale Beziehungen 14(1)*: 5–38.

Doyle, Michael W. 1983. Kant, Liberal Legacies and Foreign Affairs. *Philosophy and Public Affairs 12*: 205–235, 323–253.

Eichenberg, Richard, Richard Stoll, und Matthew Lebo. 2006. War president. The Approval ratings of George W. Bush. *Journal of Conflict Resolution 50(6)*: 783–808.

Fischer, Joschka. 1999. Rede des Bundesministers des Auswärtigen vor der 54. Generalversammlung der Vereinten Nationen in New York, 22. September 1999. *Stichworte zur Sicherheitspolitik 9*: 5.

Forsythe, David. 1992. Democracy, War, and Covert Action. *Journal of Peace Research 29(4)*: 385–395.

Geis, Anna, Harald Müller, und Niklas Schörnig. 2010. Liberale Demokratien und Krieg. Warum manche kämpfen und andere nicht. Ergebnisse einer vergleichenden Inhaltsanalyse von Parlamentsdebatten. *Zeitschrift für Internationale Beziehungen 17(2)*: 171–202.

Gelpi, Christopher, Peter Feaver, und Jason Reifler. 2006. Success matters: Casualty sensitivity and the war in Iraq. *International Security 30(3)*: 1–46.

Goldsmith, Benjamin E. 2007. Defense Efforts and Institutional Theories of Democratic Peace and Victory: Why Try Harder?. *Security Studies 16(2)*: 189–222.

Grieco, Joseph, Christopher Gelpi, Jason Reifler und Peter Feaver. 2011. Let's Get a Second Opinion. International Institutions and American Public Support for War. *International Studies Quarterly 55(2)*: 563–583.

Hasenclever, Andreas. 2001. *Die Macht der Moral in der internationalen Politik.* Frankfurt am Main.

—. 2010. Ansätze zum Demokratischen Frieden. In *Theorien der Internationalen Beziehungen: Eine Einführung*, hg. von Siegfried Schieder, und Manuela Spindler. 3. Aufl., 213–242. Opladen.

Hegre, Havard, Tanja Ellingsen, Scott Gates und Nils Petter Gleditsch. 2001. Towards a Democratic Civil Peace? Democracy, Democratization, and Civil War 1816–1992. *American Political Science Review 95(1)*: 33–48.

Hellmann, Gunther, und Benjamin Herborth. 2008. Fishing in the Mild West. Democratic Peace and Militarized Interstate Disputes in the Transatlantic Community. *Review of International Studies 34*: 481–506.

Huntington, Samuel. 1991. *The Third Wave. Democratization in the late Twentieth Century*. Norman.

Ish-Shalom, Piki. 2006. Theory as a Hermeneutical Mechanism. The Democratic-Peace Thesis and the Politics of Democratization. *European Journal of International Relations 12(4)*: 565–598.

Kahl, Colin H. 1999. Constructing a Separate Peace: Constructivism, Collective Liberal Identity, and Democratic Peace. *Security Studies 8(1)*: 94–144.

Kant, Immanuel. 2011. *Zum ewigen Frieden und Auszüge aus der Rechtslehre. Herausgegeben und mit einem Kommentar versehen von Oliver Eberl und Peter Niesen[1795]*. Frankfurt am Main.

Levy, Jack S. 1989. Domestic Politics and War. In *The Origin and Prevention of Major Wars*, hg. von Robert I. Rotberg, und Theodore K. Rabb, 79–101. Cambridge, MA.

Lippmann, Walter. 1922. *Public Opinion*. Basingstoke/London.

Lipson, Charles. 2003. *Reliable Partners. How Democracies Have Made a Separate Peace*. Princeton.

Macmillan, John. 1995. A Kantian Protest Against the Peculiar Discourse of Inter-Liberal State Peace. *Millennium 24(3)*: 549–562.

Mansfield, Edward, und Jack Snyder. 1995. Democratization and the Danger of War. *International Security 20(1)*: 5–38.

Mansfield, Edward, und Jack Snyder. 2005. *Electing to Fight. Why Emerging Democracies go to War*. Cambridge.

Minkwitz, Olivier. 2005. Demokratien und militärische Effektivität. *Zeitschrift für Internationale Beziehungen 12(2)*: 301–336.

Morgan, T. Clifton, und Sally Howard Campbell. 1991. Domestic Structure, Decisional Constraints, and War: So Why Kant Democracies Fight?. *Journal of Conflict Resolution 35(2)*: 187–211.

Nielebock, Thomas. 1993. Frieden zwischen Demokratien. Ein empirisches Gesetz der internationalen Beziehungen auf der Suche nach seiner Erklärung. *Österreichische Zeitschrift für Politikwissenschaft 22*: 179–193.

Owen, John. 1994. How Liberalism Produces the Democratic Peace. *International Security 19(2)*: 87–125, 132.

—. 2004. Democratic Peace Research: Whence and Whither?. *International Politics 41(4)*: 605–617.

Peters, Dirk, und Wolfgang Wagner. 2011. Between Military Efficiency and Democratic Legitimacy. Mapping Parliamentary War Powers in Contemporary Democracies, 1989–2004. *Parliamentary Affairs 64(1)*: 175–192.

Pevehouse, Jon, und Bruce Russett. 2006. Democratic International Governmental Organizations Promote Peace. *International Organization 60(4)*: 969–1000.

Reiter, Dan, und Allan C Stam. 2002. *Democracies at War*. Princeton.

Risse-Kappen, Thomas. 1995. Democratic Peace – Warlike Democracies? A Social Constructivist Interpretation of the Liberal Argument. *European Journal of International Relations 1(4)*: 491–517.

Russett, Bruce. 1993. *Grasping the Democratic Peace. Principles for a Post-Cold War World.* Princeton, NJ.

—. 2005. Bushwhacking the Democratic Peace. *International Studies Perspectives* 6: 395–408.

Sarkees, Meredith, Frank Wayman, und Peter Singer. 2003. Inter-State, Intra-State, and Extra-State Wars: A Comprehensive Look at their Distribution over Time, 1816–1997. *International Studies Quarterly 47(1)*: 49–70.

Schörnig, Niklas. 2007. Visionen unblutiger Kriege. Hightech-Antworten zur Umgehung der Opfersensibilitätsfalle. In *Schattenseiten des demokratischen Friedens. Zur Kritik einer Theorie liberaler Außen- und Sicherheitspolitik*, hg. von Anna Geis, Harald Müller, und Wolfgang Wagner, 93–121. Frankfurt am Main, New York.

Siverson, Randolph M. 1995. Democracies and War Participation: In Defense of the Institutional Constraint Argument. *European Journal of International Relations 1(4)*: 481–489.

The White House. 1996. *A National Security Strategy of Engagement and Enlargement.* Washington online: http://www.fas.org/spp/military/docops/national/1996stra.htm. Zugegriffen: 1. Oktober 2011.

Wagner, Wolfgang. 2003. Building an Internal Security Community: The Democratic Peace and the Politics of Extradition in Western Europe. *Journal of Peace Research 40(6)*: 695–712.

Waltz, Kenneth. 1976. Electoral Punishment and Foreign Policy Crisis. In *Domestic Sources of Foreign Policy*, hg. von James N. Rosenau, 263–293. New York.

Watts, Stephen. 2007. Air War and Restraint: The Role of Public Opinion and Democracy. In *Democracy and Security. The Influence of Democratic Preferences and Norms on the Way Democracies Deal with Security and War*, hg. von Matthew Evangelista, Harald Müller, und Niklas Schörnig, 53–71. London.

Terrorismus

Christopher Daase

Wenn man heute von Terrorismus spricht, denkt man zuerst an die Anschläge vom 11. September 2001, als zwei voll besetzte Flugzeuge von Islamisten entführt und in das New Yorker World Trade Center gestürzt wurden. Ein zeitgleich entführtes Flugzeug stürzte wenig später in das Verteidigungsministerium in Washington, eine dritte Maschine zerschellte in der Nähe von Pittsburgh ohne ihr Ziel zu erreichen. So sehr diese Ereignisse sich in das kollektive Gedächtnis eingeschrieben und seither die internationale Politik verändert haben,[1] so sehr wäre es verfehlt, das Phänomen „Terrorismus" auf sie zu reduzieren. Terrorismus ist ein altes, komplexes und überaus wandelbares Phänomen. Um es zu verstehen, muss man die Begriffe schärfen, die historischen Entwicklungen nachvollziehen und die aktuellen Tendenzen erfassen. Im Folgenden soll deshalb zunächst geklärt werden, welche Möglichkeiten es gibt, Terrorismus zu definieren. Danach soll eine kurze Geschichte des modernen Terrorismus skizziert und sein transnationaler Charakter hervorgehoben werden. Schließlich sollen die wissenschaftliche Datenlage diskutiert und die Schwierigkeit wissenschaftlicher Bedrohungsanalysen dargestellt sowie die Optionen im Kampf gegen den Terrorismus erwogen werden.

1 Was ist Terrorismus?

Kaum ein politischer Begriff ist so umstritten, wie der des Terrorismus. Das liegt daran, dass mit dem Begriff nicht nur ein Phänomen beschrieben, sondern es zugleich moralisch verurteilt wird. Terrorismus gilt als *illegitime* Gewalt – was aber legitim und illegitim ist, hat sich im Laufe der Zeit verändert und ist politisch umstritten. Das ist auch der Grund, warum sich die Vereinten Nationen über Jahrzehnte nicht auf eine einheitliche Definition des Terrorismus einigen konnten und hinter ihren Möglichkeiten zurückblieben, ihn zu bekämpfen.

Auch der Wissenschaft fällt es schwer, Terrorismus zu definieren. Viele sind der ewigen Begriffsdiskussionen müde und schlagen wie Walter Laqueur eine Minimaldefinition vor:

> „Terrorismus ist auf vielerlei Art definiert worden, aber mit Gewissheit lässt er sich nur als Anwendung von Gewalt durch eine Gruppe bezeichnen, die zu politischen oder religiösen Zwecken gewöhnlich gegen eine Regierung, zuweilen auch gegen andere ethnische Gruppen, Klassen, Religionen oder politische Bewegungen vorgeht."

Und er fährt fort:

1 Vgl. dazu Greiner 2011.

> „Jeder Versuch, sich spezifischer zu äußern, ist einfach deshalb zum Scheitern verurteilt, weil es nicht einen, sondern viele Terrorismen gibt.“[2]

So sympathisch dieser Pragmatismus ist, er öffnet der Beliebigkeit Tür und Tor und der relativierenden Aussage, dass „des einen Terrorist des anderen Freiheitskämpfer“ ist – eine Formulierung, mit der einst US-Präsident Ronald Reagan die Unterstützung rechtsgerichteter Contra-Rebellen in Nikaragua rechtfertigte.

Diesen Relativismus wollen normative Ansätze zur Begriffsklärung nicht gelten lassen. Sie versuchen vielmehr, völkerrechtliche, moralische oder religiöse Kriterien zu entwickeln, anhand derer legitime Gewaltanwendung von „Terrorismus“ unterschieden werden kann. Matha Crenshaw hat in Anlehnung an die Theorie des gerechten Krieges drei Kriterien für einen Legitimitätstest politischer Gewalt entwickelt. Terrorismus liege demnach dann vor, wenn die Regeln des Völkerrechts gebrochen werden, wenn absichtlich Zivilisten angegriffen werden und wenn ein aussichtsloser Kampf geführt werde.[3] Aber auch diese Kriterien sind nicht sehr präzise und politisch umstritten.

Einen anderen Weg der Begriffsbestimmung sind Alex Schmid und Albert Jongman gegangen, als sie aus 109 wissenschaftlichen Terrorismusdefinitionen den harten begrifflichen Kern zu destillieren versuchten, der Terrorismus von gewöhnlicher Gewalt unterscheidet:

> „Terrorismus ist eine Furcht erzeugende Methode wiederholten Gewaltverhaltens, ausgeführt von (halb-)geheimen individuellen Gruppen- oder Staats-Akteuren, aus idiosynkratischen, kriminellen oder politischen Gründen, wobei – im Gegensatz zum Attentat – die direkten Ziele der Gewalt nicht die hauptsächlichen Ziele sind. Die unmittelbaren menschlichen Opfer der Gewalt werden im Allgemeinen zufällig (Gelegenheits-Ziele) oder absichtlich aus einer Zielmenge ausgewählt (repräsentative oder symbolische Ziele) und dienen als Erzeuger einer Nachricht. Auf Drohung und Gewalt basierende Kommunikationsprozesse zwischen Terroristen (Organisationen), (gefährdeten) Opfern und den hauptsächlichen Zielen werden genutzt, um die hauptsächlichen Ziele (das Publikum) zu manipulieren, wodurch dieses zu einem Ziel des Terrors, einem Ziel für Forderungen oder einem Ziel für Aufmerksamkeit gemacht wird, je nachdem, ob in erster Linie Einschüchterung, Zwang oder Propaganda angestrebt wird.“[4]

Ein ähnlicher Versuch jüngeren Datums kommt auf der Grundlage von 73 Definitionen zu einem weniger komplizierten Ergebnis:

---

2 Laqueur 1998, S. 44.
3 Crenshaw 1983.
4 Schmid und Jongman 1988, S. 28.

„Terrorismus ist eine politisch motivierte Taktik, die die Drohung oder die Anwendung von Gewalt impliziert, wobei das Streben nach Publizität eine signifikante Rolle spielt.“[5]

Doch während die erste Definition zu komplex und verschlungen ist, ist die zweite zu allgemein und unpräzise, um wirklich nützlich zu sein.

Wenn man nicht nach dem definitorischen Kern von Terrorismus fragt, sondern – in Anlehnung an Clausewitz[6] – nach der Beziehung von Mitteln, Zielen und Zwecken politischer Gewaltanwendung, dann lässt sich Terrorismus am ehesten als Strategie definieren, durch Angst und Schrecken politische Zwecke zu erreichen. Denn während „Terror“ die durch Gewalt erzeugte Furcht, also einen psychologischen Effekt, bezeichnet, bezieht sich „Terrorismus“ auf eine doppelte Handlungsabsicht: erstens durch Gewalt oder Gewaltandrohung Angst und Schrecken zu verbreiten und zweitens durch letztere politische Wirkung zu erzielen. Damit werden zwar Gewalt als Mittel und Angst und Schrecken als Ziel definitorisch festgelegt, nicht jedoch die Zwecke, denen die Verbreitung von Angst und Schrecken dient und nicht die Akteure, die die Gewalt ausüben oder erleiden. So ließen sich die von Laqueur genannten „Terrorismen“ präziser unterscheiden und anhand politischer Zweckbestimmungen oder Akteursarten typologisieren.

Terrorismus ist folglich nicht nur eine Strategie nichtstaatlicher Akteure, auch wenn er vor allem von Schwachen gegen Starke angewendet wird.[7] Staatsterrorismus gab es bereits während der Französischen Revolution und später in vielen Diktaturen.[8] Gleichwohl hat sich eingebürgert, vor allem nichtstaatliche Akteure als „Terroristen“ zu bezeichnen, wenn sie gezielt Zivilisten ermorden, um über die Verbreitung von Angst und Schrecken politische Zwecke zu verfolgen.[9] Dort wo keine politischen Zwecke im Mittelpunkt stehen (etwa bei organisierter Kriminalität), ist es problematisch von Terrorismus zu sprechen, auch wenn Angst und Schrecken verbreitet werden. Die Mafia dient zum Beispiel vor allem der ökonomischen Bereicherung, ihre Gewaltanwendung ist deshalb eher krimineller als politischer Natur – auch wenn sie sich manchmal gezielt gegen staatliche Institutionen richtet.

2 Entwicklung des Terrorismus

Vom Terrorismus wird behauptet, er habe sich mit den Anschlägen des 11. September 2001 fundamental gewandelt. Manche Beobachter argumentieren, dass der „neue Terrorismus“ organisatorisch, operativ und strategisch so sehr von seinen historischen Vor-

5 Weinberg et al. 2004, S. 786.
6 Vgl. Daase und Schindler 2009.
7 Vgl. Waldmann 1998.
8 Vgl. Stohl 1988.
9 Vgl. Münkler 1992; Hoffman 1999.

läufern verschieden sei, dass die Verwendung des Begriffs „Terrorismus" kaum noch sinnvoll sei.[10] Während der alte Terrorismus sozialrevolutionärer und ethnisch-nationaler Provenienz auf eine straffe nationale Organisation, klare Kommandostrukturen und politische Disziplin bedacht gewesen sei, käme der neue, insbesondere islamisch-fundamentalistische Terrorismus ohne zentrale Führungsstruktur aus, sei nur schwach organisiert und ideologisch integrationsfähig.[11] Die transnationale Vernetzung lokaler Terrorgruppen habe den neuen Terrorismus zu einer globalen Bedrohung werden lassen.

Bei genauerer Betrachtung fallen die Unterschiede zwischen dem alten und neuen Terrorismus allerdings weniger drastisch aus. Weder waren in der Vergangenheit alle Terrorgruppen hierarchisch organisiert, noch haben alle zeitgenössischen eine Netzwerkstruktur. Weder folgten alle „alten" Terrorgruppen einer säkularen politischen Ideologie, noch ist der „neue" Terrorismus ausschließlich transzendenten Zielen verpflichtet. Weder ist der Wunsch nach Massenvernichtungswaffen auf islamische Gruppen beschränkt, noch befürworten alle „neuen" Terrorgruppen ihren Besitz oder gar ihre Anwendung. Und vor allem: transnationale Kooperation von Terrorgruppen hat es immer schon gegeben, sie scheint geradezu eine Existenzbedingung des modernen Terrorismus zu sein, den David Rapoport in vier „Wellen" unterteilt: die Welle des Anarchismus, die Welle der antikolonialen Befreiungskriege, die Welle des europäischen Linksterrorismus und die Welle des islamischen Terrorismus.

Am Ende des 19. und zu Beginn des 20. Jahrhundert entwickelte sich in Europa der Anarchismus und Syndikalismus. Ausgehend von russischen Adligen wie Michail Bakunin und Pjotr Kropotkin, die auf die gewaltsame Modernisierung des zaristischen Regimes setzten, entstand eine transnationale Bewegung, die auf dem internationalen Kongress 1881 in London die „Propaganda der Tat" ausrief: Illegale Sabotageakte gegen Institutionen und Anschläge auf Staatsvertreter sollten die traditionelle Propaganda durch Agitation und Flugschriften ablösen, um auf eine Revolte oder gar Revolution hinzuwirken. Ziel müsse es sein, so das anarchistische Credo, grenzüberschreitend die Institutionen staatlicher Herrschaft zu zerstören, um zu einer freiheitlichen Gesellschaft zu gelangen.[12]

Drei Faktoren machten den Anarchismus zeitweilig zu einer grenzüberschreitenden Gefahr. Erstens gab das 1866 erfundene Dynamit den Anarchisten die Möglichkeit, auch mit relativ kleinen Anschlägen eine relativ große Wirkung zu erzielen. Zweitens gewannen sozialistische und anarchistische Ideen zeitweise großen Zulauf. Vor allem aber entstand drittens mit der *Pariser Commune* 1871, der *Jura Federation* 1872 und der *International Working People's Association* 1881 ein Netzwerk aus Organisationen, deren verbindende Ideologie sich in dem Maße radikalisierte, in dem die anarchistischen

10 Münkler 2004a, S. 5.

11 Vgl. Lesser et al. 1999; Laqueur 1999; Juergensmeyer 2000; Simon und Benjamin 2000; Morgan 2004; Münkler 2004b.

12 Vgl. Joll 1980; Woodcock 1986; Marshall 1993.

Gruppen auf der Ersten Internationalen 1873 in Den Haag ausgeschlossen und in der Folgezeit von den straff organisierten marxistischen und sozialistischen Gruppen marginalisiert wurden.[13] In der Folge entwickelte sich der deutlich geringer institutionalisierte Anarchismus als dezentrale Bewegungen einerseits in Russland mit gewaltsamen Anschlägen auf dem Balkan, in Polen und Finnland, andererseits in Italien und Deutschland mit großer Ausstrahlung und zum Teil spektakulären Anschlagsserien in den USA.

Durch die großen zwischenstaatlichen Gewaltexzesse der Weltkriege verloren der Anarchismus und die von ihm propagierte Strategie selektiver Gewalt an Bedeutung. Nach dem Zweiten Weltkrieg gewann der Terrorismus zunächst im Rahmen der Dekolonisierung wieder Relevanz.[14] In den fünfziger Jahren ging die Algerische Befreiungsfront FLN in ihrem Kampf gegen die französischen Kolonialtruppen zu Terroranschlägen über, um ihrem Befreiungskampf internationale Aufmerksamkeit zu verschaffen. Ende der sechziger Jahre begannen auch palästinensische Gruppen (insbesondere die *Popular Front for the Liberation of Palestine*, PFLP) damit, ihren Kampf gegen Israel zu internationalisieren und durch Flugzeugentführungen politischen Nachdruck zu verleihen. Erst in den 1970er Jahren wurden die Begriffe „Terrorismus" und „Guerillakriegführung" differenzierter gebraucht, um den legitimen Befreiungskrieg von illegitimen Terroranschlägen zu unterscheiden.[15]

Antikoloniale Freiheitsbewegungen sind bislang vor allem als *nationale* Bewegungen dargestellt und allenfalls im Zusammenhang mit der sowjetischen Unterstützung als Stellvertreterkriege des Ost-West-Konflikts in den Blick genommen wurden. Dabei wird häufig die regionale und überregionale Kooperation der Befreiungsbewegungen vernachlässigt. Am Beispiel des südlichen Afrika kann man zeigen, wie die militärische Schlagkraft nichtstaatlicher Akteure durch transnationale Kooperation auf vier unterschiedlichen Ebenen zunahm: erstens durch internationale Unterstützung durch sowjetisch und chinesisch dominierte Organisationen wie den *World Peace Council* (gegr. 1950) oder die *Afro-Asian Peoples's Solidarity Organization* (gegr. 1957); zweitens durch die Hilfe der stärker auf Selbständigkeit bedachten Blockfreienbewegung; drittens durch regionale Vernetzung, wobei der *African National Congress* ANC als eine Art Schirmorganisation für nationale Befreiungsbewegungen diente; und viertens durch bi- und trilateraler Verbindungen zwischen einzelnen Bewegungen bzw. Bewegungen und bereits selbstständig gewordenen Staaten, die ihr Territorium als Rückzugsgebiet anboten und logistische Unterstützung leisteten. Auf welcher Ebene Entscheidungen über die Strategie, d. h. über die Frage Terrorismus oder Guerillakriegführung, gefällt wurden, und ob es tatsächlich, wie häufig während des Kalten Krieges behauptet wurde,[16] eine

13 Vgl. Kassel 2009; Jensen 2004.
14 Gibson 1972.
15 Vgl. z. B. Clutterbuck 1977; Friedlander 1981.
16 Sterling 1981; Cline undAlexander 1984; Netanyahu 1986; Alexander 1991.

sowjetische Verschwörung zur Unterstützung des globalen Terrorismus gegeben hat, ist noch weitgehend ungeklärt.

Die Freiheitskämpfe in der Dritten Welt bildeten den Hintergrund, vor dem sich Ende der sechziger Jahre in zahlreichen europäischen Staaten, aber auch in den USA und Japan, einheimische Terrorgruppen bildeten, um mit politischer Gewalt gegen Kolonialismus, Imperialismus und die bürgerlich-kapitalistische Gesellschaft zu kämpfen. Die überwiegend linksextremen Gruppen arbeiteten im Untergrund und beriefen sich einerseits auf eine marxistisch-leninistische Ideologie, andererseits auf die Schriften zur revolutionären Guerillakriegführung von Che Guevara und Mao Tse-tung. In der Bundesrepublik bildete sich, ausgehend von einer Kaufhausbrandstiftung 1968 in Frankfurt, die Bader-Meinhof-Gruppe, die sich ab April 1971 Rote Armee Fraktion (RAF) nannte.[17] Nachdem die Hauptaktivisten 1972 verhaftet worden waren, entstand Mitte der siebziger Jahre eine zweite RAF-Generation, deren Gewalttaten 1977 mit der Entführung und Ermordung des Arbeitgeberpräsidenten Hanns Martin Schleyer einen Höhepunkt erreichten. Ebenfalls dem „antiimperialistischen Kampf" hatte sich die 1979 gegründete französische *Action Directe* (AD) verschrieben, die Mitte der achtziger Jahre politische Morde an hohen französischen Militärs und Industriemanagern verübte. Ähnliche Gruppierungen entstanden mit den *Brigate Rosse* in Italien, den *Cellules Communistes Combattantes* in Belgien, der *Gruppe 17. November* in Griechenland.

Die transnationale Zusammenarbeit dieser Gruppen liegt noch weitgehend im Dunkeln. Bislang sind die jeweiligen Gruppen meist national isoliert betrachtet und nur selten in ihrer transnationalen Vernetzung gesehen worden.[18] Gerade in Bezug auf den europäischen Linksterrorismus ist diese Zusammenarbeit aber zentral, gewann doch die Bewegung durch die systematische Kooperation zwischen der deutschen RAF, der französischen *Action Directe* und den belgischen CCC in den 1980er Jahren eine neue Qualität, die auch die Kooperation zur Bekämpfung des Terrorismus auf Seiten der Europäischen Gemeinschaft anspornte. Aber schon in der Frühphase des europäischen Linksterrorismus spielte die transnationale Kooperation eine wichtige Rolle. Ohne die Verbindung zu linken Gruppen in Italien wäre es der RAF viel schwerer gefallen, an Waffen zu gelangen; ohne Kontakte nach Belgien und Frankreich, hätte sie dem Fahndungsdruck in Deutschland kaum standhalten können; und vor allem ohne die Beziehungen zu den unterschiedlichen Splittergruppen der PLO hätte die RAF sich nach größeren Anschlägen und strategischen Niederlagen nicht in den Libanon oder den Jemen zurückziehen und personell, ideologisch und strategisch regenerieren können.[19] Die Sorge, dass die sporadische Zusammenarbeit europäischer Terrorgruppen zu einer strategischen Kooperation ausgebaut werden könnte, wurde 1985 akut, als RAF und *Action Directe* ein gemeinsames Kommunique „Für die Einheit der Revolutionäre in West-

17 Vgl. ausführlich die Beiträge in Kraushaar 2006.
18 Vgl. Della Porta 1995.
19 Vgl. Robinson 2006; Daase 2006.

europa" verfassten. Doch war dies weniger der Auftakt für eine europaweite Offensive, als ein letztes Aufbäumen einer bereits geschlagenen Bewegung: 1987 wurden die führenden Mitglieder der *Action Directe* gefasst und zu lebenslanger Haft verurteilt; 1992 entschied sich die RAF, die „Eskalation zurückzunehmen" und 1998, ihre Selbstauflösung bekanntzugeben.

Seither hat der so genannte islamistische Terrorismus den Linksterrorismus als zentrales Sicherheitsrisiko in Europa abgelöst. Zwar ist der Begriff des „islamistischen Terrorismus" problematisch, weil er eine gleichsam natürliche Nähe des Islamismus zum Terrorismus suggeriert. Unstrittig ist allerdings, dass es islamistische Gruppen gibt, die Terroranschläge ausführen oder befürworten, um politische Zwecke zu erreichen. Anfang der neunziger Jahre gründeten algerische Islamisten zunächst in Frankreich, später auch in Italien, Deutschland und Belgien, logistische Brückenköpfe, um den Guerillakrieg in ihrer Heimat zu unterstützen. Zunehmend richteten sich ihre Aktivitäten aber auch gegen europäische Staaten. Im Dezember 1994 sollte ein von Algier kommender Airbus entführt und in den Eifelturm gestürzt werden, was von französischen Sondereinheiten in Marseille verhindert werden konnte. Danach erfasste Frankreich 1995 eine Welle islamischer Terroranschläge.

Inwiefern diese Terrorgruppen inzwischen Teil des Terrornetzwerkes Al Qaida sind, ist schwer zu sagen. Bekannt ist aber, dass Osama bin Laden in den neunziger Jahren eine islamistische Sammlungsbewegung gründete und eine weit verzweigte Organisation aufbaute, indem er existierende Gruppierungen einband und in ein weltumspannendes Netzwerk integrierte.[20] Dass dieses Netzwerk nicht nur transzendente sondern durchaus konkrete politische Ziele wie die Erzwingung des Abzugs amerikanischer Truppen von der arabischen Halbinsel verfolgte, kann den zahlreichen Schriften und Interviews der Gruppe entnommen werden.[21] Besondere Schlagkraft gewann Al Qaida in den 1990er Jahren, als das von den Taliban beherrschte Afghanistan Osama bin Laden als Sanktuarium diente, aus dem heraus er sein Netzwerk dirigieren und weltweite Anschläge planen konnte. Nach den Anschlägen auf New York und Washington und im Zuge des amerikanischen „Krieges gegen den Terror" verlor Al Qaida diesen Rückzugsraum und wandelte sich auch institutionell. Während die Al Qaida-Führung auf der Flucht war, wurden die transnationale Kooperation lockerer und die lokalen Zellen selbständiger. Die Anschläge in Madrid (2004) und London (2005) und nicht zuletzt die Aktivitäten der Sauerlandgruppe zeigen denn auch eine neue Tendenz zum so genannten *homegrown terrorism*, der von Menschen geplant und ausgeführt wird, die in den jeweiligen Zielländer aufgewachsen sind und sich nur noch vage auf Al Qaida als politischen Referenzpunkt berufen.[22]

20 Vgl. Gunaratna 2002.
21 Vgl. Kepel und Milelli 2006.
22 Vgl. Kohlmann 2008; Brooks 2011.

3 Probleme der Bedrohungsanalyse

Spätestens seit den Anschlägen von New York und Washington und dem von den USA geführten „Krieg gegen den Terror“ gilt der islamische Terrorismus als das Sicherheitsproblem Nummer Eins. Trotz der Schwächung der Führungsspitze und des Todes von Osama bin Laden 2011, so der verbreitete Eindruck, verschärfe sich das Terrorismusproblem durch die Fragmentierung Al Qaidas und die Entstehung neuer radikaler Zellen im Westen. Manche fürchten, es sei nur eine Frage der Zeit, bis islamische Terroristen Nuklearwaffen zur Verfügung hätten. Aber wie groß ist die Bedrohung wirklich?

Die Terrorgefahr wissenschaftlich einzuschätzen ist eine große Herausforderung, weil mit einer Vielzahl unbekannter Größen gearbeitet werden muss.[23] Hinzu kommt die Tatsache, dass trotz verstärkter wissenschaftliche Forschung seit 9/11 das Wissen über die Zahl weltweiter Anschläge, ihre Ursachen und Gründe sowie die Effektivität staatlicher Gegenmaßnahmen nach wie vor begrenzt und umstritten ist. Schon die Datenlage ist prekär. Die drei verfügbaren Datensätze zum globalen Terrorismus, alle in den USA beheimatet, bieten nur begrenzt verlässliche Informationen.[24] Zur Erfassung des internationalen Terrorismus wählen sie Kriterien so, dass jeder absichtliche Angriff auf Zivilisten auch im Rahmen eines Bürgerkrieges wie im Irak als einzelner Terroranschlag gezählt wird. Auf diese Weise ergeben sich dramatische Zuwachsraten, welche die ebenso dramatischen Bedrohungsszenarien amerikanischer Politiker bestätigen. Wie sehr dieses Verfahren die Bedrohungslage verzerrt, zeigt eine bereinigte Statistik, die die Anschläge im Irak heraus rechnet und zu dem Ergebnis kommt, dass die weltweiten Terroranschläge seit 2004 nicht nur nicht zugenommen haben, sondern sogar leicht rückläufig sind.[25] Aber die Institute verwenden nicht nur ungewöhnliche Zählkriterien, sie wenden sie auch uneinheitlich an. Während Angriffe auf Zivilisten im Irak, in Afghanistan und anderen islamischen Staaten als Terroranschläge gezählt werden, wird in ähnlichen Fällen in Afrika anders verfahren. Dadurch entsteht ein systematischer Bias, der den künstlichen Eindruck einer Zunahme islamistischer Terroranschläge erzeugt. [26]

Das soll nicht heißen, dass der islamische Terrorismus keine Gefahr darstellt. Aber er entwickelt sich nicht so dramatisch, wie es die amerikanischen Statistiken und viele politische Entscheidungsträger suggerieren. Die jüngsten Zahlen von Europol stützen diese Einschätzung. Sie belegen, dass 2010 von 249 gemeldeten Terroranschlägen in Europa 160 von separatistischen Gruppen, 45 von linksgerichteten Terrorgruppen und drei von islamischen Terroristen verübt wurden.[27] Gleichwohl bleibt die berechtigte Be-

23 Daase und Kessler 2007.

24 The National Counterterrorism Center (NCTC) (http://www.nctc.gov/); The Memorial Institute for the Prevention of Terrorism (MIPT) (https://www.mipt.org/Home.aspx); The National Consortium for the Study of Terrorism and Responses to Terrorism (START) (http://www.start.umd.edu/start/).

25 Human Security Project 2008, S. 13.

26 Human Security Brief 2007, S. 10.

27 Ein Angriff war ein so genannter single-issue attack. Vgl. Europol 2011.

fürchtung, islamische Terroristen könnten hohe Opferzahlen beabsichtigen und nach Massenvernichtungswaffen streben. Allerdings sollte auch diese Möglichkeit als Risiko kalkuliert und nicht als ausgemachte Sache hingestellt werden.

Auch die Risikokalkulation des Terrorismus hat allerdings ihre Tücken. Traditionell werden Risiken als das Produkt von Schadenshöhe und Eintrittswahrscheinlichkeit berechnet. Wenn allerdings die Konsequenzen eines Terroranschlags – z. B. mit nuklearem Material – als „unakzeptabel hoch" eingeschätzt werden, dann verliert die Eintrittswahrscheinlichkeit rein rechnerisch an Bedeutung: auch die minimale Wahrscheinlichkeit eines katastrophalen Terroranschlags müsste als enormes Risiko eingeschätzt werden.[28] Die klassische Risikokalkulation neigt deshalb dazu, die Gefahr von Terrorismus, insbesondere von Terrorismus mit Massenvernichtungswaffen, zu dramatisieren. Es ist deshalb notwendig, zusätzliche Erkenntnisse oder Annahmen über die Motivation von Terroristen, derartige Waffen zu erlangen und einzusetzen einerseits, und über die Gelegenheiten, diese Waffen tatsächlich zu bekommen andererseits in die Risikokalkulation einzubeziehen.[29] Das wiederum erfordert eine sorgfältige Analyse einzelner Terrorgruppen, ihrer Programme und Strategien sowie der internationalen und nationalen Vorkehrungen gegen die Verbreitung von nuklearen, chemischen und biologischen Materialien, die sich zur Waffenproduktion eignen.

Die Bedrohung des Terrorismus lässt sich nicht exakt berechnen, weder aus den Daten vergangener Anschläge, noch aus den Analysen gegenwärtiger Handlungsmuster. Risikoanalysen können die Wahrscheinlichkeit von Anschlägen einschätzen, aber keine Vorhersagen treffen. Sie können eine Hilfe für die Bekämpfung des Terrorismus sein, aber sie können politische Entscheidungen nicht ersetzen.

4 Antiterrorstrategien

Die Tatsache, dass es gemessen an der Zahl der Terroranschläge und der Terroropfer kaum empirische Hinweise darauf gibt, dass sich das Terrorismusproblem signifikant verschärfen würde, kann auch als Effekt erfolgreicher Terrorismusbekämpfung dargestellt werden. Zweifellos sind im Kampf gegen den Terrorismus Erfolge erzielt worden: Al Qaida hat sein Rückzugsgebiet in Afghanistan verloren und ist als Organisation geschwächt; zentrale Anführer sind getötet oder gefangen genommen; die Fähigkeit, weltweit Anschläge zu verüben ist drastisch gesunken. Andererseits hat der Krieg gegen den Terrorismus nicht nur zu einem Zuwachs internationalisierter Bürgerkriege geführt,[30] sondern in diesem Rahmen auch mehr Terroranschläge provoziert. Dieser Effekt ist aus der Terrorismusforschung wohl bekannt. Am Beispiel britischer Antiterrormaßnahmen

28 Vgl. Falkenrath 2001.
29 Vgl. Daase 2005.
30 Vgl. dazu Human Security Project 2008.

konnte gezeigt werden, dass repressive Maßnahmen zu einer Gegenreaktion und einer vorübergehenden Zunahme von Anschlägen führen, Terrorbekämpfung also kontraproduktive Effekte haben kann.[31]

Die Gefahr, die vom Terrorismus ausgeht, ist eine doppelte: Zum einen bedroht Terrorismus die Sicherheit von Staat und Gesellschaft direkt, indem politische Entscheidungsträger oder die Bevölkerung angegriffen werden oder ihre Infrastruktur zerstört wird. Zum anderen bedroht der Terrorismus Staat und Gesellschaft indirekt, indem er den Staat dazu verleitet, unverhältnismäßige Gegenmaßnahmen zu ergreifen, die langfristig negative Auswirkungen auf Freiheit und Stabilität des Gemeinwesens haben. Die Anforderung an eine „gute" Antiterrorismuspolitik besteht folglich darin, kurzfristig Sicherheit, Frieden und Freiheit zu gewährleisten, ohne sie langfristig zu gefährden.[32]

Vor diesem Hintergrund ist insbesondere der „Krieg gegen den Terrorismus" kritisiert worden, mit dem die USA auf die Anschläge des 11. September 2001 reagierten. Traditionell werden zwei Grundverständnisse von Terrorismus unterschieden: Terrorismus als Verbrechen und Terrorismus als Krieg.[33] Das Verbrechensparadigma, das traditionell in Europa vorherrschend ist, begreift Terrorismus als Verbrechen und favorisiert Maßnahmen polizeilicher Strafverfolgung zu seiner Bekämpfung. Das Kriegsparadigma, das in den USA viele Anhänger hat, betrachtet Terrorismus als Form der Kriegführung und favorisiert militärische Gegenmaßnahmen. Bis in die 1980er Jahre hatten selbst die USA Terrorismus als Problem der Verbrechensbekämpfung betrachtet. Das Ziel der Terrorismusbekämpfung war folglich, „Terroristen für ihre Verbrechen zur Rechenschaft zu ziehen."[34] Nach dem 11. September ließ sich diese Position, die schon vorher umstritten und insbesondere von republikanischen Politikern heftig angegriffen worden war, nicht länger aufrechterhalten. „In den Krieg, nicht in den Gerichtssaal", forderten prominente Kommentatoren in den Tagen nach den Anschlägen und drückten damit einen breiten gesellschaftlichen Konsens aus.[35] Die Administration betonte zwar, dass es sich um einen „neuartigen Feind und einen *unkonventionellen* Krieg" handeln würde,[36] benutzte aber das Kriegs-Paradigma, um das gesamte innen- und außenpolitische Instrumentarium zu mobilisieren, das für den Fall eines konventionellen militärischen Angriffs durch einen feindlichen Staat entwickelt worden war: Sie erreichte die Legitimierung militärischer Gewalt durch den UNO-Sicherheitsrat; erhielt ein Beistandsversprechen der NATO-Verbündeten; erwirkte eine Autorisierung zum Einsatz der Streitkräfte durch den amerikanischen Kongress und mobilisierte die Gesellschaft durch die Einberufung von Reservisten. Entscheidend war, dass mit dem Kriegsbegriff die Restriktionen um-

31 Vgl. Lafree, Dugan und Korte 2009.
32 Vgl. Glaeßner 2002.
33 Vgl. Rees und Aldrich 2005.
34 U.S. Department of State 2001.
35 Vgl. Krauthammer 2001; Kissinger 2001; Kagan 2001.
36 CNN.Com, 19 September 2001, Rice: Terrorism Fight a New Kind of War.

gangen oder außer Kraft gesetzt werden konnten, die der Terrorismusbekämpfung als Verbrechensbekämpfung international bislang enge Grenzen gesetzt hatten.

Der Erfolg dieser Maßnahmen ist umstritten. Zwar ist Al Qaida geschwächt und die Zahl großer Anschläge gesunken. Gleichzeitig sind aber Afghanistan und der Irak, die im Zuge des „Kriegs gegen den Terror" angegriffen wurden, auf Jahre hinaus destabilisiert und vom Bürgerkrieg gezeichnet. Hinzu kommen die nicht-intendierten Konsequenzen auf nationaler und internationaler Ebene. Denn die Antiterrormaßnahmen haben die Bürger- und Menschenrechte ebenso in Mitleidenschaft gezogen[37] wie die internationalen Organisationen und das Völkerrecht. Der nach wie vor ungeklärte Status des Gefängnisses in Guantanamo, die Entrechtung der dort Einsitzenden, die fortgesetzte Praxis gezielter Tötung und die Überlegungen zu einem Recht präventiver Kriegführung destabilisieren die internationale normative Ordnung. [38] Wenn das im Kalkül von Al Qaida gelegen hat, ist ihr Erfolg nicht von der Hand zu weisen.

Die weitere Entwicklung des internationalen Terrorismus hängt folglich mehr von den politischen Entscheidungen über Antiterrormaßnahmen ab, als von den tatsächlichen Anschlägen islamistischer (oder anderer) Terrorgruppen. Zwar ist unbestritten, dass die Akteure des so genannten „neuen Terrorismus" die Mittel der globalisierten Welt nutzen (globale Reisefreiheit, moderne Kommunikationstechnologie, multimediale Propaganda), um maximale Wirkung zu erzielen. Doch wird diese Wirkung um ein vielfaches von den nicht-intendierten Effekten überzogener Antiterrorismuspolitik überboten. Eine kluge Antiterrorpolitik muss die Risiken des Terrorismus angemessen einschätzen und Gegenmaßnahmen so wählen, dass Sicherheit, Freiheit und die internationale Ordnung gleichzeitig geschützt werden.

Literatur

Alexander, Yonah. 1991. State-Sponsord Terrorism: The Role of the Soviet Union and East European Countries. In *Future Terrorism Trends*, hg. von Yonah Alexander, Yuval Ne'eman, und Ely Tavin, 15–21. Washington.

Brooks, Risa A. 2011. Muslim „Homegrown" Terrorism in the United States: How Serious is the Threat?. *International Security* 36 (2): 7–47.

CNN.com/U. S. 2001, 12. September. Rice: Terrorism fight a new kind of war. http://edition.cnn.com/2001/US/09/19/ret.rice.security/index.html. Zugegriffen: 10. 10. 2012.

Cline, R. S., und Yonah Alexander. 1984. *Terrorism: The Soviet Connection*. New York.

Clutterbuck, Richard L. 1977. *Guerrillas and terrorists*. London: Faber and Faber.

Cole, David. 2003. The New McCarthyism: Repeating History in the War on Terrorism. *Harvard Civil Rights-Civil Liverties Law Review* 38: 1–30.

Crawford, Neta C. 2004. The Slippery Slope to Preventive War. *Roundtable*, 30–36.

37 Vgl. Cole 2003.

38 Vgl. Duffy 2005; Kretzmer 2005; Crawford 2004.

Crenshaw, Martha, und Irving L. Horowitz. 1983. *Terrorism, legitimacy, and power: The consequences of political violence.* 1. Aufl. Middletown, Conn, Scranton, Pa: Wesleyan University Press; Distributed by Harper & Row.

Daase, Christopher. 2005. Terrorgruppen und Massenvernichtungswaffen. *Aus Politik und Zeitgeschichte* 48: 31–38.

—. 2006. Die RAF und der transnationale Terrorismus. Zur transnationalen Kooperation klandestiner Gruppen. In *Die RAF und der linke Terrorismus.* Bd. 2, hg. von Wolfgang Kraushaar, 905–929. Hamburg: Hamburger Editionen.

Daase, Christopher, und Oliver Kessler. 2007. Knowns and Unknowns in the War on Terror. Uncertainty and the Political Construction of Danger. *Security dialogue* 38 (4): 411–436..

Daase, Christopher, und Sebastian Schindler. 2009. Clausewitz, Guerillakrieg und Terrorismus. Zur Aktualität einer missverstandenen Kriegstheorie. *Politische Vierteljahresschrift* 50 (4): 701–731.

Della Porta, Donatella. 1995. *Social Movements, Political Violence, and the State: A comparative analysis of Italy and Germany.* Cambridge England, New York: Cambridge University Press..

Duffy, Helen. 2005. *The „war on terror" and the framework of international law.* Cambridge: Cambridge Univ. Press.

Europol, TE-SAT. 2011. *EU Terrorism Situation and Trend Report.* Brüssel..

Falkenrath, Richard. 2001. Analytic Models and Policy Prescription: Understanding Recent Innovation in U. S. Counterterrorism. *Studies in Conflict and Terrorism* 24 (3): 159–181.

Friedlander, Robert A. 1981. Terrorism and National Liberation Movements: Can Rights Derive from Wrongs?. *Case Western Reserve Journal of International Law* 13: 281–289.

Gibson, Richard. 1972. *African Liberation Movements: Contemporary Struggles Against White Minority Rule.* London: Oxford Univ. Press.

Greiner, Bernd. 2011. *9/11: Der Tag, die Angst, die Folgen.* München: Beck.

Gunaratna, Rohan. 2002. *Inside Al Qaeda: Global network of terror.* New York: Columbia University Press.

Hoffman, Bruce, und Klaus Kochmann. 1999. *Terrorismus: Der unerklärte Krieg ; neue Gefahren politischer Gewalt.* Frankfurt am Main: Fischer.

Human Security Project. 2008. *Human Security Brief 2007.* Vancouver.

Jensen, Richard B. 2004. Daggers, Rifles and Dynamite: Anarchist Terrorism in Nineteenth Century Europe. *Terrorism and political violence* 16 (1): 116–153.

Joll, James. 1980. *The Anarchists.* 2. Aufl. Cambridge.

Juergensmeyer, Mark. 2000. Understanding the New Terrorism. *Current History* (April): 158–163.

Kagan, Robert. 2001, 12 September. We Must Fight This War. *New York Times.*

Kassel, Whitney. 2009. Terrorism and the International Anarchist Movement of the Late Nineteenth and Early Twentieth Centuries. *Studies in Conflict & Terrorism* 32 (3): 237–252.

Kepel, Gilles. 2005. *The Roots of Radical Islam.* London: Saqi.

Kepel, Gilles und Jean-Pierre Milelli, Hg. 2006. *Al-Qaida: Texte des Terrors.* München [u. a.]: Piper.

Kissinger, Henry. 2001, 12 September. Destroy the Network. *New York Times.*

Koh, Harold. 1990. *The National Security Constitution: Sharing Power After the Iran-Contra Affair.* New Haven: Yale Univ. Pr.

Kohlmann, Evan F. 2008. ‚Homegrown' Terrorists: Theory and Cases in the War on Terror's Newest Front. *Annals of the American Academy of Political and Social Sciences* 7: 95–109.

Kraushaar, Wolfgang, Hg. 2006. *Die RAF und der linke Terrorismus.* 2Bde. Hamburg: Hamburger Editionen.

Krauthammer, Charles. 2001, 12 September. To War, Not to Court. *New York Times*.
Kretzmer, David. 2005. Targeted Killing of Suspected Terrorists: Extra-Judicial Execution or Legitimate Means of Defence?. *European Journal of International Law* 16 (2): 171–212.
Lafree, Garry, Laura Dugan, und Raven Korte. 2009. The Impact of British Counterterrorist Strategies on Political Violence in Northern Ireland: Comparing Deterrence and Backlash Models. *Criminology* 47 (1): 17–45.
Laqueur, Walter. 1998. *Die globale Bedrohung: Neue Gefahren des Terrorismus*. Berlin: Propyläen.
Lesser, Ian O.; Hoffman, Bruce; Arquilla, John; Ronfeld, David F.; Zanini, Michele; Jenkins, Brian Michael. 1999. *Countering the new terrorism*. Santa Monica CA: Rand.
Marshall, Peter H. 1993. *Demanding the Impossible: A History of Anarchism*. London: Fontana Press.
Morgan, Matthew J. 2004. The Origins of the New Terrorism. *Parameters* 34 (1): 29–43.
Münkler, Herfried. 1992. *Gewalt und Ordnung: Das Bild des Krieges im politischen Denken*. Frankfurt am Main: Fischer-Taschenbuch-Verl.
—. 2004b. Ältere und jüngere Formen des Terrorismus. Strategie und Organisationsstruktur. In *Herausforderung Terrorismus: Die Zukunft der Sicherheit*, hg. von Werner Weidenfeld, 29–43. Wiesbaden: VS Verl. für Sozialwiss.
—. 2004a. Terrorismus heute. Die Asymmetrisierung des Krieges. *Internationale Politik* 59 (2): 1–11.
Netanyahu, Benjamin, Hg. 1986. *Terrorism: How the West Can Win*. 2. Aufl. New York: Farrar Straus Giroux.
Rapoport, David. 2004. The Four Waves of Terrorism. In *Attacking terrorism: Elements of a grand strategy*, hg. von Audrey K. Cronin und James M. Ludes, 46–73. Washington, DC: Georgetown Univ. Press.
Rees, Wyn, und Richard J. Aldrich. 2005. Contending Cultures of Counterterrorism: Transatlantic Divergence or Convergence. *International Affairs* 81 (5): 905–923.
Schmid, Alex P., und Albert J. Jongman. 1988. *Political Terrorism: A New Guide to Actors, Authors, Concepts, Data Bases, Theories and Literature*. Rev. Amsterdam: North-Holland Publ. Comp.
Simon, Steven/Benjamin D. 2000. America and the New Terrorism. *Survival* 42 (1): 59–75.
Sterling, Claire. 1981. *The Terror Network. The Secret War of International Terrorism*. 1. Aufl. New York: Holt, Rinehart, and Winston.
Stohl, Michael. 1988. *The Politics of Terrorism*. 3. Aufl. New York: Dekker.
U. S. Department of State. 2001. Patterns of Global Terrorism 2000. http://www.state.gov/j/ct/rls/crt/2000/. Zugegriffen: 10. 10. 2012.
Waldmann, Peter. 1998. *Terrorismus: Provokation der Macht*. München: Gerling-Akad.-Verl.
Woodcock, George. 1986. *Anarchism. A history of libertarian ideas and movements*. 2. Aufl. Harmondsworth [etc.]: Penguin.

Staatsterror in Lateinamerika

*Michael Riekenberg**

* Für Kommentare und Literaturhinweise danke ich Markus-Michael Müller, CAS, Universität Leipzig. Für die Durchsicht und Korrektur der Literaturhinweise danke ich Aniela Werge, Universität Leipzig.

1 Gewaltbegriff

Aus der Perspektive primitiver Gesellschaften in Südamerika den Staat betrachtend, kam der französische Anthropologe Pierre Clastres zu dem Schluss, dass der Staat an sich ethnozidär sei: „Jede staatliche Organisation ist ethnozidär, der Ethnozid ist die normale Daseinsweise des Staates.“[1] Unter Ethnozid verstand Clastres die Zerstörung der „Kultur“, d. h. nach seiner Definition der Lebens- und Denkweisen einer Gemeinschaft, die er von der „physischen Zerstörung“[2] von Menschen unterschied. Exakt dies aber, also die durch den Staat angeregte bzw. von seinen Organen ausgeführte Tötung von Angehörigen des eigenen Staatsvolks, wobei der Staat sich über Recht und Gesetz hinweg setzt, ist der Bedeutungskern des Staatsterrors.

Dies impliziert zweierlei: zunächst dass der Staat, der Staatsterror begeht, eine Sonderform innerhalb aller Formen staatlicher Herrschaft darstellt; ferner dass Staatsterror sich von unserem Gewaltverständnis her definiert, weshalb wir zunächst über den Gewaltbegriff reden müssen, wenn wir von Staatsterror sprechen. Dabei ist ein struktureller Gewaltbegriff nicht hilfreich, sondern irreführend. Denn der Begriff der strukturellen Gewalt ist voller Missverständnisse; er handelt überdies auch gar nicht von Gewalt, sondern von Deprivationen und sozialen Ungleichheiten, d. h. von etwas, für dessen Bezeichnung wir über bessere Begriffe als den der Gewalt verfügen.[3] Der Begriff der strukturellen Gewalt sagt also nichts über die Sache, sondern zeugt vielmehr von der Unfähigkeit, Gewalt selbst zu sehen und zu benennen. Zum Zweck begrifflicher Schärfung ist es deshalb zweckmäßig, stattdessen von einem der Anthropologie verpflichteten, somatischen Gewaltbegriff[4] auszugehen. Dieser auf den Körper bezogene Gewaltbegriff grenzt den Gegenstand genauer ein, ohne ihn freilich, um Missverständnisse zu vermeiden, *ganz* zu erfassen. Denn zum einen ist Gewalt keineswegs auf den rein körperlichen, von außen beobachtbaren Vorgang zu reduzieren, weil Gewalt auch psychologische Phänomene umfasst. Zum anderen fallen im Erlebnis der Gewalt und ihrer Begleiterscheinungen (Angst, Schmerz) die Körperfunktionen des Menschen auf elementare Überlebensstrategien zurück: „Im Tatbestand des körperlichen Schmerzes ist die Übermacht seines Einschneidens und die Ohnmacht des Ausgeliefertseins an ihn evident. Schmerz ist wehrloses Zurückgeworfensein auf den eigenen Körper […]“.[5] Insoweit ist der körperliche Gewaltakt ein Akt der Kontraktion. Um Gewalt in Herrschaft zu überführen, wie es auch im Staatsterror geschah/geschieht, muss Gewalt aber erzählt, d. h. in eine Narration, die den bloßen Augenblick überschreitet, gebracht werden.

1 Clastres 2008, S. 18.
2 Ebd., S. 9.
3 Vgl. Riekenberg 2008.
4 Vgl. Popitz 1992, S. 48 f.
5 Vgl. Plessner 1970, S. 143.

Zwar ist der Begriff des Staatsterrors in der Wissenschaft nicht unumstritten. Dies liegt u. a. an dem bis heute andauernden Einfluss vergleichender Regimelehren in der (historischen) Sozialwissenschaft oder in der Politologie. Denn die dort üblichen Typologisierungen wie die in autoritäre und totalitäre Regime liegen zum Gewaltbegriff, ohne den das Konzept des Staatsterrors nicht zu denken ist, quer, weil diese Regimetypen sich nicht unter dem Gewaltgesichtspunkt unterscheiden lassen.[6] Eine Eingrenzung des Staatsterrors wird zudem dadurch erschwert, dass Regime des Staatsterrors mit Blick auf die internationale Öffentlichkeit im Regelfall eine Legalisierung der Gewalttat, die sie nach innen richten, betreiben, sei es durch Ausnahmegesetze oder durch Referenden.[7] Dennoch haben der Begriff des Staatsterrors bzw. seine systemische, allerdings unklarere Variante, der Begriff des Staatsterrorismus, in der Wissenschaft inzwischen Verbreitung gefunden. In Lateinamerika ist das Bild eines gewalttätigen Staates, der sich wenn schon nicht wie im *terreur* der Französischen Revolution als Erzeuger von Moral[8], so doch zumindest als Verteidiger der Ordnung gegen zerstörerische Kräfte ausgibt, eng mit dem Begriff des Staatsterrors verbunden. Heute ist der Begriff in den Kultur- oder Sozialwissenschaften zu Lateinamerika fest etabliert. Er bezieht sich auf Staaten (Regime, Regierungen, meist Militärregierungen), die auf semilegale oder illegale Weise Gewalt gegen die eigene bzw. Teile der eigenen Bevölkerung richten. Im Staatsterror bedroht der Staat potentiell alle Angehörigen der eigenen Gesellschaft, die er in Ungewissheit darüber lässt, ob sie zum Opfer seiner Gewalt werden (können) oder nicht, und verfolgt auf diese Weise seine politischen Ordnungsabsichten:

> In the atmosphere of terror, everyone knows that they are at risk of becoming victims because everyday life has become uncertain. This is precisely what state terror is supposed to accomplish, to engender fear in everything people so that the opposition does not gain sympathizers […]"[9]

Dabei ist zu beachten, dass Regime des Staatsterrors in Lateinamerika auch aus der Bevölkerung bzw. Teilen davon bzw. durch gesellschaftliche Organisationen oder andere Institutionen unterstützt wurden bzw. Zuspruch erhielten[10], ein Umstand übrigens, der in der Forschung von der Betrachtung der Rolle, die die Kirche im Staatsterror spielte, abgesehen[11] bislang recht wenig Interesse gefunden hat.

---

6 Vgl. Linz 1996, insbes. die Zahlenangaben über Gewaltopfer in Regimen autoritärer, faschistischer oder totalitärer Art in den Anm. 15 bis 25.

7 Vgl. zu dem Streben des Staates nach einer Legitimierung seiner Gewalt Nagengast, 1994, S. 115.

8 Vgl. Hoffmann 2008, S. 24 f.

9 Menjívar und Rodríguez 2005, S. 17.

10 Dieser Zuspruch geht prinzipiell über das hinaus, was Arendt (1970, S. 51) als „Machtbasis“ durch ein „Netz von Spitzeln“ beschrieb.

11 Vgl. Wright 2007, S. 36 f. So wirkte die katholische Kirche in Argentinien eher als Unterstützer, in Chile dagegen eher als Gegner des Militärregimes.

In Lateinamerika zählte der Staatsterror zu den Formen politischer Gewalt, soweit er auf die Kontrolle von Territorien, Bevölkerungen und öffentlichen Meinungsäußerungen durch den Staat gerichtet blieb. Der Staatsterror konnte aber auch Gewalt zu anderen Zwecken, bspws. persönliche Rachegelüste oder Gewinnstreben, begünstigen. Seine bevorzugten Methoden waren willkürliche Festnahmen, die (physische) Folter sowie die Ermordung politischer Gegner oder anderer Missliebiger. Berüchtigt wurde das Verschwindenlassen von Menschen durch staatliche Sicherheitskräfte, das konkret dem Staatsterror in Argentinien seinen Namen *Argentinischer Tod* (der freilich nicht nur „argentinisch" war) gab.[12] Die Praxis des Verschwindenlassens lässt die Angehörigen im Ungewissen über das Schicksal der Verschwundenen und kerbt dadurch tiefe Spuren in ihre Erinnerung an die Gewalt. Es gab Kindesraub: Angehörige der staatlichen Sicherheitskräfte raubten die Säuglinge oder Kleinkinder von Frauen, die sie töteten, und gaben die Kinder an Dritte weiter. Der Staatsterror in Lateinamerika nutzte vorhandene oder erzeugte neue Grauzonen der Gewaltausübung zwischen staatlichen und nichtstaatlichen Gewaltakteuren. Zu nennen sind insbesondere die Aktivität sog. Todesschwadronen, in denen private Vigilanten[13] mit Polizei- oder Armeeangehörigen zusammenwirkten, ohne dass sie für ihr Tun von Seiten des Staates bzw. der Justiz Strafe befürchten mussten. Die vigilantistische Gewalt richtete sich gegen wie es hieß „Subversive", also politische Oppositionelle oder Verdächtige, sowie gegen soziale Randgruppen wie z. B. Straßenkinder oder Prostituierte. In Kriegsgebieten, in denen es zu Staatsterror kam, in jüngerer Zeit beispielsweise in Kolumbien, waren bzw. sind es paramilitärische Gruppen, die mit den Sicherheitskräften kooperieren. Allerdings sind Vigilanten, Todesschwadronen und Paramilitärs keineswegs ein Alleinstellungsmerkmal des Staatsterrors, vielmehr gab oder gibt es sie in Lateinamerika auch in demokratisch regierten Ländern.

2 Erklärungen

In der Literatur finden sich verschiedene Ansätze, um das Aufkommen des Staatsterrors in Lateinamerika zu erklären, wobei auch die unterschiedlichen disziplinären Ansätze zum Tragen kommen. Jedoch fällt auf, dass meist von einem allgemeinen, abstrakten Staatsbegriff ausgegangen wird, ohne den konkreten Bedeutungen von Staatlichkeit in Lateinamerika Rechnung zu tragen.[14] In Lateinamerika wurden die Institutionen und Bedeutungen des Staates, die aus der europäischen Geschichte stammten, in der kolonialen Situation bzw. in lokalen Lebensformen dauerhaft re-interpretiert. Teils geschah dies durch das Einwirken insbesondere ethnisch figurierter, verhältnismäßig geschlos-

12 Vgl. Anderson 1993.
13 Vgl. Huggins 1991.
14 Vgl. allgemein dazu Steinmetz 1999.

sener Gemeinwesen auf den Staat. Teils rührte es daher, dass die Idee bzw. die Institutionen des Staates in nur lose gegliederten, zerstreuten Gemeinwesen keinen Rückhalt fanden oder Staatlichkeit sich in der demographischen Leere eines Raums einfach verlief. Beispiele für den ersten Fall gab es insbesondere in den Hochländern Mexikos oder Perus, während der zweite Fall vor allem in den Randräumen Lateinamerikas vorkam wie im ariden Norden Mexikos oder in den Grasländern des La Plata-Beckens, wo der Staat von ihm beanspruchte Befugnisse wie die Kriegserklärung oder den Friedensschluss an „private" Akteure übergab, um überhaupt präsent zu sein. Hier existierte der Staat nur im symbolischen Verweis. Daraus entstanden Formen der Staatsferne, die gemessen an den Einstellungen oder Zielen der Menschen alles andere als einheitlich waren, in denen dem Staat jedoch eine zweifelsfreie Berechtigung zur Begründung politischer Ordnung versagt blieb (ohne dass die Menschen unbedingt eine Vorstellung von Staat oder Souveränität besessen hätten). Es ist bis heute nicht untersucht, ob und ggf. welche Auswirkungen diese Geschichte der Staatsferne auf die Erzeugung des Staatsterrors in Lateinamerika hatte.

Stattdessen rekurriert die Literatur, wenn sie vom Verhältnis von „Staat" und „Gesellschaft" schreibt, auf eine „Schwäche" des Staates, was der Staatsferne aber nur vordergründig ähnelt und damit nicht zu verwechseln ist. Das Schwäche-Theorem besagt, dass der Staat, wollte er soziale Kontrollfunktionen ausüben oder „Modernisierungen" einleiten oder andere Funktionsleistungen erbringen, nur (noch) durch gewaltsame Mittel zu agieren vermocht hätte, also im Staatsterror Zuflucht gefunden habe. So betrachtet wird der Staatsterror zum Spiegel, in dem der Staat sich erst finden würde. Dieses Schwäche-Theorem vermag aber nicht zu erklären, warum der Staatsterror in Lateinamerika sich nur in einem sehr kleinen historischen Zeitraum, im Regelfall nur in den Jahrzehnten zwischen 1960 und 1990, zur Entfaltung brachte, wenn seine Schwäche doch eine Konstante des Staates (gewesen) sei. Ein anderer Erklärungsversuch ist dagegen ausdrücklich auf der Zeitschiene der *longue durée* angesiedelt. Er macht eine über Jahrhunderte gewachsene, politische Kultur des Autoritarismus für den Staatsterror verantwortlich, „[...] hence conditioning the individual to more frequent acceptance of processes of dictatorship, including violence, than processes of political democracy".[15] Dieses Konzept der politischen Kultur des Autoritarismus birgt jedoch grobe Vereinfachungen der Geschichte Lateinamerikas, weil es diese einseitig in Bahnen „von oben nach unten" verlaufen sieht und die Komplexität und Vielgestaltigkeit der „Kulturen" übersieht. Jüngere Ansätze wie die *subaltern studies*, die den aktiven Part unterer Bevölkerungsgruppen in der Politik betonen, vermag es überdies nicht in seine Betrachtungsweise zu integrieren.[16] Ähnliche Probleme ergeben sich bei einem weiteren Erklärungsansatz, der Vorstellung einer Gewaltkultur, die für den Staatsterror verantwortlich sei. Das Konzept der Gewaltkultur ist für Lateinamerika verbreitet, in einem Literatur-

15 Stokes 1971, S. 181. Vgl. auch Mansilla 1989; Fowler 1996; Adelman 1999.
16 Vgl. Mallon 1994; Knight 2002.

bericht zu Kolumbien wurde die Gewaltkultur vor Jahren zum wichtigsten Aufgabengebiet der Gewaltforschung in Lateinamerika erklärt.[17] Aber es stellt sich die Frage, ob das ohnehin vage und unscharfe Konzept der Gewaltkultur nicht zirkulär ist und das voraussetzt, was es beweisen will. Im Grunde ist „Gewaltkultur" nur eine Metapher, die nichts erklärt. Anthropologen sprechen sich überdies dagegen aus, „die" Kultur als Kausalfaktor zu betrachten. Schließlich hat Marcia Esparza jüngst ein „lateinamerikanisches Paradigma"[18] des Staatsterrors (bei ihr umschrieben als die Mischung aus Staatsgewalt und Genozid, was so definiert aber den Gegenstand verengt) vorgeschlagen, wonach der Staatsterror aus drei Faktoren herzuleiten sei:

> „(1) the region's broader colonial and postcolonial background and the formation of highly polarized societies based on class, race and ethnicity; (2) the social construction of the ‚other', of *el pueblo* as a separate political subject; and (3) the role the United States plays in promoting violent doctrines of national security [...]".[19]

Dies verweist auf die internationale Dimension des Staatsterrors. Regime des Staatsterrors tauschten sich aus.[20] Also kann Staatsterror nicht ausschließlich aus einer endogenen Perspektive erklärt werden, vielmehr wurde er erst in Interaktionen zwischen „innen" und „außen" erzeugt. Nordamerikanische Sicherheitsdoktrin oder auswärtige Militärberater stellten den Regimen des Staatsterrors in Lateinamerika Wissensbestände zur Verfügung, die diese nutzten, um die Gesellschaft nach Freund-Feind-Mustern zu unterteilen und Gewalt gegen die eigene Bevölkerung zu organisieren.[21] Teile der Literatur haben daraus den Vorwurf abgeleitet, Staatsterror sei ein Produkt der nordamerikanischen Außenpolitik.[22] Dies ist aber nicht glaubhaft, weil in Lateinamerika ja nicht nur sogenannte Klientenstaaten der USA, vor allem die „kleinen" Staaten im zentralamerikanischen Raum, Staatsterror praktizier(t)en. In Kuba z. B. ordnete die Regierung nach der Revolution zeitweilig eine Gewalt an oder duldete sie, die am Rand des Staatsterrors war oder in diesen überging.[23] Regime des Staatsterrors in Lateinamerika stellten anderen Regierungen bzw. Militärführungen in der Region Wissen und Ressourcen für repressive Zwecke zur Verfügung, und Regime des Staatsterrors kooperierten wie in der „Operation Condor".[24] Was sich darin zeigt, ist die über eine vermeintliche „Nordamerikanisierung" des Staatsterrors hinaus reichende Diffusion des Phänomens.

17 Peñaranda 1992, S. 312.
18 Esparza 2009, S. 2.
19 Ebd., S. 3.
20 Vgl. Stohl 1984.
21 Vgl. Ryan 2005, S. 279 f.
22 Vgl. Sluka 2000, S. 8.
23 Vgl. Krämer und Krüger 2008, S. 379: „[...] vor allem die „Brigaden der schnellen Antwort" [wurden] zur Terrorisierung von Andersdenkenden genutzt".
24 Vgl. Armony 2005; Dinges 2004; McSherry 2010.

In Lateinamerika entfaltete sich der Staatsterror in der zweiten Hälfte des 20. Jahrhunderts. Zwar findet sich in der Literatur die Ansicht, Staatsterror reiche in der Geschichte Lateinamerikas länger zurück. Beispielsweise ist zu Guatemala zu lesen, Staatsterror gäbe es im Land mehr oder minder kontinuierlich seit der Kolonialzeit.[25] Tatsächlich finden wir in Lateinamerika (wie anderswo auch) eine Geschichte staatlicher Gewalttat, die direkt auf den Körper des Menschen zielte und rechtliche Schranken der Gewalt derart weit hinaus schob, dass Menschen kaum mehr bzw. gar keinen Schutz vor Willkürgewalt fanden. Dies gilt besonders krass für die durch die Sklaverei geprägten Gesellschaften im Karibikraum oder in Brasilien. Aber bei der Gewalt, die in den Sklavengesellschaften in der Kolonialzeit oder im 19. Jahrhundert zu Repressionszwecken angewendet wurde, handelte es sich im Regelfall nicht um eine außergesetzliche Praxis. Die Rechtssysteme in den Sklavengesellschaften erlaubten körperliche Bestrafungen der Sklaven „in jeder Form"[26], auch durch nicht-staatliche Akteure. Vom Staatsterror im wissenschaftlichen Begriffssinn ist dies zu unterscheiden.

Gegen einen allzu ausgreifenden Begriff des Staatsterrors ist zudem festzuhalten, dass Staatsterror einen Ausbau der Bürokratie, die Professionalisierung der staatlichen Sicherheitskräfte sowie die Verbreitung von managerialen Selbstkonzepten in den Offizierkorps der Polizei, Geheimpolizei und Armee zur Voraussetzung hatte.[27] Diese Voraussetzungen waren in Lateinamerika aber lange Zeit aber gar nicht gegeben. In der Literatur wird häufig der Zeitraum um 1930 als eine Art Zäsur betrachtet, was die Befähigung des Staates zu einer sowohl effektiven wie zugleich dosierten Organisation der Gewalttat nach innen angeht. Erst als Folge der politischen Reaktionen auf die Auswirkungen der Weltwirtschaftskrise habe der Staat in Lateinamerika „Stärke" gewonnen, und nun erst sei im Bereich staatlicher Gewaltorganisation im Vergleich zu der Zeit zuvor „etwas Anderes"[28] entstanden. Eine wichtige Rolle spielten dabei die politisch ehrgeizigen Vertreter des jüngeren Offizierskorps. Diese betrachteten sich im Vergleich zu den zivilen Staatsangestellten als höher professionalisiert, diszipliniert und nicht selten als moralisch überlegen. Die Ausbildung militärisch-industrieller Komplexe in den großen Ländern Lateinamerikas wie Brasilien und Argentinien, die Ausbildung von Offizieren im Ausland sowie der öffentliche Kult militärischer Werte und Attitüden, der sich in der Zwischenkriegszeit aus Europa über die Welt ausbreitete[29], förderten dies zusätzlich. Insofern zählten der nur schwer beschreibbare Wandel militärischer Mentalität und die Bürokratisierung der Gewalt zu einer Voraussetzung des Staatsterrors.[30]

25 Vgl. Figueroa Ibarra 1991, S. 78.
26 Craton 1997, S. 227.
27 Vgl. Huggins und Haritos-Fatouros 1998.
28 Kalmanowiecki 2000, S. 48. Siehe auch Azcona 2010.
29 Diesen Satz habe ich einem Text entnommen, dessen Titel und Autor mir entfallen sind.
30 Vgl. Nunn 1992; Loveman und Davies 1997; Gill 2004.

3 Erscheinungsweisen

Der zeitliche Höhepunkt des Staatsterrors in Lateinamerika lag in den 1970er und 1980er Jahren. Dabei gab es Variationen im Auftreten. So wurde die ungesetzliche Gewalt des Staates offen zur Schau gestellt (Chile) oder aber verschwiegen (Argentinien):

> „Unlike the Chilean case, there [in Argentinien] was no curfew, uniformed soldiers were not photographed rounding up or executing people, and most of the bodies were never seen.“[31]

Es wäre von Interesse, den Gründen für solche Unterschiede nachzugehen. Die meisten Gewaltopfer forderte der Staatsterror im zentralamerikanischen Raum sowie in Peru, wo sich staatliche Akteure und der *Leuchtende Pfad* bekämpften, während die Anzahl der durch dcn Staat oder seine Helfer getöteten Menschen in Brasilien oder Uruguay im Vergleich geringer war. Im *Cono Sur* (Argentinien, Chile, Uruguay) standen politische Motive im Staatsterror im Vordergrund, in Zentralamerika spielten überdies ethnische bzw. rassische Kategorisierungen (die im Cono Sur keineswegs gänzlich fehlten) in der Ausrichtung der Gewalt eine große Rolle. Betrachten wir die Literatur zum Thema, so schälen sich der zentralamerikanische Raum, vor allem Guatemala, und der *Cono Sur* als regionale Schwerpunkte des Staatsterrors in Lateinamerika heraus. Beide Regionen repräsentieren zugleich zwei verschiedene Formen des Staatsterrors: Eine, die in einem inneren Krieg entstand und sich in starkem Maß gegen indigene Bevölkerungen richtete, wodurch sie Züge des Genozids annahm; eine andere, in der die institutionalisierte staatliche Repression sich auf die Städte und politisch besonders verdächtige Akteure aus dem Arbeiter- bzw. Gewerkschafts- und dem intellektuellen Milieu konzentrierte.

Diese Unterschiede haben auch auf die wissenschaftliche Beschäftigung mit dem Staatsterror abgefärbt. So weist die Behandlung des Staatsterrors in Zentralamerika, vor allem für Guatemala, enge Übergänge zur Genozidforschung auf.[32] Wegweisende Studien dazu waren der Sammelband von Carmack und die Untersuchungen des Jesuiten Falla über Massaker der Armee in Siedlungsgebieten der Mayas.[33] Im *Cono Sur,* insbesondere in Argentinien, spielten dagegen die Psychologie bzw. die psychosoziale Medizin (Traumaforschung) eine wichtige Rolle in der wissenschaftlichen Beschäftigung mit dem Staatsterror[34], weshalb hier als Opfer des Staatsterrors mehr der Einzelne, weniger die Gruppe in den Blick geriet. Die Gründe für diese Unterschiede im wissenschaftlichen Blick auf den Gegenstand liegen schwerlich allein in der Sache selbst. In Argentinien bspws. gab es in Teilen der Bevölkerung seit dem frühen 20. Jahrhundert ein star-

31 Wright 2007, S. 228.
32 Vgl. Sanford 2003.
33 Carmack 1988; Falla 1992.
34 Vgl. Riquelme 1990; Agger und Jensen 1996; Robben 2005; Suárez-Orozco 1992.

kes Interesse an der Psychologie, Buenos Aires galt lange Zeit als „Welthauptstadt"[35] der Psychoanalyse und auch aus diesem Grund als „bürgerlicher" als andere Teile Lateinamerikas. Individualisierende Betrachtungsweisen in der (wissenschaftlichen) Behandlung des Staatsterrors wurden durch diese diskursiven Traditionen wohl begünstigt. Vielleicht spielte auch eine Rolle, dass Psychologen bzw. Psychiater im Staatsterror selbst zu Zielen der Verfolgung wurden und die Polizei bzw. Armee versuchten, die institutionelle Autonomie des *mental health* aufzuheben und unter ihre Kontrolle zu bringen.[36] Jedenfalls war bzw. ist die Wissenschaft im *Cono Sur* für das Schicksal des Einzelnen im Staatsterror stärker sensibilisiert, als dies mit Blick auf die indigenen Siedlungsräume in Guatemala der Fall war oder ist.

Über die sozialen Folgen des Staatsterrors wissen wir bis heute wenig, vieles ist Vermutung. Unter den Angehörigen der staatlichen Sicherheitskräfte nahm die Bereitschaft, am Rand oder außerhalb der Legalität Gewalt auszuüben, in Zeiten des Staatsterrors wohl zu. Auch individuelle Gewaltneigungen wurden begünstigt wie im Fall des *Lone-Wolf Police*[37], des Einzelgängers im Polizeiapparat, der sich in der Gewalt feiert. Indem der Staat eine illegale Gewaltpraxis betrieb, ermutigte er Andere, sich ebenso zu verhalten. Vielleicht förderte dies die Neigung unter der Bevölkerung, Konflikte auf eigene Faust zu regeln. Die Ausübung der Selbstjustiz oder Lynchjustiz hat, wie Untersuchungen aus verschiedenen Ländern Lateinamerikas nahe legen, nach dem Ende der Regime des Staatsterrors anscheinend (vorübergehend) zugenommen,[38] vielleicht werden die Fälle zur Zeit auch nur aufmerksamer dokumentiert als zuvor. Vertrauen in den Staat, soweit es vorhanden war, schwand vermutlich als Folge des Staatsterrors. Ein Bericht der argentinischen UNDP (Entwicklungsprogramm der Vereinten Nationen) aus dem Jahr 2005 schreibt auf der Grundlage von Befragungen, dass im Land ein „[...] allgemeines Misstrauen gegenüber dem öffentlichen Sektor" herrsche.[39] Allerdings ist es schwierig, im sozialen Verkehr der Menschen die Folgen des Staatsterrors eindeutig von historisch älteren Verhaltensmustern und Einstellungen unterscheiden zu wollen. Schließlich sind lateinamerikanische Gemeinwesen im Kontext der Staatsferne traditionell *low trust societies,* wenn es um das Verhältnis der Menschen zum Staat geht, ohne dass der Staatsterror ursächlich dafür verantwortlich (gewesen) wäre.[40]

35 France 1998, S. 44. Vgl. auch Plotkin 1997.
36 Vgl. Ablard 2008, S. 191 f.
37 Vgl. Huggins und Haritos-Fatouros 1998.
38 Vgl. zu Guatemala Godoy 2006, zu Argentinien Kosovsky 2006.
39 Martínez 2005, S. 7.
40 Vgl. zur Unterscheidung in *low trust-societies* und *high trust-societies* Fukuyama 1995; Cook 2001.

4 Wissenschaft

Der Staatsterror hat auch der Wissenschaft zugesetzt. Vor allem Anthropologen (Ethnologen) waren ihm ausgesetzt, wenn sie in Feldforschungen Gewalt untersuchten.[41] Wissenschaftler wurden selbst Opfer der Gewalt. Dies führt zu der Frage, inwieweit der Wissenschaftler, der Staatsterror untersucht, in den Gegenstand einbezogen ist und wie er sich in diesen hinein schreibt.[42] Diese Frage ist in den verschiedenen Wissenschaftsdisziplinen bislang unterschiedlich intensiv erörtert worden. In der Geschichtswissenschaft oder Soziologie spielt sie so gut wie keine Rolle. Nun ist die Feldforschung der Ethnographen in offenen Gewalträumen nicht einfach auf die vergleichsweise geruhsame Archivarbeit des Historikers übertragbar. Anders als Ethnologen können Historiker im Forschungsvorgang auch nicht selbst „native" werden[43], wie die Anthropologie sorgenvoll erörtert. Dennoch haben Historiker, die über Staatsterror arbeiten, deshalb nicht weniger Veranlassung, über ihre eigene Stellung im Forschungsvorgang nachzudenken, als dies bei den Anthropologen der Fall ist, weil in beiden Fällen die Art und Weise, wie ein Wissenschaftler Staatsterror (bzw. Gewalt überhaupt) beschreibt, „[…] auch mit der Sorge um sich selbst"[44] zusammenhängt.

Genauer befasst sich mit diesem Problem bislang nur die Anthropologie. Allzu häufig geschieht dies freilich in Form moralischer Überlegungen („Wie kann ich objektiv über etwas schreiben, das ich verabscheue?"), nicht epistemologischer.[45] Keineswegs gehen aber nur wissenschaftliche Beweggründe in die Betrachtung der Gewalt ein, wie manche Wissenschaftler zu glauben meinen, weil sie die Gewalt für eine Welt halten, die nicht die ihre ist. Michael Taussig, der zur Ethnographie Südamerikas und konkret über Gewalt und Terror geschrieben hat[46], machte sich im Fach jedenfalls wenig Freunde, als er vor einigen Jahren in der *New York Times* kundtat, dass ihn Gewalt errege und er sich nach der Gewalt im Gegenstand sehnen würde: „I started becoming a kind of violence junkie. I wanted the material to get wilder and more violent, and I started wondering about that: What is it in me?"[47] Dieses Bekenntnis war umso irritierender, als Taussig auf dem Gebiet der Gewaltanthropologie wie auf dem der Erforschung des Staatsterrors nicht nur als Wegbereiter der Forschung, sondern überdies als moralische Autorität galt:

> „Among anthropologists, Michael Taussig has led the way in the analysis of terror als a cultural system […] Taussig's work has been compelling to anthropologists who want to write

41 Vgl. Nordstrom und Robben 1995.
42 Vgl. auch Riekenberg 2011.
43 Schnepel 1999, S. 109.
44 Wolf 1998, S. 260.
45 Vgl. Bourgeois 1997; Avruch 2001.
46 Vgl. Taussig 1984.
47 Vgl. Eakin 2001.

against terror because of his ability to take a principal moral stance against political torture and murder, while maintaining the highest standards of anthropological research".[48]

Es wäre, dies als Randnotiz, übrigens interessant zu wissen, wie die Wissenschaftsevaluierer damit umgingen, dass erst die Lust des Forschers an der Gewalt diesen zu besonders „guter" Gewaltforschung befähigt.

5 Schluss

Für Lateinamerika lässt sich der Staatsterror über ein Verhalten hinaus als eine Herrschaftsform begreifen. Im Rückblick betrachtet ist der Staatsterror in Lateinamerika ein Phänomen der zweiten Hälfte des 20. Jahrhunderts, meist lässt sich seine Existenz auf einen engen Zeitraum von nur wenigen Jahren begrenzen. Die fehlende Akzeptanz des Staatsterrors vor den Augen einer internationalen Öffentlichkeit trug zum schnellen politischen Niedergang dieser Regime maßgeblich bei. Hinzu kamen kontingente Faktoren wie krisenhafte Wirtschaftsentwicklungen (Chile) oder im Fall Argentiniens ein verlorener internationaler Krieg (Falkland/Malvinen), der das Ansehen des Militärs im Innern gründlich ruinierte und dem Ruf nach Zivilität Nahrung gab. Erscheinungen des Staatsterrors haben in Lateinamerika heute also vergleichsweise viel geringere Ausmaße oder Verbreitungen, als dies vor einigen Jahrzehnten der Fall war. Ob sich die Geschichte des Staatsterrors in Lateinamerika dadurch erledigt hat, steht freilich auf einem anderen Blatt. Zwar begegnen wir in Lateinamerika nicht den einer Ausbreitung des Staatsterrors förderlichen Auswüchsen staatlichen Ordnungsstrebens, wie wir es aus der Geschichte Europas im 20. Jahrhundert kennen. Lateinamerika hat bis heute keinen „gärtnerischen" Staat[49] hervorgebracht, was mit dem oben beschriebenen Phänomen der Staatsferne in Lateinamerika zusammenhängt. Aber eine Garantie dafür, dass Staaten bzw. staatliche Akteure in Lateinamerika in der Zukunft auf eine ungesetzliche Gewaltanwendung gegen die eigene Bevölkerung oder Teile davon zum Zweck ihrer Einschüchterung verzichten werden, ist darin nicht zu sehen.

48 Sluka 2000, S. 12.
49 Vgl. Bauman 1992.

Literatur

Ablard, Jonathan. 2008. *Madness in Buenos Aires. Patients, Psychiatrists, and the Argentine State 1880–1983.* Athens.

Adelman, Jeremy. 1999. *Colonial Legacies. The Problem of Persistance in Latin American History.* London.

Agger, Inger, und Soren Jensen. 1996. *Trauma and Healing under State Terrorism.* London.

Anderson, Martin E. 1993. *Dossier Secreto: Argentina's Deaparecidos and the Myth of the „Dirty War".* Boulder.

Arendt, Hannah. 1970. *Macht und Gewalt.* München.

Armony, Ariel C. 2005. Producing and Exporting State Terror. The Case of Argentina. In *When States Kill: Latin America, the U. S., and Technologies of Terror*, hg. von Cecilia Menjívar, und Néstor Rodríguez, 305–331. Austin.

Avruch, Kevin. 2001. Notes toward Ethnographies of Conflict and Violence. *Journal of Contemporary Ethnography 30*: 637–648.

Azcona, José M. 2010. *Violencia política y terrorismo de estado en Argentina: Del totalitarismo de José Uriburu (1930) a la dictatura militar 1976–1983.* Madrid.

Bauman, Zygmunt. 1992. *Dialektik der Ordnung. Die Moderne und der Holocaust.* Hamburg.

Bourgeois, Philippe. 1997. Confronting the Ethics of Ethnography: Lessons Lerned from Fieldwork in Central America. In *Decolonizing Anthropology*, hg. von Faye W. Harrison, 111–127. Washington.

Carmack, Robert, Hg. 1988. *Harvest of violence: The Maya Indians and the Guatemalan crisis.* Norman.

Clastres, Pierre. 2008. *Archäologie der Gewalt.* 9. Aufl. Zürich, Berlin.

Cook, Karen, Hg. 2001. *Trust in Society.* New York.

Craton, Michael. 1997. Forms of Resistance to Slavery. In *General History of the Caribbean: Vol. 3. The Slave Societies of the Caribbean*, hg. von Franklin W. Knight, 222–270. London.

Dinges, John. 2004. *The Condor Years. How Pinochet and his Allies brought Terrorism to Three Continents.* New York.

Eakin, E. o. Anthropology's Alternative Radical. *New York Times.*

Esparza, Marcia. 2009. Introduction: Globalizing Latin American Studies of State Violence and Genocide. In *State Violence and Genocide in South America: The Cold War Years*, hg. von Marcia Esparza, Henry R. Huttenbach, und Daniel Feierstein, 1–19. London.

Falla, Ricardo. 1992. *Masacres de la selva: Ixcán, Guatemala, 1975–1982.* Guatemala.

Figueroa Ibarra, Carlos. 1991. The Recourse of Fear. In *Vigilantism and the State in Modern Latin America*, hg. von Martha K. Huggins, 73–83. New York.

Fowler, Will. 1996. *Authoritarianism in Latin America since Independence.* Westport.

France, Miranda. 1998. *Bad Times in Buenos Aires.* Hopewell.

Fukuyama, Francis. 1995. *Trust. The Social Virtues and the Creation of Property.* New York.

Gill, Lesley,. 2004. *The School of the Americas. Military Training and Political Violence in the Americas.* Durham.

Godoy, Angelina Snoodgrass. 2006. *Popular Injustice: Violence, Community, and in Latin America.* Stanford.

Hoffmann, Bruce. 2008. *Terrorismus.* Frankfurt am Main.

Huggins, Martha K., Hg. 1991. *Vigilantism and the State in Modern Latin America.* New York.

Huggins, Martha K., und Mika Haritos-Fatouros. 1998. Bureaucratizing Masculinities among Brazilian Torturers and Murderers. In *Masculinities and Violence*, hg. von Lee H. Bowker, 29–54. Thousand Oaks.

Kalmanowiecki, Laura. 2000. Origins and Applications of Political Policing in Argentina. *Latin American Perspectives* 27: 36–56.
Knight, Alan. 2002. Subalterns, Signifiers and Statistics: Perspectives on Mexican Historiography. *Latin American Research Review* 37: 136–158.
Kosovsky, Mario. 2006. *El ciudadano sheriff. Armas y violencia en Argentina.* Buenos Aires.
Krämer, Raimund, und Dirk Krüger. 2008. Das politische System Kubas. In *Die politischen Systeme in Nord- und Lateinamerika*, hg. von Klaus Stüwe, und Stefan Rinke, 362–387. Wiesbaden.
Linz, Juan. 1996. Typen politischer Regime und die Achtung der Menschenrechte. In *Totalitarismus im 20. Jahrhundert*, hg. von Eckhard Jesse, 485–537. Bonn.
Loveman, Brian, und Thomas Davies. 1997. *The Politics of Antipolitics: The Military in Latin America.* Wilmington.
Mallon, Florencia. 1994. The Promise and Dilemma of Subaltern Studies. Perspectives from Latin American History. *The American Historical Review* 99: 1491–1515.
Mansilla, Hugo. 1989. Zur politischen Kultur des Autoritarismus in Lateinamerika. *Ibero-Amerikanisches Archiv* 3: 371–398.
Martínez, C. F. 2005. *Argentina después de la crisis: Un tiempo de oportunidades. Informe de desarrollo humano 2005. Sinopsis.* Buenos Aires: PNUD.
McSherry, J. Patrice. 2010. *Predatory States. Operation Condor and Covert War in Latin America.* Lanham.
Menjívar, Cecilia, und Néstor Rodríguez. 2005. State Terror in the U. S.-Latin American Interstate Regime. In *When States Kill: Latin America, the U. S., and Technologies of Terror*, hg. von Cecilia Menjívar, und Néstor Rodríguez, 3–27. Austin.
Nagengast, Carole. 1994. Violence, Terror, and the Crisis of State. *Annual Review of Anthropology* 23: 109–136.
Nordstrom, Carolyn, und Antonius Robben, Hg. 1995. *Fieldwork under Fire. Contemporary Studies of Violence and Survival.* Berkeley.
Nunn, Frederick M. 1992. *The Time of the Generals. Latin American Professional Militarism in World Perspective.* Lincoln.
Peñaranda, Ricardo. 1992. Surveying the Literature on the Violence. In *Violence in Colombia. The Contemporary Crisis in Historical Perspective*, hg. von Charles Bergquist, 293–314. Wilmington.
Plessner, Helmuth. 1970. *Philosophische Anthropologie.* Frankfurt am Main.
Plotkin, Mariano B. 1997. Freud, Politics and the Porteños: The Reception of Psychoanalysis in Buenos Aires 1910–1943. *Hispanic American Historical Review* 77: 45–74.
Popitz, Heinrich. 1992. *Phänomene der Macht.* Tübingen.
Riekenberg, Michael. 2008. Auf dem Holzweg? Über Johan Galtungs Begriff der „strukturellen Gewalt". *Zeitschrift für Zeithistorische Forschungen* 5: 172–177.
—. 2011. Über die Gewalttheorie von Georges Bataille und ihren Nutzen für die Gewaltsoziologie. *Comparativ. Zeitschrift für Globalgeschichte und vergleichende Gesellschaftsforschung* 21: 105–128.
Riquelme, Horacio, Hg. 1990. *Zeitlandschaft im Nebel. Menschenrechte, Staatsterrorismus und psychosoziale Gesundheit in Südamerika.* Frankfurt am Main.
Robben, Antonius. 2005. *Political Violence and Trauma in Argentina.* Philadelphia.
Ryan, Jeffrey J. 2005. Turning on their Masters. State Terrorism and Unlearning Democracy in Uruguay. In *When States Kill: Latin America, the U. S., and Technologies of Terror*, hg. von Cecilia Menjívar, und Néstor Rodríguez, 278–304. Austin.
Sanford, Victoria. 2003. *Violencia y genocidio en Guatemala.* Guatemala.

Schnepel, Bernd. 1999. Ethnologie und Geschichte. *Historische Anthropologie 7*: 109–128.
Sluka, Jeffrey A. 2000. Introduction: State Terror and Anthropology. In *Death Squad. The Anthropology of State Terror*, hg. von Jeffrey A. Sluka, 1–45. Philadelphia.
Steinmetz, George, Hg. 1999. *State/Culture. State-Formation after the Cultural Turn.* Ithaca.
Stohl, Michael. 1984. International Dimensions of State Terrorism. In *The State as Terrorist: The Dynamics of Governmental Violence and Repression*, hg. von Michael Stohl, und George A. Lopez, 43–58. Westport.
Stokes, William S. 1971. Violence as a Power Factor in Latin American Politics. In *Conflict and Violence in Latin American Politics*, hg. von Francisco J. Moreno, und Barbara Mitrani, 156–182. New York.
Suárez-Orozco, Marcelo. 1992. A Grammar of Terror. Psychocultural Responses to State Terrorism in the Dirty War and Post-Dirty War Argentina. In *The Paths to Domination, Resistance, and Terror*, hg. von Carolyn Nordstrom, und Jo Ann Martin, 219–259. Berkeley.
Taussig, Michael. 1984. Culture of Terror, Space of Death. Roger Casement's Putumayo Report and the Explanation of Torture. *Comparative Studies in Society and History 26*: 467–497.
Wolf, Eric R. 1998. Anthropologie und Geschichte. *Österreichische Zeitschrift für Geschichtswissenschaft 9*: 246–268.
Wright, Thomas C. 2007. *State Terrorism in Latin America. Chile, Argentina, and International Human Rights.* Lanham.

Extremismus und politisch motivierte Gewalt im vereinten Deutschland

Uwe Backes

1 Einführung

Mit dem Begriff „politischer Extremismus" sollen im Folgenden solche Gesinnungen und Bestrebungen erfasst werden, die fundamentale Werte (vor allem die Idee der Menschenrechte) und Verfahrensregeln (wie die institutionelle Gewaltenkontrolle, das Prinzip des politischen Pluralismus oder den Bestellungsmodus der Volkswahl) des demokratischen Verfassungsstaates implizit oder explizit negieren.[1] Die Abwehrhaltung gegen Grundprinzipien freiheitlicher Demokratie beruht auf denkstrukturellen Gemeinsamkeiten der Extremismen (wie exklusiver politischer Wahrheits-, Deutungs- und Gestaltungsanspruch), auch wenn diese unterschiedliche, teils auch schroff gegensätzliche politische Ziele und Inhalte verfechten. Die wichtigsten intellektuellen Nährströme der Extremismen bilden auf der extremen Linken Kommunismus und Anarchismus, auf der extremen Rechten Ultranationalismus und Rassismus. Auf der Links-Rechts-Achse oft nur schwer zu verorten sind diverse Spielarten des politisch-religiösen Fundamentalismus, der insbesondere durch die Ausbreitung des Islamismus seit dem letzten Drittel des 20. Jahrhunderts weltweit an Bedeutung gewonnen hat.

Politische Extremismen treten in verschiedenen Organisationen (Parteien, Bewegungen, Theoriezirkel, Kampfbünde, Terrorgruppen etc.) auf und verfolgen unterschiedliche Strategien. Sie können offen oder verdeckt agieren, sich legal im Kräftefeld offener Gesellschaften bewegen, ebenso aber auch Gewalt als Mittel politischer Veränderung propagieren und praktizieren. Extremismus ist mithin nicht in jeder Form gewaltorientiert – wie umgekehrt die Anwendung physischer Gewalt als Mittel politischer Veränderung nicht zwingend auf extremistische Motive/Ziele hindeutet (z. B. demokratischer Widerstand in Diktaturen). Von Terrorismus soll nur dann gesprochen werden, wenn politische Gewalt im Rahmen einer kommunikativen Strategie (Erzeugung von Schrecken bei zu bekämpfenden Individuen/Gruppen, Werbewirkung bei potentiellen Sympathisanten und Mitstreitern) gezielt, planhaft und mit hoher Intensität zur Anwendung kommt.[2]

Im Mittelpunkt des folgenden Beitrags stehen gewaltgeneigte Formen des politischen Extremismus im vereinten Deutschland. Sie werden zunächst getrennt nach ihren Hauptformen, ihrem Selbstverständnis und ihrer organisatorischen Entwicklung beschrieben und eingeordnet. Eingehend werden Taten, Täter und Opfer in ihrem sozialen Umfeld, ihrer Motivation und Deliktspezifik analysiert. Ein eigener Abschnitt ist den Wechselwirkungen und Interaktionen der gewaltgeneigten Szenen gewidmet. Anschließend wird der Umgang mit politisch motivierter Gewalt in seinen präventiven wie repressiven Formen behandelt. Der Beitrag schließt mit einer knappen Einschätzung des Gefahrenpotentials.

1 Vgl. Backes 2006.
2 Vgl. vor allem Waldmann 1998, S. 27 ff.

2 Entwicklung gewaltgeneigter Organisationen

2.1 Linksextremismus

Die meisten der teils kommunistisch, teils anarchistisch inspirierten linksextremistischen Vereinigungen der Bundesrepublik Deutschland bemühten sich im Verlauf der Jahrzehnte, ihren politischen Einfluss im Rahmen legaler Partizipationsformen zu stärken und verzichteten – ungeachtet mancher Verflechtungen mit gewaltgeneigten Gruppierungen – mehr oder weniger konsequent auf die Anwendung revolutionär-gewaltsamer Methoden.[3] Was die gewaltgeneigten Personenzusammenhänge angeht, so ist zwischen einem fester organisierten terroristischen Untergrund, wie er am Rande der 1968er Studentenbewegung entstanden war, und eher subkulturellen Jugendszenen mit diffusen Strukturen zu unterscheiden. Während Terrorgruppen vom Schlage der Roten Armee Fraktion (RAF) oder der Revolutionären Zellen (RZ), die die Geschichte des westlichen Deutschland in den 70er und 80er Jahren begleitet hatten, allenfalls noch in den ersten Jahren nach der Wiedervereinigung aktiv waren und dann im Wesentlichen durch Gerichtsverfahren und Diskussionen um Haftbedingungen von sich reden machten[4], ging das Gros der Gewalttaten von Aktiven der sogenannten „Autonomen-Szene“ aus.

Die Bezeichnung „Autonome“[5] verbreitete sich Anfang der 1980er Jahre für eine besondere „Strömung“ oder „Szene“ der „undogmatischen Neuen Linken“. Eine Vielzahl kleiner Gruppierungen, von denen die Verfassungsschutzbehörden auch schon in den Jahren zuvor berichtet hatten, propagierten zwar eine revolutionäre Überwindung der bestehenden Verhältnisse, setzten sich jedoch vom „dogmatischen Marxismus-Leninismus“ ab, traten „für Spontaneität, Autonomie und Selbstorganisation der ‚Unterdrückten‘“[6] ein und engagierten sich in Wohngebieten, Betrieben und Hochschulen „basisnah“, um Widerstand zu mobilisieren. Als identitätsstiftendes Großereignis galt der Berliner „Nationale Widerstandskongress: Reise nach TUNIX“ vom Januar 1978, „wo die etwa 6 000 Teilnehmer erörtert hatten, wie sie ‚das Modell Deutschland‘ zerstören“ und „durch TUNIX ersetzen könnten.“[7] Die „Sponti“-Bewegung vereinte Motive und Ausdrucksformen, die Anfang der 1980er Jahre zur Herausbildung eines „autonomen“ Selbstverständnisses beitrugen. Weitere wichtige Anregungen kamen aus den norditalienischen Zentren des Operaismus, wo der Begriff der „autonomia“, der (be-

3 Vgl. zur Entwicklung des Linksextremismus in der Bundesrepublik u. a. Backes und Jesse 1996, S. 138–251; Bergsdorf und van Hüllen 2011; Dovermann 2011; Moreau und Lang 1996.

4 Vgl. vor allem Peters 2008; Kraushaar 2006; Pflieger 2004; Straßner 2008; Winkler 2007.

5 Vgl. zum Begriffsverständnis aus der Binnensicht: „Thesen zum Autonomiebegriff“, in: Autonomie-Kongress der undogmatischen linken Bewegungen o. J. [1997], S. 16–19.

6 Bundesministerium des Innern 1979, S. 105.

7 Ebd.

trieblichen) Selbstorganisation, in den gewalttätigen Auseinandersetzungen des Jahres 1977 eine bedeutende Rolle spielte.[8] Impulse gingen auch von den Amsterdamer „Kraakern", den Kämpfen um das Züricher „Autonome Jugendzentrum" und den Kopenhagener „Initiv-gruppen" aus.[9] Im Zuge der „Vorbereitung praktischer Aktionen"[10], nicht aus einem theoretischen Diskussionsprozess, entwickelte sich eine Szene, die bei aller Heterogenität durch ein Minimum gemeinsamer Einstellungen und Überzeugungen in unversöhnlicher Gegnerschaft zum „repressiven" System wie in Abgrenzung zu „dogmatischen" Formen der Linken geprägt war. In ihren Deutungsversuchen verbanden sich anarchistische Theorie- und Organisationsscheu mit Fragmenten revolutionär-marxistischer Analyse und Utopie.

Die Öffentlichkeit nahm die Szene vor allem durch das vielfach gewalttätige Agieren des Schwarzen Blocks am Rande von Demonstrationen wahr. Aufsehen erregten die Vorfälle an der Frankfurter „Startbahn West" vom 2. November 1987, als aus der Menge heraus tödliche Schüsse auf Polizeibeamte abgefeuert wurden. Dieses Vorgehen erwies sich indes als eher szeneuntypisch. Weit charakteristischer war die Straßenmilitanz mit Stein- und Flaschenwürfen, dem Einsatz von Zwillen und „Molotowcocktails", einem geradezu lustvollen Ausleben von Aggressivität. Der „Revolutionäre 1. Mai" in (West-) Berlin, vom „Urknall"[11] 1987 mit stundenlangen Straßenschlachten bis weit in die 1990er Jahre hinein vor allem im Stadtteil Kreuzberg („SO 36"), bot hierfür das bekannteste Beispiel. Berlin blieb auch nach dem Fall der Mauer ein Schwerpunkt, ablesbar etwa am vergleichsweise hohen Anteil von Szeneangehörigen an der Bevölkerung.[12] Doch waren Autonome Gruppen in urbanen Zentren bundesweit verbreitet, besonders stark in den Stadtstaaten Bremen und Hamburg sowie in Universitätsstädten mit linksintellektueller Tradition wie Göttingen, Bochum, Frankfurt am Main, Marburg, Heidelberg, Nürnberg, Freiburg im Breisgau. In der Ex-DDR konnte die Szene rasch Fuß fassen. Ein Zentrum entstand in Leipzig, wo sich mit Baseball-Schlägern, Steinen und Brandflaschen bewaffnete autonome Hausbesetzer in der Nacht zum 28. November 1992 im Stadtteil Connewitz schwere Straßenschlachten mit der Polizei lieferten, nachdem diese versucht hatte, zwei randalierende Jugendliche festzunehmen.[13]

Der Szenezusammenhalt blieb auch wegen der hohen Fluktuation der meist jugendlich geprägten Gruppen lose. Das Durchschnittsalter der Aktiven erhöhte sich allem Anschein nach nicht. Laut einer Umfrage des Szene-Organs „Interim" vom Sommer 1997 gehörte die Hälfte der Leser der Altersgruppe zwischen 21 und 30 an. Rund 20 Prozent

8 Vgl. aus „autonomer" Binnenperspektive: Geronimo 1995, S. 46 f.
9 Vgl. Katsiaficas 1997, S. 111–127.
10 Vgl. A.G. Grauwacke o.J. [2003], S. 10. Siehe zur Entwicklung auch folgende – szenenahe – Publikationen: Schultze und Gross 1997; Lauterbach 1999; Schwarzmeier 2001.
11 Lehmann und Meyerhöfer 2003, S. 57.
12 Vgl. zur prozentualen Verteilung der Szeneangehörigen auf die Länder: Backes 2009.
13 Vgl. Bundesamt für Verfassungsschutz 1994, S. 3 f.

Abbildung 1 Angehörige der Autonomen-Szene, 1990–2010

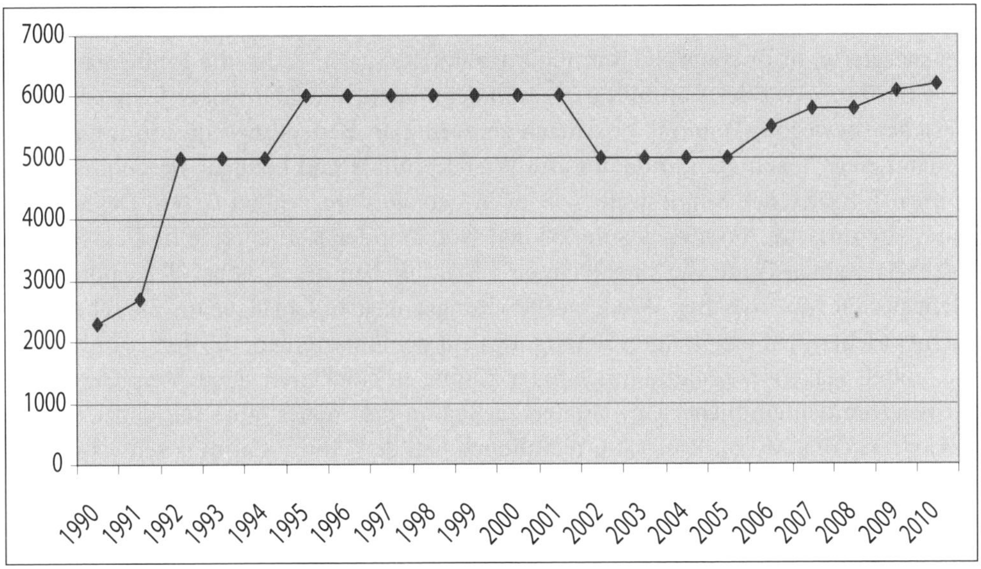

Quelle: Bundesministerium des Innern, Verfassungsschutzberichte, Bonn/Berlin 1991 ff.

waren unter 20, etwa 30 Prozent über 30 Jahre alt.[14] Der verbreitete Hedonismus, die Betonung von Spontaneität und die Aversion gegenüber jeglicher Form hierarchisch-zentraler Organisation vereitelten alle Versuche überregionaler Bündelung und Koordinierung. So stellte die 1992 gegründete Antifaschistische Aktion/Bundesweite Organisation (AA/BO), die zeitweilig eine rege Jugendarbeit betrieben hatte[15], 2001 ihre Aktivitäten wieder ein. Die als treibende Kraft fungierende Göttinger Autonome Antifa (M) gab im April 2004 ihre Auflösung bekannt. Neben einem Generationenwechsel trugen dazu innere Differenzierungen bei, wie sie sich in der Antikriegsbewegung und in der Interpretation des Nahost-Konflikts niederschlugen und zur Polarisierung zwischen bedingungslos proisraelischen (und teilweise proamerikanischen) „antideutschen" und betont israel- und amerikakritischen Positionen führten.[16]

Auf verschiedenen Themen- und Handlungsfeldern entstanden teilweise eigenständige Netzwerke mit spezifischen Aufmerksamkeitsschwerpunkten. Diese veränderten sich im Zeitverlauf nicht grundlegend. Sie blieben stark von Protestkonjunkturen ab-

14 Interim vom 29. Juni 1997, S. 5–7. Vgl. Mletzko 1999, S. 10. Die sozialstrukturelle Zusammensetzung der Szene ist bislang nur unzureichend erforscht. Siehe zur Bedeutung des Organs „Interim": Kane 2011.

15 Vgl. Bundesamt für Verfassungsschutz 1999.

16 Vgl. Bundesamt für Verfassungsschutz 2004.

hängig, deren Dynamik andere Akteure bestimmten.[17] Spielten Konflikte um Hausbesetzungen in den 1980er und frühen 1990er Jahren eine herausragende Rolle (u. a. Hafenstraße und „Rote Flora“ in Hamburg[18], „Köpi“ und Schönhauser Allee in Berlin, Heusnerviertel in Bochum, KTS in Freiburg im Breisgau), verlor die Problematik seither an Brisanz. War der Antimilitarismus in der ersten Hälfte der 1980er Jahre en vogue („Friedensbewegung“), büßte er danach zeitweilig an Bedeutung ein, um infolge der „neuen Kriege“ nach dem Ende des Ost-West-Konflikts und häufiger werdender „Out-of-area“-Einsätze der Bundeswehr wieder in den Vordergrund zu treten. Der im Jahr 2000 beschlossene Ausstieg aus der zivilen Nutzung der Kernenergie in Deutschland entschärfte einen Protest-„Dauerbrenner“; doch blieben die „Castor“-Transporte (vor allem aus der französischen Wiederaufbereitungsanlage in La Hague ins Zwischenlager nach Gorleben) ein bevorzugtes Betätigungsfeld der Autonomen, die den Bahnverkehr u. a. mittels Hakenkrallen und umgesägter Bäume zu blockieren versuchten. Der starke Anstieg fremdenfeindlicher Gewalttaten zu Beginn der 1990er Jahre mit den Exzessen in Hoyerswerda, Mölln, Rostock und Solingen ließ den Antifaschismus zeitweilig zum mobilisierungsträchtigsten Szeneschwerpunkt avancieren. Er besitzt bis heute – zuletzt aufgrund der regionalen Mobilisierungserfolge der rechtsextremistischen Nationaldemokratischen Partei Deutschlands (NPD) – hohen Rang. Daneben waren die Probleme der Weltwirtschaft und der internationalen Solidarität, die in der zweiten Hälfte der 1980er Jahre mit der Kampagne gegen den Internationalen Währungsfond für Konfliktstoff gesorgt hatten[19], nahezu völlig verblasst. Unter dem neuen Label „Globalisierung“ tauchten sie Ende der 1990er Jahre mit der „Initialzündung“[20] des infolge heftiger, gewaltsam eskalierender Proteste abgebrochenen 3. WTO-Gipfels von Seattle wieder aus der Versenkung auf.

Ende 2010 war die Szene mit annähernd 5 500 Aktiven bundesweit verbreitet. Sie agierte meist dezentral. Das wichtigste Bindemittel bildeten überregional genutzte Printmedien („Interim“, „radikal“) und Internetforen (wie „Indymedia“). In Berlin mit der bundesweit stärksten Szene (Ende 2010 rund 950 Aktive) gewannen nahezu monatlich stattfindende Autonome Vollversammlungen (AVV) an Bedeutung, deren Beispiel auf andere Länder ausstrahlte.[21] Eine „Scharnierfunktion“ zwischen Autonomen und anderen linksextremen Szenezusammenhängen erfüllten Vereinigungen wie die bundesweit vernetzte Interventionistische Linke (IL) und das in Norddeutschland verbreitete AVANTI – Projekt undogmatische Linke (AVANTI).[22]

Über mehrere Jahrzehnte hinweg geführte, sich aufgrund der Szenefluktuation teilweise wiederholende „Militanzdebatten“ um Legitimität, Bedingungen, Modalitäten

17 Vgl. auch Moreau und Lang 1996, S. 190–220.
18 Vgl. K. D. Hoffmann 2011.
19 Vgl. aus der Szene-Perspektive: A. G. Grauwacke o. J. [2003], S. 203–238.
20 Leggewie 2004, S. 214.
21 Vgl. Senatsverwaltung für Inneres und Sport 2011, S. 91–93.
22 Vgl. Bundesministerium des Innern 2011, S. 129–132.

und strategische Erfordernisse des Gewalteinsatzes[23] orientierten sich überwiegend am Terrorkonzept der RZ, die in kritischer Auseinandersetzung mit der RAF auf technisch wie legitimatorisch aufwendige und risikoreiche „Aktionen" wie Geiselnahmen und gezielte Tötungen verzichtet und sich statt dessen auf Anschläge gegen Sachen konzentriert hatten.[24] Sie gerieten damit allerdings insofern in ein strategisches Dilemma, als unblutige Sachbeschädigungen in aller Regel nicht das gewünschte Ausmaß an Publizität erzielten, zumal Häufigkeit und Stereotypie der Vorfälle Gewöhnungsprozesse und Indifferenz in der Öffentlichkeit begünstigten. Die strategischen Hauptziele des Gewalteinsatzes: Verunsicherung und Provokation des Gegners sowie Mobilisierung der Sympathisanten, wurden auf diese Weise nur in bescheidenem Maße erfüllt.

Nicht zuletzt aufgrund der Schwächung der „Szene" und des Scheiterns der Versuche überregionaler Organisierung meldeten sich Stimmen zu Wort, die dafür plädierten, über bloße Sachbeschädigungen hinauszugehen. Ein hervorstechendes Beispiel bot die *militante gruppe* (mg), die von ihrem erstmaligen Auftreten im Juni 2001 bis zu ihrer Auflösungserklärung im Sommer 2009 mehr als 25 Brandanschläge auf Firmenniederlassungen und Behörden im Berliner und Magdeburger Raum verübte. Drei Mitglieder der Gruppe, die nach einem versuchten Brandanschlag auf Bundeswehrfahrzeuge im Juli 2007 verhaftet worden waren (der 46-jährige Sozialpädagoge Axel H., der 35-jährige Altenpfleger Florian L. und der 35-jährige Antiquariatsangestellte Oliver R.), verurteilte das Berliner Kammergericht im Oktober 2009 zu Freiheitsstrafen. Das Gericht sah es als erwiesen an, dass die drei Angeklagten „als aktive Mitglieder" gehandelt hatten und mit ihrem Tun das langfristige Ziel verfolgten, „unter Abschaffung der heutigen demokratischen Gesellschaftsverhältnisse eine kommunistische Weltordnung zu etablieren".[25] Die Revisionsanträge der Verurteilten wurden im Mai 2011 durch den Bundesgerichtshof als unbegründet verworfen.[26] Während des laufenden Verfahrens waren weitere Attentate verübt worden. In der Auflösungserklärung vom Mai 2009 kündigte die Gruppe an, sich um eine Erweiterung revolutionärer Handlungsräume bemühen und eine „Debatte um klassenspezifisch-proletarische Organisierung und eine daraus resultierende Organisation" aufnehmen zu wollen. Dagegen distanzierte sie sich von den zahlreichen Brandanschlägen auf „Nobelkarossen". Die „allabendliche alternative Freizeitbeschäftigung" trage lediglich „zur Diskreditierung von militanten und klandestinen Aktionsformen bei."[27]

Die Militanzdebatte erhielt im Jahr 2010 neue Brisanz. Eine im Untergrund kursierende 80-seitige Broschüre („prisma") bot Anleitungen für Anschläge und Sabotageaktionen. Die anonymen Verfasser beschrieben den Bau von Brandsätzen mit Zeitzün-

23 Vgl. Mletzko 2001.
24 Vgl. zur Strategie von RAF und RZ: Fetscher und Rohrmoser 1983.
25 Kammergericht Berlin, Pressemitteilung vom 16. Okt. 2009. Siehe auch Litschko 2009.
26 Vgl. Kammergericht Berlin, Pressemitteilung vom 28. Juni 2011.
27 Radikal 2009, S. 33.

dern, die Konstruktion von Hakenkrallen zum Anhalten von Zügen sowie das Vorgehen beim Umsägen von Strommasten. Mehrere Kapitel erläuterten die Fahndungsmethoden der Polizei und gaben Empfehlungen, wie Spuren zu vermeiden und Observanten abzuschütteln seien.[28] Die Polizei ermittelte und durchsuchte u. a. Szene-Buchläden und -Treffpunkte. Dies wiederum veranlasste Revolutionäre Aktionszellen (RAZ), die unter diesem Namen seit Ende Dezember 2009 mehrfach mit Anschlägen in Erscheinung getreten waren[29], zum Handeln. Die „Kette von staatlichen Übergriffen" dürfe nicht widerstandslos hingenommen werden: „Unsere Signalsetzung gestaltete sich in der Nacht zum 18. 11. 10 wie folgt: Eine Zelle unseres Gruppenzusammenhangs hat sich nach ausführlicher Ab- und Aussprache ein Herz gefasst und zwei zeitverzögerte Brandsätze an der vorderen Fensterfront der Bundesakademie für Verwaltung in der Bundesallee in Berlin Charlottenburg-Wilmersdorf deponiert. Diese Einrichtung des Bundesministeriums des Innern (BMI) unter der Regentschaft von Thomas de Maizière ist Teil des institutionellen Geflechts der Repressions- und Ideologieapparate des Klassenstaates BRD. Unseren Angriff gegen eine zentrale Verwaltungseinheit des BMI stellen wir darüber hinaus in den direkten Zusammenhang der Mobilisierung gegen die zeitgleich stattfindende Innenministerkonferenz in Hamburg." Die „Aktionszelle" erläuterte ihr Vorgehen im (ironischen) Rückgriff auf Marx und Engels, deren Lehrsätze nicht allzu ernst genommen wurden. Es füge sich „generell in unsere sozialrevolutionäre und antiimperialistische Linie im Kampf für den Kommunismus nahtlos ein".[30]

Unter militanten Linksautonomen wurden die Anschläge der RAZ überwiegend als wichtiger Beitrag zum „revolutionären Aufbauprozess" gewürdigt. Die vorgetragenen Bedenken waren eher technischer und taktisch-strategischer Art. So kritisierte eine Gruppe die Art des Einsatzes von Gaskartuschen (Szenejargon: Gasaki). Sie sollten künftig nicht außerhalb, sondern innerhalb von „wirtschaftsgebäuden und ämtern"[31] zum Einsatz kommen, um das Entdeckungsrisiko infolge des erzeugten Feuerscheins zu verringern. Auch bestehe die Gefahr, dass „ein aktivbürger beim löschversuch schwer verletzt wird". Erlaubt sei dagegen der „direkte angriff auf die schweine", also Repräsentanten der Staatsmacht. Polizei-Streifen „in sozialen Brennpunkten sollten immer in der angst leben müssen, opfer eines hinterhalts zu werden". Direkte Angriffe auf Polizeistationen („angreifen von schweineställen") galten als Übung „für den späteren angriff auf die institutionen dieses staates". Dabei seien die „politischen verantwortlichen" stärker einzubeziehen. Man müsse zeigen, dass „wir bereit sind und im falle von veränderten mehrheiten auch andere mittel einsetzen könnten, um zuzuschlagen. […] mit entschlossenheit und ernsthaftigkeit werden wir den schweinen endgültig den gar aus [!] machen."[32]

---

28 Vgl. „Untergrund-Broschüre gibt Tipps für Anschläge", in: Spiegel-Online 2010b.
29 Vgl. Revolutionären Aktionszellen (RAZ) 2010a.
30 Revolutionäre Aktionszellen (RAZ) 2010b.
31 Eine gruppe aus den autonomen gruppen 2010, S. 706.
32 Ebd., S. 707.

2.2 *Rechtsextremismus*

Politisch motivierte Gewalt geht auch auf der extremen Rechten[33] vorwiegend von Gruppierungen aus, die einem Engagement im Rahmen legaler Partizipationschancen wenig abgewinnen. Außerdem sind Akteure von hoher Bedeutung, deren Handeln in erster Linie von Ressentiment und Hass und kaum von politisch-strategischen Überlegungen bestimmt ist.[34] Neben den im Laufe der Nachkriegsjahrzehnte meist erfolglosen rechtsextremistischen Parteien entstanden von den späten 1960er Jahren an überwiegend von Jugendlichen und jungen Erwachsenen getragene gewaltgeneigte Szenen mit hoher personeller Fluktuation und sich ständig wandelndem Erscheinungsbild.

Planhaftes Handeln im Rahmen formalisierter Organisationen kennzeichnete die Mitglieder von Gruppierungen, die sich selektiv am Vorbild des historischen Nationalsozialismus orientierten und durch provokatives Auftreten in der Öffentlichkeit für Furore sorgten. Der in den 1970er/1980er Jahren bekannteste Aktivist, der ehemalige Bundeswehrleutnant Michael Kühnen, bezeichnete in einem Rückblick den 1968 in Hamburg gegründeten „Bund Deutscher Nationalsozialisten" (BDNS) als „erste nationalsozialistische Organisation der neuen Generation": „Ihr Nationalsozialismus erwuchs nicht mehr aus dem Erleben des Dritten Reiches, sondern aus der abstoßenden Wirklichkeit dieser BRD und der Sehnsucht nach einem wirklichen Lebenssinn, die von dem herrschenden System niemals erfüllt werden kann!"[35] Der 1969 verbotenen Vereinigung folgten alsbald weitere, von diesem Muster teilweise abweichende, deren Mitgliederzulauf vom Auflösungsprozess der in der zweiten Hälfte der 1960er Jahre bei Wahlen auf Länderebene zeitweilig erfolgreichen NPD begünstigt war. Zu den bekanntesten gehörten die „Deutsche Bürgerinitiative" des Rechtsanwalts und ehemaligen Napola-Schülers[36] Manfred Roeder, die „Bauern- und Bürgerinitiative" des ehemaligen SS-Mitglieds Thies Christophersen, der „Kampfbund Deutscher Soldaten" des Holocaust-Leugners Erwin Schönborn und die nach dem Nürnberger Graphiker Karl Heinz Hoffmann benannte „Wehrsportgruppe". Sie wirkten teilweise stilbildend und fungierten – neben parteinahen Jugendorganisationen oder pfadfinderähnlichen Vereinigungen wie dem „Bund Heimattreuer Jugend" – als „Ausbildungsstätten" für den Nachwuchs. Die Zahl der Aktiven stieg bis Ende der 1980er Jahre auf rund 1 500 bundesweit.[37]

Meist blieb es bei provokativem öffentlichen Auftreten und paramilitärischen Übungen. Eine Minderheit vollzog aber schon in den 1970 Jahren den Übergang zu systematischer Gewaltanwendung. Der erste Prozess gegen eine nach Planungsintensität und Handlungssystematik als rechtsterroristisch einzuordnende Gruppierung ging im Sep-

33 Vgl. zur Entwicklung des Rechtsextremismus vor allem: Backes und Jesse 1996, S. 60–137; Stöss 2010.

34 Vgl. zu den Hassverbrechen im internationalen Kontext: OSCE/ODIHR 2010.

35 Kühnen 1989.

36 Nationalpolitische Lehranstalten (Napola oder NPEA) waren ab 1933 gegründete Internatsschulen zur Ausbildung eines nationalsozialistischen Führungsnachwuchses.

37 Vgl. zur Entwicklung der Szene: Thein 2009.

tember 1979 zu Ende: Das Oberlandesgericht Celle verurteilte fünf Angeklagte zu Freiheitsstrafen zwischen vier und elf Jahren. Sie hatten bei Raubüberfällen Geld und Waffen erbeutet und festere logistische Strukturen aufzubauen versucht. Geplant waren Attentate gegen die amerikanischen Streitkräfte und die Sprengung des Ehrenmals im ehemaligen Konzentrationslager Bergen-Belsen. Die Täter gehörten der „Aktionsfront Nationaler Sozialisten" (ANS) an, einer 1977 unter führender Beteiligung Kühnens ins Leben gerufenen Vereinigung. Kühnen selbst war ebenfalls angeklagt, an den Überfällen jedoch nicht beteiligt. Das Gericht sprach ihn vom Vorwurf der Rädelsführerschaft in einer terroristischen Vereinigung frei, verurteilte ihn aber wegen Volksverhetzung, Aufstachelung zum Rassenhass und Verherrlichung von Gewalt zu einer Freiheitsstrafe von vier Jahren. Ende 1982 aus der Haft entlassen, leitete er bald darauf die Fusion der ANS mit anderen Gruppen zur Aktionsfront Nationaler Sozialisten/Nationale Aktivisten (ANS/NA) ein.

Nach dem Verbot 1983 wurde Kühnen nicht müde, immer neue Vereinigungen zu gründen. Nach dem Fall der Mauer dehnten diese ihren Aktionsradius auf das östliche Deutschland aus, wo bereits eine eigenständige rechtsextreme Jugendszene existierte[38] und die triste Hinterlassenschaft des SED-Regimes sowie die sozialen und ökonomischen Verwerfungen der Systemtransformation einen fruchtbaren Nährboden entstehen ließen. Auf die fremdenfeindliche Gewaltwelle der frühen 1990er Jahre reagierten die Sicherheitsbehörden mit der verschärften Fortsetzung der Verbotspolitik gegenüber der NS-affinen Szene, auch wenn die Täter meist losen subkulturellen Zusammenhängen und deren Umfeld entstammten. So wurde das Gros der vereinsrechtlich registrierten Organisationen (prominenteste Fälle: die Hamburger „Nationale Liste" und die „Freiheitliche Deutsche Arbeiterpartei", FAP) im Laufe der 1990er Jahre verboten. Die Szene reagierte anfangs noch mit Neugründungen, später zunehmend mit dem Übergang zu stärker informellen Formen der Vernetzung mittels der sich rasch verbreitenden neuen Kommunikationstechnologien (Infotelephone, Mailboxen, Internet-Foren). Für den Szenezusammenhalt gewannen gemeinsame provokative Demonstrationsveranstaltungen auf nationaler (Hitlers Geburtstag am 20. April; Rudolf-Hess-Gedenkmärsche, ab August 1988 jeweils um den Todestag des ehemaligen Hitler-Stellvertreters und langjährigen Spandau-Häftlings, unterbrochen von vielfältigen Verbotsmaßnahmen, voraussichtlich endend mit der Auflösung des Hess-Grabes in Wunsiedel 2011; teilweise abgelöst durch die von der „Jungen Landsmannschaft Ostpreußen/Ostdeutschland" seit 2000 organisierten Trauermärsche anlässlich der Bombardierung Dresdens 1945, jeweils um den 13. Februar) wie internationaler Ebene (z.B. am Rande der von flämischen Nationalisten genutzten „Ijzerbedevaart" im belgischen Dijksmuide oder anlässlich des Todestages des spanischen Diktators Franco in Madrid) an Bedeutung.[39]

38 Vgl. Harnischmacher 1993; Schroeder 2003, S. 46–75; Siegler 1991.
39 Vgl. Camus 2012; Grumke 2006.

Trotz zahlreicher Exekutivmaßnahmen der Sicherheitsbehörden erhielt die NS-affine Szene nach Angaben der Verfassungsschutzbehörden im neuen Jahrtausend weiteren Zulauf (siehe Abb. 2). Die Gründe hierfür sind vielschichtig. Der ökonomische Aufholprozess im östlichen Deutschland verlief langsamer, als viele erhofft hatten. Die Arbeitslosenquote erreichte sieben Jahre nach der deutschen Vereinigung mit knapp 20 Prozent im östlichen Deutschland einen Höhepunkt und hielt sich auch im folgenden Jahrzehnt auf hohem Niveau. Manches spricht dafür, dass Prekarisierungsängste die Neigung zu rechtsextremistischen Einstellungen und Verhaltensweisen begünstigten.[40] Im Jahr 2005 war die Zahl der Anhänger NS-affiner „Kameradschaften" im östlichen und westlichen Deutschland trotz der beträchtlichen Differenz der Bevölkerungszahl (ungefähr 1:4) gleich groß.[41]

Die Stagnation des Mitgliederpotentials in den Jahren 1996 bis 2003 dürfte sich zum Teil aus der zeitweilig gesteigerten Attraktivität der NPD erklären, die 1996 einen Führungswechsel vollzog und sich für „freie Kräfte" öffnete. Repräsentanten der NS-affinen Szene stiegen in den folgenden Jahren bis in führende Funktionen der Partei auf.[42] Diese Entwicklung strahlte jedoch nur wenig auf das Gros der Aktivisten aus, wie schon die Mitgliederstagnation der Jugendorganisation „Junge Nationaldemokraten" (JN) verdeutlicht (1999: 350 Mitglieder; 2004: 350 Mitglieder). Die Wahlerfolge der NPD auf Länderebene (höchstes Ergebnis 9,2 Prozent in Sachsen 2004[43]) haben die Anziehungskraft der Partei auf die Kameradschaftsszene offenkundig nicht erhöht. Wichtiger für die Erklärung des Anhängeranstiegs in den Jahren ab 2004 dürfte die weitere „Modernisierung" der Szene sein, d. h. ihre gesteigerte Anpassungsfähigkeit an die Erwartungshaltungen der Altersgruppe der 16–24-Jährigen. Viele „Kameradschaften" verringerten ihre Führerzentriertheit, öffneten sich für neue Themen (Antiglobalisierung, „Hartz IV") und übernahmen Stilelemente und Aktionsformen ihrer militant-„antifaschistischen" Kontrahenten.[44] Einen Höhepunkt dieser Entwicklung stellte das Auftauchen „nationaler Schwarzer Blöcke" mit bislang untypischem, „autonomem" Erscheinungsbild (Vermummung, Palästinensertücher, Anstecker mit abgewandelten Parolen, Baseball-Mützen) dar – zunächst ab etwa dem Jahr 2002 in Berlin, bald darauf auch an Rhein und Ruhr und durch den Nachahmungseffekt sehr schnell in weiteren Regionen (in Deutschland wie auch in europäischen Nachbarländern). Der Anteil sogenannter „Autonomer Nationalisten" an der NS-affinen Szene stieg nach Informationen der Verfassungsschutzbehörden im Jahr 2009 von rund 10 auf 15 Prozent (also von rund

---

40 Vgl. für eine differenzierte Einschätzung dieser Variable: Sommer 2011. Linksextreme Einstellungen bleiben in der Untersuchung leider unbeachtet.

41 Vgl. Backes 2007, S. 29.

42 Vgl. Backes und Steglich 2007; Bergsdorf 2007; Brandstetter 2006; U. Hoffmann 1999; Philippsberg 2009.

43 Vgl. Steglich 2005.

44 Vgl. Thein 2009.

Abbildung 2 Anhänger militanter rechtsextremer Szenen, 1991–2010

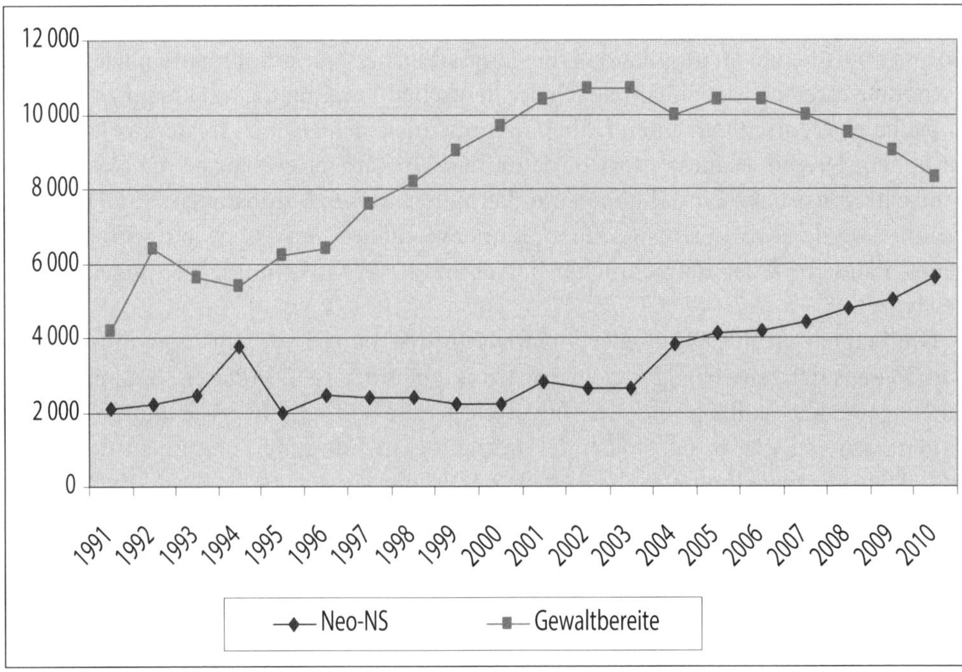

Quelle: Bundesministerium des Innern, Verfassungsschutzberichte, Bonn/Berlin 1991 ff.

500 auf 750 bundesweit).[45] Ende 2010 waren es bereits 20 Prozent (also ca. 1 100).[46] Die von ihren linksextremistischen Kontrahenten kaum noch zu unterscheidenden Militanten treten bei Demonstrationen aggressiver als andere Gruppierungen des rechtsextremen Spektrums auf, bilden „schwarze Blöcke", greifen politische Gegner wie Polizeibeamte an. Dabei legitimieren sie ihr Handeln wie ihre Antipoden durch die Berufung auf eine Notwehrsituation, in der gewaltsames Reagieren unausweichlich erscheint.

Der Anhängerzuwachs NS-affiner Gruppierungen erfolgte in den Jahren 2007 bis 2010 teilweise auf Kosten des Personenpotentials jugendsubkultureller Szenen mit diffus-fremdenfeindlicher Orientierung. Sie durchliefen einen Wandel der Ausdrucksformen und Stilelemente. Hatten sich die Szenen von den frühen 1980er Jahren an am Vorbild der aus Großbritannien kommenden Skinhead-Subkultur (Stoppelkopf, klobige Schuhe und Stiefel, Bomberjacken, Tätowierungen) orientiert, verstärkten sich im neuen Jahrtausend Einflüsse aus anderen Milieus, so dass Haartrachten und Bekleidung

45 Vgl. Bundesamt für Verfassungsschutz 2009, S. 2; Thüringer Innenministerium 2010, S. 11. Siehe auch: Menhorn 2008; Brandstetter 2009; Schedler 2009; ders. 2010.

46 Vgl. Bundesministerium des Innern 2011, S. 57.

beliebiger wurden und ihre Unterscheidungskraft einbüßten. Vor allem der gemeinsame Musikkonsum (mit viel Alkohol) bewirkte Gruppen- und Szenezusammenhalt. Doch diversifizierten sich auch hier Stilrichtungen und Inhalte. So wurde der ursprünglich aus New York stammende „Hatecore"-Stil übernommen und mit hasserfüllt-rassistischen wie heterophoben Liedtexten aufgeladen.[47] Dessen ungeachtet sind Musikveranstaltungen mit unter martialischen Namen auftretenden Bands („Sturmwehr", „Sturmtrupp", „12 Golden Years", „Strongside") ein zentrales Bindeglied geblieben. Die im Jahr 2010 registrierten 128 Konzerte mit im Schnitt ca. 130 Teilnehmern markierten einen langjährigen Mittelwert – und keineswegs einen signifikanten Rückgang.[48] Dass stilistischer Wandel nicht mit einer generellen Abkehr von gewaltgeneigten Szenezusammenhängen einhergeht, scheint auch die Entwicklung rechtsextremer Fußball-Hooligans zu bestätigen.[49]

Die Verfassungsschutzbehörden erfassten das subkulturell-fremdenfeindliche Personenpotential von den frühen 1990er Jahren an meist unter dem schwammigen Titel „Gewaltbereite" (siehe Abb. 2), um eine Grenze zu dem ideologisch, organisatorisch und strategisch weit deutlicher konturierten Feld der sogenannten „Neonazis" zu ziehen. Doch bestanden von Anfang an Affinitäten – wie die Orientierung an einem Typus „traditioneller Männlichkeit, der durch ein risikosuchendes, dominierendes und körperbetontes Auftreten charakterisiert ist." Dazu gehören Ausbrüche „aus der Ordnung des Alltags", „Machtgebaren", „aggressive Körperlichkeit" und ausgeprägtes „Territorialverhalten"[50] mit der Ablehnung alles „Fremden" und „Unmännlichen". Strategisch vorgehende neonationalsozialistische Vereinigungen bemühten sich von den 1980er Jahren an um Nachwuchsrekrutierung bei Skinheads und Hooligans – mit unterschiedlichem Erfolg. Besonders enge Verflechtungen entstanden zwischen Neonationalsozialisten und organisierten Teilen rechtsextremer Skinheads wie den US-amerikanischen „Hammerskins". Die von dem britischen Skinhead, Musiker und „bandleader" („Skrewdriver") Ian Stuart Donaldson in den 1980er Jahren gegründete Organisation „Blood & Honour" und deren Jugendorganisation „White Youth" wurden im Jahr 2000 in Deutschland verboten (zuletzt ca. 200 Mitglieder).

Mehrere Gruppierungen, die in der Mischzone zwischen NS-affinen Kameradschaften und offen rechtsextremistisch agierenden Skinheads angesiedelt waren, entwickelten im neuen Jahrtausend rechtsterroristische Ansätze. Das galt etwa für die „Skinheads Sächsische Schweiz", bei denen die Polizei im Juli 2000 bei Durchsuchungen „zwei Kilogramm Sprengstoff, Sprenggranaten, scharfe Zündvorrichtungen und Raketenteile"[51] sicherstellte. Die in Bayern aktive „Kameradschaft Süd" um ihren Anführer Martin Wiese

47 Vgl. Menhorn 2007, S. 293–297. Siehe zur Entwicklung der Szene auch: ders. 2001; ders. 2010; Möller und Schumacher 2007, S. 18–63.

48 Vgl. Vgl. Bundesministerium des Innern 2011, S. 90.

49 Vgl. nur Blaschke 2011; Pilz u. a. 2009.

50 Vgl. Kohlstruck und Münch 2004, S. 23.

51 Carstens 2000.

plante u. a. einen Anschlag auf den Neubau des jüdischen Zentrums in München. Im Havelland verübte eine sich „Freikorps“ nennende Gruppe junger Männer im Alter von 14 bis 18 Jahren zwischen August 2003 und Mai 2004 Anschläge auf Imbissbuden, Restaurants und Geschäfte ausländischer Betreiber.[52] Zur gleichen Zeit entstand in der sächsischen Kleinstadt Mittweida die Gruppe „Sturm 34“, die bis zu ihrer Auflösung 2006/07 „Skinheadkontrollrunden“ zur Herstellung einer „national befreiten Zone“ organisierte und Jugendclubs mit als „links“ geltender Orientierung überfiel.[53] Erst im November 2011 bekannt wurde das Treiben des von Mitgliedern des ehemaligen „Thüringer Heimatschutzes“ in Jena gegründeten „Nationalsozialistischen Untergrundes“ (NSU), dem u. a. neun Morde an türkisch- und griechischstämmigen Einwanderern sowie an einer Polizistin (in den Jahren 2000 bis 2006) und weitere Anschläge/Banküberfälle zur Last gelegt werden.[54] Eine nach dem Selbstmord der beiden mutmaßlichen Anführer der Gruppe, Uwe Böhnhardt und Uwe Mundlos, verschickte DVD mit zynischen Tatbekenntnissen auf einem Video enthüllte den bis dahin verborgenen politischen Motivationshintergrund.[55] In diesem wie in anderen Fällen könnte das Vorgehen der britischen Gruppe „Combat 18“ Pate gestanden haben. Die mit „Blood & Honour“ verbundene Terrorgruppe mit neonationalsozialistischer Orientierung (die Zahl „18“ steht für den ersten und den achten Buchstaben im Alphabet: AH, die Initialen Adolf Hitlers) hatte bis zur Verhaftung führender Aktivisten in den Jahren 1998–2000 mehr oder weniger wahllos Anschläge auf Angehörige ethnischer Minderheiten verübt, um unter diesen ein Klima der Angst zu erzeugen.[56]

2.3 Politisch-religiöser Fundamentalismus

Unter dem Oberbegriff „politisch-religiöser Fundamentalismus“ können Gruppierungen gefasst werden, die auf religiös begründete Weltbeherrschung[57] und die Aufhebung der Trennung zwischen Politik und Religion zielen.[58] Die so entstehende politische Ordnung soll nach den Maximen einer mit exklusivem Wahrheitsanspruch verfochtenen Heilslehre geformt werden. Fundamentalistische Tendenzen finden sich in allen Weltreligionen. In Deutschland ist der politisch-religiöse Fundamentalismus von Christen und Juden im politischen Kräftegefüge eine Quantité négligeable geblieben.[59] Dagegen

52 Vgl. FAZ vom 8. März 2005, S. 4.
53 Vgl. Mletzko 2011.
54 Vgl. Generalbundesanwalt beim Bundesgerichtshof, Pressemitteilung vom 11. Dez. 2011.
55 Vgl. Spiegel-Online 2011.
56 Vgl. Lowles 2001.
57 Im Gegensatz zu religiösen Fundamentalismus der „Weltflucht“. Vgl. zu dieser Unterscheidung: Riesebrodt 1990.
58 Siehe grundlegend: Marty und Appleby 1996. Einen Überblick zur aktuellen Forschung bietet: Pahl 2002.
59 Vgl. Jaschke 1998.

hat der politisch-religiöse Fundamentalismus in den Exil- und Einwanderungsgemeinschaften der Muslime (Islamismus) eine erhebliche Bedeutung gewonnen. Allerdings ging politisch motivierte Gewalt nur von einem kleinen Teil der von den Verfassungsschutzbehörden als „islamistisch" oder „islamisch-extremistisch" eingestuften Gruppierungen aus.

Beträchtlich ist die Zahl jener Vereinigungen, die in Deutschland überwiegend legal operieren und in ihren Herkunftsländern teils gewaltsam agierende Organisationen unterstützen. Dies gilt etwa für die Anhänger der schiitisch-islamistischen „Hizb Allah", die ihre Mutterorganisation im Libanon unterstützen und sich alljährlich an Kundgebungen zum „al-Quds"-Tag beteiligen. Gleiches trifft für die deutschen Aktivisten der „Islamischen Widerstandsbewegung" HAMAS zu. Sie widmen sich der Unterstützung der Organisation im Gaza-Streifen. Im Jahr 2002 wurde in diesem Zusammenhang der Verein „Al Aqsa e. V." verboten.[60] Im Juni 2010 verbot der Bundesinnenminister den in Frankfurt am Main ansässigen Verein „Internationale Humanitäre Hilfsorganisation" (IHH). Dieser unterstütze „unter dem Deckmantel der humanitären Hilfe" seit langem und „in beträchtlichen finanziellen Umfang im Gaza-Streifen ansässige so genannte Sozialvereine, die der HAMAS zuzuordnen sind. Die HAMAS übt Gewalttaten gegenüber Israel und israelischen Staatsbürgern aus und beeinträchtigt dadurch die friedliche Verständigung des israelischen und palästinensischen Volkes. Sie negiert schon von ihrer Satzung her das Existenzrecht Israels und fördert den Einsatz von Gewalt zur Durchsetzung ihrer politischen und religiösen Ziele. Die HAMAS wirkt in aggressiv-kämpferischer Weise darauf hin, Angehörige und Institutionen des Staates Israel auch unter Einsatz von terroristischen Mitteln zu bekämpfen, ihnen Schaden zuzufügen und weitere Gewalt hervorzurufen."[61]

Dem Verbot vorausgegangen waren Ermittlungen infolge einer Strafanzeige eines Geldinstituts wegen des Verdachts der Geldwäsche. Besondere Brisanz gewann der Fall durch die enge personelle und strukturelle Verflechtung der IHH mit der „Islamischen Gemeinschaft Millî Görüş" (IGMG), der mit rund 30 000 Mitgliedern und 323 Moschee und Kulturvereinen in Deutschland größten türkisch-islamistischen Vereinigung.[62] Vorsitzender der IHH war Mustafa Yoldas, ein „langjähriger Funktionär der IGMG und Vorsitzender der ‚SCHURA – Rat der islamischen Gemeinschaften in Hamburg e. V.'".[63] Die enge Kooperation zwischen IGMG und IHH kam u. a. darin zum Ausdruck, dass Spendenaufrufe der IHH regelmäßig in der IGMG-Tageszeitung Millî Gazete erschienen. Mehrfach hatten die Vereinigungen bei der Unterstützung palästinensischer Organisationen im Gaza-Streifen zusammenarbeitet. So waren im Juli 2009 „als Zeichen der Solidarität mit der Gaza-Aktion des türkischen Handelsschiffes ‚Mavi Marmara'

60 Vgl. Vgl. Bundesministerium des Innern 2011, S. 215 f.
61 Aus der Erklärung des Bundesinnenministers zum Verbot siehe Bundesministerium der Innern 2010.
62 Vgl. Vgl. Bundesministerium des Innern 2011, S. 224.
63 Landesamt für Verfassungsschutz Baden Württemberg 2010.

[...] Spendengelder aus dem IGMG-Ortsverein Aalen über die IHH e. V. nach Palästina geleitet“[64] worden.

Im Unterschied zu den genannten Unterstützerorganisationen verfolgte die im Dezember 2001 verbotene Organisation „Der Kalifatsstaat“ (zuletzt rund 1 100 Mitglieder) seine Ziele auch in Deutschland mit gewaltsamen Mitteln.[65] Die 1984 als Verein registrierte Organisation propagierte die Wiedererrichtung des unter Kemal Atatürk in der Türkei 1924 aufgelösten „Kalifats“, also eines „islamischen Staates“ auf der Grundlage der Scharia – zunächst in der Türkei, später weltweit. Seit 1996 wurde der Djihad im Sinne des „heiligen Krieges“ als legitim gerechtfertigt. In ihrer Propaganda hetzte die Vereinigung gegen die Türkei und den Staat Israel. Nach dem Tod des Gründers Cemaleddin Kaplan 1995 hatte der Sohn Metin Kaplan die Leitung übernommen. Wegen des brutalen Vorgehens gegen „Abtrünnige“ – bis hin zum Mordaufruf, den unbekannte Täter in einem Fall vollzogen – wurde dieser im November 2000 zu einer vierjährigen Freiheitsstrafe verurteilt.

Im Unterschied zum überwiegend national orientierten Islamismus, zielte der internationale Djihadismus auf eine weltweite Gemeinschaft der Gläubigen („Umma“). Über Jahre hinweg handelte es sich in Deutschland überwiegend um ein durch Zuwanderung von Muslimen importiertes Problem ohne autochthone Verwurzelung. Dieses Bild ist aufgrund von Muslimen der zweiten und dritten Generation sowie einer gestiegenen Zahl islamischer Konvertiten korrekturbedürftig. Das bekannteste Beispiel boten die im September 2007 festgenommenen Mitglieder der „Sauerland-Gruppe“, die zum Islam übergetretenen Deutschen Fritz Gelowicz und Daniel Schneider. Sie waren laut Anklageschrift vom September 2008 „seit Mitte des Jahres 2006 bis zu ihrer Festnahme als Mitglieder an der ausländischen terroristischen Vereinigung ‚Islamische Jihad Union‘ [IJU] beteiligt“, hatten „eine ideologische und militärische Schulung in Ausbildungslagern der IJU“ durchlaufen und geplant, „in Deutschland Sprengstoffanschläge insbesondere gegen amerikanische Staatsbürger und US-amerikanische Einrichtungen mit einer möglichst hohen Opferzahl zu begehen“.[66] Das Düsseldorfer Oberlandesgericht verurteilte sie nach einem aufwendigen Prozess im März 2010 zu langjährigen Freiheitsstrafen. Die Angeklagten (neben Gelowicz und Schneider der türkische Staatsbürger Adem Yilmaz und der Deutsch-Türke Attila Selek) hatten umfassende Geständnisse abgelegt. Das Gericht beurteilte sie als „hasserfüllte, von verqueren Dschihad-Ideen verblendete junge Menschen“, die sich „zum Todesengel im Namen des Islam erhoben“ hätten. Sie seien von der Idee eines „zweiten 11. September“ besessen gewesen und hätten „ein ungeheures Blutbad mit einer unübersehbaren Zahl von Toten geplant“.[67]

---

64 Ebd.

65 Vgl. neben den Jahresberichten der Verfassungsschutzämter: Schiffauer 2000; Spuler-Stegemann 2002, S. 73–82.

66 Generalbundesanwalt beim Bundesgerichtshof, Pressemitteilung vom 5. Sept. 2008.

67 Spiegel-Online 2010a.

Ebenfalls zum Islam konvertiert war Schneiders Freund Eric Breininger aus dem saarländischen Neunkirchen. Er war vor Festnahme der übrigen Gruppenmitglieder nach Ägypten gereist, wurde im April 2008 gemeinsam mit einem anderen Bekannten aus Deutschland, Houssain Al Mallah, in der pakistanischen Grenzstadt Peschawar gesehen und meldete sich in der Folgezeit mehrfach auf Propagandavideos der IJU zu Wort.[68] Wenige Wochen nach dem Urteil gegen die „Sauerland-Gruppe" verbreitete sich die Nachricht, Breininger sei bei Kämpfen an der afghanisch-pakistanischen Grenze getötet worden. Ein über das Internet verbreitetes autobiographisches Zeugnis („Mein Weg nach Jannah") kann als weitgehend authentisch gelten. Darin wird um den deutschen Nachwuchs geworben, der nach der Rückkehr in Ausbildungslagern befähigt sein werde, den Kampf gegen die „Feinde Allahs" in Deutschland zu führen.[69]

Die Verfassungsschutzbehörden rechneten dem islamistisch-terroristischen Spektrum im Frühjahr 2011 mehr als 1 000 Personen zu. 250 von ihnen seien zu terroristischen Ausbildungszwecken nach Afghanistan und Pakistan gereist. Von diesen sei mehr als die Hälfte inzwischen zurückgekehrt und halte sich zum Teil in Deutschland auf. Das BKA beobachtete im Jahr 2010 131 sogenannte „Gefährder" aus diesem Kreis.[70]

3 Taten, Täter und Opfer politisch motivierter Gewalt

Die deutschen Kriminalämter erfassen islamistisch motivierte Straftaten noch immer unter der Bezeichnung „Ausländerextremismus", obwohl der Anteil islamistisch motivierter Täter mit deutscher Staatsangehörigkeit steigt. Die vorliegenden kriminalstatistischen Daten lassen jedoch keine detaillierte Rekonstruktion der Gewaltentwicklung und ihrer Deliktspezifik zu.[71] Auch zu den Tätern und Opfern islamistischer Gewalt liegen bislang keine Ergebnisse auf breiter Quellengrundlage vor. Erste biographische Studien legen den Schluss nahe, dass sich die psychosozialen Dynamiken der Akteure islamistisch, rechts und linksextremistisch motivierter Gruppierungen ähneln, der Gewaltausübung oft mehr persönliche als ideologische Motive zugrunde liegen und „soziale und identitätsstiftende Aspekte beim Einstieg in die Szene deutlich gegenüber ideologischen Aspekten im Vordergrund stehen".[72] Die folgende Betrachtung konzen-

68 Vgl. Lichterbeck 2008.

69 Vgl. Breininger (Abdul Ghaffar El Almani) 2010.

70 Vgl. mit weiteren Hintergrundinformationen: Logvinov 2011.

71 Vgl. die spärlichen Informationen im Zweiten Periodischen Sicherheitsbericht: Bundesministerium des Innern/Bundesministerium der Justiz 2006, S. 173 f.

72 Lützinger 2010, S. 74. Die verdienstvolle Studie beruht für die Gruppe der Islamisten (sechs Interviews) auf besonders schmaler Quellengrundlage, so dass ihre Ergebnisse einer Überprüfung bedürfen.

triert sich aufgrund des überaus bescheidenen Erkenntnisstandes zur islamistischen Gewalt auf rechts- und linksextremistisch motivierte Formen.[73]

Die politisch rechts motivierte Gewalt erreichte in den ersten Jahren nach der Vereinigung vor dem Hintergrund sprunghaft ansteigender Asylbewerberzahlen und der Transformationsproblematik im östlichen Deutschland einen Höhepunkt. Zwar sank die Zahl der Gewalttaten in den Folgejahren; sie stabilisierte sich aber auf einem im Vergleich zum westdeutschen Niveau der 1970er und 1980er Jahre hohen Niveau. Die links motivierte Gewalt wies keinen ähnlich starken Anstieg wie die rechts motivierte zu Beginn der neunziger Jahre auf, blieb aber – von den Medien weniger beachtet – ab Mitte der neunziger Jahre nicht weit hinter der rechts motivierten zurück. Im Jahr 2009 lag die Zahl der als linksextremistisch eingestuften Gewalttaten mit 1096 Delikten sogar deutlich über der von rechtsextremistischen Tätern verübten (891).

Welche Deliktgruppen dominieren das Gewaltgeschehen links und rechts? Im Verlaufe des letzten Jahrzehnts haben sich die Schwerpunkte in beiden Bereichen nur wenig verschoben. Jene Delikte, die typischerweise von terroristischen Gruppen mit einem hohen Planungsniveau verübt werden und auf die Herausbildung von Untergrundstrukturen mit entsprechender Logistik hindeuten (Sprengstoffanschläge, Raubüberfälle, Freiheitsberaubung und Erpressung), blieben quantitativ unbedeutend. Zwar handeln linksextreme Täter im Vergleich zu ihren Antipoden im Schnitt häufiger planhaft, kalkuliert und zielgerichtet; sie bevorzugen jedoch risikoarme Aktionen gegen Sachen, was den etwas höheren Anteil an Brandanschlägen (gegen Sozialbehörden, Sicherheitskräfte, Wirtschaftsunternehmen oder „Luxuskarossen") erklärt. Die rechtsextreme Gewalt weist einen besonders hohen Anteil an körperlichen Angriffen (gegen „Fremde", „Ausländer", „Kanaken", „Asoziale", „Homosexuelle", „Linke") auf, die sehr oft expressiv-hassgeladen, vielfach spontan, unter Musik- und Alkoholeinfluss erfolgen und als „Ausdruck defizitärer Affektregulierung"[74] erscheinen. Wie zahlreiche Studien zeigen, weist nur eine kleine Minderheit der Täter eine profunde ideologisch-politische Motivation auf.[75] Der Anteil der Körperverletzungen ist bei den linksextremen Gewalttaten deutlich geringer; er hat im neuen Jahrtausend allerdings zugenommen, so dass auch hier eine gewisse Annäherung der Deliktspezifik festzustellen ist. Für militante Linksautonome typisch ist das Agieren aus der Distanz, etwa der Stein- oder Flaschenwurf, seltener die Gewalttat in der Face-to-face-Situation.[76] Die hohe Zahl linker Gewalttaten am Rande des Demonstrationsgeschehens erklärt den ungleich größeren Anteil von Landfriedensbrüchen und Widerstandsdelikten. Auch die gefährlichen Eingriffe in den

73 Unberücksichtigt bleiben auch die im Bereich der „Ausländerkriminalität" erfassten Gewalttaten mit rechts- oder linksextremistischer Motivation. Sie sind – wie die islamistische Gewalt – meist auf Konfliktherde der Heimatländer gerichtet.

74 Möller und Schumacher 2007, S. 312.

75 Vgl. vor allem Frindte und Neumann 2002; Neubacher 1998; Wahl 2003; Willems et al. 1994; Willems und Steigleder 2003.

76 Vgl. Mletzko 2010.

Abbildung 3 Entwicklung links- und rechtsextremistisch motivierter Gewalttaten, 1990–2010

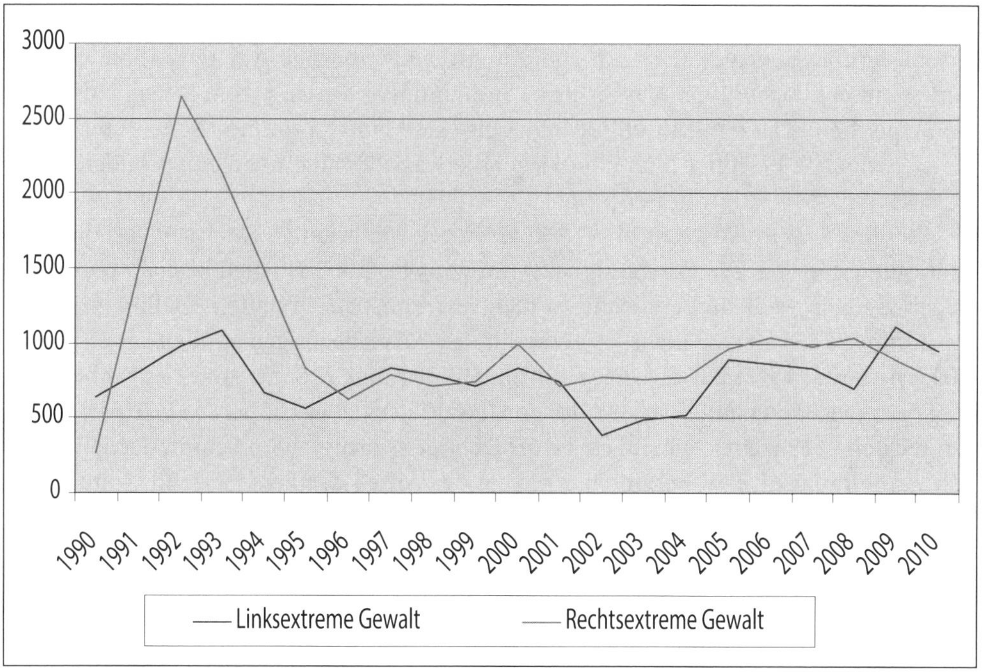

Quelle: Verfassungsschutzberichte des Bundes; BKA, Definitionssystem „Politisch motivierter Kriminalität". Es gelten die bekannten Einschränkungen und Probleme der polizeilichen Erfassung von Gewalttaten (wie Hell-/Dunkelfeldproblematik, Aussage- und Anzeigeverhalten, zwischenbehördliche Divergenzen, Zuordnungsschwierigkeiten, fehlende Opferstatistik). Die polizeiliche Erfassung bleibt als Quelle von Trendaussagen dennoch unverzichtbar – nicht zuletzt wegen der oft noch in unmittelbarer Nähe zum Geschehen gewonnenen Erkenntnisse. Da die Erfassungsmodalitäten mehrfach geändert wurden (zuletzt 2001 mit einem völlig neuen System „Politisch motivierte Kriminalität", PMK), sind Langzeitbetrachtungen nur in der Form vager Trendaussagen möglich. Die bis einschließlich 2000 veröffentlichten Zahlen sind mit denen danach nur sehr bedingt vergleichbar. Siehe zu dieser Problematik: Bundesministerium des Innern/Bundesministerium der Justiz 2006, S. 135–137.

Bahn-, Luft-, Schiffs- oder Straßenverkehr – etwa im Zusammenhang mit Blockadeaktionen gegen Transporte mit atomarem Abfall – sind eher eine linke Besonderheit und kommen im rechten Bereich nur selten vor.

Die Studien zu rechtsextrem/fremdenfeindlich motivierten Tätern und Tatverdächtigen ergeben ein weitgehend einheitliches Sozialprofil. In der großen Überzahl der Fälle handelt es sich um ledige junge Männer unter 25 Jahre, die oft bereits zuvor mit Jugendstrafdelikten in Erscheinung getreten sind. Es dominieren einfache bis mittlere Bildungswege. Wo Schulabschlüsse vorliegen, überwiegen Hilfs- und Facharbeiter. Der Anteil der Arbeitslosen ist wesentlich höher als bei der Vergleichsaltersgruppe. Der frühe Anschluss an Jugendcliquen geht mit einer überdurchschnittlichen Zahl familiärer Belastungen (Trennung und/oder Scheidung der Eltern, Heimerziehung) sowie häufigen

Gewalterfahrungen als Täter wie Opfer einher: „Die Motivation der Täter basiert im Allgemeinen auf Deprivationserfahrungen, fremdenfeindlichen Emotionen und generalisierten Gewaltbereitschaften".[77] Bestimmte Gelegenheiten und Tatumstände tragen zur Aktualisierung einer gewaltsamen Handlungsdisposition bei: Agieren in der Gruppe, gemeinsamer Konsum von Hass-Musik, Enthemmung durch Alkohol. Vergleicht man die „typischen" Täter mit ihren Opfern, zeigt sich eine „asymmetrische Täter-Opfer-Konstellation" [78]: Betroffen sich überwiegend etwas ältere, verheiratete, gebildetere Personen, oft mit Migrationshintergrund.

Über linksextremistisch motivierte Täter liegen weit weniger Analysen vor. Eine Berliner Studie für den Untersuchungszeitraum 2003 bis 2008 ist auch deshalb besonders aufschlussreich, weil sie Vergleiche zu rechtsextremistisch/fremdenfeindlich orientierten Berliner Tätern ermöglicht.[79] Bei den linken Tatverdächtigen handelte es sich demnach wie bei den rechten überwiegend um ledige junge Männer unter 25 Jahre. Allerdings war der Frauenanteil bei den linken Gewalttätern etwas höher (19 Prozent) als bei den rechten (7 Prozent). Die linken Tatverdächtigen verfügten im Schnitt auch über ein höheres Bildungsniveau: Bei ihnen erreichte der Anteil der Personen mit Abitur rund 25 Prozent, während er bei den rechten lediglich zwischen 3 und 5 Prozent lag. Der Anteil der Arbeitslosen und in Ausbildung befindlichen Personen war in beiden Gruppen ungefähr gleich groß. Auch ein Teil der linken Tatverdächtigen hatte schon die Justiz beschäftigt (14 Prozent). Bei den rechten lag der Anteil der zuvor straffällig Gewordenen mit 47 Prozent aber erheblich höher. Deutliche Unterschiede zeigten sich bei den von linker Gewalt betroffenen Opfern. Immerhin 63 Prozent bildeten Vertreter staatlicher Institutionen; der entsprechende Wert lag bei den rechten Tatverdächtigen lediglich bei 9 Prozent.

Ein steigender Anteil der Gewalttaten entfiel seit den 1990er Jahren auf den Bereich der sogenannten Konfrontationsgewalt. Hierunter werden Auseinandersetzungen mit staatlichen Sicherheitskräften ebenso wie mit politischen Kontrahenten gerechnet. Eine Betrachtung dieser Deliktgruppe verrät manches über die Wechselbeziehungen und Interaktionen der gewaltgeneigten Extremismen.

4 Wechselbeziehungen und Interaktionen gewaltgeneigter Extremismen

Gewaltsame Links-Rechts- und Rechts-Links-Konfrontationen gab es schon im 19. Jahrhundert. Einen Höhepunkt erreichten sie in den 1920er und frühen 1930er Jahren.[80] Bekriegten sich damals paramilitärisch organisierte Parteiverbände, sind es heute über-

77 So zusammenfassend: Bundesministerium des Innern/Bundesministerium der Justiz 2006, S. 155.
78 Vgl. Willems und Steigleder 2003, S. 11, 25; Gamper und Willems 2006.
79 Vgl. Senatsverwaltung für Inneres und Sport/Abteilung Verfassungsschutz 2009.
80 Vgl. nur Wirsching 1999.

wiegend jugendsubkulturelle Gruppierungen – mit weitaus geringerer politischer Relevanz.[81] Die Deliktspezifik unterscheidet sich vor allem im Bereich „Rechts gegen Links" vom Gros rechter Gewalttaten. Zum einen ist der Gruppentäter-Anteil besonders hoch. Er lag etwa für Berlin im Jahr 2008 bei über 80 Prozent.[82] Zum anderen gehen Rechts-Links-Auseinandersetzungen häufiger als sonst Vorbereitungshandlungen voraus.[83] Die von linksextremen Akteuren ausgehende Konfrontationsgewalt scheint sich demgegenüber weit weniger stark vom Gesamtbild linker Gewalt zu unterscheiden.[84]

Der Verlauf der Konfrontationsgewalt ist vom Wechselverhältnis der hauptsächlich beteiligten Akteursgruppen geprägt. Die Konfrontationsgewalt „Links gegen Rechts" geht im Wesentlichen von Tätern aus der Szene der „Autonomen" und ihrem Umfeld aus und ist in hohem Maße mit dem Demonstrationsgeschehen auf den Straßen verknüpft. Wie die rote Verlaufskurve in Abb. 4 zeigt, lag das Gewaltniveau „Links gegen Rechts" mit Ausnahme der Jahre 1995/96 und 2008 über dem Gewaltniveau „Rechts gegen Links". Das linke Gewalthandeln war also in den letzten beiden Jahrzehnten weit stärker auf den rechten Antipoden bezogen als umgekehrt – eine Aussage, die allerdings für das neue Jahrtausend nur abgeschwächt zutrifft. Auf die Gründe ist später näher einzugehen.

Das hohe Niveau der Konfrontationsgewalt „Links gegen Rechts" zu Beginn der neunziger Jahre erklärt sich aus der gesellschaftlichen Gegenmobilisierung, die von einer Welle rechtsextremer/fremdenfeindlicher Gewalttaten ausgelöst wurde.[85] Sie ging in den Folgejahren mit dem Abebben der Gewalt zurück. Im Jahr 1996 begann ein erneuter Anstieg – bis zum Jahr 2001 beinahe auf das Niveau zu Anfang der neunziger Jahre. Inzwischen hatte die rechtsextremistische NPD einen Strategiewechsel eingeleitet und sich unter dem neuen Bundesvorsitzenden Udo Voigt besonders in den östlichen Ländern gegenüber den militanten Szenen geöffnet.[86] Dies äußerte sich u. a. in einem Anstieg der Demonstrationsaktivitäten und allmählich steigenden Wahlergebnissen auf regionaler Ebene. Parallel dazu nahm die gesellschaftliche Gegenmobilisierung erneut zu. Sie erreichte im Jahr 2000 anlässlich zweier Sprengstoffanschläge mit (vermutetem) rechtsextremistischem Hintergrund („Aufstand der Anständigen") einen Höhepunkt.

Aus Sicht der „Autonomen" nahmen die Breite der sozialen Gegenmobilisierung wie auch die zeitweilige Schwächung der NPD infolge des 2001 eingeleiteten Verbotsverfahrens der militanten Antifa Wind aus den Segeln.[87] Der Abbruch des Verfahrens, das

81 Vgl. auch zum Folgenden: Backes 2011.

82 Vgl. Senatsverwaltung für Inneres und Sport, Abteilung Verfassungsschutz 2007, S. 67 f.

83 Vgl. Kohlstruck et al. 2009, S. 53.

84 Vgl. etwa zu Berlin: Senatsverwaltung für Inneres und Sport/Abteilung Verfassungsschutz 2009, S. 58–60. Während die rechtsextrem/fremdenfeindlich motivierte Gewalt Gegenstand zahlreicher empirisch-quantifizierender Studien ist, widmen sich bislang nur wenige Arbeiten der linksextrem motivierten Gewalt. Vgl. zuletzt aber Hoffmann-Holland 2010.

85 Vgl. Willems et al. 1994.

86 Vgl. Backes und Steglich 2007; Brandstetter 2006; U. Hoffmann 1999.

87 Vgl. o. Verf. Wie deutsch sind die Nazis? 2004.

Abbildung 4 Verlauf der Konfrontationsgewalt im politischen Kontext, 1992–2010

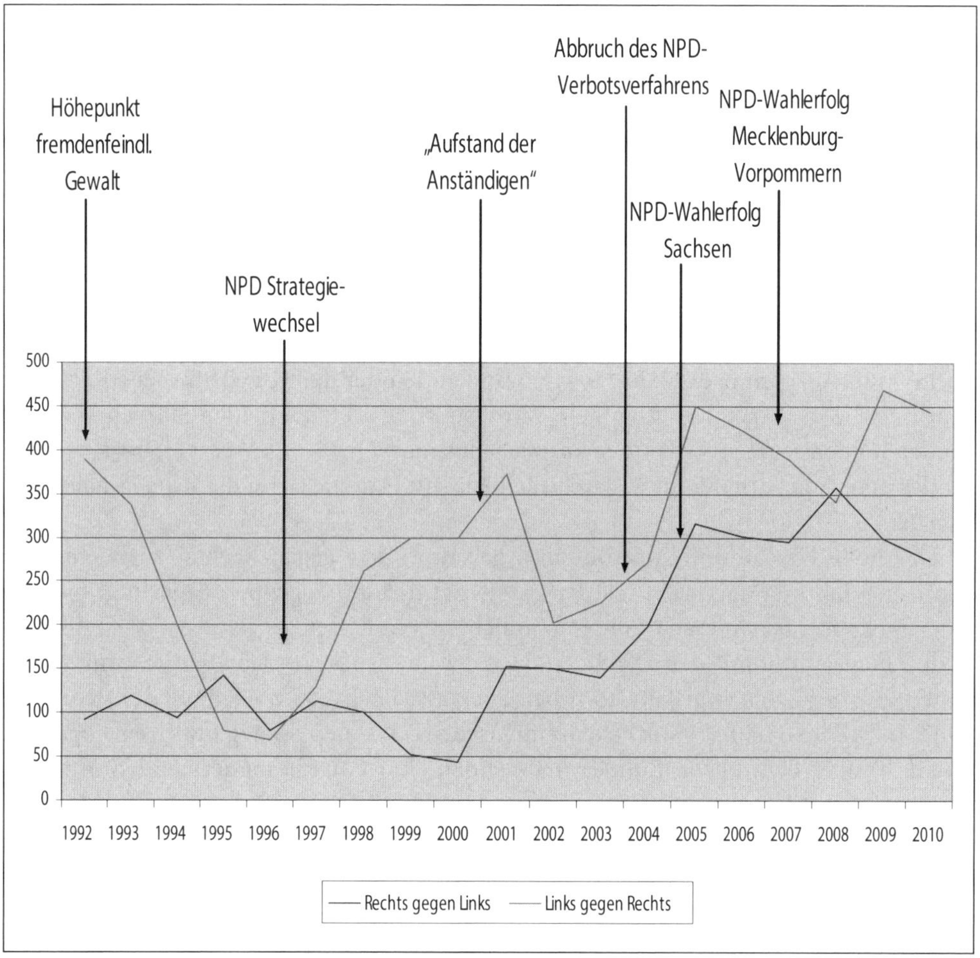

Quelle: wie Abb. 3; eigene Darstellung.

Wiedererstarken der Partei und die verstärkten Aktivitäten alter wie neuer Akteure im militanten Spektrum begünstigten dagegen eine neue Antifa-Konjunktur.

Dabei spielten auch die NPD-Wahlerfolge auf regionaler Ebene (u. a. Einzug in die Landtage von Sachsen 2004 sowie Mecklenburg-Vorpommern 2006) eine wichtige Rolle.[88] Für das Bundesland Sachsen mit seiner starken NPD, ausgeprägten militanten Szenen und einer ab 2005 an Kraft gewinnenden sozialen Gegenmobilisierung konnte folgender Zusammenhang ermittelt werden: Eine starke NPD-Wahlmobilisierung mit signifikant steigenden Wahlresultaten löste verstärkte Medienberichterstattung aus und belebte auf diese Weise die Gegenmobilisierung, an deren Rändern linksextremistische Konfrontationsgewalt anstieg. Die linksextremistische Konfrontationsgewalt ihrerseits stimulierte rechtsextremistische Konfrontationsgewalt (nicht aber andere Formen rechter/fremdenfeindlicher Gewalt).

Die Konfrontationsgewalt erwächst aus den reziproken Selbst- und Feindbildern der militanten Antagonisten. Diese definieren sich teilweise über den verhassten ideologischen Gegenpol. Die Kontrahenten unterstellen der Staatsgewalt wechselseitig Komplizenschaft mit dem Antipoden und reklamieren für sich eine Notwehrsituation, in der gewaltsames Handeln legitim und unausweichlich erscheint.[89]

Trotz der Affinitäten in Denkweisen und Mentalitäten mit islamischen Extremisten können diese aus der Betrachtung der Wechselwirkungen ausgeklammert bleiben, da sie bislang im Interaktionsgefüge kaum eine Rolle spielen, zumal es an Szenezusammenhängen jenseits streng konspirativ agierender terroristischer Zirkel fehlt. Dies schließt ideologische Bezug- und Übernahmen im Positiven wie Negativen nicht aus.[90]

5 Prävention und Repression politisch motivierter Gewalt

Der staatliche Umgang mit politischer Gewalt ist in Deutschland stark vom Konzept der „streitbaren Demokratie" geprägt, das die Gründergeneration der Bundesrepublik angesichts des Untergangs der Weimarer Republik, der Machtübernahme der Nationalsozialisten mit ihren verheerenden Folgen und der bald nach Kriegsende beginnenden Etablierung einer neuen Diktatur im sowjetisch besetzten Landesteil im Grundgesetz verankert hatte.[91] Ein als unantastbar geltender Kernbestand an Werten und Spielregeln wurde durch Abwehrinstrumente flankiert, die der Legalitätstaktik extremistischer Bewegungen unüberwindbare Hindernisse in den Weg stellen sollten. Zwar dienten das Parteiverbot (Art. 21,2 GG), das Vereinigungsverbot (Art. 9,2 GG) und die Möglichkeit

88 Vgl. Backes et al. 2010.

89 Vgl. ebd., S. 160–183.

90 Vgl. nur zum Verhältnis von Rechtsextremismus und Islamismus: Pfahl-Traughber 2009; Weinspach 2011.

91 Vgl. auch zum Folgenden: Backes 2012; Fromme 1999; Mandt 1979; Scherb 1987; Jesse 1989.

der Verwirkung von Grundrechten (Art. 18 GG) – um nur die wichtigsten Bestimmungen zu nennen – in erster Linie dazu, „verfassungsfeindlichen" Bestrebungen schon im Vorfeld gewaltsamer Aktivitäten wirksam entgegenzutreten (Vorverlagerung des Demokratieschutzes); die vom Bundesverfassungsgericht im Verbotsurteil gegen die Kommunistische Partei Deutschlands (KPD) 1956 formulierte Bedingung, es müsse in jedem Fall eine „aktiv kämpferische, aggressive Haltung gegenüber der bestehenden Ordnung"[92] vorliegen, legte es jedoch nahe, politisch motivierter Gewalt und deren Vorbereitung (Umsturzplanungen, Waffenbesitz, Terrorismus, Aufforderung zu Gewalttaten) in Verbotsverfahren besondere Aufmerksamkeit zu widmen. Dies galt insbesondere auch für das exekutive Mittel des Vereinigungsverbots[93], von dem weitaus häufiger Gebrauch gemacht wurde als vom – in seiner Handhabung voraussetzungsreicheren, eine Entscheidung des Bundesverfassungsgerichts erfordernden – Instrument des Parteiverbots, das nur zweimal (in den 1950er Jahren) mit Erfolg praktiziert wurde.[94] Im Unterschied zur Verbotspraxis der 1950er Jahre (neben rechtsextremistischen Vereinigungen wurde eine Vielzahl an Neben-, Vorfeld- und Tarnorganisationen der von der SED-Führung in Ostberlin gesteuerten KPD aufgelöst) wie auch zur vergleichsweise zurückhaltenden, vom „Opportunitätsprinzip" geprägten Praxis der 1970er und 1980er Jahre[95] wurde das Vereinigungsverbot im vereinten Deutschland vor dem Hintergrund fremdenfeindlicher Gewalttaten (neben einigen organisiert-kriminellen und „ausländerextremistischen" Gruppierungen) in erster Linie und mit zunehmender Rigorosität gegen vereinsrechtlich greifbare Strukturen der NS-affinen Szene zum Einsatz gebracht. Führt man sich die wenig durchschlagende Wirkung auf die militanten Szenen vor Augen (sie unterliefen das Instrument durch lose Formen kommunikativer Vernetzung und gewannen im Laufe der Jahre immer neue Anhänger[96]), ist der Eindruck nur schwer von der Hand zu weisen, es handele sich in erster Linie um ein Mittel symbolischer Kommunikation mit geschichts-, bildungs- und verfassungspolitischer Intention. Dies dürfte in erheblichem Umfang auch für das – öffentlich kontrovers diskutierte – NPD-Verbot zutreffen[97], dessen Befürwortung angesichts der Erfahrungen mit der Vielzahl von Vereinigungsverboten kaum von der Überzeugung bestimmt sein können, es handele sich um ein effektives Mittel zur Bekämpfung politisch motivierter Gewalt.

Um die Wirkung der in der Verfassung verankerten Abwehrinstrumente beurteilen zu können, muss ihre Verbindung mit strafrechtlichen Sanktionsmechanismen betrachtet werden. So ahnden die §§ 84–86a des Strafgesetzbuches (StGB) die Fortführung verbotener Organisationen. Hierzu zählen auch Bestimmungen, die sich gegen die

92 BVerfGE 5, 85 vom 17. August 1956, S. 251.
93 Vgl. zur juristischen und administrativen Problematik: Heinrich 2005.
94 Vgl. Möllers 2009; ders. und van Ooyen 2010.
95 Vgl. Jesse 1999.
96 Vgl. Backes 2012; Gerlach 2007.
97 Vgl. zur kritischen Auseinandersetzung: Flemming 2005; Leggewie und Meier 2002; Möllers und van Ooyen 2010.

Verbreitung von Propagandamitteln solcher Organisationen richten (§§ 86, 86a StGB). Darin eingeschlossen sind auch Kennzeichen der in den ersten Nachkriegsjahren unter alliierter Kontrolle verbotenen NS-Organisationen. Die Verfolgung der Propagandadelikte, die auf der extremen Linken keine Entsprechung finden, rechtsdogmatisch problematisch sind und deren Praxis (darin den Vereinigungsverboten ähnlich) hohe identitätspolitisch-symbolische Bedeutung zukommt[98], beschäftigt Polizei und Strafjustiz in erheblichem Umfang; ihr Anteil an der Gesamtzahl rechtsextremistisch motivierter Straftaten ist (lässt man die nicht seltenen Delikte der „Volksverhetzung", § 130 StGB, einmal unberücksichtigt[99]) seit Jahren beträchtlich und – wohl vor allem infolge intensivierter öffentlicher Aufmerksamkeit – in den Jahren 1998 bis 2010 weiter angestiegen (von rund 63 auf etwa 71 Prozent). Der Anteil der Gewalttaten ging entsprechend leicht zurück (auf knapp 5 Prozent).[100]

Unabhängig vom Konzept der „streitbaren Demokratie" sind strafrechtliche Vorkehrungen zu betrachten, die sich gegen organisierte schwerkriminelle Aktivitäten mit extremistischen Zielen richten (§§ 129, 129a StGB). Einen Überblick zu den thematischen Schwerpunktverschiebungen in diesem Bereich erlaubt die Tätigkeit des Generalbundesanwalts im Bereich der Verfolgung von Straftaten gegen die „innere Sicherheit". Nahm der Bereich Linksextremismus mit der Ermittlungstätigkeit gegen die Mitglieder der RAF und ähnlicher Gruppierungen in den 1970er und 1980er Jahren großen Raum ein, verlor das Themenfeld in den folgenden Jahrzehnten an Bedeutung; vor allem einzelne Gruppierungen der Autonomen-Szene waren von Verfahren nach §§ 129/129a betroffen. Gleichzeitig stieg die Zahl der Ermittlungen in den Bereichen „Ausländerextremismus" und Rechtsextremismus. Im ersten Bereich waren ausländische linksextremistische Gruppierungen wie die kurdische PKK ebenso wie – in zunehmendem Maße – islamistisch/jihadistische Zusammenhänge Gegenstand von Verfolgungs- und Strafmaßnahmen. Im zweiten handelte es sich vor allem um schwere Gewalttaten, denen eine besondere Bedeutung für die Gewährleistung der inneren Sicherheit beigemessen wurde, kaum hingegen um Organisationsdelikte im Anwendungsbereich der §§ 129/129a StGB.[101] Die im November 2011 aufgenommenen Ermittlungen zum Fall der „Zwickauer Terrorzelle" stellen insofern für den Zeitraum nach der deutschen Vereinigung einen der seltenen Ausnahmefälle dar.

Das Konzept der „streitbaren Demokratie" hat nicht nur eine repressive, sondern auch eine präventive Komponente. Die „freiheitliche demokratische Grundordnung" bildet die Berufungsbasis für einen Verfassungs- und Demokratieschutz mit kommunikativen und edukatorischen Mitteln. Ihm trugen die auf Bundes- und Landesebene

98 Vgl. die überzeugende Einordnung bei: von Dewitz 2006. Siehe auch: Reuter 2005.

99 Vgl. Rohrßen 2009.

100 Eigene Berechnungen auf der Grundlage der in den Verfassungsschutzberichten des Bundes veröffentlichten Daten zur Entwicklung politisch motivierter Straftaten.

101 Vgl. Generalbundesanwalt beim Bundesgerichtshof o. J., „Straftaten gegen die innere Sicherheit".

bestehenden Ämter für Verfassungsschutz dadurch Rechnung, dass sie sich mit ihrer Informationstätigkeit von den frühen 1960er Jahren an zunehmend an die Öffentlichkeit wandten, vielbeachtete Berichte publizierten und bald auch Konferenzen und Ausstellungen organisierten.[102] Dabei arbeiteten sie oftmals mit den – ebenfalls auf Landes- und Bundesebene eingerichteten – Zentralen für politische Bildung zusammen, die ihrerseits in die Breite wirkten und eine Fülle an Publikationen zum politischen Extremismus u. a. für Bildungseinrichtungen und den Schulunterricht auf den Weg brachten. Daneben haben nicht-staatliche Bildungsträger (etwa der Parteien, Gewerkschaften, Unternehmerverbände und Kirchen) dem Thema hohe Beachtung geschenkt. Vor allem die Wellen fremdenfeindlicher Gewalttaten seit den frühen 1990er Jahren bewirkten eine gesellschaftliche Gegenmobilisierung mit zahlreichen bürgerschaftlichen Initiativen, die teilweise auf beachtliche öffentliche Resonanz stießen. Die Bundesregierung hat diesen Prozess ermutigt und gezielt unterstützt. So sind in den Jahren 2001 bis 2010 im Rahmen jugendpolitischer Programme mehr als 4 500 Projekte, Initiativen und Maßnahmen zur Stärkung von Vielfalt, Toleranz und Demokratie auf lokaler, regionaler und nationaler Ebene gefördert worden.[103] Die Bundesministerien des Innern und der Justiz riefen im Jahr 2000 das „Bündnis für Demokratie und Toleranz – gegen Extremismus und Gewalt“ ins Leben, um das bürgerschaftliche Engagement zu bündeln, zu vernetzen und ihm in der Öffentlichkeit noch mehr Gehör zu verschaffen. Blieben diese Initiativen lange Zeit auf den Rechtsextremismus konzentriert, gibt es in jüngerer Zeit Tendenzen zur Ausweitung auf andere Bereiche des politischen Extremismus. So haben die Verfassungsschutzämter die seit längerem bestehenden Aussteigerprogramme für militante Rechtsextremisten auf Linksextremisten ausgedehnt. Und das Bundesfamilienministerium hat im Sommer 2010 Modellprojekte zur Prävention von Linksextremismus und islamischem Extremismus gestartet.

6 Fazit: Gefahrenpotential und gesellschaftliche Bedeutung

Extremismus und politisch motivierte Gewalt können in einem Land mit doppelter Diktaturerfahrung und megakrimineller NS-Vergangenheit auch nahezu sieben Jahrzehnte nach dem Ende des Zweiten Weltkriegs nicht als Quantité négligeable gelten, auch wenn von der deutschen Vereinigung mit ihren Transformationsbelastungen keine nachhaltigen dekonsolidierenden Effekte auf den nach Osten erweiterten demokratischen Verfassungsstaat ausgegangen zu sein scheinen.[104] Immerhin kann das anhaltend hohe Niveau rechtsextremistisch/fremdenfeindlich motivierter Gewalt angemessen nur vor dem Hintergrund günstiger Rahmenbedingungen und Gelegenheitsstrukturen im östlichen

102 Vgl. Lange 2000. Siehe auch die kritische Einordnung bei Jaschke 1991, S. 118–140.
103 Vgl. Regiestelle Vielfalt/Zentralstelle kompetent 2010.
104 Vgl. bilanzierend: Jesse 2011; Schroeder 2006.

Deutschland verstanden werden. Von Rechtsterrorismus im Sinne planhaft-organisierten Vorgehens ist nur in wenigen Fällen zu sprechen. Ein großer Teil der Delikte entfällt auf die Hassgewalt, meist gegen Angehörige gesellschaftlicher Minderheiten, was den hohen Grad öffentlicher Empörung, medialer Erregungswellen, sozialer Gegenmobilisierung und staatlicher Reaktionen (samt ihrer Wechselwirkungen) in erheblichem Umfang erklärt. Weniger Aufmerksamkeit hat demgegenüber die Konfrontationsgewalt zwischen rechts- und linksextremen Akteuren gefunden, deren Ausmaß im ersten Jahrzehnt des neuen Jahrtausends deutlich zugenommen hat. Wenn fremdenfeindliche Gewalttäter sich mancherorts von in Teilen der Bevölkerung verbreiteten xenophoben Ressentiments getragen fühlen können[105], verstehen sich militante „Antifas" als Speerspitze im „Kampf gegen rechts".[106] Zugleich findet linksextremistisch motivierte Gewalt im Allgemeinen weniger öffentliche Aufmerksamkeit, zumal sie sich meist nicht gegen Angehörige schwacher Minderheiten, sondern gegen „Starke" (wie staatliche Einrichtungen und Wirtschaftsunternehmen) richtet. Solche Wahrnehmungs- und Reaktionsmuster werden dadurch begünstigt, dass der RZ- und RAF-Terrorismus der 1970er Jahre im vereinten Deutschland keine Rolle mehr spielte und „Gewalt gegen Sachen" bei weitem dominierte. Teilweise ist die Bedrohung durch den islamistischen Terrorismus mit seinen internationalen Dimensionen im neuen Jahrtausend an die Stelle des Linksterrorismus getreten, wobei der zunehmende „Homegrown"-Anteil die künftige Diskussion bestimmen dürfte. Insgesamt werfen aber alle genannten Formen politisch motivierter Gewalt bislang beherrschbar erscheinende Sicherheitsprobleme auf, von denen keine akute Gefährdung des hohen Konsolidierungsstandes des demokratischen Verfassungsstaates in Deutschland ausgeht.

Literatur

A. G. Grauwacke. o. J. [2003]. *Autonome in Bewegung. Aus den ersten 23 Jahren.* Berlin.

Autonomie-Kongress der undogmatischen linken Bewegungen. o. J. [1997]. *Standpunkte – Provokationen – Thesen.* Münster.

Backes, Uwe. 2006. *Politische Extreme. Eine Wort- und Begriffsgeschichte von der Antike bis zur Gegenwart.* Göttingen.

—. 2007. Rechtsextreme Wahlmobilisierung und Demokratiekonsolidierung im östlichen Deutschland. *Totalitarismus und Demokratie 4*: 17–43.

—. 2009. „Autonomer" Altermondialismus zwischen gewaltfreiem Interventionismus und Terrorismus. In *Jahrbuch Öffentliche Sicherheit 2008/2009*, hg. von Martin H. W. Möllers, und Robert Chr. van Ooyen, 213–226. Frankfurt am Main.

—. 2011. Zur Interaktionsdynamik links- und rechtsextremistischer Gewalt. In *Linksextremistische Gewalt – Gefährdungen, Ursachen und Prävention. 9. Symposium des Thüringer*

105 Vgl. nur Willems et al. 1993.

106 Vgl. Backes et al. 2010, S. 160–183.

Landesamtes für Verfassungsschutz am 4. November 2010 in Erfurt, Augustinerkloster, hg. vom Thüringer Landesamt für Verfassungsschutz, 49–67. Erfurt.

—. 2012 (i. E.). Streitbare Demokratie: 1949 – 1989/90 – 2009. In *Das vereinigte Deutschland*, hg. von Eckhard Jesse. Köln.

Backes, Uwe, und Eckhard Jesse. 1996. *Politischer Extremismus in der Bundesrepublik Deutschland*. 4. Aufl. Bonn.

Backes, Uwe, und Matthias Mletzko, und Jan Stoye. 2010. *NPD-Wahlmobilisierung und politisch motivierte Gewalt. Sachsen und Nordrhein-Westfalen im kontrastiven Vergleich*. Köln.

Backes, Uwe, und Henrik Steglich, Hg. 2007. *Die NPD. Erfolgsbedingungen einer rechtsextremistischen Partei*. Baden-Baden.

Bergsdorf, Harald. 2007. *Die neue NPD. Antidemokraten im Aufwind*. München.

Bergsdorf, Harald, und Rudolf van Hüllen. 2011. *Linksextrem – Deutschlands unterschätzte Gefahr?*. Paderborn u. a.

Blaschke, Ronny. 2011. *Angriff von rechtsaußen. Wie Neonazis den Fußball missbrauchen*. Göttingen.

Brandstetter, Marc. 2006. *Die NPD im 21. Jahrhundert. Eine Analyse ihrer aktuellen Situation, ihrer Erfolgsbedingungen und Aussichten*. Marburg.

—. 2009. Autonome Nationalisten im Vergleich. In *Jahrbuch Extremismus & Demokratie, Bd. 20*, hg. von Uwe Backes, und Eckhard Jesse, 185–203. Baden-Baden.

Breininger, Eric (Abdul Ghaffar El Almani). 2010. *Mein Weg nach Jannah*. o. O.

Bundesamt für Verfassungsschutz, Hg. 1994. *Gewaltbereite Autonome. Ziele, Strukturen, Aktionen*. Köln.

—. 1999. *Militante Linksextremisten rekrutieren Nachwuchs*. Köln.

—. 2004. Massiver ideologischer Streit zum Nahost-Konflikt unter Linksextremisten. In *Extremismus in Deutschland. Erscheinungsformen und aktuelle Bestandsaufnahme*, hg. von Bundesministerium des Innern, 197–210. Berlin.

—, Hg. 2009. *„Autonome Nationalisten" – Rechtsextremistische Militanz*. Köln.

Bundesministerium des Inneren, Hg. 1979. *Betrifft: Verfassungsschutz 1978*. Bonn

—. 2010, 12. Juli. *Bundesinnenminister Dr. de Maizière verbietet Hamas-Spendenverein*. http://www.bmi.bund.de/SharedDocs/Pressemitteilungen/DE/2010/07/vereinsverbot.html. Zugegriffen: 12. August 2010.

—, Hg. 2011. *Verfassungsschutzbericht 2010*. Berlin.

Bundesministerium des Innern/Bundesministerium der Justiz, Hg. 2006. *Zweiter Periodischer Sicherheitsbericht*. Berlin.

Camus, Jean-Yves. 2012. Neo-Nazism in Europe. In *The Extreme Right in Europe. Current Trends and Perspectives*, hg. von Uwe Backes, und Patrick Moreau, 231–242. Göttingen.

Carstens, Peter. 2000, 30. Juni. Die angesehenen Bürger von den „Skinheads Sächsische Schweiz". *Frankfurter Allgemeine Zeitung Nr. 149*: 3.

Dewitz, Clivia von. 2006. *NS-Gedankengut und Strafrecht. Die §§ 86, 86a StGB und § 130 StGB zwischen der Abwehr neonazistischer Gefahren und symbolischem Strafrecht*. Freiburg i. Br.

Dovermann, Ulrich, Hg. 2011. *Linksextremismus in der Bundesrepublik Deutschland*. Bonn.

eine gruppe aus den autonomen gruppen. o. J. [2010]. Ohne Titel. *Interim 706*.

FAZ. 2005, 8. März. Haftstrafen für Rechtsterroristen. *Frankfurter Allgemeine Zeitung Nr. 56*: 4.

Fetscher, Iring, und Günter Rohrmoser. 1983. *Ideologien und Strategien (Analysen zum Terrorismus 1)*. Opladen.

Flemming, Lars. 2005. *Das NPD-Verbotsverfahren. Vom „Aufstand der Anständigen" zum „Aufstand der Unfähigen"*. Baden-Baden.

Frindte, Wolfgang, und Jörg Neumann. 2002. *Fremdenfeindliche Gewalttäter. Biographien und Tatverläufe.* Wiesbaden.

Fromme, Friedrich Karl. 1999. *Von der Weimarer Verfassung zum Bonner Grundgesetz. Die verfassungspolitischen Folgerungen des Parlamentarischen Rates aus Weimarer Republik und nationalsozialistischer Diktatur (1960).* 3. Aufl. Berlin.

Gamper, Markus, und Helmut Willems. 2006. Rechtsextreme Gewalt – Hintergründe, Täter und Opfer. Fachwissenschaftliche Analyse. In *Gewalt. Beschreibungen, Analysen, Prävention*, hg. von Wilhelm Heitmeyer, und Monika Schröttle, 439–461. Bonn.

Generalbundesanwalt beim Bundesgerichtshof. 2008, 5. September. *Anklage gegen drei mutmaßliche Mitglieder der ‚Islamischen Jihad Union' (IJU). Pressemitteilung Nr. 19.*

—. 2011, 11. Dezember. *Pressemitteilung Nr. 47.*

—. o. J. *Straftaten gegen die innere Sicherheit.* http://www.generalbundesanwalt.de/de/insich.php. Zugegriffen: 12. Dezember 2011.

Gerlach, Julia. 2007. Auswirkungen der Verbote rechtsextremistischer Vereine auf die NPD. In *Die NPD. Erfolgsbedingungen einer rechtsextremistischen Partei*, hg. von Uwe Backes, und Henrik Steglich, 233–260. Baden-Baden.

Geronimo. 1995. *Feuer und Flamme. Zur Geschichte der Autonomen.* 4. Aufl. Berlin, Amsterdam.

Grumke, Thomas. 2006. Die transnationale Infrastruktur der extremistischen Rechten. In *Globalisierter Rechtsextremismus? Die extremistische Rechte in der Ära der Globalisierung*, hg. von Thomas Greven, und Thomas Grumke, 130–159. Wiesbaden.

Harnischmacher, Robert, Hg. 1993. *Angriff von rechts. Rechtsextremismus und Neonazismus unter Jugendlichen Ostberlins.* Bornheim; Roisdorf.

Heinrich, Jens. 2005. *Vereinigungsfreiheit und Vereinigungsverbot – Dogmatik und Praxis des Art. 9 Abs. 2 GG. Eine Betrachtung unter besonderer Berücksichtigung der Verbotsverfügungen.* Baden-Baden.

Hoffmann, Uwe. 1999. *Die NPD. Entwicklung, Ideologie und Struktur.* Frankfurt am Main.

Hoffmann, Karsten Dustin. 2011. *„Rote Flora". Ziele, Mittel und Wirkungen eines linksautonomen Zentrums in Hamburg.* Baden-Baden.

Hoffmann-Holland, Klaus. 2010. *Analyse der Gewalt am 1. Mai 2009 in Berlin. Forschungsbericht.* Freie Universität Berlin.

Jaschke, Hans-Gerd. 1991. *Streitbare Demokratie und innere Sicherheit. Grundlagen, Praxis und Kritik.* Opladen.

—. 1998. *Fundamentalismus in Deutschland. Gottesstreiter und politische Extremisten bedrohen die Gesellschaft.* Hamburg.

Jesse, Eckhard. 1989. *Streitbare Demokratie in der Bundesrepublik Deutschland. Das Beispiel des Extremistenbeschlusses von 1972.* Habilitationsschrift. Universität Trier.

—. 1999. Streitbare Demokratie und politischer Extremismus von 1949 bis 1999. In *50 Jahre Bundesrepublik Deutschland. Rahmenbedingungen – Entwicklungen – Perspektiven, PVS-Sonderheft 30*, hg. von Thomas Ellwein, und Everhard Holtmann, 583–597. Opladen.

—. 2011. Extremismus in Deutschland. In *Extremismus in den EU-Staaten*, hg. von Eckhard Jesse, und Tom Thieme, 83–98. Wiesbaden.

Kammergericht Berlin. 2009, 16. Oktober. *Pressemitteilung Nr. 56/2009.*

—. 2011, 28. Juni. *Pressemitteilung Nr. 67/2011.*

Kane, Marie-Isabel. 2011. Zeitschriftenporträt: Interim. In *Jahrbuch Extremismus & Demokratie, Bd. 23*, hg. von Uwe Backes, Alexander Gallus, und Eckhard Jesse, 260–273. Baden-Baden.

Katsiaficas, George. 1997. *The Subversion of Politics. European Autonomous Social Movements and the De-colonization of Everyday Life.* New Jersey.

Kohlstruck, Michael, Daniel Krüger, und Katharina Krüger. 2009. *Was tun gegen rechte Gewalt? Forschungsbericht der Arbeitsstelle Jugendgewalt und Rechtsextremismus am Zentrum für Antisemitismusforschung der TU Berlin Nr. 39*, hg. von der Landeskommission Berlin gegen Gewalt/Berliner Forum Gewaltprävention. Berlin.

Kohlstruck, Michael, und Anna Verena Münch. 2004. *Der Mordfall Marinus Schöberl. Arbeitspapier 1 der Arbeitsstelle Jugendgewalt und Rechtsextremismus*, hg. vom Zentrum für Antisemitismusforschung. Berlin.

Kraushaar, Wolfgang, Hg. 2006. *Die RAF und der linke Terrorismus. 2 Bde.* Hamburg.

Kühnen, Michael. 1989. Unser Weg. Geschichte des Nationalsozialismus, Teil V. *Die Neue Front 68*: 6.

Landesamt für Verfassungsschutz Baden Württemberg. 2010. *Verbot der „Internationalen Humanitären Hilfsorganisation e. V." (IHH e. V.).* http://www.verfassungsschutz-bw.de/index.php?option=com_content&view=article&id=979:verbot-der-internationalen-humanitaeren-hilfsorganisation-evq-ihh-ev&catid=51:islamistische-organisationen&Itemid=109. Zugegriffen: 18. August 2010.

Lange, Hans-Gert. 2000. 50 Jahre Bundesamt für Verfassungsschutz in der Öffentlichkeit. In *50 Jahre im Dienst der inneren Sicherheit*, hg. von Bundesamt für Verfassungsschutz, 15–52. Köln u. a.

Lauterbach, Jörg. 1999. *Staats- und Politikverständnis autonomer Gruppen in der BRD.* Diss. phil., Johann Wolfgang Goethe-Universität Frankfurt am Main.

Leggewie, Claus. 2004. Globalisierungskritik – Eine neue außerparlamentarische Linke im Weltmaßstab?. In *Extremismus in Deutschland. Erscheinungsformen und aktuelle Bestandsaufnahme*, hg. von Bundesministerium des Innern, 211–221. Berlin.

Leggewie, Claus, und Horst Meier, Hg. 2002. *Verbot der NPD oder Mit Rechtsradikalen leben? Die Positionen.* Frankfurt am Main.

Lehmann, Frauke, und Norbert Meyerhöfer. 2003. „Wünsche mir, dass es irgendwann so kracht wie früher" – Der Revolutionäre 1. Mai als linksradikales Ritual. In *Berlin, 1. Mai 2002. Politische Demonstrationsrituale*, hg. von Dieter Rucht, 55–99. Opladen.

Lichterbeck, Philipp. 2008, 20. Oktober. Eric Breininger. Der Dschihadist aus Deutschland. *Der Tagesspiegel.*

Litschko, Konrad. 2009, 17. Oktober. Urteile wie verlangt. *taz.*

Logvinov, Michail. 2011. Deutschland im Visier des islamistischen Terrorismus. In *Jahrbuch Extremismus & Demokratie, Bd. 23*, hg. von Uwe Backes, Alexander Gallus, und Eckhard Jesse, 200–219. Baden-Baden.

Lowles, Nick. 2001. *White riot. The violent story of Combat 18.* Preston.

Lützinger, Saskia. 2010. *Die Sicht der Anderen. Eine qualitative Studie zu Biographien von Extremisten und Terroristen.* Köln.

Mandt, Hella. 1979. Grenzen politischer Toleranz in der offenen Gesellschaft. Zum Verfassungsgrundsatz der streitbaren Demokratie. *Aus Politik und Zeitgeschichte B* 3: 3–16.

Marty, Martin E., und R. Scott Appleby. 1996. *Herausforderung Fundamentalismus. Radikale Christen, Moslems und Juden im Kampf gegen die Moderne.* Frankfurt am Main.

Menhorn, Christian. 2001. *Skinheads. Portrait einer Subkultur.* Baden-Baden.

—. 2007. Skinheads – eine aussterbende Subkultur? Eine Jugendbewegung im Wandel der Zeit. In *Festschrift zum 25-jährigen Bestehen der Schule für Verfassungsschutz und für Andreas Hübsch*, hg. von Armin Pfahl-Traughber, und Monika Rose-Stahl, 284–303. Brühl/Rheinland.

—. 2008. „Autonome Nationalisten“ – Generations- und Paradigmenwechsel im neonationalsozialistischen Lager?. In *Jahrbuch Extremismus & Demokratie, Bd. 19*, hg. von Uwe Backes, und Eckhard Jesse, 213–225. Baden-Baden.

—. 2010. Die Erosion der Skinhead-Bewegung als eigenständiger Subkultur. Eine Analyse des Wandels elementarer Stilmerkmale. In *Jahrbuch für Extremismus- und Terrorismusforschung 2009/10*, hg. von Armin Pfahl-Traughber, 125–150. Brühl/Rheinland.

Mletzko, Matthias. 1999. *Merkmale politisch motivierter Gewalttaten von militanten autonomen Gruppen. Magisterarbeit, Johannes Gutenberg-Universität.* Mainz.

—. 2001, 8. September. Gewaltdiskurse und Gewalthandeln militanter Szenen, Teil 1. Unterschiede am Beispiel „Antifa“ und „Anti-Antifa“ dargestellt. *Kriminalistik*: 543–548.

—. 2010. Gewalthandeln linker und rechter militanter Szenen. *Aus Politik und Zeitgeschichte B 44*: 9–16.

—. 2011. „Sturm 34“: Fallbeispiel einer radikalisierte rechtsextremistischen Gewaltgruppe. In *Jahrbuch Extremismus & Demokratie, Bd. 22*, hg. von Uwe Backes, und Eckhard Jesse, 148–164. Baden-Baden.

Möller, Kurt, und Nils Schumacher. 2007. *Rechte Glatzen. Rechtsextreme Orientierungs- und Szenezusammenhänge – Einstiegs, Verbleibs- und Ausstiegsprozesse von Skinheads.* Wiesbaden.

Möllers, Martin H. W. 2009. Keine Freiheit den Feinden der Freiheit. Instrumente wehrhafter Demokratie in der Praxis. In *Jahrbuch Öffentliche Sicherheit 2008/2009*, hg. von Martin H. W. Möllers, und Robert Chr. van Ooyen, 117–151. Frankfurt am Main.

Möllers, Martin H. W., und Robert Chr. van Ooyen, Hg. 2010. *Parteiverbotsverfahren.* 2. erw. Aufl. Frankfurt am Main.

Moreau, Patrick, und Jürgen P. Lang. 1996. *Linksextremismus. Eine unterschätzte Gefahr.* Bonn.

Neubacher, Frank. 1998. *Fremdenfeindliche Brandanschläge. Eine kriminologisch-empirische Untersuchung von Tätern, Tathintergründen und gerichtlicher Verarbeitung in Jugendstrafverfahren.* Godesberg.

o. Verf. 2004. Wie deutsch sind die Nazis? Bestimmungen für eine neue Antifadebatte. *Phase 2. Zeitschrift gegen die Realität 14*: 4–7.

OSCE/ODIHR, Hg. 2010. *Hate Crimes in the OSCE Region – Incidents and Responses. Annual Report for 2009.* Warschau.

Pahl, Jon. 2002. Gewalt durch religiöse Gruppen. In *Internationales Handbuch der Gewaltforschung*, hg. von Wilhelm Heitmeyer, und John Hagan, 406–425. Wiesbaden.

Peters, Butz. 2008. *Tödlicher Irrtum. Die Geschichte der RAF.* 4. Aufl. Frankfurt am Main.

Pfahl-Traughber, Armin. 2009. Judenfeindschaft als Basis einer Kooperation? Antisemitismus und Antizionismus bei Islamisten und Rechtsextremisten. In *Jahrbuch Öffentliche Sicherheit 2008/2009*, hg. von Martin H. W. Möllers, und Robert Chr. van Ooyen, 265–277. Frankfurt am Main.

Pflieger, Klaus. 2004. *Die Rote Armee Fraktion.* Baden-Baden.

Philippsberg, Robert. 2009. *Die Strategie der NPD. Regionale Umsetzung in Ost- und Westdeutschland.* Baden-Baden.

Pilz, Gunter A. et al. 2009. *Rechtsextremismus im Sport – in Deutschland und im internationalen Vergleich.* Köln.

Radikal. 2009. Schriftliches Interview zu Fragen der Organisierung des revolutionären Widerstandes mit der militanten gruppe (mg). *radikal 161*: 28–54.

Regiestelle Vielfalt/Zentralstelle kompetent, Hg. 2010. *Abschlussbericht der Bundesprogramme „Vielfalt tut gut. Jugend für Vielfalt, Toleranz und Demokratie“ und „kompetent. Für Demokratie – Beratungsnetzwerk gegen Rechtsextremismus.* Berlin.

Reuter, Dirk. 2005. *Verbotene Symbole. Eine strafrechtsdogmatische Untersuchung zum Verbot von Kennzeichen verfassungswidriger Organisationen in § 86a StGB*. Baden-Baden.

Revolutionäre Aktionszellen (RAZ). 2010a, 2. Juni. Kommuniqué der Revolutionären Aktionszellen. *radikal 163* https://radikalrl.wordpress.com/2010/06/02/kommunique-der-revolutionaren-aktionszellen-raz. Zugegriffen: 20. Dezember 2010.

—. 2010b, 18. November. Kommuniqué der Revolutionären Aktionszellen. *radikal* http://radikalrl.wordpress.com/2010/11/18/kommunique-der-revolutionaren-aktionszellen-raz-2. Zugegriffen: 20. Dezember 2010.

Riesebrodt, Martin. 1990. *Fundamentalismus als patriarchalische Protestbewegung*. Tübingen.

Rohrßen, Benedikt. 2009. *Von der „Anreizung zum Klassenkampf" zur „Volksverhetzung" (§ 130 StGB). Reformdiskussion und Gesetzgebung seit dem 19. Jahrhundert*. Berlin.

Schedler, Jan. 2009. Übernahme von Ästhetik und Aktionsformen der radikalen Linken – Zur Verortung der ‚Autonomen Nationalisten' im extrem rechten Strategiespektrum. In *Strategien der extremen Rechten. Hintergründe – Analysen – Antworten*, hg. von Stefan Braun, Alexander Geisler, und Martin Gerster, 332–357. Wiesbaden.

—. 2010. „Autonome Nationalisten". *Aus Politik und Zeitgeschichte B 44*: 20–26.

Scherb, Armin. 1987. *Präventiver Demokratieschutz als Problem der Verfassungsgebung nach 1945*. Frankfurt am Main.

Schiffauer, Werner. 2000. *Die Gottesmänner. Türkische Islamisten in Deutschland*. Frankfurt am Main.

Schroeder, Klaus. 2003. *Rechtsextremismus und Jugendgewalt in Deutschland. Ein Ost-West-Vergleich*. München.

—. 2006. *Die veränderte Republik. Deutschland nach der Wiedervereinigung*. Stamsried.

Schultze, Thomas, und Almut Gross. 1997. *Die Autonomen. Ursprünge, Entwicklung und Profil der Autonomen Bewegung*. Hamburg.

Schwarzmeier, Jan. 2001. *Die Autonomen zwischen Subkultur und sozialer Bewegung*. Göttingen.

Senatsverwaltung für Inneres und Sport, Hg. 2011. *Verfassungsschutzbericht 2010*. Berlin.

Senatsverwaltung für Inneres und Sport, Abteilung Verfassungsschutz, Hg. 2007. *Rechte Gewalt in Berlin 2003 bis 2006*. Berlin.

—, Hg. 2009. *Linke Gewalt in Berlin, 2003–2008*. Berlin.

Siegler, Bernd. 1991. *Auferstanden aus Ruinen … Rechtsextremismus in der DDR*. Berlin.

Sommer, Bernd. 2011. *Prekarisierung und Ressentiments: Soziale Unsicherheit und rechtsextreme Einstellungen in Deutschland*. Wiesbaden.

Spiegel-Online. 2010a, 4. März. *Terrorurteil: Geständnisse bringen Sauerland-Gruppe Strafrabatt ein*. http://www.spiegel.de/politik/deutschland/terrorurteil-gestaendnisse-bringen-sauerland-gruppe-strafrabatt-ein-a-681700.html. Zugegriffen: 3. Juni 2012.

—. 2010b, 5. Juni. *Untergrund-Broschüre gibt Tipps für Anschläge*. http://www.spiegel.de/politik/deutschland/linksextremismus-untergrund-broschuere-gibt-tipps-fuer-anschlaege-a-698915.html. Zugegriffen: 3. Juni 2012.

—. 2011, 2. Dezember. *Zwickauer Terrorzelle: DVD deutet auf Verbindung zu Brandanschlägen hin*. http://www.spiegel.de/panorama/justiz/zwickauer-terrorzelle-dvd-deutet-auf-verbindung-zu-brandanschlaegen-hin-a-801412.html. Zugegriffen: 3. Juni 2012.

Spuler-Stegemann, Ursula. 2002. *Muslime in Deutschland. Informationen und Klärungen*. 3. Aufl. Freiburg i. Br. u. a.

Steglich, Henrik. 2005. *Die NPD in Sachsen. Organisatorische Voraussetzungen ihres Wahlerfolgs 2004*. Göttingen.

Stöss, Richard. 2010. *Rechtsextremismus im Wandel*. Berlin.

Straßner, Alexander, Hg. 2008. *Sozialrevolutionärer Terrorismus. Theorie, Ideologie, Fallbeispiele, Zukunftsszenarien.* Wiesbaden.

Thein, Martin. 2009. *Wettlauf mit dem Zeitgeist - Der Neonazismus im Wandel. Eine Feldstudie.* Göttingen.

Thüringer Innenministerium, Hg. 2010. *Verfassungsschutzbericht Freistaat Thüringen 2009.* Erfurt.

Wahl, Klaus, Hg. 2003. *Skinheads, Neonazis, Mitläufer. Täterstudien und Prävention.* Opladen.

Waldmann, Peter. 1998. *Terrorismus. Provokation der Macht.* München.

Weinspach, Dirk. 2011. „Nein Islam". Islamfeindschaft in rechtsextremistischen Parteien. In *„Wir oder Scharia"? Islamfeindliche Kampagnen im Rechtsextremismus. Analysen und Projekte zur Prävention*, hg. von Wolfgang Benz, und Thomas Pfeiffer, 96–109. Schwalbach/Ts.

Willems, Helmut, Roland Eckert, und Stefanie Würtz et al. 1993. *Fremdenfeindliche Gewalt. Einstellungen , Täter, Konflikteskalation.* Opladen.

Willems, Helmut, und Sandra Steigleder. 2003. Jugendkonflikte oder hate crime? Täter-Opfer-Konstellationen bei fremdenfeindlicher Gewalt. *Journal für Konflikt- und Gewaltforschung 5(1)*: 5–28.

Willems, Helmut, Stefanie Würtz, und Roland Eckert. 1994. *Forschungsprojekt: Analyse fremdenfeindlicher Straftäter, hrsg. vom Bundesministerium des Innern.* Bonn.

Winkler, Willi. 2007. *Die Geschichte der RAF.* Berlin.

Wirsching, Andreas. 1999. *Vom Weltkrieg zum Bürgerkrieg? Politischer Extremismus in Deutschland und Frankreich 1918–1933/39. Berlin und Paris im Vergleich.* München.

Zusammenfassungen

Klaus Wahl, Melanie Rhea Wahl. Biotische, psychische und soziale Bedingungen für Aggression und Gewalt, S. 15 ff.
Gewalt hat viele Gesichter. *Politische Gewalt* umfasst nur einige davon (1). Hängen sie zusammen? Gibt es *vorpolitische Mechanismen,* auf denen politische Gewalt aufsitzt und woher sie ihre Energie bezieht? Der Beitrag schafft die Voraussetzungen zur Beantwortung dieser Fragen, indem er systematisch die Erscheinungsweisen, Funktionen und Ursachen von Aggression und Gewalt darstellt (2–8). Differenziert nach individueller (9) und kollektiver Gewalt (10–11) werden innere Dynamik, Präventions- und Einhegungsmöglichkeiten aufzeigt. Einbezogen wird dabei der aktuelle Forschungsstand aus biologischer, psychologischer und soziologischer Gewalt- und Aggressionsforschung.

Birgit Enzmann. Politische Gewalt. Formen, Hintergründe, Überwindbarkeit, S. 43 ff.
Die Spannbreite politischer Gewalt ist enorm, selbst wenn man einen engen Gewaltbegriff verwendet, der sich auf die physische Schädigung von Menschen durch Menschen beschränkt. Der folgende Beitrag gibt einen Überblick über diese Vielfalt, zeigt gleichzeitig die Besonderheiten politischer gegenüber vorpolitischer Gewalt auf, erläutert dann einige Hintergründe nichtstaatlicher und staatlicher politischer Gewalt und stellt schließlich die unvermeidliche Frage nach der Überwindbarkeit von Gewalt als Mittel der Politik.

Karl Graf Ballestrem. Widerstand, Ziviler Ungehorsam, Opposition. Eine Typologie, S. 67 ff.
Ausgangspunkt des Beitrags ist die Frage, ob es innerhalb einer freiheitlich-demokratischen Ordnung ein Widerstandsrecht geben kann. Hierfür unternimmt der Autor zuerst eine Begriffsklärung. Widerstand und ziviler Ungehorsam, so das Ergebnis, sind Formen der politischen Opposition, die sich nach den Kriterien ihres Gegenstands und ihrer (illegalen) Methoden voneinander abgrenzen lassen. Gleichzeitig ergibt sich aus der Einordnung in das Gesamtspektrum von Opposition auch das entscheidende Argument für die Ausgangsfrage: Je geringer die legalen Möglichkeiten, desto eher sind illegale legitim.

Frauke Höntzsch. Die klassische Lehre vom Widerstandsrecht, S. 75 ff.

Wer ist wie und aus welchen Gründen berechtigt, Widerstand zu üben? Diese Fragen versucht die klassische Lehre vom Widerstandsrecht zu beantworten. Der Beitrag skizziert zunächst die zu bewältigenden Hindernisse, um anschließend die wesentlichen Entwicklungsetappen der Lehre nachzuzeichnen. Die These: Im Verlauf der Herausbildung der Lehre, von den Anfängen im Mittelalter bis hin zur Formulierung des Widerstandsrechts im Rahmen der Gesellschaftsvertragstheorie, kommt es zu einer Ausdifferenzierung zweier Formen des Rechts auf aktiven Widerstand: eines individuellen Rechts von Privatpersonen auf Notwehr gegen unbefugte Anmaßung von Herrschaftsgewalt und eines kollektiven Rechts des Volkes bzw. seiner Vertreter auf politische (Gegen-)Gewalt gegen den Missbrauch ursprünglich legitim erworbener Herrschaftsgewalt. Die ideengeschichtliche Darstellung verdeutlicht dabei, dass es neben einer Autorisierung zum Widerstand immer auch darum ging, die als notwendig und legitim erachtete Gewalt in rechtliche Formen zu überführen und zu begrenzen.

Heinz Hürten. Widerstand gegen den Nationalsozialismus, S. 97 ff.

Den Widerstand gegen den Nationalsozialismus prägt entscheidend, dass er sich nicht gegen eine beliebige Diktatur, sondern ein totalitäres Regime wandte, das das gesamte Leben der Bürger zu beherrschen suchte. Widerstand entsprang deshalb nicht allein der Zielsetzung, das politische System zu ändern, sondern auch aus der Entscheidung, für die eigene Lebenswelt andere Normen gelten zu lassen, als die nationalsozialistischen. Dementsprechend breit gefächert war die Art und Intensität der Auflehnung. Der Beitrag verdeutlicht dies durch einen nach den Akteuren differenzierten Überblick über widerständiges Handeln während des Nationalsozialismus. Er würdigt die Bemühungen als damals politisch erfolglos aber moralisch wichtig für den Neuanfang nach 1945.

Peter Steinbach. Widerstand und Opposition in der DDR, S. 117 ff.

„Widerstand und Opposition" in der SBZ und in der DDR gehören zu den geschichtspolitisch hochgradig aufgeladenen und deshalb äußerst sperrigen Themen wissenschaftlicher Zeitgeschichte. Sie erfordern eine erweiterte Forschungsperspektive, die zum einen das breite Spektrum von Opposition und Widerstand beachtet, die den gesamten Zeitraum von 1945 bis zur Wiedervereinigung sowie die sich ändernden Einflussfaktoren einbezieht und die das Wechselverhältnis von Widerständigkeit und staatlicher Repression in den Blick nimmt. Der Beitrag beschreibt und analysiert die Widerstandsgeschichte der DDR aus dieser erweiterten Perspektive und formuliert einige allgemeine Einsichten zur Widerstands- und Diktaturforschung.

Josef Isensee. Widerstandsrecht im Grundgesetz, S. 143 ff.

Der demokratische Verfassungsstaat bietet seinen Bürgern umfassenden Rechtsschutz und zielt darauf ab, das Notrecht auf Widerstand obsolet zu machen. Dennoch sieht das deutsche Grundgesetz in Art. 20 Abs. 4 ein Widerstandsrecht vor und schafft das Paradox eines legalisierten Rechtsbruchs. Der Beitrag erläutert die Entstehungshintergründe und die Zielsetzung des Grundgesetzartikels sowie die engen Grenzen, in denen er Anwendung finden könnte. Die Darstellung mündet in eine Bewertung des praktischen Nutzens der Regelung, die negativ ausfällt: Das Grundgesetz bedient in Art. 20 Abs. 4 Legalitätsbedürfnisse dort, wo Legalität nichts mehr ausrichtet, und bestätigt Lenins Sarkasmus, dass deutsche Revolutionäre, ehe sie den Bahnhof stürmen, zuvor noch Bahnsteigkarten kaufen.

Heinz Kleger. Widerstand und ziviler Ungehorsam im demokratischen Rechtsstaat, S. 163 ff.

Ein *Recht* auf aktiven, d. h. gewaltsamen Widerstand kann es in einem annähernd realisierten demokratischen Rechtsstaat nicht geben. Aber auch hier gehört Protest in seinen vielfältigen Formen zu den Beteiligungsmöglichkeiten der Bürger, darunter auch der passive, gewaltfreie Widerstand und der zivile Ungehorsam. Was darunter zu verstehen ist, worauf der Ungehorsam zielt (1–4), auf welche Strategien er setzt (5) und inwiefern er bei aller Illegalität doch legitim sein kann (6–7) ist Thema des Beitrags. Er schließt mit einer Darstellung aktueller Anlässe und Formen zivilen Ungehorsams und der Quintessenz, dass ziviler Ungehorsam eine Ausnahmemethode ist, um einen demokratischen Dialog zu gravierenden Problemen anzustoßen (8).

Birgit Enzmann. Revolution, S. 205 ff.

Solange sich die Revolutionsforschung auf die Analyse der großen Ereignisse in Frankreich 1789, Russland 1917 oder China 1949 konzentrierte, gehörte die Anwendung kollektiver politischer Gewalt zu den konstitutiven Merkmalen der Revolution. Zahlreiche neue Fallbeispiele aus Lateinamerika, Afrika und Osteuropa ließen die großen Vorbilder aber letztlich zu Untertypen eines sehr facettenreichen Phänomens werden, in dem Gewalt nur noch eine äußerste, nicht notwendigerweise eintretende Zuspitzung darstellt. Auch zu den Ursachen, Abläufen und Ergebnissen von Revolutionen sind verallgemeinernde Aussagen nur noch begrenzt möglich. Der Beitrag fasst die wesentlichen Erkenntnisse zusammen.

Ekkart Zimmermann. Revolutionstheorien des 20 Jahrhunderts. Eine kritische Betrachtung, S. 231 ff.

Die marxistischen (2.1) und konservativ-autoritär geprägten Revolutionstheorien (2.2) der ersten Hälfte des 20. Jh. haben mehr Nähe zur jeweiligen „Bewegung" und ihrer Ideologie als zur wissenschaftlichen Analyse. Erst ab den 1960er Jahren entstehen Theorien, die durch formale Definitionen und Modelle helfen, Revolutionen verschiedener Epochen und ideologischer Prägung zu erfassen und zu vergleichen. Revolutionäre Situationen, so deren Quintessenz, können entstehen, wenn eine neue Elite und große

Bevölkerungsteile entschlossen sind, ein ineffizientes und verachtetes System ggf. auch gewaltsam durch ein grundlegend anderes zu ersetzen (2.3). Für das 21. Jh. taugen diese Theorien nur noch bedingt: Die wirtschaftliche Globalisierung sollte national-eigenständige Revolutionen eher erschweren, weil der Vorteil einer wirtschaftlichen und damit graduelleren Anpassung ungleich größer ist. Das Internet mit seinen unklaren Strukturen verändert außerdem die Kontroll- und Einflussmöglichkeiten nachhaltig, vorerst wie es scheint zugunsten der Herausforderer (3).

Monika Heupel. Von großen und kleinen Kriegen, S. 241 ff.

Unsere Vorstellung dessen, was Krieg ist, hat sich in der Geschichte immer wieder gewandelt. Seit dem 2. Weltkrieg ist v. a. eine Öffnung der Kriegsdefinition für nichtstaatliche Akteure zu verzeichnen, die mit einer Differenzierung zwischen großen, d. h. zwischenstaatlichen und kleinen, d. h. auch nichtstaatliche Akteure einbeziehenden Kriegen einherging. In diesem Beitrag werden zunächst verschiedenen *Typen* großer und kleiner Kriege vorgestellt (1) und Informationen zur *Verteilung* von Kriegen in Zeit und Raum geben (2). Anschließend wird der Forschungsstand zu den *Ursachen* großer und kleiner Kriege (3) und ihrer *Beendigung* (4) referiert. Den Abschluss bilden Ausführungen zu den Bestimmungen des *Völkerrechts* zu großen und kleinen Kriegen (5.)

Bernhard Sutor. Theorie des gerechten Krieges, S. 261 ff.

Krieg durchzieht die ganze uns bekannte Geschichte. Ihn begleitet aber auch die Frage nach seiner Legitimität, die in der europäischen Geschichte in der Denkfigur des *bellum iustum* erörtert wird. Sie stellt Krieg unter Rechtfertigungszwang nach Kriterien von Gerechtigkeit und Recht. Der Beitrag skizziert die Entwicklung der Bellum-Iustum-Theorie von ihren Anfängen bis zur Gründung der Vereinten Nationen in ihren wichtigsten Stationen und Ausprägungen vor dem Hintergrund des jeweiligen geschichtlich-politischen Kontextes. Dabei lautet die skeptische Generalfrage, wieweit Krieg gezähmt und möglichst verhindert werden kann. Es bedarf dazu über ethisch begründbare rechtlich-institutionelle Formen hinaus immer der Kunst politischer Konfliktregelung

Herfried Münkler. Humanitäre Intervention, S. 293 ff.

Zwischen Angriff und Verteidigung als den zwei alternativen Aktionsformen militärischen Handelns bildet die Intervention ein Drittes. Der Intervent greift, ohne selbst bedroht zu sein, unter Berufung auf die Interessen der Menschen im Interventionsgebiet ein. Für die Legitimation stehen die humanitären Motive im Vordergrund, wenn auch weitere politische und wirtschaftliche Ziele verfolgt werden mögen (1). Der Beitrag verortet die humanitäre militärische Intervention zuerst im Gesamtspektrum von Inventionstypen (2). Dann wendet er sich der ambivalenten Theorie und Praxis ihrer Legitimation zu (3) und erläutert abschließen typische Verläufe, Akteurskonstellationen und die Erfolgsaussichten humanitärer Intervention (4).

Wolfgang Wagner. Zum Verhältnis von Demokratie und Krieg, S. 319 ff.
Seit der Aufklärung knüpft sich an die Demokratisierung von Herrschaft die Erwartung, damit auch den Krieg einhegen zu können. Deren Aktualität verdeutlicht der Befund vom Demokratischen Frieden, also der Abwesenheit von Krieg zwischen etablierten Demokratien. Gleichzeitig aber besitzen Demokratien eine weiterhin hohe Gewaltbereitschaft gegenüber Nichtdemokratien und sie legitimieren Kriege z. T. sogar mit der Aussicht auf die Ausbreitung des Demokratischen Friedens. Darüber hinaus stehen von Demokratien geführte Kriege unter besonderem Rechtfertigungsdruck und weisen typische Verlaufsformen auf. Der Beitrag erläutert diese komplexen Zusammenhänge zwischen Akteuren, Ursachen und Abläufen und zeigt dabei die demokratiespezifischen Friedensfähigkeiten genauso auf, wie die Schattenseiten des Demokratischen Friedens.

Christopher Daase. Terrorismus, S. 335 ff.
Terrorismus ist ein altes, komplexes und überaus wandelbares Phänomen. Um es zu verstehen, muss man die Begriffe schärfen, die historischen Entwicklungen nachvollziehen und die aktuellen Tendenzen erfassen. Im Folgenden soll deshalb zunächst geklärt werden, welche Möglichkeiten es gibt, Terrorismus zu definieren. Danach soll eine kurze Geschichte des modernen Terrorismus skizziert und sein transnationaler Charakter hervorgehoben werden. Schließlich sollen die wissenschaftliche Datenlage diskutiert und die Schwierigkeit wissenschaftlicher Bedrohungsanalysen dargestellt sowie die Optionen im Kampf gegen den Terrorismus erwogen werden.

Michael Riekenberg. Staatsterror in Lateinamerika, S. 349 ff.
Im Staatsterror bedroht der Staat über Recht und Gesetz hinweg die eigene Bevölkerung oder Teile davon mit (physischer) Gewalt, wobei er die Staatsbürger in Ungewissheit darüber lässt, ob sie zum Opfer dieser Gewalt werden (können) oder nicht (1). Staatsterror in Lateinamerika differierte nach Regionen, in denen die inneren Konflikte (vereinfacht) eher ethnisch oder enger politisch geprägt waren (2). Erklärungsversuche müssen interne wie externe Faktoren einbeziehen sowie die Geschichte von Staat und Gewalt in Lateinamerika bedenken, ohne das Phänomen in historischer Perspektive fälschlich auszudehnen (3). Aufmerksamkeit verdient, wie die Wissenschaft selbst sich durch die Wahl ihrer Perspektive (bspws. Traumaforschung; Genozidforschung) in ihren Gegenstand einschreibt (4). Prognosen zur Zukunft des Staatsterrors in Lateinamerika sind nicht möglich: Zwar hat das Ausmaß des Staatsterrors in Lateinamerika auch aufgrund internationaler Ablehnung abgenommen; jedoch bleibt die Bereitschaft zu ungesetzlicher Gewaltausübung Bestandteil staatlicher Ordnungspolitik in Teilen Lateinamerikas (5).

Uwe Backes. Extremismus und politisch motivierte Gewalt im vereinten Deutschland, S. 363 ff.

„Politischer Extremismus“ umfasst Gesinnungen und Bestrebungen, die fundamentale Werte und Verfahrensregeln des demokratischen Verfassungsstaates implizit oder explizit negieren. Im Mittelpunkt des Beitrags stehen gewaltgeneigte Formen des politischen Extremismus im vereinten Deutschland. Sie werden zunächst getrennt nach ihren Hauptformen, ihrem Selbstverständnis und ihrer organisatorischen Entwicklung beschrieben und eingeordnet. Eingehend werden Taten, Täter und Opfer in ihrem sozialen Umfeld, ihrer Motivation und Deliktspezifik analysiert. Ein eigener Abschnitt ist den Wechselwirkungen und Interaktionen der gewaltgeneigten Szenen gewidmet. Anschließend wird der Umgang mit politisch motivierter Gewalt in seinen präventiven wie repressiven Formen behandelt. Der Beitrag schließt mit einer knappen Einschätzung des Gefahrenpotentials.

Zu den Autoren

Uwe Backes ist stellvertretender Direktor des Hannah-Arendt-Instituts für Totalitarismusforschung an der TU Dresden und Professor für ideengeschichtliche und systematisch vergleichende Diktaturforschung an der Universität Dresden. Unter seinen Schriften zum Thema Extremismus und Terrorismus sind besonders zu nennen: *Politischer Extremismus in der Bundesrepublik Deutschland,* zus. mit Eckhard Jesse. 4. Aufl. Bonn 1996; *Vergleichende Extremismusforschung,* zus. mit Eckhard Jesse. Baden-Baden 2005; *Politische Extreme. Eine Wort- und Begriffsgeschichte von der Antike bis in die Gegenwart.* Göttingen 2006; *NPD-Wahlmobilisierung und politisch motivierte Gewalt,* zus. mit Matthias Mletzko und Jan Stoye, Köln 2010.

Karl Graf Ballestrem († 2007) war zuletzt Emeritus für Politische Theorie und Philosophie an der Katholischen Universität Eichstätt-Ingolstadt und Professor an der Hochschule für Politik in München. Neben seinem Forschungsschwerpunkt in der Ideengeschichte des 18. und 19. Jh. hat er sich verschiedentlich mit Legitimationsproblemen moderner Gesellschaften auseinandergesetzt, u. a. in dem hier auszugsweise wieder abgedruckten Aufsatz: Gibt es ein Widerstandsrecht in der Demokratie? In *Die moderne Gesellschaft im Rechtsstaat,* hg. von Michael Baurmann, und Hartmut Kliemt, 49–62. Freiburg i. Br., München. 1990; im selben Band: Wahrheit oder Mehrheit? Überlegungen zur Begründung des Mehrheitsprinzips und seiner Grenzen, 37–48; sowie: Mehr Bürgertugend in der Demokratie? Über die moralischen Grundlagen der Verfassung der Freiheit. Initial 1: 4–8, 1991.

Christopher Daase ist Professor für Internationale Organisation an der Goethe-Universität Frankfurt und Leiter des Programmbereichs „Internationale Organisationen und Völkerrecht“ an der Hessischen Stiftung für Friedens- und Konfliktforschung. Mit Fragen des Terrorismus setzt er sich unter anderem auseinander in: Transnational Terrorism, Organized Crime and Peace-Building. The State of the Art in Human Security in the Western Balkans, hg. zusammen mit Wolfgang Benedek, Vojin Dimitrijevic, und Petrus van Duyne, London, 2010; Terror (Terrorismus). In *Politische Theorie und Politische Philosophie. Ein Handbuch,* hg. von Martin Hartmann, und Claus Offe. München 2011; zusammen mit Alexander Spencer: Stand und Perspektiven der politikwissenschaftlichen Terrorismusforschung. In *Terrorismusforschung in Deutschland. Sonder-*

heft der Zeitschrift für Außen- und Sicherheitspolitik 1/2011, hg. von Alexander Spencer, Alexander Kocks, und Kai Harbrich, Wiesbaden 2011.

Birgit Enzmann ist apl. Professorin für Politikwissenschaft an der Katholischen Universität Eichstätt-Ingolstadt. Politische Gewalt untersuchte sie zuletzt bzgl. der rechtsstaatlichen Einhegung und Bekämpfung: Widerstandsrecht als Ultima Ratio des Rechtsschutzes. In *Der demokratische Verfassungsstaat. Zwischen Legitimationskonflikt und Deutungsoffenheit*, 99–104. Wiesbaden 2009; Rechtsstaatlichkeit und Terrorismus. Verschärfung des Dilemmas zwischen Freiheit und Sicherheit. In *Der Demokratische Verfassungsstaat. Entstehung, Elemente, Herausforderungen*, 166–176. Wiesbaden 2012.

Monika Heupel ist wissenschaftliche Mitarbeiterin der Abteilung Transnationale Konflikte und internationale Institutionen am Wissenschaftszentrum Berlin für Sozialforschung (WZB). Zur Gewaltform der „Neuen Kriege" hat sie neben Weiterem veröffentlicht: Von „alten" und „neuen" Kriegen – Zum Gestaltwandel kriegerischer Gewalt, zus. mit Bernhard Zangl. *Politische Vierteljahresschrift (PVS)* 45(3), 2004: 346–369; *Friedenskonsolidierung im Zeitalter der „neuen Kriege": Der Wandel der Gewaltökonomien als Herausforderung*. Wiesbaden, 2005; Shadow-Trade War Economies and their Challenge to Peacebuilding. *Journal of International Relations and Development* 9(2), 2006, 140–169; Die Gewaltökonomien der „Neuen Kriege". *Aus Politik und Zeitgeschichte* B 46, 2009: 9–14; On the Transformation of Warfare – A Plausibility Probe of the New War Thesis, zus. mit Bernhard Zangl. *Journal of International Relations and Development* 31(1), 2010: 26–58.

Frauke Höntzsch ist Akad. Rätin a. Z. am Lehrstuhl für Politikwissenschaft (Politische Theorie) an der Universität Augsburg. Mit dem Widerstandsrecht in ideengeschichtlicher Perspektive befasst sie sich auch in: Gewaltentrennung und Widerstandsrecht. Komplementäre Konzepte zum Schutz von Leben, Freiheit und Besitz im politischen Denken von John Locke. In *Der Staat des Liberalismus. Die liberale Staatstheorie von John Locke*, hg. von Samuel Salzborn,165–184. Baden-Baden 2010.

Heinz Hürten ist emeritierter Professor für Neuere und Neueste Geschichte an der Katholischen Universität Eichstätt-Ingolstadt. Den Widerstand gegen den Nationalsozialismus hat er verschiedentlich untersucht, mehrfach mit Blick auf die Situation der Katholischen Kirche: *Verfolgung, Widerstand und Zeugnis: Kirche im Nationalsozialismus; Fragen eines Historikers*. Mainz 1987; *Die katholische Kirche zwischen Nationalsozialismus und Widerstand*, hg. von der Gedenkstätte Deutscher Widerstand, Berlin 1989; Gehorsam und Widerstand. *Forum für osteuropäische Ideen- und Zeitgeschichte* 11, 2007: 131–145.

Josef Isensee ist Emeritus für Öffentliches Recht an der Rheinischen Friedrich-Wilhelms-Universität Bonn und Mitherausgeber des Handbuch des Staatsrechts der Bundesrepublik Deutschland. Mit der Frage des legalisierten Widerstandsrechts im Grundgesetz hat er sich erstmals 1969 ausführlich befasst: *Das legalisierte Widerstandsrecht. Eine staatsrechtliche Analyse des Art. 20 Abs. 4 Grundgesetz.* Aktuelles Recht Bd. 6, Bad Homburg v. d. H. u. a. 1969. Weitere Texte zum Thema folgten, u. a.: Ein Grundrecht auf Ungehorsam gegen das demokratische Gesetz? – Legitimation und Perversion des Widerstandsrechts. In *Frieden im Lande – Vom Recht auf Widerstand,* hg. von Basilius Streithofen, 155–173. Bergisch Gladbach 1983; Ziviler Ungehorsam. Zur Problematik des Widerstandsrechts in der Demokratie. In *Widerstand und Ungehorsam, Trierer Beiträge. Aus Forschung und Lehre an der Universität Trier,* hg. von Günter Birtsch, und Meinhard Schröder, S. 57–63. Trier 1988; Widerstand und demokratische Normalität (1984). In *Recht als Grenze – Grenze des Rechts. Texte 1979–2009,* 175–186, Bonn 2009.

Heinz Kleger ist Professor für Politische Theorie an der Universität Potsdam. Im Mittelpunkt seiner Forschung stehen der Citoyen und seine aktiven Beteiligungsmöglichkeiten auf kommunaler, nationaler und transnationaler Ebene, einschließlich Formen des Protests, Ungehorsams und Widerstands. Unter seinen Schriften hierzu: *Der neue Ungehorsam. Widerstände und politische Verpflichtung in einer lernfähigen Demokratie.* Frankfurt am Main, New York 1993; *Regieren ohne Demokratie? Europäischer Verfassungsprozess und die Demokratie der Bürger.* Potsdam 2009.

Herfried Münkler ist Professor für Politikwissenschaft an der Berliner Humboldt-Universität und Mitglied der Berlin-Brandenburgischen Akademie der Wissenschaften. Zur Gewaltform Krieg liegen von ihm mehrere Publikationen vor, u. a. *Humanitäre Intervention,* hg. zus. mit Karsten Malowitz, Wiesbaden 2009; *Der Wandel des Krieges. Von der Symmetrie zur Asymmetrie,* Weilerswist 2006; *Über den Krieg. Stationen der Kriegsgeschichte im Spiegel ihrer theoretischen Reflexion.* 3. Aufl. Weilerswist 2004.

Michael Riekenberg ist Professor für Vergleichende Geschichtswissenschaft/Ibero-Amerikanische Geschichte an der Universität Leipzig. Die Gewalt in Lateinamerika und im historischen Vergleich sowie die Beschäftigung mit Gewalttheorien gehören zu seinen Forschungsschwerpunkten. Unlängst erschienen sind hierzu: *Caudillismus. Eine kurze Abhandlung anhand des La Plata-Raums.* Leipzig: Leipziger Universitätsverlag 2011; *Zur Gewaltsoziologie von Georges Bataille.* Leipzig: Leipziger Universitätsverlag 2012.

Peter Steinbach ist Professor für Neuere und Neueste Geschichte an der Universität Mannheim sowie Wissenschaftlicher Leiter der Ständigen Ausstellung Widerstand gegen den Nationalsozialismus und der Gedenkstätte Deutscher Widerstand in Berlin. Zum Themenkomplex Widerstand sind von ihm zahlreiche Schriften erschienen, darunter in jüngerer Zeit: *Opposition und Widerstand in der DDR. Politische Lebensbilder,* hg. zus. mit Karl Wilhelm Fricke und Johannes Tuchel. München 2002; *Der 20. Juli 1944. Die Gesichter des Widerstands.* München 2004; *Widerstand gegen die nationalsozialistische Diktatur 1933–1945,* hg. zus. mit Johannes Tuchel. Berlin 2004; Widerstand gegen zwei Diktaturen in Deutschland, Nicht nur Herausforderung – eine Verpflichtung, in: *Deutschland Archiv* 43(2), 2010: 297–299.

Bernhard Sutor ist Emeritus für Didaktik der politischen Bildung und Sozialkunde an der Universität Eichstätt. Neben der Politischen Bildung gehört die Politische Ethik und Christliche Soziallehre zu seinen Arbeitsscherpunkten. Zum Thema „gerechter Krieg" sind von ihm erschienen: Recht auf humanitäre Intervention? Politisch-ethische und völkerrechtliche Überlegungen zum Kosovo-Krieg. *Salzburger Theologische Zeitschrift* 4(1) 2000: 2–15; Politische Ethik vor dem Problem von Krieg und Frieden. In: *Benjamin Britten, War Requiem – Tod dem Krieg,* hg. von der EuropaChorAkademie, 121–128. Mainz, Bremen 2004; *Vom gerechten Krieg zum gerechten Frieden? Stationen und Chancen eines geschichtlichen Lernprozesses.* Schwalbach/Ts. 2004. Das Thema in größerem Zusammenhang in: *Politische Ethik.* Paderborn 1991.

Klaus Wahl ist Leiter des Instituts Psychosoziale Analysen und Prävention – Informations-System (PAPIS) und apl. Professor an der Ludwig-Maximilians-Universität München. Er forschte am Deutschen Jugendinstitut, München und am Hanse Wissenschaftskolleg, Delmenhorst. Aggressionsforschung, Jugendgewalt und rechtsextremistische Gewalt bilden u. a. Schwerpunkte seiner Forschung. Er veröffentlichte dazu zahlreiche Schriften, unter anderem: *Aggression und Gewalt. Ein biologischer, psychologischer und sozialwissenschaftlicher Überblick.* Heidelberg 2009; Development of Xenophobia and Aggression. *International Journal of Comparative and Applied Criminal Justice* 26, 2002; Neurophysiological Correlates of Laboratory-Induced Aggression in Young Men with and without a History of Violence, zus. mit D. Wiswede et al. *PLoS ONE* 6(7) 2011.

Melanie Rhea Wahl ist Doktorandin in Internationalem Recht am Graduate Institute of International and Development Studies (IHEID), Genf. Davor war sie Assistentin an diesem Institut sowie u. a. bei der UNHCR-Repräsentanz in Brasília und beim Brasilianischen Justizministerium.

Wolfgang Wagner ist Professor für Internationale Sicherheit an der Freien Universität Amsterdam. Sein zentrales Interesse gilt den Zusammenhängen von Innenpolitik und internationalen Konflikten, darunter auch dem Verhältnis von demokratischem Regime und Militäreinsätzen. Hierzu sind von ihm z. B. erschienen: *Schattenseiten des demokratischen Friedens. Zur Kritik einer Theorie liberaler Außen- und Sicherheitspolitik,* hg. zus. mit Anna Geis und Harald Müller. Frankfurt am Main, New York 2007; *Die demokratische Kontrolle internationalisierter Sicherheitspolitik: Demokratiedefizite bei Militäreinsätzen und in der europäischen Politik innerer Sicherheit,* Baden-Baden 2010; How far is it from Königsberg to Kandahar? Democratic Peace and Democratic Violence in International Relations, zus. mit Anna Geis. *Review of International Studies* 37(4), 2011, 1555–1577.

Ekkart Zimmermann ist emeritierter Professor für Makrosoziologie an der Technischen Universität Dresden. Zahlreiche Veröffentlichungen zur Revolutionstheorie und -forschung stammen aus seiner Feder, darunter: Political Violence, Crises and Revolutions: Theories and Research. New York, 2011; Revolution. In *Evangelisches Staatslexikon,* hg. von Werner Heun et al., 2045–2049. 4. Aufl. Stuttgart 2006; Makrogewalt: Rebellion, Revolution, Krieg, Genozid. In *Handbuch Soziale Probleme,* hg. von Axel Groenemeyer, und Friedrich W. Stallberg, 861–885. Opladen 2008.